범망경술기
梵網經述記

동국대학교 한국불교전서역주사업단
단 장 | 김종욱
편집부 | 김종진, 이대형, 백진순, 박상준, 박인석, 강병화

＊ 한국불교전서역주 사업은 문화체육관광부의 지원으로
  동국대학교 불교문화연구원에서 추진하는 사업입니다.

한글본 한국불교전서 신라 2
범망경술기

2011년 9월 10일 초판 1쇄 발행
2017년 5월 19일 초판 2쇄 발행

지은이 승장
옮긴이 한명숙
펴낸이 한태식
펴낸곳 동국대학교출판부

주소 04620 서울시 중구 필동로 1길 30
전화 02-2260-3483~4
팩스 02-2268-7851
Home page http://www.dgpress.co.kr
E-mail book@dongguk.edu
출판등록 제2-163(1973. 6. 28)
편집디자인 꽃살무늬
인쇄처 보명C&I

© 2011, 동국대학교(불교문화연구원)

ISBN 978-89-7801-309-3 93220

값 28,000원

이 책의 무단 전재나 복제 행위는 저작권법 제98조에 따라 처벌받게 됩니다.

한글본 한국불교전서 신라 2

범망경술기
梵網經述記

승장勝莊
한명숙 옮김

동국대학교출판부

한글본 한국불교전서를 펴내며

『한국불교전서韓國佛敎全書』(전14책, 동국대학교출판부)는 1700년 역사를 지닌 한국 불교사상의 정수를 담은 책으로서 한국의 사상과 문화의 보고이다. 전서는 삼국시대부터 1900년대 초에 이르기까지 한국에서 찬술된 불교문헌을 집대성한 것으로서 국내외 연구자들에게 한국의 사상과 역사 및 문화를 연구하는 데 활용도가 매우 큰 것으로 인정받고 있다.

이렇듯 정성 들여 수집하고 간행한 전서의 모든 문헌을 이 시대의 언어감각에 맞게 번역하고 이를 간행하여 일반 독자들에게 제공하는 것은 우리 세대의 시대적 과제라 할 수 있다. 이는 한국 문화의 우수성을 우리 스스로 확인하고 이를 바탕으로 새로운 문화를 창조하는 데 필요한 것으로서 우리 시대에 수행해야 하는 문화적 사명임이 분명하다.

이에 동국대학교 불교문화연구원에서는 『한국불교전서』를 역주하여 『한글본 한국불교전서』를 펴내는 바이다. 이를 통해 오랜 세월 동안 묻혀 왔던 보배와 같은 문헌들과 위대한 사상가들이 새롭게 조명되고 일반 독자들에게도 널리 읽히는 계기가 되기를 기대한다. 또한 이를 통해 한국 문화의 우수성을 재발견하고 우리 시대에 새로운 호흡을 불어넣는 가치관을 제시하는 데 밑거름이 될 것으로 기대한다.

사업의 진행과 역서의 출간에 도움을 준 문화체육관광부와 동국대학교 관계자 여러분께 심심한 감사를 드리며, 전서의 번역과 한글본의 완간이 마무리될 때까지 지속적인 성원이 있기를 당부드린다. 아울러 여러 가지 어려운 상황 속에서도 사명감을 가지고 동참해 주신 역자 여러분께 재삼 감사드린다.

2010. 6.
동국대학교 불교문화연구원장

범망경술기 梵網經述記 해제

한 명 숙
가산불교문화연구원 수석연구원

1. 승장 勝莊의 생애와 저서 : 소속 학파의 이해

1) 승장의 생애

승장의 행적에 대해서는 알려진 것이 거의 없다. 그 이유는 여러 고승의 전기에 이름이 자주 언급되기는 하지만, 그 자신의 독립된 전기는 전하고 있지 않기 때문이다. 승장의 생애를 일부라도 알아내기 위해서는 여러 자료에서 언급된 단편적 기록을 재구성해야 한다. 현재 승장에 대한 서술은 이렇듯 단편적 사실을 나열하는 데 그쳤을 뿐이고, 이들 자료의 관계적 조망을 통해 생애를 구성한 글은 보이지 않는다. 따라서 번쇄한 감이 없지 않지만 먼저 그의 생애와 관련된 자료를 정리해 보기로 한다.

(1) 생애와 관련된 자료 및 자료의 성격 이해

〈자료〉

① 중국 4대 역경가 중 한 명인 의정義淨(635~713)이 인도에서 돌아와 695~713년 동안 번역에 종사했는데, 이 역장에 참여하여 증의證義를 담당하였다. 예컨대 의정이 700~703년 복선사福先寺와 서명사西明寺에서 『금광명최승왕경金光明最勝王經』·『능단금강반야경能斷金剛般若經』·『미륵성불경彌勒成佛經』·『근본설일체유부비나야根本說一切有部毘奈耶』 등 20부의 불전을 번역할 때, 승장은 법보法寶·법장法藏(643~712)·덕감德感 등과 함께 증의의 소임을 맡았고, 705년 대복선사大福先寺에서 『승광천자勝光天子』·『향왕보살주香王菩薩呪』 등을 번역할 때 이정利貞과 함께 증의의 소임을 맡았으며, 710년 대천복사大薦福寺에서 『욕상공덕경浴像功德經』·『비나야잡사毘奈耶雜事』 등을 번역할 때, 문강文綱·혜소慧沼(650~714)·이정 등과 함께 증의를 담당했다.〔『송고승전宋高僧傳』[1] 권1 「의정전義淨傳」(T50, 710b~c). 『개원석교록開元釋敎錄』[2] 권9(T55, 568c~569a). 『속고금역경도기續古今譯經圖紀』[3] (T55, 370c26)〕

② 역시 당대 뛰어난 역경가 중 한 명으로 693년 중국에 들어와 역경에 종사한 남인도 출신의 스님 보리류지菩提流志(572~727)의 역장에도 참여하였다. 예컨대 보리류지가 706~713년에 『대보적경大寶積經』을 번역할 때, 승장은 법장·진외塵外·무착無著·심량深亮·회적懷迪 등과 함께 증의를 담당했다.〔『송고승전』 권3 「보리류지전菩提流志傳」(T50, 720b). 『개원석교록』 권9(T55, 570c)〕

---

1 『송고승전宋高僧傳』: 송나라 때 찬영贊寧(919~1002) 지음. 찬술 연대는 982년이다.
2 『개원석교록開元釋敎錄』: 당나라 때 지승智昇 지음. 찬술 연대는 730년으로 여러 경록 중 뛰어난 저술로 인정받아 왔다.
3 『속고금역경도기續古今譯經圖紀』: 당나라 때 지승 지음. 찬술 연대는 730년이다.

③『송고승전』권4「당경조대자은사법보전(승장)唐京兆大慈恩寺法寶傳(勝莊)」(T50, 727b)에 따르면 703년 의정의 역장에서 법보·법장·승장 등이 증의를 담당했다.

④『송고승전』권4「당치주혜소전唐淄州慧沼傳」(T50, 728c)에 따르면 현장玄奘에게 배웠고 다시 그 제자인 자은 대사慈恩大師 기基(632~682)에게 사사하여 법상종의 제2조가 된 혜소慧沼(650~714)는 보리류지가 숭복사에서 『대보적경』을 한역할 때 증의를 담당했는데, 당시 그 역장에서 신라 출신의 스님 승장 법사는 집필을 담당했다(新羅勝莊法師執筆).

⑤『송고승전』권5「법장전法藏傳」(T50, 732a2)에 따르면 의정의 역장에서 법장·승장 등이 함께 증의를 담당했다.

⑥『현장삼장사자전총서玄奘三藏師資傳叢書』권하「대주서명사고대덕원측법사불사리탑명(병서)大周西明寺故大德圓測法師佛舍利塔銘(幷序)」(X88, 384c)에 다음과 같은 사실이 기록되어 있다. '696년 신라 출신의 스님으로 현장의 제자였던 원측圓測(613~696)이 입적했을 때 용문龍門 향산사香山寺의 북쪽 계곡에서 화장하고 탑을 세웠다. 이후 장안長安에 거주하던 제자(在京學徒)인 서명사西明寺 주지 자선 법사慈善法師와 대천복사大薦福寺의 대덕大德 승장 법사 등이 향산사에서 스님의 분골을 가져다가 종남산終南山 풍덕사豊德寺 동령東嶺으로 이장하고 탑을 세웠다. 이후 1115년 다시 분골하여 흥교사興敎寺로 이장하고 현장의 탑 오른쪽에 탑을 건립했다.'

〈자료의 찬술 연대〉

앞에서 서술한 자료를 찬술 순서대로 나열하면『개원석교록』·『속고금역경도기』(730)→『송고승전』(982)→「대주서명사고대덕원측법사불사리탑명(병서)」(1115)이다. 특히 ⑥은 원측의 탑을 흥교사로 이장할 때인 1115년 공사貢士(아직 관리에 임용되지 않은 학재가 있는 서생)였던 송복宋復이 지은 것이다. 찬술 연대와 필자의 정체성을 굳이 확인·서술하는 것은 자료가 지닌 신뢰성의 정도를 판단하는 데 참조할 만한 사항이라는 생각 때문이다.

(2) 자료의 검토 : 기존 학설에 대한 문제적 관점에서

① 생존 연대
먼저 승장의 생존 연대는, 여러 기록에서 주로 법장·법보 등과 함께 증의를 담당한 것으로 나오는데, 법장의 생존 연대가 643~712년이고 법보는 자은 대사 기基와 동문이므로, 이것에 의거하여 7세기 중반에서 8세기 초반으로 추정할 수 있다.[4]

② 출신 지역
승장이 신라 출신임을 보여 주는 기록은 ④와 ⑥뿐이다. 신라 출신으로 역장譯場에 활발하게 참여한 것은 특이한 사례로 여겨진다. 그의 생존 시대와 가까운 기록에는 그 출신이 나타나지 않는 점을 함께 고려할 때, 두 기록에 의거한 단정적 서술보다는 환기의 가능성을 열어 두어 또 다른 근거를 찾으려는 노력을 지속적으로 해 나가는 것이 타당할 것으로 생각된다. 예컨대 승장의 저술에 나타난 경향성은 그가 당대 신라의 법상종 학자와 관련이 있었을 가능성을 보여 주는데, 당대 중국 법상종 학자들에게는 나타나지 않고 신라의 법상종 학자에게 두루 나타나는『금광명경』·『범망경』에 대한 주석서의 찬술이 그러한 사례로 제시되고 있다.[5]

③ 역경의 중심 인물로서의 승장
이상의 자료를 통해 확실하게 도출될 수 있는 승장이라는 인물의 특성

---
4 생몰 연대와 관련된 좀 더 상세한 내용은 주 27과 그곳에서 제시한 논문을 참조할 것.
5 최연식,「8세기 신라 불교의 동향과 동아시아 불교계」(『불교학연구』12호, 2005), p.249.

은, 역경에 자주 참여하여 증의를 담당했는데 함께 증의를 담당했던 인물이 당시 대덕으로 널리 알려진 이들이었던 것으로 보아, 그 자신도 그와 동등한 지위에 있었던 것으로 볼 수 있다는 점이다.

법보는 현장玄奘(602~664)의 제자이다. 그러므로 역시 현장의 제자이면서 법상종法相宗의 개조인 자은 대사 기基와는 동문이다. 그는 654년 현장이 『구사론俱舍論』을 번역하자, 그 주석서인 『구사론소俱舍論疏』 30권을 지었다. 그보다 앞서 『구사론기俱舍論記』 30권을 지은 보광普光과 함께 현장 문하의 뛰어난 제자로 알려졌다. 또한 기基의 오성각별설五姓各別說을 비판하고 일체개성불一切皆成佛을 주장하였다. 법장은 화엄종의 제3조로 의정의 역장에 참여할 당시 이미 고승대덕으로 이름이 널리 알려져 있었다.

④ 원측의 제자인가?

원측의 제자임을 알려 주는 자료는 ⑥뿐인데 현재 학계에서는 원측의 제자라는 것이 통설로 자리잡았다. 필자는 원측의 제자라는 단정에 비해 그 자료가 지나치게 제한적이라는 사실을 확인하면서, 이 자료가 과연 승장이 원측과 다른 견해를 보이는 부분들보다 더욱 신빙성이 있는 것으로 평가받아야 할 이유가 있을 것인가라는 의문이 들었다. 현재로서는 승장이 원측의 제자가 아닐 가능성을 보여 주는 자료가 ⑥보다는 더 많고 신빙성이 있는 것 같고, 이러한 추정이 가능할 때 ⑥을 전제로 하여 다른 것을 변주로 보는 형태의 판단[6]은 무리가 있는 것으로 보인다.

이러한 생각으로 기존의 연구 성과를 추적해 본 결과 원측의 제자임을 단정하지 않는 기츠카와 도모아키(橘川智昭)의 논문[7]을 찾을 수 있었다. 그

---

[6] 최원식, 『신라보살계사상사연구』(민족사, 1999), pp.120~123. 이러한 비판적 판단에도 불구하고 필자는 본 해제의 집필에 있어서 이 책의 연구 성과에 의존한 바가 훨씬 크다는 점을 밝혀 두고 싶다.
[7] 橘川智昭,「新羅唯識の研究狀況について」(『韓国仏教学SEMINAR』 8호, 山喜房仏書林, 2000).

는 논문에서 먼저 하타니 료타이(羽溪了諦)의 기존의 연구 성과[8]를 정리하기를, "『범망경술기』에서 승장은 첫째 원측이 수용한 일체개성설을 부정한다. 둘째 능전能詮의 교체敎體를 설함에 있어서 섭망귀진문攝妄歸眞門·섭말귀본문攝末歸本門·섭가종실문攝假從實門·법수정체문法數定體門 등의 사문四門으로 분별하는데 이것은 원측이 『해심밀경소』에서 능전의 교체를 설할 때의 구분법과 거의 같은 것이다. 셋째 교판론은 유식종의 삼시교판三時敎判을 따른다.[9] 그러므로 승장은 유식학자임은 분명하지만, 현장의 학풍을 따랐는지, 원측을 중심으로 한 서명학파인지, 양자를 절충한 것인지는 미결의 문제로 남는다."고 하였다. 이 주장에 대해 기츠카와 도모아키는 그 자신의 입장을 밝히기를, "첫째 원측의 일체개성설을 부정하였다는 것의 증거로 제시한 것은 부당한 측면이 있다. 『범망경술기』 본문에서 승장은 『열반경』의 '일체중생개유불성'이라는 문장을 풀이하면서 분명히 행불성行佛性과 이불성理佛性을 나누어 보고 있고, 행불성의 입장에서는 오성각별이지만 이불성의 입장에서는 일체개성이라고 주장하고 있다. 또한 동일한 문장에 대한 동일한 형태의 해석이 원측의 『해심밀경소』에도 나오고 있다. 학자들이 이렇게 동일한 글(승장의 글·원측의 글)에 대해 승장

---

[8] 羽溪了諦, 「唯識宗の異派」(『宗敎硏究』 1-3, 1916), pp.513~516(橘川智昭, 앞의 논문 p.103 재인용).

[9] 승장은 『범망경술기』 본문에서 경의 종지를 밝히면서 『해심밀경』에 의거한 법상종의 삼시교三時敎(有宗·大乘空宗·唯識宗)의 교판론을 제시한다. 『해심밀경』은 유종과 대승공종은 불료의不了義이고 유식종은 요의了義라고 하여 양자를 가치의 고하로 구별한다. 그런데 원측은 『해심밀경소』에서 불료의와 요의의 차이란 유식삼성唯識三性을 설했는지의 여부에 있을 뿐이지 이치 그 자체에 깊고 얕음이라는 차별이 있는 것은 아니라고 하여 융화적인 태도를 보인다.(백진순, 「원측圓測의 『인왕경소仁王經疏』에 나타난 경전 해석의 원리와 방법」(『불교학보』 56집, 2011)) 승장은 여기에서 『해심밀경』의 본문을 인용하면서 삼시교를 그대로 옮겨 놓았을 뿐 별다른 설명을 하지 않았다. 이것을 굳이 불료의와 요의를 차별화하려는 의도가 없었기 때문이라고 파악하면서 원측의 제자임을 증명하는 사례로 보는 학자도 있다.(최원식, 앞의 책) 그러나 이것은 『해심밀경』의 내용을 긍정하는 태도라고 보는 것이 더욱 타당하다.

은 오성각별설을 설했고 원측은 일체개성설을 주장했다고 하는 것은 모순이다.[10] 둘째 교체를 설명할 때 사문으로 나누는 것은 현장·태현·규기 등에게서도 그 연원을 찾을 수 있기 때문에 원측으로만 연원을 단정하는 것은 무리이다."[11]라고 하였다. 이 두 사람의 논문은 승장이 원측의 제자라고 하는 사실은 아직 미완의 것이라는 점을 보여 주고 있다. 그러나 승장의 『금광명최승왕경소』는 원측의 입장을 지지하는 내용을 담고 있다고 하는 연구 결과[12]도 있기 때문에, 원측의 제자가 아니라고 하는 것도 역시 단정할 수는 없다.

이렇게 해서 기존의 단정적 학설을 벗어나 열린 사유를 허용할 수 있다면 ⑥의 자료에서 '학도學徒'란 법보처럼 현장 문하의 문도임을 나타내는 것으로 보는 것은 어떨까 싶다. ⑥의 자료에 언급되는 것처럼 자선은 원측이 주석했던 서명사의 주지이지만 승장은 법장이 입적한 대천복사의 대덕이었던 것도 함께 고려할 만한 자료가 아닌가 싶다.

2) 승장의 저술

승장의 저술 중 현재 그 전문이 전하는 것은 『범망경술기』뿐이다. 다음으로 여러 저술에 산재하는 단편을 집일輯佚한 『금광명최승왕경소金光明最

---

10 보다 구체적인 논의는 다음 글을 참조할 것. 橘川智昭, 「圓測思想의 재검토와 과제——乘解釋의 논의를 중심으로—」(『보조사상』 16집, 보조사상연구회, 2001), pp.167~210. 필자는 여기에서 승장이 일체개성설을 지지했다고 보지는 않는다. 이 글의 저자 역시 동일한 문장에 대해 그렇게 파악하는 것의 문제를 지적했을 뿐이고 실제로 원측의 의도는 일체개성설이고 승장의 의도는 오성각별설에 있다는 것은 인정한다. 승장은 더 나아가 일체개성설을 주장하는 학자에 대해 범부열반사凡夫涅槃師라고까지 칭하고 있다.
11 橘川智昭, 앞의 논문, pp.103~105.
12 江田俊雄, 「慈恩・西明兩学派の『金光明最勝王経』解釈」(『印度學佛敎學研究』, 日本印度学仏教学会, 1954).

勝王經疏』 일부가 전해지고 있다.¹³ 이 밖에 여러 경록에서 그 이름만 전해지고 있는 저술은 다음과 같다.

○ 『인명정리문론술기因明正理門論述記』 1권 〔『입당신구성교목록入唐新求聖教目錄』(T55, 1083c)〕
○ 『잡집론소雜集論疏』 12권 〔『주진법상종장소注進法相宗章疏』(T55, 1142a)〕¹⁴
○ 『성유식론결成唯識論決』 3권 〔『동역전등목록東域傳燈目錄』(T55, 1158b)〕
○ 『대인명론술기大因明論述記』 2권 〔『동역전등목록』(T55, 1159c)〕¹⁵
○ 기타

『한국불교찬술문헌목록』(동국대출판부, 1976)에 따르면 1930년 일본의 이시다 모사쿠(石田茂作)가 찬술한 『나량록奈良錄』(갖춘 이름은 『나량조현재일체경소목奈良朝現在一切經疏目』임)에 의거할 때 다음과 같은 저서가 있었던 것으로 전해진다.

- 『불성론의佛性論義』 1권.
- 『기신론문답起信論問答』 1권.

---

13 안계현安啓賢이 일본 스님들의 『금광명최승왕경』 관련 주석서에 인용된 승장의 『금광명최승왕경소』 중 서품 제1·수량품 제2·분별삼신품 제3·몽견참회품 제4·멸업장품 제5 등의 다섯 품을 집일한 것이 『불교학보』 제2집(1964년), 제3·4합집(1966년)에 실려 있고, 이것이 그대로 『한국불교전서』에 수록되어 전한다. 이 책은 본래 8권이었던 것으로 전해진다. 『화엄종장소병인명록華嚴宗章疏幷因明錄』(T55, 1134a)·『동역전등목록東域傳燈目錄』(T55, 1153c) 등을 참조할 것.

14 『잡집론술기雜集論述記』라고도 한다. 『잡집론』은 『대승아비달마잡집론大乘阿毘達磨雜集論』의 줄인 이름으로, 『대법론對法論』이라고도 한다. 이 때문에 『잡집론소』는 『대법론승장소對法論勝莊疏』라고도 일컬어진다. 이만李萬이 일본 스님의 저술에 인용된 형태로 전하는 일부의 문장을 찾았는데, 이는 『불교학보』 28집에 수록되어 있다. 이만, 「법상관계 논소와 신라인의 찬술서」 Ⅱ (『불교학보』 28집, 1991), pp.149~150.

15 『대인명론』은 『인명정리문론』과 같은 말이기 때문에 앞의 『인명정리문론술기』와 같은 책으로 보는 경우가 대부분이다. 다만 그 권수가 각각 1권과 2권으로 달리 나타나는데, 이는 판본의 차이에 따른 권수의 차이일 수도 있다.

이 밖에 민영규閔泳圭의 「신라장소록장편新羅章疏錄長編」(『백성욱박사 송수기념 불교학논문집』, 1959) p.370에서는 『유식론주추요唯識論注樞要』 2권을 승장의 서술이라고 하고, 그 근거로 『영초록永超錄』·『동역전등목록』과 『장준록藏俊錄』·『주진법상종장소』 등을 들었다. 그러나 해당 부분에서는 서대사西大寺 승균勝均의 저술이라고 했을 뿐인데, 어떤 근거도 제시하지 않고 승균을 임의적으로 승장의 오식으로 파악한 것으로 생각되기 때문에 이 판단은 채용하지 않는다.

이상의 자료를 통해서 승장은 유식학자로서의 면모가 두드러진다는 것을 확인할 수 있다.

2. 『범망경술기』의 구조와 내용

1) 『범망경』의 이해

① 성립의 문제

『범망경梵網經』의 성립과 관련된 논의는 크게 중국 성립설, 인도 성립설, 서역 성립설 등의 셋으로 나눌 수 있다. 현재까지 가장 유력한 것은 5세기경 중국에서 찬술되었다는 주장으로, 모치즈키 신코(望月信亨)·오노 호도(大野法道)·시라토 와카(白土わか)·후나야마 도루(船山 徹) 등이 꾸준히 이 견해를 뒷받침할 만한 증거를 제시해 왔다.[16] 예컨대 이 경의 중심 개

---

16 각인의 저술은 차례대로 『淨土敎の起源及發達』(共立社, 1930) 및 『佛敎經典成立史論』

념 중 하나인 효순孝順이 중국적 사고방식의 반영이라는 점, 그 전에 한역된 여러 경전, 곧 『화엄경華嚴經』·『열반경涅槃經』·『보살지지경菩薩地持經』·『보살선계경菩薩善戒經』·『우바새계경優婆塞戒經』·『범망육십이견경梵網六十二見經』·『인왕반야경仁王般若經』 등의 영향을 받은 것이라는 점 등이 제시되고 있다.[17] 이에 비해 서역 성립설·인도 성립설 등은 주장의 근거가 아직 미약한 실정이다.[18]

② 구성과 내용

상·하 2권으로 이루어졌다. 갖춘 이름은 『범망경노사나불설보살심지계품제십梵網經盧舍那佛說菩薩心地戒品第十』이다. 승조僧肇가 썼다고 하는 「범망경서梵網經序」에 의하면 이 경의 광본廣本은 본래 모두 61품 120권인데, 현재 전하는 것은 이 중 제10품만 별도로 한역한 것이다. 이 밖에 광본에 대해서는 61품 112권, 152권 61품, 10만 송 61품 300권 등의 설이 전해지기도 한다.

이 경의 교주는 연화장세계에서 성도하신 노사나불盧舍那佛이다. 상권에

(法藏館, 1946), 『大乘戒經の硏究』(山喜房書林, 1954), 「梵網經硏究序說」(『大谷大學硏究年報』 22집, 1969), 「疑經『梵網經』成立の諸問題」(『佛敎史學硏究』 제39권 제1호, 1996) 등이다. 특히 후나야마 도루는 기존의 연구 결과를 종합하여, 상한선은 『범망경』의 성립과 밀접한 관련이 있는 경전의 한역 시기 등을 고려할 때 431년이고, 하한선은 『出三藏記集』 권11(T55, 79b)에 『범망경』을 언급한 글이 수록되어 있는 것을 고려할 때 본서의 성립 시기인 510~518년이라고 정리하였다. 그리고 그 자신은 『인왕경』의 내용 일부가 『범망경』에 그대로 인용되는 것을 근거로 『인왕경』의 성립 이후 『범망경』이 성립된 것이라고 보아, ① 455년 전후 『인왕경』 성립 직후 성립설, ② 452~472년 『인왕경』 성립 직후 성립설 등을 제시하였다.(「疑經『梵網經』成立の諸問題」, p.59)

17 白土わか, 「梵網經硏究序說」, p.135 참조할 것.
18 인도 성립설은 神林隆淨의 「梵網經·仁王經·菩薩瓔珞本業經における菩薩思想」(『菩薩思想の硏究』, 日本圖書センター, 1976), 서역 성립설은 布施浩岳의 「菩薩戒の精神とその發達」(『印度學佛敎學硏究』 3-2, 1955)과 坂本廣博의 「『梵網經』第四十七輕戒に関するメモ」(『佛敎文化の展開』, 山喜房佛書林, 1994) 등에 제시되었다.〔원영, 「『범망경』의 자서수계에 관하여」(『한국불교학결집대회논집』 제3집 상권, 2006, pp.528~538)의 재인용〕

서는 보살의 계위, 곧 십발취심十發趣心·십장양심十長養心·십금강심十金剛心 등의 삼십심三十心과 십지十地 등의 40법문을 설명한다. 하권에서는 십중계十重戒와 사십팔경계四十八輕戒(四十八輕垢戒)의 계상戒相을 상세히 설명한다.

이 경의 교판상의 지위에 대해 여러 가지 주장이 있지만 『화엄경』의 결경結經이라고 한 천태 지의天台智顗의 설[19]이 일반적으로 수용되고 있다.[20] 이 경은 소승률과는 달리 출가와 재가의 구별이 없고, 중생이 공통된 계율에 의지한다는 점과 불성佛性의 자각自覺을 강조한 것을 특색으로 한다.

예로부터 이 경은 하권이 더욱 성행하였는데, 이 경우 하권의 계율의 조목과 관련된 부분을 중심으로 별도로 편집한 것을 『범망경보살계경梵網經菩薩戒經』·『보살계본菩薩戒本』·『보살바라제목차경菩薩波羅提木叉經』·『범망경노사나불설보살십중사십팔경계梵網經盧舍那佛說菩薩十重四十八輕戒』등이라고 불렀다. 이 경에 대한 대부분의 주석서는 하권에 대해서만 이루어지고 있고, 승장의 『범망경술기』 역시 그러한 관례를 거의 따르고 있다. 곧 분과에 있어서는 상권과 하권을 모두 대상으로 하지만, 실제 문장에 대한 자세한 해석은 하권에 대해서만 이루어지고 있다.

③ 대승보살계에 있어서 『범망경』의 지위

동아시아에서 대승보살계와 관련된 경론은 크게 범망계梵網戒와 유가계瑜伽戒의 둘로 나뉜다. 『유가사지론』「보살지」·『보살지지경』·『보살선계경』 등에 실린 보살계본을 통틀어서 유가계라고 하고, 『범망경』·『보살영락본업경』 등에 실린 보살계본을 통틀어서 범망계라고 한다.

『유가사지론』「보살지」·『보살지지경』·『보살선계경』 등은 모두 삼취정

---

19 智顗, 『法華文句』 권9(T34, 128a).
20 『범망경』의 교판상의 지위에 대한 다양한 견해는 뒤에 나오는 『범망경술기』의 특성에 대한 서술을 참조할 것.

계三聚淨戒를 설하고, 계율의 구체적 조목으로는 차례대로 사중사십삼범사四重四十三犯事·사중사십이범사四重四十二犯事·팔중사십팔경八重四十八輕 등을 제시하고 있다.[21] 삼취정계란 첫째 율의계律儀戒이다. 칠중七衆의 별해탈률의別解脫律儀, 곧 비구계·비구니계·정학계正學戒(式叉摩那戒)·사미계·사미니계·우바새계·우바이계 등을 말한다. 둘째 섭선법계攝善法戒이다. 율의계를 받은 후에 보리를 증득하기 위하여, 몸과 입과 마음으로 일체의 선한 행위를 실천하는 것이다. 셋째 요익유정계饒益有情戒이다. 중생에게 이익이 되는 일을 철저히 실천하는 것이다. 여기에서 율의계란 성문계聲聞戒(小乘戒)를 가리키고, 이렇게 소승계를 보살계에 받아들인 것은 범망계와 구별되는 유가계의 독자적 특성 중 하나이다.

더 나아가 유가계와 범망계는 다음과 같은 차이가 있다. 범망계는 노사나부처님이 설한 것이고 유가계는 미륵보살이 설한 것이다. 범망계는 십중대계十重大戒(十重戒)와 사십팔경구계를 갖추어서 밝혀, 재가자와 출가자가 모두 어떤 절차도 거치지 않고 받을 수 있기 때문에 돈립계頓立戒이지만, 유가계는 삼취정계와 사종타승처법四種他勝處法을 기준으로 하는데, 이 또한 재가자와 출가자에게 모두 수여하기는 하지만, 반드시 먼저 소승의 칠중계七衆戒(칠중의 별해탈계)를 받고 오랜 시간이 지나도록 범하지 않아야만 수지할 수 있으니, 점립계漸立戒라고 할 수 있다. 범망계는 비교적 엄격하고 번쇄하며, 이것을 수지한 자는 절대적으로 이 조목을 준수해야 하지만, 유가계는 비교적 방편을 많이 허용하여 계율 자체에 얽매이지 않는 경향이 있다. 동아시아에서는 유가계와 범망계가 모두 유포되었지만 실질적으로는 순수하게 보살계만을 설하는 범망계가 성행하였고, 티베트에서는 유가계만 유포되었다.

21　大野法道, 『大乘戒經の硏究』(理想社, 1954), p.183 참조.

2) 『범망경술기』의 구조와 내용

승장은 모두 다섯 문을 시설하여 경을 해석한다. 다섯 문은 첫째 가르침이 일어난 이유와 제목 및 경명의 유래를 서술하는 것이고, 둘째 경의 종과 체를 밝히는 것이며, 셋째 가르침이 포섭되는 범주를 밝히는 것이고, 넷째 가르침의 대상을 밝히는 것이며, 다섯째 『범망경』의 본문을 나누어 풀이하는 것 등이다. 각 단락에서 설한 내용을 중요한 부분을 중심으로 살펴보기로 한다.

(1) 가르침이 일어난 이유와 제목 및 경명의 유래

① 가르침이 일어난 이유와 제목

먼저 경을 설한 이유에 대해, 부처님께서 중생을 구제하기 위해, 인위因位로 십지十地를 열어 육바라밀六波羅蜜(六度)을 닦아 두루 청정해지는 길을 밝히고 과위果位로 삼신三身을 나열하여 온갖 덕을 갖추어 원만히 비추는 것을 밝힌 것이라고 하였다. 제목을 풀이하면서 '범망'은 범왕의 나망羅網을 본 것을 계기로 설했기에 붙여진 것이고, 이 경의 갖춘 이름인 『범망경노사나불설보살심지계품제십梵網經盧舍那佛說菩薩心地戒品第十』에서 '심지'란 상권에서 보살의 수행 계위를 40단계로 설한 십발취十發趣·십장양十長養·십금강十金剛·십지十地 등의 40위位를 가리키는 것이라고 하였다.

② 경명의 유래

경전의 명칭의 유래를 사람에 의한 것, 법에 의한 것, 비유에 의한 것, 사람과 법에 의한 것, 사람과 비유에 의한 것, 법과 비유에 의한 것, 사람과 법과 비유에 의한 것 등의 일곱 가지로 분류하고, 이 경은 사람(노사나불)과 비유(범망)에 의해 그 제목을 시설한 것이라고 하였다.

(2) 경의 종지와 교체

① 경의 종지(宗)

먼저 유식학파의 교판론인 삼시교에 의거하여 불설 전체의 종지를 밝혔다. 다만 그 용어는 약간 달라 첫째 공空을 숨기고 유有를 드러내는 종지(隱空顯有宗), 둘째 유를 숨기고 공을 설하는 종지(隱有說空宗), 셋째 공과 유의 두 변을 멀리 여의는 종지(遠離二邊宗) 등으로 나눈다. 그 실질적인 내용은 같기 때문에 차례대로 소승·대승공종大乘空宗·유식종唯識宗 등을 가리키는 것으로 볼 수 있다. 다만 삼시교의 교판을 밝히는 데 그치고 이 경이 어디에 속하는 것인지는 말하지 않았다. 다음에 이 경의 종지를 별도로 시설하여 심지법문心地法門이 종지라고 하였다.

② 경의 체(敎體)

섭망귀진문攝妄歸眞門·섭말귀본문攝末歸本門·섭가종실문攝假從實門·법수정체문法數定體門 등의 네 가지 문을 시설하여 풀이하였다. 섭망귀진문에서는 진여眞如를 체로 한다고 하였다. 섭말귀본문에서는 식識을 체로 하되, 그 식의 구체적인 내용에 대해서는 용군龍軍·안혜安慧·호법護法 등이 달리 이해하여, 차례대로 부처님의 음성이 듣는 사람의 식에 취집聚集하여 현현한 것이라는 설, 부처님의 식이라는 설, 원칙적으로는 부처님의 식이지만 깨달음을 일으킬 수 있기 때문에 듣는 사람의 식도 포함시킬 수 있다는 설 등을 시설했다고 하였다. 섭가종실문에서는 음성을 떠나서는 명신名身·구신句身·문신文身에 해당하는 별도의 체는 없기 때문에 음성을 체로 하는 것이라고 하였다. 법수정체문에서는 살바다부는 부처님의 음성을 체로 삼는다고 주장한다. 경량부는 세 가지 해석이 있어서 성처聲處·법처法處에 포섭되는 상속가성相續假聲(명·구·문), 가성假聲과 실성實聲(耳根의 대상으로서의 음성) 등을 제시한다. 대승에서는 음성·명신·구신·문신 및 소전所詮의 의義를 자성으로 삼는다고 하였다. 마지막으로 교체敎體의 문제에 대해 승장은 어느 것이든 각각의 관점에서 시설한 것이기 때문에 서로 어긋나지 않는다고 하여 회통적인 입장을 보여 주고 있다.

(3) 가르침이 포섭되는 범위

십이분교十二分敎의 분류법에 의거할 때는, 게송에 해당하는 부분은 풍송諷誦(게송)에, 계상戒相을 설한 것은 인연因緣에, "밝은 해와 달과 같다."고 하는 것과 같은 문장은 비유譬喩에, 40단계의 심지법문心地法門을 설한 것은 방광方廣에, 산문 형식으로 설한 것은 계경契經에 포섭된다. 삼장三藏(경·율·논)의 분류에 의거할 때는 조복장調伏藏(律藏)에 포섭되고, 이장二藏(성문장·보살장)의 분류에 의거할 때는 보살장菩薩藏에 포섭된다.

(4) 가르침의 대상

삼승정성三乘定性(聲聞定性·獨覺定性·菩薩定性) 세 가지와 네 번째인 부정성不定性과 다섯 번째인 무반열반성無般涅槃性 등의 다섯 부류의 중생이 있는데, 이 경은 단지 삼승정성 중의 보살정성과 네 번째인 부정성의 중생을 위한 가르침이고, 성문정성·독각정성 등의 이승二乘과 무반열반성 등의 중생을 위한 것은 아니라고 하여, 오성각별설에 의거하여 가르침의 대상을 한정하고 있다. 이것은 승장이 원측의 제자라는 전제하에 스승인 원측의 입장인 일체개성설一切皆成說을 따르지 않고 규기의 입장을 수용한 사례로 자주 인용된다.

(5) 문장을 나누어 바로 풀이함

실질적으로 『범망경』 본문을 대상으로 주석이 이루어진 부분이다. 먼저 『범망경』 상권과 하권을 통틀어서 그 내용을 셋으로 분과하였다. 서분은 권상의 첫 부분인 "그때 석가모니불께서는 제4 선지禪地에 있는 마혜수라천왕궁에서"부터 권상의 "그때 석가모니불과 모든 대중은 일시에 노사나불의 발 아래 엎드려 예경하였다."까지이다. 정설분은 권상의 "석가불께서 말씀하셨다. '이 세계에서 땅과 허공의 일체 중생이'"부터 권하의 "이는 천백억세계千百億世界, 연화장세계蓮華藏世界, 미진세계微塵世界의 모든 부처님의 심장心藏이고 지장地藏이며 계장戒藏이고 무량행원장無量行願藏이고 인과불성상주장因果佛性常住藏이다."까지이다. 유통분은 "여여如如한 모든 부처님께서 한량없는 모든 법장法藏을 설하시기를 마치시니"부터 경의 마지막 부분에 실린 게송까지이다.

서분은 별도로 해석하지 않고, 정설분은 자세히 해석하는 것과 총괄적으로 맺는 것의 둘로 분과하였다. 곧 자세히 해석하는 것은 권상의 "석가불께서 말씀하셨다. '이 세계에서 땅과 허공의 일체 중생이'"부터 권하 "그때 자리에 앉아서 듣는 이들이 부처님께서 스스로 외우시는 것을 듣고, 마음에 새기고 머리에 이고 기뻐하면서 받아 지녔다."까지이고, 총괄적으로 맺는 것은 "이는 천백억세계, 연화장세계, 미진세계의 모든 부처님의 심장이고 지장이며 계장이고 무량행원장이고 인과불성상주장이다."라고 한 부분을 말한다. 주석의 대부분은 정설분에 집중되어 있고 경의 핵심인 십중계와 사십팔경계도 또한 여기에 실려 있으므로 정설분을 중심으로 그 내용을 고찰해 본다.

① 자세히 해석하는 것

가) 심지의 뜻을 밝힘

㈎ 바로 심지의 뜻을 풀이함
정설분의 권상에 해당하는 부분으로 별도의 해석을 하지 않고 『범망경』 본문의 내용을 참조할 것을 권한다.

㈏ 심지법문을 수지하고 그 말씀을 굴릴 것을 권함
여기서부터 권하에 대한 주석이 시작되고, 수문해석隨文解釋이 이루어진다. 승장 자신이 권상과 권하를 통틀어서 분과하고 있지만, 실질적인 주석은 하권에서 이루어지기 때문에, 주석서를 A형·B형·C형으로 나눌 때 B형에 배대한다.[22] 노사나불이 심지법문을 수지하고 그 말씀을 굴릴 것을 권하고, 석가불이 심지법문을 수지하고 그 말씀을 굴리는 것을 밝힌 부분으로 요약하였다. 『범망경』 본문에서 일천 연꽃잎의 부처님께서 보광법당에서 십세계해十世界海를, 제석궁에서 십주十住를, 염천燄天에서 십행十行을, 도솔천에서 십회향十廻向을, 화락천에서 십선정十禪定을, 타화천에서 십지十地를, 초선初禪(一禪)에서 십금강十金剛을, 이선二禪에서 십인十忍을, 삼선三禪에서 십원十願을, 사선四禪 중 마혜수라천의 왕궁에서 심지법문품을 설하여 모두 열 가지 법문을 설한 부분을 해석하면서, 승장은 줄곧 『화엄경』을 인용함으로써 『범망경』과 『화엄경』을 철저하게 관련시키는 모습을 보인다. 이는 뒷부분에서 심지법문을 권상에서 설한 40심이라 하고, 이 40심을 차례대로 십해十解·십행十行·십회향十廻向·십지十地 등에

---

22 吉津宜英, 「法藏以前の『梵網經』諸注釋書について」(『駒澤大學佛敎學部硏究紀要』 47호, 1989) p.95 및 白土わか, 「梵網經硏究序說」 pp.119~121을 참조할 것.

배대하여, 『범망경』과 『화엄경』의 수행 계위를 동등한 것으로 보는 것과 함께 승장이 『화엄경』과 『범망경』을 일체시한 증례 중 하나로 제시된다. 『범망경』과 『화엄경』을 동등하게 보는 태도는 역시 이 경의 주석서를 쓴 의적義寂과 그 맥락을 같이하지만, 의적은 40심을 『화엄경』의 수행 계위와 합치시키려는 모습은 보이지 않고 있다.[23] 또한 법장이 『화엄경』과 『범망경』을 철저히 분리해 보려고 한 것과는 상당히 대조적인 입장이라고 할 수 있다.[24]

나) 닦아야 할 실천행을 풀이함

닦아야 할 실천행이란 40심에 의지하여 실천해야 할 계를 가리키는 것이라고 정의하고 크게 둘로 분과한다.

㈎ 다섯 가지 모습

석가불께서 도솔천에 태어나는 것, 마야부인에게 입태하여 출생하는 것, 출가하는 것, 불도를 이루는 것, 법륜을 굴리는 것 등의 다섯 가지 모습을 보였다.

㈏ 실천해야 할 것을 밝힌 것

㉮ 경가經家의 서문

계를 설한 대상과 그 대상을 향해 외운 것을 나타냈는데, 계의 대상은 지상地上의 보살과 지전地前의 이생異生이라고 하였다.

---

23 吉津宜英, 앞의 논문, p.102.
24 吉津宜英, 앞의 논문, pp.101~102.

㉔ 바로 풀이하는 것

ㄱ) 계상을 간략하게 나타내고 설법을 허락하면서 자세히 들으라고 한 것

이는 다시 계명을 들고 작용을 드러내며 설법을 허락한 것과 간략하게 계덕을 찬탄하고 수지를 권하고 마음에 새겨서 들으라고 가르친 것의 둘로 분과된다.

앞부분에서 『범망경』 본문의 "모든 중생은 다 불성이 있다."는 부분을 계의 체인 진여불성眞如佛性을 여의지 않았음을 나타낸 것이라고 풀이하였다. 그리고 이 부분에 대해 학자들의 두 가지 설을 소개한다. 첫 번째 설은 『열반경』에 의거하여 모든 중생은 다 불성이 있으니 반드시 다 성불한다는 것이다. 두 번째 설은 호법보살 등의 설로, '일체(모든 것)'는 전체 자체를 가리키는 것과 특정 부분에 대해 전체라고 하는 것 등의 두 가지 뜻이 있는데, 이 경에서 말하는 일체란 후자를 가리키니, 미륵이 오성각별설을 시설한 것이 이를 증명한다고 주장한 것이다. 승장은 후자가 타당한 것이라고 하고 단지 이불성理佛性을 기준으로 한다면 전자도 인정할 수 있다고 하였다. 이는 승장이 오성각별설을 지지한 증례로 제시된다.

뒷부분은 앞에서 서술한 『범망경』 주석서의 C형, 곧 하권의 게송부터 주석한 주석서들이 주석을 시작하는 부분이다. 게송에서 "나는 이제 노사나불이니 바야흐로 연화대에 앉았네."라고 한 부분을 풀이하면서 '『화엄경』에서 향수香水 위에 연화장세계가 있고, 이 세계에는 불가설不可說의 불찰佛刹(부처님 국토)이 있으니, 모두 노사나불께서 항상 법륜을 굴리는 곳이라고 한 것과 같다'고 하여 노사나불과 비로자나불, 연화대와 연화장세계를 동일한 것으로 보았는데, 이것도 『화엄경』과 『범망경』을 동일시하는 승장의 독자적인 면모를 보여 주는 사례이다.

ㄴ) 계상을 자세하게 풀이하는 것

(ㄱ) 명칭의 뜻을 풀이하고 보살계를 받을 수 있는 사람을 간별하는 것

먼저 본문에서 '계戒를 효孝라고 하고 제지制止라고도 한다'고 한 것을, 부처님의 가르침에 수순하기 때문에 효라 하고, 그릇된 것을 막고 악을 그치는 것이기 때문에 제지라고 한다고 풀이하였다.

보살계를 받을 수 있는 사람을 간별한 부분은 크게 수계법受戒法, 사계捨戒의 연緣, 계를 굳게 지키는 것과 범하는 것(持犯)의 차별, 참회법 등의 넷으로 나누어 설명하였다. 특히 수계법을 설함에 있어서 스승에게 계를 받는 것과 스스로 서원하여 계를 받는 것을 동등한 것으로 보는 태도는 의적義寂이 자서수계를 하품계下品戒라고 하여 특별히 설명하지 않는 것과 대조되는 태도이다. 또한 계사戒師의 자격에 대해서도 『유가사지론』의 설을 인용하여 재가자와 출가자를 가리지 않고 계에 대한 지혜 등을 비롯한 일정한 조건을 갖추면 된다고 하였다. 또한 계를 굳게 지키는 것과 범하는 것을 설명하면서, 재가 보살이 중생을 구제하기 위해 삼독三毒 중 탐욕을 일으키는 것은 파계가 아니고 오히려 탐욕을 일으키지 않으려고 중생을 구제하지 않고 버려둔다면 파계가 되는 것이라고 하고, 출가 보살의 경우는 성스러운 가르침을 보호해야 하기 때문에 예외라고 하였다. 이렇게 방편을 적극적으로 허용하려는 모습은 승장에게서 일관되게 보이는 태도이다.

(ㄴ) 별도로 계상을 풀이하는 것

㉠ 십중계十重戒를 풀이함

열 가지 중죄에 해당하는 계를 설한 부분을 풀이하였다. 예컨대 제1 살생계에서 성문계는 어떤 경우에든 살생을 허락하지 않지만, 보살계는 살

생을 함으로써 중생에게 이익을 줄 수 있다면 허락한다고 하였다. 그 근거로 『유가사지론』에서 보살이 무간업無間業을 지으려는 중생을 보고 그를 지옥에서 구제하기 위해 스스로 지옥에 떨어질 것을 감수하면서 그 중생을 죽인다면 보살계를 위반하지 않을 뿐 아니라 오히려 많은 공덕을 낳는다고 한 것을 인용하였다. 자살自殺의 문제에 대해 승장은 『미륵소문경론』을 인용하여 살생의 대상이 없기 때문에 결국 살생의 주체도 없는 것이어서 죄가 되지 않는 것이라 하였다. 살생의 업이 이루어지는 것에 대해서도 『유가사지론』을 인용하여 살생의 대상, 살생하려는 대상에 대한 전도되지 않은 생각(자신이 죽이려는 바로 그 중생이라는 생각), 살해하려는 의지, 탐욕·분노·어리석음 등의 번뇌에 가려지는 것, 상대방의 목숨이 끊어지는 것 등의 다섯 가지 조건이 이루어져야 살생의 업이 성취된다고 하여, 느슨하게 계율을 적용하려는 모습을 보인다. 더 나아가 승장은 스스로 중생을 나무 그루터기로 잘못 알고 살생했을 경우에 해당되는 죄의 문제를 제기하고, '첫째 중죄이다. 둘째 본래 나무 그루터기가 없던 곳이라면 부주의한 것이니 중죄이고 본래 나무 그루터기가 있었던 곳이라면 중죄가 성립되지 않는다. 셋째 경죄이고 중죄는 아니다'라는 세 가지 입장을 제시한 후, 세 번째가 가장 뛰어나다고 하고, 실수에 의한 모든 살생은 업도를 이루지 않는다는 자신의 입장을 밝히고 있다. 이러한 입장은 비교적 방편을 많이 허용하는 유가계의 특성과 밀접하게 맞닿아 있다. 이하 나머지 아홉 가지 계에 대해서도 모두 『유가사지론』을 인용하여 방편을 허용하는 측면에서 해석하고 있다.

ⓒ 경계輕戒를 풀이함

『범망경』 본문에서 모두 48가지의 경계를 열 가지 계를 세 번 묶고 아홉 가지 계를 두 번 묶어 모두 다섯 단락으로 나누어 설하고 있다. 승장은 이 다섯 단락의 분과를 수용하면서, 각 단락에 해당되는 계를 『유가사지론』의 삼취정계 중 섭선법계와 요익유정계에 배속시키고, 다시 섭선법계는 육바라밀과의 관련성 속에서 세분화하여 배속시키고 요익유정계는 사섭법四攝法과의 관련성 속에서 세분화하여 배속시켰다. 이제 이것을 도표로 나타내면 다음과 같다.

	계 명	삼취정계	어길 경우 육바라밀(육도)·사섭법과의 관계
제1열가지계	1 불여법공양계不如法供養戒	섭선법계	보시바라밀 장애
	2 불음주계不飮酒戒		계바라밀 장애
	3 불식육계不食肉戒		
	4 오신계五辛戒		
	5 불교회계不敎悔戒		
	6 불공급급불청법계不供給及不請法戒		혜바라밀 장애
	7 불청법계不聽法戒		
	8 배대향소계背大向小戒		
	9 불간병계不看病戒	요익유정계	이행섭 장애
	10 축살생구계畜殺生具戒		
제2열가지계	11 국사계國使戒	요익유정계	별도의 풀이 없음
	12 판매계販賣戒		
	13 훼방계毁謗戒		
	14 방화계放火戒		
	15 벽교계僻敎戒		
	16 도설법계倒說法戒		
	17 악구계惡求戒		
	18 무소지위타사계無所知爲他師戒		
	19 이간어계離間語戒		
	20 방생계放生戒		
제3열가지계	21 이진보계以瞋報戒	섭선법계	인욕바라밀 장애
	22 교불수법계憍不受法戒		반야바라밀 장애
	23 만심도설계慢心倒說戒		
	24 습학이도계習學異道戒		계바라밀 장애
	25 불선섭중계不善攝衆戒	요익유정계	동사섭 장애
	26 독수이양계獨受利養戒		
	27 수별청계受別請戒		
	28 별청계別請戒		
	29 사명자활계邪命自活戒		이행섭 장애
	30 불경호시계不敬好時戒		

제4아홉가지계	31 불행구속계不行救贖戒	요익유정계	별도의 풀이 없음
	32 축비법기계畜非法器戒		
	33 투전희희계鬪戰嬉戱戒		
	34 퇴심계退心戒	섭선법계	정진바라밀 장애
	35 불발대원계不發大願戒		
	36 불서견고심계不誓堅固心戒		
	37 불입난처계不入難處戒		선정바라밀 장애
	38 차제계次第戒		계바라밀 장애
	39 불수복혜계不修福慧戒		보시바라밀 장애
제5아홉가지계	40 간수계簡授戒	요익유정계	별도의 풀이 없음
	41 위리수계爲利授戒		
	42 위악인설계계爲惡人說戒戒		
	43 파계수시계破戒受施戒		
	44 불공양계不供養戒		
	45 불교화중생계不敎化衆生戒		
	46 설법불여법계說法不如法戒		
	47 교만파법계憍慢破法戒		
	48 파법인연계破法因緣戒		

이상과 같이 범망계의 해석에 유가계인 삼취정계를 끌어들이는 것은 유식학자들의 주석서에 나타나는 공통된 현상이다. 특히 삼취정계 중 섭선법계와 요익유정계의 두 가지에 포섭시키는 것은 의적과 동일한데, 의적은 십중계를 섭률의계, 사십팔경계 중 제1~제30을 섭선법계, 제31~제48을 요익유정계라고 하여 세부적인 배속은 달리하고, 동시에 사십팔경계가 낱낱이 삼취정계의 뜻을 갖추고 있다고 하여 다른 입장을 보인다. 사십팔경계가 낱낱이 삼취정계의 뜻을 갖추고 있다는 입장은 태현에게서도 발견된다.[25]

② 총괄적으로 맺는 것
정설분의 교설을 맺은 것으로 여기에서 설한 계는 모든 부처님과 보살

---

25 최원식, 앞의 책, pp.124~125를 참조하였다.

의 본원이고 불성佛性의 종자라고 하고, 이불성理佛性처럼 모든 중생이 다 지니고 있는 것이라고 하였다.

3. 『범망경술기』의 특성 및 의의

우리나라·중국·일본 등에 현재 전해지고 있는 『범망경』의 주석서는 모두 29권이다. 이것들은 다시 상·하 양권을 주석한 것, 하권의 전부를 주석한 것, 하권에서 보살계를 설한 부분만 주석한 것 등의 세 종류로 나눌 수 있다. 『범망경술기』는 상권은 분과에 넣어 전체적인 맥락에서 그 지위를 설명하기는 하지만, 수문해석은 하권 전체에 대해서만 이루어지고 있다.[26]

이 경의 여러 주석서 가운데 고래로부터 중시된 것은 천태 지의天台智顗의 『보살계의소菩薩戒義疏』, 신라 원효元曉의 『범망경보살계본사기梵網經菩薩戒本私記』, 법장法藏의 『범망경보살계본소梵網經菩薩戒本疏』, 승장의 『범망경술기』, 법상종의 제2조인 혜소의 제자 지주智周(668~723)의 『범망경소梵網經疏』, 신라 태현太賢의 『범망경고적기梵網經古迹記』, 신라 의적義寂의 『보살계본소菩薩戒本疏』 등이다.[27]

---

26 白土わか, 「梵網經研究序說」, pp.119~121.
27 성립 순서에 의거하였고, 그 순서는 다음 논문의 서술을 따랐다. 白土わか, 「梵網經研究序說」, pp.119~121. 단 본문에서 의적의 저술을 『梵網戒本疏』라고 했는데 이렇게 칭한 용례는 찾을 수 없어서, 『보살계본소』로 바꾸었다. 다만 이러한 순서의 연원에 대한 설명은 없다. 이에 비해 吉津宜英은 「法藏以前の『梵網經』諸注釋書について」(『駒澤大學佛教學部研究紀要』 47호, 1989), pp.100~101에서 원효·의적·승장의 생몰 연대에 대해, 승장은 원측의 제자이고 의적은 의상義湘(625~702)의 제자이므로, 원효가 가장 앞서

이들 주석서의 상호 관련성 속에서 『범망경술기』의 독자적 지위를 상세하게 언급하는 것은 필자의 능력 밖의 일이다. 앞에서 『범망경술기』의 내용을 서술하면서 몇 가지 독특한 점을 제시하기는 했지만 미흡한 부분이 많다. 따라서 『범망경술기』의 지위를 종합적으로 고찰한 기존의 연구 결과를 정리하여 보다 다양한 관점에서 본서를 파악할 수 있는 길을 열어 두고자 한다.

요시즈 요시히데(吉津宜英)[28]는 지의·원효·의적·승장 등의 『범망경』 주석서를, 첫째 주석서가 주석한 『범망경』의 범위,[29] 둘째 『범망경』의 교판론적 지위에 대한 견해, 셋째 『범망경』의 가르침의 대상에 대한 견해, 넷째 『범망경』과 『화엄경』의 관계에 대한 이해,[30] 다섯째 유가계와 범망계의 관련성에 대한 견해, 여섯째 도선道宣(596~667)의 사분율종에 대한 태도, 일곱째 이전 주석서의 수용과 비판의 내용 등의 일곱 가지 범주에 의해 파악하여 상호 관련성에 대해 다음과 같은 결론을 내렸다.

지의는 범망계가 보살을 위한 것이고 이승인을 위한 것은 아니라고 주장하지만 구체적인 해석에서는 칠중계를 적극적으로 끌어들인다. 그것은 이승의 대승에의 전입을 적극적으로 인정하는 천태교학의 본질에서 유래한 것이다. 이런 점에서는 승장은 지의보다는 의적과 가까운 입장을 보인

고, 다음에 승장이 의적의 주석서를 참조한 흔적이 있기 때문에 의적이 앞선다고 하여, 원효·의적·승장의 순서를 제시하였다. 승장이 의적의 주석서를 참조한 증례는 해당 논문의 p.117 주 35)에서 몇 가지를 제시하였다. 또한 법장은 승장의 주석서에 대해 비판적인 입장을 보이고 있다고 하여(p.113) 법장을 승장 이후에 두고 있다. 그의 주장에 따르면 원효→의적→승장→법장의 순서여야 한다.

28 이상의 결론 부분은 吉津宜英의 앞에서 서술한 논문에 전적으로 의지한 것이다.
29 A형은 권하에서 보살계본으로 독립된 "나는 이제 노사나라네"라는 게송 부분부터 주석한 것, B형은 권하 전체를 풀이한 것, C형은 상권과 하권을 모두 주석한 것으로 분류했다.
30 관련이 있다고 보는 경우, 동일한 것이라고 보는 경우, 전혀 다른 것이라고 보는 경우 등의 셋으로 분류했다.

다. 승장과 의적은 칠중계와는 일정한 선을 긋고 순수하게 보살계를 선양하기 때문이다. 승장이 『화엄경』과 『범망경』을 일체시하고 『유가사지론』을 많이 인용하는 것은 이승과 불공不共인 보살계를 현양하기 위한 것이다. 한편 의적과 승장은 이승과 격절된 보살대승의 계율을 건립하는 점에서 공통되지만 계율의 정신성을 중시하는가 실천성을 중시하는가에 따라 그 입장이 갈라진다. 두 사람은 모두 『화엄경』과 『유가사지론』을 중시하지만 의적은 범망계의 정신의 고매함을 증명하기 위해서 이들을 인용하고, 승장은 보살의 수행의 계위와 실천 내용을 보완하기 위해서 이들을 인용한다. 이러한 측면에서 승장은 지의가 계율에 대해 현실적이고 실천적인 면을 중시한 태도와 가까운 면을 보인다. 원효와 의적은 삼취정계를 개개의 조목의 구체적 내용과의 관련성 속에서 서술하는 것보다는 『범망경』의 경문을 해석하기 위해 수사적 방편으로 사용한다. 그러나 승장은 삼취정계를 『유가사지론』의 원의에서 벗어난 형태로는 사용하지 않는다. 법장은 승장의 『범망경술기』에 대해 비판적이고 의적과 원효의 입장에 호의적이다.

차례

한글본 한국불교전서를 펴내며 / 5
범망경술기梵網經述記 해제 / 7
일러두기 / 51

| 범망경술기 권상 본 |

제1편 가르침이 일어난 이유와 제목 및 경명經名의 유래 55

제1장 가르침이 일어난 이유와 제목 56

제2장 경명의 유래 61

제2편 경의 종지宗旨와 체體 65

제1장 경의 종지 66
   1. 모든 가르침의 종지 66
   2. 이 경의 종지 69

제2장 경의 체 70
   1. 거짓된 것을 포섭하여 참된 것으로 돌아가게 하는 문 70
   2. 지말적인 것을 포섭하여 본질적인 것으로 돌아가게 하는 문 71
   3. 일시적인 것을 포섭하여 진실된 것을 따르게 하는 문 74
   4. 법수에 의해 체를 정하는 것 74
     1) 살바다부 75
     2) 경량부의 주장 76
     3) 대승의 주장 77

제3편 가르침이 포섭되는 범위를 밝힘 ········ 89

제4편 가르침의 대상(機)을 밝힘 ········ 93

제5편 문장을 나누어 바로 풀이함 ········ 95

제1장 서분 ········ 97

제2장 정설분 ········ 98
  1. 자세히 해석하는 것 ········ 99
   1) 심지의 뜻을 밝힘 ········ 100
    (1) 바로 심지의 뜻을 풀이함 ········ 100
    (2) 심지법문을 수지하고 그 말씀을 굴릴 것을 권함 ········ 101
     ① 노사나불이 심지법문을 수지하고 그 말씀을 굴릴 것을 권한 것을 밝힘 ········ 101
     ② 석가불이 심지법문을 수지하고 그 말씀을 굴리는 것을 밝힌 것 ········ 103
      가) 부처님께서 물러나신 것 ········ 104
      나) 광명을 놓은 것 ········ 105
      다) 공양하는 것 ········ 105
      라) 받아 지니는 것 ········ 105
      마) 이 세계에서 사라진 것 ········ 105
      바) 삼매에 든 것 ········ 106
      사) 본래의 세계로 돌아간 것 ········ 106
      아) 삼매에서 나오는 것 ········ 107
      자) 법을 설한 것 ········ 108
       (가) 일천 꽃잎의 부처님이 설법하는 것 ········ 108
        ㉮ 십세계해 ········ 109
        ㉯ 십주 ········ 110
        ㉰ 십행 ········ 111
        ㉱ 십회향 ········ 112
        ㉲ 십선정 ········ 114
        ㉳ 십지 ········ 116

　　　　㈆ 십금강 ……… 118
　　　　㈇ 십인 ……… 123
　　　　㈈ 십원 ……… 124
　　　　㈉ 심지법문 ……… 132
　　　㈏ 백억의 부처님이 설함 ……… 134
　2) 닦아야 할 실천행을 풀이함 ……… 135
　　(1) 다섯 가지 모습 ……… 135
　　　① 천궁에 태어나는 모습 ……… 135
　　　② 태내에 들어가고 태에서 나오는 모습 ……… 139
　　　③ 출가하는 모습 ……… 144
　　　④ 불도를 이루는 모습 ……… 147
　　　⑤ 법륜을 굴리는 모습 ……… 147
　　　　가) 광명이 머무는 곳에서 법륜을 굴린 것을 밝힌 것 ……… 147
　　　　나) 법륜을 굴린 것을 풀이함 ……… 148
　　(2) 실천해야 할 것을 바로 밝힘 ……… 149
　　　① 경가經家의 서문 ……… 149
　　　　가) 위하는 사람 ……… 150
　　　　나) 외운 것을 나타냄 ……… 151
　　　② 바로 풀이함 ……… 153
　　　　가) 계상戒相을 간략하게 나타내고 설법을 허락하면서 자세히 들으라고 한 것 ……… 153
　　　　　㈎ 계명戒名을 들고 작용을 드러내며 설법을 허락한 것 ……… 153
　　　　　　㉠ 이름의 체體를 드러낸 것 ……… 154
　　　　　　㉡ 작용을 드러낸 것 ……… 156
　　　　　　㉢ 설법을 허락한 것 ……… 163
　　　　　㈏ 간략하게 계덕戒德을 찬탄하고 수지를 권하고 마음에 새겨서 들으라고 가르친 것 ……… 164
　　　　　　㉠ 교주를 밝힘 ……… 164
　　　　　　　ㄱ) 노사나를 밝힌 것 ……… 166
　　　　　　　ㄴ) 천백억 석가를 비추는 것 ……… 166
　　　　　　　　㈀ 천 석가 ……… 167

　　　　(ㄴ) 백억 석가 ……… 167

　　　　(ㄷ) 천백억 노사나불 ……… 167

　　㈏ 간략히 계덕을 찬탄한 것 ……… 168

　　　ㄱ) 진신眞身인 부처님(眞佛)의 설을 밝힌 것 ……… 169

　　　ㄴ) 천백억 부처님의 설을 밝힌 것 ……… 171

　　　ㄷ) 바로 계덕을 찬탄함 ……… 171

　　　　(ㄱ) 비유 ……… 171

　　　　　㉠ 해와 달의 비유 ……… 172

　　　　　㉡ 영락의 비유 ……… 173

　　　　(ㄴ) 법 ……… 174

　　㈐ 수지를 권하고 마음에 새겨서 들으라고 가르치신 것 ……… 175

　　　ㄱ) 듣고 외우는 사람을 든 것 ……… 176

　　　ㄴ) 수지를 권한 것 ……… 176

　　　ㄷ) 마음에 새겨서 들으라고 가르치신 것 ……… 177

　　　　(ㄱ) 바로 마음에 새겨서 들으라고 가르친 것 ……… 177

　　　　(ㄴ) 믿음을 내라고 가르친 것 ……… 177

　　　　(ㄷ) 맺는 것 ……… 179

　나) 계상을 자세하게 풀이한 것 ……… 179

　　㈎ 명칭의 뜻을 풀이하고 받아들일 수 있는 사람을 간별하는 것 ……… 179

　　　㉮ 계를 맺고 간략히 총괄적 명칭을 풀이함 ……… 179

　　　　ㄱ) 교주 ……… 180

　　　　ㄴ) 처소 ……… 181

　　　　ㄷ) 계를 맺음 ……… 182

　　　　ㄹ) 계명을 풀이함 ……… 182

　　　㉯ 광명을 놓아 상서로운 모습을 나타냄 ……… 182

　　　　ㄱ) 광명을 놓은 것을 밝힘 ……… 183

　　　　ㄴ) 대중이 듣기를 원함 ……… 183

　　　　ㄷ) 광명을 놓은 이유를 풀이함 ……… 186

　　　　　(ㄱ) 권하여 외우고 수지하도록 한 것 ……… 186

　　　　　　㉠ 스스로 외운 것을 밝힘 ……… 187

　　　　　　㉡ 외우라고 권한 것을 밝힘 ……… 187

　　　　ⓑ 광명을 놓은 이유를 풀이하면서 맺는 것 ……… 189
　　㉰ 보살계를 받을 수 있는 사람을 간별한 것 ……… 191
　　　ㄱ) 수계법 ……… 192
　　　　㈀ 스승에 의지하여 받는 법 ……… 192
　　　　　㉠ 계사가 되어 줄 것을 요청함 ……… 192
　　　　　　a. 계사의 상을 밝힘 ……… 193
　　　　　　b. 바로 계사가 되어 줄 것을 요청하는 것 ……… 194
　　　　　㉡ 갈마를 밝힘 ……… 196
　　　　　　a. 계사 화상을 밝힘 ……… 197
　　　　　　b. 갈마를 밝힘 ……… 198
　　　　　㉢ 증명을 요청하는 것 ……… 199
　　　　㈁ 스스로 서원하여 받는 법 ……… 202
　　　ㄴ) 사계捨戒의 인연(緣) ……… 205
　　　ㄷ) 계를 수지하는 것과 범하는 것(持犯)의 차별 ……… 209
　　　　㈀ 차죄에 나아가 수지하는 것과 범하는 것을 밝힘 ……… 209
　　　　㈁ 성죄에 나아가 수지하는 것과 범하는 것을 밝힘 ……… 212
　⑷ 별도로 계상을 풀이한 것 ……… 216
　　㉮ 십중을 풀이함 ……… 216
　　　ㄱ) 총괄적으로 표시함 ……… 216
　　　　㈀ 수를 나타내는 것 ……… 216
　　　　㈁ 외울 것을 권하는 것 ……… 217
　　　　㈂ 셋째 배울 것을 권하는 것 ……… 218
　　　　㈃ 수지할 것을 권하는 것 ……… 218

| **범망경술기** 권상 말 |

　　　ㄴ) 별도로 해석함 ……… 223
　　　　㈀ ① 제1 불살계不殺戒 ……… 223
　　　　　㉠ 사람을 나타냄 ……… 223
　　　　　㉡ 업도를 풀이함 ……… 223

a. 업도의 모습을 들어 그러한 행위를 하지 말아야 함을 밝힌 것 ……… 223
　　　　a) 살생의 차별을 밝힘 ……… 225
　　　　　(a) 살생하는 일 ……… 231
　　　　　(b) 살생의 업 ……… 232
　　　　　(c) 살생업의 인연을 밝힘 ……… 233
　　　　b) 죽이는 대상을 밝힘 ……… 233
　　　　c) 살생해서는 안 된다는 것으로 끝을 맺음 ……… 236
　　　b. 업도가 이루어지는 것을 밝힘 ……… 237
　　　　a) 자비로운 마음을 일으키는 것을 밝힘 ……… 237
　　　　b) 업도가 이루어지는 것을 밝힘 ……… 240
　　ⓒ 죄명을 맺음 ……… 247
(ㄴ) ② 제2 투도계偸盜戒 ……… 247
　ⓐ 사람을 나타냄 ……… 247
　ⓑ 업도의 상을 밝힘 ……… 249
　　a. 업도의 상을 들어 훔치지 말아야 함을 밝힘 ……… 249
　　　a) 업도의 상을 든 것 ……… 250
　　　b) 도둑질하지 말아야 함을 밝힘 ……… 252
　　b. 업도가 맺어짐을 밝힘 ……… 252
　ⓒ 죄명을 맺음 ……… 259
(ㄷ) ③ 제3 불음계不婬戒 ……… 259
　ⓐ 사람을 나타냄 ……… 259
　ⓑ 업도를 밝힘 ……… 260
　　a. 업도의 상을 밝힘 ……… 261
　　　a) 음란한 행위의 상을 밝힘 ……… 261
　　　b) 범해서는 안 되는 것을 밝힘 ……… 261
　　　c) 방편을 밝힘 ……… 262
　　b. 업도가 이루어지는 것을 밝힘 ……… 262
　ⓒ 죄명을 맺음 ……… 267
(ㄹ) ④ 제4 불망어계不妄語戒 ……… 267
　ⓐ 사람을 나타냄 ……… 267

ⓛ 업도의 상을 밝힘 ········ 268
　　　a. 업도의 상을 밝힘 ········ 268
　　　b. 업도가 맺어지는 것을 밝힘 ········ 272
　　ⓒ 죄명을 맺음 ········ 275
(ㅁ) 5 제5 불고주계不沽酒戒 ········ 275
　　㉠ 사람을 나타냄 ········ 275
　　ⓛ 업도를 밝힘 ········ 276
　　　a. 업도의 상을 밝힘 ········ 276
　　　b. 업도가 맺어지는 것을 밝힘 ········ 277
　　ⓒ 죄명을 맺음 ········ 279
(ㅂ) 6 설사중과계說四衆過戒 ········ 279
　　㉠ 사람을 나타냄 ········ 279
　　ⓛ 업도의 상을 밝힘 ········ 280
　　　a. 업도의 상을 밝힘 ········ 281
　　　b. 업도가 맺어지는 것을 밝힘 ········ 285
　　ⓒ 죄명을 맺음 ········ 285
(ㅅ) 7 자찬훼타계自讚毁他戒 ········ 285
　　㉠ 사람을 나타냄 ········ 285
　　ⓛ 업도의 상을 밝힘 ········ 287
　　　a. 업도의 상을 밝힘 ········ 287
　　　b. 업도가 맺어지는 것을 밝힘 ········ 288
　　　　a) 실천해야 할 것을 밝힘 ········ 288
　　　　b) 업도가 맺어지는 것을 밝힘 ········ 288
　　ⓒ 죄명을 맺음 ········ 291
(ㅇ) 8 간계慳戒 ········ 291
(ㅈ) 9 진불수회계瞋不受悔戒 ········ 307
　　㉠ 사람을 나타냄 ········ 307
　　ⓛ 업도의 상을 밝힘 ········ 313
　　　a. 업도의 상을 밝힘 ········ 313
　　　b. 업도가 이루어지는 것을 밝힘 ········ 314
　　　　a) 행해야 할 것을 밝힘 ········ 314

    b) 업도를 밝힘 ········ 315
   ⓒ 죄명을 맺음 ········ 316
 (ㅊ) ⑩ 비방계誹謗戒 ········ 316
  ㉠ 사람을 나타냄 ········ 317
  ㉡ 업도의 상을 밝힘 ········ 317
   a. 업도의 상을 밝힘 ········ 317
   b. 업도가 맺어지는 것을 밝힘 ········ 321
    a) 행해야 할 것을 밝힘 ········ 322
    b) 업도가 맺어지는 것을 밝힘 ········ 322
  ㉢ 죄명을 맺음 ········ 324
ㄷ) 총괄적으로 맺는 것 ········ 324
 (ㄱ) 사람들에게 수지할 것을 권하는 것 ········ 324
  (㉠ 사람을 나타낸 것) ········ 326
  ㉡ 수지하여 범하지 말 것을 권한 것 ········ 326
  ㉢ 어기는 것의 허물을 드러낸 것 ········ 326
   a. 묘과를 잃는 것 ········ 326
   b. 악과를 얻는 것 ········ 327
  ㉣ 경계하여 범하지 않게 하는 것 ········ 333
  ㉤ 받들어 지니라고 권한 것 ········ 333
 (ㄴ) 나중에 설할 것을 미리 가리킨 것 ········ 334

| **범망경술기** 권하 본 |

 ⑭ 경계를 풀이하는 것 ········ 337
  ㄱ) 앞에서 말씀하신 것을 맺고 뒤에서 말씀하실 것을 일으킨 것 ········ 337
  ㄴ) 개별적으로 풀이한 것 ········ 337
   (ㄱ) 첫 번째 열 가지 계 : 섭선법계와 요익유정계(①~⑩) ········ 338
    ㉠ 풀이 ········ 338
     a. 섭선법계(①~⑧) ········ 339
      a) 섭선법계 중 어길 경우 보시바라밀을 장애하는 것 ········ 339

(① 불여법공양계不如法供養戒)
((a) 사람을 나타냄) ········ 340
(b) 계상을 풀이함 ········ 340
　ⓐ 계를 받을 것을 권함 ········ 340
　　ⅰ) 수계를 권한 것 ········ 341
　　ⅱ) 이유를 풀이함 ········ 341
　ⓑ 계상을 나타냄 ········ 341
　　ⅰ) 행해야 할 것 ········ 342
　　　（ⅰ) 계를 받는 것 ········ 342
　　　（ⅱ) 효순하는 마음을 내는 것 ········ 342
　　　（ⅲ) 공경해야 할 대상 ········ 343
　　ⅱ) 행하지 말아야 할 것 ········ 344
(c) 업도를 맺는 것 ········ 346
b) 섭선법계에 속하는 것 중 어길 경우 계바라밀을 장애하는 것
　(②~⑤) ········ 347
(a) ② 불음주계不飮酒戒 ········ 347
　ⓐ 사람을 나타냄 ········ 347
　ⓑ 업도의 상을 밝힘 ········ 347
　(ⓒ 죄를 맺음) ········ 351
(b) ③ 불식육계不食肉戒 ········ 351
　ⓐ 사람을 나타냄 ········ 351
　ⓑ 업도의 상 ········ 352
　　ⅰ) 먹어서 안 되는 계를 제정한 것 ········ 352
　　　（ⅰ) 계를 제정함 ········ 352
　　　（ⅱ) 이유 ········ 352
　　ⅱ) 먹으면 죄가 되는 것(고기를 먹는 것의 과실) ········ 353
　ⓒ 업도를 맺음 ········ 354
(c) ④ 오신계五辛戒 ········ 354
(d) ⑤ 불교회계不敎悔戒 ········ 356
　ⓐ 사람을 나타냄 ········ 357
　ⓑ 가르쳐 참회하도록 하는 것 ········ 357

ⅰ) 죄를 범하는 것 358
    ⅱ) 가르쳐서 참회하도록 하는 것 373
   ⓒ 업도를 밝힌 것 376
  c) 섭선법계에 속하는 것 중 어길 경우 혜바라밀을 장애하는 것
  (⑥~⑧) 377
   (a) ⑥ 불공급급불청법계不供給及不請法戒 377
    ⓐ 사람을 나타냄 377
    ⓑ 행해야 할 것 378
     ⅰ) 공경해야 할 대상 378
     ⅱ) 공경하고 존중하는 것 378
      (ⅰ) 맞이하고 배웅하는 것 379
      (ⅱ) 공급하는 것 379
      ((ⅲ) 요청하는 것) 381
    ⓒ 죄를 맺은 것 381
   (b) ⑦ 불청법계不聽法戒 382
    ⓐ 사람을 나타냄 382
    ⓑ 행해야 할 것 382
     ⅰ) 설법하는 곳 383
     ⅱ) 법을 들어야 함 383
    ⓒ 업도를 맺음 388
   (c) ⑧ 배대향소계背大向小戒 389
    ⓐ 사람을 나타냄 389
    ⓑ 업도를 풀이함 390
 b. 요익유정계(⑨, ⑩) 393
  a) ⑨ 불간병계不看病戒 393
   (a) 사람을 나타냄 393
   (b) 행해야 할 것 394
   (c) 업도를 맺은 것 400
  b) ⑩ 축살생구계畜殺生具戒 402
   (a) 사람을 나타냄 402
   (b) 업도를 밝힌 것 403

ⓒ 총괄적으로 맺고 나중에 설한 것을 미리 설한 것 ……… 404
　ⓒ 두 번째 열 가지 계 : 요익유정계(⑪~⑳) ……… 405
　　㉠ 개별적으로 풀이함 ……… 405
　　　a. ⑪ 국사계國使戒 ……… 405
　　　b. ⑫ 판매계販賣戒 ……… 406
　　　c. ⑬ 훼방계毀謗戒 ……… 407
　　　　a) 사람 ……… 407
　　　　b) 업도를 밝힘 ……… 408
　　　d. ⑭ 방화계放火戒 ……… 411
　　　e. ⑮ 벽교계僻敎戒 ……… 412
　　　　a) 사람 ……… 413
　　　　b) 행해야 할 것 ……… 413
　　　　　(a) 대승을 가르침 ……… 413
　　　　　(b) 수행을 일으키게 함 ……… 414
　　　　c) 업도를 맺음 ……… 426
　　　f. ⑯ 도설법계倒說法戒 ……… 426
　　　　a) 사람 ……… 427
　　　　b) 행해야 할 것 ……… 427
　　　　　(a) 배워야 할 것 ……… 427
　　　　　(b) 다른 사람을 위해 설하는 것 ……… 428
　　　　　　ⓐ 고행을 설하는 것 ……… 429
　　　　　　ⓑ 법을 설하는 것 ……… 429
　　　　c) 업도를 맺음 ……… 430
　　　g. ⑰ 악구계惡求戒 ……… 432
　　　　a) 사람 ……… 432
　　　　b) 업도를 맺음 ……… 433
　　　　　(a) 이익을 위해 친근히 지내는 것 ……… 433
　　　　　(b) 이치에 어긋나게 고통을 주어 구하는 것 ……… 433
　　　　　(c) 잘못을 들어 결론을 맺은 것 ……… 434
　　　h. ⑱ 무소지위타사계無所知爲他師戒 ……… 434
　　　　a) 사람 ……… 435

b) 행해야 할 것 435
　　　c) 과실을 들어 죄를 맺은 것 436
　i. ⑲ 이간어계離間語戒 437
　　　a) 사람 437
　　　b) 업도 438
　j. ⑳ 방생계放生戒 439
　　　a) 사람 439
　　　b) 행해야 할 것 439
　　　　(a) 총괄적으로 나타낸 것 440
　　　　(b) 개별적으로 풀이하는 것 440
　　　　　ⓐ 축생을 제도하는 것 441
　　　　　　ⅰ) 자애로운 마음을 발하는 것 441
　　　　　　ⅱ) 생명을 구하는 것 444
　　　　　ⓑ 은혜가 있는 이를 제도하는 것 448
　　　c) 잘못을 들어 죄를 맺은 것 450
　ⓛ 나중에 설할 것을 미리 가리킨 것. 총괄적으로 맺음 452

| **범망경술기** 권하 말 |

　(ㄷ) 세 번째 열 가지 계 : 섭선법계와 요익유정계 455
　　㉠ 별도로 풀이함 455
　　　a. 섭선법계 : 어길 경우 육도를 장애함(㉑~㉔) 455
　　　　a) 섭선법계 중 어길 경우 인욕바라밀을 장애하는 것 456
　　　　　㉑ 이진보계以瞋報戒)
　　　　　　(a) 사람을 나타냄 456
　　　　　　(b) 업도의 상을 밝힘 456
　　　　　　　ⓐ 분노를 막을 것 457
　　　　　　　ⓑ 거듭 해석함 458
　　　　　　(c) 허물을 들어 죄를 맺음 459
　　　　b) 섭선법계 중 어길 경우 반야바라밀을 장애하는 것(㉒, ㉓) 460

　　　　(a) ㉒ 교불수법계憍不受法戒 ……… 460
　　　　　ⓐ 사람 ……… 460
　　　　　ⓑ 업도를 밝힘 ……… 460
　　　　　　ⅰ) 스스로를 믿어 법에 대한 가르침을 받지 않는 것 ……… 462
　　　　　　　(ⅰ) 자신의 훌륭한 점을 믿는 것 ……… 462
　　　　　　　　ⓘ 아직 이해하지 못한 것을 밝힌 것 ……… 462
　　　　　　　　ⓘⓘ 자신의 훌륭한 점을 믿는 것 ……… 462
　　　　　　　(ⅱ) 법에 대한 가르침을 받지 않는 것 ……… 463
　　　　　　ⅱ) 다른 사람을 혐오하여 법에 대한 가르침을 받지 않는 것
　　　　　　　……… 463
　　　　(b) ㉓ 만심도설계慢心倒說戒 ……… 464
　　　　　ⓐ 사람 ……… 464
　　　　　ⓑ 계를 받는 것 ……… 465
　　　　　　ⅰ) 스스로 서원하여 계를 받는 것 ……… 466
　　　　　　　(ⅰ) 계를 받는 시절 ……… 466
　　　　　　　(ⅱ) 계를 받는 법식 ……… 466
　　　　　　ⅱ) 법사에 의지하여 계를 받는 것 ……… 468
　　　　　ⓒ 업도의 상 ……… 468
　　c) 섭선법계 중 어길 경우 계바라밀을 장애하는 것 ……… 469
　　　(㉔ 습학이도계習學異道戒)
　　　　(a) 사람 ……… 469
　　　　(b) 업도를 밝힘 ……… 470
　　　　　ⓐ 대승을 닦고 배우지 않는 것 ……… 471
　　　　　ⓑ 다른 도를 배우는 것 ……… 471
　　　　　　ⅰ) 다른 도를 배우는 것 ……… 471
　　　　　　ⅱ) 과실을 드러낸 것 ……… 472
　　　　(c) 죄를 맺는 것 ……… 472
　b. 섭요익계(㉕~㉚) ……… 473
　　a) 어길 경우 동사섭에 장애가 되는 것(㉕~㉘) ……… 473
　　　(a) ㉕ 불선섭중계不善攝衆戒 ……… 473
　　　　ⓐ 사람 ……… 473

ⓑ 행해야 할 것 474
　　　　ⅰ) 시기 474
　　　　ⅱ) 실행 주체 475
　　　　ⅲ) 행해야 할 것 476
　　　ⓒ 허물을 들어 죄를 맺음 476
　　(b) ㉖ 독수이양계獨受利養戒 478
　　　ⓐ 사람 478
　　　ⓑ 행해야 할 것 479
　　　　ⅰ) 승방의 주인 480
　　　　ⅱ) 객 스님이 온 것 480
　　　　ⅲ) 객 스님을 돕고 받드는 것 480
　　　　　(ⅰ) 오는 것을 맞이하고 가는 것을 배웅함 481
　　　　　(ⅱ) 필요로 하는 것을 공급해 주는 것 481
　　　　　(ⅲ) 대중공양을 청하면 순서에 의거하는 것 481
　　　ⓒ 잘못을 들어 죄를 맺음 487
　　(c) ㉗ 수별청계受別請戒 489
　　　ⓐ 사람 489
　　　ⓑ 업도 489
　　　　ⅰ) 행하지 말아야 할 것 490
　　　　　(ⅰ) 하지 말아야 할 것 490
　　　　　(ⅱ) 이유 490
　　　　ⅱ) 잘못을 들어 죄를 맺은 것 491
　　(d) ㉘ 별청계別請戒 494
　　　ⓐ 사람 494
　　　ⓑ 행해야 할 것 495
　　　ⓒ 잘못을 들어 죄를 맺은 것 495
　b) 어길 경우 이행섭에 장애가 되는 것(㉙, ㉚) 498
　　(a) ㉙ 사명자활계邪命自活戒 498
　　　ⓐ 사람 499
　　　ⓑ 허물을 들어 죄를 맺은 것 499
　　(b) ㉚ 불경호시계不敬好時戒 503

　　　　　ⓐ 사람 ········ 503
　　　　　ⓑ 죄를 맺음 ········ 504
　　㉡ 받들어 지닐 것을 권하고 다른 품을 미리 가리킨 것 ········ 508
　㈃ 아홉 가지 계 : 요익계와 선법계 ········ 508
　　㉠ 개별적 풀이 ········ 508
　　　a. 요익계(㉛~㉝) ········ 508
　　　　a) ㉛ 불행구속계不行救贖戒 ········ 508
　　　　　(a) 사람 ········ 508
　　　　　(b) 행해야 할 것 ········ 509
　　　　　　ⓐ 시절을 밝힘 ········ 510
　　　　　　ⓑ 실천적 행위의 대상 경계 ········ 510
　　　　　　ⓒ 행해야 할 것 ········ 511
　　　　　(c) 허물을 맺음 ········ 511
　　　　b) ㉜ 축비법기계畜非法器戒 ········ 513
　　　　c) ㉝ 투전희희계鬪戰嬉戱戒 ········ 513
　　　　　(a) 사람 ········ 514
　　　　　(b) 행하지 말아야 할 것 ········ 514
　　　　　((c) 허물을 맺음) ········ 516
　　　b. 선법계(㉞~㊴) ········ 516
　　　　a) 어길 경우 정진精進의 실천에 장애가 되는 것을 밝힌 것
　　　　　　(㉞~㊱) ········ 516
　　　　　(a) ㉞ 퇴심계退心戒 ········ 517
　　　　　(b) ㉟ 불발대원계不發大願戒 ········ 519
　　　　　　(ⓐ 사람) ········ 519
　　　　　　ⓑ 열 가지 큰 원을 밝힘 ········ 519
　　　　　　ⓒ 죄를 맺음 ········ 520
　　　　　(c) ㊱ 불서견고심계不誓堅固心戒 ········ 520
　　　　　　ⓐ 사람 ········ 523
　　　　　　ⓑ 열 가지 큰 원을 발하고 열세 가지 큰 서원을 발함 ········ 523
　　　　　　(ⓒ 그릇된 것을 들어 죄를 맺음) ········ 526
　　　　b) 선정바라밀에 장애가 되는 것을 밝힌 것 ········ 526

(㊲ 불입난처계不入難處戒)

 (a) 사람 ········ 526

 (b) 행해야 할 것 ········ 527

  ⓐ 총괄적으로 나타낸 것 ········ 528

  ⓑ 자세하게 풀이한 것 ········ 531

   ⅰ) 두타의 도구 ········ 532

   ⅱ) 두타의 시기 ········ 535

   ⅲ) 포살 ········ 535

 (c) 그릇된 것을 들어 죄를 맺은 것 ········ 536

c) 계바라밀의 실천에 장애가 되는 것을 밝힌 것 ········ 537

(㊳ 차제계次第戒)

 (a) 사람 ········ 537

 (b) 행해야 할 것 ········ 537

 (c) 행하지 말아야 할 것 ········ 540

 (d) 허물을 맺은 것 ········ 541

d) 보시바라밀의 실천에 장애가 되는 것을 밝힌 것 ········ 541

(㊴ 불수복혜계不修福慧戒)

 (a) 사람 ········ 541

 (b) 행해야 할 것 ········ 542

  ⓐ 교화하여 복덕을 닦게 하는 것 ········ 544

   ⅰ) 교화하여 복덕을 닦게 하는 것 ········ 544

   ⅱ) 복덕의 내용을 밝힌 것 ········ 544

  ⓑ 강설하여 행해行解를 닦게 하는 것 ········ 545

 (c) 허물을 맺는 것 ········ 547

㉡ 수지할 것을 권하고 다른 품을 미리 가리킨 것 ········ 548

(ㅁ) 아홉 가지 계 : 요익유정계(㊵~㊽) ········ 548

㉠ 개별적 풀이 ········ 549

 a. ㊵ 간수계簡授戒 ········ 549

  a) 사람 ········ 549

  b) 계를 주는 법 ········ 549

   (a) 계를 받는 사람 ········ 550

ⓑ 위의를 풀이함 ……… 551
　　ⓒ 칠난을 가려냄 ……… 552
　　ⓓ 출가인은 세속인에게 예배할 수 없음 ……… 559
　c) 허물을 들어 죄를 맺음 ……… 559
b. 41 위리수계爲利授戒 ……… 560
　a) 사람 ……… 560
　b) 행해야 할 것 ……… 561
　　ⓐ 가르치는 사람 ……… 561
　　ⓑ 바로 가르쳐야 할 것 ……… 561
　　　ⓐ 두 스님을 청할 것 ……… 562
　　　ⓑ 칠난을 질문할 것 ……… 562
　　　ⓒ 참회하도록 가르치는 것 ……… 564
　　　ⓓ 총괄적으로 맺은 것 ……… 568
　c) 허물을 들어 죄를 맺은 것 ……… 568
　　ⓐ 허물을 든 것 ……… 569
　　ⓑ 허물을 들어 죄를 맺은 것 ……… 575
c. 42 위악인설계계爲惡人說戒戒 ……… 577
　a) 사람을 나타냄 ……… 577
　b) 하지 말아야 할 것 ……… 577
　c) 죄를 맺은 것 ……… 579
d. 43 파계수시계破戒受施戒 ……… 580
　a) 사람 ……… 580
　b) 행하지 말아야 할 것 ……… 581
　c) 죄를 맺은 것 ……… 583
e. 44 불공양계不供養戒 ……… 583
　a) 사람 ……… 583
　b) 행해야 할 것 ……… 584
　c) 죄를 맺음 ……… 585
f. 45 불교화중생계不敎化衆生戒 ……… 586
　a) 사람 ……… 587
　b) 행해야 할 것 ……… 587

            c) 죄를 맺은 것 ········ 589
        g. ㊻ 설법불여법계說法不如法戒 ········ 589
            a) 사람 ········ 589
            b) 행하지 말아야 할 것 ········ 590
            c) 행해야 할 것 ········ 591
            d) 죄를 맺은 것 ········ 591
        h. ㊼ 교만파법계憍慢破法戒 ········ 591
            a) 사람 ········ 591
            b) 허물을 들어 죄를 맺은 것 ········ 592
                (a) 허물을 드러낸 것 ········ 592
                (b) 죄를 맺은 것 ········ 592
        i. ㊽ 파법인연계破法因緣戒 ········ 593
      ㉡ 받들어 지닐 것을 권한 것 ········ 594
    ㄷ) 총괄적으로 받아 지닐 것을 권한 것 ········ 595
  (3) 총괄적으로 유통시킬 것을 권하신 것 ········ 596
    ① 부처님께서 수지하고 유통시킬 것을 권하신 것 ········ 596
      가) 말씀이 허망한 것이 아님을 증명함 ········ 597
      나) 유통시킬 것을 권함 ········ 597
      다) 유통의 이익 ········ 597
      라) 받들어 지닐 것을 권함 ········ 598
      마) 앞으로 설할 곳을 미리 가리킨 것 ········ 598
    ② 보살이 받들어 지니는 것 ········ 598
  2. 총괄적으로 맺는 것 ········ 599

제3장 유통분流通分 ········ 602

옮긴이의 말 / 609
찾아보기 / 611

일러두기

1 '한글본 한국불교전서'는 문화체육관광부의 지원을 받아 동국대학교 불교문화연구원에서 수행하고 있는 '한국불교전서역주' 사업의 결과물을 출간한 것이다.
2 이 책은 『한국불교전서』(동국대학교출판부 간행) 제2책의 「범망경술기梵網經述記」를 저본으로 하여 번역하였다.
3 본 역서의 차례는 저자 승장의 과목 분류에 의거해서 역자가 임의로 넣은 것이다.
4 번역문에 이어 원문을 병기하였다. 원문은 『한국불교전서』를 저본으로 했으며, 띄어쓰기를 표시하기 위해 온점(.)을 사용하였다.
5 원문 교감 내용 가운데 ㉻은 『한국불교전서』의 교감 내용을, ㉭은 번역자의 교감 내용을 가리킨다. ㉻은 『속장경』의 교감을 따른 것인데, 『한국불교전서』에서 누락시킨 것은 별도로 ㉼이라 하였다.
6 주석에서 소개한 출전은 약호로 표기하였다. T는 『대정신수대장경大正新脩大藏經』, X는 『신찬대일본속장경新纂大日本續藏經』, H는 『한국불교전서韓國佛敎全書』의 약호이다.
7 음역어는 현재의 한문 발음대로 표기하고, 그에 해당하는 범어, 팔리어 표기는 『불광대사전佛光大辭典』에 의거하였다. ⓢ는 범어를, ⓟ는 팔리어를 뜻한다.

범망경술기 卷上本
| 梵網經述記 |

숭의사崇義寺* 스님 승장勝莊 지음
崇義寺僧 勝莊撰出

---

* 당나라 때 수도인 장안長安 서시西市 장수방長壽坊에 있던 절.『唐會要』권48 및『續高僧傳』권14(T50, 534a)에 무덕 3년(620) 당나라 고조高祖의 누나인 계양공주桂陽公主가 창건했다고 하였다. 624년 남산율종南山律宗의 창시자인 도선道宣이 스승 혜군慧頵과 함께 이곳으로 이주하여 머물면서『四分律』을 크게 선양했다. 승장은 법상종 스님인 서명사西明寺 원측圓測(613~696)의 제자로 알려져 있다. 이 학파와 큰 관련이 없고 오직 남산율종과의 관련성만 나타나고 있는 숭의사를 이름 앞에 내세운 것은 특이한 것으로 생각된다.

앞으로 다섯 부문으로 나누어서 이 경을 해석하겠다. 첫째 가르침이 일어난 이유와 제목을 설명하고, 둘째 경의 종宗과 체體를 밝히며, 셋째 가르침이 포섭되는 범주를 설명하고, 넷째 가르침을 받는 근기根機를 밝히며, 다섯째 문장을 나누어 해석하겠다.

將釋此經。五門分別。一教興題目。二辨經宗體。三攝教分齊。四教所被機。五判文解釋。

제1편
가르침이 일어난 이유와 제목 및 경명經名의 유래

첫째, 가르침이 일어난 이유와 제목을 설명함에 있어서, 먼저 가르침이 일어난 이유와 제목을 설명하고, 다음에 경전에 이러한 명칭을 붙인 이유를 밝힌다.

第一敎興題目中。先敎與題目。後辨經得名。

제1장 가르침이 일어난 이유와 제목

이것은 첫 번째에 해당한다.

법의 성품은 움직이지 않고 고요하니, 이치는 색상色相에 의해 드러난 실마리를 넘어서 있다. 깨달음의 길은 멀고 아득하니, (깨달음으로 인도하는) 자취는 언어의 밖에 감추어져 있다. 기機(교화의 대상인 중생)를 만나면 반드시 감응하되 물과 거울이 비치는 대상을 따르는 것과 같이 그 근기에 꼭 맞게 하였고, 연緣(교화의 다양한 조건)이 감응하면 그것에 즉시 소통하되 계곡과 암굴이 (대상의 소리에) 꼭 맞추어 메아리치는 것과 같이 그 상황에 꼭 맞게 하였다. 슬프구나! 능인能仁(부처님)께서는 (그 몸을) 나투시고, (중생의 근기나 상황에) 응해 정해진 틀 없이 두루 교화하여 미묘한 경전을 삼승三乘에게 열고, 참된 말씀을 팔부중八部衆[1]에게 펼쳤다. 그러므로 큰 법을 열어 보여 어두운 거리에 지혜의 햇빛을 밝히고, 큰 도리를 밝게 열어 욕망의 바다에 자비의 배를 띄웠지만, 미묘한 작용을 생각으로 알기 어렵고, 신통한 공능을 거의 헤아릴 수 없구나.

---

1 팔부중八部衆 : 팔부의 의미는 출처에 따라 다양하다. 전후 문맥상 해당 구절을 삼승에서부터 팔부중에 이르기까지 다양한 중생을 교화하는 의미로 보았고, 이 때문에 '팔부八部'를 '팔부중'이라 풀이하였다. 팔부중이란 천天·용龍·야차夜叉·건달바乾闥婆·아수라阿修羅·가루라迦樓羅·긴나라緊那羅·마후라가摩睺羅伽 등으로 부처님의 위대한 덕에 의해 교화를 받고 귀의하여 불법을 지키는 신의 역할을 한다. 범부의 눈에 보이지 않기 때문에 명중팔부冥衆八部라고도 한다.

이제 이 경은 모든 부처님의 비밀스러운 창고이고 보살의 본원本原이다. 인위因位로는 십지十地를 열어 육도六度(六波羅蜜)를 닦아 두루 청정해지는 것을 밝혔고, 과위果位로는 삼신三身[2]을 나열하여 온갖 덕을 갖추어 원만히 비추는 것을 밝혔다.

此卽初也。若夫法性凝寂。理超色相之端。覺路遙玄。迹晦名言之表。當機必應。若水鏡之隨來。緣減[1]斯通。似谷巖之對響。非直[2]能仁示現。應化無方。開妙[3]典於三乘。暢眞詮於八部。所以宗[4]開大法。朗慧日於昏衢。光闡大猷。泛慈航於欲海。妙用難思。神功窣[5]測者矣。今此經者。斯乃諸佛祕藏。菩薩本原。因。開十地。修六度而彌淸。果。列三身。具萬德而圓照。

1) ㉤ '減'은 '感'인 듯하다. 2) ㉤ '非直' 이하에 빠진 글자가 있는 것 같다. ㉠ 전후 맥락 혹은 오식誤植·오사誤寫 등을 고려할 때 '非直'은 '悲夫'의 오자로 보인다. 구조나 내용상으로 거의 유사한 문장인 『禪宗永嘉集』「序」(T48, 387b)의 본문, 곧 "聞夫慧門廣闢 理絕色相之端 覺路遙登 跡晦名言之表 悲夫 能仁示現 應化無方 開妙典於三乘 暢眞詮於八部 所以發揮至賾 懸梵景於昏衢 光闡大猷 泛禪波於欲浪"을 참조할 것. 3) ㉠ '玅'는 '妙'와 같은 글자이다. 후자로 쓴 판본이 더 많다. 4) ㉠ '宗'은 '示'이다. 5) ㉠ '窣'는 '窾'이다.

'범망경'은 이 경 한 부를 아우르는 제목이다. 범왕梵王의 나망羅網[3]을 보고, 이것으로 인해 이 경을 설했기 때문에 '범망'이라 했다. '경'은 항상된

---

2 삼신三身 : 불신佛身을 세 가지 측면에서 구별한 것. 명칭이나 개념이 일률적이진 않지만, 뒤에 나오는 승장의 해석에 따르면 자수용신自受用身·타수용신他受用身·변화신變化身 등으로 볼 수 있다. 보통 법신인 자성신自性身과 수용신·변화신 등의 셋을 삼신이라 하고, 수용신을 다시 자수용신과 타수용신으로 나눈다. 그런데 뒤의 주석에서 승장은 이 경에서의 불신을 자수용신·타수용신·변화신 등에 배대하고 있다. 자수용신은 스스로 법락法樂을 향유하는 몸, 타수용신은 타자로 하여금 법락을 향유하도록 하는 몸, 변화신은 중생을 제도하기 위해 그 근기에 맞추어 여러 가지 모습으로 나툰 몸을 가리킨다.
3 나망羅網 : 온갖 보주寶珠를 꿰어서 만든 그물.

것(常)을 말하니, 앞에서 나온 '법'과 같은 말이다. 앞에서부터 뒤에 이르기까지 바뀌는 일이 없는 것을 항상된 것이라 하고, 잘못된 것을 버리고 바른 것으로 돌아가는 것을 법이라 한다. '노사나불설'[4]은 설법하는 주체의 이름을 든 것이다. '노사나'는 정만淨滿이라 한역한다. 영원히 두 가지 장애(二障)[5]를 없애고 두 가지 과(二果)[6]를 원만하게 갖추었기 때문에 '정만'이라 한다. '심지품'은 이 한 부의 경에 수록된 품에 붙은 별도의 명칭[7]이다. (이 경에서 설한) 40위位[8]는 관행觀行을 행하는 이의 의지처로, 관행을 행

---

4 노사나불설 : 『新修大藏經』(이하 『대정장』으로 약칭함)에 실린 구마라집鳩摩羅什 한역본의 갖춘 이름은 『梵網經盧舍那佛說菩薩心地戒品第十』이다. 그러나 주석서마다 그 명칭이 달라, 명광명曠이 산보한 『天台菩薩戒疏』에는 『梵網經盧舍那佛說菩薩心地十重四十八輕戒品第十』, 법장法藏이 찬술한 『梵網經菩薩戒本疏』에는 『梵網經盧舍那佛說菩薩十重四十八輕戒一卷』, 의적義寂이 찬술한 『菩薩戒本疏』에는 『梵網經盧舍那佛說菩薩十重四十八輕戒心地品第十』, 태현太賢이 찬술한 『梵網經古迹記』에는 『梵網經盧舍那佛說菩薩心地法門品第十』, 승장은 『梵網經盧舍那佛說菩薩心地品』이라 하였다. 또한 주석자에 따라 경명을 달리 끊어 읽는데, 승장은 '범망경', '노사나불설', '보살', '심지품'으로 끊었다. 단 승장이 경명을 풀이한 순서에 따르면 보살이 심지품 뒤에 와야 하나, 이 경을 이렇게 칭한 예는 보이지 않는다.
5 두 가지 장애(二障) : 번뇌장煩惱障과 소지장所知障. 첫째 번뇌장에서 '번뇌'는 오취온五取蘊을 실아實我라고 집착하는 번뇌를 첫 번째로 하는 128가지 근본번뇌根本煩惱와 22가지의 수번뇌隨煩惱를 가리킨다. 이 번뇌는 중생의 몸과 마음을 어지럽혀 열반에 도달하는 것을 방해하고 생사의 세계에서 떠돌게 만들기 때문에 번뇌장이라 한다. 둘째 소지장이란 탐욕·분노·어리석음 등의 번뇌가 인식 대상의 참된 모습을 그대로 알지 못하게 하기 때문에 이들 번뇌를 소지장이라 한다.
6 두 가지 과(二果) : 번뇌장을 끊어 해탈을 얻고 소지장을 끊어 보리菩提(깨달음)를 얻는다. 유식학에서는 전자를 오직 실존적 고통에서 해방되는 경지라고 하여 소승의 열반으로 보고, 후자를 본질을 꿰뚫어 아는 경지라고 하여 부처님이 깨달은 경지와 같다고 본다. 이를 다시 성취한 사람을 중점으로 말하면 전자를 아라한과阿羅漢果, 후자를 여래과如來果라고 한다. 『大乘阿毘達磨集論』 권7(T31, 692c)에서 "若得菩提時 頓斷煩惱障及所知障 頓成阿羅漢及如來"라고 하였다.
7 구마라집이 한역한 『梵網經』에 대한 승조僧肇의 서문序文(T24, 997a)에 따르면, 이 경은 본래 통틀어 61품인데, 이 중 제10품만 한역한 것이라 한다. 이 경의 주석서에서 온전한 품을 갖춘 것을 대본大本이라 부르고 있다. 승장은 이 경의 제목 중 심지품을 대본 가운데 제10품의 독자적 명칭으로 보았다.
8 40위位 : 『梵網經』에서 보살의 수행계위를 40단계로 분류한 것을 말한다. 차례대로 십발취十發趣(대승으로 나아가기 위해 내는 열 가지 마음)·십장양十長養(善根을 증장시

하는 이의 마음을 포섭할 수 있기 때문에 '심지'라 한다. '보살'은 각유정覺
有情이라 한역한다. 위로는 보리菩提(覺)를 구하고 아래로는 군생群生(衆生)
을 구제하는 이를 가리킨다. 소연所緣의 경계[9]로부터 그 이름을 시설하여
각유정이라 하였다. 이 용어는 유재석有財釋[10]에 해당한다.

所言梵網經者。此一部之都目。觀梵王之羅網。因說此經。故言梵網。經

키는 열 가지 마음) · 십금강十金剛 · 십지十地 등이다. 승장은 이것을 설한 부분에 대한 해석을 생략하고, 『梵網經』 권상의 설명에 의지할 것을 권하고 있다. 그러므로 여기에서 간단하게라도 그 내용을 밝혀 둔다. (1) 십발취 : 사심捨心 · 계심戒心 · 인심忍心 · 진심進心 · 정심定心 · 혜심慧心 · 원심願心 · 호심護心 · 희심喜心 · 정심頂心, (2) 십장양 : 자심慈心 · 비심悲心 · 희심喜心 · 사심捨心 · 시심施心 · 호어심好語心 · 익심益心 · 동심同心 · 정심定心 · 혜심慧心, (3) 십금강 : 신심信心 · 염심念心 · 회향심迴向心 · 달심達心 · 직심直心 · 불퇴심不退心 · 대승심大乘心 · 무상심無相心 · 혜심慧心 · 불괴심不壞心, (4) 십지 : 체성평등지體性平等地 · 체성선혜지體性善慧地 · 체성광명지體性光明地 · 체성이염지體性爾焰地 · 체성혜조지體性慧照地 · 체성화광지體性華光地 · 체성만족지體性滿足地 · 체성불후지體性佛吼地 · 체성화엄지體性華嚴地 · 체성입불계지體性入佛界地 등이다.

9 소연所緣의 경계 : 인식 대상. 곧 위로는 보리, 아래로는 중생을 대상으로 하는 것.
10 유재석有財釋 : 범어의 복합어複合語(격 표시 없이 단어 A와 단어 B가 결합한 말)를 해석하는 방법을 여섯 가지로 분류한 것을 육합석六合釋이라 하는데, 유재석(多財釋이라고도 함)이 이 중 하나이다. 유재석은 특히 육합석 중 하나인 의주석依主釋(依士釋이라고도 함)과 혼용되고 있으므로 이 둘을 함께 설명해 본다. 첫째 의주석이란 A와 B 사이에 격관계가 성립하는 이격異格한정복합어로 해석하는 것. A와 B 사이에 소유격 · 처격 등의 다양한 격이 성립하는 것이고, 동시에 A와 B 사이에는 AB<B의 관계가 성립한다. 예를 들어 심지心地를, 마음의 땅(地)이라고 해석하는 것이다. 그리고 이 때 심지(AB)는 지地보다 좁은 범주에 속한다. 둘째 유재석이란 격관계가 성립하는 것은 의주석과 같지만, 의주석에서는 피한정자가 A+B의 구조 안에 있는 B라면, 유재석의 피한정자는 A+B의 구조 밖에 있는 X를 한정하는 것으로 해석하는 점에서 다르다. 그런 의미에서 복합어 전체가 형용사 역할을 한다. 곧 A+B가, 그 구조 밖에 있는 X를 가리킨다. 예를 들어 장수長袖를, 유재석에 의해 해석하면, 긴 소매의 옷을 입고 있는 사람이라고 해야 한다. 또한 각유정을 유재석에 의해 해석하면, 깨달음과 유정을 소연의 경계로 삼는 사람이라고 해석된다. 다만 승장은 유재석을 또 다른 형태의 복합어에도 적용하고 있는 경우가 많다. 예컨대 뒤에 나오는 문장에서 승장은 '화광삼매華光三昧'를 유재석이라고 하였다. 여기에서 화광과 삼매가 구조 밖의 X를 한정하지 않는다. 다만 꽃이 피어나는 것과 같은 광명(華光)을 소유한 삼매라는 뜻이다. 또한 나무가 깨달음을 소유했기 때문에 각수覺樹라고 하면서, 이를 유재석이라고 하기도 했다.

者。常也。前法也。前後不改。目之爲常。捨邪歸正。稱之爲法。盧舍那佛說者。舉能說之稱。盧舍那者。此云淨滿。永離二障。二果圓備。故名淨滿。心地品者。此部內之別號。以四十位。是觀行者所依。能攝觀行之心。故言心地。菩薩。此云覺有情。上求菩提。下濟群生。從所緣境。名覺有情。是有財釋。

제2장 경명의 유래

두 번째로 경전에 이러한 명칭이 붙게 된 이유를 밝힌다. 대체로 여러 경전에 그러한 이름이 붙은 이유를 논해 보면, 간략하게 일곱 가지가 있다. 첫째 사람에 의해 이름을 붙인 것, 둘째 법에 의해 이름을 붙인 것, 셋째 비유에 의해 이름을 붙인 것, 넷째 사람과 법에 의해 이름을 붙인 것, 다섯째 사람과 비유에 의해 이름을 붙인 것, 여섯째 법과 비유에 의해 이름을 붙인 것, 일곱째 사람과 법과 비유에 의해 이름을 붙인 것이다.

사람에 의해 이름을 붙인 것에 다시 네 가지가 있다. 첫째, 설법하는 사람에 의해 경의 이름을 붙인 것이다. 『무구칭경』[11]이 여기에 해당한다. 둘째, 질문하는 사람에 의해 경의 이름을 붙인 것이다. 『미륵소문경』[12]이 여기에 해당한다. 셋째, 위하는 대상이 되는 사람에 의해 경의 이름을 붙인 것이다. 『제위경』[13]이 여기에 해당한다. 넷째, 이야기의 주인공이 되는 사람에 의해 경의 이름을 붙인 것이다. 『태자수대나경』[14]이 여기에 해당한

---

11 『무구칭경』: 갖춘 이름은 『說無垢稱經』. 『維摩經』의 이역본. '무구칭'은 대승의 거사인 유마維摩(維摩詰)의 의역어 중 하나로, 정명淨名이라고도 한다. 무구칭이 설법의 주체이기 때문에 『무구칭경』이라 하였다.
12 여기에서는 미륵이 질문의 중심인물이다.
13 부처님께서 최초로 불교에 귀의한 두 명의 재가신자 중 한 명인 제위를 위해 설한 것이다.
14 부처님께서 전생에 태자 수대나로 태어났을 때의 이야기를 다룬 것이다.

다. 이상과 같은 것을 사람에 의해 경의 이름을 붙인 것이라 한다.

법에 의해 이름을 붙인 것은 소전所詮[15]의 법法을 따라 경의 이름을 붙인 것이다. 열반이라는 법을 설한 『열반경』 등이 여기에 해당한다. 비유에 의해 이름을 붙인 것은 예컨대 『금광명경』[16]이 여기에 해당한다. 사람과 법에 의해 이름을 붙인 것은 예컨대 『승천왕반야경』[17]이 여기에 해당하고, 사람과 비유에 의해 이름을 붙인 것은 곧 이 경 『범망노사나불설』[18]이 여기에 해당한다. 법과 비유에 의해 이름을 붙인 것은 『묘법연화경』[19]이 여기에 해당하고, 사람과 법과 비유에 의해 이름을 붙인 것은 『승만사자후다라니경』[20]이 여기에 해당한다. 지금 이 경은 사람과 비유에 의해 이름을 붙였다. ('범망'은) 여섯 가지 복합어 해석 방법 중 의주석依主釋[21]에 해당

---

15 소전所詮 : 상대어는 능전能詮이다. 능전能詮이란 언어 자체, 곧 모든 종류의 언어 작용의 결과물을 말하고, 소전所詮이란 그러한 언어에 담긴 뜻, 곧 그러한 언어에 의해 드러내려고 한 의미·종지·대상 등을 가리킨다.
16 천태 지의天台智顗는 『金光明經玄義』 권상(T39, 1c)에서, 금은 법신, 광은 반야, 명은 해탈을 비유한 것이라 하였다. 길장吉藏은 『金光明經疏』(T39, 160b)에서 금·광·명의 비유를 세 가지 측면에서 밝혀, 불과佛果인 삼신三身(차례대로 나열하면 법신불·응신불·화신불), 열반의 삼덕三德(차례대로 나열하면 常樂我淨·般若·어둠이 없고 근심이 없는 것), 세 가지 불성(三佛性 : 차례대로 나열하면 正因·了因·至果) 등이라 하였다.
17 승천왕은 위하는 대상이 된 사람, 반야는 소전所詮의 법이다.
18 원문에 '梵網盧舍佛說等'이라 하였다. 여기서 '등'을 이 경 이외의 여러 경이라는 뜻으로 보는 것은 전후문맥상 일관성이 없는 것으로 보인다. 그러므로 실제로 '범망노사나불설보살심지품'이라고 하는 온전한 경명을 말하는 것으로 판단하는 것이 타당할 것 같은 생각도 든다. 그렇지만 이렇게 볼 경우 현시하려는 '법'이 함께 들어가 경명을 이루었으니, 비유와 설법하는 사람을 따라 이름을 붙인 실례로 볼 수 없게 된다. 그러므로 역자는 문제의 소지는 있지만 승장의 의도는 '범망노사나불설'까지만 말하려는 데 있는 것으로 보았다.
19 묘법은 법, 연화는 비유이다.
20 승만은 설법하는 사람, 사자후獅子吼(사자가 울부짖는 소리)는 비유이다. 『대정장』의 명칭은 『勝鬘師子吼一乘大方便方廣經』이고, 보통 줄여서 『勝鬘經』이라 한다. 이 경을 승장처럼 칭한 예는 찾을 수 없다. 또한 이 경의 내용은 다라니와 관련된 것이 없는데 이러한 명칭을 붙인 것이 특이하다고 생각한다.
21 의주석依主釋 : 육합석의 하나. p.59 주10을 참조할 것.

하는 것으로 ('범천의 그물'이라는 뜻이다).

어떤 사람이 말하기를, 경은 사건(事)에 의해 이름을 붙이니, 예를 들면 『고수경枯樹經』이 여기에 해당한다고 하였다.[22] 그러나 『고수경』은 법과 비유에 의해 이름을 붙인 것이기 때문에, 여기에서는 (사건에 의해 이름을 붙인 경우에 대해서는) 말하지 않는다.[23]

第二明經得名。凡論諸經得名。略有七種。一從人得名。二者從法得名。三從喩得名。四人法得名。五人喩得名。六法喩得名。七人法喩得名。從人得名。復有四種。一從能說人而得經名。如無垢稱經。二從能問人而得經名。如彌勒所問經。三以所爲人而得經名。如提謂經。四以所詮人而得經名。如太子須大拏經。如是等類。名爲從人得名經也。以法得名者。從所詮法而得經名。涅槃經等。從喩得名者。如金光明經。從人法得名者。如勝天王般若經。從人喩得名者。卽此經梵網盧舍佛說等。從法喩得名。如妙蓮華經。從人法喩得名者。如勝鬘師子吼陀羅尼經。今此經者。人喩爲名。六釋之中。依主釋也。有人說言。經從事爲名。如枯樹經。然枯樹經。法喩爲名。故此不說。

---

22 길장吉藏(549~623)의 『法華遊意』(T34, 639a)·혜원慧遠(523~592)의 『無量壽經義疏』 권상(T37, 91b)에 나온다.
23 『枯樹經』이라고 불리는 경은 모두 세 종류이다. 첫째, 『雜阿含經』 제494 「枯樹經」(T1, 128c~129a)이다. 사리불이 걸식하러 가다가 마른나무(枯樹)를 보고 비구들에게 선정을 닦아 신통력을 얻으면, 마른나무를 가지고 물·불·금·은 등을 만들 수 있다고 설한 내용이다. 둘째, 『대정장』 권17에 수록된 『枯樹經』이다. 가섭불의 승가시탑僧伽尸塔과 제왕사諸王寺라는 절이 건립된 유래를 설했다. 경명인 고수와 관련된 내용은 본문에 나오지 않는다. 셋째, 『開元釋敎錄』 권16(T55, 655c) 등의 경록經錄에 따르면 『中阿含經』 제5경 「木積喩經」(T1, 425a)이 『枯樹經』의 동본이역이라 하였다. 「木積喩經」의 내용은 부처님께서 불타는 나무더미를 보고, 색욕에 빠져 여인을 안는 것은 불타는 나무더미를 끌어안는 것과 같이 고통스러운 결과를 낳는 것임을 설한 것이다. 경의 내용을 미루어 볼 때 길장·혜원은 첫 번째 경에 의거했고, 승장은 세 번째 경에 의거하여 설명한 것으로 생각된다. 첫 번째 경은 마른나무를 본 사건으로 말미암아 설했기 때문이고, 세 번째 경에서 마른나무란 비유이면서 동시에 설해진 법을 가리키기도 하기 때문이다.

제2편
경의 종지宗旨와 체體

두 번째로 경의 종지와 체를 밝힌다. 먼저 종지를 밝히고 뒤에 체를 밝힌다.

第二辨經宗體者。先宗後體。

제1장 경의 종지

종지를 밝히는 데, 두 가지가 있다. 먼저 통틀어서 모든 가르침의 종지를 밝히고, 나중에 별도로 이 경의 종지를 밝힌다.

宗中有二。先通辨諸教宗。後別顯此經宗。

1. 모든 가르침의 종지

통틀어서 모든 가르침의 종지를 밝히면 다음과 같다. 부처님께서 일생동안 설한 가르침의 종지는 세 가지를 넘지 않는다. 첫째 공空을 숨기고 유有를 드러내는 종지(隱空顯有宗), 둘째 유를 숨기고 공을 설하는 종지(隱有說空宗), 셋째 (공과 유의) 두 변을 멀리 여의는 종지(遠離二邊宗) 등이다.[1]

---

[1] 이는 승장의 스승인 원측의 교판론으로 그의 동학이었던 규기窺基의 교판론과는 다른 면을 보인다. 원측의 『解深密經疏』(H1, 289b)에 나온다. 곧 규기가 제3시에 유식을 배대하고 그 우월성을 강조하였다면, 원측은 각 단계가 별도의 가르침이 아니라, 동일한

공을 숨기고 유를 드러내는 종지란, 사제四諦의 법륜 등을 설한 여러 소승 경전을 말한다. 유를 숨기고 공을 설하는 종지란, 여러 부의 반야계 경전에서 설한 무상無相의 가르침을 말한다. 이것은 무상법륜無相法輪이라 한다. 『해심밀경』 제2권에서 "부처님께서 옛날 제2시第二時에 오직 대승에 발심하여 나아가 수행하는 이들을 위해, 일체법은 모두 자성自性이 없고 생겨나는 것도 없고 소멸하는 것도 없으며 본래 고요하고 자성이 열반이라는 것에 의지하여, 은밀상隱密相(은밀한 相)으로 바른 법륜을 굴리셨습니다. 비록 다시 매우 기이하고 몹시 희유하다고 하였지만, 그때에 굴린 법륜은 또한 그보다 뛰어난 것이 있고 더 받아들여야 할 것이 있으므로 아직 요의了義[2]의 가르침은 아닙니다."[3]라고 한 것과 같다.

(공과 유의) 두 변을 모두 여의는 종지란, 『해심밀경』 등과 같은 경전에서 설한 요의 대승大乘을 말한다. 이것을 곧 현료법륜顯了法輪[4]이라 한다. 『해심밀경』 제2권에서 "부처님께서는 지금 제3시第三時에 두루 일체승一切乘에 발심하여 나아가는 이들을 위하여 일체법은 모두 자성이 없고 생겨나는 것도 없고 소멸하는 것도 없으며 본래 고요하고 자성이 열반이어서 무자성성無自性性[5]이라는 것에 의지하여 현료상顯了相[6]으로 바른 법륜을 굴리셨습니다. 이것은 가장 기이하고 가장 희유한 일입니다. 지금에 이르러 부처님께서 굴리신 법륜은 그보다 뛰어난 것이 없고 더 받아들여야 할 것도 없으니, 진실한 요의의 가르

가르침을 근저로 하면서 드러낸 것만이 다름을 주장한다. 곧 은현隱顯의 차이일 뿐 본질적으로 차이가 없다고 본 것이다.
2 요의了義 : 궁극적 이치를 뚜렷이 드러낸 것.
3 『解深密經』 권2(T16, 697a).
4 현료법륜顯了法輪 : 궁극적 이치를 뚜렷이 드러낸 법륜.
5 무자성성無自性性 : 상무자성성相無自性性 · 생무자성성生無自性性 · 승의무자성성勝義無自性性 등의 삼무자성성三無自性性을 말한다.
6 현료상顯了相 : 궁극적인 이치를 뚜렷이 나타낸 모습.

침이어서 어떤 논쟁도 발붙일 수 없습니다."[7]라고 말한 것과 같다. 자씨慈氏(彌勒)와 무착無著 등의 여러 큰 보살이 『유가사지론』[8] 등의 논서를 지어 참된 종지를 궁구하여 펼치고, 유有와 무無에 대한 집착을 여의어 중도中道에 계합하였다. 예컨대 『변중변론』 제1권에서 "허망분별虛妄分別[9]은 유有이다. 이것[10]에 있어서 두 가지[11]는 모두 무無이다. 이것[12] 속에 오직 공空이 있을 뿐이고 저것[13] 속에도 또한 이것[14]이 있다. 그러므로 모든 법은 공도 아니고[15] 공이 아닌 것도 아니라고[16] 설한다. 유有[17]이기 때문이고, 무無[18]이기 때문이며, 또 유有[19]이기 때문이다. 이것이 곧 중도에 계합하는 것이다."[20]라고 한 것과 같다.

通辨諸敎宗者。謂如來一代所說之宗。不過三種。一者隱空顯有宗。二者隱有說空宗。三者遠離二邊宗。所言隱空顯有宗者。謂四諦法輪等諸小

---

7 『解深密經』 권2(T16, 697b).
8 『瑜伽師地論』은, 무착이 도솔천에서 내려온 미륵보살로부터 직접 강의를 듣고 그것을 받아 적은 것이라고 전해진다.
9 의타기성依他起性의 허망분별. 유식학에서 설한 세 가지 존재 형태와 관련된 용어. 세 가지란, 첫째, 변계소집성遍計所執性으로 허망분별에 의해 분별된 허구적 존재 형태를 말하며, 이취二取, 곧 능취能取(아는 것, 곧 주관)와 소취所取(알려지는 것, 곧 객관) 등을 그 내용으로 한다. 둘째, 의타기성으로 모든 것의 기체基體가 되는 다른 것에 의존하는 존재 형태를 가리키며 허망분별을 그 내용으로 한다. 셋째, 원성실성圓成實性으로 완성된 존재 형태를 말하며 공성空性을 그 내용으로 한다.
10 이것 : 의타기성의 허망분별.
11 두 가지 : 변계소집성의 이취.
12 이것 : 의타기성의 허망분별.
13 저것 : 능취와 소취의 두 가지를 떠난 원성실성의 공성.
14 이것 : 의타기성의 허망분별.
15 공성과 허망분별이 있기 때문이다.
16 능취와 소취의 두 성품이 없기 때문이다.
17 유有 : 허망분별, 곧 의타기성의 가유假有.
18 무無 : 이취, 곧 변계소집성의 실무實無.
19 유有 : 공성, 곧 원성실성의 실유實有.
20 『辯中邊論』 권1(T31, 464b).

乘經。隱有說空宗者。諸部般若等無相之敎。此卽名無相法輪。如解深密經第二卷說。世尊。昔在第二時中。唯爲發趣修大乘者。依一切法皆無自性無生無滅本來寂靜自性涅槃。以隱密相。轉正法輪。雖更甚奇。甚爲希有。而於彼時。所轉法輪。亦是有上。有所容受。相[1]未了義。遠離二邊宗者。謂解深密等了義大乘。此卽名爲顯了法輪。如解深密說。世尊。於今第三時中。普爲發趣一切乘者。依一切法皆無自性無生無滅本來寂靜自性涅槃無自性。[2] 以顯了相。轉正法輪。第一甚奇。最爲希有。于今。世尊所轉法輪。無上無容。是眞了義。非諸諍論安足處所。慈氏無著等。諸大菩薩。造瑜伽等。究暢眞宗。離有無執。契會中道。如辨[3]中邊論說。虛妄分別有。於此二都無。此中唯有空。於彼亦有此。故說一切法。非空非不空。有無及有故。此卽契中道。

1) ㉟『解深密經』에 따르면 '相'은 '猶'이다. 2) ㉟『解深密經』에 따르면 '性' 뒤에 '性'이 누락되었다. 3) ㉟ '辨'은 '辯'이다.

2. 이 경의 종지

별도로 이 경의 소전所詮의 종지를 밝히면 다음과 같다. 심지법문心地法門이 이 경의 소전의 종지이다. 심지법문에 대해서는 뒤에 그 문장이 나올 때 풀이하겠다.

別顯此經所詮宗者。心地法門。爲所詮宗。心地法門。至文當釋。

제2장 경의 체

다음에 체를 밝히면 다음과 같다. 능전能詮의 교체敎體는 간략하게 네 가지 문이 있다.

次明體者。能詮敎體。略有四門。

1. 거짓된 것을 포섭하여 참된 것으로 돌아가게 하는 문

첫째, 거짓된 것을 포섭하여 참된 것으로 돌아가게 하는 문이다. 이 경우 모든 법은 진여眞如를 체로 한다. 경에서 "모든 법은 다 여如이다."[21]라고 한 것과 같다. 이 문에 의하면 부처님의 성스러운 가르침은 진여를 체로 한다.

---

21 『仁王般若婆羅蜜經』 권1「觀空品」(T8, 826b), 『仁王護國般若婆羅蜜多經』 권1「觀如來品」(T8, 835c).

一攝妄歸眞門。一切諸法。眞如爲體。如契經說。一切法。皆如也。若依此門。如來聖敎。眞如爲體。

2. 지말적인 것을 포섭하여 본질적인 것으로 돌아가게 하는 문

둘째, 지말적인 것을 포섭하여 본질적인 것으로 돌아가게 하는 문이다. 이 경우 모든 법은 식識을 체로 한다. 『해심밀경』 제3권에서 "모든 식識의 소연所緣[22]은 오직 식이 현현한 것일 뿐이기 때문이다."[23]라고 한 것과 같다. 이 문에 의하면 부처님의 성스러운 가르침은 식을 체로 한다. 이는 마음 밖에서는 어떤 법도 얻을 수 없기 때문이다.

二攝末歸本門。謂一切法。以識爲體。如解深密經云。一切識所緣。唯識所顯故。若依此門。如來聖敎。以識爲體。心外諸法。不可得故。

🔹 식에 두 가지가 있다. 말씀하시는 분의 식과 듣는 사람의 식이다. 아직 알지 못하겠다. 성스러운 가르침은 어떤 식을 체로 하는 것인가.

問。識有二種。謂說者識及聞者識。未知。聖敎何識爲體。

---

22 소연所緣 : 인식 대상. 곧 인식 작용이 성립하는 의지처가 되는 것.
23 『解深密經』 권3(T16, 698b). 정확한 해당 원문은 "我說識所緣 唯識所現故"이다. 전후 맥락은 다음과 같다. 자씨보살慈氏菩薩이 부처님께 온갖 비발사나삼마지毘鉢舍那三摩地를 행할 때 드러나는 영상影像이 마음과 다른 것인지를 묻자, 부처님께서 그 영상은 오직 식識일 뿐이기 때문에 다르지 않다고 대답하고, 내가 말한 식의 인식 대상은 오직 식이 현현한 것일 뿐이기 때문이라고 하였다.

해 서방西方(인도)에 세 가지 해석이 있다.

첫째, 나가서나那伽犀那[24]는 한역어로는 용군龍軍이다. 그는 불과佛果에는 음성과 같은 속성이 없다고 말했다. 그러므로 『능가경』 제6권에서 "대혜가 부처님께 말씀드렸다. '부처님께서 말씀하신 것과 같으니, 「나는 가장 뛰어난 바른 깨달음을 얻은 어느 날 밤부터, 열반에 드는 어느 날 밤까지, 그 사이에 (지금까지 한 글자도) 말하지 않았다」라고 하셨습니다.'[25]"라고 하였고, 『대반야경』 제425권에서는 "나는 불도를 이룬 뒤에 한 글자도 말하지 않았다."[26]고 하였으며, 『금강반야경』에서도 "색을 통해 나를 보고, 음성을 통해 나를 찾는다면 이 사람은 잘못된 도리를 행하는 것이니, 여래를 볼 수 없다."[27]고 하였다. 이와 같은 성교聖敎의 진실한 증거가 한둘이 아니다. 그러므로 부처님의 경지는 색色이나 음성과 같은 속성이 없음을 알 수 있다. 이 설에 의하면 단지 듣는 사람의 식識만 있을 뿐이니, 이것을 가르침의 체로 삼는다. 무성無性의 『섭대승론석』에서 (부처님의 음성이) 듣는 사람의 식識에 취집聚集하여 현현한 것을 경의 체로 삼는다[28]고 한 것과 같다.

---

24 나가서나那伽犀那 : 대승의 논사. 기원전 2세기에 밀린다왕과 불교 교리에 대한 문답을 나누었던 나가세나(Nāgasena)와는 별개의 인물이다. 자세한 행적은 알 수 없다. 다만 다른 주석서에서도 무성無性·견혜堅慧 등과 함께 이러한 입장을 표명한 대표적 논사로 거론되고 있다.
25 『楞伽經』 권3(T16, 498c). 갖춘 이름은 『楞伽阿跋多羅寶經』이다. 동본이역으로 『入楞伽經』과 『大乘入楞伽經』 등이 있지만, 문장이 정확히 일치하는 것은 『楞伽阿跋多羅寶經』이다. 다만 이 경의 현전본은 전체 4권으로 이루어졌고, 상기 구절은 권3에 실려 있어서, 권6에 실려 있다고 한 승장의 말과 어긋난다. 참고로 승장과 비슷한 시대에 활약한 역경승 실차난타實叉難陀(652~710)가 한역한 『대승입능가경』 권6(T16, 622b12)에 문장은 정확히 일치하지 않지만 내용은 동일한 글이 실려 있다.
26 『大般若經』 권425(T7, 138c·139a). 갖춘 이름은 『大般若波羅蜜多經』이다.
27 『金剛般若經』(T8, 752a).
28 『攝大乘論釋』(T31, 380b). 『無性攝論』은 『攝大乘論釋』을 저자인 무성無性의 이름을 붙여서 칭명한 것이다. 무착無著이 지은 『攝大乘論』에 대한 두 가지 주석서 중 하나로 동본에 대한 세친世親의 주석서와 간별하기 위해 『無性攝論』이라고 부르는 경우가 많다.

둘째, 안혜安慧(510~570) 논사[29]는 여래의 자비를 바탕으로 한 본원本願의 힘 때문에 여래의 식識에 문文과 의미(義)[30]의 모습이 드러난다고 하였다. 이 설에 의하면 단지 말씀하시는 분의 식을 경의 체로 삼을 뿐이다. 모든 유정이 지닌 유루식有漏識(번뇌를 지닌 식)에 나타난 견분見分과 상분相分[31]은 모두 변계소집성遍計所執性이므로 경의 체가 아니다.

셋째, 호법護法(530~561) 보살[32]은 원칙적으로는 말씀하시는 분의 식을 경의 체로 삼으니, 여래의 가르침은 청정한 법계에서 흘러나온 것이기 때문이고, 겸하여 듣는 사람의 식도 경의 체가 될 수 있으니, 깨달음(解)을 낼 수 있기 때문이라고 하였다.

解云。西方。自有三種釋。第一那伽犀那。此云龍軍。彼云。佛果無聲德。故棱[1)]伽經第六卷云。大慧。復白佛言。如世尊所說。我。從某夜得最正覺。乃至某夜入般涅槃。於其中間。不說一字。大般若經第四百二十五云。我從成道已來。不說一字。又金剛般若經云。若以色見我。以音聲求我。是人。行邪道。不能見如來。此等聖敎。誠[2)]證非一。故知。如來地。無色聲德。若依此說。但聞者識。以爲敎體。如無性攝論云。聞者識上。聚集顯現。以爲經體。第二安慧論師云。如來慈悲本願力故。如來識上。文義相顯。若依此說。但說者識。以爲經體。一切有情。有漏識上。所有見相。

---

29 안혜安慧 논사 : 세친世親의 『唯識三十頌』을 주석한 열 명의 논사(十大論師) 중 한 명.
30 문文과 의미(義) : '문文'을 구체화하면, 명名·구句·문文의 셋이다. 이것은 차례대로 단어 혹은 낱말·문장·글자라는 뜻이다. 또한 '의義'는 구체화하면, ① 모든 사물, ② 모든 사물의 의미 두 가지로 구별된다. 그런데 이 두 가지는 인식 작용에 있어서는 결합 관계에 있으니, 어떤 사물이 인식된다는 것은 바로 그 사물에 의미가 부여된다는 것을 뜻하기 때문이다.
31 견분見分과 상분相分 : 식이 변현하여 주관과 객관으로 이분화된 것을 견분과 상분이라 한다. 상분은 식상識上의 영상影像으로 객관으로서의 식이고, 견분은 상분을 인식하는 주관적 작용으로 주관으로서의 식이다.
32 호법護法 보살 : 세친의 『唯識三十頌』을 주석한 열 명의 논사 중 한 명. 현장玄奘의 『成唯識論』은 열 명의 논사의 주석을 호법의 학설을 중심으로 모아서 편찬한 것이다.

皆是遍計所執性故。非是經體。第三護法菩薩云。正以說者識爲經體。謂
如來敎。淸淨法界所流出故。兼以聞者識爲經體。能生解故。

1) ㉙ '棱'은 '楞'이다. 2) ㉙ '誠'는 '誡'이다.

3. 일시적인 것을 포섭하여 진실된 것을 따르게 하는 문

셋째, 일시적인 것(假)을 포섭하여 진실된 것(實)을 따르게 하는 문이니, 이 경우 여래의 성스러운 가르침은 음성을 체로 한다. 음성을 떠나서는 명신名身·구신句身·문신文身[33]에 해당하는 별도의 체가 없기 때문이다.

三攝假從實門。如來聖敎。音聲爲體。若離音聲。名句文身。無別體故。

4. 법수에 의해 체를 정하는 것

넷째, 법수法數에 의해 체를 정하는 것인데, 여러 학파의 주장이 같지 않다.

---

[33] 명신名身·구신句身·문신文身 : '명名'은 물질·소리·향기 등과 같은 단어를 가리키는 말로 어떤 의미를 갖는 최소 단위이다. 그 개념에 해당하는 대상을 떠올리게 하는 힘을 갖는다. '구句'는 단어(名)로 구성된 문장을 가리킨다. 예컨대 "제행은 무상하다." 등과 같은 것이 여기에 해당하며, 이것에 의해 동작·성질·시제 등의 관계가 이해된다. '문文'은 sa·dha 등과 같은 낱낱의 글자를 가리킨다. '신身'이란 이러한 것들의 집합을 일컫는 말이다.

四法數定體者。諸宗不同。

1) 살바다부

살바다부薩婆多部(有部)는, 부처님의 가르침은 음성音聲을 체로 하는 것이라고 주장한다. 그러므로 『대비바사론』 제126권에서 "🈯️부처님의 가르침이란 무엇을 말하는 것인가. 🈺️부처님의 어언語言·창사唱詞·평론評論·어음語音·어로語路·어업語業·어표語表를 말하니,[34] 이것을 부처님의 가르침이라 한다. 🈯️무엇 때문에 부처님의 가르침은 어표업語表業[35]만 해당하고, 무표업無表業(語無表業)[36]은 해당되지 않는 것인가. 🈺️다른 사람으로 하여금 바른 이해를 내도록 하기 때문에 부처님의 가르침이라 한다. 다른 사람이 바른 이해를 내는 것은 단지 표업表業으로 말미암은 것일 뿐이고, 무표無表로 말미암는 것은 아니다. 🈯️이와 같다면 부처님의 가르침은 무엇을 체로 삼는가.…(중략)…[37] 🈺️이와 같이 설하는 것이라면 어업語業을 체로 하니, 부처님께서 마음에 지닌 뜻을 말로 나타낸 것을 다른 사람이 듣기 때문이다."[38]라고 하였다. 자세한 것은 일반적으로 설명하는 것과 같다.

---

[34] 음성에 의해 이루어지는 언어 작용을 다양한 측면에서 설한 것. 각 단어의 구체적인 의미는 주석자마다 차이가 있고 명확하지도 않아서 밝히지 않는다.
[35] 어표업語表業 : 음성으로 표현된 것.
[36] 무표업無表業 : 신身과 어語(口)에 모두 통용되는데, 여기에서는 어語와 관련된 논의이기 때문에 엄밀하게는 어무표업이라 해야 한다. 어무표업이란 어표업이 이루어질 때 그 행위가 미치는 영향이 행위가 종료된 후에도 행위자 자신에게 머무는데, 이렇게 어표업으로 인해 생성된 보이지 않는 업의 여세를 어무표업이라 한다.
[37] 『大毘婆沙論』에 따르면 이 부분은 본문이 생략되었다. 전체 맥락을 고찰할 때 이 뒷부분은 답변이다. 이하의 여러 인용문에서도 승장은 종종 중략임을 나타내는 표시 없이 문장을 생략하고 있다. 이하 중략이라고만 표기하고 일일이 밝히지 않는다.
[38] 『阿毘達磨大毘婆沙論』 권126(T27, 659a). 『婆沙論』은 『阿毘達磨大毘婆沙論』의 약칭으로 『大毘婆沙論』이라고도 한다.

薩婆多云。佛敎音聲爲宗。¹⁾ 故婆沙論第一百二十六云。佛敎云何。謂佛語言。唱詞。評論。語音。語路。語業。語表。是謂佛敎。問。何故。佛敎。唯是語表。非無表耶。答。生他正解。故名佛敎。他正生解。²⁾ 但由表業。非無表故。問。如是佛敎。以何爲體。如是說者。語業爲體。佛意所說。他聞故。廣如常說。

---

1) ㉥ '宗'은 '體'이다. 승장의 오류인지, 오자인지 불분명하지만, 첫째 이 부분은 종과 체 중 체를 논하는 부분이고, 둘째 뒤의 인용문에서 체라고 명기하고 있기 때문에 체라고 보아야 한다.   2) ㉥ 『大毘婆沙論』에 따르면 '生'과 '解'는 순서가 바뀌어야 한다.

2) 경량부의 주장

경부經部(經量部)에 소속된 논사의 주장은 그 부파 안에서도 세 가지의 해석이 있다.

어떤 논사는 이렇게 말한다. 〈부처님의 가르침은 성처聲處[39]를 자성으로 삼는다. 명名 등은 소리를 떠나 별도의 체가 있지 않기 때문이다.〉 어떤 논사는 이렇게 말한다. 〈법처法處(法境)에 포섭되는 상속가성相續假聲(명·구·문)이 있으니, 이를 자성으로 한다. 성인의 가르침은 오직 의식意識의 대상이기 때문이다.〉 어떤 논사는 이렇게 말한다. 〈가성假聲과 실성實聲(이근의 대상으로서의 음성)의 두 가지 소리(聲)를 자성으로 한다.〉

經部師宗。自有三釋。一云。佛敎。聲處爲性。名等。離聲。無別體故。一云。法處所攝相續假聲。以爲自性。聖敎。唯是意識境故。一云。假實二聲爲。¹⁾

---

1) ㉥ '爲' 뒤에 '性'이 누락된 듯하다.

---

39 성처聲處 : 성경聲境, 곧 이근耳根의 대상으로서의 음성.

3) 대승의 주장

　대승에 의하면 음성·명신·구신·문신 및 소전所詮의 의미(義)[40]를 자성으로 삼는다. 체體에서 음성·명신·구신·문신 등을 능전能詮이라 하고, 그것에 상응하는 모든 법[41]을 소전이라 한다. 이와 같이 능전과 소전의 의미가 계경의 체이니, 문장과 의미가 모두 바른 이해를 낼 수 있기 때문이고, 소전을 떠나서는 말씀이 성립되지 않기 때문이다. 『유가사지론』제81권에서 "무엇을 체라 하는가. 계경의 체에는 간략히 두 가지가 있다. 첫째 문文[42]이고, 둘째 의미(義)이다. 문은 의미가 의지하는 대상(所依)이고, 의미는 문에 의지하는 주체(能依)이다.[43] 이와 같은 두 가지를 통틀어서 모든 알아야 할 경계라고 한다. 무엇을 문이라 하는가? 여섯 가지가 있다. 첫째 명신, 둘째 구신, 셋째 자신字身(文身), 넷째 말(語),[44] 다섯째 행상行相,[45] 여섯째 기청機請[46] 등이다."[47]라고 한 것과 같다.

---

40 소전所詮의 의미(義) : 소전은 곧 능전인 언어 작용을 통해 드러나는 것, 곧 의미이다. 소전=의미이므로, 소전의 의미는 의미라는 뜻이다.
41 능전에 대응하여 드러나는 모든 대상들, 즉 언어에 의해 드러나는 일체의 의미를 일컫는 말이다.
42 문文 : 여기에서의 뜻은 능전能詮의 명구문名句文을 통틀어서 일컫는 말이다.
43 『瑜伽論記』권21(T42, 801c)에 따르면 문으로 말미암아 의미가 드러나는 측면에서 볼 때, 문은 소의가 되고, 의미는 능의가 된다. 만약 의미로 말미암아 말씀이 일어나는 측면에서 본다면, 의미는 말씀이 의지하는 대상, 곧 소의가 되고, 문은 의미에 의지하는 주체, 곧 능의가 된다. 이렇게 능·소는 관점에 따라 그 내용이 달라진다.
44 말(語) : 『瑜伽師地論』권81(T30, 750c)에 따르면 선수어先首語·미묘어美妙語·현료어顯了語·이해어易解語·요문어樂聞語·무의어無依語·불위역어不違逆語·무변어無邊語 등을 말한다.
45 행상行相 : 『瑜伽師地論』권81(T30, 750c)에 따르면 제온諸蘊과 상응하는 언어, 제계諸界와 상응하는 언어, 제처諸處와 상응하는 언어, 연기緣起와 상응하는 언어, 처비처處非處와 상응하는 언어, 염주念住와 상응하는 언어 등을 가리킨다. 혹은 성문의 설·여래의 설·보살의 설 등을 가리킨다.
46 기청機請 : 『瑜伽師地論』권81(T30, 750c)에 따르면 기機(다양한 근기의 중생)의 청문請問으로 인해 언설을 일으킨 것을 말한다.

若依大乘。音聲名句文身及所詮義。以爲自性。體中。音聲名句文身。名爲能詮。隨其所應。一切諸法。名爲所詮。如是能詮及所詮義。爲契經體。文義。皆能生正解故。離所詮。說不成故。如瑜伽論八十一云。云何爲體。謂契經體。略有二種。一文二義。文是所依。義是能依。如是二種。總名一切所知境界。云何爲文。謂有六種。一者名身。二者句身。三者字身。四者語。五者行相。六者機請。

해 ⁴⁸ 이와 같은 여섯 가지는 모두 뜻을 드러낼 수 있기 때문에 문이라 한 것이다. 뜻을 드러낼 수 있는 것이 문의 뜻이기 때문이다.

解云。如是六種。皆能顯義。故言爲文。以能顯義。是文義故。

또 『유가사지론』에서 다음과 같이 말했다.

又云。

(문의 첫 번째인) 명신名身이란, 모든 사물을 공통적으로 인식하게 해 주는 증어增語⁴⁹를 말한다. 이것을 다시 간략하게 설명하자면 열두 가지가 있다. 첫째 가립명假立名, 둘째 실사명實事名, 셋째 동류상응명同類相應名, 넷째 이류상응명異類相應名, 다섯째 수덕명隨德名, 여섯째 가설명假說名, 일곱째 동소료명同所了名, 여덟째 비동소료명非同所了名, 아홉째 현명顯名, 열

---

47 『瑜伽師地論』 권81(T30, 750a).
48 승장이 앞의 인용문을 풀이한 글이다. 원문은 '解云'이다. 승장의 해석은 인용문 사이에 살짝 끼어 있어 잘 드러나지 않는다. 분명하게 드러나도록 하기 위해 이하 이런 식으로 이루어진 승장의 해석은 모두 해로 표기한다.
49 증어增語: 명名이 언어를 증상시켜서 제법을 공통적으로 인식하는 데 훌륭한 공능을 일으키는 성격을 지녔음을 나타낸 말이다.

째 불현명不顯名, 열한째 약명略名, 열두째 광명廣名 등이다.

가립명이란, 내부적인 것(內)[50]에 대해서 임시로 아我·유정·명자命者(생명을 지닌 자) 등의 단어(名)를 세우고, 외부적인 것(外)[51]에 대해서 임시로 그릇·옷 등과 같은 단어를 세우는 것을 말한다. 실사명이란 안眼 등의 모든 근根(감각 및 인식 기관)과 색色 등의 모든 대상(義:色境 등의 대상 경계)[52]에 대해 임시로 안眼 등의 단어와 (색色 등의 단어를) 시설하는 것을 말한다. 동류상응명이란, (종류가 같은 것들을 함께 지칭하는 단어를 세우는 것으로, 사람·하늘·아수라 등과 같이 정식情識을 지닌 것을 통틀어서) 유정이라 하고, (푸른색·노란색 등을 통틀어서) 색色이라 하며, (고통·쾌락 등의 감수 작용을 통틀어서) 수受라 하고, (물질의 근본 요소인 지地·수水·화火·풍風 등을 모두 통틀어서) 대종大種이라 하는 것을 말한다. 이류상응명이란, (종류가 다른 것들 안에 있는 각각의 개별적인 것과 상응하는 단어를 세우는 것으로) 어떤 유정은 불수佛授라 하고, 어떤 유정은 덕우德友라 하는 것, 어떤 색은 청靑이라 하고, 어떤 색은 황黃이라고 하는 것을 말한다. 수덕명이란, 변하고 걸림이 있기 때문에 색이라 하고, 받아들이기 때문에 수受라 하며, 빛을 발하기 때문에 해(日)라 하는 것과 같이 (그 속성에 따라) 부여된 단어를 말한다. 가설명이란, (거짓으로 시설한 단어를 말하니,) 가난한 것을 부유한 것이라 하는 것으로, 그 밖에 나머지 것들도 마주하는 대상(義)에 의지하지 않고 그 단어를 세운 것을 말한다.[53] 동소료명이란, 여러 사람이 함께 이해할

---

50 내부적인 것(內) : 육근六根으로 이루어진 주체.
51 외부적인 것(外) : 육경六境으로 이루어진 객관 세계.
52 '의義'는 '경境'과 같은 뜻이다. 『楞伽阿跋多羅寶經註解』 권3(T39, 400b)에 "'나와 여러 가지 근과 의의 세 가지가 합하여 앎이 생겨난다'고 한 것은 나와 근과 경의 세 가지 연이 화합하여 앎이 생겨나는 것을 말하니, 앎이란 곧 식識이다.(言我諸根義 三合知生者 謂我及根境 三緣 和合而知生 知即識)"라고 한 것을 참조할 것.
53 『瑜伽論記』 권21(T42, 651a)에 원측의 설이라고 하여, 가설명은 흰 것을 검은 것이라고 하는 것이고, 그 상대어인 실물명實物名은 흰 것을 흰 것이라고 하는 것을 말한다고

수 있는 개념[54]을 말하고, 이것과 달리 여러 사람이 함께 이해할 수 없는 개념을 비동소료명이라 한다.[55] 현명이란 그 뜻이 쉽게 이해되는 단어를 말하고, 불현명이란 그 뜻을 쉽게 알 수 없는 단어를 말한다. 예를 들면 달라미차達羅彌茶[56]라는 선인仙人이 설한 명주明呪(眞言) 등과 같은 것을 (불현명)이라 한다. 약명이란, 한 글자로 된 단어를 말하고, 광명이란 여러 글자로 된 단어를 말한다.

名身者。謂共知增語。此復略說。有十二種。一者假立名。二者實事名。三者同類相應名。四者異類相應名。五者隨德名。六者假說名。七者同所了名。八者非同所了名。九者顯名。十者不顯名。十一略名。十二者廣名。假立名者。謂於內。假立我及有情命者等名。於外。假立餠衣等名。實事名者。謂於眼等色等諸相[1]義中。假立眼等名。同類相應名者。謂有情色受大種等名。異類相應名者。謂佛授德友靑黃等名。隨德名者。謂變壞[2]故名色。領納故名受。發光故名日。如是等名。假說名者。謂呼貪[3]名富。若餘所有。不觀待義。安立其名。同所了名者。謂共所解想。與此相違。是非同所了名。顯名者。謂其義易了。不顯名者。謂其義難了。如達羅彌茶明呪等。略名者。謂一字名。廣名者。謂多字名。

---

1) ㉘ 『瑜伽師地論』에 따르면 '相'은 '根'이다. 동일한 문맥을 가진 글이 다른 논서에 자주 나오지만 '相'이라 한 경우는 없고, 전후 문맥을 고려할 때, 후자가 타당하다.

하였다.
54 '상想'을 '명名'과 같은 뜻으로 보았다. 『瑜伽論記』 권21(T42, 802c)에서 "想猶是名"이라고 한 것을 참조할 것.
55 『瑜伽論記』 권21(T42, 802c)에 따르면 나라 이름의 경우, 같은 나라 사람들은 자신의 나라 이름을 모두 함께 알기 때문에 이들에게 자신의 나라 이름은 동소료명이 되고, 다른 나라의 이름은 이들이 모두 알지 못하기 때문에 비동소료명이 된다.
56 달라미차達羅彌茶 : '達羅彌茶'는 『瑜伽師地論』에도 여기와 동일하게 서술되어 있지만, 『瑜伽論記』에는 '達羅弭茶'라 되어 있다. 『瑜伽論記』 권21(T42, 803a)에 따르면, 달라미차는 옛날에 살았던 선인의 이름으로, 그의 이름을 좇아 달라미차국이라는 명칭이 세워졌으며, 이 선인은 명주를 설했는데 뜻이 매우 난해했다고 한다.

2) ㉥ 『瑜伽師地論』에 따르면 '壞'는 '礙'이다. 색의 변괴變壞하는 성질과 공간을 점유하는 성질을 둘 다 나타내는 단어로 후자가 더 적합하다. 3) ㉦ 『瑜伽師地論』에 따르면 '貪'은 '貧'이다.

(문의 두 번째인) 구신句身이란, 명자名字가 원만하게 갖추어진 것을 말한다. 여기에 다시 여섯 가지가 있다. 첫째 원만하지 않은 문장, 둘째 원만한 문장, 셋째 완성되는 대상이 되는 문장(所成句), 넷째 완성시키는 주체가 되는 문장(能成句), 다섯째 앞에 먼저 드러내 놓는 문장(標句), 여섯째 풀이한 문장(釋句) 등이다. 원만하지 않은 문장이란 문장이 완전하지 않고 의미도 완전하지 않은 것을 말한다. 두 번째 문장에 의해 비로소 원만해질 수 있음을 알아야 한다. 예를 들면, "모든 악한 일을 행하지 말고 모든 선한 일을 받들어 행하며 자신의 마음을 잘 조복시키는 것, 이것이 모든 부처님의 성스러운 가르침이다."라고 설한 것에서, 다만 '모든 악'이라고만 한다면 문장이 완전하지 않고, '모든 악한 일'이라고 한다면 의미가 완전하지 않으며, 다시 '행하지 마라'라는 말을 더하면 비로소 원만해지니, 곧 원만한 문장이라 한다. 완성되는 대상이 되는 문장이란 앞의 문장이 뒤의 문장으로 말미암아 비로소 성립되는 것을 말한다. 예를 들면, "모든 행行(만들어진 것)은 무상無常하니 생기하였다가 다함이 있는 법은 생겨나면 반드시 소멸하기 때문이다. 그러한 (생기함과 소멸함이 사라진) 고요함을 즐거움으로 삼는다."라고 설한 것에서, '모든 행은 무상하다'라는 문장을 완성시키기 위해 다음에 '생기하였다가 다함이 있는 법이다'라고 하였다. 앞의 것은 완성되는 대상이니, 완성되는 대상이 되는 문장이라 하고, 뒤의 것은 완성시키는 주체이니, 곧 완성시키는 주체가 되는 문장이라 한다. 표구란 (앞에 먼저 드러내 놓는 문장이니) 예를 들면 '착한 성품이다(善性)'라고 한 것이 바로 표구이고, 석구란 (풀이하는 문장이니) 앞에서 먼저 '착한 성품이다'라고 한

것에 이어서, '바른 도道를 향해 나아가는 선사善士(善男)이다'라고 하는 것이 바로 석구이다.

句身者。謂名字圓滿。此復六種。一者不圓滿句。二者圓滿句。三者所成句。四者能成句。五者標句。六者釋句。不圓滿句者。謂文不究竟。義不究竟。當知。復由第二句故。方得圓滿。如說。諸惡者莫作。諸善者奉行。善調伏自心。是諸佛聖教。若唯言諸惡。則文不究竟。若言諸惡者。則義不究竟。更加莫作。方得圓滿。卽圓滿句。所成句者。謂前句由後句。方得成立。如說諸行無常。有起盡法。生必滅故。彼寂爲樂。此中。爲成諸行無常故。次說言有起盡法。前。是所成。卽所成句。後。是能成。卽能成句。標[1]句者。如言善性。釋句者。謂正趣善士。

1) ㉠『瑜伽師地論』에 따르면 '標'는 '摽'이다. 어떤 글자이든 뜻은 같다. 곧 표구란 앞에 먼저 드러내 놓는 문장을 말한다.『顯揚聖敎論』권12(T31、536a)에서 서구序句라 하였다.

(문의 세 번째인) 자신字身이란, 완전하거나 완전하지 않은 단어와 문장이 의지하는 49개의 글자(摩多(모음) 14자와 體門(자음) 35자를 합한 悉曇字의 숫자)이다. 이 가운데 말하고자 하는 욕구(欲)가 단어보다 앞서 일어나고, 단어는 문장보다 앞서 일어나는 것이다. 문장에는 반드시 단어가 있고, 단어에는 반드시 글자가 있다. 오직 한 글자만 있으면 문장은 성립되지 않는다. 또한 글자는 있지만 단어가 포섭되지 않으면 오직 글자만 있고 단어는 없다. 문 어떤 인연 때문에 명신名身 등의 세 가지 신身을 시설하는 것인가? 답 온갖 증어촉增語觸(단어를 대상으로 삼는 觸)으로부터 일어난 느낌(受)을 알아차리고 받아들이도록 하기 위해서이다. 문 단어란 어떤 뜻인가? 답 여러 가지 것들을 (세상 사람들이) 공통적으로 인식할 수 있도록 하기 때문에 단어라 하고, 생각(意)으로 하여금 여러 가지 상相을

짓도록 하기 때문에 단어라 하며, 말소리(語言)에 의해 불리는 것[57]이기 때문에 단어라 한다.[58]

字身者。謂若究竟。若不究竟。名句所依。四十四[1)]字。此中。欲爲名首。名爲句首。句必有名。名必有字。若唯一字。則不成句。又若有字。名所不攝。唯字無名。問。何因緣故。施設名等三種身耶。答。爲令領受諸增語觸所生受故。問。名是何義。答。能令種種共所了知。故名爲名。又能令意作種種相。故名爲名。又由語言之所呼召。故名爲名。

1) ㉟『瑜伽師地論』에 따르면 '四'는 '九'이다.

『대비바사론』에서는 세 가지 뜻이 있기 때문에 명名이라 하니, 수隨란 그 이름 지어진 대로 곧 가서 그와 상응하는 것을 말하고, 소召란 대상의 의미(義)를 안립했으므로 구하는 대로 바로 상응하는 것을 말하며, 합合이란 게송을 지어 연속해 놓으면 의미(義)와 서로 부합하게 하는 것을 말한다[59]고 하였다. 수와 소와 합의 뜻은 상응하는 대로 알아야 할 것이다.

若依婆沙。有三義。故名之爲名。謂[1)]如其所作。卽往相應。爲[2)]此義立。如求便應。隨[3)]造頌轉。令與義會。如應當知。召[4)]合義。

1) ㉟『大毘婆沙論』에 따르면 '謂' 앞에 '隨者'가 들어가야 한다. 간접인용문이라고 해도 이 용어가 들어가야 의미 전달이 용이해진다. 2) ㉟『大毘婆沙論』에 따르면 '爲' 앞에 '名者'가 들어가야 한다. 그러나 그 주석에 따르면 여러 판본에서 '名'을 '召'라 하였다. 후자가 타당하기에 이를 따랐다. 3) ㉟『大毘婆沙論』에 따르면 '隨' 앞에 '合者'가 들어가야 한다. 4) ㉝ '召' 다음에 '隨'가 탈락된 듯하다.

---

57 단어가 말소리에 의해 생겨나는 측면을 말하는 것. 예컨대 말소리에 의해 불이라는 단어가 생겨난다.
58 『瑜伽師地論』 권81(T30, 750a).
59 『大毘婆沙論』 권14(T27, 70c).

또 『유가사지론』 제81권에서 다음과 같이 말했다.

又瑜伽云。

여러 가지 명名(단어)을 포섭하여 받아들여서 나타나지 않았던 뜻을 완전하게 드러내기 때문에 구句(문장)라고 한다. 명名과 구句에 수반하면서 그것을 드러내 주기 때문에 문文(음소)이라 한다.…(중략)…
(문文의 네 번째인) 어語란, 간략하게 여덟 가지로 분류된다는 것을 알아야 하니, 선수어先首語·미묘어美妙語 등을 말한다. 그 말이 글자(음소)와 문장 등에 상응하고, 내지는 항상 수습하고(常修) 수습한 것을 자세히 관찰하며(委修) 삼십칠보리분三十七菩提分[60]이라는 자량資糧을 닦아 나가는 것으로 말미암기 때문에 바른 법을 설할 수 있다. 선수어란 열반의 궁전을 향해 나아가는 데 있어서 가장 앞장선 것이기 때문이다. 미묘어란 그 음성이 갈라빈가羯羅頻迦[61]의 울음소리처럼 맑고 아름답기 때문이다. 현료어顯了語[62]란 말씀하신 구문句文이 모두 훌륭하기 때문이다. 이해어易解語란 능숙하게 변별하여 설하기 때문이다. 요문어樂聞語[63]란 법의 뜻을 끌어오기 때문에 (사람들이 듣기 좋아하는 것이다). 무의어無依語란 다른 사람이 자신을 믿어 주기를 바라는 그런 마음에 의지하지 않기 때문이다. 불위역어不違逆語[64]란 기량器量을 잘 알아서 설하기 때문이다. 무변어無邊語란 (근기나 상황에) 폭넓고 크게 응하여 능숙하게 설하기 때문이다.…(중략)…

---

60 삼십칠보리분三十七菩提分 : 지혜를 얻고 열반을 증득하기 위한 37가지의 수행법.
61 갈라빈가羯羅頻迦 : 누구나 좋아하는 아름다운 소리를 가진 것으로 전해지는 전설상의 새.
62 현료어顯了語 : 완전한 이치를 드러낸 말.
63 요문어樂聞語 : 누구나 듣기 좋아하는 말.
64 불위역어不違逆語 : 거스르는 마음을 내지 않도록 하는 말.

(문의 다섯 번째인) 행상이란, 여러 가지 온蘊과 상응하고 여러 가지 계界와 상응한다.…(중략)…[65] 이와 같은 것들에 상응하는 언어를 말한다.
(문의 여섯 번째인) 기청이란, 중생(機)의 청문請問으로 인해 언설을 일으킨 것을 말한다.[66]

攝受諸名。究竟顯了不現見義。故名爲句。隨顯名句。故名爲文。語者。當知。略具八分。謂先首。美玅等。由彼語文句等相應。乃至。常委分資糧故。能說正法。先首語者。趣涅槃宮。爲先首故。美玅語者。其聲淸美。如羯羅頻迦音故。顯了語者。謂詞句文。皆善巧故。易解語者。巧辯說故。樂聞語者。引法義故。無依語者。不依希望他信已[1]故。不違逆語者。知量說故。無邊語者。廣大善巧故。乃至廣說。行相者。謂諸蘊相應。諸界相應。廣說乃至。如是等相應語言。機請者。謂因機請問。而起言說。

1) ㉠『瑜伽師地論』에 따르면 '已'는 '己'이다.

해 이와 같은 여섯 가지를 모두 '문'이라 하니, 소전所詮의 의미를 잘 현시하기 때문이다.

解云。如是六種。皆名爲文。能顯示所詮義故。

또한『유가사지론』제81권에서 말하였다.

又彼。[1]

1) ㉠ '云'이 누락되었다.

---

65 원문에『瑜伽師地論』의 일부가 생략되었다. 생략된 문장은 "여러 가지 처處와 상응하고 연기緣起와 상응하며 처비처處非處와 상응하고 염주念住와 상응하며"이다.
66 『瑜伽師地論』권81(T30, 750b).

의미(義)란 무엇인가. 간략히 열 가지가 있음을 알아야 한다. 첫째 지地의 의미이고, 둘째 상相의 의미이며, 셋째 작의作意[67] 등의 의미이고, 넷째 의처依處의 의미이며, 다섯째 과환過患의 의미이고, 여섯째 승리勝利의 의미이며, 일곱째 소치所治의 의미이고, 여덟째 능치能治의 의미이며, 아홉째 약略의 의미이고, 열째 광廣의 의미이다.

(첫 번째인) 지의 의미에는 간략히 다섯 가지가 있다. 첫째 자량지資糧地, 둘째 가행지加行地, 셋째 견지見地, 넷째 수지修地, 다섯째 구경지究竟地 등이다.[68]

(두 번째인) 상의 의미에는 다섯 가지 상이 있음을 알아야 한다. 첫째 자상自相, 둘째 공상共相, 셋째 가립상假立相, 넷째 인상因相, 다섯째 과상果相이다.

(세 번째인) 작의 등의 의미란 일곱 가지의 작의(七種作意)[69]와 열 가지 지혜(十智)[70] 등을 말한다.

(네 번째인) 의처의 의미란 간략히 세 가지가 있으니, 첫째 사의처事依處

---

[67] 작의作意: 마음으로 하여금 대상에 주의를 기울이게 하는 의식 작용.
[68] 유식학에서 대승보살의 수행 계위를 다섯으로 분류한 것. 보통 오위五位라 한다. ① 자량지資糧地: 자량위資糧位. 이후의 긴 수행의 도정에서 재산이 될 양식을 저장하는 계위. 삼십칠보리분법 등의 기초적 수행을 닦는다. ② 가행지加行地: 가행위加行位. 이제까지의 수행에 수행을 더하여 진여를 체험적으로 증득하기를 추구하는 계위. 유식관唯識觀이라는 지관행止觀行을 닦는다. ③ 견지見地: 견도위見道位 · 통달위通達位 등이라고도 함. 유식관을 수행한 결과 진리를 체험적으로 증득하는 계위. ④ 수지修地: 수습위修習位. 진리를 깨달았어도 아직 무명과 번뇌의 습기를 다하지 못하였기 때문에 무분별지無分別智를 거듭 닦아 마음을 정화해 가는 단계. ⑤ 구경지究竟地: 구경위究竟位. 자리와 이타를 원만하게 이루는 계위. 그 내용은 대보리大菩提와 대열반大涅槃으로 구체화된다.
[69] 『瑜伽師地論』 권11(T30, 332c) · 권13(T30, 465b)에 따르면, 요상작의了相作意 · 승해작의勝解作意 · 원리작의遠離作意 · 섭락작의攝樂作意 · 관찰작의觀察作意 · 가행구경작의加行究竟作意 · 가행구경과작의加行究竟果作意 등이다.
[70] 『瑜伽師地論』 권81(T30, 751b)에 따르면, 고지苦智 · 집지集智 · 멸지滅智 · 도지道智 · 법지法智 · 종류지種類智 · 타심지他心智 · 세속지世俗智 · 진지盡智 · 무생지無生智 등이다.

이고, 둘째 시의처時依處이며, 셋째 보특가라의처補特伽羅依處(人依處)이다. 사의처에 다시 세 가지가 있으니, 첫째 근본사의처根本事依處, 둘째 득방편사의처得方便事依處, 셋째 비민타사의처悲愍他事依處이다.…(중략)…시의처란 간략히 세 가지 언사가 있으니, 첫째 과거언사過去言事, 둘째 미래언사未來言事, 셋째 현재언사現在言事 등이다. 보특가라의처란 연근軟根(鈍根) 등의 보특가라補特伽羅(人)를 말한다.

(다섯 번째인) 과환의 의미란, 요점만 말하자면 비방하고 싫어해야 할 의미에 대해 비방하고 싫어함을 일으키는 것이니, 그러한 법이나 그러한 보특가라를 가리킨다.

(여섯 번째인) 승리의 의미란, 요점만 말하자면 칭찬해야 할 의미에 대해 칭찬을 일으키는 것이니, 그러한 법이나 그러한 보특가라를 가리킨다.

(일곱 번째인) 소치의 의미란, 요점만 말하자면 모든 난잡하고 오염된 행위를 말한다.

(여덟 번째인) 능치의 의미란, 요점만 말하자면 모든 청정한 행위를 말한다.

(아홉 번째인) 약의 의미란, 제법의 동류同類와 상응하는 의미를 설해 놓은 것을 말한다.

(열 번째인) 광의 의미란, 제법의 이류異類와 상응하는 의미를 설해 놓은 것을 말한다.[71]

云何爲義。當知。略有十種。一者地義。二者相義。三者作意等義。四者依處義。五者過患義。六者勝利義。七者所治義。八者能治義。九者略義。十者廣義。地義者。略有五地。一者資糧地。二者加行地。三者見地。四者修地。五者究竟地。相義者。當知。有五種相。一者自相。二者共相。三者假

---

[71] 『瑜伽師地論』권81(T30, 751a).

立相。四者因相。五者果相。作意等義者。謂七種作意。十智等。依處者。
略有三種。一者事依處。二時依處。三補特伽羅依處。事依處。復有三種。
一者根本事依處。二者得方便事依處。三者悲愍他事依處。廣說如彼。時
依處者。謂略有三種言事。一者過去言事。二者未來言事。三者現在言
事。補特伽羅依處者。謂事大[1]根等。過患義者。以要言之。於應毀猒[2]義。
而起毀猒。或法。或補特伽羅。勝利義者。以要言之。於應稱讚義。而起稱
讚。或法。或補特伽羅。所治義者。以要言之。一切雜染行。能治義者。以
要言之。一切淸淨行。略義者。謂宣說諸法同類相應。廣義者。謂宣說諸
法異類相應。

1) ㉦ '事大'는 오사誤寫인 듯하다. ㉠ 『瑜伽師地論』 본문에 따르면 '事大'는 '軟'이다.
2) ㉠ 『瑜伽師地論』에 따르면 '猒'은 '厭'이다.

해 위에서 설한 여섯 가지의 문文과 열 가지의 의義는 바른 이해를 내
도록 하기 때문에 모두 교체敎體라고 한다. 참된 뜻은 이와 같지만, 다른
곳에서 명·구·문 등을 체라 하고, 혹은 음성을 체라 하며, 혹은 음성·
명·구·문 등을 체라고 한 것은 각각 하나의 뜻에 근거한 것이기 때문에
서로 어긋나지 않는다.

解云。如上所說。六文十義。能生正解。皆名爲體。實義如是。而餘處。說
名等爲體。或說音聲。或說音聲名句文者。各據一義。故不相遠。[1]

1) ㉦ '遠'은 '違'인 듯하다. ㉠ 그러나 '遠'이라 해도 그 의미의 차이는 없다.

제3편
가르침이 포섭되는 범위를 밝힘

세 번째로 가르침이 포섭되는 분제分齊(범위)에 다시 세 가지가 있다. 첫째 십이분교十二分敎[1] 중에 포섭되는 곳, 둘째 삼장三藏[2]에 서로 포섭되는 곳, 셋째 이장二藏[3]에 서로 포섭되는 곳을 밝히겠다.

십이분교(의 구체적 의미)는 『유가초瑜伽鈔』[4]에서 설한 것과 같으니, 이것에 비추어 이해하면 된다. 지금 이 경은 십이분교 중 풍송諷誦(게송)·인연因緣[5]·비유譬喻[6]·방광方廣[7] 등에 포섭된다. 사십심지법문四十心地法門[8]을 설한 것은 방광분에 속하고, 직접적으로 계상戒相을 밝힌 것은 인연분에 속하며, 별도의 비유로써 뜻을 드러낸 것은 비유분에 속하니, 이 경의 뒤에 나오는 문장에서 "밝은 해와 달과 같다."[9]고 하여 (계를 해와 달에) 비유한 것과 같은 것을 (비유분이라 한다). 이 경의 뒤에 나오는 게송을 풍송이라 한다. 소달람素怛攬(經)을 통틀어서 논하면, 또한 계경契經[10]에 포섭된다. 삼장 중에는 조복장調伏藏[11]에 포섭되고, 이장 중에는 보살장에 포섭된다.

---

1 십이분교十二分敎 : 불법佛法을 그 내용에 따라 12가지로 분류한 것. 최초의 경전 분류법.
2 삼장三藏 : 경장經藏·율장律藏·논장論藏.
3 이장二藏 : 성문장聲聞藏, 곧 성문의 근기를 위한 가르침과 보살장菩薩藏, 곧 보살의 근기를 위한 가르침을 말한다.
4 『유가초瑜伽鈔』 : 규기窺基가 지은 『瑜伽師地論略纂』의 다른 이름으로 『瑜伽抄』라고도 한다. 단 본서에서 『瑜伽師地論』이 십이분교 중 어느 것에 포섭되는 것인지를 논하고 있기는 하지만 십이분교 전체를 구체적으로 논한 부분은 없다.
5 인연因緣 : 설법의 배경을 알려 주는 것.
6 비유譬喻 : 교훈적이고 비유적인 것.
7 방광方廣 : 심오한 법의 의미를 자세히 설명한 것.
8 사십심지법문四十心地法門 : 십발취심十發趣心·십장양심十長養心·십금강심十金剛心·십지十地 등을 합하여 일컫는 말.
9 『梵網經』 권하(T24, 1004a).
10 계경契經 : 부처님의 가르침을 산문 형식으로 직접 기록한 것.
11 조복장調伏藏 : 율장의 다른 이름. 악을 조복시키는 공능을 가졌음을 드러내는 용어.

第三攝教分齊者。復有三種。一十二分教。二三藏相攝。三二藏相攝。十二分教。如瑜伽鈔會。今此經者。十二分教中。諷誦。因緣。譬喻。方廣分攝。謂說四十心地法門。是方廣分。正顯戒相。是因緣分。別喻顯義。是譬喻分。如下說言。譬如明日月。卽下經頌。是名諷誦。若論通素旦[1]攬。亦是契經攝。三藏之中。是調伏藏攝。二藏之中。菩薩藏攝。

---

1) ㉠ '旦'은 해당 범어 sūtra에 의거할 때 '怛'이다.

제4편
가르침의 대상(機)을 밝힘

네 번째로 가르침을 받는 대상을 밝힌다. 가르침을 받는 대상을 논함에 있어서 다섯 종류가 있다. 삼승정성三乘定性[1] (세 가지와) 네 번째인 부정성不定性[2]과 다섯 번째인 무반열반성無般涅槃性[3]을 말한다. 이 경은 단지 삼승정성 중의 보살정성과 (네 번째인) 부정성의 중생을 위한 가르침이다. 그러므로 이 경을 설하는 것은 나머지 (성문정성·독각정성·무반열반성 등의 중생을) 위한 것은 아니다.[4]

第四明教所被機。汎論教所被。有其五種。謂三乘定性。及不定性。幷第五五[1)]無般涅槃性。此經。但爲菩薩及不定性。是故。說此經。不爲餘三。

---

1) ㉠ 원문에 '第五五無般涅槃性'이라 하여 '五'가 두 번 나오는데, 한 글자는 잉자剩字이다. 오성 중 다섯 번째에 해당하기 때문에 제5라 하였다.

---

1 삼승정성三乘定性 : 보살정성菩薩定性·성문정성聲聞定性·독각정성獨覺定性의 셋을 일컫는 말로, 차례대로 불과佛果·아라한과阿羅漢果·벽지불과辟支佛果 등을 성취할 결정적 성품을 지닌 것을 의미한다.
2 부정성不定性 : 보살정성·성문정성·독각정성 등의 세 가지 성품 중 어느 하나를 결정적으로 갖지 않고, 그 중 하나 혹은 둘이나 셋을 지닌 것을 일컫는 말.
3 무반열반성無般涅槃性 : 무성유정無性有情·무종성無種性 등이라고도 한다. 열반에 도달할 수 있는 성품을 조금도 갖추지 못하여 끝내 삼계三界(색계·욕계·무색계. 중생이 윤회하는 범주를 통틀어서 셋으로 분류한 것)의 윤회를 벗어나지 못하는 중생을 일컫는 말.
4 중국 법상종의 오성각별설五性各別說을 따르고 있다. 해제를 참조할 것.

제5편
문장을 나누어 바로 풀이함

경의 "그때 석가모니불께서는 (제4 선지禪地에 있는 마혜수라천왕궁에서)" 이하는 다섯 번째로 문장을 나누어 바로 풀이하겠다. 이제 이 한 품은 크게 셋으로 나뉜다. 첫째, 서분序分이니 교기인연분敎起因緣分[1]이라고도 한다. 둘째, "석가모니불께서 말씀하셨다. '이 세계에서 (땅과 허공의 일체 중생이')" 이하는 정설분正說分[2]을 밝혔으니, 성교소설분聖敎所說分[3]이라고도 한다. 셋째, 두 번째 권[4] 뒷부분의 "여여如如한 모든 부처님" 이하는 유통분을 밝힌 것이니, 의교봉행분依敎奉行分[5]이라고도 한다. 서분·정설분·유통분 등은 같지 않다. 그 뜻은 일반적으로 설명되는 것과 같다.

經爾時釋迦自下。第五判文正釋。今此一品。大分有三。一者序分。亦名敎起因緣分。二者釋迦佛言此世界中下。明正說分。亦名聖敎所說分。三者第二卷末如如一切下。明流通分。亦名依敎奉行分。三分不同。義如常說。

---

1 교기인연분敎起因緣分 : 가르침이 일어난 인연을 설한 부분.
2 정설분正說分 : 바로 교법을 설한 부분. 정종분正宗分이라고도 한다.
3 성교소설분聖敎所說分 : 성스러운 가르침을 설한 부분.
4 두 번째 권 : 상권과 하권 중 하권을 일컫는 말.
5 의교봉행분依敎奉行分 : 가르침에 의지하여 받들어 행하는 부분.

제1장 서분

(경의 "그때 석가모니불께서는 제4 선지禪地에 있는 마혜수라천왕궁에서~그때 석가모니불과 모든 대중은 일시에 노사나불의 발 아래 엎드려 예경하였다."는 첫 번째로 서분이다.)[6]

---

6 『梵網經』권상(T24, 997b) "爾時 釋迦牟尼佛 在第四禪地中 摩醯首羅天王宮~時 釋迦佛及諸大衆 一時 禮敬盧舍那佛足下已". 서분과 정종분의 일부는 『梵網經』 권상·권하 중 권상에 포함되고, 승장은 이 부분에 대해서는 실질적으로 주석하지 않았다. 그러므로 이제 승장의 분과에 의거하여 해당 부분만 밝혀 둔다.

제2장 정설분

경의 "석가불(석가모니불)께서 말씀하셨다. ('이 세계에서 땅과 허공의 일체 중생이')" 이하는 두 번째로 성교소설분을 밝혔다. 문장을 둘로 나눌 수 있다.

처음 곧 앞부분은 자세히 해석하는 것을 밝혔고, 나중 곧 뒷부분인 "그 때 석가모니불께서 앞에서 (설한 것처럼) 연화대장세계蓮花臺藏世界[7]에 계시는 (노사나불께서 말씀하신 심지법문품心地法門品에 있는 십무진계十無盡戒의 법품法品을) 설하기를 (마치시니)" 이하에서 (유통분 전까지는) 총괄적으로 맺었다.

經釋迦佛言下。第二明聖教所說分。文分有二。初明廣釋。後爾時釋迦牟尼佛說上蓮華下。總結。

---

[7] 연화대장세계蓮花臺藏世界 : 노사나불이 머물고 계시는 세계.

1. 자세히 해석하는 것

먼저 자세히 해석하는 것은 다시 둘로 나뉜다. 처음에 심지心地의 뜻을 밝히고, 나중에 닦아야 할 실천행을 풀이하였다. 심지란 의지하는 대상(所依)이니, 마음의 의지처(心之所依)를 심지라 한다. 이는 의주석[8]에 해당한다. 혹은 마음이 바로 지地이니 이런 의미에서 심지라 한다. 이는 지업석[9]에 해당하는 것이니, 마음이 바로 지이기 때문이다. 다시 "그때 석가모니불께서 처음 몸을 나투신 연화장세계에서" 이하는 두 번째로 닦아야 할 실천행을 풀이한 것이다. 닦아야 할 실천행은 곧 의지하는 주체(能依)이니, 앞의 심지心地에 의지함으로써 계발되는 실천행이기 때문이다. 이 가운데 '지地'란 40가지 마음[10]이 지니고 있는 여러 가지 덕인 유위有爲와 무위無爲의 공덕을 지의 체體로 삼는다. 여러 가지 닦아야 할 실천행(所修之行)에 대해 뛰어난 의지처가 되어 (선근을) 증장시키도록 하기 때문에 '지地'라 한다.[11] 닦아야 할 계(所修之戒)란 이 지地에 의지하여 닦아야 할 실천행을 말한다. 그러므로 이 가운데 먼저 (마음의) 의지처인 지地를 풀이하고, 나중에 닦아야 할 실천행을 밝혔다.

> 上廣釋之中。復分爲二。初明心地之義。後釋所修之行。心地卽是所依。心之所依。名爲心地。依主釋。或心卽地。名爲心地。是持業釋。心卽地

---

8 의주석 : 육합석의 하나. p.59 주 10 참조.
9 지업석 : 육합석의 하나. 지업석은 동의석同依釋이라고도 한다. A와 B 사이에 격관계가 성립하지 않는 동격同格한정복합어로 해석하는 것. A와 B 사이에는 A=B의 관계가 성립한다.
10 구체적인 내용은 뒤에 나오는 풀이를 참조할 것.
11 원문이 명료하지 않아 『成唯識論』 권9(T31, 51b)의 "如是十地 總攝有爲無爲功德 以爲自性 與所修行 爲勝依持 令得生長 故名爲地"라는 문장을 참조하여 풀었다.

故。復今爾時釋迦從初蓮華下。第二釋所修之行。所修之行。卽是能依。依上心地。所發行故。此中地者。四十心中。所有諸德。有爲無爲地體。與所修行。爲勝依持。令得增長。故名爲地。所修戒者。謂依此地所修之行。是故。此中。先釋所依地。後明所修行。

1) 심지의 뜻을 밝힘

앞에 두 가지가 있다. 처음은 바로 심지心地의 뜻을 풀이하였고, 다음은 두 번째 권, 곧 하권의 처음에 심지법문을 수지하고 그 말씀을 굴릴 것을 권한 것을 밝혔다.

前中有二。初正釋心地義。次第二卷初明勸持轉說。

(1) 바로 심지의 뜻을 풀이함

처음의 바로 (심지의 뜻을) 풀이하는 것에 해당하는 문장은 넷으로 나눌 수 있다.

첫째 질문하는 것이고, 둘째 간략하게 답하는 것이며, 셋째 거듭하여 요청하는 것이고, 넷째 부처님께서 자세히 설하신 것이다. 이와 같은 네 부분에 해당되는 글은 상권에서 설한 것과 같다.[12]

---

[12] 승장은 이 경의 분과에서 '(1) 바로 심지의 뜻을 풀이함'에 해당하는 경의 본문은 별도로 해석하지 않고 『梵網經』 본문의 내용을 볼 것을 권한다. 이러한 태도는 이 경에 대한 주석자들의 공통된 경향인데, 이는 이 경의 중요성은 보살의 수행 계위를 설한 상권이 아니라, 하권에서 설한 보살계에 있기 때문인 것으로 보인다.

初正釋中。文分有四。初問。二略答。三重請。四如來廣說。如是四文。如上卷說。

(2) 심지법문을 수지하고 그 말씀을 굴릴 것을 권함

① 노사나불이 심지법문을 수지하고 그 말씀을 굴릴 것을 권한 것을 밝힘

경 그때 노사나불께서는 이 대중을 위해 간략히 10만 갠지스강[13]의 모래알처럼 많은 불가설不可說[14]의 법문法門 가운데에서 심지心地를 털끝만큼 열어 보이셨다.

"이것은 과거의 모든 부처님께서 이미 말씀하신 것이고, 미래의 부처님께서 앞으로 말씀하실 것이며, 현재의 부처님께서 지금 말씀하시는 것이다. 삼세의 보살이 이미 배웠고 앞으로 배울 것이며 지금 배우는 것이다. 나는 이미 백겁 동안 이 심지를 수행하였기 때문에 나를 노사나라 부른다. 그대들 여러 부처들은 내가 말한 것을 굴려 모든 중생들에게 들려주어 그들로 하여금 심지에 나아가는 길(道)을 열게 하라."

그때 연화대장세계의 하늘 광명처럼 눈부시게 빛나는 사자좌師子座[15] 위에 앉으신 노사나불께서 광명을 놓으시고, 광명이 일천 연꽃잎 위에 계시는 부처님들께 이르셨다.[16]

---

13 갠지스강 : 원문의 '恒河'는 ⓢGaṅgā의 한역 음사어이다. '兢伽'라고도 한다. 인도 북부를 동서로 가로질러 벵골만으로 흘러드는 인도 최대의 강이다.
14 불가설不可說 : 열 가지 큰 수(十大數) 중 하나.
15 사자좌師子座 : 부처님께서 앉으신 자리. 부처님께서 인중사자人中師子임을 나타낸다.
16 원문은 '盧舍那佛放光告千華上佛'이다. 이것을 어떻게 끊어 읽을 것인지를 승장의 주석으로는 알 수 없다. 여타 주석서에는 두 가지 입장이 있다. ① '盧舍那佛 放光 光告 千華上佛'로 끊어 읽은 해석. 예를 들면 주굉袾宏의『梵網經心地品菩薩戒義疏發隱』권 2(X38, 155b)에서 "광명이 이르되'라고 한 것은 화엄세계의 구름대(雲臺)와 (모공毛孔의 광명) 등이 모두 법을 설하는 것이다.(光告者 華嚴雲臺等 皆說法也)"라고 하였고, 홍

"나의 심지법문품을 가지고 가서 다시 굴려 천백억 석가불과 온갖 중생들을 위해 내가 말한 이 심지법문품을 차례로 설하고, 그대들도 받아 지니고 읽고 외우며 한마음(一心)으로 행하라."

爾時。盧舍那佛。爲此大衆。略開百千恒河沙不可說法門中心地。如毛頭許。是過去一切佛已說。未來佛當說。現在佛今說。三世菩薩。已學當學今學。我已百劫。修行是心地。號吾爲盧舍那。汝諸佛。轉我所說。與一切衆生開心地道。時蓮華臺藏世界。赫赫天光師子座上。盧舍那佛。放光。光告千華上佛。持我心地法門品而去。復轉。爲千百億釋迦及一切衆生。次第。說我上心地法門品。汝等。受持讀誦。一心而行。

기 두 번째 권인 하권에 해당하는 경의 "그때 노사나불께서는" 이하는 두 번째로 심지법문을 수지하고 그 말씀을 굴릴 것을 권한 부분이다. 이는 다시 둘로 분류된다. 처음은 노사나불이 심지법문을 수지하고 그 말씀을 굴릴 것을 권한 것을 밝힌 것이고, 다음으로 "그때 일천 연꽃잎 위에 계시는 부처님" 이하는 석가불이 심지법문을 수지하고 그 말씀을 굴리는 것을 밝힌 것이다.

앞부분은 다시 넷으로 분류된다. 처음은 앞에서 설한 것을 맺은 것이고, 둘째 "이것은 과거의 모든 부처님께서 이미 말씀하신 것" 이하는 삼

찬홍찬弘贊의 『梵網經菩薩心地品下略疏』 권1(X38, 700b)에서 "광명이 천 연꽃잎 위의 부처님께 이르되'라고 한 것은 여래의 심지心地는 본래 말과 소리를 끊었으니, 이제 심지의 바른 법을 드러내고자 함에 있어서 다시 마음의 광명으로 불사佛事를 짓는다. 그러므로 '언어에 의해 이르되'라고 하지 않고, '광명으로 이르되'라고 하였다.(光告千華上佛者 如來心地 本絶名言聲色 今欲顯心地正法 還以心光 而作佛事 故不以言告 而以光告也)"고 하였다. ② '盧舍那佛 放光光 告千華上佛'이라고 끊어 읽은 해석. 예를 들면 태현太賢의 『梵網經古迹記』 권상(T40, 699a)에서는 "광명을 놓으신 것이 한 줄기가 아니기 때문에 광광이라 하였다.(放光非一 故言光光)"라고 하였다. 역자는 홍찬의 입장을 따랐다.

세의 부처님과 삼세의 보살을 끌어들여 (그 부처님들이) 이 법을 설하신 주체이고(能說), (그 보살들이 이 법을 배웠으니) 허망하지 않은 법(不虛)임을 밝힌 것이며, 셋째 다시 "나는 이미 백겁 동안" 이하는 그 실천행이 원만하게 이루어져 과果를 증득하였음을 드러낸 것이고, 넷째 "그대들 여러 부처들은 내가 말한 것을 굴려" 이하는 심지법문을 수지하고 굴려서 설할 것을 권한 것을 밝힌 것이다. (그 구체적인 내용은) 경에 실린 글과 같으니 알 수 있을 것이다.

> 卷第二經曰爾時盧舍那下。第二勸持轉說。於中有二。初明盧舍那佛勸持轉說。次爾時千華上佛下。明釋迦佛受持轉說。前中有四。一初結前所說。二便是過去下。引佛菩薩。能說不虛。三復我已百劫下。顯其行滿得果。四汝諸佛轉我所說下。明勸持轉說。如文可知。

② 석가불이 심지법문을 수지하고 그 말씀을 굴리는 것을 밝힌 것

경 그때 일천 연꽃잎 위에 계시던 부처님[17]과 천백억 석가불[18]이 연화대장세계의 눈부시게 빛나는 사자좌에서 일어나 각각 물러나면서 온몸에서 불가사의不可思議[19]한 광명을 놓으시니, 그 광명이 모두 한량없는 부처님으로 변화하여 한꺼번에 한량없이 푸르고 노랗고 붉고 흰 연꽃으로 노사나불께 공양하고 앞에서 말씀하신 심지법문품을 받아 지녔다. 각각 이 연화대장세계에서 사라지고, 사라지고 나서는 체성허공화광삼매體性虛空花光三昧에 들어 본원

---

17 일천 연꽃잎 위에 계시던 부처님 : 석가불을 가리킨다.
18 천백억 석가불 : 『梵網經』 권상에 따르면 일천 연꽃잎 각각에 계시는 석가불이 다시 각각 백억의 석가불을 화현化現한다. 이렇게 해서 일천 연꽃잎 각각에 백억의 석가불이 있으니, 모두 합하여 천백억 석가불이 있는 것이다.
19 불가사의不可思議 : 생각으로 헤아릴 수 없고, 언어에 의해 의론할 수 없는 것. 언어와 사유를 넘어선 것을 일컫는 말.

本源의 세계[20]인 염부제閻浮提의 보리수菩提樹 아래로 돌아와 체성허공화광삼매에서 나오고, 나오고 나서는 비로소 금강천광왕좌金剛千光王座[21]와 묘광당妙光堂에 앉아 십세계해十世界海를 설하였다.

爾時。千華上佛。千百億釋迦。從蓮華藏世界赫赫師子座起。各各辭退。舉身。放不可思議光。光皆化無量佛。一時。以無量靑黃赤白華。供養盧舍那佛。受持上所說心地法門品竟。各各從此蓮華藏世界而沒。沒已。入體性虛空華光三昧。還本原世界閻浮提菩提樹下。從體性虛空華光三昧出。出已。方坐金剛千光王座。及妙光堂。說十世界海。

기 경의 "그때 일천 연꽃잎 위에 계시던 부처님" 이하는 두 번째로 석가불이 심지법문을 수지하고 그 말씀을 굴리는 것을 밝힌 것이다. 이는 다시 아홉으로 분류된다.

經爾時千華上佛自下。第二明釋迦佛受持轉說。於中有九。

가) 부처님께서 물러나신 것

첫째, 부처님께서 물러나신 것을 밝힌 것이다. 경에서 "그때 일천 연꽃잎~각각 물러나면서"라고 하였기 때문이다.

一明佛辭退。如經。爾時。千華。乃至各辭退故。

---

20 본원本源의 세계 : 본래 응신應身을 나투어 중생을 교화하던 세계를 가리키는 말. 곧 석가모니불에게 있어서 염부제가 갖는 성격을 나타내는 말. 염부제에 대해선 뒤에 나오는 승장의 해석과 그에 대한 역자의 주석을 참조할 것.

21 금강천광왕좌金剛千光王座 : 부처님께서 깨달음을 이루신 자리, 곧 붓다가야에 있는 금강좌金剛座를 일컫는 말.

나) 광명을 놓은 것

둘째, 광명을 놓으신 것이다. 경에서 "온몸에서 불가사의한 광명을 놓으시니"라고 하였기 때문이다.

二者放光。如經。舉身。放先¹⁾不可思議光故。

1) ㉤ '先'은 잉자인 듯하다. ㉠ 『한불전』에 함께 수록된 『梵網經』 원문에서는 "不可思議光"이라고만 하였고, 이 부분에 대한 승장의 해석 부분에서는 본문에 '先'을 보태어 "先不可思議光"이라 했다.

다) 공양하는 것

셋째, 공양하는 것이다. 경에서 "그 광명이 모두 한량없는 부처님으로 변화하여~노사나불께 공양하고"라고 하였기 때문이다.

三者供養。如經光皆化無量。乃至供養盧舍那佛故。

라) 받아 지니는 것

넷째, 받아 지니는 것이다. 경에서 "앞에서 말씀하신 심지법문품을 받아 지녔다."고 하였기 때문이다.

四者受持。如經。受持上所說心地法¹⁾品故。

1) ㉠ 『梵網經』에 따르면 '門'이 누락되었다.

마) 이 세계에서 사라진 것

다섯째, 이 세계에서 사라진 것을 밝힌 것이니, 경에서 "각각 이 연화(대)장세계에서 사라지고"라고 했기 때문이다.

五者明於此沒。如經。各各。從此蓮華藏世界沒故。

바) 삼매에 든 것

여섯째, 삼매에 드는 것이다. 경에서 "사라지고 나서는 체성허공(화광) 삼매에 들어"라고 했기 때문이다. '체성허공화광삼매'라고 한 것은, 모든 법의 진실한 성품인 진여를 '체성'이라 하니, 이것은 법의 진실한 체성이기 때문이다. 이 진여를 바로 '허공'이라 하니, (모든 법에 걸림이 없기 때문이다.) 이것[22]을 대상으로 하는 삼매를 '허공삼매'라 하니, 경계로부터 이름을 세웠다. (이 경우 '허공삼매'란) 의주석[23]에 해당하니, 예컨대 공삼매空三昧라고 말하는 경우와 같다. 이 삼매에 의지하여 나오는 광명은 마치 꽃이 피어나는 것과 같은 광명이기에 '화광삼매'라 한다. (이 경우 '화광삼매'란) 유재석[24]에 해당하니, 예컨대 각수覺樹라고 말하는 경우와 같다.

六者入三昧。如經。沒已。入體性虛空三昧故。所言體性虛空華光三昧者。謂一切法實性眞如。名爲體性。謂此法實體性故。卽是眞如。名虛空。於諸法中。無質礙故。緣此三昧。名虛空三昧。從境立名。卽依主釋。如說空三昧。依此三昧。所出光明。猶如華光。名華光三昧。卽有財釋。如說莫[1]樹。

1) ㉒ '莫'은 '覺'이다. '莫樹'라는 용례는 『대정장』·『속장경』 등에 보이지 않고, 문맥상으로도 의미를 찾을 수 없다. 본서의 뒤에 '覺樹'를 유재석으로 풀이하는 설명이 나오고 있기 때문에 '莫'을 '覺'의 오사로 보았다.

사) 본래의 세계로 돌아간 것

일곱째, 본래의 세계로 돌아가는 것이다. 경에서 "본원의 세계인~돌아

---

22 이것 : 허공을 가리킨다.
23 의주석 : p.59 주 10을 참조할 것. 허공에 의지하는 삼매라는 뜻.
24 유재석 : p.59 주 10을 참조할 것. 꽃이 피는 것과 같은 광명을 지닌 삼매라는 뜻.

와"라고 했기 때문이다. '염부제閻浮提'[25]는 남방에 있는 염부제를 말한다. 『기세계경』 제1권에서 "남염부제는 그 땅이 세로와 가로가 7천 유순由旬(길이의 단위)이다."[26]라고 하였고, 『유가사지론』에서도 이 경과 동일하게 말했다.[27] 또 『기세경』 제1권에서 "이 염부주閻浮洲에 큰 나무가 있는데 염부라고 한다. 밑둥의 세로와 너비는 7유순이고 잎은 50유순을 덮으며, 높이는 100유순이다."[28]라고 하였다. 해 나무로부터 이름을 지어 염부제라 한다. 곧 그 땅에 이 나무가 있기에 염부주라 한다. 이는 유재석에 해당한다.

七者還本世界。如經。還本原世界等故。閻浮提者。卽是南方閻浮提也。起世界[1])經第一卷云。南閻浮提。其地縱廣。七十[2)]由旬。又瑜伽論。與此經同。又起世云。此閻浮洲。有一大樹。名曰閻浮。本縱廣。七由旬。葉覆五十由旬。高百由旬。解云。從樹立名。名閻浮提。地有此樹。名閻浮洲。卽有財釋。

1) 옝『起世經』을『起世界經』이라고 쓴 다른 용례는 찾을 수 없지만, 양자가 뜻에 있어서 차이는 없기 때문에 '界'를 잉자로 보지 않았다. 2) 옝『起世經』 본문 및 다른 경의 기록에 따르면 '十'은 '千'이다.

아) 삼매에서 나오는 것

여덟째, 삼매에서 나오는 것이다. 경에서 "체성허공화광삼매에서 나오

---

[25] 염부제閻浮提 : ⑤Jambu-dvīpa의 음사어. 염부주閻浮洲·섬부주瞻部洲 등이라고도 한다. '염부'는 Jambu의 음사어, '주'는 dvīpa의 한역어이다. 수미산須彌山(하나의 소세계小世界의 중앙에 있는 높은 산)의 남쪽에 위치한 섬으로 현재 우리가 사는 세계를 가리킨다.
[26] 『起世經』 권1(T1, 311b).
[27] 『瑜伽師地論』 권2(T30, 287a)에 '섬부주瞻部洲'라 하고, 그 크기가 6천5백 유선나踰繕那라고 하였다. 섬부주는 염부제의 다른 한역어이고, 유선나는 유순의 다른 한역어이므로, 양자 사이에 5천 유선나의 차이가 있다.
[28] 『起世經』 권1(T1, 311b).

고"라고 했기 때문이다. '삼매'는, 갖춘 음사어는 삼마지이고, 등지等持라 한역한다. 혼침昏沈[29]과 도거掉擧[30]를 멀리 여의는 것을 '등'이라 하고, 마음을 지켜 흩어지지 않는 것을 '지'라 한다.

> 八者出三昧。如經。從體性虛空華光三昧出故。言三昧者。梵音名三摩地。此云等持。遠離沈掉。名之爲等。持心不散。名之爲持。

자) 법을 설한 것

아홉째, 법을 설하는 것이다. 경에서 "(삼매에서) 나오고 나서는 비로소~앉아"라고 하였기 때문이다.

이렇게 법을 설하는 것은 다시 두 부분으로 나뉜다. 처음은 일천 꽃잎의 부처님이 설법하는 것을 밝힌 것이고, 다음의 "그 나머지 천백억의 석가" 이하는 백억[31] 부처님이 설법하는 것을 밝힌 것이다.

> 九者說法。如經。出已方坐等故。就說法中。復分有二。初明千佛說法。次其餘千百億下。明百億佛說法。

(가) 일천 꽃잎의 부처님이 설법하는 것

이것은 첫 번째로 일천 연꽃잎의 부처님께서 설법하는 것에 해당한다. 십법문十法門[32]을 설하니, 모두 열 가지로 나뉜다.

---

29 혼침昏沈 : 마음을 무기력하게 하는 의식 작용.
30 도거掉擧 : 마음을 들뜨게 하는 의식 작용.
31 백억 : 앞에서 '천백억'이라 하고 여기에서 '백억'이라 한 것은, 일천 연꽃잎 하나마다 백억의 부처님이 화현하니, 개별적으로 보면 '백억'이고 이것이 일천 연꽃잎 모두에서 일어나는 일이니, 총체적으로 보면 '천백억'이어서 궁극적으로 차이가 없다.
32 십법문十法門 : 열 곳에서 열 가지 법문을 설한 것. 곧 ① 보광법당에서 십세계해를 설하고, ② 제석궁에서 십주十住를 설하며, ③ 염천燄天에서 십행十行을 설하고, ④ 도솔

此卽第一千佛說法。說十法門。卽分爲十。

㉑ 십세계해

이것은 첫 번째로 십세계해十世界海를 밝히는 것이다. 진실한 법계는 분한分限이 없어 헤아리기 어려우니, 이를 바다에 비유하였다. '천광왕좌千光王坐'는 일천 줄기의 연꽃이 환하게 빛나는 자리를 말한다. '묘광법당妙光法堂'은 『화엄경』에서 설한 보광법당普光法堂을 말한다. 부처님께서 마가다국[33] 적멸도량寂滅道場[34] 옆에 있는 보광법당에 계실 때, 보현보살이 이곳에서 시방의 세계해를 설하였다. '십세계해'는 설세계해·기인연세계해 내지 괴방편세계해에 이르기까지의 열 가지 세계해를 말한다. 『화엄경』 제3권에서 설한 것[35]과 같다.

此卽第一明十世界海。謂實法界。無有分限。難可測量。以海爲喩。千光王坐者。謂千莖蓮華光明坐也。妙光法堂[1])者。卽是華嚴所說普光法堂。謂佛。在摩揭提國。寂滅道場。普光法堂。普賢菩薩。說十方世界海。十

천에서 십회향十廻向을 설하며, ⑤ 화락천에서 십선정十禪定을 설하고, ⑥ 타화천에서 십지十地를 설하며, ⑦ 초선初禪(一禪)에서 십금강十金剛을 설하고, ⑧ 이선二禪에서 십인十忍을 설하며, ⑨ 삼선三禪에서 십원十願을 설하고, ⑩ 사선四禪 중 마혜수라천의 왕궁에서 십지법문품을 설한다.

33 마가다국 : 원문은 ㅁ·게제국摩揭提國이다. ⓢMagadha의 음사어로 한글로 그대로 음사하여 마가다국이라고 하는 경우가 많다. 부처님께서 깨달음을 성취하신 장소인 붓다가야가 있는 곳이고, 이후 가장 오랫동안 머물면서 설법하였던 곳으로 중요한 불교 유적지이다.

34 적멸도량寂滅道場 : 부처님께서 깨달음을 이루신 곳. 곧 붓다가야의 금강좌가 있는 곳을 일컫는 말.

35 60권본 『華嚴經』 권3(T9, 409c). 열 가지 세계해란 설세계해說世界海·인연을 갖추어 일어나는 세계해(起具因緣世界海)·머무는 세계해(住世界海)·형상을 가진 세계해(形世界海)·몸을 가진 세계해(體世界海)·장엄한 세계해(莊嚴世界海)·청정한 세계해(清淨世界海)·여래께서 세상에 출현하시는 세계해(如來出世世界海)·겁의 세계해(劫世界海)·무너지는 방편의 세계해(壞方便世界海) 등이다.

世界海者。謂說世界海。起具因緣海乃至壞方便世界海。如華嚴經第三
卷說。

1) ㉮『한불전』에 실린『梵網經』원문에서는 '妙光堂'이라 했다. 승장의 주석서에 의
거할 때, 승장이 저본으로 삼은『梵網經』은 현재『한불전』에 실린『梵網經』과 일치하
지 않는 경우가 종종 있다. 그러므로 이를 오자로 볼 것인지, 판본의 차이에 의거한
것으로 볼 것인지는 확정할 수 없다.

⑭ 십주

경 다시 자리에서 일어나 제석천帝釋天[36]의 궁전에 이르러 십주
十住를 설하였다.

復從座起。至[1]帝釋宮。說十住。

1) ㉮『속장경』에 실린「범망경술기」에서는 '至'의 크기가 다른 글자와 같다. 그런데
『한불전』에 실린 원문에는 '至'의 크기를 축소하여 다른 글자보다 작게 하였다. 이는
편집자가 "~까지"라는 의미를 지닌 축약부호로 오인한 데서 비롯된 것으로 추정된
다. 이하에서 여러 차례 이런 사례가 보이는데 별도로 밝히지 않는다.

기 경의 "다시 자리에서 일어나 제석천의 궁전에 이르러 십주를 설하
였다." 이하는 두 번째로 십주를 설한 것을 밝힌 것이다.

『화엄경』에 의하면 부처님께서 제석천의 묘승전妙勝殿에 올라가 계실
때 법혜보살法慧菩薩이 십주의 뜻을 설하였다.[37]

십주의 뜻은『화엄경』제9권에서 "불자들이여, 보살마하살의 십주행은
과거·미래·현재의 모든 부처님께서 말씀하신 것이니, 그 열 가지란 무엇
인가. 첫째 초발심주初發心住이고, 둘째 치지주治地住이며, 셋째 수행주修行
住이고, 넷째 생귀주生貴住이며, 다섯째 방편구족주方便具足住이고, 여섯째

---

36 제석천帝釋天 : 욕계의 여섯 하늘 중 두 번째인 도리천忉利天을 관장하는 주인.
37 60권본『華嚴經』권8(T9, 444c) 참조.

정심주正心住이며, 일곱째 불퇴주不退住이고, 여덟째 동진주童眞住이며, 아홉째 법왕자주法王子住이고, 열째 관정주灌頂住이다."[38]라고 한 것과 같다. (십주 각각의) 자세한 내용은 그곳에서 설한 것과 같다.

經曰復從坐起至帝釋宮說十住者自下。第二明說十地。[1] 若依華嚴。佛在帝釋昇妙勝殿。法慧菩薩。說十住義。言十住義者。如華嚴經第九卷云。諸佛子。菩薩摩訶薩。十住行。去來現在諸佛所說。何等爲十。一名初發心住。二名治地住。三名修行住。四名生貴住。五名方便具足住。六名正心住。七名不退住。八名童眞住。九名法王子住。十灌頂住。廣說如彼。

1) ㉮ '地'는 '住'인 듯하다.

㉰ 십행

경 다시 염천燄天[39]에 이르러 십행十行을 설하였다.

復至燄天中。說十行。

기 경의 "다시 염천에 이르러 십행을 설하였다." 이하는 세 번째로 십행을 설한 것을 밝힌 것이다.

'염천'은 제3 염마천으로 범어 음사어는 야마夜摩라고도 하고, 시분時分이라 한역한다. 『순정리론』 제21권에서 "야마천은 이를테면 그 하늘의 처

---

38 60권본 『華嚴經』 권8(T9, 444c). 본서에서 인용한 『華嚴經』 문장의 내용이나 한역어 등을 대조할 때, 승장은 여러 가지 한역본 중 60권본 『華嚴經』을 저본으로 한 것으로 보인다. 그러나 이 구절은 현행 60권본 『華嚴經』에서는 8권에 해당하여, '제9권'이라고 한 승장의 말과 어긋난다. 승장의 오류이거나 판본의 차이에 의한 것이겠지만, 어느 것인지 확정할 만한 근거는 없기 때문에 본문은 승장의 권수에 따르고, 주석에서는 현행 『대장경』의 권수를 따른다. 이하에 인용된 여러 경론도 이와 같은 형식을 따른다.

39 염천燄天 : 욕계의 여섯 하늘(六天) 중 세 번째 하늘.

소는 시시각각 대부분이 쾌락에 칭합稱合한다."⁴⁰고 한 것과 같다.

『화엄경』에 의하면 부처님께서 야마천 마니보장엄전摩尼寶莊嚴殿에 계실 때 공덕림보살功德林菩薩이 선복삼매善伏三昧에 들어 십행을 설하였다고 한다.⁴¹ 또한 『화엄경』 제12권에서 "보살에게 십행이 있으니, 그 열 가지는 무엇인가. 첫째 환희행歡喜行이고, 둘째 요익행饒益行이며, 셋째 무에한행無恚恨行이고, 넷째 무진행無盡行이며, 다섯째 이치난행離癡亂行이고, 여섯째 선현행善現行이며, 일곱째 무착행無著行이고, 여덟째 존중행尊重行이며, 아홉째 선법행善法行이고, 열째 진실행眞實行 등이다."⁴²라고 한 것과 같다. 자세한 것은 그곳에서 설한 것과 같다.

> 復至焰天中說十行者自下。第三明說十行。焰天者。即是第三焰摩天。梵音云夜摩。此云時分。如順正理二十一云。夜摩天。謂彼天處。時時多分。稱快樂哉。若依華嚴。佛在夜摩天摩尼寶莊嚴。¹⁾ 功德林菩薩。入善伏三昧。說十行。又如彼經第十二卷云。菩薩有十行。何等爲十。一者歡喜行。二者饒益行。三者無恚恨行。四者無盡行。五者離癡亂行。六者善現行。七者無著行。²⁾ 九者善法行。十者眞實行。具說如彼。
>
> 1) ㉘ '嚴' 뒤에 '殿'이 누락된 듯하다.　2) ㉮ 『華嚴經』에 따르면 다음에 '八者尊重行'이 누락되었다.

㉤ 십회향

경 다시 자리에서 일어나 네 번째 하늘에 이르러 십회향十廻向을 설하였다.

---

40 『順正理論』 권31(T29, 519b). 원문에서는 21권이라 했다.
41 60권본 『華嚴經』 권11(T9, 466b).
42 60권본 『華嚴經』 권11(T9, 466b). 원문에서는 12권이라 했다.

復從座起。至第四天中。說十廻向。

기 경의 "다시 자리에서 일어나 네 번째 하늘에 이르러 십회향을 설하였다." 이하는 네 번째로 십회향을 설한 것이다.

'네 번째 하늘'은 (욕계의) 네 번째 하늘인 도솔천兜率天[43]을 말한다. 『화엄경』에 의하면, 부처님께서 도솔천궁 일체보전一切寶殿에 계실 때 금강당보살金剛幢菩薩이 명지삼매明智三昧에 들어 십회향을 설했다고 한다.[44] '도솔천'은 바른 범어 음사어는 도사다睹史多이고, 지족知足이라 한역한다. 『순정리론』에서 "네 번째 도사다천은, 이를테면 그 하늘의 처소는 대개 자신이 감수感受한 것에 대해 기뻐하고 만족하는 마음을 내는 곳이다."[45]라고 한 것과 같다.

'십회향'이란 『화엄경』 제16권에서 "보살에게 십회향이 있으니 그 열 가지란 무엇인가. 첫째 구호일체중생회향救護一切衆生廻向이고, 둘째 불괴회향不壞廻向이며, 셋째 등일체불회향等一切佛廻向이고, 넷째 지일체처회향至一切處廻向이며, 다섯째 무진공덕장회향無盡功德藏廻向이고, 여섯째 수순평등선근회향隨順平等善根廻向이며, 일곱째 수순등관일체중생회향隨順等觀一切衆生廻向이고, 여덟째 여상회향如相廻向이며, 아홉째 무박무착해탈회향無縛無著解脫廻向이고, 열째 법계무량회향法界無量廻向 등이다."[46]라고 한 것과 같다. 자세한 것은 그곳에서 설한 것과 같다.

復[1])從座[2])至[3])說十廻向。[4]) 言四天[5])者。謂第四兜率天中。[6]) 若依華嚴。佛在

---

43 도솔천兜率天 : 욕계에 속하는 여섯 하늘 중 네 번째 하늘. 이 세상에 한 번 태어나면 성불할 것이 예정된 보처보살補處菩薩이 머무는 곳이기도 하다.
44 60권본 『華嚴經』 권14(T9, 488a).
45 『順正理論』 권31(T29, 519b).
46 60권본 『華嚴經』 권14(T9, 488b). 원문에서는 16권이라 했다.

兜率天宮一切寶殿。金剛幢菩薩。入明智三昧。說十廻向。兜率天者。梵音正云覩史多。此云知足。如正理論云。四覩史多天。謂彼天處。多於自受。生喜足心。十廻向者。如華嚴經第十六云。菩薩有十廻向。何等爲十。一者救護一切衆生廻向。二者不壞廻向。三者等一切佛廻向。四者至一切處廻向。五者無盡功德藏廻向。六者隨順平等善根廻向。七者隨順等觀一切衆生廻向。八者如相廻向。九者無縛無著解脫廻向。十者法界無量廻向。廣說如彼。

1) ㉯ '復' 앞에 '經曰'이 누락되었다. 2) ㉯ '座' 뒤에 '起'가 누락되었다. 3) ㉮ '至' 뒤에 '第四天'이 누락된 듯하다. 4) ㉯ 앞 문장과의 일관성을 고려할 때 '說十廻向' 이하에 '者自下 第四明十廻向'이 누락되었다. 5) ㉯ '四天' 앞에 '第'가 누락되었다. 6) ㉯ '天' 뒤의 '中'은 잉자이다.

㉰ 십선정

경 다시 자리에서 일어나 화락천化樂天[47]에 이르러 십선정十禪定을 설하였다.

復從座起。至化樂天。說十禪定。

기 경의 "다시 자리에서 일어나 화락천에 이르러 십선정을 설하였다." 이하는 다섯 번째로 십선정을 설한 것을 밝힌 것이다.

'화락천'은 신역新譯 논서에서는 낙변화천樂變化天이라 하였다. '낙'이란 욕계의 경계에서 얻는 즐거움(欲樂)을 말한다. 『순정리론』에서 "다섯 번째 하늘인 낙변화천은, 이를테면 그 하늘의 처소는 욕계의 경계를 변화시키는 것을 즐기고 그렇게 하는 가운데 즐거움을 감수하는 곳이다."[48]라고 한

---

47 화락천化樂天: 욕계의 여섯 하늘 중 다섯 번째 하늘.
48 『順正理論』 권31(T29, 519b).

것과 같다.

'십선정'은 십지十地에서 닦는 선정을 말한다.【『금광명경』을 조사해 볼 것】[49]
'선禪'은 신역 경론에서는 정려靜慮라고 하였다. 이 선정의 적정함에 의지하여 경계를 자세하게 생각하기 때문에 정려라고 한다.

經曰復從座起至化樂天說十種[1]定自下。第五說十禪定。化樂天者。新翻論云。樂變化天。樂者。欲樂。如正理云。五樂變化天。謂彼處。樂化欲境。於中受樂。十禪定者。謂十地所修定也【勘金光明經】。禪者。新翻經論。名爲靜慮。依此寂靜。審慮境界。故名寂[2]慮。

1) ㉠ '種'은 '禪'이다.   2) ㉑ '寂'은 '靜'인 듯하다.

---

[49] 지금까지 60권본『華嚴經』에 근거하여 개념을 해석하던 승장이, 십선정을 해석하면서는『金光明經』을 조사할 것이라고 하고 끝을 맺었다. 이는 60권본『華嚴經』에는 이것을 설명한 부분이 없고, 그 설명이 있는 품을 첨부한 80권본『華嚴經』은 당시 성립되지 않았거나, 성립되었더라도 시기적으로 겹쳐서 입수하지 못했기 때문일 것으로 보인다. 참고로 80권본『華嚴經』은 699년에 완성되었다. 후대의 주석서에서는 십선정을 풀이함에 있어서 80권본『華嚴經』에 의거하는데, 그 내용에 따라 크게 둘로 분류할 수 있다. 첫째 80권본『華嚴經』권40「十定品」(T10, 212c)에서 설한 열 가지 큰 삼매(十大三昧)로 보는 경우이다. 예를 들면 홍찬弘贊의『梵網經菩薩心地品下略疏』권1(X38, 702)에서『梵網經』의 열 가지 선정을 보광삼매普光三昧·묘광삼매妙光三昧·차제변왕제불국토삼매次第遍往諸佛國土三昧·청정심심행삼매清淨深心行三昧·지과거장엄장삼매知過去莊嚴藏三昧·지광명장삼매智光明藏三昧·요지일체세계불장엄삼매了知一切世界佛莊嚴三昧·중생차별신삼매眾生差別身三昧·법계자재삼매法界自在三昧·무애륜삼매無礙輪三昧 등이라고 했는데, 이는「十定品」에 근거한 것이다. 태현太賢도『梵網經古迹記』권상(T40, 699b)에서『華嚴經』「十定品」에서 설한 것과 같다고 하였다. 둘째 80권본『華嚴經』권58「離世間品」(T10, 305b)에서 설한 십종청정선十種清淨禪으로 보는 경우이다. 예를 들면 혜인慧因은『梵網經菩薩戒注』(X38, 554c)에서,『梵網經』의 열 가지 선정을 출가청정선出家清淨禪·근선지식청정선近善知識清淨禪·아란야처선阿蘭若處禪·이희론궤뇨선離戲論憒鬧禪·신심유연선身心柔軟禪·지혜적정일체음성선智慧寂靜一切音聲禪·칠각지팔성도선七覺支八聖道禪·이미착제번뇌구선離昧著諸煩惱垢禪·통명청정선通明清淨禪·내지방편유희신통청정선內知方便遊戲神通清淨禪 등이라 했는데, 이는「離世間品」에 근거한 것이다.『金光明經』의 세 가지 한역본에는 모두 십선정에 대한 설명이 나오지 않는다. 다만 이 경의 두 번째 한역본인『合部金光明經』권3「陀羅尼最淨地品」(T16, 374b)에 십지를 획득하는 과정을 설하고 있기는 하다.

㉥ 십지

경 다시 자리에서 일어나 타화천他化天[50]에 이르러 십지十地를 설했다.

復從座起。至他化天。說十地。

기 경의 "다시 자리에서 일어나 타화천에 이르러 십지를 설했다." 이하는 여섯 번째로 십지를 설한 것을 밝힌 것이다.

타화천이란 여섯 번째 하늘인 타화자재천他化自在天이다. 『순정리론』에서 "그 하늘의 처소는 다른 이가 변화시킨 욕계의 경계에 대해 자유자재하게 즐거움을 감수하는 곳이다."[51]라고 한 것과 같다.

'십지'[52]는 다음과 같다. 첫째, 극희지極喜地(환희지)이다. 처음으로 성인의 성품을 얻고 두 가지 공(二空)[53]을 모두 증득하여 능히 자신과 남을 이롭게 하여 큰 기쁨을 낳기 때문이다. 둘째, 이구지離垢地이다. 청정한 시라尸羅(戒)를 구족하여 미세하게 계를 훼손하고 범하게 하는 번뇌의 티끌을 멀리 여의기 때문이다. 셋째, 발광지發光地이다. 뛰어난 선정과 대법大法의 총지總持[54]를 성취하여 가없는 미묘한 지혜의 빛을 발하기 때문이다. 넷째, 염혜지焰慧地이다. 가장 뛰어난 보리분법菩提分法(삼십칠보리분법)에 안주하여 번뇌의 장작을 태워 버리는 지혜의 불길이 증대되기 때문이다. 다섯째, 극난승지極難勝地이다. 진실한 지혜(眞智)와 세속적 지혜(俗智)는 행상行相(작용)이 서로 위배되는데, 이것을 합하여 서로 응하게 함으로써 매우

---

50 타화천他化天 : 욕계의 여섯 하늘 중 여섯 번째 하늘.
51 『順正理論』 권31(T29, 519b).
52 이하 십지에 대한 해석은 『成唯識論』 권9(T31, 51a)의 설과 같다.
53 두 가지 공(二空) : 아공我空과 법공法空을 일컫는 말.
54 선법을 호지하여 흩어지지 않게 하고 악법을 억눌러 일어나지 못하게 하는 작용.

이겨내기 어려운 일을 해내었기 때문이다. 여섯째, 현전지現前地이다. 연기緣起에 머무는 지혜가 분별이 없는 가장 뛰어난 반야般若(지혜)를 이끌어 현전하게 하기 때문이다. 일곱째, 원행지遠行地이다. 무상無相에 머무는 작용(功用)의 최후에 도달하여 세간과 이승二乘의 도를 벗어나기 때문이다. 여덟째, 부동지不動地이다. 무분별지無分別智(분별을 떠난 평등한 지혜)가 (어떤 작용을 하지 않아도 저절로 이어져) 상相(형상)과 용用(작용)과 번뇌에 의해 동요되지 않기 때문이다. 아홉째, 선혜지善慧地이다. 미묘한 사무애해四無礙解[55]를 성취하여 시방에 두루 미치도록 훌륭하게 법을 설하기 때문이다. 열째, 법운지法雲地이다. 대법의 지혜라는 구름이 온갖 덕의 물을 품어 허공처럼 (광대무변한) 추중麤重[56]을 덮고, 법신을 충만하게 하기 때문이다. 이와 같은 십지는 총괄적으로 유위와 무위의 공덕을 포섭하여 이것을 자성으로 삼는다.

'지地'의 뜻은 앞에서 자세하게 설한 것과 같다. 십지에 대한 자세한 설명은 『화엄경』 제25권[57]·『십지경十地經』·『해심밀경』 제4권·『유가사지론』「섭결택분攝決擇分」·『섭대승론』 등에서 설한 것과 같다. 의미에 대한 자세한 설명은 『유가초』에서 설한 것과 같으니 (이것에 비추어 이해하면 된다.) 번잡할 것을 염려하여 서술하지 않는다.

經曰復從座起至他化天說十地者自下。第六明說十此。[1] 他化天者。卽是

---

[55] 사무애해四無礙解 : 네 가지 걸림이 없는 지혜. ① 법法무애해 : 언어에 의해 표현된 가르침을 막힘없이 잘 아는 것. ② 의義무애해 : 가르침이 드러내고자 하는 이치를 막힘없이 잘 아는 것. ③ 사辭무애해 : 각 지방의 언어에 능통하여 막힘없이 구사하는 것. ④ 변辯무애해 : 상대방의 근기나 상황에 꼭 맞는 언어를 막힘없이 구사하는 것.
[56] 추중麤重 : 번뇌를 일컫는 말. 그 구체적인 의미는 번뇌장과 소지장으로 보는 것을 비롯하여 다양하게 해석된다.
[57] 60권본『華嚴經』제22「십지품十地品」이 여기에 해당하는데, 이 품은 23권~27권에 수록되어 있다. 원문에서는 25권이라고 하였다.

第六他化自在天。如正理云。彼天處。於他所化欲境。自在受樂。言十地者。一極喜地。初獲聖性。具證二空。能益自他。生大喜故。名極歡喜。二離垢地。具淨尸羅。遠離能起微細毀犯煩惱垢故。三發光地。成就勝定。大法總持。能發無邊妙慧光故。四焰慧地。安住最勝菩提分法。燒煩惱薪。慧焰增故。五極難勝地。眞俗兩智。行相互違。合令相應。極難勝故。六現前地。住緣起智。引無分別最勝般若。令現前故。七遠行地。至無相住功用後邊。出過世間二乘道故。八不動地。無分別智。任運相續。相用煩惱。不能動故。九善慧地。成就微妙四無礙解。能遍十方。善說法故。十法雲地。大法智雲。含衆德水。故²⁾如空麤重。充滿法身故。如是十地。總攝有爲無爲功德。以爲自性。地義。如前廣說。廣說十地。如華嚴經。第二十五。十地經。解深密經第四。瑜伽論。決³⁾擇分。攝大乘論等。廣說義。如瑜伽鈔會。恐繁不述。

1) ㉮ '此'는 '地'인 듯하다(編). 2) ㉯ '故'는 '蔽'이다. 『成唯識論』권9(T31, 51b)를 참조했다. 3) ㉰ '決' 앞에 '攝'이 누락되었다.

㊂ 십금강

경 다시 일선一禪⁵⁸에 이르러 십금강十金剛을 설하였다.

復至一禪中。說十金剛。

기 경의 "다시 일선에 이르러 십금강을 설하였다." 이하는 일곱 번째로 십금강을 설한 것을 밝힌 것이다.

經曰復至一禪中說十金剛者自下。第七明說十金剛。

---

58 일선一禪 : 색계의 사선四禪 중 첫 번째에 해당하는 하늘로 초선初禪이라고도 한다.

'십금강'이란 『화엄경』 제40권에서 다음과 같이 말했다.

十金剛者。如華嚴經第四十云。

불자여, 보살마하살이 금강심金剛心을 내어 대승을 장엄하는 데 열 가지가 있다. 그 열 가지란 무엇인가.
보살마하살은 이렇게 생각한다. '모든 법은 한계(分際)가 있지 않다.' 그러므로 보살은 이러한 마음을 낸다. '나는 삼세의 모든 법을 남김없이 분명히 깨달아야 할 것이다.' 이것이 보살이 첫 번째로 금강심을 내는 것이다.
보살은 이렇게 생각한다. '한 털끝에 한량없는 보살이 있어 법계의 법을 설한다.' 그러므로 이러한 마음을 낸다. '나는 큰 장엄을 내어 스스로를 장엄하고 중생을 교화하고 제도하여 모두 아누다라삼막삼보리[59]를 증득하여 큰 열반을 성취하는 형태로 열반에 들도록 하겠다.' 이것이 두 번째로 금강심을 내는 것이다.
보살은 이렇게 생각한다. '시방세계는 한량없고 가없어서 그 한계가 없다.' 그러므로 보살은 이러한 서원을 낸다. '나는 위없는 청정한 장엄으로 이러한 일체 세계를 장엄하되, 그 장엄이 모두 진실하여 허망하지 않게 할 것이다.' 이것이 보살이 세 번째로 금강심을 내는 것이다.

佛子。菩薩摩訶薩。有十種發金剛心莊嚴大乘。何等爲十。所謂菩薩摩訶薩。作如是念。一切諸法。無有分際。菩薩。發如是心。我當覺了三世一

---

[59] 아누다라삼막삼보리阿耨多羅三藐三菩提 : ⓢanuttara-samyak-saṃbodhi의 음사어. 최상의 완전한 깨달음. 곧 부처님께서 증득하신 깨달음을 지칭하는 말. 대승 보살도菩薩道를 닦는 이들이 증득해야 할 궁극적인 깨달음이기도 하다. 무상정등정각無上正等正覺이라고 한역한다.

切諸法。悉無有餘。是爲菩薩第一發金剛心。菩薩。作如是念。於一毛端處。有無量菩薩。說法界法。[1] 發如是心。我當發大莊嚴。而自莊嚴。化度衆生。皆令成阿耨多羅三藐三菩提。以大涅槃。而般涅槃。是爲第二發金剛心。菩薩。作如是念。十方世界。無量無邊。無有分際。菩薩。發如是大願。我當以無上淨淸。[2] 莊嚴此等一切世界。彼諸莊嚴。皆實不虛。是爲菩薩第三發金剛心。

---

1) ㉠ 원문은 "於一毛端處 有無量菩薩 說法界法"이고, 여기에 해당하는 60권본『華嚴經』본문은 "於一毛端處 有無量無邊不可數菩薩 何況一切法界耶"여서 차이가 있는데, 이는 승장이 주관적 입장에서 취의요약한 것으로 생각된다. 곧『華嚴經』의 종지를 보통 법계법문法界法門이라 하는데, 승장은 이 부분을 한량없는 보살들이『華嚴經』을 설하는 것으로 이해한 것으로 보인다. 2) ㉠ 60권본『華嚴經』에 따르면 '淨淸' 뒤에 '莊嚴'이 누락되었다.

보살은 이렇게 생각한다. '중생은 한량이 없으니 한계가 없고 끝을 다할 수 없다.' 그러므로 보살은 이러한 마음을 낸다. '나는 모든 선근善根을 모든 중생에게 회향하고 위없는 큰 지혜의 광명으로 모든 중생을 두루 비출 것이다.' 이것이 네 번째로 금강심을 내는 것이다.

보살은 이렇게 생각한다. '모든 부처님은 한량없고 끝이 없다.' 그러므로 보살은 이러한 마음을 낸다. '내가 심은 선근을 모든 부처님께 회향하고 받들며 공양하고, 그렇게 한 후에야 비로소 나는 등정각等正覺[60]을 이룰 것이다.' 이것이 다섯 번째로 금강심을 내는 것이다.

보살은 모든 부처님을 뵙고, 말씀하시는 법을 듣고, 매우 기뻐하는 마음을 내지만, 자기 몸에도 부처님의 몸에도 집착하지 않는다. 그리하여 부처님의 몸은 진실한 것이 아니고 허망한 것도 아니며, 있는 것도 아니

---

60 등정각等正覺 : 아누다라삼먁삼보리에서 삼먁삼보리에 해당하는 범어의 한역어. 아누다라삼먁삼보리의 줄임말로 쓰인다. 평등하고 바른 깨달음이라는 뜻. '평등하다'는 말은 빠짐없이 두루 포섭하는 것을 의미한다.

고 없는 것도 아닌 것 등을 알고, 부처님은 진실로 존재하지 않지만, 또한 존재하는 모습을 무너뜨리지도 않는다는 것을 안다. 왜냐하면 모든 것을 포섭하여 취하기 때문이다.[61] 이것이 보살이 여섯 번째로 금강심을 내는 것이다.

菩薩。作如是念。衆生無量。無有分際。不可窮盡。菩薩。發如是心。我當以諸善根。廻向一切衆生。以無上大智慧光。普照一切衆生。是爲第四發金剛心。菩薩。作如是念。一切諸佛。無量無邊。菩薩。發如是心。我所種善根。廻向。奉給供養一切諸佛。然後。我乃成等正覺。是爲第五發金剛心。菩薩。見一切佛。聞所說法。發大歡喜心。不著自身及如來身。解知佛身非實非虛。非有非無【乃至】。解知如來實無所有。亦不懷[1]有相。何以故。一切攝取故。是爲菩薩第六發金剛心。

---
1) ㉑ '懷'는 '壞'인 듯하다.

보살은 어떤 중생이 꾸짖고 욕하거나, 손과 발을 자르거나 하는 것과 같은 온갖 해치는 행위를 하여도…(중략)…보살은 이로 말미암아 분노하여 해치려는 마음을 내지 않고, 불가설의 겁 동안 보살행을 닦아 중생을 포섭하고 취하여 그만두고 버리려는 마음을 내지 않는다. 왜냐하면 보살은 불이법不二法(차별상을 짓지 않는 법)에 머물러 보살이 배워야 할 것을 잘 배우고, 청정하고 곧은 마음을 지녀 모든 중생에 대해 분노하는 마음을 내지 않고 온갖 고통을 참아내며, 보복을 가하려는 마음을 내지 않고,

---

[61] 다음 주석에 이 문장의 의미가 분명히 드러난다. 『華嚴經探玄記』 권17(T35, 429c)에서 "여섯 번째 한계가 없는 불법을 깊이 이해하는 것을 밝힌 것이다. 풀이하는 가운데 '모든 것을 포섭하여 취한다'고 한 것은 상相을 없애는 것과 상을 무너뜨리지 않는 것을 포섭하고 취하는 것을 말한다. 상을 없애는 것으로 상을 포섭하고, 상으로 상이 없는 것을 포섭하니, 그러므로 '모든 것을 포섭한다'고 한 것이다.(六 深解無際佛法 謂釋中云一切攝取者 謂無相不壞相爲攝取 以無相攝相故 相攝無相故 云一切攝也)"라고 하였다.

자기 몸으로 모든 중생의 고통을 견디고 받아들인다. 이것이 보살이 일곱 번째로 금강심을 내는 것이다.

보살은 이렇게 생각한다. '미래 세계의 겁은 한량없고 가없으니, 한계가 있지 않고 끝을 다할 수 없다.' 그러므로 보살은 이러한 마음을 낸다. '나는 미래 세계의 법계法界와 허공계虛空界 등과 같은 분량의 겁이 다하도록 한 세계에서 보살도를 행하며 중생을 교화하고, 한 세계에서 한 것과 같이 법계와 허공계와 같은 일체의 세계가 다하도록 또한 다시 이와 같이 하여 일체 중생을 위해 보살행을 닦을 것이다.' 이것이 여덟 번째로 금강심을 내는 것이다.

보살은 이렇게 생각한다. '아누다라삼막삼보리는 마음을 근본으로 한다. 마음은 청정하기 때문에 모든 선근을 쌓고 모아 원만하게 이룰 수 있다. 마음이 자재함을 얻으면 위없는 보리를 성취할 수 있으니, 보살행을 행하여 모든 서원을 충족시키고 끝내 모든 중생을 교화할 것이다.' 이것이 보살이 아홉 번째로 금강심을 내는 것이다.

보살은 이렇게 생각한다. '부처님은 얻을 수 없고 보리도 얻을 수 없음을 알며…(중략)…일체지一切智를 얻으려는 마음을 일으킨 것을 버리지 않고 보살행을 닦기를 포기하지 않으며 중생을 교화하기를 포기하지 않을 것이다.' 이것이 보살이 열 번째로 금강심을 내어 대승을 장엄하는 것이다.[62]

菩薩。若有衆生。呵罵毀辱。或截手足。乃至。菩薩。不因此故。生患害心。於不可說劫。修菩薩行。攝取衆生。心不廢捨。何以故。菩薩。住不二法。善學菩薩行。[1] 清淨直心。於一切衆生。無瞋恚心。忍住衆苦。心無加報。自身堪受一切衆生苦。是爲菩薩第七發金剛心。菩薩。作如是念。未來世劫。無量無邊。無有分際。不可窮盡。發如是心。我當盡一切未來世。[2]

---

62 60권본 『華嚴經』 권39 「離世間品」 제33(T9, 645a). 원문에서는 40권이라 했다.

界虛空界等劫。於一切³⁾世界。行菩薩道。敎化衆生。如一世界。盡法界虛空界等一切世界。要⁴⁾復如是。爲一切衆生。修菩薩行。是爲第八發金剛心。菩薩。作如是念。阿耨多羅三藐三菩提。以心爲本。心淸淨故。能積集成滿一切善。⁵⁾ 若心得自在。則能成就無上菩提。行菩薩行。滿足諸願。究竟敎化一切衆生。是爲菩薩第九發金剛心。菩薩作如是念。知佛不可得。菩提不可得。廣說乃至。發⁶⁾一切智心。不捨修菩薩行。不捨敎化衆生等。是爲菩薩第十發金剛心莊嚴大乘。

1) ㉙ 60권본 『華嚴經』에 따르면 '行'은 '所學'이다. 2) ㉙ 60권본 『華嚴經』에 따르면 '世' 뒤에 '法'이 누락되었다. 3) ㉙ 60권본 『華嚴經』에 따르면 '一' 뒤의 '切'는 잉자이다. 4) ㉙ 60권본 『華嚴經』에 따르면 '要'는 '亦'이다. 5) ㉙ 60권본 『華嚴經』에 따르면 '善' 뒤에 '根'이 누락되었다. 6) ㉙ 60권본 『華嚴經』에 따르면 '發' 앞에 '不捨'가 누락되었다.

비록 이렇게 해석했지만, 실제로 이 『범망경』에서 설한 십금강과 『화엄경』에서 설한 십금강심이 같은지의 여부는 알 수 없다. 어쩌면 여기에서 말하는 십금강이란 『범망경』 상권에서 설한 십금강[63]일 수도 있다.

未知。如此經十金剛與華嚴經十金剛心。同不思。¹⁾ 或可此卽上卷所說十金剛也。

1) ㉙ '思'는 잉자인 듯하다.

㉚ 십인

경 다시 이선二禪[64]에 이르러 십인十忍을 설하였다.

---

63 『梵網經』 권상(T24, 997c)에 따르면 십금강심이란, 신심信心·염심念心·회향심迴向心·달심達心·직심直心·불퇴심不退心·대승심大乘心·무상심無相心·혜심慧心·불괴심不壞心 등이다.
64 이선二禪: 색계의 사선四禪 중 두 번째.

復至二禪中。說十忍。

기 경의 "다시 이선에 이르러 십인을 설하였다." 이하는 여덟 번째로 십인을 설한 것을 밝힌 것이다. '십인'은 『화엄경』 제30권에서 "보살은 열 가지 인忍을 성취하여 모든 것에 걸림이 없는 인을 얻으니, 그 열 가지란 무엇인가. 수순음성인隨順音聲忍·순인順忍·무생법인無生法忍·여환인如幻忍·여염인如炎忍·여몽인如夢忍·여향인如響忍·여전인如電忍·여화인如化忍·여허공인如虛空忍 등이다."[65]라고 한 것과 같다. 자세한 것은 『화엄경』에서 설한 것과 같다.

經曰復至二禪中說後當釋之[1]十忍者自下。領[2]第八。說十忍。十忍。如華嚴經第三十云。菩薩。成就十種忍。能得一切無礙忍。何等爲十。所謂隨順音聲忍。順忍。無生法忍。如幻忍。如炎忍。如夢忍。如響忍。如電忍。如化忍。如虛空忍。具說如彼。

1) ㉮ '後當釋之'는 난입亂入한 문구인 듯하다.　2) ㉮ '第八' 앞의 '領'은 잉자이다.

㉛ 십원

경 다시 삼선三禪[66]에 이르러 십원十願을 설하였다.

復至三禪中。說十禪。[1]

1) ㉮ '禪'은 '願'이다.

기 경의 "다시 삼선에 이르러 십원을 설하였다." 이하는 아홉 번째로

65　60권본 『華嚴經』 권28 「十忍品」 제24(T9, 580c). 원문에서는 30권이라 했다.
66　삼선三禪 : 색계의 사선四禪 중 세 번째.

십원을 설한 것을 밝힌 것이다. '원'이란 믿음과 승해勝解[67]와 욕欲[68]을 그 자성으로 삼는다.

經曰。復至三禪說十願者自下。第九說十願。願者。以信勝解欲爲其自性。

'십원'이란 『십지경론』에서 (다음과 같이) 설하였다.

十願者。如十地論云。

논 (보살이 환희지歡喜地[69]에 머물 때, 성문·벽지불과) 비교하여 특히 뛰어난 것에는 세 가지가 있으니, 첫째 서원이 뛰어난 것이고, 둘째 수행이 뛰어난 것이며, 셋째 결과로서 얻는 이익이 뛰어난 것이다. 어떤 것이 서원이 뛰어난 것인가. 이른바 열 가지 큰 서원이다.

校量勝者。有三種。一願勝。二修行勝。三果利益勝。何者願勝。所謂十大願。

경 보살은 이와 같이 보살의 (수행 계위 중 첫 번째 계위인) 환희지에 편안히 머물러 여러 가지 큰 서원을 내고 이와 같이 큰 방편을 일으켜 큰 실천행(大行)을 성취한다. 이른바 "하나도 남김없이, 모든 부처님께, 모든 공양거리를, 모든 공경을 다하여 바치고…(중략)…(이렇게 하기를) 그만두지 않겠습니다."라고 한다. **논** 이것은 첫 번째 큰 서원이다. '남김이 없다'란 세 가지가 있으니, 첫째 모든 부처님을 남김없이 다하는 것

---

67 승해勝解 : 좋아하는 것을 확실하게 선택하여 반대 입장에 의해 쉽게 바뀌지 않는 심리 작용.
68 욕欲 : 좋아하게 된 대상을 희망하는 심리 작용.
69 환희지歡喜地 : 보살 수행 계위의 십지十地 중 첫 번째 계위.

이고, 둘째 모든 공양물을 남김없이 다하는 것이며, 셋째 모든 공경을 남김없이 다하는 것 등이다.…(중략)…

經曰。菩薩如是。安住菩薩歡喜地。目昏[1]大願。起如是本[2]方便。大行成就。所謂無餘一切諸佛。一切供養。一切恭敬。乃至。無有休息。論云。是初大願。無餘者。有三種。一者一切佛無餘。二者一切供養無餘。三者一切恭敬無餘。乃至廣說。

---
1) ㉘ '目昏'은 경에는 '發題'로 되어 있다. ㉠ 『十地經論』에 따르면 '目昏'은 '發諸'이다. 『한불전』에서는 『속장경』 교감주를 그대로 인용하면서 '諸'를 '題'라 했는데, 이는 오식에 의한 것으로 생각된다. 2) ㉘ '本'은 '大'이다.

경 또 큰 서원을 내니, 이른바 "모든 부처님께서 설하신 법륜을 모두 받아 지니기 때문에, 모든 부처님의 보리를 포섭하여 받아들이기 때문에, 모든 부처님께서 교화하신 법을 모두 수호하기 때문에 법계와 같이 넓고 크게, 허공과 같이 끝이 없이 미래세가 다하도록 모든 겁의 수數와 모든 부처님께서 성도하신 수數가 다하도록 정법을 섭수하고 보호하기를 그만두지 않겠습니다."라고 한다. **논** 이것은 두 번째 큰 서원이다. '모두 받아 지닌다'란 교법敎法을 말하는 수다라修多羅(經) 등을 베껴 쓰고 공양하며, 독송하고 받아 지니며, 다른 사람들을 위해 설해 주기 때문이다.…(중략)…

經曰。又發大願。所謂一切諸佛所說法輪。皆悉受持故。攝受一切佛菩提故。一切諸佛所敎化法。皆悉守護故。廣大如法界。究竟如虛空。盡未來際。盡一切劫數。一切佛成道若[1]攝護正法。無有休息。論云。第二大願。皆悉受持者。謂敎法修多羅等。書寫供養。讀誦受持。爲他演說故。乃至廣說。

1) ㉔『十地經論』에 따르면 '若'은 '數'이다.

경 또 큰 서원을 내니, 이른바 "모든 불도를 성취하시는 부처님께서 (출현하여 머무시는) 모든 세계의 주처住處를 한 곳도 빠뜨리지 않고, (그분들이) 도솔천兜率天에서 내려와 모태에 들어가고…(중략)…대열반大涅槃에 드시는 것(을 보일 때까지 한 순간도 빠뜨리지 않고), 나는 그때 모두 가서 공양하고…(중략)…그렇게 하기를 그만두지 않겠습니다."라고 한다. **논** 이것은 세 번째 큰 서원이다. **해** 자세한 것은 『십지론』에서 설한 것과 같다.

經曰。又發大願。所謂一切成佛。無餘一切世界住處。從兜率天下入胎。乃至。般¹⁾涅槃。我於爾時。盡往供養。乃至。無有休息。論曰。第三大願。如論廣說。

1) ㉠『十地經論』에 따르면 '般'은 '入大'이다.

경 또 큰 서원을 내니, 이른바 "모든 보살이 행위하는 것인, 넓고 크며 한량없고 섞이지 않으며, 모든 바라밀波羅蜜[70]에 속하는 것이며, 모든 계위(地)에서…(중략)…이러한 모든 보살이 행하는 진실 그대로의 지도地道와 모든 바라밀의 방편업方便業에 대해 설하면서 모든 중생을 교화하여 그들로 하여금 보살의 실천행(行)을 받아들여 마음을 증장시킬 수 있도록 하기를 (그만두지 않겠습니다)."라고 한다. **논** 이것은 네 번째 큰 서원이다. "마음을 증장시킨다"는 것은, 어떤 것들을 행하여 마음을 증장시킨다는 것인가? 모든 보살이 행하는 것인, 모든 중생을 가르쳐서 그

---

70 바라밀波羅蜜 : ⓢpāramitā의 음사어로 완성·최상 등의 뜻. 반야바라밀般若波羅蜜·정진바라밀精進波羅蜜 등의 여러 바라밀을 통틀어서 일컫는 말이다.

들로 하여금 (보살의) 실천행을 받아들여 마음을 증장시키도록 하기 때문이다. 해 자세한 것은 『십지론』에서 설한 것과 같다.

經曰。又發大願。所謂一切菩薩所行。廣大無量不離。[1] 諸波羅蜜多所攝。諸地。廣說乃至。一切菩薩所行如實地道。及諸波羅蜜方便業。教化一切。令其受行。心得增長等。論云。第四大願。心得增長者。以何等行。令心增長。一切菩薩所行。教化一切。令其受行。心得增長故。其說如彼。

1) ㉠『十地經論』에 따르면 '離'는 '雜'이다.

경 또 큰 서원을 내니, 이른바 "모든 중생계를 빠뜨림 없이, 곧 색계色界와 무색계無色界의 모든 중생들을 비롯하여…(중략)…(모든 중생들로 하여금) 모든 부처님의 법을 믿고 증득하여 들어가도록 하기를 그만두지 않겠습니다."라고 한다. 논 이것은 다섯 번째 큰 서원으로 중생을 교화하기 위한 것이기 때문이다.…(중략)…

經曰。又發大願。所謂無餘一切衆生色無色。乃至。令信入諸佛法故等。論云。第五大願。教化衆生故。乃至廣說。

경 또 큰 서원을 내니, 이른바 "남김없는 모든 세계는, 넓고 크며 한량없어 거칠거나 미세하며 어지러이 머물거나 거꾸로 머물거나 바르게 머물기도 하는 것이, 마치 제석천의 그물이 차별되는 것과 같으니, 시방세계의 한량없는 차별에 들어가 눈앞에 나타난 것을 모두 알 수 있는 경지에 도달하기 위하여 (미래세가 다하도록 믿고 증득하여 들어가기를 그만두지 않겠습니다)."라고 한다. 논 이것은 여섯 번째 큰 서원이다. "남김없는 모든 세계"란 세 가지의 모습이 있어서, 이와 같은 세계에 따라 들어가는 지혜에 의해 모든 것을 눈에 보이는 대로 알 수 있다. 첫째, 일체상一切相이다. 『십지경』에서 "넓고 크며 한량없어~바르게 머물기도 하는 것"이라고 한 것과 같은 것이다. 둘째, 진실의상眞實義相(진실한 이치를 드러낸 모습)이다. 『십지경』에서 "제석천의 그물이 차별되는 것과 같다."고 한 것은 진실의상이기 때문이고, 업業이라는 환술幻術에 의해 지어진 것이기 때문이다.[71] 셋째, 무량상無量相이다. 이는 "시방세계(의 한량없이 차별되는 것)"이라고 말했기 때문이다. 진실의상은 오직 지혜에 의해서만 알 수 있고, 그 밖의 일체상과 무량상은 직접 눈으로 보아 알 수 있다.

經曰。又發大願。所謂無餘一切世界。廣大無量。麤細亂住。倒住正住。如帝網差別。十方世界無量差別入。皆現前知故等。論曰。第六大願。無餘一切世界者。有三種相。隨入如是世界智。皆現前知。一者一切相。如經廣大無量。乃至。正住故。二者眞實義相。如經如帝網差別者。眞實義相故。如業別[1)作故。三者無量相者。十方世界。[2) 眞實義相者。唯智能知。餘相者。可現見故。

---

1) ㉤ 『十地經論』에 따르면 '別'은 '幻'이다. 2) ㉥ 원문에서 '十方世界'라고만 하였는데, 전혀 문맥이 이어지지 않아『十地經論』본문을 보태어 풀었다.

경 또 큰 서원을 내니, 이른바 "모든 부처님의 국토가 한 부처님의 국토이고, 한 부처님의 국토가 모든 부처님의 국토이며, 모든 국토는 평등하고 청정하니, (모든 부처님의 국토를 청정하게 하기를 그만두지 않겠습니다)."라고 한다. **논** 이것은 일곱 번째 큰 서원이다. 청정한 부처님의 국토(의 모습에 일곱 가지가 있다).…(중략)…

---

71 『十地經』의 티베트 역본에서는, '제석천의 그물'을 '눈(目)의 착각'이라고 하였다. 곧 환술사가 환술을 부리면 눈에 착각이 일어나 원래 없던 다양한 사물이 마치 있는 것처럼 나타나 보이는 것을 말한다. 제석천의 그물과 같이 중중무진하게 얽힌 세계와 눈의 착각에 의해 나타난 세계 등은 모두 지혜에 의해서만 그 본질을 통찰할 수 있는 것이기 때문에 진실한 이치를 드러내는 모습이라 하였다.

經曰。又發大願。所有[1]一切佛土。一佛[2]土。一佛土一切佛土。一切國土。平等清淨等。論曰。第七願。淨佛國土。乃至廣說。

1) 역『十地經論』에 따르면 '有'는 '謂'이다. 2) 원 '佛'은 '國'인 듯하다(編). 역『十地經論』에 따르면 '佛'은 그대로 '佛'이다.

경 또 큰 서원을 내니, 이른바 "모든 보살(과 같은 마음을 성취하고 같은 행위를 행할 수 있는 경지에 도달하기 위해서), 선근을 함께 모으기 위해서,…(중략)…보살의 실천행을 완전하게 행하기 위해서 (대승도大乘道에 들어가기를 그만두지 않겠습니다)."라고 한다. **논** 이것은 여덟 번째 큰 서원이다. 나머지 다른 승乘을 염두에 두지 않기 때문이다. **해** 자세한 것은『십지론』에서 설한 것과 같다.

經曰。又發大願。所謂一切菩薩。同心同行故。共集善根。廣說乃至。具足行菩薩行故等。論曰。第八大願。不念餘乘故。廣說如彼。

경 또 큰 서원을 내니, 이른바 "뒤로 물러나지 않는 수레(不退輪)를 타고 보살행을 행하기 위해,…(중략)…여의보如意寶와 같은 몸을 얻기 위해, (대보살大菩薩의 실천행을 행하기 위해 지어낸 이익이 반드시 있어 헛되지 않게 하기를 그만두지 않겠습니다)."라고 한다. **논** 이것은 아홉 번째 큰 서원이다. 불공不空(헛되지 않은 것)으로 보살행을 행하는 것을 나타냈다. 다시 보살행을 행하는 것을 "뒤로 물러나지 않는 수레를 타고 보살행을 행하는 것"으로 나타냈다.

經曰。又發大願。所謂乘不退輪。行菩薩行故。廣說乃至。得如如意寶身故。行大菩薩行等。論云。第九大願。顯不空行菩薩行。復行菩薩行。顯乘不退輪行菩薩行。

경 또 큰 서원을 내니, 이른바 "모든 세계의 처소에서 아누다라삼막삼보리를 성취하기 위해, 하나의 범부도凡夫道[72]에서 떠나지 않고 동시에 모든 범부도에 머물면서 몸을 받아 처음 태어나고 도량에 앉아 불도를 성취하고 법륜을 굴려 중생을 제도하며 대열반大涅槃을 현시하는 것을 보이기 위해, 모든 부처님의 경계인 신통력과 지력智力을 나투어 보이기 위해, 내지는 대열반에 들고도 보살행을 끊지 않음을 보이기 위해 (큰 지혜와 위대한 신통력을 구하는 것을 그만두지 않겠습니다)."라고 한다.

논 이것은 열 번째 큰 서원이다. 대승의 실천행을 일으키는 것이다.[73]

해 자세한 것은 『십지론』에서 설한 것과 같다.

經曰。又發大願。所謂於一切世界處。成阿耨多羅三藐三菩提故。於一凡夫道。不離。一切凡夫道處。示身初生。坐道場。成佛。轉法輪。度衆生。示大涅槃。現諸佛境界大神智力。乃至示大涅槃。而不斷菩薩行等。論曰。第十大願。起大乘行。具說。[1)]

---

[72] 범부도凡夫道: 『十地論』에 따르면 염부제閻浮提이다. 염부제란 수미산須彌山을 중심으로 사방에 솟은 네 개의 섬 중 남쪽에 있는 것으로, 우리가 현재 살고 있는 세계를 가리킨다. 불교의 세계관에 따르면, 수미산을 중심으로 하고 마지막 철위산으로 둘러싸여 이루어진 소세계小世界는 무수히 많고, 따라서 염부제의 숫자 또한 무수히 많다. 하나의 범부도란 현재 우리가 머무는 염부제이고, 모든 범부도란 그것을 포함한 일체의 염부제를 말한다.

[73] 『十地經論』 권3(T26, 138a). 이 책은 경과 논을 함께 실은 구조로 이루어졌다. 『十地論』이라고도 한다. 경에 해당하는 부분을 『十地經』이라 하고, 논에 해당하는 부분을 『十地論』이라 하여 구별하기도 한다. 이하의 인용문은 승장이 전문을 싣지 않고 일부만 발췌하여 실었으나, 어떤 이유에서인지 그 자체로는 해석이 불가능할 정도로 온전한 문장이 거의 없기 때문에 『十地經論』 원문에 의거하여 역자가 임의로 덧붙여야 할 것은 집어넣어 가면서 풀이하였다. 이렇게 작업한 부분은 일일이 밝힐 수 없을 정도로 많기 때문에 생략된 문장, 덧붙인 이유 등은 별도로 설명하지 않는다. 또한 한역 『十地經論』의 문장 자체가 명료하지 않은 것은 한역본과 티베트 역본의 대조가 돋보이는 오다게 스스무(大竹 晋) 교주校註 『十地經論』(東京: 大藏出版株式會社, 2005)의 주석 부분을 참조하였다.

1) ㉮ '具說' 뒤에 '如彼'가 누락된 듯하다.

해 이 열 가지 큰 서원은 이치상으로는 십지에 모두 통하는 것이지만, 십지의 첫 번째 계위부터 말했기 때문에 단지 초지初地인 환희지만을 말한 것이다. 혹 열 가지 큰 서원이란 『범망경』 권하에서 설한 십대원[74]을 말하는 것일 수도 있다.

解云。此十大願。理通十地。從初說故。但說初地。有十大願。或十大願者。卽是下經十大願也。

㉛ 심지법문

경 다시 사선四禪[75]에 있는 마혜수라천왕摩醯首羅天王[76]의 궁전에 이르러 나[77]의 본원本源인 연화장세계에 계시는 노사나불께서 설하신 심지법문품을 설하였다.

---

74 『梵網經』 권하(T24, 1007b)에서 사십팔경구죄四十八輕垢罪 제35 불발대원계不發大願戒를 밝히면서 "若佛子 常應發一切願 ①② 孝順父母師僧三寶 ③ 願得好師同學善友知識 ④ 常教我大乘經律 ⑤ 十發趣 ⑥ 十長養 ⑦ 十金剛 ⑧ 十地 ⑨ 使我開解 如法修行 ⑩ 堅持佛戒 寧捨身命念念不去心 若一切菩薩 不發是願者 犯輕垢罪"라고 하고, 제36 불서견고심계不誓堅固心戒를 밝히면서 "若佛子 發十大願已 持佛禁戒 作是願言"라고 하였다. 제36에서 말한 '십대원十大願'은 문맥상 제35에서 일으킨 서원이기 때문에 앞의 문장을 열 가지로 분류하는 것이 일반적이다. 앞에서 번호를 매긴 것은 명광明曠의 『天台菩薩戒疏』 권하(T40, 596a)의 분류를 따른 것이다.

75 사선四禪 : 색계의 네 번째 하늘.

76 색계 제4선에 속한 여러 하늘 중 위에 있는 다섯 하늘을 오정거천五淨居天(차례대로 無煩天・無熱天・善見天・善現天・色究竟天임)이라 하는데, 그 위에 머무는 하늘의 이름. 대자재천大自在天王이라 한역한다. 오정거천을 별도로 묶는 것은, 범부는 없고 성인만 머물기 때문이다. 『大智度論』 권9(T25, 122c)에 수행을 통해 깨끗한 경지에 도달한 성인들만이 머무는 곳이기 때문에 정거천이라 했다고 하였다. 출처에 따라 선현천과 선견천은 순서가 바뀌기도 하는데, 앞의 순서는 『瑜伽師地論』에 따른 것이다. 『俱舍論』・『顯揚聖教論』 등에서는 선현천이 앞에 온다.

77 나 : 석가모니불을 가리킨다.

復至四禪中。摩醯首羅天王宮。說我本原[1]蓮華藏世界盧舍那佛所說心地法門品。

---
1) ㉚ '原'은 '源'이다. 이하 별도로 밝히지 않는다.

기 경의 "다시 사선에 (있는 마혜수라천왕의 궁전에) 이르러~심지법문품을 설하였다." 이하는 열 번째로 심지법문을 설한 것을 밝힌 것이다.

'마혜수라'란 범어 음사어로 대자재大自在라 한역한다. 오정거천을 넘어서 지나가면 이 대자재천이 머물고 있다. 제10지第十地(佛地)에 도달한 보살이 그 하늘에 태어난다. 그러므로『유가사지론』제12권에서 "정궁淨宮[78]을 넘어서 지나가면 대자재천이 머무는 곳이 있다. 거기에 십지 보살이 있으니, (보살 수행 계위 중) 제10지를 궁극의 경지에 도달할 때까지 훈수熏修했기 때문에 그곳에 태어난 것이다."[79]라고 하였고,『대지도론』에서도 이와 같이 설하였다.[80]

'심지법문'이란 이 경의 상권에서 설한 40심지와 같은 것으로, 십발취·십장양·십금강·십지 등을 말하고, (각각의 내용은) 상권에서 설한 것과 같다.

經曰復至四禪中[1]心地法門[2]者自下。第十說心地法門。摩醯首羅者。是此梵音。此云大自在。起[3]過五淨居天。有此大自在。第十地菩薩。生於彼天故。瑜伽論第十二卷云。復有超過淨宮大自在住處。有十地菩薩。由極勤[4]修第十地故。得生其中。大智度論云。同此說。心地法門者。如上卷說

---
78 정궁淨宮 : 정거천淨居天의 다른 이름으로 보았는데, 이는 다음과 같은 용례에 근거한 것이다. 『顯揚聖教論』권2(T31, 488a)에서 무번無煩정궁천·무열無熱정궁천·묘현妙現정궁천·묘견妙見정궁천·무애구경無礙究竟정궁천 등이라 하였다. 그리고 이 다섯을 통틀어 정궁淨宮이라 하였고, 이 정궁을 넘어선 곳에 대자재천이 있다고 하였다.
79 『瑜伽師地論』권4(T30, 295a). 원문에서는 12권이라 했다.
80 『大智度論』권9(T25, 122c).

四十心地。謂十發趣。十長養。十金剛十地。如上⁵⁾說。

1) ㉑ '中' 뒤에 '至'가 누락된 듯하다. 2) ㉠ '門' 뒤에 '品'이 누락되었다. 3) ㉑ '起'는 '超'이다. 4) ㉑ '動'은 '勤'인 듯하다. ㉠『瑜伽師地論』에 따르면 '動'은 '熏'이다. 그 주석을 보면, 여타 판본에 '熏'을 '重'이라 한 경우도 있다고 하였다. 그러나 '熏修'라는 용어는 여러 경론에서 자주 쓰이기 때문에 '勤'이나 '重'의 오자로 볼 필요는 없을 것으로 생각된다. 5) ㉠ '上' 뒤에 '卷'이 누락되었다. '如上說'은 앞에서 설한 것과 같다는 뜻으로, 보통 주석자 자신이 앞에서 한 말을 참조할 것을 권하는 말로 쓰인다. 그런데 승장은『梵網經』권상에서 40심지를 설한 부분을 분과만 하고, 내용은『梵網經』본문을 참조할 것을 권하고(如上卷說) 해석 없이 건너뛰었다. 그러므로 그의 풀이도 없고, 40심지에 대한『梵網經』원문도 여기엔 실려 있지 않다. 실질적으로는 '如上卷說'이라 해야 옳다.

(나) 백억의 부처님이 설함

경 그 나머지 천백억 석가모니불도 또한 이와 같이 (말씀하시어) 둘도 아니고 다르지도 않았으니, 「현겁품現劫品」⁸¹에서 설한 것과 같다.

其餘千百億釋迦。亦復如是。無二無別。如賢劫品中說。

기 경의 "그 나머지 천백억" 이하는 두 번째로 백억⁸²의 부처님께서 설하시는 것을 밝힌 것이다.

經曰其餘千百億自下。第三¹⁾明百億佛說。

1) ㉠ '三'은 '二'이다.

---

81 「현겁품現劫品」: 승조의『梵網經』「序文」(T24, 997a)에 따르면, 이 경은 본래 112권 61품으로 이루어졌는데, 구마라집이 그 제10품만을 상·하 양 권으로 한역했다고 한다. 따라서 여러 주석서에서 「賢劫品」은 온전한『梵網經』, 곧 대본大本『梵網經』에 수록된 품 중 하나라고 보고 있다. 『대정장』·『속장경』등의 어느 경론에서도 이러한 품명은 없기 때문에 달리 생각할 방도가 없는 것 같다.
82 본문의 천백억이 백억이 된 이유는 p.108 주 31을 참조할 것.

2) 닦아야 할 실천행[83]을 풀이함

(1) 다섯 가지 모습

① 천궁에 태어나는 모습

경 그때 석가모니불께서 처음 나투신 연화장세계에서 동쪽으로 오시어 천궁天宮에 들어가 마구니에 대한 가르침을 주어 교화하는 내용의 경(魔受化經)[84]을 설하기를 (모두) 마치셨다.

爾時釋迦。從初現蓮華藏世界。東方來。入天宮中。說魔受化經已。

기 "그때 석가모니불께서 처음 나투신~오시어 천궁에 들어가" 이하는 두 번째로 지地에 의지하여 닦아야 할 계戒를 밝힌 것[85]이다. 그 중에 (먼저) 다섯이 있다. 첫째 천궁에 태어나는 것이고, 둘째 태내에 들어가는 것이며, 셋째 출가하는 것이고, 넷째 불도를 이루는 것이며, 다섯째 법륜을 굴리는 것이다. 이것은 첫 번째로 천궁에 태어나는 모습을 밝힌 것이다. 천궁이란 욕계의 네 번째 천궁인 (도솔천에) 태어난 것을 말한다. 『화엄경』에 따르면 열 가지 사업事業이 있어 (그것을 행하면서) 도솔천에 머문다고 했기 때문이다.

爾時釋迦從初現至來入天宮中者自下。第二明地所修戒。中有五。一者生

---

83 닦아야 할 실천행 : 지地에 의지하여 닦아야 할 계戒.
84 승장은 이 단어에 대해 두 가지 해석을 소개하였는데, 더 비중을 둔 것에 따라 번역하였다.
85 앞에서 이미 분과한 것에 따르면 소수지행所修之行이어야 하는데, 승장은 이를 소수지계所修之戒와 같은 의미로 보았다. 또한 앞의 분과에서 이미 서술한 것에 의거하면, 이 부분은 '심지心地에 의지하여 닦아야 할 계'라고 풀이하는 것이 정확하다.

於天宮。二者入胎。三者出家。四者成道。五者轉法輪。此卽第一。生於天宮相。[1)] 天宮者。謂生欲界第四天宮。若依華嚴。有十事業。住兜率天故。

1) ㉠ '相'은 잉자인 듯하다. ㉡ 뒤의 문장에 부처님께서 태내에 들어 법륜을 굴리시기까지의 과정에 모두 '相'을 붙였기 때문에 잉자로 보는 것은 옳지 않다.

『화엄경』제43권에서 다음과 같이 말했다.

彼經中。四十三云。

불자여, 보살이 도솔천에 머물 때 열 가지 사업을 행하니, 열 가지란 무엇인가. 보살은 욕계의 여러 하늘을 위해 욕망을 여의는 법을 설하기를, 욕망을 좇고 멋대로 행하는 일은 모두 영원하지 않고 모든 쾌락은 고통스러운 것이라 하여, 발심發心할 것을 권하고 진리를 열어 보여 그곳으로 이끌어 들여 저 천자들이 보리심을 내게 하니, 이것이 첫 번째 일이다. 보살이 색계의 여러 하늘을 위해 여러 가지 선정과 해탈과 삼매가 서로 이어서 일어나는 것을 설함에 그 여러 선정에서 경험되는 부분[86]에 대해 맛을 들여 집착하는 이들이 있으면, 그들을 위해 참된 지혜를 설하여 발심할 것을 권하고 진리를 열어 보여 그곳으로 이끌어 들여 저 천자들이 보리심을 내게 하니, 이것이 (보살이) 도솔천에서 하는 두 번째 사업이다.[87]…(중략)…보살이 도솔천에 머물 때 한량없고 가없는 법문을 말하되, 모든 세계에서 여러 가지 색色과 여러 가지 모습을 나타내 보여 (중생의 상황이나 근기에 맞추어 그들을 위해 법을 설하니), 중생들을 기쁘게 하기 위해서이다. 이것이 보살이 도솔천에서 행하는 열 번째 사

---

86 여러 선정에서 경험되는 부분 : 원문은 선지禪支. 선정의 부분이라는 뜻. 예를 들면 초선初禪에 각覺·관觀·희喜·락樂·일심一心 등의 다섯 부분이 있다.
87 60권본『華嚴經』권42(T9, 665a). 원문에서는 43권이라 했다.

업이다. 자세한 것은 『화엄경』에서 설한 것과 같다.

佛子。菩薩。住兜率天。有十種事業。何等爲十。所謂菩薩。爲欲界諸天。說離欲法。縱逸自在。皆悉無常。一切快樂。皆悉苦惱。勸發開導。彼諸天子。發菩提心。【是第一事¹⁾】菩薩。爲色界諸天。說諸禪解脫三昧相續起。彼禪支。有三昧²⁾者。乃至。爲說實智。勸發開導。彼諸天子。發菩提心。是爲兜率天第二事業。廣說乃至。菩薩。住兜率天。出生無量無邊³⁾法門。示現一切世界中種種色種種形。廣說乃至。欲令衆生。生歡喜故。是爲菩薩住兜率天第十事業。具說如彼。

1) ㉠ 원문에 '是第一事'라 하여 앞 문장과 이어지게 하지 않고 세주細註의 형식으로 붙였지만, 이어지는 문장에서는 앞 문장과 이어지게 하였고, 『華嚴經』 본문도 후자와 같으므로 후자의 형식으로 풀었다. 본문에 해당하는 문장으로 보아야 한다. 2) ㉠ 『華嚴經』에 따르면 '三昧'는 '味著'이다. 3) ㉠ '邉'은 '邊'이다. 두 글자가 의미는 같다.

문 무엇 때문에 보살은 오직 네 번째 하늘인 도사다천覩史多天[88]에만 태어나고 다른 하늘에는 태어나지 않는가?

問。何故。菩薩。唯生第四覩史多天。不生餘天。

해 그 아래의 세 하늘[89]에서는 오욕五欲[90]에 빠져 집착하며, 그 위의 두 하늘[91]에서는 오욕을 제멋대로 누리지만, 이 네 번째 하늘에서는 오욕에 빠져 집착하지도 않고 오욕을 제멋대로 누리지도 않아 쉽게 교화시킬 수

---

88 도사다천覩史多天: 도솔천이라고도 한다.
89 아래의 세 하늘: 사천왕천四天王天·도리천忉利天·야마천夜摩天 등을 말한다.
90 오욕五欲: 색색色·성聲·향香·미味·촉觸 등의 다섯 가지 대상에 대해 일으키는 다섯 가지 욕망. 차례대로 색욕·성욕·향욕·미욕·촉욕 등을 말한다.
91 위의 두 하늘: 화락천化樂天·타화자재천他化自在天 등을 말한다.

있기 때문에 네 번째 하늘에 태어나고, 그 밖의 하늘에 태어나지 않는다. 『현우경賢愚經』[92]을 조사할 것】 또 『대비바사론』 제178권에서 "문 무엇 때문에 보살은 도사다천에서만 천취天趣에서의 마지막 이숙異熟을 받고 그 밖의 하늘에서는 받지 않는 것인가? 답 어떤 사람은 다음과 같이 주장한다. 〈그 아래 하늘의 중생은 방일하고 그 위에 있는 하늘의 중생은 근기가 우둔하다. 오직 도사다천의 중생만이 두 가지 과실을 여의었다. 보살은 방일을 두려워하고 둔한 근기를 싫어하고 근심으로 여기기 때문에 오직 그 하늘에서만 태어난다.〉 어떤 사람은 다음과 같이 주장한다. 〈오직 도사다천에 사는 중생의 수명[93]만이, 보살이 성불할 것이 예정된 시간 및 섬부주瞻部州(염부제)에 사는 중생들[94]이 부처님을 친견할 수 있는 업이 성숙해지는 시간과 서로 맞아 떨어지기 때문이다.〉…(하략)…"라고 하였다.

"마구니에 대한 가르침을 주어 교화하는 내용의 경을 설했다."는 것은, 『화엄경』 제43권에서 "열 가지 마구니가 있다. 오음五陰[95]의 마구니이니 오음에 탐착하기 때문이고, 번뇌의 마구니이니 번뇌에 의해 물들기 때문이며, 업業의 마구니이니 장애가 되기 때문이고, 마음의 마구니이니 교만하기 때문이며, 죽음의 마구니이니 받은 목숨을 여의게 하기 때문이고, 하늘의 마구니이니 교만과 방종을 일으키기 때문이며, 선근을 잃는 마구니이니 후회하는 마음이 없기 때문이고, 삼매의 마구니이니 삼매에 집착하기 때문이며, 선지식의 마구니이니 그에 대해 집착하는 마음을 내기 때

---

92 『현우경賢愚經』: 이 경에 부처님께서 과거세에 호랑이를 구제한 인연으로 도솔천에 태어난 일(T4, 353a), 혹은 도솔천이 욕계에 속한 여섯 하늘 중 네 번째이고, 그곳 중생의 수명은 4천세라는 것(T4, 437a) 등이 설해져 있다.
93 출처에 따라 다르지만, 승장이 인용한 『大毘婆沙論』의 생략된 부분에 따르면, 섬부주의 인간들은 57구지俱胝 60천세千歲를 지나야 선근善根이 모두 성숙되어 부처님을 친견할 수 있는 조건이 갖추어지고, 도사다천에 태어난 중생의 수명도 역시 그와 같다고 하였다.
94 『大毘婆沙論』 권178(T27, 892c).
95 오음五陰 : 중생을 구성하는 다섯 가지 요소.

문이고, 보리를 증득하도록 하는 바른 법을 알지 못하게 하는 마구니이니 여러 가지 큰 서원을 낼 수 없기 때문이다.…(중략)…(또한 보살에게) 열 가지 마구니의 업이 있다.…(중략)…열 가지 마구니의 업을 버리는 일이 있으니, 선지식을 친근히 하는 것 등이다."[96]라고 한 것을 말한다. 자세한 것은 『화엄경』에서 설한 것과 같다. 이러한 가르침을 일러 '마구니에 대한 가르침을 주어 교화하는 경'이라 한다. 혹은 『마수화경魔受化經』이라 불리는 별도의 경전이 있을지도 모른다.【조사해 볼 것】

解云。下三天中。沈著五欲。上二天中。放逸五欲。此第四天。非沈非逸。易可覩[1]敎化。故生第四。不生餘天【勘賢愚經】。又毗婆娑一百七十八云。問。何故。菩薩。唯於覩史多天。受天趣最後異熟。不於餘天。有說。下天放逸。上天根鈍。唯覩史多天。離二過失。菩薩。怖畏放逸。厭患鈍根。故唯生彼。有說。唯覩史多天壽量。與菩薩成佛及瞻部州人見佛業熟時分。相稱。乃至廣說。說摩受化經者。如華嚴經第四十三云。有十種魔。所謂五陰魔。貪著五陰魔[2]故。煩惱魔。煩惱染故。業魔。能障礙故。心魔。自憍慢故。死魔。離受生故。天魔。起慢放逸故。失善根魔。心不悔故。三昧魔。三昧著故。善知識魔。於彼生著心故。不知菩提正法魔。不能出生諸大願故。乃至。有十魔業。有十種捨離魔業。謂親近善知識等。具說如彼。如是等類。名魔受化經。或可有別部經。名魔受化經【勘】。

1) ㉑ '覩'는 잉자인 듯하다. 2) ㉐ '魔'는 잉자이다.

② 태내에 들어가고 태에서 나오는 모습

경 남염부제 가이라국迦夷羅國에 내려와 태어나시니, 어머니의

---
96 60권본 『華嚴經』 권42(T9, 663a). 원문에서는 43권이라 했다.

이름은 마야摩耶이고 아버지의 이름은 백정白淨[97]이며, 나의 이름은 실달悉達이다.

下生南閻浮提迦夷羅國。母名摩耶。父字白淨。吾名悉達。

기 경의 "남염부제에 내려와~나의 이름은 실달이다." 이하는 두 번째로 (남염부제로) 내려와 태어날 때 태내에 들어가고 태에서 나오는 모습을 밝힌 것이다.

經下生南閻浮至亦[1]名悉達者自下。第二明下生入胎出胎相。

---
1) ㉙ '亦'은 '吾'인 듯하다.

'가이라국'은 가비라加毗羅라고도 한다.

'실달'이란 범어의 갖춘 음사어는 실다알타悉多頞他이다. '실다'는 성成이라 한역한다. 성취成就라는 뜻이다. 서방인西方人은 경을 독송하는 일이 완전히 무르익으면 이를 '실다'라고 한다. '알타'는 판辦이라 한역한다. 일의 구경究竟이라는 뜻이다. 여기에서의 뜻은 다음과 같다. 점쟁이(相師)가 점을 치고 말하기를 "출가하지 않으면 전륜왕轉輪王(천하를 다스리는 위대한 왕)이 될 수 있고, 출가하면 위없는 깨달음을 이룰 것이다."라고 하였다. 이러한 일로 인해 이름을 짓기를 성판成辦이라 하였다. 반드시 보리의 과보를 성취할 것이기 때문이다. 그런데 이 태자가 아직 출가하기 전에 (자신을 부르는) 두 가지 이름이 있었다. 첫째는 실다알타이니, 뜻은 앞에서 풀이한 것과 같다. 둘째는 제바지제바提婆池提婆이니, 천상천天上天(하늘보다 뛰어난 하늘)이라 한역한다. 처음 7일이 지나자 부왕父王이 제바구라提婆俱

---
97 백정白淨 : 정반淨飯이라고도 한다.

羅【천사天舍라고 한역한다.】의 대자재천 등이 봉안된 곳에 들여보냈다. 그때 태자가 와서 제바구라에 들어가자 대자재천과 다른 여러 하늘의 상像이 태자에게 머리를 숙여 예배하였다. 이로 인하여 이름을 짓기를 천상천이라 하였다. 이제 이 경에서는 한 이름은 생략하고 나머지 한 이름만 들었기 때문에 실달이라 한다.【바라문이 이와 같은 설을 전하였으니, 해당되는 원문(成文)을 조사해 볼 것】『서역전』에서 "살바갈라타실타薩婆曷刺他悉陀[98]【일체의성一切義成이라 한역한다.】"[99]라고 하였다. 바라문에게 물었더니, 스님이 말하기를 "범음은 두 가지가 있다. 첫째 장성長聲이고, 둘째 단성短聲이다. 경론에서는 대부분 단음에 의거하여 실다알타悉陀頞他라 하였고, 『서역전』에서는 장성에 의거하여 살바갈라타실타라 하였으니, (음은 다르지만) 그 뜻은 동일하다."라고 하였다.

迦夷羅國者。亦云加毗羅。此[1]云悉達者。梵音具存。名爲悉多頞他。悉多。此云成。是成就義。西方人。言誦經純熟。名爲悉多。頞他。此云辦。卽是事究竟義。此中意說。相師占云。若不出家。得轉輪王。若其出家。成無上覺。因此立名。名爲成辦。必定成辦菩提果故。然此太子。未出家時。自有兩名。一名悉多頞他。義如前釋。二名提婆池提婆。此云天上天。謂初滿七日已。父王。遣入提婆俱羅【此云天舍。】大自在天等。爾時。太子來入提婆俱羅。大自在天及餘天像。頂禮太子。因此立名。爲天上天。今此經中。略擧一名。故言悉達【波羅門。傳說如是。勘成文】。西域傳云。薩婆曷刺[2]他悉陀【唐云。一切義成。】。問婆羅師[3]。師云。梵音有二種。一者長聲。二者短聲。經論爲[4]分依短音。說名悉陀頞他。傳依長聲。故名薩婆曷刺[5]他悉陀。其義一也。

---

98 살바갈라타실타薩婆曷刺他悉陀: ⓢSarvārthasiddha의 음사어이다.
99 『西域傳』권7(T51, 906b). 『西域傳』은 줄인 이름으로, 갖춘 이름은 『大唐西域記』이다. 줄여서 『西域記』라고도 한다.

1) ㉘ '此'는 잉자인 듯하다. 2) ㉥ 『西域傳』에 따르면 '刺'는 '剌'이다. 3) ㉥ '師'는 '門'이다. 앞의 '婆羅'를 사람 이름으로 볼 경우 달리 볼 수도 있지만, 앞에서 "바라문이 전했다."고 한 말에 근거하여 '師'를 '門'으로 보았다. 4) ㉘ '爲'는 '多'인 듯하다. 5) ㉥ '刺'는 '剌'이다.

그런데 이 태자가 강신降神하여 태내에 들어간 날짜에 대해 여러 부파의 설명이 같지 않다. 상좌부에서는 갈패라알사다월喝唄羅頞沙茶月 30일 밤에 강신하여 모태에 들어갔다고 하였으니, 중국의 역법曆法에 따르면 5월 15일에 해당한다. 나머지 다른 부파에서는 모두 갈패라알사다월 23일 밤에 강신하여 모태에 들어갔다고 하였으니, 중국의 역법에 따르면 5월 8일에 해당한다.

然此太子。降神入胎。諸宗不同。上座部云。菩薩。以喝唄羅頞沙茶月。三十日夜。降神母胎。當此五月十五日也。餘部。皆云。以此月。二十[1]日夜。降神母胎。當此五月八日。

1) ㉥ '十' 뒤에 '三'이 누락되었다. 원문에서 '二十日'이라 했지만, 이 경우 5월 5일이 되어 5월 8일이라는 결론과 어긋난다. 『大唐西域記』 권6(T51, 901a)에 동일한 문장이 나오는데, '二十三日'이라 했고, 이렇게 볼 때 5월 8일과 합치한다.

'마야'는 (갖춘 음사어는) 마하마야摩訶摩耶이고, 대술大術이라 한역한다. 『화엄경』 제56권에서 "마야부인이 필리차수畢利叉樹 아래에서 태자를 낳았을 때, 열 가지 광명이 (저절로 있었다).…(중략)…(필리차수 아래에서 마야부인은 보살이 자유자재하게 몸을 받아 태어나는(受生) 열 가지의 모습을 나타내 보였는데, 낱낱의 털구멍에서 과거세 부처님께서 행한 온갖 보살행과 부처님을 공양한 일을 보이고) 과거세에 온갖 세계에서 부처님께서 몸을 받아 태어나실 때 마야부인이 항상 그 어머니가 된 것을 보였으니, (이것이 보살이 네 번째로 자유자재하게 몸을 받아 태어나는 것이다). 마야부인이 몸에서 과거의 여러 부처님께서 본래 (보살로서 최후의 몸을 받아 태어났을 때 행했던 것을) 두루 나타내었으니, (이것이 보살이 일곱 번째로 자유자재하게 몸을 받아 태어나는 것이다)."[100]라고 하였다. 또『화엄경』제43권에서 "보살이 (도솔천에서) 목숨을 마치려고 할 때 오른 손바닥에서 정경계淨境界라고 하는 큰 광명을 내어 삼천대천세계를 장엄하고 깨끗이 하니, 이 세계의 번뇌가 없는 여러 벽지불로서 이 광명을 깨달은 이는 바로 목숨을 버리고, 깨닫지 못한 이는 광명의 힘 때문에 다른 세계에 옮겨지며, 모든 마구니와 온갖 외도外道로서 광명을 본 중생은 모두 타방세계로 옮겨지는데, 여래께서 머물고 호지하여 교화하는 중생들은 제외한다."[101]라고 하였다.

摩耶者。則是摩訶耶。[1]) 此云大術。華嚴經第五十六云。摩耶夫人。在利[2]) 叉樹下。生太子時。有十光明。過去諸世界中。佛受生時。摩耶夫人。常爲其母。乃至。摩耶夫人。身中。普出過去諸佛。本[3]) 又彼經中。四十三云。菩薩命胎之[4])時 右掌中。出大光明。名淨境界。悉能嚴淨三千大千世界。此世界中。若有無漏諸辟支佛。覺斯光者。卽捨壽命。若不覺者。光明力故。徙置他世界中。一切魔及衆外道。有見衆生。悉皆徙置他方世界。除如來住持所化衆生等。

---

1) ㉑ '耶' 앞에 '摩'가 누락된 듯하다. 2) ㉑ '利' 앞에 '畢'이 누락된 듯하다. 3) ㉡ '本'은 뒷 문장에 이어지는데, 인용문을 더 이상 싣지 않아 문맥이 자연스럽지 않게 끊어졌다. 굳이 보충하지는 않았다. 4) ㉑『華嚴經』에 따르면 '命胎之'는 '臨命終'이다.

또『대비바사론』제178권에서 "**문** 어떤 연유로 보살은 최후의 몸을 받아 태어날 때, 오직 천취天趣에서 (목숨을 마친 후에) 오고 인취人趣에서

---

100 60권본『華嚴經』권55(T9, 752c). 원문에서는 56권이라 했다. 단 해당 원문의 문장이 꼭 일치하지는 않는다.
101 60권본『華嚴經』권42(T9, 665c). 원문에서는 43권이라 했다.

(목숨을 마친 후에) 오지 않는 것인가? 답 어떤 사람은 여러 취趣에서 천취가 가장 뛰어나기 때문이라 하였다. 어떤 사람은 하늘에서 오는 것은 사람이 (그 하늘을) 소중하게 여기기 때문이라 했다. 어떤 사람은 사람들이 사는 세상에서는 이와 같은 수명을 누릴 수 없으니, 도사다천에서라면 (그 수명이 염부제의 중생들이 부처님을 친견할 수 있는 조건인) 선근이 성숙하기까지 걸리는 시간과 서로 맞아 떨어지기 때문이라고 하였다. 문 무엇 때문에 도사다천에서 바로 바르고 평등한 깨달음을 이루지 않고 반드시 인간 세상으로 오는 것인가? 답 모든 부처님께서 행하신 법을 따르기 위한 것이니, 이른바 갠지스강의 모래알보다 많은 수의 부처님께서 세상에 나실 때는 모두 사람들이 사는 세상에서 바른 깨달음을 이루셨기 때문이다. 다시 오직 사람이 지닌 매우 날카로운 지혜라야만 아누다라삼먁삼보리를 증득할 수 있기 때문이다."[102]라고 하였다. 강신降神에 있어서의 열 가지 일은 『화엄경』에서 설한 것[103]과 같다.

又婆沙論百七十八云。問。何緣。菩薩。於最後有。唯從天沒。不從人來。有說。於諸趣中。天趣勝故。有說。從天上來。人所重故。有說。人中無有如是壽量。如覩史多。與善根熟時。相稱可故。問。何故。不卽於覩史多天。成正等覺。而必來人間耶。答。隨諸佛法故。謂過殑伽沙數諸佛出世。皆於人中。而取正覺故。復次。唯人智見極利。能得阿耨多羅三藐三菩提故。降神。有十事。如華嚴說。

③ 출가하는 모습
경 일곱 살에 출가하였다.

---

102 『大毘婆沙論』권178(T27, 893a).
103 60권본 『華嚴經』권42(T9, 666b).

七歲出家。

기 경의 "일곱 살에 출가하였다." 이하는 세 번째로 출가하는 모습을 풀이한 것이다. 『화엄경』 제44권에서 "불자여, 보살마하살은 열 가지 일이 있기 때문에 출가하는 모습을 나타내 보이니, 그 열 가지란 무엇인가. 중생으로 하여금 집을 싫어하여 떠나도록 하기 위해 출가하는 모습을 나타내 보이고, 집에 집착하는 중생들을 위해 출가하는 모습을 나타내 보이며, 여러 현성賢聖이 실천한 도리에 따르는 것을 보이기 위해 출가하는 모습을 나타내 보이고, 출가하는 법을 선양하고 찬탄하기 위해 출가하는 모습을 나타내 보이며, 중생으로 하여금 차별적인 견해(二見)를 여의도록 하기 위해 출가하는 모습을 나타내 보이고, 욕망의 즐거움(欲樂)과 자아의 즐거움(我樂)을 여의도록 하기 위해 출가하는 모습을 나타내 보이며, 삼계三界에서 벗어나는 모습을 나타내기 위해 출가하는 모습을 나타내 보이고, 자유자재하여 다른 사람에게 의지하지 않고 깨닫는 것을 나타내기 위해 출가하는 모습을 나타내 보이며, 여래의 십력十力과 사무외四無畏에 따르고자 하기 때문에 출가하는 모습을 나타내 보이고, 모든 최후의 몸을 받아 태어난 보살의 법이 그러해야 하기 때문에 출가하는 모습을 나타내 보인다."[104]라고 하였다.

經曰七歲出家者自下。第三釋出家相。如華嚴經第四十四云。佛子。菩薩摩訶薩。有十事故。示現出家。何等爲十。所謂欲令衆生厭離家故。示現出家。爲著家衆生故。示現出家。欲現隨順諸賢聖道故。示現出家。欲宣揚讚歎出家法故。示現出家。欲令衆生離二見故。示現出家。欲令離欲樂我樂故。示現出家。欲現出三界相故。示現出家。欲現自在不由他悟故。

---
[104] 60권본 『華嚴經』 권43(T9, 667c). 원문에서는 44권이라 했다.

示現出家。欲隨順如來十力四無畏故。示現出家。一切最後生菩薩法應爾
故。示現出家。

🔳 다른 경에서는 19세에 출가하였다고 했는데, 무엇 때문에 이 경에
서는 일곱 살에 출가했다[105]고 하였는가?

問。餘經中。說十九出家。何故。此經云。七歲出家。

🔳 중생의 근기가 달라 보고 듣는 것도 같지 않기 때문이니, 이상하게
여길 것은 없다. 또한 『서역전』에서는 "부처님께서 성을 넘어 출가하심에
있어 그 시기 역시 일정하지 않다. 어떤 곳에서는 보살의 나이 19세 때의
일이라 하였고, 어떤 곳에서는 29세 때의 일이라고 하였다. 또 폐사거월
吠舍佉月 후반 8일에 성을 넘어 출가했다고 했는데, 중국의 역법에 따르면
3월 8일에 해당한다. 어떤 곳에서는 폐사거월 후반 15일이라고 했는데,
중국의 역법에 따르면 3월 15일에 해당한다."[106]고 하였다.

解云。根機其有殊。見聞不同故。不可致怪。又西域傳云。如來踰城出家。
時亦不定。或云。菩薩年十九。或云。二十九。以大[1]舍佉月後半八日。踰
城出家。當此三月八日。或云。以舍[2]佉月。半[3]十五日。當此三月十五日。

---

105 승장은 '七歲出家'를 말 그대로 해석하여 일곱 살에 출가한 것으로 보고 있지만, 태현
太賢은 『梵網經古迹記』 권상(T40, 699c)에서 부처님께서는 결혼하고 출가했기 때문
에 옳지 않다고 하였고, 『梵網經菩薩心地品合註』 권3(X38, 642c24)・『梵網經菩薩心
地品下略疏』 권2(X38, 704b) 등에서는 '出家七歲(출가하여 7년 동안 수행하고)'라고
해야 옳다고 하고, 그 이유를 부처님께서 출가하여 1년 동안은 여러 나라를 돌아다니
면서 당대의 저명한 수행자들을 만났고, 그 다음에 6년 동안 고행苦行했기 때문에 이
기간을 합하여 7년이라 한 것이라 했다.
106 『大唐西域記』 권6(T51, 903a).

1) ㉮『大唐西域記』에 따르면 '大'는 '吠'이다. 2) ㉮『大唐西域記』에 따르면 '舍' 앞에 '吠'가 누락되었다. 3) ㉯ '半' 앞에 '前'이 누락된 듯하다. ㉮『大唐西域記』에 따르면 '半' 앞에 '後'가 누락되었고, 후자가 옳다.

④ 불도를 이루는 모습

경 30세에 불도를 이루니 나를 석가모니라고 부르게 되었다.

三十成道。號吾爲釋迦牟尼佛。

기 경의 "30세에 불도를 이루니" 이하는 네 번째로 불도를 이룬 모습을 풀이한 것이다. 도량에 앉아 온갖 마구니를 항복시킨 것 등을 비롯한 여러 가지 일을 말한다.『화엄경』에서 자세하게 설하였으니,[107] 그것을 보고 알아야 할 것이다. 번거로울까 하여 서술하지 않는다.

經曰三十成道等者自下。第四釋成道相。坐道場。降伏諸魔等。如華嚴經廣說。應知。恐繁不述。

⑤ 법륜을 굴리는 모습

가) 광명이 머무는 곳에서 법륜을 굴린 것을 밝힌 것

경 적멸도량에 있는 금강화광왕좌金剛華光王座에 앉음으로부터 마혜수라천왕궁에 이르기까지 그곳에서 차례대로 열 가지 주처住處에서 설법하셨다.

---

107 60권본『華嚴經』권43(T9, 668b)에서 도량에 나아가는 열 가지 이유에서부터 악마를 항복시키는 모습을 보이는 열 가지 이유 등을 밝힌 부분을 말한다.

於寂滅道場。坐金剛華光王座。乃至摩醯首羅天王宮。其中。次第。十住處。所說。

기 경의 "적멸도량에 있는" 이하는 다섯 번째로 광명이 머무는 곳에서 법륜을 굴리신 것을 밝힌 것이니, 위에서 설한 열 가지 주처[108]와 같다.

經曰於寂滅道場自下。第五轉法輪光明住處。謂如上說十種住處。

나) 법륜을 굴린 것을 풀이함

경 그때 부처님께서 여러 대범천왕大梵天王[109]의 망라당網羅幢(깃대에 매달린 그물)을 관찰하시고 그것으로 인해 말씀하시기를 "한량없는 세계가 그물의 구멍과 같아서 낱낱의 세계가 각각 같지 않고 서로 다르기 한량없으니, 부처님의 가르침의 문도 역시 그와 같다. 내가 이제 이 세계에 왔지만, (이는 처음이 아니고 그동안) 8천 번이나 되돌아와서 이 사바세계를 위해 금강화광왕좌에 앉음으로부터 마혜수라천왕궁에 이르기까지 (열 곳에서) 그 안에 사는 모든 중생을 위해 심지心地를 간략히 열어 보이기를 마쳤다."고 하셨다.

時佛觀諸大梵天王網羅幢。因爲說無量世界。猶如網孔。一一世界。各各不同。別異無量。佛敎門。亦復如是。吾今來此世界。八千反。[1]) 爲此娑婆

---

108 적멸도량에서부터 마혜수라천왕궁에 이르기까지 열 가지의 처소에서 설법하셨다는 말. 열 가지 처소란 앞의 십세계해를 설한 곳을 말한다.
109 대범천왕大梵天王 : 앞뒤 문맥으로 볼 때 부처님께서 마혜수라천왕궁에 머물고 계신 상태이기 때문에 초선初禪의 가장 위에 있는 하늘인 대범천이 아니라 대자재천을 가리키는 것으로 보기도 한다. 『梵網經菩薩心地品下略疏』권2(X38, 704c)・『梵網經初津』권2(X39, 86b) 등을 참조할 것.

世界。坐金剛華光王座。乃至摩醯首羅天王宮。爲是中一切大衆。略開心
地竟。

1) ㉵『梵網經』에 따르면 '反'은 '返'이다.

기 경의 "그때 부처님께서 여러 대범천왕~(마혜수라)천왕궁에 이르기
까지" 이하는 두 번째로 법륜을 굴린 것을 풀이한다. 부처님께서 대범왕의
그물을 관찰하시니, 하나의 그물에 한량없는 구멍이 있는데 모두가 달라
같지 않았다. 이로 인해 한량없는 세계가 모두 달라 같지 않고, 세계가 모
두 달라 같지 않은 것처럼 부처님 가르침의 문도 역시 이와 같다고 설하셨
다. 비록 한량없는 가르침의 문에 차별이 있지만 평등법계平等法界를 여의
는 것은 아니다. 자세한 것은『화엄경』제55권에서 설한 것과 같다.

次¹⁾時佛觀諸²⁾天³⁾至天王宮者自下。第二釋轉法輪。謂佛觀察大梵王網。
於一網中。有無量孔。差別不同。因此演說。無量世界。差別不同。猶如世
界差別不同。如來敎門。亦復如是。雖有差別無量敎門。而不離於平等法
界。廣如華嚴第五十五說。

1) ㉵ 이 책의 전체 서술 구조로 볼 때 '次'는 '經'이다. 2) ㉵ '諸' 뒤에 '大梵'이 누락
되었다. 3) ㉵ '天' 뒤에 '王'이 누락되었다.

(2) 실천해야 할 것을 바로 밝힘

① 경가經家[110]의 서문

경 다시 천왕궁에서 내려와 염부제의 보리수 아래에 이르러, 이

---

110 경가經家 : 부처님의 가르침을 암송하고 이것을 결집하여 경전을 완성한 제자를 일컫
는 말. 여러 주석서에서 제1 결집에서 경전 편찬의 주도적 역할을 한 아난阿難을 지목
하여 경가라고 하였다.

지상地上의 모든 중생[111]과 범부인 어리석은 중생을 위해 나의 근본인 노사나불의 심지心地 중 초발심初發心을 이룬 후 항상 외웠던,

> 復從天王宮下。至閻浮提菩提樹下。爲此地上一切衆生凡夫癡闇之人。說本[1]盧舍那佛心地中。初發心中常所誦。
>
> 1) ㉠『梵網經』에 따르면 '本' 앞에 '我'가 누락되었다.

기 경의 "다시 천왕궁에서 내려와 염부제의 보리수 아래에 이르러" 이하는 두 번째로 실천해야 할 것을 바로 밝힌 것이니, 계戒를 말한다. 그 중에 두 가지가 있다. 첫째 경가經家의 서문이고, 다음으로 "한 가지 계인 광명(과 같은 공능을 일으키는)" 이하는 바로 풀이한 것이다. 이것은 처음에 해당한다. (경가의 서문은 다시 둘로 나뉜다. 첫째 위하는 사람이고, 둘째 외운 것을 나타낸 것이다.)

> 經曰復從天[1]宮下至閻浮提菩提樹下者自下。第二正明所行。而謂戒也。於中有二。初經家序。次一[2]光明下。正釋。此卽初也。
>
> 1) ㉠ '天' 뒤에 '王'이 누락되었다. 2) ㉝ '一' 뒤에 '戒'가 누락되었다.

가) 위하는 사람

(먼저) 위하는 사람을 (밝힘에 있어서) 위하는 사람에 두 종류가 있다. 첫째 지상地上의 보살이고, 둘째 지전地前의 이생異生[112]이다. 그 내용은 본문에 쓰인 것과 같으니, 알 수 있을 것이다.

---

111 지상地上의 모든 중생 : 보살수행 계위 중 제41~제50에 해당하는 십지의 보살.
112 지전地前의 이생異生 : 범부凡夫의 신역. 생사윤회하면서 여러 가지 다른 과보를 받는 중생이라는 뜻을 지니고 있다.

爲人。爲人。有二。一者地上菩薩。二者地前異生。如文可見。

나) 외운 것을 나타냄

그 이하는 두 번째로 그 외운 것을 나타낸 것이다. 근본인 노사나불의 40심지 중 계戒가 있는데, 이것은 초발심의 보살이 외운 것이라고 한 것을 말한다.

'초발심'은 이 경과 『화엄경』에 따르면 십해十解[113]의 첫 번째 마음이니, 이름하여 '초발심'이라 한다. 이는 물러나지 않음(不退)을 처음으로 실현한 것이기 때문에 '초발심'이라 한다. 이치를 다하는 측면(盡理 : 勝義)에서 말하자면, 십신十信[114]의 첫 번째 마음인 (신심信心을) 초발심이라 하니, 이미 위없는 보리심을 발하였기 때문이다.

보리심을 발한 것에 대해서는 비록 여러 가지 해석이 있지만 요점만 말하면, 두 가지를 넘어서지 않는다. 자신과 다른 사람을 이롭게 하려는 서원(自他願)이다. 자신을 이롭게 하는 서원이란, 모든 지녀야 할 선법善法을 닦고 일체의 지니고 있는 불선不善을 영원히 여읠 것을 서원하는 것이다. 이것을 자신을 이롭게 하는 서원이라 한다. 다른 사람을 이롭게 하는 서원이란, 사섭四攝[115]으로 중생을 포섭하고 받아들여 생사를 거듭하는 세계에서 빼내 줄 것을 서원하는 것이다. 이것을 다른 사람을 이롭게 하는 큰 서원이라 한다. 이와 같은 두 가지 서원을 보리심이라 한다.

自下。第三[1])顯其所誦。謂本盧舍那四十心地中戒。是初發心菩薩所誦。初

---

113 십해十解 : 보살수행 계위 제11~제20에 해당하는 십주十住의 다른 이름.
114 십신十信 : 보살수행 계위 제1~제10에 해당하는 계위.
115 사섭四攝 : 보살이 중생을 포섭하여 받아들이는 네 가지 방법. 보시에 의해 포섭하는 보시섭布施攝, 좋은 말에 의해 포섭하는 애어섭愛語攝, 이로운 행위에 의해 포섭하는 이행섭利行攝, 고통과 즐거움과 좋아하는 것 등을 함께하는 것에 의해 포섭하는 동사섭同事攝 등을 말한다.

發心者。若依此經及華嚴經。十解初心。名初發心。此不退初。故言初發心。若盡理說。十信初心。名初發心。已發無上菩提心故。發菩提心。雖有多種。而要言之。不過二種。謂自他願。自利願者。願修一切所有善法。永離一切所有不善。如是。名爲自利願也。利他願者。願以四攝。攝受有情。拔出生死。如是。名爲利他大願。如是二願。名菩提心。

1) ⓐ 전후 문맥상 '三'은 '二'이다.

그러므로 『유가사지론』 제35권에서 "모든 보살이 바른 서원을 일으키고 마음으로 보리를 구할 때, 이와 같은 마음을 내고 이와 같이 말한다. '나는 결정코 위없는 바르고 평등한 보리를 증득하고 중생에게 이익(義利)이 되는 것을 모두 행할 것을 서원합니다.'"[116]라고 하였다. 그러므로 이와 같이 보리심을 낸다면 이 사람을 보살이라 한다. 그러므로 그 논에 "여러 보살이 처음 보리심을 발하면 곧 위없는 보리에 나아가 들어갔다고 하니, 미리 대승의 보살의 숫자에 들어간다.…(하략)…"[117]고 하였다.

또 『화엄경』 제58권에서 "보리심은 모든 부처님의 종자이니 모든 불법佛法을 낳을 수 있기 때문이다. 보리심은 훌륭한 밭이니 중생의 희고 깨끗한 법을 기르기 때문이다. 보리심은 대지大地이니 모든 세간을 지탱하기 때문이다. 보리심은 깨끗한 물이니 모든 번뇌의 때를 씻어 내기 때문이다. 보리심은 큰 바람이니 모든 세간에서 장애할 수 있는 것이 없기 때문이다."[118]라고 하였다. 또 그 경 제59권에서 "비유컨대 아주 작은 금강일지라도 모든 물건을 파괴할 수 있는 것처럼 보리심도 이와 같아서 작은 경계만 대상으로 삼아도 모든 무명의 어리석음을 무너뜨릴 수 있다.…(하

---

116 『瑜伽師地論』 권35(T30, 480b).
117 『瑜伽師地論』 권35(T30, 480c).
118 60권본 『華嚴經』 권59(T9, 775b). 원문에서는 58권이라 했다.

략)…"¹¹⁹라고 하였다.

여기에서 "초발심을 이룬 후 (항상) 외운 것"이란 처음으로 외운 것을 말한 것이고, (이 특정 계위에서만 외우는 것을 말하는 것은 아니다). 그 이유는 무엇인가? 십지 보살도 또한 계를 외우기 때문이다.

故瑜伽論三十五云。又諸菩薩。起正願¹⁾求菩提。²⁾發如是心。說如是言。願我決定。當證無上正等菩提。能作有情一切義利。故若能如是發菩提心。是名菩薩。故彼論云。又諸菩薩。初發心已。卽名趣入無上菩提。預在大乘諸菩薩數。乃至廣說。又華嚴經五十八云。菩提心者。則爲一切諸佛種子。能生一切諸佛法故。菩提心者。則爲良田。長養衆生白淨法故。菩提心者。卽爲大地。能持一切諸世間故。菩提心者。則爲淨水。洗濯一切煩惱垢故。菩提心者。則爲大風。一切世間無障礙故。又彼五十九云。譬如小金剛。悉能破壞一切諸物。菩提心。亦復如是。緣小境界。能破一切無明癡惑。乃至廣說。此言初發心所誦者。說初爲名。所以者何。十地菩薩。亦誦戒故。

1) ㉠『瑜伽師地論』에 따르면 '願' 뒤에 '心'이 누락되었다. 2) ㉠『瑜伽師地論』에 따르면 '菩提' 뒤에 '時'가 누락되었다.

② 바로 풀이함

가) 계상戒相을 간략하게 나타내고 설법을 허락하면서 자세히 들으라고 한 것

㈎ 계명戒名을 들고 작용을 드러내며 설법을 허락한 것

---

119 60권본『華嚴經』권59(T9, 780a). 여기에선 승장이 말한 권수와『대정장』의 권수가 일치한다.

㉮ 이름의 체體를 드러낸 것

경 한 가지 계인 광명(과 같은 공능을 일으키는) 금강보계金剛寶
戒를 설하였으니,

一戒光明。金剛寶戒。

기 경의 "한 가지 계인 광명(과 같은 공능을 일으키는) 금강보계" 이하는 두 번째 바로 풀이한 것이다. 이 중에 두 가지가 있다. 첫째 계상戒相을 간략하게 나타내고 설법을 허락하면서 자세히 들으라고 한 것이다. 다음의 "그때 석가모니불께서" 이하는 계상戒相을 자세하게 해석한 것이다. 앞에 두 가지가 있다. 먼저 계명戒名을 들고 작용을 드러내며 설법을 허락한 것이다. 뒤의 "나는 이제 노사나불이니" 이하는 간략하게 계덕戒德을 찬탄하고 수지를 권하고 마음에 새겨서 들으라고 한 것이다. 앞에 다시 세 가지가 있다. 첫째 이름의 체體를 드러낸 것이고, 둘째 "모든 부처님의 본원本源이고" 이하는 용用을 드러낸 것이며, 셋째 "나는 이제 이 대중을 위하여" 이하는 설법을 허락한 것이다. 이것은 첫 번째로 이름의 체를 드러낸 것이다.

經曰一戒光明金剛寶戒者自下。第二正釋。此中有二。初略標戒相。許說。諦聽。次爾時釋迦牟尼下。廣釋戒相。前中有二。先擧戒名。用顯爲許。後我今盧舍那下。略歎戒德。勸持諦聽。前中有三。一者顯名體。二者是一切佛本原下。顯用。三者吾今爲此下。許說。此卽第一顯名體也。

'한 가지 계'란 십중계十重戒 중 하나로 하나의 계가 일으키는 광명으로 미혹을 무너뜨릴 수 있기 때문에 '계인 광명'이라 한다. 경의 뒷부분[120]에서 "계는 해와 달처럼 밝고"라고 한 것과 같다. 혹은 '한 가지 계'란 삼취정계三聚淨戒[121] 중 하나로 이른바 율의계律儀戒를 가리키기도 한다. 이는 대다수인 것만 말하여 율의계라 한 것이다. 만약 대다수인 것과 비중이 작은 것까지 함께 설하면 나머지 두 가지, 곧 섭선법계攝善法戒·요익유정계饒益有情戒 등도 포함되지 않는 것은 아니다. 혹은 '한 가지 계'란 이와 같은 미묘한 계는 진여眞如를 떠나지 않고 성품이 유무有無를 떠나기 때문에 '한 가지 계'라 한다. 혹은 '한 가지 계'라는 말은 육도六度(六波羅蜜) 중 하나인 계도戒度(戒波羅蜜)를 나타내기 위해 '한 가지 계'라고 하였다.

'금강보계'란 다음과 같은 뜻이다. '금강'에 두 가지 뜻이 있다. 첫째 견고하여 파괴하기 어렵다는 뜻이고, 둘째 자신을 제외한 나머지 모든 사물을 파괴할 수 있다는 뜻이다. 계도 또한 그러하여 (계를 지닌 이는) 외도인 범지梵志(외도의 출가 수행자를 총칭하는 말)가 파괴하기 어렵고, (계의 힘에 의해) 생사윤회의 어둠과 파계의 허물을 무너뜨릴 수 있다. (이상과 같은 뜻에서) 비유에 의해 이름을 붙여 '금강'이라 하였다.

言一戒者。謂十重中一。一戒光明。能破惑。故名戒光。如下經說。戒明日月。或一戒者。此顯三聚淨戒中一。所謂律儀戒。此從多而說。名律儀戒。若□[1)]細說。非無餘二。或一戒者。如是玅戒。不離眞如。性離有無。故言一戒。或一戒言。顯六度中一切。[2)] 故一[3)]言一戒。金剛寶戒者。金剛有二義。一者堅固難壞義。二者能破餘物。戒亦復爾。外道梵志。難可破壞。生死之闇[4)]及破戒垢。說喻爲名爲金剛。

---

120 『梵網經』 권하(T24, 1004a).
121 삼취정계三聚淨戒 : 대승보살의 계법戒法으로, 모두 세 가지로 구성되었다. ① 율의계란 칠중七衆의 별해탈률의別解脫律儀, 곧 비구계·비구니계·정학계正學戒(式叉摩那戒)·사미계·사미니계·우바새계·우바이계 등을 말한다. ② 섭선법계攝善法戒란 율의계를 받은 후에 보리를 증득하기 위하여 몸과 입과 마음으로 선한 행위를 실천하는 것을 말한다. ③ 요익유정계饒益有情戒란 중생을 이익되게 하는 열한 가지 실천행을 행하는 것이다.

1) ㉮ □는 고본古本의 초서艸書로 글자체가 상세하지 않다. '巨'가 누락된 듯하다.
2) ㉯ '切'는 잉자인 듯하다.   3) ㉰ '一'은 잉자이다.   4) ㉱ '生死之闇' 앞에 빠진 글자가 있는 것 같다. 문맥에 의해 '能壞'를 보충하였다.

㊗ 작용을 드러낸 것

경 이는 모든 부처님의 본원本源이고, 모든 보살의 본원이며 불성佛性의 종자이다.

是一切佛本原。一切菩薩本原。佛性種子。

기 경의 "이는 모든 부처님의 본원이고" 이하는 두 번째로 작용을 드러낸 것이다. 부처님의 본원, 보살의 본원에서 '본원'이라는 말은 근본적인 의지처를 드러낸 것이다. 모든 부처님과 보살은 다 이 계로 말미암아 과果를 이루었기 때문이다. 예를 들면 경의 뒷부분에서 "티끌처럼 많은 보살 대중들 이것으로 말미암아 바른 깨달음을 이루었네."라고 한 것과 같다.

'불성의 종자'란 계를 '불성'이라 한 것이다. 이와 같은 미묘한 계는 삼신불三身佛에 대해 생인生因과 요인了因[122]이 된다. 혹은 생인이 되어 유위과有爲果를 낳고, 혹은 요인이 되어 법신과法身果를 증득하기에 이를 '불성'이라 한다. '종자'란 인因의 뜻이다. 계가 직접적 원인(因緣)이 되어 유위과를 낳기 때문이다.

혹은 다음과 같이 풀이할 수도 있다. 〈'불성'이란 무위과無爲果에 대하여 설한 것이고, '종자'란 유위과에 대해 설한 것이니, 여기에서 두 가지 과果가 차이가 있음을 드러내고자 하여 두 가지 인因을 설한 것이라고 볼 수도 있다.〉

---

122 생인生因과 요인了因 : 생인이란 직접적 원인이고, 요인이란 간접적 원인이라고 할 수 있다. 예를 들면 씨앗은 생인이고, 땅·물 등은 요인이다. 깨달음을 성취할 수 있도록 하는 것, 곧 본래 갖추고 있는 불성은 생인이고, 등불이 비추는 것처럼 진리를 비추어 아는 지혜는 요인이다.

혹은 다음과 같이 풀이할 수도 있다. 〈'불성'이 곧 '종자'여서 불성종자라고 한 것일 수도 있다.〉

혹은 다음과 같이 볼 수도 있다. 〈'한 가지 계인 광명'은 곧 '금강보계'이다. 이렇게 말한 의도는, 계는 여如를 여의지 않으니, 계가 곧 여이고 여가 곧 계임을 말하려는 것이다. 상相은 체體를 여의지 않으니, 체가 곧 상이기 때문이다. 여기에서 '한 가지 계'는 상이 체를 여의지 않음을 드러낸 것이다. '금강보계'는 체를 드러낸 것이다. 체는 곧 진여이고 진여는 곧 모든 부처님과 보살의 본원인 의지처이다. '불성'은 계의 체를 드러낸 것이니, 이불성理佛性[123]이다. '종자'는 계의 상相을 드러낸 것이니 유위행有爲行이다.〉

經是一切佛本原者自下。第二顯用。[1] 原菩薩原本。本原言。顯根本所依。謂諸佛菩薩。皆由此戒。得成果故。如下經說。微塵菩薩衆。由是。成正覺。佛性種子者。謂戒爲佛性。如是妙戒。與三身佛。作生了因。或爲生因。生有爲果。或爲了因。得法身果。是名佛性。言種子者。卽是因義。謂戒爲因緣。生有爲果故。或可佛性者。對無爲果。種子者。對有爲果。此中。欲顯二果有異。說二種因。或佛性卽種子。名佛性種子。或說一戒光明。卽是金剛寶戒。此中意說。戒不離如。戒卽是如。如卽是戒。相不離體。體卽相故。一戒言。離不顯體相。[2] 金剛寶戒。此卽顯體。體卽眞如。眞如卽是諸佛菩薩本原所依。言佛性者。顯戒之體。理佛性也。言種子者。此顯戒相。有爲行也。

1) ㉮ '顯用原菩薩原本'에서 '顯用' 이하에 누락된 글자가 있는 듯하다. ㉯ 전후 문맥상 '顯用佛本源菩薩本源'으로 보았다. 2) ㉮ '離不顯'은 '顯不離'인 듯하다. ㉯ 원문 교감주에 따르면 '顯不離體相(체상을 여의지 않음을 드러낸다)'인데, 『대정장』·『속장

123 이불성理佛性 : 법상종에서 불성을 두 가지 관점에서 분류한 것 중 하나. 모든 중생이 불성을 가졌다고 할 때의 불성은 이불성이고, 그 불성을 발현시켜 실제로 불과를 증득할 수 있는지의 여부를 결정하는 무루종자無漏種子를 갖추었는지의 여부를 고려한 후에 그 관점에서 불성을 지녔다고 할 때의 불성은 행불성行佛性이라 한다.

경」 등의 모든 글에서 이런 뜻을 가진 문장은 보이지 않는다. 보통 체와 상은 상즉 관계가 강조되어 체로 상정된 것에 대해선 상을 여의지 않고, 상으로 상정된 것에 대해선 체를 여의지 않는 것이라는 형태로 쓰이고, 이렇게 '체상을 여의지 않는다'고 하면 무슨 의미인지가 드러나지 않는다. 역자의 생각으로 이 문장에서는 '한 가지 계'를 계의 상相, '금강보계'를 계의 체體로 보고 있기 때문에 이 부분을 '顯相不離體'라고 보아야 할 것 같다.

경 모든 중생은 다 불성이 있으니, 일체의 의意(제7 末那識)와 식識(六識)과 색色(물질적인 것)과 마음(心 : 제8 阿賴耶識)에 있어서 정情(六根)이든 마음(心)이든 모두 불성계佛性戒에 들어간다.

一切衆生。皆有佛性。一切意識色心。是情是心。皆入佛性戒中。

기 경에서 "모든 중생은 다 불성이 있다."고 한 것은, 계의 체인 진여불성眞如佛性을 여의지 않았음을 나타내 보인 것이다. 이 문장을 풀이함에 있어서 두 가지 해석이 있다. 첫째, 『열반경』에 의지하여 여러 학자들이 말하기를, 〈모든 중생은 다 불성이 있으니 반드시 결정코 성불한다〉고 하였다. 그 뜻은 일반적으로 설명하는 것과 같다. 둘째 호법보살 등이 말하기를 〈'모든 것(一切)'에 두 가지가 있으니, 첫 번째는 모든 것을 대상으로 하여 '모든 것'이라고 하는 경우이고, 둘째는 적은 부분(少分)을 대상으로 하여 '모든 것'이라고 하는 경우이다. 경에서 말하기를 '모든 중생은 다 불성이 있다'고 한 것은, 이는 적은 부분을 대상으로 하여 '모든 것'이라고 설한 것이다. 미륵보살[124]은 보처補處의 지위[125]에 올라 모든 부처님

---

124 미륵보살 : 보처보살補處菩薩로 미래세에 이 땅에 내려와 성불하여 중생을 구제할 것이 예정된 미래불. 호법 논사가 소속된 유식학파의 소의논서인 『瑜伽師地論』의 저자는 미륵彌勒이고, 이 미륵을 어떤 인물로 보아야 할 것인지에 대해 이설이 있는데, 승장은 이 미륵을 미래불인 미륵보살로 보고 있다.
125 보처補處의 지위 : 한 번만 태어나면 석가불의 뒤를 이어 이 세상에 태어나 성불할 것이 예정된 경지.

의 밀의密意의 언어에 통달하여 중생으로 하여금 결정지決定智[126]를 내게 하고자 하였으므로, 다섯 가지 종성(五種姓)[127]을 세워 중생을 근기에 의해 구별한 것이다〉라고 하였다. 비록 이렇게 두 가지 해석이 있지만, 미륵과 호법의 설에 의지하되, 범부의 (성불을 설한)『열반경』에 의지한 학자들의 주장은 따르지 않는다. 여기에서 "모든 중생은 다 불성이 있다."라고 한 것은, 이는 적은 부분을 대상으로 한 '모든 것'에 의거하여 (모든 것이라고) 설한 것이다. 혹은 이불성理佛性을 기준으로 할 때는『열반경』의 설을 따를 수도 있다.

> 經曰一切衆生皆有佛性等者。此卽顯示不離戒體眞如佛性。釋此文。自有兩釋。一依涅槃經。諸師說言。一切衆生。悉有佛性。必定成佛。義如常說。二護法菩薩等云。一切有二。一一切一切。二少分一切。經說一切衆生皆有佛性者。此就少分一切而說。彌勒菩薩。位登補處。通達諸佛密意語言。欲令衆生。生決定智。是故。建立五種種姓。雖有兩釋。今依彌勒及護法等。不依凡夫涅槃師等。此言一切。皆有佛性者。此據少分一切。而說。或就理佛性。而作是說。

"일체의 의意와 식과 색과 마음에 있어서"란 그 차례대로 (제7식인) 의意와 육식六識(眼識·耳識·鼻識·舌識·身識·意識)을 '의意와 식識'이라 한다. '색'

---

126 결정지決定智 : 더 이상 의심할 것이 없는 결정적인 지혜.
127 다섯 가지 종성(五種姓) : 법상종에서 중생은 선천적으로 수행에 의해 어떤 경지에 도달할 수 있을지가 결정되어 있다고 보고, 그러한 관점에서 중생을 다섯 종류로 분류한 것. 첫째 보살정성菩薩定性, 둘째 독각정성獨覺定性, 셋째 성문정성聲聞定性, 넷째 삼승부정성三乘不定性, 다섯째 무성유정無姓有情 등이다. 법상종의 정통파에서는 이들 중 보살정성과 삼승부정성의 일부만 불과를 증득할 수 있다고 주장한다. 승장의 스승인 원측은 이러한 주장에 반대하여 모든 중생이 성불할 수 있다고 하였는데, 승장은 이 부분에서는 규기의 설을 따르고 있다.

이란 오경五境(色境·聲境·香境·味境·觸境)과 오근五根(眼根·耳根·鼻根·舌根·身根)과 법처소섭색法處所攝色[128]을 모두 색[129]이라 한다. '마음'이란 제8식을 말한다. 마음의 뜻이 두드러지기 때문에 이것만을 가리켜 '마음'이라 하였다. 혹은 다음과 같이 풀이할 수도 있다. 〈의식意識은 제6 의식意識이다. '마음'은 여기에서 오식五識(眼識·耳識·鼻識·舌識·身識)을 나타내니, 색色(五境)을 대상 경계로 하여 (생겨나는) 마음을 설한 것이기 때문이다.〉 "정情이든 마음이든~"이라 한 것은, 색色과 마음이 모두 불성계에 들어감을 나타낸 것이다. '정'이란 육근六根을 말한다. 앞에서 설한 것처럼 의意와 색의 일부분[130]을 말한다. '마음'이란 팔식심八識心을 나타낸다. "불성계에 들어간다."는 것은, 계의 체인 진여성眞如性에 들어가는 것을 드러내는 것이다. 일체의 마음과 색은 진여를 여의지 않기 때문이다. 혹은 계는 진실 그대로인 마음이고 진실 그대로여서 차별이 없기 때문이다. 이 경문의 뜻은 단지 이 계만 진여를 여의지 않는 것이 아니라, 일체의 제법도 또한 진여를 여의지 않고 모두 불성계라는 계의 체에 들어감을 나타내려는 것이기 때문에 "(불성)계에 들어간다."라고 하였다.

一切意識色心是情[1])者。如其次第。意及六識。名爲意識。所言色者。五境五根。法處所攝。皆名爲色。所言心者。謂第八識。心義勝故。偏說心言。或意識者。謂第六。所言心者。此顯五識。對色說心故。言是情是心等者。卽顯色心皆入佛性戒。所言情者。謂六根也。如上所說。意及色一分。心

---

128 법처소섭색法處所攝色 : 무표색無表色과 같은 것을 일컫는 말. 법처에 속하는 색이라는 뜻. 안근眼根 등의 오근五根과 색경色境 등의 오경五境이 변괴變壞·질애質礙의 성질을 갖추고 있어서 감각 기관에 의해 파악되는 것이라면, 무표색無表色 등은 어업이나 신업 등의 물리적 행동에 의해 유발된 것이므로 색법으로 간주하되, 의식에 의해 파악되기 때문에 법처에 속하는 것으로 간주한다.
129 유식 오위백법五位百法 중 색법色法에 속하는 11가지 법을 일컫는 말.
130 색의 일부분 : 색법에 속하는 11가지 법 중 다섯 가지, 곧 오근五根을 일컫는 말.

者。卽顯八識心也。入佛性戒者。顯入戒體眞如性。一切心色。不離如故。
或戒如心。如無差別故。此中意。顯非但此戒。不離眞如。一切諸法。亦不
離如。皆入佛性戒戒之體。故名入戒也。

---

1) ㉑ 전후 맥락을 볼 때 '是情'은 잉자이다. 여기에선 논의되지 않고 뒤에서 다시 논의되기 때문이다.

경 미래의 어느 때나 성불할 수 있는 원인을 항상 지니고 있기 때문에 미래의 어느 때나 (증득할) 상주常住하는 법신을 지닌다. 이와 같은 십바라제목차十婆羅提木叉[131]에 의해 (윤회의) 세계를 벗어날 수 있으니,[132] 이 법계法戒를 이 삼세의 모든 중생들이 머리에 받쳐이고 굳게 지켜야 한다.

當當常有因故。有當當常住法身。如是十波羅提木叉。出於世界。是法戒。是三世一切衆生。頂戴受持。

기 경의 "미래의 어느 때나 성불할 수 있는 원인을 항상 지니고 있기 때문에~법신을 지닌다."란, 이 계戒가 곧 법신의 원인이 됨을 말하는 것이다. 여기에서의 미래(當)란 일정한 시기에 한정되는 것이 아니기 때문에 "미래의 어느 때나(當當)"[133]라고 했다. 미래에 성불할 원인을 지니고 있기 때문에 "미래에 성불할 원인을 지니고 있다."고 했다. 미래의 어느 때나

---

131 십바라제목차十婆羅提木叉 : 뒤에서 설하는 십중금계를 일컫는 말.
132 여러 주석서에서 대부분 "십바라제목차가 세상에 나타났다."라고 풀이하고 있다. 그러나 승장은 이를 전혀 달리 풀이하고 있고, 이 문장은 승장의 주석에 입각하여 풀이한 것이다.
133 미래의 어느 때나(當當) : 당당當當은 주석자마다 해석의 차이가 크다. 대표적으로는 앞의 當을 '마땅히'의 의미로 보고, 뒤의 當은 '미래'의 의미로 보는 것이다. 승장은 미래의 의미를 두 번 거듭한 것으로 보았는데, 마땅한 번역어가 없어 승장이 이 부분을 주석한 것에 맞추어 그 의미가 드러날 수 있도록 의역했다.

성불할 원인을 지니고 있기 때문에 미래에 언제나 (증득할) 법신의 과果를 지닌 것이다.

> 經當當常有因故至法身者。謂卽是戒爲法身因。未來非一。故言當當。有當來因。故言當有因。由有當當因故。有當當法身果也。

문 법신은 상주하는 것인데, 미래의 어느 때나 (증득할 상주하는 법신)을 지닌다고 말할 수 있는가?

해 법신은 비록 상주하지만 가려지거나 나타난 상태의 차이가 있는 것이니, 다른 곳에서 설한 것과 같다. 가려지면 여래장如來藏이고, 나타나면 법신의 과果가 된다. 이제 미래에 성취할 법신을, 가려지고 나타나는 뜻에 의해 설하기 때문에, "미래의 어느 때나"라고 한 것이다. 혹은 삼신三身을 모두 법신이라 할 수도 있으니, 이렇게 본들 어떤 과실이 있겠는가? 이렇게 말한 의도는 (이 계가) 미래제가 다하도록 공덕을 낳는 인因이 있기 때문에 여래의 덕을 갖추어서 미래제가 다하도록 끊어지지 않고 상주하는 법신이 있음을 말하려고 한 것이다. 법신은 생멸이 없기 때문에 "상주한다."고 한다. 응신과 화신도 미래제가 다하도록 다함이 있지 않기 때문에 "상주한다."고 한다.

> 問曰。法身當[1]如何。得說有當當耶。解云。法身雖常。隱顯位異。如餘處說。隱爲如來藏。現爲法身果。今成就法身。隱顯義說。故言當當。或可三身。皆名法身。此有何失。此中意說。申有能生窮未來際功德因故。有如來德窮未來際無有斷絶常住法身。若法身者。無生滅。故名爲常住。若應化身。盡未來際無有窮盡。故言常住。

---
1) ㉮ '當'은 '常'이다.

(계는) 보리의 인因이기 때문에 삼계를 벗어나는 것이라고 한다. '목차木叉'[134]란 구역에서는 처처해탈處處解脫이라 하였고, 대당삼장大唐三藏(玄奘)의 신역에서는 '바라제'는 해탈이라 한역하고, '목차'는 별別이라 한역한다고 하였다. 범어의 음音에 수순하여 한역하면 (바라제목차)는 '해탈별'이라 할 수 있는데, 이제 중국어의 어순에 따르기 때문에 별해탈別解脫이라 한다. 몸과 입으로 짓는 일곱 가지 악[135]을 개별적으로 벗어나는 것을 별해탈[136]이라 한다. '세계를 벗어난다'는 것은 지금 이 계로 말미암아 삼계를 벗어나기 때문이다.

> 是菩薩¹⁾因。故言出三界。木叉者。舊翻爲別²⁾處處解脫。大唐三藏。翻婆羅提。此云解脫。木叉者。此云別。若此梵音。可言別³⁾ 今順唐言。故名別解脫。謂身⁴⁾七支。別別解脫。名別解脫。出於世界者。謂今由此戒。出三界故。

1) ㉠ '薩'은 '提'의 오자이다. 2) ㉠ '別'은 잉자이다. 3) ㉠ '別' 앞에 '解脫'이 누락되었다. 4) ㉠ '身' 뒤에 '口'가 누락되었다.

㉓ 설법을 허락한 것

경 나는 이제 이 대중을 위하여 열 가지 계를 비롯한 다함이 없는 계품(十無盡藏戒品)을 거듭하여 설할 것이니, 이는 일체 중생이 지녀야 할 계이고, 근본이 되는 것이며 자성이 청정한 것이다.

---

134 목차木叉 : 바라제목차의 줄임말.
135 일곱 가지 악 : 몸으로 짓는 살생殺生·투도偸盜·사음邪淫 등의 악업 세 가지와 입으로 짓는 망언妄言·기어綺語·악구惡口·양설兩舌 등의 악업 네 가지를 가리킨다.
136 별해탈別解脫 : 각 계법戒法에 따라 별도의 해탈을 얻기 때문에 붙여진 이름이다. 예컨대 불살생계는 살생으로부터 벗어나게 하고, 불투도계는 도둑질에서 벗어나게 하는 것을 말한다.

吾今當爲此大衆。重說十無盡藏戒品。是一切衆生戒本原。自性淸淨。

기 경의 "나는 이제 이 대중을 위해~" 이하는 세 번째로 설법을 허락한 것이다. "거듭하여 설할 것이니"란 앞의 「율장품律藏品」137에서 설한 것과 같은 내용을 이제 또한 거듭해서 설한다는 뜻이다. "다함이 없는"이란 보살계菩薩戒는 미래제가 다하도록 다함이 없기 때문이다. 이에 비해 성문계聲聞戒는 영원하지 않으니, (죽음이 이르면) 중동분衆同分138을 버림에 따라 곧 계도 역시 버리게 되기 때문이다. "근본이 되는 것이며 자성이 청정한 것이다."란 곧 이 계가 진여를 여의지 않은 것을 말한다.

經曰吾今當爲此大衆生¹⁾等者自下。第二²⁾許說。言重說者。如前律藏品中說。今亦重說。言無盡者。謂菩薩戒。盡未來際。無窮盡故。非常聲聞。捨衆同分。卽捨戒故。言本原自性淸淨者。謂卽此戒不離如。

1) ㉽ 『梵網經』에 따르면 '生'은 잉자이다.　2) ㉽ '二'는 '三'이다.

⑷ 간략하게 계덕戒德을 찬탄하고 수지를 권하고 마음에 새겨서 들으라고 가르친 것

㉮ 교주를 밝힘

경 송

나는 이제 노사나불이니

---

137 「율장품律藏品」: 본서의 뒷부분에서 승장은 이 경의 한역자인 라집羅什의 말을 인용하여 『律藏品』이 『梵網經』 완본 중 한역되지 않은 품의 제명으로 계를 받는 법을 서술한 내용을 담았다고 하였다.
138 중동분衆同分: 어떤 유정을 그 유정으로서 인식되게 하는 보편성을 가리킨다. 유정의 몸에 내재하다가 임종 시 몸이 죽게 되면 중동분도 따라서 소멸된다.

바야흐로 연화대에 앉았네.
둘러싼 천 꽃잎 위에
다시 천 석가를 나투었네.

我今盧舍那。方坐蓮華臺。
周帀千華上。復現千釋迦。

한 꽃잎에 백억 국토이고
한 국토마다 한 석가로다.
각각 보리수 밑에 앉아
일시에 불도를 이루었네.

一華百億國。一國一釋迦。
各坐菩提樹。一時成佛道。

이와 같이 나툰 천백억 부처님은
노사나불이 본신本身이라네.

如是千百億。盧舍那本身。

기 경의 "나는 이제 노사나" 이하는 두 번째로 계덕을 찬탄하고 수지를 권하고 잘 들으라고 한 것이다. 모두 11항 반의 게송[139]이 있다. 이것을 다시 셋으로 나눌 수 있다. 첫 번째로 두 항 반의 게송은 그 교주敎主를 밝힌 것이다. 다음으로 "천백억 석가들" 이하는 간략히 계덕을 찬탄한 것

---

139 4구句를 1항이라 하고, 이를 1게송으로 본다.

이다. 마지막으로 "이는 노사나불께서 외우신 것이고" 이하는 수지할 것을 권하고 마음에 새겨서 들으라고 가르친 것이다.

첫 번째에 다시 두 가지가 있다.

經我今盧舍那自下。第二略歎戒德。勸持誠聽。有十二行中[1]半頌。卽分有三。初有兩行半。明其敎主。次千百億釋迦下。略歎戒德。後是盧舍那誦下。勸持誠聽。前中有二。

1) ㉠ '二行中'은 '一行半'인 듯하다. ㉡ '二行中半'은 '一行半'이다.

ㄱ) 노사나를 밝힌 것

처음의 두 구절은 노사나를 밝힌 것이다. '노사나'란 정만淨滿이라 한역한다. "바야흐로 연화대에 앉았네."란 『화엄경』에서 향수香水[140] 위에 연화장세계가 있고, 이 세계에는 불가설의 불찰佛刹(부처님 국토)이 있으니, 모두 노사나불께서 항상 법륜을 굴리는 곳이라고 한 것[141]과 같다.

初有兩句。明盧舍那。盧舍那者。梁云淨滿。方坐蓮華臺者。如華嚴經說。香水上。有蓮華藏世界。此界。有不可說佛刹。皆是盧舍那常轉輪處。

ㄴ) 천백억 석가를 비추는 것

다음으로 "둘러싼 천 꽃잎 위에" 이하에 두 항의 게송이 있으니, 천백억 석가를 비춘다는 것이다. 여기에 세 가지가 있다.

次周帀千華上下。有兩行頌。照千百億釋迦。於中有三。

---

140 향수香水 : 『華嚴經』에서는 향수하香水河·향하香河 등이라고 했다.
141 60권본 『華嚴經』 권4(T9, 414a).

(ㄱ) 천 석가

처음 두 구절은 '천 석가'를 밝힌 것이다.

初兩句。明千釋迦。

(ㄴ) 백억 석가

다음의 "한 꽃잎에 백억" 이하에 1항의 게송이 있으니 '백억 석가'를 밝힌 것이다.

次一華百億下。有一行頌。明百億釋迦。

(ㄷ) 천백억 노사나불

마지막으로 "이와 같이 나툰 천백억" 이하는 천백억 노사나불께서 말씀하시고 교화하시는 것을 밝힌 것이다.

後如是千百億下。明千[1]億盧舍那佛所說化。

------
1) ㉯ '千' 뒤에 '百'이 누락되었다.

문 이 세 종류의 부처님은 부처님과 어떻게 서로 포섭되는가?

해 노사나불은 자수용自受用이고, 천 꽃잎의 석가는 타수용他受用이며, 백억 석가는 변화신變化身이다. 그러므로 경의 상권에서 "그때 노사나불께서는 곧 크게 기뻐하시며 허공광체성본원성불상주법신삼매虛空光體性本原成佛常住法身三昧를 나투어 여러 대중에게 보이시고 말씀하셨다. '모든 불자들이여, 자세히 듣고 잘 생각해서 수행하라. 나는 이미 백아승기겁 동안 심지心地를 수행하였으니 이를 인因으로 삼는다. 처음 범부의 경계를 버리고 평등하고 바른 깨달음을 이루어 노사나불이라고 이름하고 연화대장세계해에 머물고 있다. 그 연화대 주위에 천 잎이 있고 한 잎은 한 세계로 천 세계를 이루고 있다. 나는 변화하여 천 석가가 되고 천 세계에 머문다. 나중에 (천 잎 중) 한 잎 한 세계에 나아가니, 다시 백억 수미산과 백억의 해와 달과 백억의 사천하와 백억의 남염부제가 있고, 백억의 보살인 석가가 있어서 백억의 보리수 아래에 앉아 각각 그대가 물은 보리살타菩提薩埵(菩薩의 갖춘 음사어)의 심지를 설한다.…(중략)…천 잎 위에 있는 부처님은 나의 화신이고, 천백억의 석가[142]는 천 석가의 화신이다.'"[143]라고 하였으니, 이로 인해 본문에서 "이와 같이 나툰 천백억 부처님은 노사나불이 본신이라네."라고 한 것이다.

問曰。此三種佛。與佛。如何相攝。解云。盧舍那佛。是自受身。[1] 千葉釋迦。是他受用。百億釋迦。是變化身。是故。經上卷云。爾時盧舍那佛。卽大歡喜。現虛空光體性本原成佛常住法身三昧。示諸大衆。是諸佛子。諦聽善思修行。我已百千阿僧祇劫。修行心地。以之爲因。初捨凡夫。成等正覺。號爲盧舍那佛。住蓮華臺藏世界海。其臺。周遍有千葉。一葉一世界。我[2]爲千世界。我化爲千釋迦。據千世界。後就一葉一世界。復有百億須彌山。百億日月。百億四天下。百億南閻浮提。百億菩薩釋迦。坐百億菩提樹下。各說汝所問菩提薩埵心地。廣說乃至。千葉上佛。是吾化身。千百億釋迦。是千釋迦化身。故言如是千百億盧舍那本身。

1) ㉠ '身'은 '用'인 듯하다. ㉡ 반드시 오류라고 할 수는 없고 '用'이 좀더 나은 것이라고 할 수 있다. 2) ㉠ '我'는 잉자인 듯하다.

㉯ 간략히 계덕을 찬탄한 것

---

142 천백억의 석가 : 천 잎 각각에 나툰 백억의 석가를 통틀어서 일컫는 말.
143 『梵網經』 권상(T24, 997c).

ㄱ) 진신眞身인 부처님(眞佛)의 설을 밝힌 것

경 송

천백억 석가들
각각 티끌처럼 많은 대중을 거느리고
모두 와서 나의 처소에 이르러
내가 불계佛戒를 외우는 것을 들으니,
감로문甘露門이 바로 활짝 열렸네.

千百億釋迦。各接微塵衆。
俱來至我所。聽我誦佛戒。
甘露門則開。

기 경의 "천백억 석가들" 이하는 두 번째로 간략히 계덕을 찬탄한 것이다. 여기에 3항 반의 게송이 있으니, 이를 셋으로 나눌 수 있다. 처음에 1항 1구가 있으니 진신眞身인 부처님의 설을 밝혔다. 다음의 "이때" 이하에 1항 1구가 있으니 천백억 부처님의 설을 밝혔다. 나중의 "계는 해와 달처럼 밝고" 이하에 1항의 게송이 있으니 바로 계덕을 찬탄한 것이다. 이것은 처음에 해당한다. 천 부처님과 백억 부처님이 각각 티끌처럼 많은 대중을 거느리고 모두 와서 노사나불의 처소에 이르러 내[144]가 불계를 외우는 것을 들었다고 한 것을 말한다.

> 經曰千百億釋迦自下。第二略歎戒德。有三行半。卽分有三。初有一行一句。明眞佛說。次是時下。有一行一句。明千百億佛說。後戒如明日月下。有一行頌。正歎戒德。此卽初也。謂千佛及百億佛。各將微塵衆。俱來至

---

144 노사나불을 가리키는 말.

盧舍那佛所。聽我誦佛戒。

문 자수용신은 오직 부처님과 부처님만이 능히 이를 알 수 있는 것인데, 여러 보살 대중이 어떻게 보고 들을 수 있는 것인가?

해 여러 보살들이 비록 (자수용신은) 보고 듣지 못해도 나투어 변화해 낸 것은 응신을 여의지 않는다. 그러므로 "내가 불계를 외우는 것을 듣는다."고 하였다. 그러므로 『섭대승론』에서 (부처님의 공덕은 비록 법신에 의지하지만 현현할 때는) 화신을 여의지 않으니, (이 화신은 부처님과는 비슷하고 중생과는 달라) 응신의 사事의 상相이 된다고 하였다.[145] 혹은 부처님이 신통력으로 보고 듣게 하는 것일 수도 있다.

問。自受用身。唯唯佛佛。[1] 乃能知之。諸菩薩衆。如何見聞。解云。諸菩薩。雖不見聞。而所見化。不離應身。是故。說言聽我誦佛戒。故攝大乘論云。不離化身。是應[2]事相。或佛神力。令得見聞。

---
1) ㉘ '唯唯佛佛'은 '唯佛與佛'인 듯하다. 2) ㉘ 『攝大乘論釋』에 따르면 '應' 뒤에 '身'이 누락되었다.

"감로문이 바로 활짝 열렸네."에서 감로는 열반이다. 이 보살계는 열반의 문이기 때문에 "감로문이 바로 활짝 열렸다."고 한 것이다.

言甘露門卽[1]開者。甘露。卽是涅槃也。是菩薩戒。爲涅槃門。故言甘露門卽開。

---
1) ㉘ 『梵網經』에 따르면 '卽'은 '則'이다. 이하 동일하다.

---

145 『攝大乘論釋』 권15(T31, 267a).

ㄴ) 천백억 부처님의 설을 밝힌 것

경 송
이때 천백억 부처님
돌아가 본래의 도량에 이르러
각각 보리수 아래 앉아
나의 본사 노사나불께서 설하신 계인
십중금계와 사십팔경계를 외우셨네.

是時千百億。還至本道場。
各坐菩提樹。誦我本師戒。
十重四十八。

기 경의 "이때 천백억" 이하는 두 번째로 (천백억 부처님께서) 교화하고 설법하는 것을 밝힌 것이다. 문장 그대로이니 알 수 있을 것이다.

經曰是時千百億下。第二明化說法。如文可知。

ㄷ) 바로 계덕을 찬탄함

(ㄱ) 비유

경 송
계는 해와 달처럼 밝고
또한 구슬로 장식한 **영락**瓔珞[146]처럼 찬란하네.

---

146 영락瓔珞 : 구슬이나 꽃을 엮어 만든 장식물.

戒如明日月。亦如瓔珞珠。

기 경의 "계는 해와 달처럼 밝고" 이하는 세 번째로 바로 계덕을 찬탄한 것이다. 먼저 비유를 보이고 나중에 법을 보였다.

이것은 첫 번째로 비유를 나타낸 것이다. 두 가지 비유가 있다. 첫째 해와 달의 비유이고, 둘째 영락의 비유이다.

經曰戒如明日月下。第三正歎戒德。先喩後法。此卽第一顯譬喩也。有二種喩。一者日月喩。二者瓔珞喩。

㉠ 해와 달의 비유

이것은 처음의 비유이다. 계의 체는 해와 달과 같다. (해와 달이) 모든 어둠을 물리치는 것처럼, 계도 또한 이와 같아서 능히 모든 어둠을 무너뜨리므로 해와 달로써 비유하였다. 어둠에 두 가지가 있다. 첫째, 계를 무너뜨리는 것을 어둠이라 한다. 무명無明과 함께하기 때문이고, 흑과黑果(惡業의 과보)를 감응하기 때문이다. 둘째, 생사윤회하는 것을 어둠이라 한다. 아직 무루無漏의 지혜를 증득하지 못한 것이다. 이 보살계가 두 가지 어둠을 파괴함이, 비유컨대 해와 달처럼 밝음을 밝혔다. (계가 무너뜨리는 어둠 중 첫 번째에 해당하는 것), 곧 파계의 티끌(垢)을 제거한다고 하는 것은 『사분율비구계본』에서 "비유컨대 눈이 밝은 사람은 험악한 길을 피할 수 있고, 세상에 총명한 사람이 있으면 모든 악을 멀리 여읠 수 있다."[147]라고 한 것과 같다. (계가 무너뜨리는 어둠 중 두 번째에 해당하는 것), 곧 생사의 어둠을 제거할 수 있다는 것은 『대지도론』 제13권에서 "매우 몹쓸 병에 걸렸을 때 계는 훌륭한 약이 된다. 크나큰 두려움에 빠졌을 때 계는

---

[147] 『四分律比丘戒本』(T22, 1022b).

지키고 보호해 주는 안식처가 된다. 죽음의 어두운 늪 속에 빠졌을 때 계는 밝은 등불이 된다."[148]라고 한 것과 같기 때문이다.

> 此卽初喩。體如日月。能破諸闇。戒亦如是。能破諸闇。日月爲喩。闇有二種。一者破戒。名之爲闇。無明俱故。感黑果故。二者生死。名之爲闇。未得無漏智慧。明是菩薩戒。破二闇。譬如明日月。言除破戒垢者。如四分云。譬如明眼人。能避險惡道。世有聰明人。能遠離諸惡。能除生死闇者。如大智度論第十三云。大惡病中。戒爲良藥。大怖畏中。戒爲守護。死闇冥中。戒爲明燈故。

㉡ 영락의 비유

"또한 구슬로 장식한 영락처럼"이라고 한 것은 두 번째 비유이다. 구슬로 장식한 영락은 몸을 장엄할 수 있는 것처럼 이 계도 또한 그러하여 보살을 장엄한다. 또한 보배 구슬은 능히 온갖 보배를 내어 보배의 의지처가 되는 것처럼, 계도 또한 그러하다. 『대지도론』에서 "비유컨대 대지와 같으니, 모든 만물 중 형체가 있는 것은 모두 땅에 의지하여 머무는 것처럼, 계도 또한 이와 같아서 계는 모든 선법善法이 머무는 곳이 된다.…(중략)…어떤 사람이 이 계를 버리면 비록 산속에 머물러 고행을 행하면서 과일을 먹고 약초를 복용한다고 해도, 짐승과 다름이 없게 된다. 혹은 어떤 사람이 단지 물만 복용하는 것을 계로 삼고, 혹은 풀로 만든 옷을 입거나, 나무껍질로 만든 옷을 입거나 하면서 고행을 감수하며 행한다고 해도 이 계가 없으면 헛되어서 얻을 것이 없다. 어떤 사람이 비록 높은 집과 큰 전각에 살면서 좋은 옷과 맛있는 음식을 먹고 살더라도 이 계를 행한다면

---

148 『大智度論』 권13(T25, 153c).

좋은 곳에 태어나고 도과道果를 증득한다."[149]라고 한 것과 같다.

亦如瓔珞珠者。此第二喩。如瓔珞珠。能莊嚴身。此戒亦爾。莊嚴菩薩。又如寶珠。能生諸寶。寶所依戒亦如是。如智度論。譬如大地。一切萬物。有形之類。皆依於地。[1)] 戒亦如是。戒爲一切善法住處。廣說乃至。若人。棄捨此戒。雖居山苦行。食果服藥。與禽獸無異。或有人。但服水爲戒。或著艸衣。或著木皮衣。受行苦行。以無此戒。空無所得。若有人。雖處高堂大殿。好衣美食。而能行此戒者。得生好處及得道果。

1) ㉘『大智度論』에 따르면 '地' 뒤에 '住'가 누락되었다.

(ㄴ) 법

경 송

**티끌처럼 많은 보살 대중들
이것으로 말미암아 바른 깨달음을 이루었네.**

微塵菩薩衆。由是成正覺。

기 경의 "티끌처럼 많은 보살 대중들 이것으로 말미암아 바른 깨달음 이루었네." 이하는 두 번째로 법을 밝힌 것이다. 여러 보살들이 이 계로 말미암아 바른 깨달음을 이룰 수 있었음을 말한다. ('보살'에 해당하는) 범어의 갖춘 음사어는 보리살타菩提薩埵이다. 대당삼장大唐三藏(玄奘)은 보리를 각覺이라 한역하고, 살타를 유정有情이라 한역했다. 구역에서 도심중생道心衆生이라 한 것은 오류이다. 도심중생이라고 하려면, 해당 범어의 음

149『大智度論』권13(T25, 153b).

사어는 말가마나사末伽摩拏沙라고 해야 하니, 이것에 대해선 『불지론』[150]을 참조하라.

> 經微塵菩薩衆由是成正覺者自下。第二明法。謂諸菩薩。由此戒故。得成正覺。梵音具存。菩提薩埵。大唐翻。菩提名覺。薩埵名有情。舊翻。名道心衆生者。謬也。若言道心衆生者。梵音應言末伽摩拏沙。勘佛地論。

㉰ 수지를 권하고 마음에 새겨서 들으라고 가르치신 것

경 송

이는 노사나불께서 외우신 것이고
나도 또한 이와 같이 외우니,
너희 처음 발심하여 배우는 보살[151]들이여,
머리에 받들어 이고 수지해야 한다.
이 계를 수지하고 나서는
굴려서 모든 중생에게 전해 주어라.

---

150 『불지론』: 『佛地經論』의 다른 이름. 이는 이 안에 논과 경이 함께 들어 있기 때문이다. 그런데 여기에서 '말가마나사'와 유사한 단어는 전혀 나오지 않는다. 다만 도道에 대한 해석이 나오는데, 승장은 아마 이 부분을 생각한 것이 아닐까 싶다. 곧 『佛地經論』 권1(T26, 295b)에 "돌아다니면서 밟아 가는 것이기 때문에 돌아다니는 길(遊路)이라 하니, 이는 도道의 다른 이름이다.(所遊履故 名爲遊路 是道異名)"라고 하여, '도'는 돌아다니면서 밟아 가는 것, 곧 길을 의미한다고 하였다. '말가마나사'에서 말가는 ⓢmārga의 음사어로, 도道라고 한역하고, 앞에서 말한 길과 같은 뜻이다. '마나사'는 그 용례가 『대정장』・『속장경』 등에는 보이지 않지만 문맥상 ⓢmanuṣya의 음사어로 인人으로 한역되는데, 중생과 같은 뜻으로 보아도 무방하다. 승장은 여기에서 보리살타에서의 보리는 ⓢbodhi의 음사어로, '깨달음'이라는 뜻인데, 이를 각覺이라 한역하기도 하고, 도道라고 한역하기도 하는 상황 속에서 후자는 타당하지 않다고 말하고 있는 것이다.

151 처음 발심發心하여 배우는 보살 : '신학新學 보살'을 번역한 말이다. 초발의初發 보살・시학始學 보살 등이라고도 한다. 이제 막 불도를 배우기 시작한 사람임을 나타내는 말이다.

잘 새겨 들어라. 나는 바로 외울 것이니,
이는 불법 중의 계장戒藏인
바라제목차이니라.

是盧舍那誦。我亦如是誦。
汝新學菩薩。頂戴受持戒。
受持是戒已。轉授諸衆生。
諦聽我正誦。佛法中戒藏。
波羅提木叉。

기 경의 "이는 노사나불께서 외우신 것이고" 이하는 세 번째로 수지할 것을 권하고 잘 들으라고 가르치신 것을 밝힌 것이다. 그 중에 셋이 있다.

經曰是盧舍那誦自下。第三明勸持誡聽。於中。有三者。

ㄱ) 듣고 외우는 사람을 든 것

앞의 두 구절은 듣고 외우는 사람을 든 것이다. 여기에서 '나(我)'라고 한 것은 천백억 석가이다.

兩句擧能聽誦人。所言我者。千百億釋迦。

ㄴ) 수지를 권한 것

둘째, 1항의 게송이 있으니 수지를 권한 것이다.

二者有一行頌。明勸受持。

ㄷ) 마음에 새겨서 들으라고 가르치신 것

셋째, 4항이 있으니 마음에 새겨서 들으라고 가르친 것이다. 마음에 새겨서 들으라고 하는 것은 맨 앞에 세 구절이 있으니, 바로 마음에 새겨서 들으라고 가르친 것이다. 다음의 "대중들은 마음에 새기고 믿어라." 이하에 두 항과 세 구절이 있으니, 이는 믿음을 내라고 가르치신 것을 밝힌 것이다. 마지막 두 구절은 맺는 것이다.

三有四行。誠聽也。誠聽中。有三句。正明誠聽。次大衆[1]諦信下。有兩行三句。明誠生信。最後兩句結。

---
1) ㉠ 『梵網經』에 따르면 '衆' 뒤에 '心'이 누락되었다.

(ㄱ) 바로 마음에 새겨서 들으라고 가르친 것
(이것은 첫 번째로 바로 마음에 새겨서 들으라고 가르친 것이다.)

(ㄴ) 믿음을 내라고 가르친 것

경 송

대중들은 마음에 새기고 믿어라.
그대들은 장차 성불할 것이고,
나는 이미 성불하였음을.
항상 이와 같이 믿을지니,
계품戒品은 이미 원만하게 갖추어졌음을.
마음이 있는 이라면
누구나 다 불계佛戒를 섭수해야 할 것이니,
중생이 불계를 받아 지니면
바로 모든 부처님의 지위에 들어가서

그 지위가 대각大覺[152]과 같아질 것이니,
이러한 사람이야말로 진실로 모든 부처님의 제자이다.
대중들은 모두 공경하고
정성스러운 마음으로 내가 외우는 것을 들어라.

大衆心諦信。汝是當成佛。
我是已成佛。常作如是信。
戒品已具足。一切有心者。
皆應攝佛戒。衆生受佛戒。
卽入諸佛位。位同大覺已。
眞是諸佛子。大衆皆恭敬。
至心聽我誦。

기 경의 "대중들은 마음에 새기고 믿어라." 이하는 두 번째로 믿음을 내라고 가르치신 것을 밝힌 것이다. 믿음에 세 가지가 있다. 첫째, (자신이) 장차 성불할 것과 (부처님께서) 이미 성불하셨음을 믿는 것이다. 경에서 "장차 성불할 것이고"라고 했기 때문이다. 둘째, 계가 원만하게 갖추어졌음을 믿는 것이다. 경에서 "항상 이와 같이 믿을지니, 계품은 이미 원만하게 갖추어졌음을."이라고 한 것과 같기 때문이다. 이것은 이 계를 받아 지니면 모든 계를 섭수하게 된다는 것이다. "마음이 있는 이라면 누구나 다 불계를 섭수해야 할 것이니"라고 한 것은 모든 중생이 다 불계를 섭수할 것을 권한 것이다. 셋째, 대각과 같음을 믿는 것이다. 경에서 "중생이 불계를 받아 지니면 바로 모든 부처님의 지위에 들어가서~"라고 했기 때문이다.

---

152 대각大覺 : 부처님의 다른 이름.

經曰大衆¹⁾諦信下。第二明誠生信。信有三種。一信當已成佛。如經是當成佛等故。二信戒具足。如經常作如是信。戒品已具故。謂若受此戒。攝一切戒。一切有心者。皆應攝佛戒者。勸一切有情。皆應攝受佛戒。三者信同大覺。如經衆生受佛戒。卽入諸佛性²⁾等故。

1) ㉡『梵網經』에 따르면 '衆' 뒤에 '心'이 누락되었다. 2) ㉡『梵網經』에 따르면 '性'은 '位'이다.

(ㄷ) 맺는 것
나중의 두 구절[153]은 맺는 것이다. 문장 그대로이니 알 수 있을 것이다.

後二句結。如文可知。

이상 두 번째로 (간략하게 계덕을 찬탄하고 수지를 권하고) 마음에 새겨서 들으라고 가르친 것을 마친다.

上來。第二誡聽訖。

나) 계상을 자세하게 풀이한 것

(가) 명칭의 뜻을 풀이하고 받아들일 수 있는 사람을 간별하는 것

㉮ 계를 맺고 간략히 총괄적 명칭을 풀이함

경 그때 석가모니불께서 처음 보리수 아래 앉아서 위없는 깨달음을 이루시고, 처음으로 보살의 바라제목차를 맺으시니, 이는 부

---
153 나중의 두 구절 : "대중들은 모두 공경하고" 이하의 두 구절을 일컫는 말.

모님과 사승師僧과 삼보에 효순孝順하는 것이고, 지극한 도리에 도달하는 법에 효순하는 것이다. 효는 계라 하고 제지制止라고도 한다.

爾時。釋迦牟尼佛。初坐菩提樹下。成無上覺。初結菩薩波羅提木叉。孝順父母師僧三寶。孝順至道之法。孝名爲戒。亦名制止。

기 경의 "그때 석가모니불께서~바라제목차를 맺으시니" 이하는 두 번째로 계상을 자세히 풀이한 것이다. 이 가운데 두 가지가 있다. 처음은 명칭의 뜻을 풀이하고 (보살계를) 받을 수 있는 사람을 간별한 것이고, 나중의 "부처님께서 (모든 불자에게) 말씀하셨다." 이하는 별도로 계상을 풀이한 것이다. 앞에 셋이 있다. 처음에 계를 맺고 간략하게 총괄적인 명칭을 풀이하는 것이고, 다음의 "곧 입에서 한량없는 광명을 놓으시니" 이하는 빛을 놓아 상서로운 모습을 나타낸 것이며, 나중의 "불자여, 마음에 새겨서 들어라. 만약 불계를 받으려는" 이하는 능히 보살계를 받을 수 있는 사람을 간별한 것이다.

이 부분은 첫 번째에 해당한다. 여기에 다시 네 가지가 있다.

經曰爾時釋迦至木叉者自下。第二廣釋戒相。此中有二。初釋名義。簡能受人。後佛告下。別釋戒相。前中有三。初結戒略釋總名。次卽口放無量光明下。放光表瑞。後佛子諦聽若受佛戒下。簡別能受菩薩戒人。此卽初也。於中有四。

ㄱ) 교주

첫째, 교주를 밝힌 것이니, '석가모니'를 말한다. 석가모니를 대당삼장은 능적能寂이라 한역했다. 구역에서는 능만能滿이라 했고, 능인能仁이라고도 했다. "불佛"이란 갖춘 음사어는 불타佛陀이고, 각자覺者라고 한역한다. 자세한 것은 『유가초瑜伽鈔』의 『유가사지론』 제8권을 풀이한 부분에서 설한 것[154]과 같으니, 이것에 비추어서 이해하면 된다.

一明教主。謂釋迦牟尼。釋迦牟尼。大唐翻云能寂。舊翻亦[1]云能滿。亦云能仁。佛者。梵音具存。名爲佛陀。此云覺者。廣如瑜伽論第八鈔會。

---
1) ㉑ '亦'은 잉자인 듯하다.

ㄴ) 처소

둘째, 처소를 드러낸 것이니, 경에서 "처음 보리수 아래 앉아서"라고 한 것과 같다. '보리수'라고 한 것에서 '보리'는 각覺을 말한다. 모든 보살이 이 나무에 의지하여 깨달음을 성취할 수 있었기 때문에 '보리수'라 하였으니, 이는 의지하는 주체에 의하여 이름을 삼은 것이다. 예를 들면 이는 천수天授[155]의 옷이라고 하는 것과 같은 것이다. 나무가 깨달음을 소유했기 때문에 각수覺樹라고 하기도 하는데, 이는 유재석[156]에 해당한다. 혹은 깨달음의 나무라는 뜻에서 보리수라고 하는데, 이는 여섯 가지 해석 방법 중 의주석에 해당한다.

二者顯處。如經初坐菩提樹。菩提樹者。菩提名覺。謂諸菩薩。依於此樹。得成覺。故名菩提樹。從能依爲名。如說天授之衣。樹有覺。故名爲覺樹。有財釋。或覺之樹。名爲菩提樹。六釋之中。依主釋也。

---
154 실제 『瑜伽鈔』의 원명인 『瑜伽師地論略纂』에는 그와 관련된 내용이 없다.
155 천수天授 : ⓢDevadatta의 한역어로, 하늘에 기도를 드리고 얻은 아이라는 뜻이다. 천수는 흔한 이름의 사례로 차용한 것이다. 부처님 재세 시 천수라는 유명한 악비구가 있기는 했지만, 여기서는 특정 인물을 가리키는 것이 아닌 일반명사로서의 '천수'라고 보는 것이 타당하다. 이때 보리수란, 천수가 입은 옷을 그 의지하는 주체에 의해 천수의 옷이라고 하는 것과 같은 형태의 어법으로 풀이할 수 있다는 말이 된다.
156 유재석 : p.59 주 10 참조.

ㄷ) 계를 맺음

셋째, 계를 맺는 것이니, "처음으로 보살의 바라제목차를 맺으시니"라고 설한 것과 같다.

三者結戒。如說初結波羅提木叉。

ㄹ) 계명을 풀이함

넷째, 계명戒名을 간략하게 풀이하는 것이니, 경에서 "부모 등에 효순한다."고 한 것과 같다. 위로 삼보와 부모와 사승에 수순하고 지극한 도리에 도달하는 법에 수순하는 것이다. 지극한 도리에 도달하는 법(至道法)이란 보리분법계菩提分法戒를 말한다. 보리분법[157]에 수순하기 때문에 지극한 도리에 도달하는 법에 수순한다고 하였다. "효는 계라 하고"라고 했는데, 부처님의 가르침에 수순하는 것을 효라 하고, 또한 계라고 한다. "제지制止라고도 한다."고 했는데, 그릇된 것을 막고 악을 그치는 것을 계라 한다.

四者略釋戒名。如經孝順父母等故。上順三寶父母師僧。言[1]順至道法。至道法者。謂菩提分法戒。順菩提分法。故言順。至道之法。孝名戒者。隨順佛敎。名之爲孝。亦名爲戒。言亦名制止者。防非止惡。名之爲戒。

1) ㉮ '言'은 뒤에 나오는 '至'의 앞에 넣어야 할 것 같다.〔이 주는 옳지 않은 듯하다(編).〕㉠『한불전』편찬자의 교감(編)과는 달리 이 경우는 본래의『속장경』교감주(㉮)가 타당하다.

⑭ 광명을 놓아 상서로운 모습을 나타냄

---

[157] 보리분법 : 보리를 증득하기 위해 실천해야 할 여러 부분의 법이라는 뜻. 부파불교에서 아함부 경전의 곳곳에서 설한 여러 가지 형태의 수행 방법을 정리하여 모두 37가지 부분으로 묶고, 이것을 삼십칠보리분三十七菩提分·삼십칠도품三十七道品 등이라고 하였다. 따라서 보통 보리분법이라고 하면 이것을 가리키는 경우가 많다.

ㄱ) 광명을 놓은 것을 밝힘

경 곧 입에서 한량없는 광명을 놓으시니,

卽口放無量光明。

기 경의 "곧 입에서 한량없는 광명을 놓으시니" 이하는 두 번째로 광명을 놓아 상서로운 모습을 나타낸 것이다. 이 가운데 셋이 있다. 처음에 광명을 놓은 것을 밝히고, 다음의 "그때" 이하는 대중이 듣기를 원하는 것이며, 마지막의 "여러 보살에게 말씀하셨다." 이하는 광명을 놓으신 이유를 풀이한 것이다. 이것은 처음에 해당한다.

經曰卽口放無量光明者自下。第二放光表瑞。於中有三。初明放光。次是時下。大衆願聞。後告諸菩薩下。釋放光所以。此卽初。

ㄴ) 대중이 듣기를 원함

경 그때 백만억 대중, 곧 여러 보살들과 십팔범천十八梵天과 육욕천자六欲天子와 16대국大國의 왕이 합장하고 정성스런 마음으로 부처님께서 모든 부처님의 대승계大乘戒를 외우는 것을 들었다.

是時。百萬億大衆。諸菩薩。十八梵[1)]。六欲天子。十六大國王。合掌。至心。聽佛誦一切佛大乘戒。

---
1) ㉠ 『梵網經』에 따르면 '梵' 뒤에 '天'을 넣어야 한다.

기 경의 "그때 백만억 대중" 이하는 두 번째로 대중이 듣기를 원하는 것이다. 대중에 네 가지 부류가 있다. 첫째 보살이고, 둘째 범중梵衆이고, 셋째 욕계천欲界天이며, 넷째 국왕이다. "십팔범천"은 (색계色界 사정려四

靜慮 중 제1·제2·제3 정려 등) 아래의 세 가지 정려에 각각 세 하늘이 있어서 곧 모두 아홉 하늘이 되고, 제4 정려靜慮에 곧 아홉 하늘이 있는 것을 말한다. 초정려에 세 하늘이 있다는 것은, 첫째 범중천梵衆天이고, 둘째 범보천梵輔天이며, 셋째 대범천大梵天이다. 제2 정려에 세 하늘이 있다는 것은, 첫째 소광천小光天이고, 둘째 무량광천無量光天이며, 셋째 극광천極光天이다. 제3 정려의 세 하늘이란, 첫째 소정천小淨天이고, 둘째 무량정천無量淨天이며, 셋째 변정천遍淨天이다. 제4 정려의 아홉 하늘이란 다음과 같다. 첫째 무운천無雲天이고, 둘째 복생천福生天이며, 셋째 광과천廣果天이고, 넷째 무번천無繁天이며, 다섯째 무열천無熱天이고, 여섯째 선현천善現天이며, 일곱째 선견천善見天이고, 여덟째 색구경천色究竟天이다. 이 여덟 하늘 중 아래에 있는 세 하늘은 범부와 성인이 섞여서 태어나는 곳이고, 위의 다섯 하늘은 매우 순수한 성인만 머무는 곳[158]이며, 이 정거천淨居天을 넘어서 지나가면 (마지막으로 아홉 번째) 대자재천이라는 하늘이 있으니, 십지十地 보살이 그곳에 태어난다. 각 하늘의 이름의 풀이는 『대비바사론』 제176권[159]과 『순정리론』 제22권[160]에서 설한 것과 같다. '육욕천'은, 첫째 사대왕중천四大王衆天, 둘째 삼십삼천三十三天, 셋째 시분천時分天, 넷째 지족천知足天, 다섯째 낙변화천樂變化天, 여섯째 타화자재천他化自在天 등이다. '16대국의 왕'은 『장아함경』 제5권에서 설한 것과 같다. 첫째 앙가국央伽國, 둘째 마갈국摩竭國, 셋째 가시국迦尸國, 넷째 거살라국居薩羅國, 다섯째 발지국跋祇國, 여섯째 마라국末羅國, 일곱째 지제국支提國, 여덟째 발사국跋沙國, 아홉째 거루국居樓國, 열 번째 반사국般闍國, 열한 번째 아습파국阿溼波

---

158 오정거천五淨居天이라 한다. 성문聲聞의 수행 계위인 사과四果 중 제3 불환과不還果에 도달한 성자聖者가 태어나는 하늘을 일컫는 말이다.
159 『大毘婆沙論』 권176(T27, 883a).
160 『順正理論』 권22에도 네 가지 정려에 대한 설명이 나오지만, 그 명칭에 대한 풀이는 같은 책 권21(T29, 456b)에 나온다.

國, 열두 번째 바차국婆蹉國, 열세 번째 소라바국蘇羅婆國, 열네 번째 건다라국乾陀羅國, 열다섯 번째 검부사국劍浮沙國, 열여섯 번째 아승제국阿乘提國 등이다.¹⁶¹ 【조사해 볼 것】 또한 『대비바사론』 제124권에서 16대국은 앙가국泱伽國·마게다국摩揭陀國·가시국迦尸國·교사라국憍娑羅國·불률씨국佛栗氏國·마라국末羅國·분달라국奔噠羅國·소흡마국蘇噏摩國·알습박가국頞溼縛迦國·알반지국頞飯底國·섭벌나국葉筏那國·검발사국劍跋闍國·구로국俱盧國·반차라국般遮羅國·벌차국筏蹉國·수락서나국戍洛西那國 등이라고 했다.¹⁶²

經曰是時百萬億大衆自下。第二大衆願聞。衆有四類。一者菩薩。二者梵衆。三者欲界天。四者國王。十八梵¹⁾者。謂下三靜慮。各有三天。即爲九天。第四靜慮。即有九天。初靜慮中。有三天者。一梵衆天。二梵輔天。三者大梵天。第二靜慮。有三天者。一小光天。二無量光天。三極光天。第三靜慮三天者。一小淨天。二無量淨天。三遍淨天。第四靜慮九天者。一無雲天。二福生天。三廣果天。四無繁天。五無熱天。六善現天。七善見天。八色究竟天。此八天中。下之三天。凡聖雜生。後之五天。純聖所止。超過淨居。有天。名大自在。十地菩薩。乃生其中。一一釋名。如婆沙論第一百七十六。順正理論二十二說。六欲天者。一四大王衆天。二三十三天。三時分天。四知足天。五樂變化天。六他化自在天。十六大國王者。如長阿含經第五卷。一央²⁾伽國。二摩竭國。三迦尸國。四居薩羅國。五跋祇國。六末羅國。七支提國。八跋沙國。九居樓國。十般闍國。十一阿溼波。十二婆蹉³⁾。十三蘇羅婆國。十四乾陀羅國。十五劍浮沙。十六阿乘提⁴⁾【勘】。又

---

161 『長阿含經』 권5(T1, 34b). 나라 이름이나 한자가 반드시 일치하지는 않는다. 문맥상 일치 여부는 중요하지 않고, 음사어로서 오식이나 오사가 많을 것이 예상되므로, 일일이 밝히지는 않겠다.
162 『大毘婆沙論』 권124(T27, 648b). 현전하는 본문과 『述記』의 인용문의 나라 이름이 한 글자만 빼고 전부 일치한다. 그 한 글자는 '憍娑羅國'으로 『大毘婆沙論』 본문에서는 '憍薩羅國'이라 했다.

毗婆沙論第一百二十四云。十六大國者。謂泱伽國。摩揭陀國。迦尸國。憍娑羅國。佛栗氏國。末羅國。奔嗟羅國。蘇噉摩國。嫋涇縛迦國。頞飯底國。葉筏那國。劍跋闍國。俱盧國。般遮羅國。筏蹉國。戍洛西那國。

---

1) ㉮『梵網經』에 따르면 '梵' 뒤에 '天'을 넣어야 한다. 2) ㉯ '央'을『明藏經』에서는 '鴦'이라 했다. ㉮ 음사어이므로 어느 것이든 무방한 것으로 생각된다. 3) ㉯『明藏經』에서는 '十二阿般提'라고 했다. 4) ㉯『明藏經』에는 '十六阿乘提'가 없다.

ㄷ) 광명을 놓은 이유를 풀이함

경 여러 보살에게 말씀하셨다. 내가 이제 보름마다 여러 부처님의 법계法戒를 외울 것이니,

告諸菩薩言。我今。半月半月。自誦諸佛法戒。

기 경의 "여러 보살에게 말씀하셨다." 이하는 세 번째로 광명을 놓은 이유를 풀이한 것이다. 말하자면 이 계를 입으로 외우는 것을 드러내기 위하여 입에서 광명을 놓은 것이다. 문장에 나아가 해석하는 가운데 다시 둘로 나뉜다. 처음에 권하여 외우고 수지하도록 하였고, 다음의 "그러므로" 이하는 광명을 놓은 이유를 풀이하면서 맺었다.

經曰告諸菩薩言自下。第三釋放光所以。謂顯此戒口中所誦故 於口中放光明。就釋文中。復分有二。初勸令誦持。次是故下。結釋放光所以。

(ㄱ) 권하여 외우고 수지하도록 한 것

이것은 처음에 권하여 외우고 수지하도록 한 부분에 해당한다. 또한 먼저 스스로 외운 것을 밝혔고, 다음에 외우라고 권한 것을 밝혔다.

此卽第一勸令誦持。先明自誦。後明勸誦。

㉠ 스스로 외운 것을 밝힘
이것은 처음에 해당한다.

此卽初也。

㉡ 외우라고 권한 것을 밝힘
경 너희들 보리심을 발한 모든 보살들도 외우고 내지는 십발취·십장양·십금강·십지의 여러 보살들도 또한 외울지라.

汝等一切發心菩薩。亦誦。乃至十發趣。十長養。十金剛。十地。諸菩薩。亦誦。

기 경의 "너희들" 이하는 두 번째로 외울 것을 권한 것이다.
'보리심을 발한 보살'은 처음 보리심을 발하여 십신의 지위에 있는 보살을 말한다.
'십발취'란 이 경의 상권에서 설한 것과 같다. 곧 이르기를 "모든 부처들이여, 마땅히 알라. 견신인堅信忍(굳건하게 믿음에 안주하는 것) 가운데 십발취심이 있어 과果를 향해 나아가니, 첫째 사심捨心, 둘째 계심戒心, 셋째 인심忍心, 넷째 진심進心, 다섯째 정심定心, 여섯째 혜심慧心, 일곱째 원심願心, 여덟째 호심護心, 아홉째 희심喜心, 열째 정심頂心 등이다."라고 하였다.
'십장양(·십금강·십지)'란 역시 권상에서 설한 것과 같다. 곧 말하기를 "모든 부처들아, 마땅히 알라. 이 십발취로부터 견법인堅法忍(굳건하게 법에 안주하는 것)에 들어가면 십장양심이 있어 과를 향해 나아가니, 첫째 자심慈心, 둘째 비심悲心, 셋째 희심喜心, 넷째 사심捨心, 다섯째 시심施心, 여섯째 호어심好語心, 일곱째 익심益心, 여덟째 동심同心, 아홉째 정심定心, 열째 혜심慧心 등이다. 모든 부처들아, 마땅히 알라. 십장양심에서 견수인堅修忍에 들어가면 십금강심이 있어 과果를 향해 나아가니, 첫째 신심信心, 둘째 염심念心, 셋째 회향심迴向心, 넷째 달심達心, 다섯째 직심直心, 여섯째 불퇴심不退心, 일곱째 대승심大乘心, 여덟째 무상심無相心, 아홉째 혜심慧心, 열째 불괴심不壞心 등이다. 모든 부처들아, 마땅히 알라. 이 십금강심으로부터 견성인堅聖忍에 들어가면 십지가 있어 과를 향해 나아가니, 첫째 체성평등지體性平等地, 둘째 체성선혜지體性善慧地, 셋째 체성광명지體性光明地, 넷째 체성이염지體性爾焰地, 다섯째 체성혜조지體性慧照地, 여섯째 체성화광지體性華光地, 일곱째 체성만족지體性滿足地, 여덟째 체성불후지體性佛吼地, 아홉째 체성화엄지體性華嚴地, 열째 체성입불계지體性入佛界地 등이다." 라고 하였다.

해 이 40가지 마음은 차례대로 십해十解·십행十行·십회향十迴向·십지十地 등을 해석한 것이다. 여섯 종성(六種姓)[163] 가운데에는 차례대로 (앞의 네 가지에 배대되니), 곧 습종성習種姓·성종성性種姓·도종성道種姓·성종성聖種姓 등이 된다. 하나하나의 자세한 풀이는 앞에서 설한 것과 같다.

經汝等下。第二勸誦。發心菩薩者。謂初發心。在十信位。十發趣者。如上卷云。諸佛當知。堅信忍中。十發趣¹⁾向果。一捨心。二戒心。三忍心。四進心。五定心。六慧心。七願心。八護心。九喜心。十頂心。十長養 者。如上。卽云。諸佛當知。從此十發趣。入堅法忍中。十長養心向果。一慈心。二悲心。三喜心。四捨心。五施心。六好語心。七益心。八同心。九定心。

---

163 여섯 종성(六種姓): 『菩薩瓔珞本業經』에서 보살이 인因에서 과果에 이르는 행위行位를 여섯 종성으로 분류한 것. 위에서 거론된 네 가지 종성 이외에 나머지 두 가지는 다섯 번째 등각성等覺姓, 여섯 번째 묘각성妙覺姓이다.

十慧心。諸佛當知。從十長養心。入堅修忍中。十金剛心向果。一信心。二念心。三廻向心。四達心。五直心。六不退心。七大乘心。八無相心。九慧心。十不壞心。諸佛當知。從是十金剛心。入堅聖忍中。十地向果。一體性平等地。二體性善慧地。三體性光明地。四體性爾焰地。五體性慧照地。六體性華光地。七體性滿足地。八體性佛吼地。九體性華嚴經[2]地。十體性入佛界地。解云。此四十心。如次解釋。十解。十行。十廻向。十地。六種姓中。次。卽是有姓性種[3]道種姓。聖種姓。一一廣釋。如上而說。

1) ㉑ '趣' 뒤에 '心'이 누락된 듯하다.　2) ㉞ '經'은 잉자이다.　3) ㉞ '是有姓性種'은 문맥에 의거할 때 '習種姓性種姓'이다.

(ㄴ) 광명을 놓은 이유를 풀이하면서 맺는 것

경 그러므로 계의 광명이 입에서 나오니, 연緣만 있고 인因은 없는 것이 아니기 때문이다. 광명과 광명은 푸른 것도 아니고 노란 것도 아니며, 붉은 것도 아니고 흰 것도 아니며, 검은 것도 아니다. 물질도 아니고 마음도 아니며, 있는 것도 아니고 없는 것도 아니며, 인과법因果法도 아니다. 모든 부처님의 본원本源이고 보살도를 행하는 근본이며, 부처님 제자인 대중의 근본이다. 그러므로 여러 불자인 대중은 마땅히 수지해야 하고 읽고 외워야 하며 잘 배워야 한다.

是故。戒光。從口出。有緣。非無因故。光光非靑黃赤白黑。非色非心。非有非無。非因果法。諸佛之本原。行菩薩道之根本。是大衆諸佛子之根本。是故。大衆諸佛子。應受持。應讀誦善學。

기 경의 "그러므로 계의 광명이 입에서 나오니" 이하는 두 번째로 광명을 놓은 것을 풀이하면서 맺는 것이다.

여기서는 입으로 외운 계임을 나타내고자 하였기 때문에 계의 광명이 입에서 나온 것이다. 광명으로 계를 나타내므로 '계의 광명'이라 한다. 그러므로 이 광명은 인연이 있기 때문에 나온 것이고 인연이 없지 않은 것이다.

"(광명과) 광명은 푸른 것도 아니고 노란 것도 아니며, 붉은 것도 아니고 흰 것도 아니며~"라고 한 것은, 상相을 포섭하여 본本으로 돌아가게 하기 때문에 "푸른 것도 아니고 노란 것도 아니며~"라고 한 것이다. 혹은 계戒의 색色은 법처法處에 포섭되는 것[164]이어서 (의식에 의해서만 파악되는 것인데), 이제 이렇게 (광명을 비추어) 외부로 표시되는 색(所表)으로 나타냈기 때문에 "푸른 것도 아니고~"라고 하여 (외부로 표시되는 색과 같은 차원의 것이 아님을 나타낸) 것일 수도 있다. 그러나 첫 번째 설이 더 낫다.

"인과법도 아니다."란 진여의 이치는 인도 아니고 과도 아니라는 것이니, 인과의 차별된 모습을 멀리 여의었기 때문이고, 이는 둘이 없음(無二)에 의해 현현되는 것이기 때문이다.

"모든 부처님의 본원이고~" 등이란 부처님과 보살이 모두 이 계로 말미암아 존재하게 되는 것이니, 이 계가 없다면 반드시 과果를 성취할 수 있는 근거가 없게 된다. 『대지도론』에서 "비유컨대 발도 없이 나아가려 하고 날개도 없이 날려고 하며 배도 없이 건너려 하나 이는 모두 있을 수 없는 일인 것과 같이, 계도 없이 좋은 과보를 얻으려 하는 것도 또한 이와 같다."[165]고 한 것과 같다.

"(여러 불자인) 대중은 (마땅히 수지해야)~"란 권하여 외우고 수지하도록 한 것이다.

---

164 계가 외부로 표출되지 않는 색, 곧 무표색無表色임을 나타내는 말.
165 『大智度論』 권13(T25, 153b).

經是故戒光從口出自下。第二結釋放光。此中。欲表口所誦戒。是故。戒光從口出也。以光表戒。名爲戒光。是故。此光。有因緣故出。非無因緣。光非靑黃赤白等者。攝相歸本。故言非靑黃等。或可戒色。是法處攝。今顯所表。故言非靑等。初說爲勝。非因果者。謂眞如理。非因非果。遠離因果差別相故。此卽無二之所顯故。言佛菩薩本原[1]等者。謂佛菩薩。皆由此戒。若無此戒。必不成果故。如智度論云。譬如無足欲行。無翅欲飛。無船欲濟。是不可得。無戒欲得好果。亦復如是。大衆等者。勸令誦持。

1) 옉 '佛菩薩本原'은 '諸佛之本源'이다.

㈐ 보살계를 받을 수 있는 사람을 간별한 것

경 불자여, 마음에 새겨서 들어라. 만약 불계를 받으려는 이가 있다면, 국왕·왕자·백관百官·재상宰相·비구·비구니·십팔범천·육욕천자·서민·황문黃門[166]·음란한 남자·음란한 여인·노비·팔부중·귀신·금강신金剛神·축생에서부터 변화인變化人에 이르기까지, 단지 법사의 말을 알아들을 수만 있다면, 모두 계를 받아 지닐 수 있으니, 이런 이들을 모두 가장 청정한 이라고 이름한다.

佛子諦聽。若受佛戒者。國王王子。百官宰相。比丘比丘尼。十八梵。六欲天子。庶民。黃門。婬男婬女。奴婢。八部。鬼神。金剛神。畜生。乃至變化人。佀[1]解法師語。盡受得戒。皆名第一淸淨者。

1) 옉 '佀'는 '但'이다.

기 경의 "불자여, 마음에 새겨서 들어라." 이하는 세 번째로 보살계를 받을 수 있는 사람을 간별한 것이다. 그러므로 계를 받는 것을 풀이하되

166 황문黃門 : 남근男根이 손상된 사람.

간략히 네 문으로 분별한다. 첫째 수계법受戒法을 밝히고, 둘째 사계捨戒의 연緣을 밝히며, 셋째 계를 굳게 지키는 것과 범하는 것(持犯)의 차별을 밝히고, 넷째 참회법을 밝힌다.

經佛子諦聽自下。第三簡別能受菩薩戒人。然釋受戒。略以四門分別。一者明受戒法。二者明捨戒緣。三者明持犯差別。四者明懺悔法。

ㄱ) 수계법

첫 번째 수계법에 다시 두 가지가 있다. 첫째 스승(師)에 의지하여 받는 법을 밝히고, 둘째 스스로 서원하여 받는 법을 밝힌다. 앞에 세 가지가 있다.

第一明受戒法。復有二種。一明依師受法。二明自誓受法。前中有三。

(ㄱ) 스승에 의지하여 받는 법

처음은 계사戒師가 되어 줄 것을 요청하고, 다음에 바로 갈마羯磨[167]하는 것을 밝히고, 나중에 증명을 요청하는 것을 밝힌다.

初請戒師。次明正羯磨。後明請證。

㉠ 계사가 되어 줄 것을 요청함

계사에 나아가 다시 나뉘어 둘이 있다. 처음에 계사의 상相을 밝히고, 나중에 요청하는 상相을 밝힌다.

就戒師中。復分有二。初明戒師相。後明請相。

---

167 갈마羯磨 : 승단에서 이루어지는 모든 행사의 의식을 일컫는 말.

a. 계사의 상을 밝힘

여기에선 첫 번째 계사의 상相을 밝힌다.

此卽第一明戒師相。

📖 어떤 스승이라야 (그로부터) 보살계를 받을 수 있는가?

📖 이미 큰 마음(大心)을 발하고, (계를 잘 아는) 지혜가 있고 (계를 잘 설하는) 능력이 있어야 하며, 언사가 뛰어나야 하고 뜻과 이치를 이해할 수 있어야 보살계를 줄 수 있는 스승이 된다. 그러므로『유가사지론』제40권에서 "보살로서 이와 같은 보살이 배워야 할 세 가지 계장戒藏[168]을 부지런히 닦고 배우고자 한다면, 재가자이든 출가자이든 먼저 위없는 바르고 평등한 보리에 대해 큰 서원을 발하고 나서[169] 마땅히 함께 대승법을 따르는 보살로서 이미 큰 서원을 발하였고, (계를 잘 아는) 지혜가 있고 (계를 잘 설하는) 능력이 있으며, 언어에 의지하여 나타낸 이치를 사람들에게 잘 전해 줄 수 있고 그것을 잘 이해하게 할 수 있는 조건을 갖추고 있는 사람인지의 여부를 자세히 알아보고 찾아가서 계를 줄 것을 요청해야 한다."[170]고 하였다. 라집羅什 법사[171]는 "계를 받는 법은 본래『범망경』

---

168 계장戒藏 : 앞에서 말한 삼취정계를 일컫는 말. 본문에 인용된『瑜伽師地論』앞부분에서 삼취정계를 계장이라 정의하였다.
169 사홍서원四弘誓願 중 불도무상서원성佛道無上誓願成에 해당한다.
170 『瑜伽師地論』권40(T30, 514b).
171 이하는 라집의 저술에 별도로 전하는 것은 아니고,『梵網經』에 대한 여러 주석서에서 공통으로 전해지고 있다. 계를 받는 법에 대한 라집의 설은『菩薩戒義疏』권상(T40, 568a),『天台菩薩戒疏』권상(T40, 584a),『梵網經菩薩戒本疏』권1(T40, 605b) 등을 참조할 것. 계사가 되기 위한 조건이 되는 법에 대한 라집의 설은『菩薩戒本疏』권상(T40, 657b)을 참조할 것.『天台菩薩戒疏』권1(T40, 582b)에 라집의 설을 인용하지 않고 계사가 되기 위한 다섯 가지 조건을 설하였는데, "一堅持淨戒 二年滿十臘 三善解律藏 四師師相授 五定慧窮玄"이라고 하여, 라집의 설에서 넷째와 다섯째를 다섯 번째에 함께 묶고 사사상수師師相授를 덧붙였다.

「율장품」에 나오니, 여기에서 노사나불께서 묘해왕妙海王과 왕의 천 명의 아들에게 (계를) 주었는데, 이것이 계를 받는 법의 본보기가 된다. (계사가 될 수 있는 법은,) 출가보살로서 다섯 가지 덕을 갖추어야 한다. 첫째 청정한 계를 굳게 지녀야 하고, 둘째 출가한 지 만으로 10년이 되어야 하며, 셋째 율장을 잘 알아야 하고, 넷째 선사禪思(禪定과 같은 말)에 미묘하게 통달해야 하며, 다섯째 지혜로워 현묘한 종지를 궁구할 수 있어야 스승이 될 수 있다."고 하였다. 비록 이러한 설이 있지만 그 경[172]은 중국에 아직 번역되지 않았다. 그러므로 이제『유가사지론』에 의해 간략히 설하였다.

問。何等師。得受菩薩戒。解云。要求已發大心。有智有力。言辭巧妙。能解義理。菩薩師也。故瑜伽論第四十云。若諸菩薩。欲於如是菩薩所學三種戒藏。勤修學者。或是在家。或是出家。先於無上正等菩提。發弘願已。當審訪求同法菩薩。已發大願。有智有力。於語表義。能授能開。羅什法師云。受戒法。本出梵網律藏品中。盧舍那佛。與妙海王王千子。受戒。爲戒師法。是出家菩薩。具足五德。一堅持淨戒。二年滿十臘。三善解律藏。四妙通禪思。五慧窮玄宗。堪爲師也。雖有此說。然彼經。此間未翻。是故。今依瑜伽。略述。

b. 바로 계사가 되어 줄 것을 요청하는 것

두 번째로 바로 계사가 되어 줄 것을 요청하는 것은『유가사지론』에서 설한 것과 같다.

或[1]第二正請師者。如瑜伽云。

1) ㉠ '或'은 잉자이다.

172『梵網經』「律藏品」을 일컫는 말.

이와 같은 공덕을 갖춘 뛰어난 보살이 있는 곳에 가서 먼저 두 발에 예를 올리고, 이와 같이 요청한다. "저는 이제 선남자가 있는 곳에서, 혹은 장로가 계시는 곳에서, 혹은 대덕이 계시는 곳에서 모든 보살의 청정한 계를 받기를 원합니다. 오직 바라옵건대 잠깐만이라도 피곤함을 사양하지 마시옵고 불쌍히 여기는 마음으로 계를 주실 것을 허락하소서." 이와 같이 하여 전도됨이 없이 바르게 요청하고 나면 오른쪽 어깨를 드러내고, 시방에 계시는 삼세의 모든 불세존과 이미 큰 지위(大地)[173]에 들어가서 큰 지혜를 얻고 큰 신통력을 얻은 여러 보살들을 공경하고 공양하며, 그분들 앞에서 오로지 그분들의 온갖 공덕을 생각하여 그분들이 지닌 공능의 원인이 되는 힘(因力)을 따라 크게 청정한 마음을 내거나, 혹은 적게라도 청정한 마음을 낸다. (계를 잘 아는) 지혜를 갖추었고 (계를 잘 설할 수 있는) 능력을 갖춘 뛰어난 보살이 계신 곳에서 겸손한 마음으로 자신을 낮추고 공경하는 마음으로 무릎을 꿇어 땅에 붙이거나, 혹은 엉덩이를 고이고 무릎을 꿇어 앉거나 하여 불상 앞에서 이와 같이 요청한다. "오직 바라옵건대 대덕이여, 혹은 장로여, 혹은 선남자여, 불쌍히 여기는 마음으로 저에게 보살의 청정한 계를 주시옵소서." 이렇게 요청하고 나서 오로지 하나의 경계만 생각하여 청정한 마음을 기르되, '나는 이제 오래지 않아 다함이 없고 한량없으며 위없는 큰 공덕의 창고를 얻을 것이다'라는 것을 경계로 삼아 바로 이와 같은 일의 이치를 생각하면서 조용히 머문다.[174]

於如是功德具足勝菩薩所。先禮雙足。如是請言。我今欲於善男子所。或長老所。或大德所。乞受一切菩薩淨戒。唯願須臾。不辭勞倦。哀愍聽授。

---

[173] 큰 지위(大地) : 보살 수행 계위의 최종 단계인 십지十地를 가리키는 말.
[174] 『瑜伽師地論』 권40(T30, 514b).

旣作如是。無倒請已。偏袒右肩。恭敬供養十方三世諸佛世尊。已入大地。得大智慧。得大神力。諸菩薩衆。現前。專念彼諸功德。隨其所有功能因力。生殷淨心。或少淨心。有智有力勝菩薩所。謙下恭敬。膝輪據地。或蹲跪坐。對佛像前。作如是請。唯願大德。或言長老。或善男子。哀愍。授我菩薩淨戒。如是請已。專注[1]一境。長養淨心。我今不久。當得無盡無量無上大功德藏。卽隨思惟。如是事已。[2] 默然而住。

1) 匉『瑜伽師地論』에 따르면 '注'는 '念'이다.　2) 匉『瑜伽師地論』에 따르면 '已'는 '義'이다.

이 경[175]에 따르면 두 분의 법사를 모셔야 한다. 그러므로 경의 뒷부분에서 "계를 받고자 하는 사람을 보면 두 분의 법사, 곧 화상과 아사리를 청하도록 가르쳐야 한다."[176]라고 하였다.

해 만약 법사가 있는 곳이라면 두 분을 모셔야 하지만, 법사가 없는 곳일 경우는 반드시 두 분을 모시지 않아도 된다.

若依此經。應請二師。故下經云。見欲受戒人。應敎而[1]請二師和上阿闍梨。解云。若有師處。應具請二。若無師處。未必具二。

1) 匉『梵網經』에 따르면 '而'는 잉자이다.

ⓒ 갈마를 밝힘

둘째, 갈마羯磨를 밝히는 것은 다시 둘로 나뉜다. 먼저 계사 화상戒師和上을 밝히고, 다음에 갈마를 밝힌다.

第二明羯磨者。復分有二。初明戒師和上。次正明羯磨。

---

175 『梵網經』을 가리키는 말.
176 『梵網經』 권하(T24, 1008c).

a. 계사 화상을 밝힘

'화상'이란 다음과 같다. 『유가사지론』에 따르면 화상은 두 가지 일을 한다. 그러므로 『유가사지론』에서 "이때 지혜가 있고 능력이 있는 보살은 저 능히 바른 행을 실천할 보살에게 산란함이 없는 마음으로 앉거나 서서 말하기를 '그대 아무개 선남자여, 잘 들어라. 혹은 법제法弟[177]여, 잘 들어라. 그대는 보살인가?'라고 한다. 그러면 계를 받고자 하는 이는 대답하기를 '그렇습니다'라고 해야 한다. 또 '보리를 얻고자 하는 서원을 내었는가?'라 하고, 그러면 계를 받고자 하는 이는 대답하기를 '이미 내었습니다'라고 해야 한다."[178]라고 했다.

이 경에 따르면 화상은 칠차죄七遮罪(七逆罪)를 지었는지의 여부를 묻는다. 그러므로 경의 뒷부분에서 "계를 받고자 할 때는 법사가 묻기를 '현재 너의 몸(現身)은 칠역죄를 짓지 않았는가?'라고 해야 하고, 보살계를 주는 법사는 칠역죄를 지은 사람에게 계를 주어 현재 칠역죄를 지은 몸으로 계를 받는 일이 있도록 해서는 안 된다. 칠역죄란 첫째 부처님의 몸에 피를 내는 것, 둘째 아버지를 살해하는 것, 셋째 어머니를 살해하는 것, 넷째 화상을 살해하는 것, 다섯째 아사리를 살해하는 것, 여섯째 갈마를 담당하는 스님과 법륜을 굴리는 스님을 파괴하는 것, 일곱째 성인을 살해하는 것 등이다. 이렇게 칠역죄를 지었다면 그러한 몸으로는 계를 받을 수 없다. 그 밖의 모든 사람은 계를 받을 수 있다."[179]라고 하였다.

『유가사지론』에서 칠차죄를 지었는지의 여부를 묻는 것에 대해 말하지 않은 것은, 자신이 지은 죄를 참회하면 또한 계를 받을 수 있기 때문이다. 이는 성문계에서 범변죄犯邊罪[180]를 지었을 경우 다시 구족계를 받을 수

---

177 법제法弟: 법의 아우라는 뜻. 자신보다 나중에 출가한 사람을 일컫는 말.
178 『瑜伽師地論』 권40(T30, 514c).
179 『梵網經』 권하(T24, 1008b).
180 범변죄犯邊罪: 구족계를 받았다가 바라이죄를 범하여 교단에서 추방당하는 처벌을

없는 것과 같지 않다. 『범망경』과 『유가사지론』은 각각 하나의 뜻에 근거하여 말한 것이니, 서로 위배되지 않는다. 곧 이 경에서는 참회하지 않은 것에 근거하여 칠역죄를 지었을 경우 그것을 그대로 지니고 있는 현재의 몸으로는 계를 받을 수 없다고 한 것이고, 『유가사지론』에서는 참회한 것에 근거하여 역시 계를 받을 수 있는 뜻이 있기 때문에 칠역죄를 지었는지의 여부를 묻는 것은 생략하여 설하지 않은 것이다.

和上者。若依瑜伽論。和上二事。故彼論云。爾時。有智有力菩薩。於彼能行正¹⁾菩薩。所。²⁾ 以無亂心。若坐若立。而作是言。汝如是名善男子聽。或法弟聽。汝是菩薩不。彼應答言。是。發菩提願未。應答言。已發。若依此經。和上問七遮。故下經云。若欲受戒時。法師問言。現身。不作七逆罪耶不。菩薩法師。不得與七逆人現身受戒。七逆者。出佛身血。殺父殺母。害³⁾殺和上。殺阿闍梨。破羯磨轉法輪僧。殺聖人。若具七遮。卽身不得戒。餘一切。得受戒。而瑜伽論云不說七遮者。作懺悔。亦得戒故。非如聲聞。犯邊罪已。更不能受。各據一義。故不相違。謂此經中。據不懺悔者。說作七逆。現身不得戒。論中。據懺悔。亦有受義。故略不說。

---

1) ㉠ 『瑜伽師地論』에 따르면 '正' 뒤에 '行'이 누락되었다. 2) ㉠ 『瑜伽師地論』에 따르면 '所'는 잉자이다. 3) ㉠ '害'는 잉자인 듯하다.

b. 갈마를 밝힘

다음은 갈마를 밝힌다. 『유가사지론』에서 "이 이후에는 말하기를 '그대 아무개 선남자여, 혹은 법제여, 내가 있는 곳에서 모든 보살의 온갖 학처學處(계율)와 모든 보살의 청정한 계, 곧 율의계律儀戒 · 섭선법계攝善法戒 · 요익유정계饒益有情戒를 받고자 하는가? 이 모든 학처와 이 모든 청정한 계는 과거의 모든 보살이 이미 갖추었고, 미래의 모든 보살이 장차 갖출

받은 것.

것이며, 시방세계에 두루 나투어 계신 모든 보살께서도 지금 갖추고 계신다. 이 학처와 이 청정한 계를 과거의 모든 보살이 이미 배우셨고, 미래의 모든 보살이 장차 배울 것이며, 현재의 모든 보살이 지금 배우고 계신다. 그대는 이를 받을 수 있겠는가?'라고 해야 한다. 그러면 대답하기를 '받을 수 있습니다'라고 한다. 계를 주는 보살은 두 번째, 세 번째에도 이와 같이 말하고, 계를 받는 보살은 두 번째, 세 번째에도 이와 같이 답한다. 계를 주는 보살은 이와 같이 묻되, 세 번째로 묻고 나면 청정한 계를 준다. 계를 받는 보살은 이와 같이 답하되, 세 번째로 답하고 나면 청정한 계를 받는다."[181]라고 하였다.

次正羯磨者。如瑜伽說。自此已後。應作如是言。汝如是名善男子。或法弟。欲於我所。受諸菩薩一切學處。受諸菩薩一切淨戒。謂律儀戒。攝善法戒饒益有情戒。如是學處。如是淨戒。過去一切菩薩已具。未來一切菩薩當具。普於十方現在一切菩薩今具。於此學處。於是淨戒。過去一切菩薩已學。未來一切菩薩當學。現在一切菩薩今學。汝能受不。答言。能受。能授菩薩。第二第三。亦如是說。能受菩薩。第二第三。亦如是答。能授菩薩。作如是問。乃至第三。受[1]淨戒已。能受菩薩。作如是答。乃至。[2]

1) ㉮ 『瑜伽師地論』에 따르면 '受'는 '授'이다. 2) ㉮ '乃至' 뒤에 갑자기 문장이 잘렸다. 『瑜伽師地論』에 의거하여 '第三 受淨戒已'를 넣었다.

㉢ 증명을 요청하는 것
세 번째로 증명을 요청한다.

第三請證。

---

181 『瑜伽師地論』 권40(T30, 514c).

『유가사지론』에서 다음과 같이 말했다.

如瑜伽云。

(계를 받는 보살이) 청정한 계를 받기를 마치면 계를 받는 보살은 자리에서 일어나지 않고, 계를 주는 보살은 불상 앞에서 시방세계에 두루 나투어 머물고 계시는 모든 부처님과 모든 보살들께 공경하고 공양하며 두 발에 고개 숙여 예배드리고 이와 같이 아뢴다. "아무개 보살이 이제 이미 저 아무개 보살의 처소에서 (정해진 법대로 의식을 거행하여) 세 번을 설하고 보살계를 받았습니다. 저 아무개 보살은 이미 아무개 보살을 위해 증명하옵니다. 오직 바라옵건대 시방의 끝없고 가없는 모든 세계에 계시는 모든 부처님과 보살 등의 가장 참된 성인으로, 현재와 현재가 아닌 모든 시간과 장소의 모든 유정에게 모두 나투시는 깨달은 분이시여, 이 아무개라는 보살계를 받은 보살에 대해, 또한 그 사실을 증명해 주소서." 두 번째에도 세 번째에도 또한 이렇게 말한다. 수계갈마受戒羯磨가 끝나면 그로부터 어떤 간격도 없이 바로 시방의 끝없고 가없는 여러 세계에 현재 두루 머물고 계시는 여러 부처님과 이미 큰 지위에 들어간 보살의 앞에 법이法爾의 상相이 드러나는데, 이러한 표시로 말미암아 이와 같이 (수계갈마를 마친) 보살은 이미 보살이 받는 청정한 계를 받은 것이 된다. 이때 시방의 모든 부처님과 보살은 이 보살의 법이의 상相에 대해 기억하는 마음을 일으키고, 기억하는 마음으로 말미암아 바른 지혜에 의거한 견해를 굴리고, 바른 지혜에 의거한 견해로 말미암아 아무개 세계에 있는 아무개 보살이 아무개 보살의 처소에서 바르게 보살이 받는 청정한 계를 전부 받았음을 진실 그대로 깨달아 아신다. 그리고 이 계를 받은 보살을 자식처럼, 아우처럼 여겨 친근히 하고 착하게 여기는 마음을 내고, 늘 돌아보고 마음에 담아 두며 불쌍히 여기고 근심

한다. 부처님과 보살은 늘 돌아보고 마음에 담아 두며 불쌍히 여기고 근심함으로써 이 보살로 하여금 선법을 바라고 구하여 갑절로 늘게 하고 다시 더욱더 불어나게 하며, 물러나거나 감소하는 일이 없게 한다. 이것을 보살계를 받고 아뢰어 증명을 청하는 것이라 함을 알아야 한다. 이와 같이 하여 보살계를 받는 갈마 등에 관한 일을 마치고, 계를 준 보살과 계를 받은 보살은 모두 일어나 공양하고, 시방의 끝없고 가없는 모든 세계에 계시는 부처님과 보살께 두루 두 발에 머리를 조아려 예배드리고 공경하는 마음으로 물러난다. 이와 같이 하여 보살이 받은 율의계는 그 밖의 모든 중생이 받는 율의계에 견줄 때, 가장 뛰어나고 위없고 한량없으며 끝없는 큰 공덕의 창고가 따라오는 것이니, 제일의 것이고 최상의 것이다.…(중략)…모든 별해탈률의는 이 보살률의계에 견줄 때, 백분의 일에도 미치지 못하고, 천분의 일에도 미치지 못하며, 수분數分의 일에도 미치지 못하고, 계분計分의 일에도 미치지 못하며, 산분筭分의 일에도 미치지 못하고, 유분喩分의 일에도 미치지 못하며, 오파니살담분鄔波尼殺曇分[182]의 일에도 미치지 못하니, 모든 큰 공덕을 섭수하기 때문이다.[183]

受淨戒已。能授[1)]菩薩。不起于座。能受[2)]菩薩。對佛像前。普於十方現住諸佛及諸菩薩。恭敬供養。頂禮雙足。作如是白。某名菩薩。今已。於我某菩薩所。乃至三說。受菩薩戒。我某菩薩。已爲某名菩薩作證。唯願十方無邊無際諸世界中。諸佛菩薩第一眞聖。於現不現一切時處。一切有情皆現覺者。於此某名受菩薩戒者。[3)]亦爲作證。第二第三。亦如是說。受戒羯磨畢竟。從此無間。普於十方無邊無際諸世界中。現住諸佛。已入大地諸菩薩前。法爾相現。由此表示。如是菩薩。已受菩薩所受淨戒。爾時。十方

---

182 오파니살담분鄔波尼殺曇分 : 오파니살담은 Ⓢupaniṣadamapi의 음사어로, 진성진性·근소近少 등으로 한역한다. 극히 작은 분량을 일컫는 말이다.
183 『瑜伽師地論』권40(T30, 514c).

諸佛菩薩。於是菩薩。法爾之相。生起憶念。由憶念故。正智見轉。由正知[4]見。如實覺知。某世界中。某名菩薩。某菩薩所。正受菩薩所受淨戒。一切。於此受戒菩薩。如子如弟。生親善意。眷念憐愍。由佛菩薩。眷念憐愍。令是菩薩。希求善法。倍復增長。無有退減。當知。是名受菩薩戒。啓白請證。如是已作受菩薩戒羯磨等事。授受菩薩。俱起。供養。普於十方無邊無際諸世界中諸佛菩薩。頂禮雙足。恭敬而退。如是菩薩所受律儀戒。於餘一切所受律儀戒。最勝無上無量無邊大功德藏之所隨逐。第一最上。廣說乃至。一切別解脫律儀。於此菩薩律儀戒。百分不及一千分不及一。數分不及一。計分不及一。笇分不及一。喩分不及一。鄔波尼殺曇分亦不及一。攝受一切大功德故。

---

1) ㉯『瑜伽師地論』에 따르면 '授'는 '受'이다. 2) ㉯『瑜伽師地論』에 따르면 '受'는 '授'이다. 3) ㉯『瑜伽師地論』에 따르면 '戒'는 '受' 뒤에 들어가야 한다. 4) ㉯『瑜伽師地論』에 따르면 '知'는 '智'이다.

(ㄴ) 스스로 서원하여 받는 법

두 번째로 스스로 맹세하여(誓) 계를 받는 것을 밝힌다.

第二明自誓受戒者。

『유가사지론』제41권에서 다음과 같이 말했다.

如瑜伽論第四十一云。

모든 보살이 보살의 청정한 계율의戒律儀를 받고자 하는데, 만약 공덕을 원만하게 갖춘 보특가라補特伽羅(人)를 만나지 못하면, 그때는 불상 앞에서 스스로 보살의 청정한 계율의를 받아야 하는데, 이와 같이 받아야 한다. 오른쪽 어깨를 드러내고 오른 무릎을 땅에 꿇거나, 혹은 엉덩이를 고이고 무릎을 꿇어 앉거나 하고, 이렇게 말한다. "저 아무개는 시방의 모든 부처님과 이미 큰 지위에 들어간 보살들에게 우러러 아뢰옵니다. 저는 이제 시방세계의 부처님과 보살이 계신 곳에서 서원을 하고 모든 보살의 학처學處(戒律)를 받고자 하고, 서원을 하고 모든 보살의 청정한 계인 율의계와 섭선법계와 요익유정계 등을 받고자 합니다. 이와 같은 학처와 이와 같은 청정한 계는 과거의 모든 보살께서 이미 갖추셨고, 미래의 모든 보살께서 갖추실 것이며, 시방세계에 두루 나투어 계신 모든 보살께서 지금 갖추고 계신 것입니다. 이 학처와 이 청정한 계를 과거의 모든 보살께서 이미 배우셨고, 미래의 모든 보살께서 배우실 것이며, 시방세계에 두루 나투어 계신 모든 보살께서 지금 배우고 있습니다." 두 번째와 세 번째에도 이와 같이 설한다. 그렇게 설하고 나서 일어나야 하니, 나머지 모든 의식은 앞에서 설한 것과 같은 줄 알아야 한다.[184]

又諸菩薩。欲受菩薩淨戒律儀。若不會遇具足功德補特伽羅。爾時。應對如來像前。自受菩薩淨戒律儀。應如是受。偏袒右肩。右膝著地。或遵跪座。作如是言。我如是名。仰啓十方一切如來。已入大地諸菩薩衆。我今欲於十方世界佛菩薩所。誓受一切菩薩學處。誓受一切菩薩淨戒。謂律儀戒。攝善法戒饒益有情戒。如是學處。如是淨戒。過去一切菩薩已具。未來一切菩薩當具。普於十方現在一切菩薩今具。如[1]是學處。如[2]是淨戒。過去一切菩薩已學。未來一切菩薩當學。普於十方現在一切菩薩今學。第二第三。亦如是說。說已。應起。所餘一切。如前應知。

---
1) ㉑ 『瑜伽師地論』에 따르면 '如'는 '於'이다. 2) ㉑ 『瑜伽師地論』에 따르면 '如'는 '於'이다.

---
184 『瑜伽師地論』 권41(T30, 521b).

그런데 스스로 계를 받는 사람은, 반드시 그에 앞서 먼저 참회를 하여 호상好相[185]을 얻어야 하니, 이러할 경우에 한정되어서만 (계를 받을 수 있다). 만약 호상을 얻지 못하면 계를 받을 수 없다.

然自受者。必先懺悔。要須得好相。以此爲限。若不得好相。不得戒。

그러므로 이 경의 뒷부분에서 다음과 같이 말했다.

故此經下云。

부처님께서 열반에 드신 후 좋은 마음을 내어 보살계를 받고자 할 때, 부처님의 형상 앞에서 스스로 서원하여 계를 받되, 7일 동안 불전에서 참회하여 호상을 보면 바로 계를 얻을 수 있다. 호상을 얻지 못했으면 응당 2·7일, 3·7일 또는 1년 동안이라도 호상을 얻도록 해야 하고, 호상을 얻고 나면 곧바로 부처님과 보살의 형상 앞에서 계를 받을 수 있다. 만약 호상을 얻지 못하면 비록 부처님과 보살의 형상 앞에서 계를 받는다고 해도 실제로 계를 받았다고 하지 않는다. 만약 현재 눈앞에 있는 먼저 보살계를 받은 법사 앞에서 계를 받을 때에는 호상을 보기를 기다릴 필요가 없다. 이 법사는 법사와 법사가 서로 계를 전하여 왔기 때문에 호상을 필요로 하지 않는다.…(중략)…만약 천 리 안에 계를 줄 만한 법사가 없으면 부처님과 보살의 형상 앞에서 계를 받을 수 있지만, 반드시 호상을 보는 것이 요구된다.[186]

---

185 호상好相 : 좋은 징조. 『梵網經』 권하(T24, 1008c)에 따르면 "호상이란 부처님께서 정수리를 쓰다듬어 주시거나, 광명이 나타나거나, 꽃이 나타나는 것 등과 같은 여러 가지 기이한 모습을 말한다.(好相者 佛來摩頂 見光見華 種種異相)"라고 하였다.
186 『梵網經』 권하(T24, 1006c).

佛滅度後。欲以好心。受菩薩戒時。於佛形像前。自誓受戒。當七日佛前懺悔。得見好相。便得戒。若不得好相。時以¹⁾二七三七。乃至一年。要得好相。得好相已。便得佛菩薩形像前受戒。若不得好相。雖佛菩薩像前受戒。不²⁾得戒。若現前先受菩薩戒法師前。受戒時。不須要見好相。是法師。師³⁾相授故。不須好相。若千里內。無能受⁴⁾戒師。得佛菩薩形像前受得戒。而要見好相故。⁵⁾

---

1) ㉄『梵網經』에 따르면 '時以'는 '應'이다. 2) ㉄『梵網經』에 따르면 '不' 뒤에 '名'이 누락되었다. 3) ㉄『梵網經』에 따르면 '師' 뒤에 '師'가 누락되었다. 4) ㉓『梵網經』에 따르면 '受'는 '授'이다. 5) ㉓『梵網經』에 따르면 '故'는 잉자이다.

ㄴ) **사계**捨戒**의 인연**(緣)

두 번째로 사계의 인연이 되는 것에 그 수가 많고 적음이 있음을 밝힌다. 사계의 인연이 되는 것에는 두 가지가 있고 네 가지가 있다. 두 가지란『유가사지론』제40권에서 "간략히 두 가지 인연으로 말미암아 여러 보살의 청정한 계율의를 버리게 된다. 첫째 위없고 바르며 평등한 보리를 증득하려는 큰 서원을 포기하고 버리는 것이고, 둘째 상품의 번뇌가 현행現行하여 타승처법他勝處法[187]을 범하는 것이다."[188]라고 한 것과 같다. 네 가지 인연이란『유가사지론』제75권에서 "또한 계를 버리는 인연이 되는 것에 간략히 네 가지가 있으니, 첫째 결정코 계를 받을 때와 같지 않은 마

---

187 타승처법他勝處法 : 바라이波羅夷의 다른 이름으로, 이것을 범할 경우 악법惡法이 선법善法을 이기는 결과를 낳기 때문에 타승처법이라 한다.『瑜伽師地論』권40(T30, 515b)에 따르면, 여기에서의 타승처법은 십중금계十重禁戒(十波羅夷)의 마지막 네 가지, 곧 첫째 자신을 칭찬하거나 남을 비방하지 말 것, 둘째 재물을 주는 것을 아까워하지 말 것, 셋째 분노하는 마음을 내지 말 것, 넷째 대승법을 비방하지 말 것 등을 가리킨다. 이 네 가지 타승처법의 경우는 그것을 범하는 것만으로 계를 버리는 결과를 낳지는 않고, 상품上品의 번뇌가 현행하는 가운데서 범했을 때만 계를 범하는 것이 성립된다고 한 것은, 이 네 가지는 살생·도둑질·거짓말·음행 등의 성죄性罪와는 다른 성질을 갖기 때문이다.
188『瑜伽師地論』권40(T30, 515c).

음을 일으키는 것, 둘째 판단 능력이 있는 대장부 앞에서 의도적으로 계를 버리겠다는 말을 하는 것, 셋째 네 가지의 타소승법他所勝法을 전부 혹은 개별적으로 훼손하는 것, 넷째 상품上品의 번뇌가 증대하여 전부 혹은 개별적으로 수순사종타소승법隨順四種他所勝法을 훼범하는 것 등이다. 이러한 인연으로 말미암아 보살의 율의를 버리게 되는 것을 알아야 한다. 만약 다시 청정하게 계를 받으려는 마음을 얻으면 다시 계를 받아야 한다."[189]고 한 것과 같다.

第二明捨戒緣多少者。捨戒因緣。或二或四。所言二者。瑜伽論第四十云。略由二緣。捨諸菩薩淨戒律儀。一者棄捨無上正等菩提大願。二者現行上品纏犯他勝處法。言四緣者。如論第七十五卷云。又捨因緣。略有四種。一者決定發起受心不同分心。二者若於有所識別大丈夫前。故意。發起棄捨言。三者總別毀犯四種他所勝法。四若以增上品纏。總別毀犯隨順四種他所勝法。由此因緣。當知。棄捨菩薩律儀。若有還得淸淨受心。復應還受。

해 뒤의 네 가지 인연 중 첫 번째와 두 번째는 앞의 두 가지 인연 중 첫 번째 인연에 포섭된다. 뒤의 네 가지 인연 중 뒤의 두 가지는 앞의 두 가지 인연 중 두 번째에 포섭된다. 그러므로 두 가지 인연이든 네 가지 인연이든 평등하여 차이가 없다. "네 가지의 타소승법"은 십중금계 중 뒤의 네 가지[190]를 말한다. 이 나중의 네 가지는 이승과 함께하지 않는 것이기 때문에 오직 네 가지 중금계만 말하였다. 혹은 보살의 의업이 중요함을 보이기 위해서 오직 네 가지 중금계만 설하였다. "수순사종타소승법"은 십중금계 중

---

189 『瑜伽師地論』 권75(T30, 711c).
190 p.205 주 187 참조.

앞의 여섯 가지[191]를 말한다. 이와 같은 여섯 가지는 이승과 함께하는 것이고, 혹은 결정적인 것이 아닐 수도 있기 때문에 '수순'이라 한다. '수순'은 단지 타승법을 일으키면 이것을 모두 '수순'이라 한다고 하기도 한다. 비록 두 가지 해석이 있지만 앞의 설이 보다 타당하다. 왜냐하면 타승법에 수순하기만 하면 이를 모두 '수순'이라 한다면, 타승법을 방편으로 범할 경우에도 바로 계를 버리는 것이어야 한다. 이러한 뜻은 옳지 않다. 이러한 도리로 말미암아 오직 십중금계 중 처음의 여섯 가지를 설하여 '수순'이라 하였음을 명백히 알 수 있으니, 모든 상품의 번뇌가 앞의 여섯 가지 중금계를 범하면 반드시 계를 버리는 것이라고 말하지는 않기 때문이다.

解云。後四緣中。第一第二。卽前二緣中。第一緣攝。四中後二。二中第二攝。是故。若二若四。平等無異。四他所勝法者。十重之中。最後四也。後四不共故。唯說四重。或可菩薩意業爲重故。唯說四[1]隨順[2]他[3]勝法者。謂十重中。前六種也。如是六種。亦共二乘。或可不定。故言隨順。或隨順者。但起他勝法者。皆名隨順。雖有兩釋。前說爲勝。所以者何。若順他勝。皆名隨順。犯他勝方便。卽應捨戒。是義不然。由此道理。明知。唯說十中初六。名爲隨順。不說一切上品纒。犯前六重戒。必捨戒故。

1) ㉠ '四' 뒤에 '重'이 누락되었다. 2) ㉠ 『瑜伽師地論』에 따르면 '順' 뒤에 '四種'이 누락되었다. 3) ㉠ 『瑜伽師地論』에 따르면 '他' 뒤에 '所'가 누락되었다.

해 여기에서 "버린다(捨)"는 것은 단지 공능을 버리는 것일 뿐이고 종자를 버리는 것은 아니다.

---

[191] 첫째 살생을 하지 말 것, 둘째 도둑질을 하지 말 것, 셋째 거짓말을 하지 말 것, 넷째 음행을 하지 말 것, 다섯째 술을 팔지 말 것, 여섯째 사부대중의 허물을 말하지 말 것 등이다.

解云。此中捨者。但捨功能。不捨種子。

문 이 삼취정계는 무엇을 체로 삼는가.

해 여기에 표表와 무표無表가 있다. 이 가운데 표란 세 번째로 갈마를 행할 때 현행하는 사思를 체로 삼는다. 뛰어난 사思에 의한 원願에 의지하여 임시로 건립되기 때문이고, 색色과 성聲은 결정코 업의 자성이 아니기 때문이다. 만약 무표율이라면 뛰어난 약속과 원(期願)이라는 사思의 종자를 자성으로 삼으니, 사思의 종자에 의지하여 임시로 건립되기 때문이다.

위에서 설명한 것은 가假를 섭수하여 실實을 따르는 문에 의하여 표업·무표업을 설한 것이다. 사思를 여의고 사思의 종자라고 하는 별도의 체는 없기 때문이다.

법수에 의해 계의 체를 밝히면 법처에 포섭되는 색을 자성으로 삼는다. 그러나 다른 곳에서 표색表色(行·住·坐·臥 등 여러 가지 동작의 형태)으로 안근眼根의 대상이 되는 것을 (자성이라고) 설한 경우도 있다. 이는 서로 좇아서 설한 것(相從說)이거나 혹은 중생의 근기에 따라 방편으로 법을 굴린 문(隨轉門)이기 때문이다. 『성업론』에서 말하였다.

問曰。此三聚淨戒。以何爲體。解云。此有表無表。此中表者。第三羯磨時現行思爲體。依勝思願。假建立故。色聲定非業自性故。若無表律儀。以勝期願思種爲性。謂依恩[1]種假建立故。上來所說。依於攝假從實門。說表無表業。離恩恩[2]種。無別體故。若依法數。辨戒體者。以法處所攝色爲性。而餘處說表色是眼境者。是相從說。或隨轉門故。成業論[3]云。

1) ㉯ '恩'은 '思'이다. 『梵網經菩薩戒本疏』 권1(T40, 607c)의 "戒 於思種 而建立 故 用思種 爲體"를 참조할 것. 이하 동일하게 적용된다. 2) ㉯ '恩恩'은 '思思'이다. 3) ㉮ '成業論' 뒤에 누락된 글자가 있는 듯하다.

ㄷ) 계를 수지하는 것과 범하는 것(持犯)의 차별

세 번째 계율을 수지하고 범하는 것의 차별을 밝힌다. 차죄遮罪[192]에 나아가 수지하고 범하는 것을 밝히고, 다시 성죄性罪에 나아가 수지하고 범하는 것을 밝힌다.

第三明持犯差別者。就遮罪。明其持犯。復約性罪。明持犯也。

(ㄱ) 차죄에 나아가 수지하는 것과 범하는 것을 밝힘

먼저 차죄에 나아가 밝힌다. 『유가사지론』 제41권에서 "보살로서 보살의 청정한 계율의에 안주하였다면, 박가범薄伽梵(부처님의 별호)께서 별해탈비나야[193]에서 장차 다른 사람을 보호하기 위하여 차죄를 건립하여 성문들을 제어함으로써 (차죄를) 짓지 않도록 하고, 온갖 중생들로서 아직 청정한 믿음을 내지 못한 이들로 하여금 청정한 마음을 내게 하며, 이미 청정한 마음을 지닌 이는 배로 증장하게 하신 것과 같은 것에 대하여 이것을 실천함에 있어서 보살과 성문들은 동일하게 닦고 배워 차별이 있지 않아야 하니 무엇 때문인가. 여러 성문들은 자신을 이롭게 하는 것을 훌륭한 것으로 여기면서도 오히려 다른 사람을 보호하는 실천행을 버리지 않아 중생으로서 아직 믿지 않는 이를 믿게 하고 믿는 이는 믿음을 증장시키며 (소학처所學處를) 배우거늘, 하물며 보살로서 다른 사람을 이롭게 하는 것을 훌륭한 것으로 삼음에 있어서랴."[194]라고 한 것과 같다. 마땅히 알라. 이 문장은 대체적인 것을 따라 설한 것이다. (도리를 다한다면 차죄

---

192 차죄遮罪 : 차계遮戒를 범한 죄. 차계란 성계性戒의 상대어로, 시간·공간·상황에 따라 제정된 계를 가리킨다. 성계란 시간·공간·상황을 넘어서 언제나 반드시 지켜야 할 것을 말한다.
193 별해탈비나야 : 별해탈률의라고도 한다.
194 『瑜伽師地論』 권41(T30, 517a).

중에 함께하지 않는 생각이 있다.) 예를 들면 위의계威儀戒에서 옷을 가지런히 하지 않는 것으로 인해 이익이 있다면 보살은 이러할 경우에 옷을 가지런하게 하지 않는다. 이와 비슷한 것들은 이것에 준하여 알 수 있다.

就遮罪者。如瑜伽論四十一云。若諸菩薩。安住菩薩淨戒律儀。如薄伽梵。於別解脫毗奈耶中。將護他故。建立遮罪。制諸聲聞。令不造作。諸有情類。未淨信者。令生淨信。已淨信者。令倍增長。於中。菩薩與諸聲聞。應等修學。無有差別。何以故。以諸聲聞。自利爲勝。常[1]不棄捨將護他行。爲令有情未信者信。信者增長。學所學處。何況菩薩。利他爲勝。當知。是文從多分說。若盡道理。於遮罪中。亦有不共思。如威儀戒。若見由衣不齊。有利益。菩薩。此中。卽不整衣。如是等類。準此可知。

---
1) ㉠『瑜伽師地論』에 따르면 '常'은 '尙'이다.

또『유가사지론』에서 다음과 같이 말했다.

又瑜伽云。

보살로서 청정한 계율의에 안주하였다면, 박가범께서 별해탈비나야에서 성문들로 하여금 적은 일과 적은 업과 적은 희망에 머물게 하기 위해 차죄를 건립하여 성문들을 제어하여 (차죄를) 짓지 않게 한 것과 같은 것에 대하여 이것을 실천함에 있어서 보살과 성문들은 동일하게 배워서는 안 되니 무엇 때문인가. 성문들은 스스로를 이익되게 하는 것을 훌륭한 것으로 여겨 다른 사람을 돌아보지 않고, 다른 사람을 이롭게 함에 있어서 적은 일과 적은 업과 적은 희망에 머물러 이것을 미묘하다고 할 만한 것이라고 한다. 그러나 여러 보살들은 다른 사람을 이익되게 함을 훌륭한 것으로 여겨 자신의 이익을 돌아보지 않고, 다른 사람을 이익되게 함에 있어서 적은 일과 적은 업과 적은 희망에 머무는 것을 미묘한 것이라고 하지 않는다. 이와 같은 보살은 다른 사람을 이롭게 하기 위해서 친척이 아닌 장자와 거사와 바라문 등과 마음이 내키는 대로 보시하는 사람들에게서 응당 백천 가지에 달하는 여러 가지 옷을 구하되, 저 중생이 능력이 있거나 능력이 없는 것을 관찰하여 그가 베푸는 것에 따라 그대로 응하여 받는다. 설한 것과 같이 옷을 구하고 발우를 구하는 것도 역시 그렇게 한다. 옷과 발우를 구하는 것과 같이, 이와 같이 스스로 여러 가지 실을 구하여 친척이 아닌 이에게 천을 짜서 옷을 만들게 한다. 다른 사람을 위하여 여러 가지 교사야의憍奢耶衣와 여러 가지 좌구와 와구를 축적해야 한다. 각 품목마다 백천에 이르기까지라도 축적해야 한다.…(하략)…**195**

若諸菩薩。安住菩薩淨戒律儀。如薄伽梵。於別解脫毗奈耶中。爲令聲聞小[1]事少業少希望住。建立遮罪。制諸聲聞。令不造作。於中。菩薩與諸聲聞。不應等學。何以故。以諸聲聞。自利爲勝。不顧利他。於利他中。少事少業少希望住。可名爲妙。非諸菩薩。利他爲勝。不顧自利。於利他中。少事少業少希望住。得名爲妙。如是菩薩。爲利他故。從非親里長者。居士。婆羅門等。及恣施家。應求百千種種衣服。觀彼有情有力無力。隨其所施。如應而受。如說求衣。求鉢亦爾。如求衣鉢。如是自求種種絲縷。令非親里。爲織作衣。爲利他故。應畜種種憍大者耶[2]衣諸坐臥具。事各至百千。乃至廣說。

1) ㉠『瑜伽師地論』에 따르면 '小'는 '少'이다. 2) ㉡『瑜伽師地論』에서는 '憍大者耶'를 '憍世耶'라고 했다. 그러므로 '大者'는 '奢'라 해야 한다.

---

195 『瑜伽師地論』 권41(T30, 517a).

(ㄴ) 성죄에 나아가 수지하는 것과 범하는 것을 밝힘

다음으로 성죄性罪에 나아가 수지하는 것과 범하는 것의 차별을 밝히는 것은 해당 문장에 이르러 그때 설명할 것이다.

次就性罪中。持犯差別者。至文當說。

『결정비니경』에서 다음과 같이 말했다.

決定毗尼經云。

부처님께서 우파리에게 말씀하셨다. 너는 이제 마땅히 알라. 성문승인은 뛰어난 방편이 있고 뛰어나게 깊은 마음이 있어 청정한 계율을 지니고, 보살승인도 뛰어난 방편이 있고 뛰어나게 깊은 마음이 있어 청정한 계를 지닌다. 우파리여, 성문승인이 비록 청정하게 계를 수지한다고 해도 보살승에게 있어서는 청정한 계라고 하지 않는다. 보살승인이 비록 청정하게 계를 수지한다고 해도, 성문승인에게 있어서는 청정한 계라고 하지 않는다. 어째서 성문승인은 비록 청정하게 계를 수지해도 보살승인에게 있어서는 청정한 계라고 하지 않는가. 우파리여, 성문승인은 한 생각이라도 다시 몸을 받아 태어나려는 마음을 일으키지 말아야 하니, 이것을 성문승인이 청정하게 계를 지니는 것이라 한다. (한량없는 세월 동안 중생을 구제하기 위해 다시 태어나기를 싫어하지 않아야 하는) 보살승에게 있어서는 이것은 가장 큰 파계이니 청정하다고 하지 않는다.[196]

佛。告優波離。汝今當知。聲聞乘人。有異方便。有異深心。持淸淨戒。菩

---

[196] 『決定毗尼經』(T12, 39c).

薩乘人。有異方便。有異深心。持淸淨戒。優波離。聲聞乘人。雖淨持戒。
於菩薩乘。不名淨戒。菩薩乘人。雖名¹⁾淨²⁾戒。聲³⁾聞乘人。不名淨戒。云
何名爲聲聞乘人。雖淨持戒。於菩薩乘人。不名淨戒。優波離。聲聞乘人。
不應乃至。一念⁴⁾起於一念。欲更受身。是則名爲聲聞乘人。淸淨持戒。於
菩薩乘。最大破戒。不名淸淨。

1) ㉠『決定毘尼經』에 따르면 '名'은 잉자이다. 2) ㉠『決定毘尼經』에 따르면 '淨' 뒤에 '持'가 누락되었다. 3) ㉠『決定毘尼經』에 따르면 '聲' 앞에 '於'가 누락되었다. 4) ㉠『決定毘尼經』에 따르면 '一念'은 잉자이다.

해 보살은 중생의 이익을 위한 곳이 있으면 방편으로 몸을 받아 여러 가지 욕망을 일으켜 중생을 섭수하여 불선처不善處에서 빼내어 선처善處에 안치해 준다. 보살이 그러한 욕망을 일으켜 중생을 섭수하지 않고 중생을 버려 두면 곧 파계가 된다. 여기에서 말하는 (보살이란) 재가 보살이고 출가 보살이 아니다. 출가 보살은 성스러운 가르침을 보호해야 하기 때문에 범행梵行이 아닌 것을 행할 수 없다.

解云。謂諸菩薩。有利益處。方便受身。起種種欲。攝受有情。出不善處。
安置善處。若諸菩薩。不以其欲。攝受有情。棄捨有情。卽是破戒。此中意
說。在家菩薩。出家菩薩。¹⁾出家菩薩。爲護聖敎。是故。不得行非梵行。

1) ㉠ 문맥상 '出家菩薩' 앞에 '非'가 들어가야 한다. 돈황본『梵網經述記』(T85, 732b)에 전후에 걸쳐 동일한 문장이 나오는데 여기에서도 '非出家菩薩'이라 했다. 해당 문장은 "此中意說 在家菩薩 非出家菩薩 出家菩薩 為護聖教 是故 不得行非梵行"이다.

또한『결정비니경』에서 다음과 같이 말했다.

又云。

"우파리여, 보살승인은 한량없는 겁에 몸을 받아 태어나는 것을 감당하고 견디면서 싫어하거나 근심하는 마음을 내지 않으니, 이를 보살승인이 청정하게 계를 수지하는 것이라 한다. 이는 성문승에게 있어서는 가장 큰 파계이니 청정하다고 하지 않는다.…(중략)…어째서 보살승인은 개통계開通戒를 수지하고, 성문인은 불개통계不開通戒를 수지한다고 하는가. 우파리여, 보살승은 일초분日初分(아침)에 범한 계가 있으면 일중분日中分(낮)에 사유하여 일체종지一切種智를 얻어야 하니, 보살은 이때 계신戒身을 파괴하지 않는다. 또 일중분에 범한 계가 있으면 일후분日後分(저녁)에 사유하여 일체종지를 얻어야 하니, 보살은 이때 계신을 파괴하지 않는다.…(중략)…야후분夜後分에 범한 계가 있으면 일초분에 사유하여 일체종지를 얻어야 하니, 보살은 이때 계신을 파괴하지 않는다. 이러한 뜻 때문에 보살승인은 개통계를 수지하고, 성문승인은 불개통계를 수지한다고 한다. 보살은 크게 부끄러워할 일을 일으키지 말아야 하고, 또한 크게 참회할 번뇌를 일으키지 말아야 한다. 우파리여, 성문승인은 죄를 범할 때마다 바로 성문계신聲聞戒身을 파괴하여 잃는다. 그 이유는 무엇인가. 성문승인은 계를 수지하여 일체의 번뇌를 끊기를 마치 불붙은 머리를 구제하는 것처럼 해야 하니, 소유한 깊은 마음은 열반을 위한 것이기 때문이다."…(중략)…

우파리가 부처님께 말씀드렸다. "세존이시여, 혹은 탐욕(欲)에 상응하는 마음이 있어 계를 범하고, 혹은 분노(瞋)에 상응하는 마음이 있어 계를 범하며, 혹은 어리석음(癡)에 상응하는 마음이 있어 계를 범하기도 합니다. 세존이시여, 보살이 계를 범함에 있어서 탐욕에 상응하는 마음과 분노에 상응하는 마음과 어리석음에 상응하는 마음 중 어느 것에 기인한 것이 가장 무거운 죄를 짓는 것입니까?"

그때 부처님께서 우파리에게 말씀하셨다. "만약 어떤 보살이 갠지스강의 모래알처럼 많은 탐욕에 상응하는 마음에 의거하여 계를 범하고, 혹은 어떤 보살은 한 줄기 분노하는 마음으로 인하여 계를 범했을 경우가 있다면, 보살대승菩薩大乘의 도에 머물 때, 분노로 인해 범하는 것이 가장 무거운 죄를 짓는 것임을 알아야 한다. 그 이유는 무엇인가. 분노로 말미암아 중생을 버릴 수 있게 되지만, 탐욕으로 말미암아 모든 중생에 대해 친애하는 마음을 낼 수 있게 된다. 우파리여, 소유한 모든 번뇌가 그것에 의해 친애하는 마음을 낼 수 있는 것이라면, 보살은 이것에 대해 두려움을 내지 않아야 하고, 소유한 모든 번뇌가 그것에 의해 중생을 버릴 수 있는 것이라면 보살은 이것에 대해 큰 두려움을 내야 한다."…(중략)…
"대승을 따르는 사람이 욕망으로 인해 계를 범한 것이라면 나는 이 사람을 계를 범했다고 하지 않는다. 분노로 인해 계를 범한 것이라면 나는 이 사람을 크게 계를 범했다고 하고, 큰 허물을 지었고 크게 타락했다고 하니, 이것은 불법에 대해 크게 장애(大留難)[197]가 되는 것이다. 어떤 보살은 방편이 없이 탐욕에 상응하는 마음으로 계를 범하면 두려움을 내고, 분노에 상응하는 마음으로 계를 범하면 두려움을 내지 않는다. 어떤 보살은 방편을 갖추어 분노에 상응하는 마음으로 계를 범하면 두려움을 내지만, 욕망에 상응하는 마음으로 계를 범하면 두려움을 내지 않는다."[198]

優婆離。菩薩乘人。於無量劫。堪忍受身。不生厭患。則名爲菩薩乘人。淸淨持戒。於聲聞乘。最大破戒。不名淸淨。云何名爲菩薩乘人。持開通戒。聲聞人。持不開通戒。優婆離。菩薩乘人。以初日分所犯戒。[1] 於日中分。思惟。當得一切種智。菩薩爾時。不破戒身。以日中分。有所犯。[2] 或[3]於日後分。思惟。當日[4]得一切種智。菩薩爾時。不破戒身。廣說乃至。以後夜[5]分。有所犯戒。於日初分。思惟。當得一切種智。菩薩爾時。不破戒身。以

---

197 '유난留難'이란 삿된 마구니가 와서 착한 일을 제지하여 어렵게 하는 것이다.
198 『決定毘尼經』(T12, 39c).

是義故。菩薩乘人。持開通戒。聲聞乘人。持不開通戒。菩薩不應生大慚愧。亦復不應生大悔纏。優波離。聲聞乘人。數數犯罪。卽時。破失聲聞戒身。所以者何。聲聞乘人。應當持戒。制[6]一切結。如救頭燃。所有深心。爲涅槃故。廣說乃至。優波離。白佛言。世尊。或有欲相應心。而犯於戒。有瞋相應心。而犯於戒。有癡相應心。而犯於戒。世尊。菩薩犯戒。於欲相應心。瞋相應心。癡相應心。何者爲重。爾時世尊。告優波離。若有菩薩。如恒河沙劫[7]欲相應心而犯於戒。或有菩薩。因以瞋心。而犯於戒等。住菩薩大乘之道。因瞋犯者。當知。最重。所以者何。因瞋恚故。能捨衆生。因貪欲故。於諸衆生。而生親愛。優波離。所有諸結。能生親愛。菩薩。於此。不應生畏。所有諸結。能捨衆生。菩薩。於此。應生大畏廣說乃至。大乘之人。因欲犯者。我說是人。不爲名犯。因瞋犯者。我說是人。名爲大犯。名大過患大墮落。於佛法中。是大留難。若有菩薩。無有方便。欲相應心。而犯於戒。生於怖畏。於瞋犯戒。不生怖畏。若有菩薩。而有方便。恚相應心。而犯於戒。而生怖畏。欲相應心。而犯於戒。不生怖畏。

1) ㉠『決定毘尼經』에 따르면 '初'와 '日'은 순서가 바뀌어야 하고, '所' 앞에 '有'가 누락되었다. 2) ㉠『決定毘尼經』에 따르면 '犯' 뒤에 '戒'가 누락되었다. 3) ㉠『決定毘尼經』에 따르면 '或'은 잉자이다. 4) ㉠『決定毘尼經』에 따르면 '日'은 잉자이다. 5) ㉠『決定毘尼經』에 따르면 '後'와 '夜'는 순서가 바뀌어야 한다. 6) ㉠『決定毘尼經』에 따르면 '制'는 '斷'이다. 7) ㉠『決定毘尼經』에 따르면 '劫'은 잉자이다.

(나) 별도로 계상을 풀이한 것

㉮ 십중을 풀이함

ㄱ) 총괄적으로 표시함

(ㄱ) 수를 나타내는 것

경 부처님께서 모든 불자에게 말씀하셨다. 열 가지 무거운 바라제목차가 있다.

佛告諸佛子言。有十重波羅提木叉。

기 경의 "부처님께서 모든 불자에게 말씀하셨다. 열 가지 무거운 바라제목차가 있다." 이하는 두 번째로 계상戒相을 개별적으로 풀이한 것이다. 여기에 세 가지가 있다. 처음에 십중十重을 풀이하고, 다음에 경계輕戒를 풀이하며, 나중에 총괄적으로 맺는다.

처음에 십중을 풀이하는 가운데 문장을 셋으로 나눌 수 있다. 처음은 총괄적으로 표시하는 것이고, 다음은 별도로 해석하는 것이며, 나중은 총괄적으로 맺는 것이다.

앞에 다시 네 가지가 있다. 첫째 수數를 나타내는 것이고, 둘째 외울 것을 권하는 것이며, 셋째 배울 것을 권하는 것이고, 넷째 수지할 것을 권하는 것이다.

이 부분은 이 중 첫 번째, 곧 수를 나타내는 것에 해당한다.

經佛告諸佛子言。有十重波羅提木叉者自下。第二別釋戒相。此中有二。[1] 初釋十重。次釋輕戒。後總結。釋十重中。文分有三。初總標。次別釋。後總結。前中有四。一者標數。二者勸誦。三者勸學。四者勸持。此卽初也。

1) ㉠ '二'는 '三'이다.

(ㄴ) 외울 것을 권하는 것

경 보살계를 받고 이 계를 외우지 않는다면 보살이 아니고 부처님의 종자도 아니다. 나도 또한 이와 같이 외운다.

若受菩薩戒。不誦此戒者。非菩薩非佛種子。我亦如是誦。

기 경의 "보살계를 받고~이와 같이 외운다." 이하는 두 번째로 외울 것을 권한 것이다. 모든 보살들은 계를 외워야 하니, 이 계를 외우지 않는다면 보살도 아니고 부처님의 종자도 아니다. 계를 외우고 수지하지 않으면 결코 보리의 과과를 증득할 수 없기 때이다. 그러므로 "부처님의 종자도 아니다."라고 한 것이다.

經若受菩薩戒至亦如是誦者自下。第二勸誦。謂諸菩薩。要須誦戒。不誦此戒者。非菩薩非佛種子。若不誦持戒。必不能得菩提果故。故言非佛種子。

(ㄷ) 셋째 배울 것을 권하는 것

경 모든 보살이 이미 배웠고 모든 보살이 미래에도 배울 것이며 모든 보살이 지금 배우고 있는 것이다.

一切菩薩已學。一切菩薩當學。一切菩薩今學。

기 경의 "모든 보살이~지금 배우고 있는 것이다." 이하는 세 번째로 배울 것을 권한 것이다.

經一切菩薩至今學者自下。第三勸學。

(ㄹ) 수지할 것을 권하는 것

경 내가 이미 바라제목차의 모습을 간략하게 설하였으니, 마땅히 배워야 하고 공경하는 마음으로 받들어 지녀야 한다.

我已略說波羅提木叉相貌。應當學。敬心奉持。

기 경의 "내가 이미 (바라제목차의 모습을) 간략히 설하였으니~공경하는 마음으로 받들어 지녀야 한다." 이하는 네 번째로 받들어 지닐 것을 권하는 것이다.

經我已略說至敬心奉持者自下。第四勸奉持。

범망경술기 卷上 末*
| 梵網經述記 |

숭의사崇義寺 스님 승장勝莊 지음
崇義寺僧 勝莊撰**

* ㉯ 제목을 삽입했다.
** ㉯ 찬술자의 이름을 새롭게 넣었다(編).

ㄴ) 별도로 해석함

㈀ ①¹ 제1 불살계不殺戒 : 살생을 하지 마라

㉠ 사람을 나타냄

경 부처님께서 말씀하셨다. 불자여,

若¹⁾佛子。
1) ㉭ 현행 『梵網經』에 따르면 '若'은 '佛言'이다.

기 경의 "부처님께서 말씀하셨다. 불자여" 이하는 두 번째로 별도로 해석하는 것이다. 여기에서 십중계를 풀이하였으니, 분류하면 열 가지가 된다. 이것은 첫 번째로 불살계를 풀이한 것이다. 여기에 세 가지가 있다. 처음에 사람을 나타내고, 다음에 바로 업도業道를 풀이하며, 뒤의 "이는 보살의" 이하는 그 죄명罪名을 맺었다. 이것은 처음에 해당한다.

經佛告¹⁾佛子者自下。第二別釋。於中。釋十重。卽分爲十。此卽第一釋不殺戒。於中。有三。初標人。次正釋業道。後是菩薩下。結其罪名。此卽初也。
1) ㉭ 현행 『梵網經』에 따르면 '告'는 '言'이다.

㉡ 업도를 풀이함

a. 업도의 모습을 들어 그러한 행위를 하지 말아야 함을 밝힌 것

---
1 십중계와 사십팔경계는 다각적인 편의를 위해 순차에 의한 번호 옆에 별도로 ①, ②, ③ 등의 형식으로 번호를 매겨 십중계 혹은 사십팔경계 중 몇 번째에 해당하는지를 분명히 알 수 있도록 한다.

경 스스로 죽이거나 다른 사람을 시켜 죽이게 하거나 방편으로 죽이거나 죽이는 것을 찬탄하거나 (죽이는 것을) 보고 따라서 기뻐하거나[2] 주문으로 죽여 살생의 인因과 살생의 연緣과 살생의 법法에 의해 살생하는 행위(業)를 하면서[3] 모든 생명이 있는 것들을 고의로 죽여서는 안 된다.

> 若自殺。教人殺。方便殺。讚歎殺。見作隨喜。乃至呪殺。殺因。殺緣。殺法。殺業。乃至一切有命者。不得故殺。

기 경의 "스스로 죽이거나~살생의 연緣과" 이하는 두 번째로 바로 업도를 풀이하는 것이다. 여기에 두 가지가 있다. 처음에는 업도의 모습을 들어서 그러한 행위를 하지 말아야 함을 밝혔고, 다음의 "보살은 (자비로운 마음과 효순하는 마음을) 일으키고" 이하는 업도가 맺어지는 것을 밝혔다. 앞부분은 (다시 셋으로 나뉜다.) 먼저 살생의 차별을 밝혔고, 다음의 "모든 생명이 있는 것들을" 이하에서는 살생의 대상을 밝혔으며, 뒤의 "고의로 죽여서는 안 된다."란 죽여서는 안 된다는 것으로 끝맺은 것이다.

---

2 "죽이는 것을 찬탄하거나 (죽이는 것을) 보고 따라서 기뻐하거나"의 원문은 '讚歎殺 見作隨喜'이다. 보통 앞은 살생과 직접적으로 관련이 있는 것, 뒤는 간접적으로 관련이 있는 것으로 보아, "찬탄하면서 죽이거나, 죽이는 것을 보고 따라서 기뻐하거나"라고 풀이하는 경우가 많은데, 그와 달리 풀이한 이유는 다음과 같다. 승장은 본문의 해석에서 이 두 가지를 모두 근본업도根本業道(직접적으로 죽이는 행위)가 아닌 것이라고 보았다. 곧 '讚歎殺'을 직접 죽이는 것이 아니고, 살생을 방조하는 역할을 하는 것으로 본다.

3 승장의 주석에 의거할 때, 승장이 의거한 『梵網經』의 원문은 이와 같지 않다. 이것은, 『한불전』에 실린 『梵網經述記』에 수록된 『梵網經』 원문은 『대정장』의 원문과 일치하지만, 이것이 바로 승장이 저본으로 선택한 『梵網經』이 아닐 수도 있음을 의미한다. 이제 승장의 주석에 따라 승장이 의거한 판본의 원문을 복구해서 풀이해 보면, 이 부분은 "~주문으로 죽이면서 살생하는 행위를 하고, 이렇게 살생의 인과 살생의 연과 살생의 법에 의해 모든 생명이 있는 것을 고의로 죽여서는 안 된다."고 해야 한다. 이하 본 문장과 동일한 구조의 글은 모두 동일한 내용이 적용될 수 있다.

經若自殺至殺緣者自下。第二正釋業道。於中。有二。初舉業道相。明不應作。次是菩薩應起下。明結業道。前中。先明殺差別。次乃至一切有命者下。明其所殺。後不得故殺者。結不得殺。

a) 살생의 차별을 밝힘

이것은 첫 번째로 살생의 차별을 밝힌 것이다. 살생을 개괄적으로 논하면 상대방의 생명을 빼앗는 것을 살생이라 한다. 이와 같은 살생을, 대승과 소승은 모두 금계로서 제정하였지만, (적용의 기준을 정함에 있어서는) 약간의 차이가 있다. 성문의 가르침은 단호한 것이어서 이익이 된다고 여겨지든 이익이 된다고 여겨지지 않든 간에 어느 경우이든 결코 살생을 허락하지 않는다. 그러나 보살계에서는 이익이 된다고 여겨지면 살생을 허락한다.

此卽第一明殺差別。汎論殺者。謂奪彼命。名爲殺生。如是殺生。通大小乘。少有差別。謂聲聞教斷。若見利若不見利。必不許殺。菩薩戒中。若見利益。亦許殺生。

그러므로 『유가사지론』 제41권에서 다음과 같이 말하였다.

故瑜伽論四十一云。

보살들이 보살의 청정한 계율의에 머물면서 훌륭한 방편으로 다른 사람의 이익을 위하여 행위함으로써 여러 성죄性罪에 해당하는 것 가운데 적은 부분이 현행했다면, (그렇다고 해도) 이러한 인연으로 말미암아 보살계를 범하는 일은 없고 오히려 많은 공덕을 낳는다. 예를 들면 보살이, 남의 물건을 빼앗고 훔치는 도적이 재물을 탐하여 많은 중생을 죽이려고 하거나, 혹은 큰 덕을 가진 성문과 독각과 보살을 해치려고 하거나, 여러 가지 무간업無間業[4]을 짓거나 하는 것을 보되, 이러한 일들을 보고 나서 (구제하려는) 마음을 일으켜 생각하기를 '내가 저 악한 중생의 생명을 끊는다면 나는 지옥에 떨어질 것이고, 만약 그의 생명을 끊지 않는 다면 그는 무간업을 성취하여 장차 큰 고통을 받을 것이다. 내가 차라리 그를 죽여서 나락가那落迦(地獄)에 떨어질지언정 끝내 그로 하여금 무간지옥에서의 쉴 새 없이 이어지는 고통을 받게 하지는 않겠다'고 했다고 하자. 이와 같이 보살이 어떤 의도를 가지고 생각하여 저 중생에 대해 혹은 선심善心이나 혹은 무기심無記心으로 그 일로 인해 생겨날 모든 일들을 잘 알고 그를 미래의 나쁜 과보로부터 구제하기 위해 매우 부끄러워하는 마음을 품고 있으면서도 그를 불쌍하게 여기는 마음에 의해 그의 생명을 끊는다고 하자. (그렇게 한다고 해도) 이러한 인연으로 말미암아 보살계를 위반하는 일은 없고 오히려 많은 공덕을 낳게 된다.[5]

若諸菩薩。安住菩薩淨戒律儀。善權方便。爲利他故。於諸性罪。少分現行。由是因緣。於菩薩戒。無所違犯。生多功德。謂如菩薩。見劫盜賊。爲貪財故。欲殺多生。或復欲害大德聲聞獨覺菩薩。或復欲造多無間業。見是事已。發心思惟。我若斷彼惡衆生命。當墮地獄。如是[1)]其不斷。無間業成。當受大苦。我寧殺彼。墮於那落迦。終不令其。受無間苦。如是菩薩。意樂思惟。於彼衆生。或以善心。或無記心。知是事已。爲當來故。深生慚

---

4 무간업無間業 : 이숙과異熟果가 결정되고 더 이상 다른 법이 개입할 틈이 없는 업, 죽음 이후 조금의 시간적 간격도 없이 바로 지옥에 떨어지도록 하는 업, 조금의 빈틈도 없이 고통을 받는 지옥에 떨어지도록 하는 업 등의 다양한 뜻이 있는데, 본서에서는 세 번째의 뜻으로 쓰였다. 무간업의 구체적인 내용은 동일하게 오역죄五逆罪로 일컬어지니, 어머니를 죽이는 것, 아버지를 죽이는 것, 아라한을 죽이는 것, 화합된 승가를 무너뜨리는 것, 악심惡心으로 부처님의 몸에서 피가 나게 하는 것 등이다.
5 『瑜伽師地論』 권41(T30, 517b).

愧。以憐愍心。而斷彼命。由此因緣。於菩薩戒。無所違犯。生多功德。

1) ㉔ '是'는 잉자인 듯하다.

문 살생의 업도業道는 언제 성취되는가? 살해를 당하는 대상이 사유死有[6]의 상태에 있을 때, 살생하는 사람이 근본업도根本業道[7]를 이루는 것인가, 아니면 상대방이 죽은 후에 업도를 이루는 것인가?

해 결정코 (상대방이) 죽은 후에야 비로소 업도가 성취된다. 만약 사유에 머물 때 업도가 성취된다고 한다면, 살해하는 사람과 살해 당하는 사람이 동시에 죽었을 때도, 또한 업도가 성취된다고 해야 할 것인데, (살해하는 사람이 동시에 죽었을 때에도 업도가 이루어진다고 하는) 그러한 주장은 인정되지 않는다. (이러한 문제가 발생하기) 때문에 상대방이 죽은 후에야 비로소 업도가 성취된다는 것을 알 수 있다.

問。殺生業道。於何時成。爲所殺生。住死有。能殺生者。成根本業道。爲彼死後。成業道耶。解云。決定。死後。方成業道。若住死有。成業道者。能殺與所殺。俱時捨命。亦應業道成。而不許殺。[1] 故知。死後。方成業道。

1) ㉔ '殺'은 '然'의 오사이다. 『대정장』 권85에 수록된 돈황본 『梵網經述記』 1권은 승장의 『梵網經述記』와 문장이 꼭 같지는 않지만, 거의 유사한 문장이 많고, 내용에 있어서는 거의 차이가 없을 정도로 유사하다. 역자는 아직 이에 대해 연구한 글을 보지 못했지만, 이 책은 승장과 큰 관련이 있을 것으로 보인다. '殺'을 '然'의 오자로 본 것은, 첫째 문맥상 '殺'은 타당하지 않고, 둘째 돈황본의 본문에 동일한 문장이 실려 있는데, '然'이라 했기 때문이다. "解云 決定死後 方成業道 若住死有時 成業道者 能殺與所殺 俱時捨命 亦應成業道 而不許然"(T85, 743b).

6 사유死有 : 수명이 끊어지려는 찰나의 존재를 일컫는 말.
7 근본업도根本業道 : 예를 들면 살생을 할 때, 죽일 대상을 고르는 것 등은 예비적 행위로서 가행加行이라 하고, 실제로 죽이는 것은 본격적인 행위로서 근본根本이라 하며, 죽이고 나서 칼로 베거나 하는 것은 부수적 행위로 후기後起라고 한다. 여기에서 근본업도란 그러므로 실제로 살생하는 행위가 이루어지는 것을 말한다.

어떤 사람은 이렇게 주장하였다. 〈살바다부에 의거하여 말하자면 앞에서 서술한 것과 입장이 같아서 다르지 않다. 대승에 의거하면 살해를 당한 유정이 사유의 상태에 머물 때 살생한 사람은 업도를 얻는다. 그 이유는 무엇인가? 과거는 체體가 없으니, (이미 죽은 후에야 업도를 이룬다면) 어떤 유정을 상대로 하여 업도가 성취될 수 있겠는가? 그러므로 살해를 당한 사람이 사유의 상태에 머물 때, 살해한 사람이 업도를 성취할 수 있다. 실체로서의 중생이라든가 실체로서의 명근命根(목숨)은 없지만 화합된 것을 무너뜨리기 때문에 업도業道를 성취하는 것이다.『미륵소문경론』제2권에서 '문 살해할 만한 목숨이라는 것이 없는데, 어떻게 목숨을 끊어 살생죄를 짓겠는가? 답 비록 실체로서의 목숨은 없다고 해도, 화합하여 이루어진 체體를 끊어 없앤 것이니 살생이라 할 수 있다. 문 그렇다면 어떤 시기의 온蘊을 해치는 것을 살생이라 하는 것인가? 과거의 온은 해칠 수 없으니 이미 멸하여 없어졌기 때문이다. 미래의 온도 해칠 수 없으니 아직 생겨나지 않아 없는 것이기 때문이다. 현재의 온도 해칠 수 없으니 찰나마다 머물지 않아 해치는 연緣을 기다리지 않고 저절로 소멸하기 때문이다'8라고 하였다.〉

해 현재세現在世에서 칼 등의 연緣 때문에 미래의 온蘊을 막음으로써 목숨이 생기하지 않기 때문에 살생이라 한다. 예를 들면『미륵소문경론』에서 "어떤 사람이 말하기를 '현재세에 머물러 미래세에 일어날 화합에 의

---

8 『彌勒所問經論』 권4(T26, 250b). 승장은 권2라 했으나, 『대정장』에는 권4이다. 본서는 『大寶積經』 41회인 「彌勒菩薩問八法會」에 대한 주석서이다. 승장의 인용문은 『彌勒所問經論』에 나오는 해설 부분이므로, 『彌勒所問經』을 『彌勒所問經論』으로 고쳤다. 단 뒤에서 승장이 『彌勒所問經論』을 인용하면서 『彌勒所問論』이라 하고 있는 점을 생각할 때, 그 자신은 『彌勒所問經』과 『彌勒所問論』을 의식적으로 구별하여 쓰고 있는 것으로 보이기도 한다. 그러나 현재 두 가지가 별도로 전해지지 않고, 그 내용에 있어서도 『彌勒所問經』이라고 하여 인용한 부분은 주석에 해당하기 때문에 양자를 동일한 것으로 보았다.

해 생겨나는 음陰의 체體를 무너뜨린다'고 하였다."⁹고 한 것과 같다.

有言。依薩婆多云。如前無異。若依大乘。所殺有情。住死有時。能殺生者。得業道。所以者何。過去無體。對何有情。得成業道。故知。所殺。住死有時。能殺生者。得成業道。無實衆生及實命根。而壞和合故。成道業¹⁾彌勒所問經第二卷云。問。無命可殺。云何斷命得罪。²⁾答。雖無實命。斷和合體。名爲殺生。問。害何世蘊。名爲殺生。過去不可害。已滅無故。未來不可害。未生無故。現在不可害。刹那不住。不待害緣。自然滅故。解云。以現在世。刀等緣故。遮未來蘊。命不生起。故言殺生。如彌勒所問論云。有人。說言。住現在世。壞未來世和合陰體。

1) ㉠ '道業'은 '業道'이다. 2) ㉠ 『彌勒所問經論』에 따르면 '罪' 앞에 '殺生'이 누락되었다.

문 스스로 목숨을 끊으면 업도가 이루어지는가?
해 업도가 이루어지지 않는다.

問。自斷命者。成業道不。解云。不成業。

그러므로 『미륵소문경론』에서 다음과 같이 말하였다.

故彌勒所問論云。

문 어떤 이치에 의해 스스로 목숨을 끊는 것은 죄보罪報를 얻지 않는 것인가?
답 살생할 만한 대상과 살생하는 주체가 없기 때문이다. 이는 어떤 이

---

9 『彌勒所問經論』 권4(T26, 250b).

치를 밝힌 것인가? 타인이 있다면 죽일 수 있는 사람이 있는 것이니, 이를 살해하는 사람은 살생죄를 얻을 수 있다. 그러나 스스로 목숨을 끊은 사람은 죽일 만한 대상이 없고, 그러한즉 다시 죽이는 사람도 없다. 그러므로 스스로 목숨을 끊을 경우는 악한 과보를 얻지 않는다.

문 스스로 자신을 살해한 사람도, 살해하는 마음을 일으키고 사람의 목숨을 끊어 오음五陰을 파괴하고 이로써 인간 세상을 떠나도록 하는 것이어서 살생의 업이 성취되는 것인데, 어찌하여 살생의 죄보를 얻지 않을 수 있겠는가?

답 이러한 주장이 성립되려면 아라한阿羅漢(성문의 四果 중 제4)도 살생죄를 얻어야 하는데, (그렇지 않기 때문에 이 주장은 옳지 않다). 이것은 어떤 이치를 밝힌 것인가? 사상아라한死相阿羅漢[10]은 스스로 그 몸을 해쳐서 자신의 목숨을 끊어 버리기 때문이다. (자살이 죄보를 얻는 것이라면) 그러한 아라한도 목숨을 끊은 죄를 획득해야 할 것인데 그러한 아라한은 죄가 없는 것으로 보니, 그 이유는 분노하는 마음을 떠났기 때문이다. (그러므로 자살은 죄보를 얻지 않는다.)[11]

問。以何義故。自斷命者。不得罪報。答。以無可殺者[1]故。此明何義。若

---

10 사상아라한死相阿羅漢 : 아라한을 근기의 차이에 의해 아홉 가지로 분류한 것 중 하나. 『成實論』 권1(T32, 246b)에 아라한을 퇴상退相·수상守相·사상死相·가진상可進相·주상住相·불괴상不壞相·혜해탈상慧解脫相·구해탈상俱解脫相·불퇴상不退相 등의 아홉 가지로 분류하고, 사상아라한은 "근기가 약간 수승하고, 존재에 대한 염증을 느끼는데, 삼매를 얻을 수 없기 때문에 무루無漏의 지혜가 현전現前하기 어렵다. 자신이 얻은 기쁨을 잃을 것을 두려워하여 죽기를 원한다."고 하였다. 그런데 부파불교의 논서에서 아홉 가지 아라한은 퇴법退法·사법思法·호법護法·안주법安住法·감달법堪達法·부동법不動法·불퇴법不退法·혜해탈慧解脫·구해탈俱解脫 등으로 명명되는데, 이 중 사상아라한에 해당하는 것은 사법아라한으로 자신이 증득한 법에서 물러날 것을 두려워하여 자살로써 이를 보존하려고 생각하는 아라한이라 정의된다.
11 『彌勒所問經論』 권4(T26, 249c). 문장의 일부 글자는 누락되기도 하였으나 문맥에 지장이 없으므로 굳이 밝히지 않는다. 이하 동일한 방식을 적용한다.

有他人。是可殺者。能殺生人。得殺生罪。以自殺者。無可殺境。卽更無殺者。故自斷命。不得惡報。問。自殺身。發起殺心。斷人命根。破壞五陰。捨離人趣。殺業成就。何不得殺生罪報。答。若爾。阿羅漢人。應得殺生罪。此明何義。以死相²⁾羅漢。自害其身。斷己命故。彼阿羅漢。亦應獲得斷命之罪。而彼無罪。以離嗔心故。

1) ㉭ 『彌勒所問經論』에 따르면 '可殺者'는 '可殺殺者'이다. 2) ㉭ '死相'은 오사인 것 같다. ㉔ 원문 교감주는 옳지 않다. 첫째, 『彌勒所問經論』 본문에 '死相'이라는 단어가 들어가 있다. 둘째, '死相'은 다음 주석에 나오는 것처럼 여러 아라한 중 하나이다. 이 문장에서 아라한을 '사상아라한'으로 제한하지 않는다면, 이 문장 전체의 의미가 나타나지 않는다. 여러 아라한 중 특히 사상아라한을 문제 삼는 것이기 때문이다.

본문과 크게 연관이 없는 논의[12]는 이 정도에서 그치고, 바로 본문을 풀이한다. 여기[13]에 해당하는 본문은 열 구절이 있는데, 이는 셋으로 나눌 수 있다. 처음에 여섯 구절이 있으니, 이는 바로 살생하는 일을 풀이한 것이다. 다음으로 한 구절이 있으니, 이는 살생의 업을 밝힌 것이다. 뒤에 세 구절이 있으니, 이는 살생업殺生業의 인因을 밝힌 것이다.

傍論應止。正釋本文。此有十句。卽分三。初有六句。正釋殺事。次有一句。明殺業。後有三句。明殺生業因。

(a) 살생하는 일

이것은 살생하는 일이다. 살생하는 일에 여섯 가지가 있다. 첫째, 스스로 죽이는 것이니, 자신의 손으로 죽이는 것이다. 둘째, 다른 사람으로 하여금 죽이게 하는 것이니, 사람을 보내어 죽이게 하는 것을 말한다. 셋째,

---

12 "살생을 개괄적으로 논하면"에서부터 여기까지는 '살생에 대한 여러 논의의 선점적 이해' 정도로 보면 되겠다.
13 살생의 차별이라는 항목.

방편으로 살해하는 것이니, 약 등을 사용해서 죽이는 것이다. 넷째는 죽이는 것을 찬탄하는 것이고, 다섯째는 죽이는 것을 보고 따라서 기뻐하는 것이다. 죽이는 것을 찬탄하는 것과 죽이는 것을 보고 따라서 기뻐하는 것은 살생과 관련된 일에 있어서 동일한 부류의 것이니, 둘 모두 (직접 살생한 것은 아니기 때문에) 근본업根本業(실제로 죽이는 행위)이 되지는 않는다. 여섯째, 주문으로 살해하는 것이니, 비타라毗陀羅[14] 등과 같은 주문에 의해 살생하는 것을 말한다.

此卽第一明殺生事。殺生事有六。一者自殺。謂自手殺。二者敎人殺。謂遣使殺。三者方便殺。謂藥等。四者讚嘆殺。五者見殺隨喜。此中。讚嘆隨喜。是殺同類。非根本業。六者呪殺。謂毗阿[1]羅等。

1) ㉠ '阿'는 '陀'이다.

(b) 살생의 업

경의 "살생하는 행위" 이하는 두 번째[15]로 살생하는 행위를 밝히는 것이다. 신체와 손을 움직이는 것을 살생하는 행위라 한다.

經曰殺業者自下。爲[1]第二明其殺業。謂動身手。名爲殺業。

1) ㉠ '爲'는 잉자인 듯하다.

---

14 비타라毗陀羅 : ⓈVetāla의 음사어. 죽은 시체를 일으켜 세워 만든 귀신을 일컫는 말. 이러한 목적을 성취하기 위해 외우는 주문을 비타라주毘陀羅呪라 한다.
15 이를 두 번째로 보는 것은 『한불전』에 인용된 『梵網經』 본문의 순서와는 어긋난다. 여기에선 "살생의 인과 살생의 연과 살생의 법" 다음에 "살생하는 행위(業)"가 나오기 때문이다. 『한불전』에 인용된 『梵網經』과 일치하는 『대정장』의 『범망경』 원문 해당부분의 미주에서 여러 판본에 '殺業'을 앞에 두었음을 밝히고 있으며, 『法苑珠林』 권89(T53, 937a)에서 『梵網經』을 그대로 인용하면서 '殺業'을 앞에 두고 있다. 이는 판본의 차이에 의한 것으로 보인다.

(c) 살생업의 인연을 밝힘

경의 "살생의 법, 살생의 인, 살생의 연"16 이하는 세 번째로 살생의 인연을 밝힌 것이다. "살생의 법"은 삿된 법을 말한다. 이러한 삿된 법에 의지하여 살생을 행하기 때문에 살법殺法이라 한다. 예를 들면 양羊을 죽여 하늘에 제사지내면 죽어서 하늘에 태어난다고 하는 것을 말한다. '살생의 인'은 죽이려는 생각과 번뇌 등을 살생의 인이라 한다. '살생의 연'은 활·화살 등과 같은 살생의 도구를 말한다. 간접적 원인을 연緣이라 하고, 직접적 원인을 인因이라 한다. 혹은 다른 사람의 핍박으로 말미암아 살해하는 행위를 하면 그 다른 사람이 연緣이 된다.

經曰殺法殺因殺緣者自下。第三句明殺因緣。言殺法者。謂卽耶[1]敎。依此耶法。行殺生故。卽爲殺法。如說。羊[2]祠天。命終生天。言殺因者。謂欲殺思及煩惱等。名爲殺因。言殺緣者。謂弓箭等。遠者名緣。親卽名因。或由他所逼。而行殺業。他卽名緣。

1) ㉠ '耶'는 '邪'와 같은 글자이다. 본서는 '邪'와 '耶'를 혼용하고 있다. 이후 일일이 밝히지 않는다. 2) ㉲ '羊' 앞에 '殺'이 누락된 듯하다.

b) 죽이는 대상을 밝힘

경의 "모든 생명이 있는 것들을" 이하는 두 번째로 살해되는 대상을 밝힌 것이다. 그 대상은 (업보의 크기에 따라) 세 가지로 분류된다. 상품과 중품과 하품이 그것이다. 『열반경』 제15권에서는 상품에 해당하는 고통을 과보로 받는 살해의 대상(上殺)은 부모에서부터 아라한·벽지불·필정보살畢定菩薩17 등에 이르기까지이고, 중품에 해당하는 고통을 과보로

---

16 『한불전』에 수록된 『梵網經』 원문과 차이가 있다. p.232 주 15를 참조할 것.
17 필정보살畢定菩薩 : 위없는 보리를 구하려는 마음에서 결정코 물러나지 않아 끝내 반드시 불도佛道를 성취하는 보살. 곧 성불할 것이 정해진 보살.

받는 살해의 대상(中殺)은 범부에서부터 아나함阿那含(성문의 四果 중 제3)의 지위에 도달한 수행자에 이르기까지이니, 이를 가리켜 중품에 해당하는 고통을 과보로 받는 살해의 대상이라 하며, 하품에 해당하는 고통을 과보로 받는 살해의 대상(下殺)은 (지옥·축생·아귀餓鬼) 등의 삼취三趣 중생이라고 한다.[18]

> 經曰乃至一切有命者自下。第二明其所殺。然有其三品。謂上中下故。涅槃經第十五言。上殺者。父母。乃至阿羅漢辟支佛畢定菩薩。中殺者。從凡夫人。乃至阿那含。是名中殺。下殺者。謂三趣也。

해 이 교설의 뜻은 다음과 같다. 부모·부처님·아라한·벽지불·해행解行 이상[19]의 경지에 도달한 보살[20] 등을 죽이는 것을 상품의 살해라 하니, 살해할 경우 역죄逆罪[21]가 성립되기 때문이다. 혹은 십해十解 이상을 필정 보살이라 할 수 있다. (위없는 보리를 구하려는 마음에 머물러) 물러나지 않기 때문이다. 혹은 초지初地 이상의 보살을 필정 보살이라 할 수 있다.

---

18 『大般涅槃經』 권15(T12, 702c)의 취의 요약이다.
19 이는 필정 보살을 보살 수행의 계위에 배대하여 설명한 것이다. 언뜻 보면 '해행'을 보살 수행 계위 중 십해十解(十住)와 십행十行을 함께 일컫는 말로 생각할 수 있지만, 이렇게 볼 경우 바로 뒤에서 "혹은 십해 이상을 필정 보살이라고 한다."고 한 것과 내용상 구별되지 않는다. 십해 이상이란, 결국 십해와 십행을 포함하기 때문이다. 이 때문에 여기서의 해행을 십해·십행의 약자로 보기는 어렵다. 『大乘起信論』(T32, 580b)에서 보살을 발심發心에 의해 셋으로 분류하여, 첫째 신성취발심信成就發心, 둘째 해행발심解行發心, 셋째 증발심證發心 등이라 하였다. 여기서 해행발심이란 법공法空의 이치를 잘 알고, 육바라밀六波羅蜜을 닦는 것을 말한다. 이것과 보살의 계위의 관계는 주석자마다 다른데, 원효元曉는 『大乘起信論疏』(T44, 219b)에서 차례대로 (1) 십신·십주→(2) 십행·십회향→(3) 십지 등으로 배대하였다. 이것을 따를 때 해행이란 십행과 십회향의 보살이고, 해행 이상이란 십행의 제1 환희행歡喜行 이상의 보살을 가리킨다.
20 필정 보살을 구체화한 것.
21 역죄逆罪: 무간지옥無間地獄에 떨어지는 과보를 받을 정도의 극악極惡한 죄.

해행 보살[22]은 (위없는 보리를 구하려는 마음에서) 물러나기도 하고 물러나지 않기도 하여 모두 (그 마음이 견고하게) 결정되지 않았기 때문이다. 제8지 이상의 계위에 이른 보살을 '필정'이라 하는 경우도 있다. 모든 번뇌가 필연코 일어나지 않기 때문이다.

아라한 이하의 세 가지 과果를 성취한 수행자[23]와 범부를 살해했을 경우는 중죄이기는 하지만 역죄는 성립되지 않는다. 이 경의 뒷부분에서 성인을 살해한 이를 역죄를 저지른 사람이라고 하였다.[24] 아라한·벽지불·필정 보살을 모두 아울러 성인이라 하니, (아라한 이하의 세 과를 성취한 수행자와 범부는 성인의 범주에 들어가지 않기 때문에 이들을 죽이는 것으로는 역죄가 성립하지 않는다).

삼악취의 중생을 살해하는 것에 대해서는 본래 두 가지 해석이 있다.

한 가지 해석은 다음과 같다. 〈삼악도의 중생을 살해하는 것은 오직 경죄이고 중죄가 아니다. 그러므로 『사분율』에서 오직 사람을 살해하는 것만이 바라이죄가 성립되는 것[25]이라고 하였으니, 이 삼악취의 중생은 불도를 성취할 수 있는 근기를 갖추지 못했기 때문이다.〉

또 한 가지 해석은 다음과 같다. 〈방생傍生(畜生) 등을 살해하는 것은 중죄이고 경죄는 아니다. 그 이유는 무엇인가? 보살은 모든 유정에 대해 자비롭고 평등하게 대하여 뛰어난 것과 하열한 것을 차별하지 않기 때문이다.〉

비록 두 가지 해석이 있지만 나중의 설이 뛰어난 것이다. 그러므로 이 경에서도 (나중의 설과 그 취지를 같이하여 살해해서는 안 되는 대상을

---

22 해행 보살 : 십행과 십회향의 보살.
23 성문聲聞이 증득하는 네 가지 과위果位 중 최고의 과위에 도달한 성자인 아라한을 제외한 나머지 셋, 곧 제1 수다원須陀洹(預流)·제2 사다함斯陀含(一來)·제3 아나함阿那含(不還) 등을 일컫는 말.
24 『梵網經』(T24, 1008c)에서 일곱 부류의 역죄인逆罪人 중 하나로 성인을 살해한 이를 들었다.
25 『四分律』 권2(T22, 575c).

사람에 한정하지 않고) '생명이 있는 모든 것'이라고 하였다. (이렇게 두 가지 해석이 있어) 같지 않지만, 『사분율』 등에서는 또한 성문계聲聞戒[26]를 설하고 보살계를 논하지 않은 것이다. 그러므로 실질적인 의미에서는 서로 어긋나지 않는다.[27] 비록 두 가지 해석이 있지만 뒤의 해석이 뛰어난 것은, 앞의 주장처럼 (삼악취의 유정이라고 하여 경죄에 그친다면) 이는 자비의 정신에 어긋나는 것이기 때문이다.

解云。此中意說。殺父母佛阿羅漢辟支佛解行以上諸菩薩等。是名[1]殺。殺成逆故。或可十解以上。乃名畢定菩薩。不退轉故。或可初地以上菩薩。名畢定菩薩。解行菩薩。退與不退。皆不定故。有諸八地以上菩薩。乃名畢定。一切煩惱。必不起故。殺下三果及凡夫。成重非逆。而此經下云。聖[2]人者。名逆者。竝阿羅漢辟支佛畢定菩薩。名爲聖人。殺三惡趣。自有兩釋。一云。殺三途生。唯輕非重。故四分去[3] 唯說殺人。犯波羅夷。謂此三趣。非道器故。一云。殺傍生等。成重非輕。所以者何。謂諸菩薩。於諸有情。慈悲平等。無勝劣故。雖有兩釋。後說爲勝。故此經云。一切有命者。不同。四分等中。且說聲聞。不論菩薩戒。故不相違。雖有兩釋。後釋爲勝。違慈悲故。

1) ㉙ '名' 뒤에 '上'이 누락된 듯하다. 2) ㉙ '聖' 앞에 '殺'이 누락된 듯하다. 3) ㉠ '去'는 '云'이다.

c) 살생해서는 안 된다는 것으로 끝을 맺음

경의 "고의로 죽여서는 안 된다." 이하는 세 번째로 살생해서는 안 된다는 것으로 끝을 맺은 것이다. 그 뜻은 쓰인 문장과 같으니 설명하지 않아도 알 수 있을 것이다.

---

26 성문계聲聞戒 : 비구계比丘戒·비구니계比丘尼戒를 일컫는 말.
27 앞의 것은 성문계에서의 교설이고, 뒤의 것은 보살계에서의 교설일 뿐이라는 말이다.

經曰不得殺者自下。第三結不得殺。如文可知。

b. 업도가 이루어지는 것을 밝힘

경 보살은 자비로운 마음과 효순하는 마음을 일으키고 항상 (그러한 마음에) 머물러 방편으로 (모든 중생을) 구호해야 하거늘

是菩薩。應起常住慈悲心孝順心。方便救護。

기 경의 "보살은~방편으로 구호해야 하거늘" 이하는 두 번째로 업도를 이루는 것을 맺었다. 이 중에 두 가지가 있다. 첫째 자비로운 마음을 일으켜야 함을 밝혔고, 둘째 업도가 이루어지는 것을 밝혔다.

經曰是菩薩至方便救護者自下。第二結成業道。於中有二。初明應起慈心。後明成業道。

a) 자비로운 마음을 일으키는 것을 밝힘

여기는 첫 번째로 자비로운 마음을 일으키는 것을 밝힌 것이다. 『화엄경』「여래광명각품」에서 "낱낱의 중생을 구호하기 위해 아비지옥阿鼻地獄[28]에서 한량없는 겁 동안 불에 탔어도 마음은 청정하고 본래의 모습 그대로여서 가장 뛰어나네."[29]라고 하였다. '비悲'란 유정의 고통을 뿌리뽑는 것이고, '자慈'란 유정에게 즐거움을 주는 것이다. 이와 같은 두 가지는 무진無瞋(분노하지 않는 것)과 불해不害(해치지 않는 것)를 자성으로 삼는다.

---

28 아비지옥阿鼻地獄 : 팔열지옥八熱地獄의 하나. '아비'는 ⑤Avīci의 음사어로 무간無間이라 한역한다.

29 60권본 『華嚴經』 권5(T9, 423b).

此卽第一明起慈心。如華嚴經。如來光明覺品。一一衆生故。阿鼻地獄中。無量劫燒煑。心淨如最勝。所言悲者。拔有情苦。慈者。與有情樂。如是二種。無瞋不害。以爲自性。

"방편으로 (모든 중생을) 구호하는 것"이란 보살들이 사방에서 중생을 구호하는 것을 말하고, 보살들이 방편을 통해 구원받을 곳이 없는 유정을 구호하는 것을 말한다. 여기에서 '구원받을 곳이 없다'는 말은 고독孤獨[30]한 것을 말한다.『십지경론』제5권에서 "여기에서[31] '구원받을 곳이 없다'는 말은 고독하기 때문이니, 고독하여 구원받을 곳이 없는 것에 아홉 가지가 있다. 첫째, 항상 가난한 것이니, 이를 고독하여 구원받을 곳이 없는 것이라 한다. 둘째, 삼독三毒(탐욕·분노·어리석음)의 불꽃이 훨훨 타올라 그치지 않는 것이니, 이를 고독하여 구원받을 곳이 없는 것이라 한다. 셋째, 삼유三有[32]의 견고한 감옥에 갇힌 것이니, 이를 고독하여 구원받을 곳이 없는 것이라 한다. 넷째, 항상 번뇌와 온갖 악이 빽빽한 숲처럼 뒤덮고 있으니, 이를 고독하여 구원받을 곳이 없는 것이라 한다. 다섯째, 바르게 진리를 관찰하는 힘이 없으니, 이를 고독하여 구원받을 곳이 없는 것이라 한다. 여섯째, 선법을 멀리 여의어 마음에 기쁨과 즐거움이 없는 것이니, 이를 고독하여 구원받을 곳이 없는 것이라 한다. 일곱째, 여러 부처님의

---

30 고독孤獨 : 정영사 혜원慧遠은『十地義記』권4본(X45, 139c)에서 "세속의 사람들은 아버지가 없는 것을 '고'라 하고, 자식이 없는 것을 '독'이라 한다. 고독하기 때문에 고통을 당해도 구해 줄 사람이 없다. 중생도 이와 같아서 부처님과 보살이라는 자애로운 아버지를 멀리하는 것을 '고'라 하고, 자신에게 착한 종자가 없으면 이것을 '독'이라 한다. 고독하기 때문에 고통스러운 상황에 처해도 구원을 받을 곳이 없다.(世間之人 無父曰孤 無子稱獨 以孤獨故 逢苦無救 衆生如是 遠佛菩薩慈父 名孤 自無善子 說之爲獨 以孤獨故 在苦無救)"고 하였다.
31『十地經』의 본문을 가리킨다. 이 부분은 그에 대한 해석을 실은 부분이다.
32 삼유三有 : 욕계의 존재(欲有)·색계의 존재(色有)·무색계의 존재(無色有) 등을 일컫는 말이다.

미묘한 법을 잃어버린 것이니, 이를 고독하여 구원받을 곳이 없는 것이라 한다. 여덟째, 그리하여[33] 항상 세간世間(生死와 같은 뜻으로 쓰임)의 물결을 따르는 것이니, 이를 고독하여 구원받을 곳이 없는 것이라 한다. 아홉째, 열반의 방편을 잃는 것이니, 이를 고독하여 구원받을 곳이 없는 것이라 한다."[34]고 한 것과 같다. 나머지 자세한 것은 그곳에서 설한 것과 같다.

해 보살은 이와 같은 아홉 가지의 구원받을 곳이 없는 유정을 구호할 수 있기 때문에 '방편으로 구호한다'고 한다. (이를 구체화하면) 사섭四攝이라는 방편으로 (중생을 구호한다.) 첫째 보시를 하는 것이고, 둘째 좋은 말을 해 주는 것이며, 셋째 이로운 행위를 하는 것이고, 넷째 (고통과 즐거움, 좋아하는 것 등을) 함께하는 것이다. 자세한 것은 『유가사지론』「보살지」에서 설한 것과 같다.

方便救護者。謂諸菩薩。四方。救護衆生。謂諸菩薩方便。救護無救有情。言無救者。謂以孤獨故。如十地論第五卷云。是中無救者。以孤獨故。孤獨無救。有九種。一恒常貧窮。孤獨無救。二三毒之火。熾燃不息。孤獨無救。三有[1]牢固之獄。孤獨無救。四常爲煩惱諸[2]稠林所覆。孤獨無救。五無正觀力。孤獨無救。六遠離善法。心無喜樂。孤獨無救。七失諸佛妙法。孤獨無救。八而常隨順世間水流。孤獨無救。九失涅槃方便。孤獨無救。廣說如彼。解云。菩薩。能救如是九種無救有情。故言方便救護。四攝方便。一者布施。二者愛語。三者利行。四者同事。廣如瑜伽菩薩地說。

---

1) ㉔『十地經論』에 따르면 '三有' 앞에 '三閉在'가 누락되었다.　2) ㉔『十地經論』에 따르면 '諸' 뒤에 '惡'이 누락되었다.

---

33 동본이역인 60권본 『華嚴經』 권25 「十地品」(失佛妙法 而常隨順生死水流 : T9, 551b)에 의거하여 일곱 번째에 이어지는 것으로 풀었다.
34 『十地經論』 권5(T26, 154b).

b) 업도가 이루어지는 것을 밝힘

경 도리어 스스로 마음이 내키는 대로 즐거운 생각으로 살생한 다면 이는 보살의 바라이죄波羅夷罪[35]에 해당한다.

而反更自恣心快意殺生。是菩薩波羅夷罪。

기 경의 "도리어 스스로 마음이 내키는 대로 즐거운 생각으로 살생한다면" 이하는 두 번째로 업도가 맺어지는 것을 밝힌 것이다. 다섯 가지 조건으로 말미암아 살생의 업도가 이루어진다.

經曰[1]是至而自恣心快意殺生自下。第二明結業道。由五緣故。得殺業道。

1) ㉠ '經曰' 이하에 오사가 있는 듯하다. ㉡ 본서의 일관된 서술 방식에 따르면 '經曰' 다음에는 경의 본문이 나오는데, 여기에서는 '經曰 是至 而自恣心'이라고 하여, '是至'가 덧붙여졌다. '是至'는 잉자이고 '而' 뒤에 '反更'이 누락되었다.

이는 『유가사지론』 제59권에서 설한 것과 같다.

如瑜伽論五十九云。

다시 열 가지 악도의 자성에 있어서의 차별을 자세하게 건립하면, 다시 다섯 가지 상相으로 말미암아서 (건립할 수 있으니), 그 다섯 가지는 무엇인가? 첫째 사事(대상으로 삼는 것)이고, 둘째 상想(생각)이며, 셋째 욕락欲

---

[35] 바라이죄波羅夷罪 : 바라이는 빠라지까(S·P pārājika)의 음사어. 계율 중에서 가장 무거운 죄. 성문계인 비구의 250계 중에서는 최초의 4조항을 가리키고, 보살계에서는 십중계를 가리킨다. 단두斷頭·타법墮法·악법惡法·타락墮落·타승他勝·타승처他勝處 등으로 한역한다. 이 죄를 저지르면 교단으로부터 영원히 추방되어 다시는 비구가 될 수 없는 처벌을 받는다.

樂(욕구·의지)이고, 넷째 번뇌이며, 다섯째 방편구경方便究竟(방편이 성취되는 것)이다.…(중략)…(이제 열 가지 악도의 자성에 있어서의 차별을 다섯 가지 상에 의해 자세하게 건립하면 다음과 같다.) 살생의 업도는 유정수有情數(생명을 지닌 것)의 중생을 사事로 삼는다.[36] 만약 살해하는 자가 (자신이 죽이려는) 중생이 있는 곳에서 (자신이 죽이려는 바로 그) 중생이라는 생각을 하면서 생명을 해치려는 욕구를 일으킨다면, 이러한 생각(想)을 곧 그 중생에 대해 전도되지 않은 생각[37]이라고 한다. 이러한 생각에 의지하기 때문에 이와 같은 마음을 내어 '나는 장차 살해할 것이다'라고 한다면 이것을 살해의 욕락이라고 한다. 이 살생하는 이가 탐욕에 의해 가려졌거나, 혹은 분노에 의해 가려졌거나, 혹은 어리석음에 의해 가려졌거나, 혹은 이 가운데 두 가지에 의해 가려졌거나, 혹은 세 가지 모두에 의해 가려졌거나 한 상태에서 (그러한 것에 의지하여) 살해하려는 마음을 일으킨다면 이것을 번뇌라고 한다. 저 욕락과 염오심으로 말미암아 혹은 스스로 혹은 다른 사람을 시켜서 방편을 일으켜서 중생을 해치되, 만약 해치는 것과 동시에 상대방이 바로 목숨이 끊어지면, 곧바로 이 방편은 바로 그때에 업도를 성취하여 완성했다고 한다. 만약 나중에 상대방이 비로소 목숨이 끊어진다면, 이 방편으로 말미암아 상대방이 목숨이 끊어졌을 때, 이에 비로소 이를 업도를 성취하여 완성했다고 한다.[38]

---

[36] 비유정수非有情數(생명이 없는 존재), 곧 무생물은 칼로 해쳐도 살생의 업도가 이루어지지 않기 때문이다.
[37] 나무를 사람인 줄로 알고 죽였다면, 이 생각 자체는 사실에 기초할 때 잘못된 것이므로 전도顚倒(거꾸로 된 생각)라고 할 수 있다. 그런데 사람을 사람이라고 생각하고 살해한다면, 이 생각 자체는 사실에 기초할 때 잘못된 것이 아니므로 전도되지 않은 것이라 한다.
[38] 『瑜伽師地論』 권59(T30, 630a).

復次。若廣建立十惡道自性差別。復由五相。何等爲五。一事。二想。三欲樂。四煩惱。五方便究竟。殺生業道。以有情數衆生爲事。若能害者。於衆生所。作衆生想。起害生欲。此想卽名於彼衆生名不顚倒想。依此想故。作如是心。我當殺害。如是。名爲殺欲樂。此能害者。或貪所蔽。或嗔[1]所蔽。或癡所蔽。或二所蔽。或三所蔽。而起作心。是名煩惱。彼由欲樂及染汙心。或自或他。發起方便。加害衆生。若害無間。彼便命終。卽此方便。當於爾時。說名成就究竟業道。若於後時。彼方命終。由此方便。彼命終時。乃至[2]名成就究竟。[3]

1) 엄『瑜伽師地論』에 따르면 '嗔'은 '瞋'이다. 뜻은 동일하다. 2) 엄『瑜伽師地論』에 따르면 '至'는 잉자이다. 단 『대정장』의 미주에서 명본明本에 따르면 '乃'를 '至'라고 하였다. 현재 『한불전』의 원문은 '乃'와 '至'를 모두 쓰고 있다. 3) 엄『瑜伽師地論』에 따르면 '成就究竟' 뒤에 '業道'가 누락되었다.

해 전도된 생각이란, 왕王씨를 죽이려고 했는데 실수로 장張씨를 죽이는 것 등과 같은 것을 말한다. 중생을 살해하는 것 중에 실수로 중생을 나무 그루터기라고 여겨서 살해한 경우가 있는데, 이것에 대해서 세 학자의 해석이 있다.

첫 번째 학자의 주장은 다음과 같다. 〈중생을 죽인 것이므로 어떤 경우이든 업도를 이룬다.〉

두 번째 학자의 주장은 다음과 같다. 〈만약 이곳에 본래 나무 그루터기가 없었다면, (나무 그루터기인지 중생인지의 여부를) 자세히 살폈어야 하니, 만약 자세히 살피지 않고 단행한 것이라면 근본업을 이룬다. 만약 이곳에 본래 나무 그루터기가 있었는데, 어떤 사람이 갑자기 나무 그루터기가 있던 자리에 그것을 대신하여 서 있었을 때, (사람임에도 불구하고 알아차리지 못하고 그것에서) 나무의 모습을 보고 베어 내려고 하다가 (사람을 죽였을 경우는) 중죄重罪(바라이죄)가 성립되지 않는다.〉

세 번째 학자는 다음과 같이 주장한다. 〈경죄이고 중죄가 아니다. 업도

도 성립되지 않는다.〉

비록 세 가지 설이 있지만 나중의 설이 가장 뛰어나다. 모든 종류의 실수에 의한 살생은 업도를 이루지 않으니, 연緣(간접적 조건)을 갖추지 못했기 때문에 살해하지 않은 것과 같다. 실수로 살해한 것은 연을 갖추지 못했으니 업도를 이루지 않는다.

解云。若顚倒相。[1] 謂如欲殺王。誤殺張等。於殺生中。誤謂爲杌。於中有三釋。一云。殺衆生故。成業道。第二師云。若此處中。本來無杌。應須詳審。不詳審斷者。成根本業。若此處中。先有杌。人忽補杌處。以木相斫。卽非成重也。第三師云。正輕非重。亦非業道。雖有三說。後說爲勝。謂一切誤殺。不成業道。以闕緣故。如不殺者。誤殺。是闕緣。不得成業道。

1) ㉮ '相'은 '想'이다.

그러므로 『유가사지론』 제9권에서 다음과 같이 설했다.

故瑜伽論第九卷云。

작용에 있어서의 전도란, 예를 들면 어떤 사람이 여타의 중생을 살해하려는 마음을 일으키고, 실수로 그가 아닌 다른 중생을 죽였다면, 이 가운데 비록 살생이라는 행위는 있었지만 살생의 죄는 없음을 알아야 한다. 그러나 살생의 종류는 있었기 때문에 살생과 유사한 동분의 죄(殺生相似同分罪)는 생겨난다. 만약 실수로 그 여타의 유정을 죽이는 일은 하지 않았지만, 비정非情을 (실수로 유정으로 알아) 칼과 지팡이를 휘두르고 나서, '내가 살생했다'고 한다면, 이 가운데 살생이라는 행위는 있지 않았고, 따라서 살생의 죄도 없음을 알아야 한다. 그러나 살생의 종류는 있었기 때문에 살생과 유사한 동분의 죄는 생겨난다. 살생의 업도처럼 이와 같이 불여취不與取[39] 등과 같은 모든 업도의 경우도 그 응하는 것을 따라 작용의 전도가 있으니, 이것에 대해서도 알아야 한다.[40]

作用顚倒者。謂如有一。於餘衆生。思欲殺害。誤害餘者。當知。此中。雖有殺生。無殺生罪。然有殺生種類。殺生相似同分罪生。若[1)]誤殺其餘衆生。殺生[2)]殺[3)]於非情。如[4)]杖己。[5)]謂我殺生。當知。此中。無有殺生。無殺生罪。然有殺生種類。相[6)]似同分罪生。如殺生業道。如是不與取等。一切業道。隨其所應。作用顚倒。應知。

1) ㉢『瑜伽師地論』에 따르면 '若' 뒤에 '不'이 누락되었다. 2) ㉢『瑜伽師地論』에 따르면 '殺生'은 잉자이다. 3) ㉢『瑜伽師地論』에 따르면 '殺'은 '然'이다. 4) ㉢『瑜伽師地論』에 따르면 '如'는 '加刀'이다. 5) ㉢『瑜伽師地論』에 따르면 '己'는 '已'이다. 6) ㉢『瑜伽師地論』에 따르면 '相' 앞에 '殺生'이 누락되었다.

그런데 이 살생은 죄 중에도 지극히 무거운 것이기 때문에 십중계의 처음에 두었다.

然此殺生。罪中極重。是故爲初。

예를 들면 『대지도론』 제17권에서 다음과 같이 말하였다.

如大智度論第十七云。

다시 수행자는 생각한다. '나는 스스로 목숨을 아끼고 몸을 아낀다. 상대방도 또한 이와 같을 것이니, 나와 더불어 무엇이 다르겠는가? 그러

---

39 불여취不與取 : 주지 않은 것을 취하는 것. 곧 도둑질을 하는 것.
40 『瑜伽師地論』 권9(T30, 319a).

므로 살생하지 말아야 한다'…(중략)…다시 살생은 죄 가운데 그 죄가 무겁다. 왜냐하면 어떤 사람이 죽음 직전의 위급한 상황에 처하면 귀중한 보물도 아끼지 않고 다만 목숨을 보존하는 것을 선결 과제로 삼기 때문이다.…(중략)…부처님께서 난제가難提迦 우바새에게 말씀하셨다. '살생을 하면 열 가지 죄가 있다. 열 가지란 어떤 것인가. 첫째 마음에 항상 독기를 품어 세세생생 끊어지지 않고, 둘째 중생들이 증오하여 눈으로 보는 것을 좋아하지 않으며, 셋째 항상 나쁜 생각을 품고 나쁜 일을 생각하고, 넷째 중생들이 그를 두려워하여 마치 뱀이나 호랑이를 보듯이 대하며, 다섯째 잘 때에도 마음이 두려움에 휩싸이고 깨어서도 편안하지 않고, 여섯째 항상 악몽에 시달리며, 일곱째 임종할 때 미친 듯이 날뛰고 두려움이 가득하여 추악한 모습으로 죽고, 여덟째 단명할 업의 씨앗을 심으며, 아홉째 몸이 무너지고 목숨을 마친 후 지옥에 떨어지고, 열째 만약 지옥에서 벗어나 사람으로 태어난다고 해도 항상 단명한다.'[41]

復次。行者思惟。我自惜命愛身。彼亦如是。與我何異。以是之故。不應殺生。復次。殺爲罪中之重。何以故。人有死急。不惜重物[1] 但以活命爲先。佛語難提迦優婆塞。殺生有十罪。何等爲十。一者心常懷毒。世世不絶。二者衆生憎惡。眼不喜見。三者常懷惡念。思惟惡事。四者衆者畏之。如見蛇虎。五者睡時心怖。覺亦不安。六者常有惡夢。七者命終之時。狂怖惡死。八者種短命業因緣。九者身壞命終。墮泥梨中。十者若出爲人。常當短命。

---
1) ㉯『大智度論』에 따르면 '物'은 '寶'이다.

---
41 『大智度論』권13(T25, 155b). 원문에서는 '17권'이라 했다. 오자로 보기에는 뒤에 나오는 『大智度論』 인용문에서 밝힌 권수가 『대정장』에 수록된 『大智度論』과 일치하지 않는 부분이 너무 많기 때문에 본문은 그대로 두고 주석은 현행 『대장경』의 권수를 밝혔다. 이하 동일한 방식을 적용한다.

그러므로 이 가운데 보살은 모든 만행萬行을 행함에 있어서 자비를 가장 우선으로 삼는다. 그러므로 불살계不殺戒를 첫 번째 계로 삼는다.

故此中。菩薩。一切萬行。慈悲爲首。故不殺戒。爲第一戒。

문 보살이 한 생각만이라도 유루계有漏戒를 생각한다면 어느 정도의 복이 있는가?

해 처음 보리심을 발한 보살이 한 번이라도 미묘한 계(妙戒:菩薩戒)를 생각하면, 그 복은 이승의 무루정계無漏淨戒를 넘어서니, 하물며 다른 이생異生(범부)이 지닌 온갖 계들에 견주겠는가. 그러므로 『대반야경』 제586권에서 "또 만자자여, 가령 이 세간의 온갖 유정들이 모두가 십선의 업도(十善業道)를 성취하더라도 그들의 모든 계율을 위없는 보리의 마음을 일으킨 보살들이 처음 발심할 때의 하나의 보살계에 비교하건대, 백분의 일에도 미치지 못하고 내지 오파니살담분의 일에도 미치지 못한다.…(중략)…만자자가 사리불에게 물었다. '어찌하여 보살의 유루정계有漏淨戒가 이승의 무루정계보다 뛰어난 것인가?' 사리불이 대답하였다. '성문·독각 등의 무루정계는 오직 자신의 이익을 추구하여 열반으로 회향하지만, 보살의 모든 청정한 계는 한량없는 중생을 두루 제도하여 번뇌에서 벗어나게 하고, 위없고 바르고 평등한 보리로 회향하도록 한다. 그러므로 보살의 청정한 계는 이승의 무루정계보다 뛰어나다.'"[42]라고 하였다.

또 『대지도론』 제19권에서 "늙음과 병듦과 죽음으로부터 벗어나지 못하는 이들을 보면, 자비로운 마음을 일으켜야 하거늘, 어찌 그들에게 악한 짓을 보태겠는가."[43]라고 하였다.

---

42 『大般若經』 권586(T7, 1031a·1032c).
43 『大智度論』 권17(T25, 184b). 원문에서는 19권이라 했다.

問。菩薩。一念有漏戒。有幾許福。解云。初發心菩薩。一念妙戒。超過二乘無漏淨戒。何況異生所有戒等。故大般若經第五百八十六云。又滿慈子。彼[1)]使世間一切情[2)]皆成就十善業道。彼所有戒。於發無上正等覺心諸菩薩衆。初發心持[3)]一菩薩戒。百分不及一。乃至鄔波尼殺曇分不及一。廣說乃至。滿慈子。問舍利子。云何菩薩有漏淨戒。能勝二乘無漏淨戒。舍利子言。聲聞獨覺無漏淨戒。唯求自利。廻向[4)]菩薩淨戒。若[5)]爲度脫無量有情。廻向無上正等菩薩[6)]是故。菩薩所有淨戒。能勝二乘無漏淨戒。又大智度論第十九云。觀老病一切無勉[7)]者。當起慈悲心。云何惡加物。

1) ㉘『大般若經』에 따르면 '彼'는 '假'이다. 2) ㉘『大般若經』에 따르면 '情' 앞에 '有'가 누락되었다. 3) ㉘『大般若經』에 따르면 '持'는 '時'이다. 4) ㉘『大般若經』에 따르면 '廻向' 뒤에 '涅槃'이 누락되었다. 5) ㉘『大般若經』에 따르면 '若'은 '普'이다. 6) ㉘『大般若經』에 따르면 '薩'은 '提'이다. 7) ㉘『大智度論』에 따르면 '勉'은 '免'이다. 단『大智度論』본문의 교감주에서 석본石本에는 '勉'이라 했음을 밝혔다. 승장이 후자의 의미를 따른 것인지는 알 수 없지만 현재의 문맥상에서는 '免'이라 해야 뜻이 통한다.

ⓒ 죄명을 맺음

경의 "이는 보살의 바라이죄波羅夷罪에 해당한다." 이하는 세 번째로 그 죄의 명칭으로 끝을 맺은 것이다. '바라이波羅夷'는 타승他勝이라 한역한다. 이 죄를 범하면 천마天魔와 외도가 승리하기 때문이다.

經曰是菩薩波羅夷者自下。第三結其罪名。波羅夷者。此云他勝。若犯此罪。天魔外道之所勝故。

(ㄴ) ② 제2 투도계偸盜戒 : 도둑질을 하지 마라

㉠ 사람을 나타냄

경 불자여,

若佛子。

기 경의 "불자여" 이하는 두 번째로 투도계를 풀이한 것이다. 상대방의 의보依報(중생의 물리적 환경을 구성하는 것)에 손상을 입히는 것이기 때문에 중죄를 받는다. 또한 불여취不與取라고도 하고, 투偸(훔치는 것)라고도 하며, 탈奪(빼앗는 것)이라고도 한다. 불여취계란 보살계에 있어서는 (그 구체적 지침에 있어서) 이승과 더불어 동등한 학學(戒)의 형태를 띠지는 않는다.

經曰若佛子自下。第二釋偸盜戒。損彼依報故。得重罪。亦名不與取。亦名爲偸。亦名奪也。不與取戒。菩薩不與二乘等學。

그러므로 『유가사지론』 제41권에서 다음과 같이 말했다.

故瑜伽論第四十一云。

또한 보살로서 도둑이 다른 사람의 재물이나 승가 소유의 물건이나 솔도파窣堵波(塔)에 소장된 물건 등을 빼앗아 온갖 물건을 취하고 나서, 그것을 가지고 자기의 소유라고 하면서 제멋대로 사용하는 것을 본다면, 보살은 이러한 것을 보고 불쌍하게 여기는 마음을 내고, 그 유정에게 이익을 주고 안락하게 해 주려는 의요意樂를 일으켜 힘닿는 데까지 핍박하면서 탈취하여 이와 같은 재물을 사용함으로써 오랜 세월 동안 의미도 없고 이익도 없는 그런 과보를 받는 일이 생겨나지 않도록 한다. 이러한 인연으로 말미암아 탈취한 재보財寶를 승가의 소유였던 것은 다시 승가에 돌려주고, 솔도파에 소장되었던 물건은 다시 솔도파에 돌려 놓으며, 유정의 물건이었던 것은 다시 유정에게 돌려준다.…(중략)…보살은 이와 같이 했을 경우 비록 주지 않은 것을 취하였다고 해도 바라이죄를 범하

지 않고 오히려 많은 공덕을 낳는다.[44]

又如菩薩。見劫盜賊。奪他財物。若僧伽物。窣堵波物。取多物已。執爲己[1)]有。縱情受用。菩薩見已。起憐愍心。於彼有情。發生利益安樂意樂。隨力所能。逼而奪取。勿令受用如是財故。當受長夜無義無利。由此因緣。所奪財寶。若僧伽物。還復僧伽。窣堵波物。還窣堵波。若有情物。還復有情。菩薩如是。雖不與取。而無違犯。生多功德故。[2)]

1) ㉠『瑜伽師地論』에 따르면 '已'는 '己'이다. 2) ㉠『瑜伽師地論』에 따르면 '故'는 잉자이다.

경문에 나아가서 풀이하면 다시 셋으로 분류된다. 처음에 사람을 나타낸 것이니, "불자여"라고 설한 것과 같다. 다음의 "스스로 훔치거나" 이하는 업도의 상을 밝혔다. 나중에 "이는 보살의 바라이에 해당한다."고 한 것은 죄명을 맺은 것이다. (이것은 처음에 사람을 나타낸 것이다.)

就釋文。復分有三。初標人。如說若佛子。故[1)]次自盜下。明業道相。後是菩薩波羅夷。結罪名。

1) ㉠ '故'는 잉자이다.

㉡ 업도의 상을 밝힘

a. 업도의 상을 들어 훔치지 말아야 함을 밝힘

경 스스로 훔치거나, 다른 사람으로 하여금 훔치게 하거나, 방편으로 훔치거나, 주문으로 훔치거나 하여 도둑질의 인因과 도둑

---

44 『瑜伽師地論』 권41(T30, 517b).

질의 연緣**과 도둑질의 법**法**에 의해 도둑질하는 행위를 행하면서 귀신의 물건으로 수호하는 주인이 있는 것**[45]**과 도둑에게 압수한 물건 등을 비롯하여**

自盜。教人盜。方便盜。呪盜。盜因。盜緣。盜法。盜業。乃至鬼神有主。劫賊物。

기 경의 "스스로 훔치거나, 다른 사람으로 하여금 훔치게 하거나, 방편으로 훔치거나" 이하는 두 번째로 업도의 상을 풀이한 것이다. 여기에 두 가지가 있다. 처음에 업도의 상을 들어 도둑질을 하지 말아야 함을 밝혔고, 뒤의 "보살은 불성에" 이하는 업도를 밝힌 것이다. 앞에 다시 두 가지가 있으니, 처음에 업도의 상을 들고, 다음의 "모든 재물을" 이하는 도둑질하지 말아야 함을 밝혔다.

經曰自盜敎人盜方便盜者自下。第二釋業道相。於中有二。初擧業道相。明不應作。後而菩薩生佛性下。明業道。前中有二。初擧業道相。次一切財物下。明不應作。

a) 업도의 상을 든 것

앞에 여덟 가지 구절이 있으니, 처음 두 구절은 알 수 있을 것이다. '방편으로 훔치는 것'이란 방편을 사용하여 남의 것을 가져다 그 모양을 변형시키는 것[46] 등을 말한다. '도둑질하는 행위'란 몸과 손 등을 움직이는

---

45 뒤에서 승장이 제시한 두 가지 해석 중 전자를 따라 풀이한 것이다.
46 해당 원문은 '方便壞色'이다. '壞色'의 의미가 모호한데, 『四分律』 권28(T22, 758a)에 도둑질과 관련된 맥락에서 쓰인 용례가 있어 이를 참조하여 풀었다. "만약 비구니가 다른 사람의 것을 훔치되, 5전 혹은 5전이 넘는 가치를 가진 것을, 스스로 취하거나 다른

것을 말한다. '도둑질의 법'이란 도둑질을 실행하는 데 있어서 그 경우에 맞게 지니는 도둑질의 도구이다. 직접적 원인을 '인'이라 하고, 간접적 원인을 '연'이라 한다. '귀신의 물건[47]으로 수호하는 주인이 있는 것'이란 귀신의 물건으로서 수호하는 주인이 있으면, (수호하는 주인의 것을 훔친 것이라는 관점에서) 바라이죄를 짓는 것이고, 수호하는 주인이 없으면 (이는 귀신의 것을 훔친 것이므로) 바라이죄를 이루지 않음을 드러내고자 하기 때문에, '귀신의 물건으로 수호하는 주인이 있는 것'이라 했다. 혹은 '귀신'은 귀신의 물건을 말하고, '주인이 있는 것'은 주인이 있으나 수호하는 이가 없는 것과 (주인이 있고) 수호하는 이가 있는 것을 말하는 것으로 보는 경우도 있다. '도둑에게 압수한 물건'이란 별도로 수호하는 주인은 없는 것이니, 가령 도둑이 성을 파괴하고 얻은 물건을 관청에서 수호하는 것을 말한다.

前中有八句。初兩句。可知。方便盜者。方便壞色等。盜業者。動身手等。盜法者。隨其所應。所持盜具。近緣名因。遠緣名緣。鬼[1]故言鬼神有主。或鬼神者。謂鬼神物。有主者。謂有主無守及有守護。劫賊物者。無別守護。如賊如[2]破城得物。爲官守護。

1) ㉠『속장경』에 수록된『범망경술기』원문에 의거할 때 '鬼' 뒤에 '神有主者 欲顯鬼神物 若有守主 守主邊 結罪 無守護人 卽不成重'이 누락되었다. 2) ㉠ '如'는 잉자인 듯하다.

사람으로 하여금 취하게 하거나, 자신이 그것을 절단해 버리거나 다른 사람으로 하여금 절단시키게 하거나, 스스로 파괴하거나 다른 사람으로 하여금 파괴하게 하거나, 태워버리거나, 매장하거나, 형태를 변하게 만들면, 그는 비구니가 아니고 부처님의 제자도 아니다.(若比丘尼 偸人五錢 若過五錢 若自取敎人取 若自斷敎人斷 若自破敎人破 若燒若埋 若壞色 彼非比丘尼 非釋種女)"

47 귀신의 물건 : 사당祠堂·묘지 등에 소장된 물건.

b) 도둑질하지 말아야 함을 밝힘

경 모든 재물을 바늘 한 개, 풀 한 포기라도 고의로 훔쳐서는 안 된다.

一切財物。一針一草。不得故盜。

기 경의 "모든 재물을" 이하는 두 번째로 도둑질을 하지 말아야 함을 밝힌 것이다. 비록 두 문장이 있지만 (풀이하지 않겠다.) 첫 번째 업도의 상을 밝히는 것을 마친다.

經一切財物下。第二明不應作。雖有兩文。第一明業道相竟。

b. 업도가 맺어짐을 밝힘

경 보살은 불성에 깃든 효순하는 마음과 자비로운 마음을 내어 항상 모든 사람을 도와 복을 낳고 즐거움을 낳게 해야 하거늘, 도리어 남의 재물을 훔친다면 이는 보살의 바라이죄에 해당한다.

而菩薩。應生佛性孝順心慈悲心。常助一切人。生福生樂。而反更盜人財物。是菩薩波羅夷罪。

기 경의 "보살은" 이하는 두 번째로 업도가 맺어지는 것을 밝힌 것이다.
이러한 불여취는 여섯 가지 조건을 갖추었을 때 중죄인 바라이죄가 성립된다. 첫째 상대방이 주지 않은 물건이 있어야 하고, 둘째 상대방에게 소속된 것이며, 셋째 상대방에게 소속된 것이라는 생각이 있어야 하고, 넷째 귀중한 물건이어야 하며, 다섯째 도둑질하려는 마음이 있어야 하고, 여섯째 훔치려는 물건을 본래 있던 곳에서 옮기는 행위가 이루어져야 한다. 이제 『유가사지론』 제59권에서 따르면 다섯 가지 인연이 있어야 업도를 이룬다. 그러므로 그 논 제59권에서 "불여취의 업도에서 사事란 다른 사람이 지니고 있는 물건이고, 상想이란 그러한 물건에 대해 상대방의 것이라는 생각을 하는 것이며, 욕락이란 도둑질하려는 욕구이며, 번뇌란 삼독三毒이 모두 일어나거나 혹은 일부가 일어나는 것이고, 방편구경이란 방편을 일으켜서 훔치려는 물건을 본래 있던 곳에서 옮기는 것이다."⁴⁸라고 하였다. 이 논에 의거하면, 여섯 가지 조건을 갖추었을 때 중죄인 바라이죄가 성립되니, (이 논에서 설한) 앞에서와 같은 다섯 가지 조건에 다시 하나의 조건을 더해야 하는데, 그것은 바로 귀중한 물건이라는 조건이다.

> 經而菩薩下。第二明結業道。此不與取。六緣成重。一他不與物。二屬他。三屬他想。四重物。五。¹⁾ 六離本處。今依瑜伽。五緣。成業道。故彼論五十九云。不與取業。²⁾ 事者。謂他所攝物。想者。謂彼³⁾想。欲樂者。謂劫盜欲。煩惱者。謂三毒。或具。或不具。方便究竟者。謂起方便。離本處也。若依此論。六緣。成六⁴⁾重。於前五緣中。更加一緣。謂重物也。
>
> 1) ㉠ '五' 뒤에 누락된 문장이 있는 듯하다. ㉡『四分律』권60(T22, 1009a)·『十誦律』권1(T23, 4c) 등에 의거하여 '盜心'으로 보충하였다. 2) ㉡『瑜伽師地論』에 따르면 '業' 뒤에 '道'가 누락되었다. 3) ㉠『瑜伽師地論』에 따르면 '彼' 앞에 '於彼'가 누락되었다. 4) ㉡ '六'은 잉자이다.

이 가운데 부처님의 물건을 훔치는 것은 (부처님의 것이 아니라) 수호하는 사람의 것을 훔친 것이라는 관점에서 바라이죄를 짓는 것이니, 부처님께서는 어떤 물건을 소유하려는 마음이 없기 때문이다. (그런데도)『대비바사론』에서 "부처님의 소유를 훔친 것이라는 측면에서 죄를 짓는 것이

---

48 『瑜伽師地論』 권59(T30, 630b).

다."⁴⁹라고 한 것은, 중생으로 하여금 매우 소중히 여기는 마음을 내도록 하기 위해서 이러한 말을 한 것이다. 그러므로『마득륵가』에서 "삼보에 소속된 물건을 훔치면 중죄이니, 귀신의 물건을 훔치는 것도 또한 동일하게 중죄를 범하는 것이다."⁵⁰라고 하였고,『마하승기율』에서 "귀신의 물건을 훔치면 중죄를 범하는 것이다."⁵¹라고 하였다. 그런데『십송률』에서는 "귀신의 물건을 훔치면 투란차죄偸蘭遮罪⁵²를 범한다."⁵³라고 하였다. 이와 같이 서로 다른 두 문장⁵⁴을 어떻게 회통하여 풀이할 것인가?

해 『마득륵가』는 수호하는 사람의 소유라는 측면에서 보았기 때문에 중죄라고 하였고,『십송률』에서는 단지 귀신의 물건이라는 측면에서만 보았기 때문에 투란차라고 하였을 뿐이니, 서로 어긋나지 않는다.

이상은 성문계에 의하여 설한 것이다. 이제 보살계의 측면에서 귀신의 물건을 훔치는 것을 풀이하면, 두 가지 해석이 있다. 첫째, 귀신의 물건을 훔치는 것도 중죄이다. 둘째, 귀신의 물건을 훔치는 것은 경죄이고 중죄는 아니니, 굳게 지키려는 마음이 없기 때문이다. 이 경에서는 "남의 재물을 훔친다면 이는 바라이죄이다."라고 하였다.

此中。盜佛物。於守護人邊。結罪。佛無攝心故。而婆娑論云。佛邊得罪者。欲令衆生。生殷重心故。作是說。故磨¹⁾得勒²⁾伽云。盜寶³⁾物。重罪。若

49『大毘婆沙論』권 113(T27, 585a).
50『摩得勒伽』에서 상기 인용문과 정확히 일치하는 문장은 찾을 수 없다. 다만 바라이죄에 대해 다루고 있고, 그 속에서 승물僧物을 훔치는 것이 바라이죄임을 설하고 있으니, 유사한 맥락을 찾을 수는 있다.
51『摩訶僧祇律』권3(T22, 249c). 줄여서『僧祇』라고도 한다.
52 투란차죄偸蘭遮罪 : 범어의 음사어로 중죄重罪·대죄大罪 등으로 한역하며, 바라이죄나 승잔죄僧殘罪에 해당하는 죄를 범하려다 미수未遂에 머문 것에 대한 죄이다. 바라이죄는 범하면 승가로부터 영원히 추방당하는 가장 무거운 죄이다. 승잔죄는 바라이죄 다음으로 무거운 죄이지만 참회하고 속죄의 법을 이행하면 출죄出罪할 수 있다.
53『十誦律』권58(T23, 430c).
54『摩得勒伽』·『僧祇律』그리고『十誦律』의 두 가지 입장.

盜神物同。僧祇云。若盜神物。得重罪。十誦云。若盜神物。得偷蘭遮。如是二文。如何會釋。解云。摩得勤⁴⁾伽。就守護人邊。故說得重。十誦律中。直約鬼神。故言偷蘭。互不相違。如是等。依聲聞說。今依菩薩。偷鬼神物。自有兩釋。一云。偷鬼神物。亦成重也。二。盜鬼神物。是輕非重。無攝心故。此經云。更盜人物。是波羅夷。

1) ㉯ '磨'는 '摩'이다. 2) ㉯ '勤'은 '勒'이다. 3) ㉤ '寶' 앞에 '三'이 누락된 듯하다.
4) ㉯ '勤'은 '勒'이다.

문 물건을 훔칠 때 그 물건을 본래 있던 곳에서 옮기면, 어떤 경우이든 다 중죄에 해당하는가?

해 이것은 일률적으로 정해져 있지는 않다. 그러므로『우바새계경』제6권에서 "금을 훔치려고 하여 그것을 훔치고 나서 바로 덧없다는 생각을 하고 마음에 회한이 생겨 본래의 주인에게 돌려주려고 했으나, 다시 (들킬 수도 있을 것이라는) 두려운 마음이 생겨나 다른 방편을 시설하여 훔친 물건을 제자리에 돌려 놓는다면, 비록 본래 있던 곳에서 옮겼을지라도 도둑질한 죄가 성립되지는 않는다."⁵⁵고 하였다. 혹은 본래 있던 곳에서 옮기지 않았다고 해도 도둑질한 죄가 성립되는 경우도 있다. 놓인 곳에서 이동시키지는 않았지만 단지 그 형체를 파괴한 것 등과 같은 경우가 그것이다.

問。盜物。離本處。一切。皆是成重次¹⁾不。解云。此卽不定。故優婆塞戒經第六卷云。若欲偷金。得已。卽念無常之想。心生悔恨。欲還本主。而復畏之。設餘方便。還所偷物。雖離本處。不得偷罪。或有不離本處。而得盜罪。謂如不動置處。但壞色等。

---

55 『優婆塞戒經』권6(T24, 1068c).

1) ⓒ '重' 뒤의 '次'는 잉자인 듯하다.

문 죽은 비구의 물건을 훔칠 경우 누구의 소유라는 측면에서 죄를 얻는 것인가?

해 『우바새계경』에서 "갈마를 행했으면 갈마승의 소유라는 측면에서 죄를 얻고, 아직 갈마를 하지 않았으면 시방승의 소유라는 측면에서 죄를 얻으며, 임종할 때 주었던 곳이 있다면 그 대상이 된 곳에 따라 그것으로 인해 죄를 얻는다."[56]라고 하였다.

問。偸命過比丘物。護[1]邊得罪。解云。優婆塞戒經。若羯磨已。從羯磨僧得。若未羯磨。從十方僧得。若臨命終時。隨所付[2]處。因之得罪。

1) ⓒ 바로 뒤에서 인용한 『優婆塞戒經』의 바로 앞 문장을 참조할 때 '護'는 '誰'의 오자이다. 참조한 본문은 "若取命過比丘財物 誰邊得罪"(T24, 1068c)이다. 2) ⓒ 『優婆塞戒經』에서는 '付'를 '與'라 했다. 의미의 차이는 없다.

문 그 한도가 어느 정도 되는 것을 귀중한 물건이라 하는가?

해 『살바다론薩婆多論』[57]에서 부처님께서 5전을 취한 것을 중죄를 범한 것이라 말씀하셨다[58]고 했다. 그런데 여기에서 이 문장을 해석하는 데 있어서 본래 두 가지 설이 있다.

한 가지 설은 다음과 같다. 〈이 여러 가지 돈 가운데 금전金錢·은전銀錢 등을 취하여 5전이 되는 것을 말한 것이다. 생활을 유지하기 위해 고의로

---

56 『優婆塞戒經』 권6(T24, 1068c).
57 『薩婆多論』:『薩婆多毘尼毘婆沙』의 줄인 이름으로, '살바다'는 일체유一切有, '비니'는 율律, '비바사'는 논論이라 한역한다. 설일체유부설一切有部 소속의 율律에 대한 주석서이다.
58 『薩婆多毘尼毘婆沙』 권2(T23, 516c)·권3(T23, 517b)의 「도계인연盜戒因緣」에 나온다.

취하되, (훔친 물건의 가치가) 5전이면 죄를 범하는 것이다.〉

다른 한 가지 설은 다음과 같다. 〈나라에서 제정한 법에 따라 중죄를 정한 것이니, 만약 나라에서 제정한 법이 1전을 취하면 머리를 부수는 형벌을 가하는 것으로 되어 있다면, 1전을 취하는 것이 바로 중죄를 범하는 것이 된다. 이제 한 나라[59]에서 제정한 법을 따라 5전을 한도로 삼았다.〉

이상은 성문계에 의거한 것이다. 보살계에 의거하면 본래 두 가지 해석이 있다. 한 가지 해석은 성문계와 같다. 다른 한 가지 해석은 〈(5전보다) 많든 적든 모두 중죄를 범하는 것이다〉라고 하였다. 그러므로 이 경에서 "~풀 한 포기라도 훔쳐서는 안 된다."[60]라고 했다.

問。齊於幾許。名爲重物。解云。薩婆多論云。佛言取五錢者。卽犯重。然此釋文。自有三[1)]說。一云。此諸錢中。取金銀錢。爲五錢。爲命故取。五錢卽犯也。一云。隨國制法。得重。若國制取一錢。與破頭。卽取一錢。犯重也。今隨一國。五錢爲限。上來依聲聞。若依菩薩。自有兩釋。一云。與聲聞同。一云。若多若少。皆得重也。故此經云。乃至草木。[2)] 不得盜。

1) ㉥ '三'은 '二'이다. 뒤에 두 가지 설만 나열했기 때문이다. 2) ㉥ 『梵網經』에 따르면 '木'은 잉자이다.

'본래 놓여 있던 곳에서 옮겨지는 것'에 대해서 본래 두 가지 해석이 있다.

한 가지 해석은 다음과 같다. 〈취하여 손에 넣고 기뻐하면서 '좋다'고 말할 때, 바로 중죄를 범하는 것이라고 한다.〉

다른 한 가지 해석은 다음과 같다. 〈취하여 손에 넣고 기뻐하면서 '좋다'고 말할 때는 아직 업도를 이루지 않고 취하여 손에서 떨어져 다른 곳

---

59 『薩婆多毘尼毘婆沙』 권3(T23, 517b)에 따르면 5전이라는 한도는, 왕사성王舍城의 국법에 따라 제정한 것이다. 『薩婆多論』이라고도 한다.
60 『梵網經』 권하(T24, 1004b).

으로 놓여야 비로소 업도를 이룬다.〉

 만약 열 필匹을 훔치려고 하였으나 다섯 필을 얻었다면, 그 다섯 필에 대해서 중죄를 범하는 것은 모두 같지만, 나머지 다섯 필에 대해서는 어떤 사람은 죄가 없다고 하고, 어떤 사람은 죄를 범한 것이라고 하는데, 처음의 주장이 더 낫다. 그 이유는 무엇인가? 나머지 다섯 필은 본래 있던 곳에서 옮겨지지 않았으니, 어떻게 업도를 이루겠는가.

離本處者。自有兩釋。一云。取得入手。快言好時。卽犯重也。一云。取得入。¹⁾快言好時。未成業道。取已離手。放著於地。²⁾方成業道。若欲十疋。³⁾而得五疋。五疋中。犯重。餘五疋中。有云。無犯。有說。亦犯。初說爲勝。所以者何。餘之五疋。不離本處。如何成業道。

1) ㉑ '入' 뒤에 '手'가 누락된 듯하다. 2) ㉑ '地'는 '餘'인 듯하다. ㉢ '地'는 '他'인 듯하다. ㉙ 후자가 옳다. 3) ㉙ '疋'은 『속장경』 R판(『新文豐影印版』)에 따른 것이고, 『속장경』 X판(『新纂版』)에 따르면 '匹'이다.

문 도둑질한 사람은 어떤 죄가 있는가?

해 『대지도론』에서 "불여취不與取에는 열 가지 죄가 있으니 무엇이 열 가지인가? 첫째 물건의 주인이 항상 분노하고, 둘째 중죄를 의심받으며 【중죄를 지은 사람으로 의심받는 것】, 셋째 때가 아닌 때에 행동하면서 적절성을 헤아리지 않고, 넷째 악한 사람과 패거리를 지어 현명하고 착한 사람을 멀리 떠나며, 다섯째 선한 상相을 무너뜨리고, 여섯째 관청에 죄를 얻으며, 일곱째 재물을 몰수당하고, 여덟째 빈궁한 집안에 태어나는 과보를 맺을 업의 인연을 심으며, 아홉째 죽어서는 지옥에 태어나고, 열째 혹시 지옥에서 벗어나서 사람으로 태어나더라도, 애써 온갖 고초를 겪으면서 재물을 구해도 오가五家가 그 재물을 공유한다. 곧 왕이 거두어 가거나, 도둑이 훔쳐 가거나 화재火災에 의해 없어지거나 수재水災에 의해 없어지거나 사랑하지 않는 자식이 모두 써 버린다. 내지는 감추려고 묻었다가 잃어버리기도 한다."[61]라고 한 것과 같다.

問。偸盜之人。有何等罪。解云。如大智度論云。不與取。有十罪。何等爲十。一者物主常瞋。二者重疑重罪人疑。[1] 三者非時行不籌量。四者朋黨惡人。遠離賢善。五者破善相。六者得罪於官。七者財物沒入。八者種貧窮業因緣。九者死入地獄。十者若出爲人。苦[2]求財。五家所共。若王若賊若火若水若不愛子用。乃至藏埋之失。

1) ㉠『大智度論』에 따르면 '重罪人疑'는 주석에 해당하는 부분이다. 2) ㉠『大智度論』에 따르면 '苦' 앞에 '勤'이 누락되었다.

ⓒ 죄명을 맺음
뒤에서는 죄명을 맺었으니, 이는 앞의 설명에 준하여 알 수 있다.

後結罪名。準前可知。

(ㄷ) ③ 제3 불음계不婬戒 : 음란한 행위를 하지 마라

㉠ 사람을 나타냄

경 불자여,

若佛子。

기 경의 "불자여, 스스로 음란한 행위를 하거나" 이하는 세 번째로 불

---

61 『大智度論』 권13(T25, 156b).

음계를 밝혔다. 문장을 세 부분으로 나눌 수 있다. 첫째 사람을 나타낸 것이니, 경에서 "불자여"라고 한 것과 같다.

經若佛子自婬自下。第三明不婬戒。文分有三。初標人。如經若佛子故。

ⓒ 업도를 밝힘

경 스스로 음란한 행위를 하거나, 다른 사람으로 하여금 음란한 행위를 하도록 하면서 어떤 여인에 대해서라도 고의로 음란한 행위를 해서는 안 된다. 음란한 인과 음란한 연과 음란한 법에 의거하여 음란한 행위를 하면서 축생의 암컷이나, 하늘과 귀신의 여인에 이르기까지 (그 모든 것을 대상으로 음란한 행위를 하고,) 비도非道[62]에 음란한 행위를 해서야 되겠는가. 보살은 효순하는 마음을 내어 모든 중생을 구원하고 제도하여 청정한 법을 사람들에게 베풀어 주어야 하거늘, 도리어 모든 사람에 대해 음란한 마음을 일으키고, 축생에서부터 모녀와 자매 등의 육친六親[63]에 이르기까지 (가리지 않고) 음란한 행위를 하면서 자비로운 마음이 없다면 이는 보살의 바라이죄에 해당한다.

自婬。敎人婬。乃至一切女人。不得故婬。婬因。婬緣。婬法。婬業。乃至畜生女。諸天鬼神女。及非道行婬。而菩薩。應生孝順心。救度一切衆生。淨法與人。而反更起一切人婬。不擇畜生乃至母女姊妹六親。行婬。無慈悲心。是菩薩波羅夷罪。

---

62 비도非道 : 생식기 이외의 기관을 일컫는 말.
63 육친六親 : 주석자에 따라 그 의미가 다르다. 뒤에서 승장은 두 가지로 달리 풀었다. 첫째, 아버지·어머니·큰아버지·작은아버지·손위 형제·손아래 형제 등을 가리킨다. 둘째, 친족관계에 있는 사람을 통틀어서 일컫는 말이다.

기 다음으로 "스스로 음란한 행위를 하거나" 이하는 업도를 밝힌 것이다. 뒤의 "이는 보살의 바라이죄에 해당한다." 이하는 죄명을 맺은 것이다. "스스로 음란한 행위를 하거나" 이하는 두 번째로 업도를 밝힌 것이니, 그 중에 두 가지가 있다. 첫째 업도의 상을 밝히고, 다음의 "보살은 효순하는" 이하는 업도가 맺어지는 것을 밝힌 것이다.

次自婬下。明業道。後是菩薩波羅夷下。結罪名。自婬下。第二明業道。於中有二。初業道相。次而菩薩下。明結業道。

a. 업도의 상을 밝힘
이것은 첫 번째로 업도의 상을 밝힌 것이다. 그 중에 세 가지가 있다.

此卽第一明業道相。於中有三。

a) 음란한 행위의 상을 밝힘
첫째, 음란한 행위의 상을 밝혔으니, "스스로 음란한 행위를 하거나, 다른 사람으로 하여금 음란한 행위를 하도록 하면서"라고 설한 것과 같다.

初出婬相。如說自婬敎[1]故。

---
1) ㉠ 문맥이 바르게 성립하기 위해서는 '敎' 뒤에 '人婬'이 들어가야 한다.

b) 범해서는 안 되는 것을 밝힘
다음의 "어떤 여인에 대해서라도" 이하는 범해서는 안 되는 것을 밝혔다.

次乃至一切女人下。明不得犯。

c) 방편을 밝힘

뒤의 "음란한 인과" 이하는 방편을 밝힌 것이니, 인因·법法·업業 등의 뜻은 앞에서 서술한 것에 준하면 알 수 있다.

後婬因下。明方便。因法業等。準前可知。

b. 업도가 이루어지는 것을 밝힘

경의 "보살은 효순하는 마음을" 이하는 두 번째로 업도가 이루어지는 것을 밝힌 것이다. 『유가사지론』에 의하면 다섯 가지 연緣이 있어야 업도가 이루어진다.

經曰而菩薩下。第二明成業道。若依瑜伽。五緣成業道。

그러므로 『유가사지론』 제59권에서 다음과 같이 말했다.

故彼論五十九云。

욕사행欲邪行(婬行)의 업도에서 '사事'란 음란한 행위의 대상으로 삼지 말아야 할 여인을 말한다. 설령 음란한 행위를 해도 되는 여인이라고 할지라도 그릇된 부분(非支)[64]이고, 그릇된 장소(非處)[65]이며, 그릇된 시기(非時)[66]이고, 적절한 한도에 들어맞지 않는 것(非量)을 말한다.…(중략)… '상想'이란 그러한 대상이나 상황에 대해 그러한 대상이나 상황이라는 생각을 하는 것이다. '욕락'이란 즐겨 행하려는 욕망이고, '번뇌'란 삼독

---

[64] 그릇된 부분(非支) : 생식 기관을 제외한 다른 부분.
[65] 그릇된 장소(非處) : 묘지·대중 들이 보는 곳 등을 말한다.
[66] 그릇된 시기(非時) : 모유를 먹일 때, 재계齋戒를 수지할 때 등.

이 모두 일어나거나 일부만 일어나거나 하는 것이며, '방편구경'이란 짝을 이루고 서로 교접하여 음란한 행위가 성립되는 것이다.[67]

欲耶[1]行業道。事者。謂女所不應行。設所應行。非支非處非時非量。想者。於彼彼想。欲樂者。謂樂行之欲。煩惱者。謂三毒。或具。或不具。方便究竟者。謂兩兩交會。

1) ㉯ '耶'는 '邪'와 통한다. 이하 동일하다.

이상은 성문계에 의해 잘못된 형태의 음란한 행위의 업도를 설명한 것이다. 보살계에 의거하여 논하면, 본래 두 가지가 있다. 첫째 재가이고, 둘째 출가이다. 재가 보살은 (중생에게) 이익이 될 것이라고 생각되면 자비에 머물러 청정하지 않은 행위를 행하고, 이익이 없을 것이라고 생각되면 음란한 행위를 하지 않는다. 혹은 단지 잘못된 형태의 음란한 행위만을 막고, 청정하지 않은 행위는 막지 않는다고도 한다.[68]…(중략)…[69] 출가 보살은 이익이 있거나 이익이 없거나 간에 어느 경우에든 청정하지 않은 행위를 해서는 안 된다.

上來沉淪[1]耶婬業道。若論菩薩。自有二種。一者在家。二者出家。在家菩薩。若見有利益。即住慈悲。行非梵行。若無利益。即不行婬。或但遮耶婬。不遮非梵行。云云。若出家菩薩。若有利益。若無利益。一切不應行非梵行。

---

67 『瑜伽師地論』 권59(T30, 630b).
68 '음婬'과 '사음邪婬'을 구별하는 맥락에서 보아야 이해가 되는 문장이다. 출가자는 음행 자체를 해서는 안 되지만, 재가자는 부부 이외의 관계에 있는 사람과의 음행이나 비정상적인 형태의 음행만을 금지하기 때문에 후자를 '사음'이라 하여 구별한다. 여기서 '청정하지 않은 행위'는 바로 '음행'을 가리키는 것으로 볼 수 있겠다.
69 본문의 '운운云云'을 이렇게 풀었다.

1) ㉠ 전후 문맥을 고려할 때 '沉淪'은 '聲聞'이라고 해야 옳다. 앞의 투도계를 풀이하면서 승장은 앞부분을 성문계에 의거한 해석(上來依聲聞)이라 하고, 이어서 보살계에 의거한 해석을 보여 주고 있는데, 이 문장 또한 그와 유사한 구조를 갖고 있기 때문이다.

그러므로『유가사지론』「보살지」에서 말하였다.

故瑜伽論菩薩地云。

보살이 집에 머물고 있을 때[70] 현재 누군가에 매여 있지 않은 여인이 음욕법을 익히고 계속해서 보살에게 마음을 두어 청정하지 않은 행위를 할 것을 요구하는 것을 보면, 보살은 이러한 상황을 보고 나서 작의作意하고 생각하기를 '분노하는 마음을 일으켜 복되지 않은 과보를 낳는 일은 없게 하자. 만약 그 욕망을 따라 주면 자재함을 얻을 것이니, (그 이후에) 방편으로 편안하게 머물러 선근을 심게 하고, 또한 그가 불선업不善業을 버리도록 해야겠다'고 한다. (이렇게 해서) 자비로운 마음에 머물러 청정하지 않은 행위를 하면 비록 이와 같은 더럽고 물든 법을 익혔더라도 계를 범하지 않고 많은 공덕을 낳는다. 출가 보살은 성문을 보호하고 성현의 가르침을 괴멸하지 않게 하기 위해 어떤 경우에도 청정하지 않은 행위를 행해서는 안 된다.[71]

又如菩薩。處在居家。見有母邑[1]無[2]繫屬。習婬欲法。繼心菩薩。求非梵行。菩薩見已。作意思惟。勿令心恚。多生非福。若隨其欲。得自在。方便安處。令種善根。亦當令其捨不善業。住慈愍心。行非梵行。雖習如是穢

---

70 곧 재가 보살을 의미한다.
71 『瑜伽師地論』 권41(T30, 517c).

染之法。而無所犯。多生功德。出家菩薩。爲護聲聞。聖所敎誡。令不壞
滅。一切。不應行非梵行。

1) 웬『瑜伽師地論』에 따르면 '母邑'은 '女色'이다. 옝 보다 분명히 말하자면, 『瑜伽
師地論』본문에서는 '母邑'이라 했고, 그에 대한 교감주에【宋】【元】【明】【宮】등의 판
본에는 '女色'이라 하였다고 했다. 그러나『瑜伽師地論』을 비롯한 여타 논서에 '母邑'
이라는 용어가 여러 번 나오고 있고, 그에 대한 주석서에서 역시 '母邑'이라 하여 그
의미를 풀고 있으므로 굳이 '女色'이라고 볼 필요는 없을 것 같다. 곧『瑜伽論記』권
14(T42, 619a)에서 "모읍이란 바르게 번역하면 모촌母村이라 해야 한다. 인도에서
는 여인을 '모'라 한다. '읍'은 같은 마을 사람들을 말한다.(母邑者 正翻應云母村 西國
呼女人爲母 同村邑人也)"고 하였다. 2) 옝『瑜伽師地論』에 따르면 '無' 앞에 '現'이
누락되었다.

또한『대지도론』제75권에서 "부처님께서 말씀하신 것처럼 삿된 형태
의 음란한 행위를 하는 이는 나중에 검수지옥劍樹地獄[72]에 떨어져 온갖 고
통을 두루 받고, 그곳에서 벗어나 사람으로 태어난다고 해도 그 집안이
화목하지 못하다.…(하략)…"[73]라고 하였다.

又大智度論第七十五云。如佛所說。耶婬之人。後墮劍樹地獄。衆苦備
受。得出爲人。家道不穆。乃至廣說。

🈚 보살이 애착에 물든 마음이 생겨나면 어떤 관觀을 지어야 하는가?
🈶 애착에 물든 마음이 생겨날 때에는 부정관不淨觀을 닦아서 그 마음
을 다스린다. 머리에서 발에 이르기까지 낱낱이 청정하지 않고 냄새나면
서 더러운 것이 그 몸을 가득 채우고 있어서 좋아할 만한 것이 없음을 관
찰한다.『대지도론』제19권에서 "이 몸은 오물로 가득 찬 늪이니, 청정하

---

72 검수지옥劍樹地獄 : 칼 잎을 지닌 나무로 가득 찬 숲에서 쉴틈없이 몸이 잘리는 고통을
받는 지옥.
73 『大智度論』권13(T25, 157a). 원문에는 75권이라고 했다.

지 않은 것들이 썩고 쌓여 가네. 이 몸은 진실로 뒷간이니, 어찌 좋아하는 마음을 가질 만한 것이겠는가."[74]라고 한 것과 같다. 다시 물든 마음이 일어날 때에는 영원하지 않음(無常)을 관찰해야 한다. 이른바 하늘에서의 온갖 즐거움도 모두 영원하지 않은 것이어서 끝내 즐거움은 없어지고 마는 것이니, 사람들이 사는 세상에서 어떤 즐거움과 기쁨이 있겠는가라고 하면서 자세히 살피고 생각하는 것이다. 『대지도론』에서 "온갖 하늘의 동산 칠보와 연꽃으로 장엄한 연못에서 천인天人이 서로 즐겁게 노닐지만, 그것을 잃어버리는 때, 그대는 스스로 그것을 안다. 그때 영원하지 않고, 천인天人으로서의 즐거움은 모두 고통이라는 것을 관찰한다. 그대는 욕락을 싫어하고 바르고 참된 도리를 좋아해야 한다.…(중략)…여러 가지 쇠망함 중에 여인에 의해 일어나는 쇠망함이 가장 무거우니, 칼과 불과 천둥과 번개와 벼락과 원수인 집안과 독사의 무리는 오히려 잠시 가까이할 수 있지만, 여인의 간탐과 투기와 분노와 아첨과 요망함과 더러움과 투쟁과 탐욕과 시기는 잠시도 가까이해서는 안 된다.…(중략)…부처님께서 게송으로 말씀하신 것과 같다. '차라리 붉게 달군 쇳덩이를 눈에 넣고 굴릴지언정 산란한 마음으로 삿되게 여색女色을 보는 일은 하지 않으리.'"[75]라고 한 것과 같다.

問。菩薩。起染愛心。作何等觀。答。起愛心時。修不淨觀。修治其心。謂從頭至足。一一觀察。不淨臭穢。充滿其身。不可愛樂。如智度論第十九云。是身爲穢藪。不淨物腐積。是實爲行厠。何足以藥[1]意。復次。起染心時。當觀無常。謂審思惟。天上諸樂。皆是無常。畢竟無樂。何[2]人中有何樂喜。如彼論云。諸天薗林中。七寶蓮[3]池。天人相娛樂。失時汝當[4]知。是時觀無

---
74 『大智度論』 권13(T25, 165c). 원문에는 19권이라고 했다.
75 『大智度論』 권13(T25, 165c).

常。天上⁵⁾樂皆苦。汝當厭欲樂。愛樂正眞道。於諸衰中。女衰最重。刀火雷電。霹靂怨家。毒蛇之屬。猶可暫近。女人慳妬。嗔諂妖穢。鬪諍貪嫉。不可暫近。如⁶⁾偈言。寧以赤鐵。蜿⁷⁾轉眼中。不以散心。耶觀⁸⁾女色。

1) ㉕『大智度論』에 따르면 '藥'은 '樂'이다. 2) ㉲ '何'는 잉자인 듯하다. 3) ㉕『大智度論』에 따르면 '蓮' 뒤에 '華'가 누락되었다. 4) ㉕『大智度論』에 따르면 '當'은 '自'이다. 5) ㉕『大智度論』에 따르면 '上'은 '人'이다. 6) ㉕『大智度論』에 따르면 '如' 뒤에 '佛'이 누락되었다. 7) ㉕『大智度論』에 따르면 '蜿'은 '宛'이다. 8) ㉕『大智度論』에 따르면 '觀'은 '視'이다.

ⓒ 죄명을 맺음

세 번째로 죄명을 맺은 것에 대해서는 (그 내용을 설명하지 않아도) 알 수 있을 것이다.

第三結罪名。可知。

㈃ ④ 제4 불망어계不妄語戒 : 거짓말을 하지 마라

㉠ 사람을 나타냄

경 불자여,

若佛子。

기 경의 "불자여, 스스로 거짓말을 하고" 이하는 네 번째로 불망어계를 밝힌 것이다. 문장을 셋으로 나눌 수 있다. 첫째 사람을 밝혔으니, "불자여"라고 말한 것과 같다.

經若佛子自妄語自下。第四明不妄語戒。文有三。初明人。如說若佛子故。

ⓛ 업도의 상을 밝힘

a. 업도의 상을 밝힘

경 스스로 거짓말(妄語)을 하고 다른 사람으로 하여금 거짓말을 하게 하며, 방편으로 거짓말을 하여 거짓말의 인과 거짓말의 연과 거짓말의 법으로 거짓말을 하는 행위를 하면서 (입으로는) 보지도 않은 것을 보았다고 말하고, 본 것을 보지 않았다고 말하며, 몸과 마음[76]으로도 (역시) 거짓말을 해서야 되겠느냐?

自妄語。教人妄語。方便妄語。妄語因。妄語緣。妄語法。妄語業。乃至不

---

76 이 부분에 대한 학자들의 해석은 크게 두 가지로 분류되는데, 이는 승장의 입장에 따라 풀이한 것이다. (1) 입과 몸과 마음의 세 가지를 분리하지 않는 입장에서 해석하는 것이다. 입으로 하는 것은 이미 마음과 몸을 포괄하는 것이라고 보기 때문이다. 이때 이 부분은 "보지도 않은 것을 보았다고 말하고, 본 것을 보지 않았다고 말하면서 그렇게 몸과 마음으로 거짓말을 해서야 되겠느냐?"라고 풀어야 한다. 주굉袾宏의 『梵網經心地品菩薩戒義疏發隱』권3(X38, 172a) 참조. (2) 입과 몸과 마음의 셋으로 분리하는 입장에서 해석하는 것이다. 여기에 다시 두 가지가 있다. ① 마음으로 속이는 것은 포살布薩을 행할 때 계율을 어겼으면서도 아무 말도 하지 않고 앉아 있음으로써 다른 사람들로 하여금 자신이 청정하다고 믿도록 만드는 것을 말하고, 몸으로 속이는 것은 자리에서 일어나는 것 등과 같은 신체적 행위로 자신의 의사를 표현함으로써 거짓말을 한 결과를 낳는 것을 말한다. 명광明曠의 『天台菩薩戒疏』권상(T40, 588c), 법장法藏의 『梵網經菩薩戒本疏』권3(T40, 625), 의적義寂의 『菩薩戒本疏』권상(T40, 666a) 등 참조. 승장 또한 이 입장을 따른다. ② 몸으로 속이는 것에 대한 해석은 같지만, 마음으로 속이는 것을, 태현太賢의 『梵網經古迹記』권하(T40, 706a)에서는 "심망어란 생각이 전도된 것을 말한다. 보지 않은 것에 대해 본 것이라고 생각하면서 보지 않았다고 하여 속이는 것이다. 실제로는 그가 보지 않았기에 보지 않았다고 함은 일어난 일만 생각하면 사실에 칭합하는 것이지만, 그 자신은 보았다고 생각하고 있기 때문에 그 자신이 아는 것을 가린 것이니, 이것을 심망어라 한다.(心妄語者 謂想倒等 如於不見 而起見想 証言不見 雖稱於事 以覆所知 此即名爲以心妄語)"고 하여 달리 본다. 곧 입으로 거짓말을 한 것 중에 결과적으로는 사실과 칭합하지만 의도에 있어서는 사실을 왜곡하려고 했던 것을 일컫는 것으로 보았다. 쉬운 예를 들면, 실제로 계를 범하지 않았는데 계를 범했다고 생각하면서 계를 범하지 않았다고 말한다면, 이것을 심망어라고 하였다.

見言見。見言不見。身心妄語。

기 다음의 "스스로 거짓말을 하고" 이하는 두 번째로 업도의 상을 밝히고, 뒤에는 죄명을 맺었다. 두 번째로 업도를 밝히는 것은 다시 둘로 나눌 수 있다. 처음에 업의 상相을 밝히고, 나중의 "보살은" 이하는 업도가 맺어짐을 밝혔다. 이 부분은 그 처음에 해당한다.

("망어"에서) '망妄'이란 헛되이 속여 진실하지 않은 것이고, '어語'란 말이다. '망어'는 현명하고 착함이라는 덕목을 손상시키기 때문에 이것을 죄라고 하였다. "거짓말의 법"이란 특별한 방법을 사용하여 다른 사람을 속이기 위한 것이기 때문이다. 그리하여 이 거짓말에 여덟 구절이 있다. (눈으로) 본 것(見)을 보지 않았다고 하고, 보지 않은 것을 보았다고 하는 것과 같은 두 구절이 있고, 이와 같이 하여 (귀로) 듣는 것(聞), (코와 혀와 촉각기관으로서의 몸으로) 지각하는 것(覺), (의근意根으로) 아는 것(知) 등에 있어서도 각각 두 구절이 있어, 또한 그러한 경우가 성립한다.[77]

거짓말을 한 죄에 대한 해석은 본래 두 가지가 있다. 한 가지 해석은 〈염오심으로 거짓말을 하면 모두 중죄가 성립된다〉는 것이고, 다른 하나의 해석은 〈과인법過人法[78]을 (아직 얻지 못했으면서 얻었다고) 말하면 바라이죄가 성립되고, 이것을 제외한 나머지의 거짓말은 경죄이고 중죄에

---

[77] 거짓말 혹은 성어聖語가 아닌 것의 여덟 가지 조건으로 경론에 자주 거론되는 것. 안식眼識의 작용인 견見, 이식耳識의 작용인 문聞, 비식鼻識·설식舌識·신식身識의 작용인 각覺, 의식意識의 작용인 지知 각각에 두 구절이 성립하여 모두 여덟 구절이 된다. 곧 ① 본 것을 보지 않았다고 하고, ② 보지 않은 것을 보았다고 하는 것, ③ 들은 것을 듣지 않았다고 하고, ④ 듣지 않은 것을 들었다고 하는 것, ⑤ 지각한 것을 지각하지 않았다고 하고, ⑥ 지각하지 않은 것을 지각했다고 하는 것, ⑦ 아는 것을 알지 못한다고 하고, ⑧ 알지 못하는 것을 알았다고 하는 것을 말한다. 『瑜伽師地論』권3(T30, 293a)·『舍利弗阿毘曇論』권7(T28, 583c)·『鞞婆沙論』권8(T28, 471b) 등을 참조할 것.
[78] 과인법過人法 : 상인법上人法이라고도 한다. 보통 사람을 넘어서는 성자의 법을 일컫는 말이다.

해당되지 않는다〉는 것이다.

다시 거짓말은 이승인 동학同學과 함께하지 않는 부분이 있다.

次自妄語下。第二結[1]業道相。後結罪名。第二明業道中。復分有二。初明業相。後而菩薩下。明結業道。此卽初也。妄者。虛誑不實。語者。語言。損賢善故。名之爲罪。妄語法者。作別方法。爲誑他故。然此妄語。其[2]八句。謂見言不見。不見言見。如有二句。如是聞覺知。各有二。亦爾然。釋妄語罪。自有二釋。一云。若染汙心。詐妄語者。皆成重也。一云。說過人法。成波羅夷。所餘妄語。是輕非重。復次。妄語不共二乘同學。

1) ㉠ '結'은 '明'인 듯하다. 2) ㉠ '其'는 '有'이다.

『유가사지론』 제41권에서 다음과 같이 말했다.

如瑜伽論四十一云。

보살은 많은 유정을 목숨을 잃는 재난과 꽁꽁 묶여 감옥에 갇히는 재난과 손과 발이 잘리는 재난과 코가 베이고 귀가 잘리며 눈을 도려내는 재난에서 벗어나게 하기 위해 노력한다. 비록 보살들은 자신의 목숨을 잃을 수도 있는 재난에서 벗어나기 위해 올바른 것이 무엇인지를 알면서 거짓말을 하는 일은 하지 않더라도, 그러한 재난에 빠진 유정을 구원하기 위해서라면, 올바른 것이 무엇인지를 알면서도 잘 생각하고, 고의로 거짓말을 한다. 요점만 간략히 말하면 보살은 오직 유정을 위해 이익이 되는 것을 보고 행위하는 것일 뿐, 이익도 없는 것을 행하지는 않는다. 스스로 염오심이 없이 오직 유정들의 이익을 위해서 바르게 알고 있는 것을 (그것과 다르게) 뒤집어서 생각하면서 다른 말을 한다. 이러한 말을 할 때 보살계를 위범하는 일은 없고, (오히려) 많은 공

덕을 낳는다.⁷⁹

又如菩薩。爲多有情。解脫命難。囹圄縛難。刖手足難。劓鼻刖耳剜眼等難。雖諸菩薩。爲自命難。亦不正知說於妄語。然爲救脫彼有情故。知而思擇。故說妄語。以要言之。菩薩。唯觀有情義利。非無義利。自無染心。唯爲饒益諸有情故。覆想正知。而說異語。說是語時。於菩薩戒。無所違犯。生多功德也。

문 부처님과 보살에 대해서도 망어죄를 짓는 일이 있을 수 있는가?
해 본래 두 가지 해석이 있다. 한 가지 해석은 〈부처님과 보살에 대해서는 망어죄가 성립되지 않는다. 왜냐하면 상대방의 마음을 미리 알아 상대방에게 속임을 당하지 않기 때문이다〉라는 것이고, 다른 한 가지 해석은 〈(부처님과 보살에 대해서도) 업도가 성립된다〉라는 것이다. 비록 두 가지 해석이 있지만 처음의 것이 나은 것이라 할 수 있다.

問。佛菩薩中。得妄語罪不。解云。自有兩釋。一云。於佛菩薩。不成妄語罪。所以者何。豫知彼心。不領彼誑故。一云。亦成業道。雖有兩釋。初說爲好。

문 축생 등에 대해 속이고 거짓말을 하여도 업도를 이루는 경우가 있는가?
해 사취四趣⁸⁰ 중에 말을 알아들을 수 있는 유정이 있다면 상대방의 입장에 입각하여 중죄가 성립된다. 상대방이 만약 말을 알아듣지 못한다면

---

79 『瑜伽師地論』 권41(T30, 517c).
80 사취四趣 : 육취六趣 중 네 가지를 가리키는데, 여기에선 문맥상으로 볼 때, 인·천을 제외한 나머지 네 가지, 곧 지옥·축생·아귀·아수라 등을 가리킨다.

업도가 성립되지 않는다.

> 問。向畜生等。詐誑妄語。或成業道。解云。若四趣中。得領解者。彼邊成重。彼若不能領解語者。不成業道。

"몸과 마음으로 거짓말을 하는 것"이란 마음속으로 사실을 감추려는 생각을 하는 것과 몸으로 (사실과 다른 것으로 이해될 만한 행위를) 나타내는 것이니, 이는 업도를 이룬다. 예를 들면 포살布薩[81]을 행할 때 실제 계를 어긴 일이 있으면서도 아무 말도 하지 않고 조용히 머물러 있음으로써, 혹은 손과 발을 움직이는 행위를 함으로써 자신이 청정한 것처럼 보이도록 하는 것과 같은 것을 말한다. 이와 같은 것을 몸의 망어라고 하니, 몸으로 나타낸 것이기 때문이다.

> 言身心妄語者。心中覆怒。[1] 及以身表。皆成業道。如布灑[2]時。實有所犯。嘿然而住。及動手足。自表清淨。如是等類。名身妄語。以身表故。
>
> 1) 옙 '怒'는 '想'이다. 이는 본문의 '身心妄語'에 대한 여러 주석서의 풀이를 참조한 것이다. 2) 옙 '灑'는 '薩'이다.

b. 업도가 맺어지는 것을 밝힘

경 보살은 항상 바른 말과 바른 견해를 내고, 또한 모든 중생으로 하여금 바른 말과 바른 견해를 내게 해야 하거늘, 도리어 모든 중생으로 하여금 그릇된 말과 그릇된 견해와 그릇된 업을 일으키도록 한다면 이는 보살의 바라이죄에 해당한다.

---

81 포살布薩 : ⓢpoṣadha의 음사어. 동일한 지역에 머무는 스님들이 보름마다 모여서 비구계·비구니계를 듣고 자신이 계를 어긴 것이 있으면 이를 고백하고 참회하여 청정함을 회복하는 것이다.

而菩薩。常生正語正見。亦生[1]眾生正語正見。而反更起一切眾生邪語邪見邪業。是菩薩波羅夷罪。

1) ㉘『대정장』에 수록된『梵網經』에 따르면 '生' 뒤에 '一切'가 누락되었다.

기 경의 "보살은 항상 바른 말과" 이하는 두 번째로 죄가 맺어짐을 밝힌 것이다. 이러한 거짓말의 업은 다섯 가지 조건이 갖추어지면 업도가 이루어진다. 첫째 일 때문이고, 둘째 생각 때문이며, 셋째 욕락 때문이고, 넷째 번뇌 때문이며, 다섯째 방편구경 때문이다. '일'이란 보거나 듣거나 지각하거나 알거나 하는 일과 보지 못하거나 듣지 못하거나 지각하지 못하거나 알지 못하는 일 등이다. '생각'이란 보는 것 등에 있어서 사실과 반대되는 생각이고, '욕락'이란 사실과 반대되는 생각을 말하려는 욕락이며, '번뇌'란 탐욕과 분노와 어리석음을 혹은 모두 갖추고 있거나 일부만 갖추고 있거나 하는 것이고, '방편구경'이란 앞에 있는 사람이 받아들이고 이해하는 것이다.

經而菩薩常生正語自下。第二正明結罪。此妄語業。具足五緣。得成業道。一者事故。二者想故。三者欲樂故。四煩惱故。五究竟故。事者。謂見聞覺知。不見聞覺知。想者。謂於見業[1]或翻彼想。欲樂者。謂覆想欲樂。煩惱者。貪瞋癡。或具。或不具。方便究竟者。前人領解。

1) ㉘ '業'은 '等'이다. 전후 맥락을 보면, 견·문·각·지, 불견·불문·불각·불지 등에서 뒤의 일곱을 생략한 것으로 보아야 하기 때문이다. 또한 혜소慧沼의『大乘法苑林章補闕』권8(X55, 166b)에서 동일한 내용으로 해석하면서 '業'을 '等'이라 하였다.

『대지도론』에 의하면 거짓말에는 열 가지 죄가 있다. 그러므로『대지도론』제70권에서 다음과 같이 말하였다.

若依大智度論。妄語有十罪。故彼論第七十云。

거짓말에 열 가지 죄가 있다. 첫째 입에서 나쁜 냄새가 나고, 둘째 착한 신神이 멀리하고 (귀신 등과 같이) 사람이 아닌 것들이 해칠 틈을 얻으며, 셋째 비록 진실한 말을 해도 사람들이 믿고 받아들여 주지 않고, 넷째 지혜로운 사람들이 일을 도모하기 위해 논의하는 모임에 늘 참여하지 못하며, 다섯째 항상 비방을 당하고 추악한 소문이 세상에 두루 퍼지고, 여섯째 사람들이 존경하지 않아 비록 지시하더라도 사람들이 받들어 행하지 않으며, 일곱째 항상 근심이 많고 여덟째 비방을 받는 업의 인연을 심으며, 아홉째 몸이 무너지고 목숨을 마치면 지옥에 떨어지고, 열째 지옥에서 벗어나 사람으로 태어나도 항상 비방을 당한다.[82]

妄語。有十罪。一者口氣臭。二者善神遠之。非人得便。三者雖有實語。人不信受。四者智人謀議。常不參豫。五者常被誹謗。醜惡之聲。周聞天下。六者人所不敬。雖有教勅。人不承用。七者常多憂愁。八者種誹謗業因緣。九者身壞命終。當墮地獄。十者若出爲人。常被誹謗。

문 이미 성과聖果를 증득하고도 "나는 아직 증득하지 못했다."고 한다면 이는 중죄가 되는 것인가?
해 경죄이고 중죄는 아니다.

問。已證聖果。言我未證。得成重不。解云。是輕非重。

(앞의 『대지도론』에서) "지옥에 떨어진다."는 것은, 『인과경』에서 "현세

---

82 『大智度論』 권13(T25, 158a). 원문에서는 70권이라 했다.

에서 거짓말을 많이 하면 죽어서 철정지옥鐵釘地獄(쇠못지옥)에 떨어진다."[83]라고 한 것에 의해 이해할 수 있다.

墮地獄者。因果經云。今身多妄語者。死墮鐵釘地獄中。

ⓒ 죄명을 맺음[84]

(ㅁ) ⑤ 제5 불고주계不沽酒戒 : 술을 팔지 마라

㉠ 사람을 나타냄

경 불자여,

若佛子。

기 경의 "불자여, 스스로 술을 팔고" 이하는 다섯 번째로 불고주계를 해석한 것이다. '고沽'란 돈을 받고 파는 것(貨賣)의 다른 이름이다. 술은 다른 사람을 어지럽히기 때문에 (그것을 파는 행위를) 죄라고 한다. 성문계에서는 바일제에 해당하지만 보살계에서는 바라이죄에 해당한다. 보살은 다른 사람을 이롭게 하는 것을 뛰어난 것으로 보는데, 도리어 다른 사람으로 하여금 전도된 마음을 일으키게 하기 때문에 중죄라 하고, 경죄로 보지 않는다.

불고주계를 설하는 문장은 셋으로 나눌 수 있다. 첫째 사람을 나타내는

---

83 『善惡因果經』(T85, 1381c). 단 이 경에 따르면 '釘(못)'은 '針(바늘)'이다. 철정지옥에 대한 설명에 있어서는 '철침鐵針'이라는 말이 쓰이기는 하지만, 지옥에 대한 명칭으로는 '철정鐵釘'이라는 용어만 쓰이므로 승장의 원문을 따랐다.
84 승장은 이 부분을 별도로 설하지 않았지만 앞의 해석을 따라 알 수 있다.

것으로 "불자여"라고 설한 것과 같다.

> 經若佛子自沽酒自下。第五釋不沽酒戒。沽者。貨賣異名。酒能亂他。故得罪也。聲聞戒中。是波逸提。菩薩戒中。是波羅夷。謂諸菩薩。利他爲勝。而反令他。起顚倒心。故重非輕。文分有三。初標人。如說佛子故。

ⓛ 업도를 밝힘

a. 업도의 상을 밝힘

경 스스로 술을 팔고 다른 사람으로 하여금 술을 팔게 하며, 술을 파는 인과 술을 파는 연과 술을 파는 법으로 술을 파는 행위를 해서야 되겠느냐? 어떤 술도 팔아서는 안 되니, 이 술은 죄를 짓는 인연이 된다.

> 自酤酒。教人酤酒。酤酒因。酤酒緣。酤酒法。酤酒業。一切酒。不得酤。是酒。起罪因緣。

기 경의 "스스로 술을 팔고" 이하는 업도를 밝힌 것이다. 뒤는 죄명을 맺었다. 업도를 밝히는 중에 다시 둘로 나뉜다. 처음에 업도의 상을 밝히고 나중에 업도가 맺어짐을 밝혔다. "술을 파는 법"이란 술을 파는 방법을 말하는 것으로, 세간에서 일정 가격의 돈을 받고 파는 술(入錢酒)이라고 하는 것과 같다. "술을 파는 연"이란 쌀과 물 등의 재료를 말한다.

> 次[1]沽[2]酒下。明業道。後結罪名。就第二明業道中。復分有二。初明業道相。後明結業道。沽酒法者。謂沽酒方法。如世間言。入錢酒等。沽酒緣者。謂米水等。

1) ㉥ 앞 문장과의 일관성을 고려할 때 '次'는 '經'이다. 2) ㉥ 『梵網經』본문에 따르면 '沽' 앞에 '自'가 누락되었다.

b. 업도가 맺어지는 것을 밝힘

경 보살은 모든 중생으로 하여금 밝은 지혜가 생겨나도록 해야 하거늘, 도리어 다시 중생으로 하여금 전도된 마음을 내도록 한다면 이는 보살의 바라이죄이다.

而菩薩。應生一切衆生明達之慧。而反更生衆生顚倒之心。是菩薩波羅夷罪。

기 경의 "보살은" 이하는 두 번째로 업도가 맺어짐을 밝힌 것이다. 다섯 가지 조건으로 말미암아 술 파는 행위에 의해 중죄가 성립된다. 다섯 가지 조건은 무엇인가. 첫째 (대상이 되는) 유정이 있어야 하고, 둘째 유정이라는 생각이 있어야 하며, 셋째 이익을 희구하여 돈 받고 팔려는 마음이 있어야 하고, 넷째 진짜 술이 있어야 하며, 다섯째 술을 주어야 한다.

經而菩薩下。第二明結業道。由五緣故。沽酒成重。何等爲五。一者於有情。二者有情想。三者希利貨賣心。四者眞酒。五者授與。

'유정'은 세 품이 있다. 첫째, 상품上品이니 부처님과 보살과 여러 현자와 성자이다. 둘째, 중품中品에 해당하는 대상(境)이니 사람과 하늘을 말한다. 셋째, 하품下品이니 사취四趣이다. 이 세 품의 대상 중 중품에 해당하는 유정이 바로 이 계의 적용을 받는다. 상품에 해당하는 유정은 적용되지 않으니, 취하여 혼란해지는 일이 생기지 않기 때문이다. 하품에 해당하는 유정도 또한 적용되지 않으니, 법기가 아니어서 (취하여 혼란해지는 일이 큰 의미가 없기 때문이다). '진짜 술'이란 사람을 취하게 할 수 있는 것이니, 이름하여 진짜 술이라 한다. 만약 황기黃耆 등과 같은 것으로 만든 약용으로 쓰이는 술이 있을 경우, 그것을 마시면 바로 치료되고 취하여 혼란해지는 지경에는 이르지 않기 때문에 이익을 추구하여 돈을 받고 팔아도 중죄가 성립되지 않는다. 어떤 사람은 이 경우에도 중죄가 성립된다고 주장하기도 한다.

(다섯 번째 조건인) '주는 것'에 대해 본래 두 가지 해석이 있다. 한 가지 해석은 〈술을 주는 것에 따라서 죄가 성립되는 것이니, 많거나 적거나 간에 술을 주었으면 곧바로 중죄가 성립된다〉라는 것이고, 다른 한 가지 해석은 〈그 술을 마실 때를 기다려서 비로소 중죄가 성립된다〉라는 것이다. 본래 이익을 얻고자 하여 혼란하게 하는 약을 만들고, 이익을 위해 다른 사람에게 주는 행위가 이루어졌다면 어떻게 중죄가 성립되지 않을 수 있겠는가.[85] 이 중에 술과 이익의 관계를 살펴보면, 네 구절로 분별할 수 있다. 혹은 술은 있지만 자신의 이익을 위한 것은 아닌 것이니, 다른 사람을 이롭게 하기 위해 고의로 약주藥酒를 만드는 것 등을 설한 경우와 같다. 혹은 자신의 이익을 위한 것이라는 목적은 있지만, 술이 아닌 다른 물건인 것이다. 혹은 술도 있고 이익을 위한 것이기도 한 것이니, 이익을 위해 술을 파는 경우이다. 혹은 술과 이익을 위한 것이 모두 없는 경우이니, 앞에서 설한 경우를 제외한 것이다. 이와 같은 네 구절 중 제3구는 중죄가 성립되고, 제1구와 제2구는 바로 경죄로 중죄는 성립되지 않으며, 제4구는 중죄도 아니고 경죄도 아니다.

有情者。有其三品。一者上品。謂佛菩薩及諸賢聖者。二者中品境。謂人天。三者下品。謂四趣也。此三境中。中品有情。正是所制。非上品境。不

---

[85] 뚜렷이 밝히지는 않았지만, 이 문장은 승장의 입장으로, 앞의 두 해석 중 전자를 따르는 것을 보여 준다.

醉亂故。亦非下境。非法器故。眞酒者。謂能令人醉。名爲眞酒。若有藥
酒。如黃耆等。飲卽治病。不至醉亂。故求利貨。亦不成重。或此結重。授
與者。自有兩釋。一云。隨所授與。若多少。與卽成重。一云。待飲之時。
方成重也。本欲覓利。故作亂藥。爲利與他竟。如何不成重。此中。酒利。
四句分別。或者。有酒而不爲利。謂如說爲利他故。設藥酒等。或有爲利。
而非酒所餘物。或有酒亦爲利。如覓利沽酒。或有俱非。謂除前相。如是
四句。若第三句。成[1]初之二句。正輕非重。若第四句。非重非輕。

1) ㉯ '成' 뒤에 '重'이 누락된 듯하다.

ⓒ 죄명을 맺음

죄명을 맺는 것에 대해서는 앞에서 설명한 것에 준하여 알아야 한다.

結罪名者。準前知應。[1]

1) ㉯ 『속장경』 본문에 따르면 '知應'은 '應知'이다.

(ㅂ) ⑥ 설사중과계說四衆過戒 : 사부대중의 허물을 말하지 마라

㉠ 사람을 나타냄

경 불자여,

若佛子。

기 경의 "불자여" 이하는 여섯 번째로 설사중과계를 밝힌 것이다. 다른 사람의 허물을 설하는 죄에는 두 가지 잘못이 있기 때문에 제정한 것이다. 첫째 다른 사람의 착함을 가리기 때문이고, 둘째 정법을 멀리 여의기 때문이다. 보살들은 다른 사람의 덕을 드러내고 찬양해야 할 것인데,

다른 사람의 허물을 말하기 때문에 중죄가 성립된다. 문장을 풀이함에 있어서 셋으로 분류된다. 처음은 (사람을) 나타내는 것이니, 경에서 "불자여"라고 설한 것과 같다. 다음에서 업도의 상을 밝히고, 뒤에서 죄명을 맺었다. (이것은 첫 번째 사람을 나타낸 것이다.)

經若佛子自下。第六說四衆過。說他過罪。有二過失。是故。制也。一者覆他善故。二者遠離正法故。謂諸菩薩。顯揚他德。而說他過。故成重也。就釋文中。復分有三。初標人。如經若佛子故。次明業道相。後結罪名。

ⓒ 업도의 상을 밝힘

경 스스로 출가 보살이나 재가 보살, 비구와 비구니의 허물을 말하고, 다른 사람으로 하여금 허물을 말하도록 하며, 허물의 인과 허물의 연과 허물의 법으로 허물을 말하는 행위를 행해서야 되겠느냐? 보살은 외도의 악한 사람과 이승의 악한 사람이, 불법에 대해 법도 아니고 율도 아니라고 말하면, 항상 자비로운 마음을 내어 이러한 악한 사람들을 교화하여 대승에 대한 착한 믿음을 내도록 해야 하거늘, 보살이 도리어 다시 스스로 불법에 대해 허물을 말한다면 보살의 바라이죄에 해당한다.

自說出家在家菩薩比丘比丘尼罪過。教人說罪過。罪過因。罪過緣。罪過法。罪過業。而菩薩。聞外道惡人及二乘惡人。說佛法中。非法非律。常生悲心。教化是惡人輩。令生大乘善信。而菩薩。反更自說佛法中罪過者。是菩薩波羅夷罪。

기 경의 "스스로 ~을 말하고" 이하는 두 번째로 업도의 상을 밝힌 것이다. 문장은 둘로 나뉜다. 처음에 업도의 상을 밝히고, 다음의 "보살이"

이하에서 업도가 맺어짐을 밝혔다.

> 經曰自說自下。第二明業道相。文分爲二。初明業道相。次而菩薩下。明結業道。

a. 업도의 상을 밝힘

여기에서는 첫 번째로 업도의 상을 풀이한다. '허물을 말하는 것'에 대해 본래 두 가지 해석이 있다. 한 가지 해석은 〈다른 사람이 (범한) 십중죄와 칠역죄를 말하는 이는 타승법을 범하는 것이고, (다른 사람이 범한) 경죄를 말하면 경죄이고 중죄는 성립되지 않는다〉라는 것이고, 다른 한 가지 해석은 〈경죄와 중죄를 논하지 않고 단지 다른 사람이 이양利養을 얻고 공경을 받는 것을 무너뜨리기 위해 상대방의 허물을 말하면 모두 중죄를 범하는 것이다〉라는 것이다.

> 此卽第一釋業道相。言罪過者。自有兩釋。一云。說他十重七逆罪者。犯他勝法。若說輕罪。是輕非重。一云。不論輕重。但是懷[1]他利養及恭敬故。說彼罪過。皆是犯重。
>
> 1) ㉠ '懷'는 '壞'이다.

사부대중의 허물을 말하는 것은 다섯 가지 조건이 갖추어짐으로써 타승법을 이룬다. 첫째 중생이 있어야 하고, 둘째 중생이라는 생각이 있어야 하며, 셋째 번뇌가 있어야 하니, 이양을 탐하는 마음을 말하고, 넷째 사부대중에 속하는 사람에 대해 죄를 말해야 하며, 다섯째 앞에 있는 사람이 그 말을 받아들이고 이해해야 한다.

> 說四衆過。由具五緣。成他勝法。一者衆生。二者衆生想。三者煩惱。謂貪

利養。四者謂四人說罪。五前人領解。

'중생'은 세 품의 대상이 있다. 본래 두 가지 해석이 있다. 한 가지 해석은 〈상품에 속하는 대상 중 보살에게만 해당하고 나머지는 해당하지 않으니, 오직 보살의 허물을 말할 때만 비로소 중죄가 성립되기 때문이다. 보살계를 지니지 않고 성문계를 수지한 대상과 계를 수지하였으나 하품에 속하는 대상의 허물을 말할 경우는 경죄이고 중죄는 아니다〉라는 것이다. 다른 한 가지 해석은 〈보살계를 지니지 않고 성문계를 지닌 비구와 비구니의 허물을 말할 경우에도 중죄이고 경죄는 아니다〉라는 것이다.

비록 두 가지 해석이 있지만 나중의 주장이 뛰어나니, 성스러운 가르침과 바른 이치에 수순하는 것이기 때문이다. 이 중에서 '(성스러운) 가르침'이란 곧 이 경에서 출가 보살과 비구와 비구니의 허물을 (말하지 마라)고 하였기 때문이다. '(바른) 이치'란 상대방을 무너뜨리기 위해 성문의 허물을 말하는 것은 중죄이고 경죄가 아니라는 것이다. 갖추어서 말하면, 불법 속에서 이루어진 허물을 말하는 것이기 때문에 보살의 허물을 말하는 것과 같다. (그런데 허물을 말하는 데 있어서) 두 가지 마음으로 (남의 허물을 말하는 것이어야 죄가 성립된다)고 한 것은, 상대방의 이양과 공경을 무너뜨리려는 마음과 자신의 이익과 공경을 탐하는 마음 때문에 그렇게 하는 것을 말한다. '중생이라는 생각'은 사부중생에 대해 중생이라는 생각을 하는 것이다. '번뇌'라고 한 것은 이익과 공경을 탐하기 때문이다.

衆生者。有三品境。自有兩釋。一云。上品境中。菩薩非餘。唯於菩薩。方成重故。若無菩薩戒。有聲聞戒。及有戒下品境中。是輕非重。一云。說無菩薩戒。有聲聞戒比丘比丘尼[1]罪。是重非輕。雖有兩釋。後說爲勝。隨順聖敎及正理故。此中敎者。卽此經云。出家菩薩比丘比丘尼罪過故。所言理者。若爲壞他說聲聞過。是重非輕。具足云。說佛法中所有過故。如說菩薩過。言二心者。謂壞他利養及恭敬。貪自利益及恭敬故。衆生想者。
謂於四衆生。衆生想。言煩惱者。謂貪利益及恭敬故。

1) ㉯ '尼' 뒤에 '戒'가 누락된 듯하다. ㉱ 원문의 교감주는 타당하지 않은 것으로 보인다.

'다른 사람들을 향해 허물을 말한다'는 것은 상품과 중품에 속하는 대상 중 보살계를 지니지 않은 이를 향해 남의 허물을 말하는 것이다. 이는 중죄이고 경죄가 아니니, 법을 무너뜨림이 심한 것이기 때문이다.

보살계를 지닌 이를 향해 남의 허물을 말하는 것에 대해서는 (두 가지 해석이 있다). 한 가지 해석은 〈경죄이고 중죄가 아니다〉라는 것이고, 다른 한 가지 해석은 〈중죄이고 경죄가 아니다〉라는 것인데, 앞의 해석이 뛰어나다. 왜냐하면 동일한 가르침을 따르는 대중을 향해 말한 것이니 허물이 깊지 않기 때문이다. 하품에 속하는 대상을 향해 남의 허물을 말하면 이는 경죄이고 중죄는 아니니, 허물이 깊지 않기 때문이다.

성문계를 받은 이를 향해 말하는 것에 대해서는 본래 두 가지 해석이 있다. 한 가지 해석은 〈경죄이고 중죄가 아니니, 내부의 대중을 향해 허물을 설하는 것은 깊고 무거운 것은 아니기 때문이다〉라는 것이고, 다른 하나의 해석은 〈성문계를 받은 내부의 사람을 향해 사부대중의 허물을 말하는 것은 중죄이고 경죄가 아니다. 동일한 가르침을 따르지 않는 대중을 향해 다른 사람의 허물을 말하는 것은 그 허물이 심하다〉라는 것이다. 비록 두 가지 해석이 있지만 첫 번째 주장이 뛰어나다. 왜냐하면 가르침과 이치에 수순하기 때문이다.

'가르침'이란 이 경에서 말하기를 "보살은 외도의 악한 사람과 이승의 악한 사람이 불법에 대해 법도 아니고, 율도 아니라고 말하면 (이를 가르쳐야 한다)."고 한 것과 같다. '이치'란 이승을 향해 말하는 것은 중죄이고 경죄가 아니니, 동일한 가르침을 따르지 않는 중생을 향해 말하는 것은 외도를 향해 말하는 것과 같기 때문이다. 어떤 근거도 없이 허물을 말했다면 그 내용이 경죄에 대한 것이든 중죄에 대한 것이든, 혹은 그 대상이 동일한 가르침을 따르는 대중이든 다른 가르침을 따르는 대중이든, 모든 것을 불문하고 경죄이고 중죄가 아니다. 이럴 경우는 곧 (사십팔경계 가운데) 제13 훼방계毁謗戒에 포섭된다.

이제 풀이하면 이양을 무너뜨리기 위해 허물을 말한 것이면 중죄이고 경죄가 아니다. 율부律部에서 말하기를, 백의白衣(재가자)에게 말했다면 제3편第三篇[86]을 범한 것이고, 내부의 대중을 향해 말했다면 제7취第七聚[87]를 범한 것이라고 하였다.

向人說者。謂向上中境無菩薩戒者說。是重非輕。壞法深故。向有菩薩戒者說者。一云。是輕非重。一云。是重非輕也。初說爲勝。所以者何。向同衆說。過非深故。向十[1)]境說。是輕非重。過不深故。向聲聞者。自有兩釋。一云。是輕非重。向內衆說過。非深重故。一云。向聲聞內人。說四衆過。是重非輕。向非同衆。說他過失。其過深。準[2)]有兩釋。故[3)]初說爲勝。所以者何。順敎理故。所言敎。如此經[4)]而菩薩聞外道惡人及二乘惡人。說佛法中。非法非律故。所言理者。向二乘說。是重非輕。向非同衆故。如向外道說。若無根說。不問。輕重同罪[5)]異衆。是輕非重。是卽第十三毁謗戒攝。今釋爲壞利養。是重非輕。律部中說。問[6)]白衣說。是第三篇。向今內衆說。是爲第七聚。

1) ㉘ '十'은 '下'인 듯하다. 2) ㉠ '準'은 '雖'이다. 3) ㉠ '故'는 잉자이다. 4) ㉘ '經'

---

86 제3편第三篇 : 바일제죄. 비구계를 범했을 때의 죄를 다섯 가지로 분류한 것을 오편五篇이라 한다. 제1편은 바라이죄, 제2편은 승잔죄, 제3편은 바일제죄波逸提罪, 제4편은 바라제제사니죄, 제5편은 돌길라죄이다.
87 제7취第七聚 : 돌길라죄. 비구계를 범했을 때의 죄를 일곱 가지로 분류한 것을 칠취七聚라고 한다. 제1취는 바라이죄, 제2취는 승잔죄, 제3취는 투란차죄, 제4취는 사타죄, 제5취는 바일제죄, 제6취는 바라제제사니죄, 제7취는 돌길라죄이다.

뒤에 '云'이 누락된 듯하다. 5) ㉮ '同罪'는 '罪同'이다. 6) ㉯ '間'은 '向'인 듯하다.

b. 업도가 맺어지는 것을 밝힘[88]

㉢ 죄명을 맺음[89]

(사) ⑦ **자찬훼타계**自讚毁他戒 : 자신을 찬탄하고 남을 헐뜯는 일을 하지 마라

㉠ 사람을 나타냄

경 불자여,

若佛子。

기 경의 "불자여" 이하는 제7 자찬훼타계를 밝힌 것이다. 두 가지 뜻이 있기 때문에 타승법을 범한다. 첫째 다른 사람의 이양과 공경을 무너뜨리려 하기 때문이고, 둘째 자신의 이익과 공경을 탐하기 때문이다.『유가사지론』제40권에서 "보살이 이양과 공경을 탐하여 스스로를 찬탄하고 남을 헐뜯으면 이는 첫 번째로 타승처법을 범하는 것이다."[90]라고 하였다.『보살선계경』[91]과『지지경』[92]에서도『유가사지론』과 같이 설하였다.

이양과 공경을 탐하는 목적을 갖지 않고 자신을 찬탄하고 남을 헐뜯었

---

88 과단만 설정하고 실제 해석은 이루어지지 않았다.
89 과단만 설정하고 실제 해석은 이루어지지 않았다.
90 『瑜伽師地論』권40(T30, 515b).
91 『菩薩善戒經』(T30, 1015a).
92 『菩薩地持經』권5(T30, 916c).

다면 이는 경죄이고 중죄는 아니다. 그러므로 『유가사지론』 제41권에서 "보살들이 보살의 청정한 계율의에 편안히 머물면서 다른 사람이 소유한 것에 대한 물들고 애착하는 마음으로 분노하는 마음을 지녀 스스로를 찬탄하고 다른 사람을 헐뜯는다면, 이것은 범함이 있고, 염오에 의한 위범違犯(輕戒)[93]이라 한다. 위범이 없는 경우는 모든 악한 외도를 꺾어 조복시키기 위해서, 혹은 부처님의 성스러운 가르침을 머물고 유지되도록 하기 위해서, 방편으로 상대방을 길들이고 상대방을 굴복하게 하려는 목적에서 (스스로를 찬탄하고 남을 헐뜯는 것이니), 자세한 것은 앞에서 설한 것과 같다. 혹은 아직 청정한 믿음을 내지 못한 이로 하여금 청정한 믿음을 내게 하고, 이미 청정한 믿음을 낸 이들은 더욱 증장增長시키기 위해서 하는 것이다."[94]라고 하였다. 문장을 풀이함에 있어서 다시 셋으로 나뉜다. 처음에 사람을 나타낸 것이니, "불자여"라고 말한 것과 같기 때문이다.

經若佛子自下。第七明自讚毀他戒。有二義故。犯他勝法。一者壞他利養及恭敬故。二者貪自利益及恭敬故。如瑜伽論第四十云。若諸菩薩。為欲貪利養恭敬。自讚毀他。是名第一犯他勝處法。菩薩善戒經。及地持。亦同瑜伽。若不貪利養及恭敬故。自讚毀他。是輕非重。故瑜伽論四十一云。若諸菩薩。安住菩薩淨戒律儀。於他人所有。染愛心。有瞋心。自讚毀他。是名有犯。是染汙犯。無違犯者。若為摧伏諸惡外道。若住持如來聖教。欲方便調彼伏彼。廣說如前。或為令其未淨信者。發生淨信。已淨信者。轉復增長。就釋文中。復分有三。初標人。如說若佛子故。

---

93 『瑜伽師地論』「戒品」에서 삼취정계·사바라이·43위범違犯을 설하였는데, 43위범은 경계輕戒에 해당한다.
94 『瑜伽師地論』 권41(T30, 519b).

ⓛ 업도의 상을 밝힘

경 스스로를 찬탄하고 다른 사람을 헐뜯으며, 다른 사람으로 하여금 자신을 찬탄하고 다른 사람을 헐뜯게 하며, 다른 사람을 헐뜯는 인과 다른 사람을 헐뜯는 연과 다른 사람을 헐뜯는 법으로 다른 사람을 헐뜯는 행위(業)를 해서야 되겠느냐.

自讚毀他。亦敎人自讚毀他。毀他因。毀他緣。毀他法。毀他業。

기 다음의 "스스로를 찬탄하고" 이하는 업도의 상을 밝힌 것이다. 뒤는 죄명을 맺은 것이다. 업도의 상을 밝힘에 있어서 문장을 둘로 나눌 수 있다. 처음에 업의 상을 밝혔고, 다음에 업도가 이루어지는 것을 밝혔다.

次曰自讚下。明業道相。後結罪名。明業道相。文分有二。初明業相。次明成業道。

a. 업도의 상을 밝힘

이것은 첫 번째로 업도의 상을 밝힌 것이다. 여기에서 '인因'이란 전생前生(先世)으로부터 이어져 온 인因⁹⁵을 말하고, '업業'이란 어업語業을 말하며, '연緣'이란 (간접적 원인이다.) 이것은 스스로를 찬탄하고 다른 사람을 헐뜯는 것과 관련된 법계法戒이니, 이를 업의 상相이라 한다.

此卽第一明業道相。此中。因者。謂先世因。業者。謂卽語業。緣者。¹⁾ 此卽自讚毀他法戒。是名業相。

1) ㉮ '者' 뒤에 누락된 글자가 있는 것으로 추정된다.

---

95 무시이래로 이어져 온 탐욕과 질투의 습기를 가리키는 말.

b. 업도가 맺어지는 것을 밝힘

경 보살은 모든 중생을 대신하여 헐뜯음과 욕됨을 받아 나쁜 일은 자신에게 돌리고 좋은 일은 다른 사람에게 주어야 하거늘,

而菩薩。應代一切衆生。受加毁辱。惡事自向己。好事與他人。

기 경의 "보살은 모든 중생을 대신하여~좋은 일은 다른 사람에게 주어야 하거늘" 이하는 두 번째로 업도가 맺어지는 것을 밝힌 것이다. 그 중에 두 가지가 있다. 처음에 실천해야 할 것을 밝혔고, 뒤에 업도가 맺어지는 것을 밝혔다.

經而菩薩代一切至好事與他人者下。第二明結業道。於中有二。初明應行。後明結業道。

a) 실천해야 할 것을 밝힘

이것은 처음에 해당한다. 모든 보살이 다른 사람의 나쁜 일은 끌어다가 스스로 자기에게 돌리고, 좋은 일은 다른 사람에게 주는 것을 말한다.

此卽初也。謂諸菩薩。引他惡事。自向於己。好事。與他人也。

b) 업도가 맺어지는 것을 밝힘

경 스스로 자기의 덕을 드러내고 다른 사람의 좋은 일을 숨기며, 다른 사람으로 하여금 헐뜯음을 당하도록 한다면 이는 보살의 **바라이죄**에 해당한다.

若自揚己德。隱他人好事。令他人受毁者。是菩薩波羅夷罪。

기 경의 "스스로 자기의 덕을 드러내고~다른 사람으로 하여금 헐뜯음을 당하도록 한다면" 이하는 두 번째로 업도가 맺어짐을 밝힌 것이다. 스스로를 찬탄하고 다른 사람을 헐뜯는 것은 다섯 가지 조건이 갖추어짐으로 인해 타승처법을 범한 것이 된다. 그 다섯 가지란 무엇인가. 첫째 일 때문이고, 둘째 생각 때문이며, 셋째 욕락 때문이고, 넷째 번뇌 때문이며, 다섯째 방편구경 때문이다. '일'이란 자신과 타인에 있어서 덕과 과실 등의 일이고, '생각'이란 자신의 덕과 타인의 과실에 대한 생각을 일으키는 것이며, '욕락'이란 자신과 타인에 대해 찬탄하고 헐뜯으려는 욕구를 내는 것이고, '번뇌'란 이양을 탐하는 마음이며, '방편구경'이란 그때의 중생이 그 말을 받아들이고 이해하는 것이다.

> 經若自揚己德至他人受毀者下。第二明結業道。自讚毀他。由具五緣。犯他勝。何等爲五。一者事故。二者想故。三者欲樂故。四煩惱故。五者方便究竟故。事。謂自他德失等事。想者。謂於自德他失生想。欲樂者。謂於自他中。發讚毀欲。煩惱者。謂貪利養心。方便究竟者。謂時衆領解。

문 어떤 사람이 (이러한 행위를 할 때) 업도가 성립되는 것인가?

해 상품과 중품에 해당하는 대상일 경우에만 타승법을 범하는 것이 된다. 여기에 다시 두 가지 해석이 있다. 한 가지 해석은 〈단지 상품과 중품에 해당하는 사람으로, (성문계이든 보살계이든) 계를 받았으면 모두 업도를 이룬다. 이양을 추구하는 마음으로 자신을 찬탄하고 다른 사람을 헐뜯기 때문이다〉라는 것이고, 다른 하나의 해석은 〈오직 보살계를 받은 사람만이 업도를 이룬다. 보살계를 받지 않은 사람과 하품에 해당하는 사람은 이렇게 했을 때 경죄이고 중죄가 아니다〉라는 것이다. 비록 두 가지 해석이 있지만 처음의 해석이 뛰어나다. 왜냐하면 상품과 중품에 속하는 사람은 비록 보살계를 지니지 않았더라도 이익을 구하는 마음으로 다른 사람의 잘못을 말하면 허물이 매우 무겁기 때문이다.

問。於何等人邊。成業道耶。解云。上中境中。犯他勝法。此有兩釋。一云。但是上中境。若有戒邊。皆成業道。求利養心。自讚毀[1]故。一云。唯於有菩薩戒人邊。成業道。若於無菩薩戒人。及下境中。是輕非重。雖有兩釋。初說爲勝。所以者何。上中境。雖無菩薩戒。而求利心。說他過失。過深重故。

1) ㉭ '毀' 뒤에 '他'가 누락되었다.

문 어떤 사람을 향해서 말했을 때 타승법을 범하는 것이 되는가?
해 본래 두 가지 해석이 있다. 한 가지 해석은 〈다른 가르침을 따르는 대중을 향해 말하면 타승법을 범한 것이고, 동일한 가르침을 따르는 대중을 향해 말하면 경죄이고 중죄는 아니다. 다른 가르침을 따르는 대중이란 보살계를 받지 않은 대중이고, 동일한 가르침을 따르는 대중이란 보살계를 받은 대중을 말한다〉고 하였고, 다른 한 가지 해석은 〈동일한 가르침을 따르는 대중을 향해 말하든 다른 가르침을 따르는 대중을 향해 말하든 이양을 구하는 마음에서 스스로를 찬탄하고 다른 사람을 헐뜯었다면 중죄이고 경죄가 아니다〉라고 하였다. 뒤의 주장이 뛰어나다. 왜냐하면 명예와 이양과 공경을 구하기 위해 스스로를 찬탄하고 다른 사람을 헐뜯는 것은 허물이 무겁기 때문이다. 이양을 위한 행위의 허물이 무겁다는 것은 『대지도론』 제7권에서 "이양을 위한 법은 적賊과 같아서 공덕의 근본을 무너뜨린다. 비유컨대 하늘에서 내리는 우박이 오곡五穀을 상하게 하는 것과 같이, 이양이나 명문名聞을 위한 행위도 또한 다시 이와 같아서 공덕이라는 묘苗를 무너뜨려 자라지 못하게 한다. 부처님께서 말씀하신 것과 같다.…(중략)…전단림栴檀林에 들어가서도 그 잎만 취하고, 이미 칠보로 가득 찬 산에 들어가서도 다시 수정水精만 취하네. 이와 같이 어떤 사람은 불법에 들어가서도 열반의 즐거움을 구하지 않고 도리어 이양利養의 공양을 구하니, 이런 무리들은 스스로를 기만하는 것이네. 현세에서는 선근을 불태워 버리고, 다음 세상에서는 지옥에 떨어진다네."[96]라고 한 것과 같다.

問。向何等人說。犯他勝法。解云。自有兩釋。一云。向異衆說。犯他勝法。向同衆說。是輕非重。異衆者。謂爲[1]菩薩戒衆。同衆者。謂有菩薩戒衆。一云。向同衆。若向異衆。求利養心。自讚毀他。是重非輕。後說爲勝。所以者何。求名利養及恭敬故。自讚毀他。過失重故。問[2]利養過重者。如大智度論第七卷云。是利養法。如賊。壞功德本。譬如天電[3] 傷害五穀。利養名聞。亦復如是。壞功德苗。令不增長。如佛說。得入栴檀林。而但取其葉。旣入七寶山。而更取水精。有人入佛法。不求涅槃樂。反求利供養。是輩爲自欺。今世燒善根。後世墮地獄。

1) ㉢『속장경』의 본문에 따르면 '爲'는 '無'이다. 2) ㉢ '問'은 잉자이다. 3) ㉢『속장경』의 본문에 따르면 '電'은 '雹'이다.

㉢ 죄명을 맺음

경의 "이는 (보살의) 바라이죄" 이하는 세 번째로 죄명을 맺은 것이다.

經是波羅夷者自下。第三結名。

(ㅇ) 8 간계慳戒 : 보시함에 있어서 인색하지 마라

경 불자여, 스스로 인색하고 다른 사람으로 하여금 인색하게 하고, 인색의 인과 인색의 연과 인색의 법으로 인색한 행위를 해서야 되겠느냐. 보살은 모든 가난한 사람들이 와서 구걸하는 것을

---

[96] 『大智度論』 권5(T25, 98b). 원문에서는 7권이라 했다. 온전한 인용이 아니라 약간의 생략이 있다.

보면 자신의 앞에 선 사람이 필요로 하는 모든 것을 공급해 주어야 하거늘, 보살이 악한 마음과 분노하는 마음으로 돈 한 푼이나 바늘 한 개나 풀 한 포기조차도 베풀지 않고, 법을 구하는 이가 있는데, 한 구절, 한 게송, 한 톨의 먼지만큼의 법도 설하지 않으며, 도리어 다시 욕을 하고 모욕을 준다면, 이는 보살의 바라이죄에 해당한다.

若佛子。自慳。敎人慳。慳因。慳緣。慳法。慳業。而菩薩。見一切貧窮人來乞者。隨前人所須一切給與。而菩薩。以惡心瞋心。乃至不施一錢一針一草。有求法者。不爲說一句一偈一微塵許法。而反更罵辱。是菩薩波羅夷罪。

기 경의 "불자여" 이하는 여덟 번째로 간계를 밝힌 것이다. '간慳(아끼는 것)'이라는 명칭은 바로 탐욕의 갈래이다. 재물과 법을 아끼는 것은 다른 사람을 이롭게 하는 행위에 어긋나니 그러므로 죄를 범하는 것이다. 칠중이 모두 어길 경우 죄를 범하는 것이고, 성문과는 함께하지 않는다. 성문계에서는 법을 주지 않는 것은 제7취인 돌길라죄에 해당하고, 재물을 주지 않는 것은 계율로 제정하지 않았다.

법과 재물을 베풀지 않는 것에는 세 가지가 있다. 첫째 본성이 아끼고 탐욕스럽기 때문이고, 둘째 분노와 억울함을 품었기 때문이며, 셋째 상대방을 길들이고 굴복시키기 위한 것이기 때문이다. 이 중에 처음의 것은 타승처를 범하는 것이고, 두 번째 분노와 억울함을 품어서 베풀어 주지 않은 것은 경죄이고 중죄가 아니다. 세 번째에 해당하는 한 가지는 위범하는 것이 없다.

經若佛子自下。第八明慳戒者。慳者之名。卽此貪分。慳悋財法。違利他

行。是故犯罪。七衆同犯。不共聲聞。若聲聞中。不與法者。在第七聚。不
與財者。不制戒也。不施法財。有其三種。一者性慳貪故。二者懷瞋恨故。
三者調伏彼故。此中初一。犯他勝處。第二懷瞋而不施與。是輕非重。第
三一種。無所違犯。

『유가사지론』제40권에서 "보살들이 현재 재물이 있지만 성품이 재물을 아끼기 때문에 고통에 처하고 가난함에 처하고 의탁할 곳이 없고 믿을 만한 곳이 없어서 바로 재물을 구하는 이가 와서 앞에 서 있는데도 불쌍해 하는 마음을 일으켜 혜사慧捨(지혜를 바탕으로 하여 보시하는 것)를 닦는 일을 하지 않고, 정법을 구하는 이가 와서 앞에 있는데 법을 아끼기 때문에 비록 현재 법이 있더라도 사시捨施(평등하게 베푸는 것)하지 않으면 이를 두 번째 타승처법에 해당한다고 한다."[97]고 하였고, 『보살선계경』과 『지지론』에서도 동일하게 이렇게 설했다.

瑜伽論第四十云。若諸菩薩。現有資財。性慳財故。有苦有貧無依無怙。
正求財者。來現在前。不起哀憐。而修慧捨。求正法者。來現在前。慳法
故。雖現有法。而不捨施。是名第二他勝處法。菩薩善戒經。地持論。亦同
此說。

또한 『유가사지론』 제41권에서 "보살들이 보살의 청정한 계율의에 편안히 머물러 음식 등과 같은 생활을 영위하기 위한 온갖 도구를 지니고 있으면서도 그것을 구하는 이가 있어서 찾아와 바로 음식 등을 희구하는 것 등과 같은 일이 있는 것을 보고, 싫어하고 억울해 하는 마음을 품고 화내고 괴로워하는 마음을 품으면서 공급해 주지 않는다면, 이는 범하는 것

---

[97] 『瑜伽師地論』 권40(T30, 515b).

이 있고 어긋나고 넘어서는 것이 있으며, 염오에 의한 위범이라고 한다. 게으르고 느슨하며 방일하여 줄 수 없었다면 염오에 의한 위범은 아니다. 위범이 없는 경우는 현재 베풀어 줄 만한 재물이 없거나, 상대방이 요구하는 것이 법에 맞지 않은 물건이거나, 올바르지 않은 물건이거나, 방편으로 상대방을 길들이고 상대방을 굴복시키려는 목적을 가지고 있다거나 하여 베풀어 주지 않았다면…(중략)…모두 위범하는 것이 아니다."[98]라고 하였다.

又瑜伽論四十一云。若諸菩薩。安住菩薩淨戒律儀。有飮食等資生衆具。見有求者。來正悕求飮食等事。懷嫌恨心。懷恚惱心。而不給施。是名有犯有所違越是染汙[1)]犯。若由懶墮懈怠放逸。不能施與。非染汙[2)]犯。無違犯者。若現無有可施財物。若彼悕求不如法物所不宜物。若欲方便調彼伏彼。不惠施者。皆無違犯。

---
1) ㉜『瑜伽師地論』에 따르면 '汙'는 '違'이다. 2) ㉜『瑜伽師地論』에 따르면 '汙'는 '違'이다.

또한 『유가사지론』 제41권에서 "모든 보살이 보살의 청정한 계율의에 편안히 머물러 다른 사람이 와서 법을 구하는데, 싫어하고 억울해 하는 마음을 품거나, 분노하고 괴로워하는 마음을 품고서, 그 법을 더욱 뛰어난 형태로 발전시킬 것을 질투하여 그 법을 베풀지 않는다면, 이를 범하는 것이 있고 어긋나고 넘어서는 것이 있으며, 염오에 의한 위범이라고 한다. 게으르고 느슨하며 망념妄念이나 무기無記인 마음으로 말미암아 그 법을 베풀지 않았다면, 범하는 것이 있지만 염오에 의한 위범은 아니다. 위범이 없는 경우는 외도들이 허물이나 단점을 찾아내려고 엿보거나, 중

---
98 『瑜伽師地論』권41(T30, 520b).

병이 있거나, 마음이 광란 상태이거나, 방편으로 상대방을 길들이고 상대방을 굴복시켜서 착하지 않은 곳에서 착한 곳에 안립시키기 위해서거나, 혹은 이 법에 대해 아직 잘 통달하지 못해서거나, 혹은 다시 상대방이 공경하는 마음이 없고 부끄러워하는 마음도 없이 나쁜 위의威儀로써 와서 청하거나, 혹은 상대방이 둔한 근기를 가져서 넓은 법교法敎에 대해 법의 구경을 얻으면 깊이 두려워하는 마음을 내어 장차 그릇된 견해를 내고 그릇된 집착을 증장시키며, 쇠약해지고 손상되며 괴로워질 것이 예상되거나, 혹은 그 법이 그의 손으로 전해지면 비인非人에게 굴려서 가르쳐질 것을 알기 때문에, (이런 이유로 인해) 베풀어 주지 않는다면 모두 위범하는 일이 없다."99라고 하였다.

> 又云。若諸菩薩。安住菩薩淨戒律儀。他來求法。懷嫌恨心。懷恚惱心。嫉妬變異。不施其法。是名有犯有所違越是染汙1)犯。若由嬾墮懈怠忘念無記之心。不施其法。是名有犯非染汙2)犯。無違犯者。謂諸外道。伺求過短。或有重病。或心狂亂。或欲方便調彼伏彼。出不善處。安立善處。或於此法。未曾3)通利。或復見彼不生恭敬。無有慚愧。以惡威儀。而來聽受。或復知彼是鈍根性。於廣法敎。得法究竟。深生怖畏。當生邪見。增長邪執。衰損惱懷。或復知彼法。至其手。轉布非人。而不施與。皆無違犯。

1) ㉻『瑜伽師地論』에 따르면 '汙'는 '違'이다. 2) ㉻『瑜伽師地論』에 따르면 '汙'는 '違'이다. 3) ㉻『瑜伽師地論』에 따르면 '曾'은 '善'이다.

대답해야 할 것인데 대답하지 않거나 말을 하더라도 전도된 것을 말해 준다면, 이것은 이 경에서 설한 제13계第十三戒100에 해당한다. 곧 이 인색하고 탐욕스러운 것과 관련된 계는 다섯 가지 조건이 갖추어져야 타승처

---
99 『瑜伽師地論』 권41(T30, 516c).
100 제13계第十三戒 : 사십팔경계四十八輕戒 중 제13 훼방계毁謗戒.

를 범하는 것이 된다. 첫째 일 때문이고, 둘째 생각 때문이며, 셋째 욕락 때문이고, 넷째 번뇌 때문이며, 다섯째 방편구경 때문이다. '일'이란 재물과 법을 말하고, '생각'이란 재물이라는 생각, 법이라는 생각을 내는 것을 말하며, '욕락'이란 베풀어 주지 않으려는 욕망을 내는 것이고, '번뇌'란 맹렬하고 예리한 인색과 탐욕을 말하며, '방편구경'이란 결정적으로 베풀지 않으려는 마음을 일으키고 나서 앞에 있는 사람이 그것을 받아들이고 이해하는 것이다.

若應答不答。說而倒說。卽是此經中。第十三戒。卽此慳貪。具足五緣。犯勝處。一者事故。二者想故。三欲樂故。四煩惱故。五方便究竟故。事者。財法。想者。謂生財及法想。欲樂者。謂生不施欲。煩惱者。謂猛利慳貪。方便究竟者。發起決定不施心已。前人領解。

문 어떤 사람들에게 베풀지 않으면 중죄를 범하는 것인가?

해 상품과 중품에 속하는 대상에게 베풀지 않으면 중죄를 범하고, 하품에 속하는 대상에게 베풀지 않으면 경죄를 범하는 것이다. 하품에 속하는 대상이란 모든 축생을 말한다. 일천제一闡提[101]는 (상품·중품·하품의) 세 가지 대상에 들어가지 않으니, 일천제에게 베풀지 않을 경우는 범하는 것이 아니다. 『열반경』 제15권에서 "하품에 속하는 대상이란 개미에서부터 축생에 이르기까지의 동물을 말한다."[102]고 한 것과 같으니, 일천제는 이 세 가지에 해당되지 않는다.

問。於何等人。不施。犯重。解云。於上中境。不施。犯重。於下品境。不

---

101 일천제一闡提 : 선근善根을 모두 끊어 버려 성불成佛할 수 없는 중생.
102 36권본 『涅槃經』 권15(T12, 702c).

施。犯輕。下品境者。一切畜生。若一闡提。不入三境。於闡提人。不施。亦不犯。如涅槃經第十五云。下境者。蟻子乃至一切畜生。言一闡提。不墮此三。

문 재가 보살은 어떤 것들을 베풀고, 출가 보살은 어떤 것들을 베푸는가?

해 『결정비니경』에서 "재가 보살은 두 가지 보시를 행해야 하니, 첫째 재물이고, 둘째 법이다. 출가 보살은 네 가지 보시를 행해야 하니, 첫째 종이, 둘째 먹(墨), 셋째 붓, 넷째 법이다. 무생인無生忍을 얻은 이는 세 가지 보시를 행해야 하니, 그 세 가지란 무엇인가. 첫째 왕위王位를 보시하고, 둘째 아내와 자식을 보시하며, 셋째 머리와 눈을 보시한다."[103]고 한 것과 같다.

問。在家菩薩。施何等物。出家菩薩。施何等物。解云。如決定毗尼經云。在家菩薩。應行二施。一財。二法。出家菩薩。應行四施。一紙。二墨。三筆。四法。得無生忍。應行三施。何等爲三。一王位。[1] 二妻子布施。三頭目布施。

---
1) ㉘ '位' 뒤에 '布施'가 누락된 듯하다.

문 출가 보살은 삼의三衣를 보시해도 되는가?

해 보살에 두 가지가 있다. 첫째 이미 제일의제第一義諦(최상의 궁극적 진리)를 깨달은 경우이고, 둘째 처음 발심하여 배우는 보살일 경우이다. 이미 제일의제를 깨달은 보살이, 삼의를 보시하는 것이 이익이 있는 상황이라는 것을 파악하고 나서, 계율을 무너뜨리는 것인지 계율을 지키는

---
103 『決定毘尼經』(T12, 38b).

것인지를 돌아보지 않고 보시를 행한다면, (그렇게 한다고 해도) 어떤 경우이든 위범함이 없다. 그는 이미 성스러운 성계性戒를 성취하였기 때문이다.

『대지도론』제45권에서 (『대품반야경』에서) 비구들이 (부처님께) 반야의 가르침을 듣고 삼의[104]를 보시하였다고 한 것[105]에 대해 다음과 같이 논의하였다. "문 부처님께서 제정한 계율대로라면 비구의 삼의는 그보다 하나라도 적게 지녀서는 안 된다. 이 비구들은 무엇 때문에 시尸(戒)바라밀을 무너뜨리고 단檀(布施)바라밀을 지은 것인가? 답…(중략)…또 어떤 사람은 이렇게 말했다. 〈이 여러 비구들은 부처님께서 여러 보살이 단바라밀을 행하는 것이 (공덕이 무량하다고 말씀하시는 것을) 듣고 다른 생각을 전혀 하지 않고 계를 무너뜨리는 것을 돌아보지 않은 것이다.〉…(중략)…세제世諦(세속적인 관점을 인정하는 측면에서 수용된 진리)를 위해서 계를 제정하신 것이지 제일의제第一義諦의 입장에서 계를 제정한 것은 아니다. (이 비구들은 제일의제를 깨닫고 중생을 구제하기 위해 보리심을 발하여 옷을 보시하였으니, 그 행위에 있어서 파계와 관련된 마음은 전혀 일어나지 않았다. 그러므로 파계가 아니다.)[106]"[107]

이에 따르면 제일의제를 본 자가 보시를 행한다면 또한 범하는 일이 없다는 것을 분명히 알 수 있다.

問。出家菩薩。三衣施不。解云。菩薩有二。一者已見第一義諦。二者新

---

104 『大品般若經』권2(T8, 229b)에서는 삼의가 아니라 입고 있던 옷이라고 했다.
105 『大品般若經』권2(T8, 229b)에서 부처님께서 300명의 비구가 반야의 가르침을 듣고 옷을 벗어 부처님께 바친 일에 대해 설한 것을 말한다.
106 문맥이 끊어진 듯하여 내용을 보다 분명히 하기 위해 바로 뒤를 이어서 나오는 『大智度論』권40(T25, 353c)의 내용을 요약해서 보충해 넣었다.
107 『大智度論』권40(T25, 353c). 이상의 인용문은 취의요약도 아니고 전문도 아니다. 드문드문 생략된 문장이라 할 수 있다. 원문에서는 45권이라 하였다.

學。已見第一義諦菩薩。見施三衣有利益者。不顧破戒及持戒。而行戒。[1]
而行惠施。皆無違犯。彼已成就聖性戒故。如大智度論四十五云。比丘。
聞般若。施三衣等云。問。如佛結戒。比丘三衣。不應施。[2] 是諸比丘。何
故。破尸羅波羅蜜。作檀波羅蜜。答。復有人言。是諸比丘。聞佛說。諸菩
薩。行檀波羅蜜。他[3]念。不顧破戒。廣說乃至。一[4]世諦故。結戒。非第一
義。由此。明知。見第一義施。亦無犯。

---

1) ㉯ '而行戒'는 잉자이다.　2) ㉯『大智度論』에 따르면 '施'는 '少'이다.　3) ㉯『大智度論』에 따르면 '他' 앞에 '無'가 누락되었다.　4) ㉯『大智度論』에 따르면 '一'은 '爲'이다.

부처님의 가르침을 보호하기 위해 삼의를 베풀지 않는다면 이것도 또한 위범하는 일이 없다. 그러므로『유가사지론』제39권에서 "또 모든 보살은 모든 부처님의 성스러운 가르침에 출가하여 끝내 지니고 있는 학처學處를 어기거나 넘어서지 않는다."[108]라고 하였다. 처음 발심하여 배우는 보살은 삼의를 베풀지 않아야 위범하지 않게 된다. 그러므로『유가사지론』제75권에서 "다시 출가한 보살이 있어 삼의를 제외하고 소유한 장물長物(필수 물건 이외의 물건)로 부처님께서 비축을 허락하신 것이고, 자신이 수용하는 것이며 안락주安樂住에 수순하는 것을 의도적으로 잘 생각하여 와서 구하는 이에게 보시하면 죄가 없음을 알아야 한다. 선품善品(선한 것)을 고려해 보아 아끼고 탐하는 장애가 있지 않는 가운데 보시를 하지 않았다면 역시 죄가 없다."[109]라고 하였다.

해 삼의를 제외하는 것으로 보아 삼의는 보시할 수 없음을 분명히 알 수 있다.

若護佛敎。不施三衣。亦無違犯。故瑜伽論三十九云。又諸菩薩。諸佛聖

---

108 『瑜伽師地論』권39(T30, 506c).
109 『瑜伽師地論』권75(T30, 711c).

敎。出家。終不違越所有學處。若新學菩薩。三衣不施。無所違犯。故瑜伽論七十五云。復次。若有出家菩薩。除三衣。於所有長物。佛所聽畜。身所受用。順安樂住。若[1]思釋[2]施來求者。當知。無罪。若顧善品。非慳貪障。而不施者。亦無有罪。解云。除三衣外。明知。三衣不得惠施。

1) ㉡『瑜伽師地論』에 따르면 '若' 뒤에 '故'가 누락되었다.　2) ㉡『瑜伽師地論』에 따르면 '釋'은 '擇'의 오기다.

🈞 이와 같다면 무엇 때문에『대지도론』에서 "🈞 출가 보살이 삼의를 보시하지 않으면 단행檀行이 이루어지지 않고, 보시를 행하면 계바라밀을 잃는 것이니, 어떻게 보시와 계를 구족할 것인가? 🈰 처음 불도를 배우는 보살(始學菩薩)은 보시를 행하고자 하면 계를 잃고, 계를 구족하려 하면 보시행을 잃으니, 처음 불도를 배우는 보살은, 동일한 시기에 두 가지 행위를 모두 행할 수 없는 것이다. 이미 베풀지 않으면 보시행을 잃는 것이라고 말했거늘, 어떻게 삼의를 베풀지 않는다고 말할 수 있겠는가?"[110]라고 했겠는가?

🈭 이 논에서 말하고자 하는 것은 다음과 같다. 처음 불도를 배우는 보살은 동일한 시기에 두 가지를 원만히 얻을 수 없음을 말한 것이지, 베풀지 않으면 곧 (계를) 범하는 것이 있다고 말한 것은 아니다.

問。若爾。何故。大智度論云。問。出家菩薩。若三衣不施。卽不成檀行。若施。卽失戒波羅蜜。如何檀戒具足。答。若始學菩薩。先欲行布施。卽失戒。若欲具戒。卽失檀行。始學菩薩。不得一時具行二行。旣言不施卽失檀行。如何。得言三衣不施。解云。此中意說。始學菩薩。不得一時二種圓滿。不謂不施卽有所犯。

110 별도의 인용문이라기보다는 앞에 나오는『대지도론』의 인용문을 취의요약한 것으로 생각된다.

문 무엇을 보시해야 할 물건과 보시하지 않아야 할 물건이라고 알아야 하는가?

해 『유가사지론』 제39권에서 "무엇을 베풀어 주어야 하고, 무엇을 베풀지 말아야 하는가? 보살들이 여러 가지 내외內外의 보시물에 대해서 그 중생에게 오직 안락함을 줄 뿐 이익은 주지 않을 것임을 알고, 혹은 그에게 안락함을 주지도 않고 이익도 되지 않음을 안다면, 곧 베풀어 주지 말아야 한다."[111]라고 하였다.

해 '안락함을 줄 뿐 이익은 주지 않을 것'이란 오직 유정으로 하여금 현재의 즐거움을 줄 뿐 미래의 이익은 얻지 못하게 하는 것이다. 혹은 오직 세간의 안락만 있을 뿐 출세간의 이익이라는 의미는 없는 것이다. 보살이 만약 이와 같은 종류의 상황을 보면 곧 베풀지 않으니, 그 이유는 무엇인가? 재물로써 여러 유정을 섭수하여 불선처不善處에서 빼내어 선처善處에 안치시키기 위해 보시를 행하는 것이지 물건을 낭비하기 위해서 행하는 것은 아니기 때문이다.

> 問。云何應知施不施物。解云。如瑜伽論三十九云。云何施與。云何不施。謂諸菩薩。若知種種內外施物。於彼衆生。唯令安樂。不作利益。或復於彼。不作安樂。不作利益。便不施與。解云。安樂不利者。唯令有情。現在戲樂。而無當來利。或唯有世間安樂。無有出世利益義。菩薩。若見如是等類。卽不惠施。所以者何。以財攝受諸有情類。出不善處。安置善處。而行惠施。非爲費物。

또 『유가사지론』에서 다음과 같이 말했다.

---

111 『瑜伽師地論』 권39(T30, 505c).

又彼論云。

여러 가지 내외의 보시물이 저 중생에게 결정코 이익이 되지만 결정코 안락하게 하지는 않을 것을 알거나,[112] 다시 그 중생에게 있어서 결정코 이익이 되고 안락하게 하는 것을 알 경우, 곧 베풀어 준다. 만약 어떤 사람이 와서 함께 반려가 되어 이치에 어긋나는 일(非理)을 지어 다른 사람을 핍박하고 손해를 끼치며 속이는 일을 할 것을 요구하면, 곧 자신의 몸을 그에게 보시하지 않는다. 보살은 보시를 행함에 있어서 의요意樂가 청정하여 중생에게 한량없는 이익이 되는 일이 바로 현재 앞에 있는 것을 보면, 설령 어떤 사람이 와서 자신의 지절支節을 요구하더라도 (그것을 주지 않는 것이 중생에게 한량없는 이익이 되는 일이라면) 베풀어 주지 말아야 한다. 또한 보살들은 마구니의 무리인 하늘이 번뇌에 의해 어지럽혀진 마음을 품고 현재 앞에 와서 몸을 분쇄한 지절을 요구하면 분쇄한 지절을 베풀어 주지 말아야 한다. 혹은 어떤 중생이 미쳐서 마음이 어지러운 상태에서 와서 보살의 몸을 분쇄한 지절을 요구하면 파괴한 지절을 베풀어 주지 말아야 한다. 무엇 때문인가? 그는 자신의 본래의 마음에 머물고 있지 않기 때문이다. 어떤 중생이 와서 독毒과 불과 칼과 술 등과 같은 물건을 구하되, 그것이 (중생) 자신에게 해를 끼치기 위해서이거나, 다른 사람에게 해를 끼치기 위한 것이라면, 베풀어 주지 말아야 한다. 어떤 중생이 와서 독과 불과 칼과 술 등과 같은 물건을 구하되, 그것이 (중생) 스스로의 이익을 위해서거나 다른 사람의 이익을 위해서라면, 곧 베풀어 주어야 한다. 또한 보살들은 다른 사람에게 속한 것으로 (그로부터) 동의를 받지 않은 물건은 베풀지 않는다. 또한 보살들은

---

112 여기에 인용된 『瑜伽師地論』의 바로 앞 문장에 안락하게는 하지만 이익은 안 되는 경우에는 베풀지 말아야 한다는 것을 설하고 있는 것을 참조하여 이해할 것.

벌레가 들어간 음식 등과 같은 물건을 베풀지 않는다. 어떤 중생이 여러 가지 즐거움으로 인도하기는 하지만, 의미가 없는 결과를 낳는 그러한 물건을 보시할 것을 요구하면, 베풀어 주지 말아야 한다. 또한 보살들이 자신의 아내와 자식, 노비와 복사僕使, 친척, 권속의 (보시를 요구하여 그들을 보시하려고 할 때에) 먼저 바른 말로 깨우쳐 그로 하여금 (자신을 보시하는 것을) 기뻐하는 마음을 내도록 하지 못했다면, 끝내 억지로 핍박하여 그로 하여금 근심스럽고 고통스러워하면서 찾아와서 요구하는 이에게 보시하게 해서는 안 된다.¹¹³

若知種種內外施物。於彼衆生。定作利益。不定安樂。或復於彼。定作利益安樂。卽便施與。若有來求。共爲伴侶。欲作非理。逼迫損害。誑惑於他。便不以身而施於彼。若諸菩薩。於所行施。意樂淸淨。見有無量利益衆生事。正現在前。設有來求。自身支節。不應施與。又諸菩薩。若魔衆天。壞¹⁾煩惱亂心。現前來乞。身分支節。不應分碎支節。施與。或有菩薩²⁾衆生。癡誑心亂。來求。菩薩身分支節。亦不應破支節施與。何以故。由彼不住自性心故。若有衆生。來求。毒火刀酒等物。或爲自害。或爲他害。卽不施與。若有衆生。來求。毒火刀酒等物。或自饒益。或饒益他。是卽應施。又諸菩薩。不以非³⁾同意物。而行惠施。又諸菩薩。不以虫飮食等物。而行惠施。若有衆生。求種種。能引戲樂。能引無義。所施之物。不應施與。又諸菩薩。於自妻子奴婢僕使親戚眷屬。若不先以正言曉喩。令其歡喜。終不強逼。令其憂惱。施來求者。

1) ㉠『瑜伽師地論』에 따르면 '壞'는 '懷'이다. 2) ㉠『瑜伽師地論』에 따르면 '菩薩'은 잉자이다. 3) ㉠『瑜伽師地論』에 따르면 '非' 앞에 '屬他'가 누락되었다.

---

113 『瑜伽師地論』권39(T30, 505c).

자세한 것은 그곳에서 설한 것과 같다.

廣說如彼。

또한 『유가사지론』 제75권에서 "온갖 종이에 이미 바른 법을 써 놓은 것을 영아嬰兒와 같은 지혜를 지닌 중생이 와서 요구할 경우, 이것을 베풀어 준다면 죄가 있음을 알아야 한다."[114]라고 했기 때문이다. 재물에 탐착하는 마음이 강하면 늙고 병들고 죽는 것을 관찰함으로써 보시를 행한다. 『대지도론』에서 "탐욕에 물들고도 스스로 알지 못하면 무엇으로 그 마음을 깨우치랴. 늙과 병들고 죽음을 관찰해야 하니, 이렇게 하면 사연四淵[115]을 벗어나리라."[116]라고 한 것과 같다.

又七十五云。諸藥識。[1] 已書正法。有嬰兒總[2]衆生。來乞。若施與之。當知。有罪故。若貪著財。當觀老病死。而行惠施。如智度論云。著欲不自覺。以何悟其心。當觀老病死。爾乃出四淵。

1) ㉟ 『瑜伽師地論』에 따르면 '諸藥識'은 '諸有葉紙'이다. 2) ㉟ '總'은 '慧'이다.

보시를 행함에 있어 두 종류가 있다. 첫째 외적인 재물이고, 둘째 육신이다. 외적인 재물을 보시하는 것은, 예를 들면 수다나修多拏[117] 태자가 한

---

114 『瑜伽師地論』 권75(T30, 711c).
115 사연四淵 : 네 개의 연못. 중생이 생사유전하는 것을 바다 혹은 연못에 비유하는 경우가 많고, 이 또한 그런 의미로 쓰였다. 다만 '사四'를 구체적으로 서술한 것은 볼 수 없다. 추측컨대 생·노·병·사 등의 네 가지를 가리키는 것으로 보인다.
116 『大智度論』 권17(T25, 184a).
117 수다나修多拏 : 수대나須大拏라고도 한다. 부처님의 전신前身(전생에서의 몸). 『太子須大拏經』(T3, 418c) 등에 그 행적이 나온다. 태자로서 보시하기를 좋아하여 나라의 가장 귀중한 보배인 코끼리까지 내어 주고, 그 벌로 나라에서 쫓겨나 더 이상 지닌 것이 없자, 끝내는 아내와 자식까지 보시하였다.

것과 같다. 육신을 아끼지 않은 것은, 예를 들면 마하살타摩訶薩埵[118]가 행한 것과 같고, 또한 습비왕濕毘王[119]이 행한 것과 같으며, 살바달왕薩婆達王이 행한 것과 같다.

'살바달왕'이란 『대지도론』 제16권에서 "살바달왕은 적국에 멸망을 당하고 깊은 숲으로 몸을 숨겼다. 어느 날 먼 나라에서 바라문이 찾아와 자신으로부터 구걸하고자 하였다. 그 자신 나라가 망하고 집이 망하여 한 몸을 겨우 숨기고 있는 상황이면서도, 그의 혹독한 고통을 불쌍히 여겼다. 그러므로 (그가) 먼 곳에서부터 왔으나 얻을 것이 없게 되자, 바라문에게 말하기를 '나는 살바달왕이다. 새로 즉위한 왕이 사람을 모집하여 나를 애타게 찾는데, (나를 잡아다 바치면) 그 대가가 매우 클 것이다'라고 하고, 바로 스스로 포박하여 몸을 바라문에게 보시하였다. 그는 살바달왕을 새로 즉위한 왕에게 보내어 큰 재물을 얻었다."[120]고 한 것과 같다. 보시를 행하면 현재와 미래에 부유하고 즐거운 과보를 얻는다. 현재

---

[118] 마하살타摩訶薩埵 : 부처님의 전신. 『菩薩本生鬘論』 권1(T3, 332b)에 그 행적이 나온다. 마하라타왕摩訶羅陀王의 셋째 왕자였는데 산속에서 새끼를 낳은 호랑이가 굶어 죽을 위기에 처한 것을 보고, 이들을 구하기 위해 자신의 몸을 바쳐 보시하였다.

[119] 습비왕濕毘王 : 부처님의 전신. 시비왕尸毘王이라고도 한다. 『菩薩本生鬘論』 권1(T3, 333b)에 그 행적이 나온다. 제석천이 시비왕을 시험하기 위해 자신은 매의 모습으로 변화하고 신하인 비수천毘首天은 비둘기로 변화하게 한 후, 비둘기로 변한 비수천을 시비왕에게 도망가서 숨도록 하였다. 매로 변신한 제석천이 시비왕을 찾아가 비둘기를 내어 줄 것을 요구하였지만 시비왕은 대신 자신의 살을 베어 주어 비둘기의 목숨을 구했다. 『一切經音義』 권26(T54, 480b)에 따르면 고역에서 시비왕은 습비濕鞞라고 음사하였다. 『六度集經』 권1(T3, 1b)에 이름만 살바달왕薩婆達王으로 바꾸어서 동일한 고사가 나온다. 이로 인해 『梵網菩薩戒經義疏發隱事義』(X38, 222c)에서는 습비왕과 살바달왕을 동일한 인물로 보았다. 그러나 뒤에 인용된 『大智度論』에서의 살바달왕은 그 고사의 내용이 다르다. 그러므로 시비왕과 동일한 것으로 보이는 살바달왕과 또 다른 살바달왕이 있다고 보아야 하고, 바로 뒤의 살바달왕은 후자에 속하는 것이다.

[120] 『大智度論』 권12(T25, 146b). 원문에서는 16권이라 하였다.

의 과보란, 말리부인末利夫人[121]이 수보리須菩提에게 공양했기 때문에[122] 현세에서 과보를 얻어 파사니시왕波斯尼示王[123]의 왕비가 된 것과 같은 것을 말하고, 시바尸婆가 가전연迦旃延에게 공양하여 현세에서 과보를 얻어 전타파주타왕旃陀波周陀王(梅陀波周陀王)의 왕비가 된 것과 같은 것을 말한다. 이상의 뜻은 『대지도론』에서 설한 것[124]과 같다. 현세에도 이러한 과보를 얻게 되는 것이어늘 하물며 미래에 있어서랴. 보살은 아끼고 탐하는 마음을 품어 재물과 법을 보시하지 않기 때문에 중죄를 범한다. 문장을 풀어 보면 알 수 있다.

然行布施。有其二種。一者外財。二者肉身。施外財者。如修多拏太子。不惜肉身。如摩訶薩埵。亦如濕毗王。亦如薩婆達王。薩婆達王者。如大智度論第十六云。薩婆達王。爲敵國所滅。身冥牀[1)]野。[2)] 見有遠國。婆羅門來。欲從己乞。自已[3)]國破家亡。一身藏冥。[4)] 愍其辛苦。故從遠來。而無所得。語婆羅門言。我是薩婆達王。新王。募人求我。甚重。卽時自縛。以身布施之。送與新王。大得財物。若行布施。卽得現在及當來世。富樂之果。現在果者。如末利夫人。供養須菩提故。得今世果報。爲波斯尼示王后。如尸婆。供養迦旃延故。得今世果。爲旃陀波周陀王后。義如大智度論說。現在。尙得如是果報。何況未來。而是菩薩。壞[5)]慳貪心。不施財法故。

---

121 말리부인末利夫人 : 본래 화만華鬘(꽃으로 만든 머리 장식)을 만드는 노비 신분의 여인이었다. 부처님께 음식을 공양하면서 그 복덕으로 부귀한 사람이 되게 해 달라고 빌었고, 훗날 그 소원이 성취되어 교살라국憍薩羅國 파사닉왕波斯匿王의 부인이 되었다.
122 『四分律』권18(T22, 689b) 등에서는 부처님께 공양한 복덕으로 파사닉왕의 왕후가 되었다고 설하였다. 수보리에게 공양한 일은 『대지도론』에서 그 일을 구체적으로 설명하지는 않고 있다.
123 파사니시왕波斯尼示王 : 파사닉波斯匿이라 음사하는 경우가 많다.
124 『大智度論』권33(T25, 305a). '현재의 과보' 이후는 이 논서 해당 부분을 취의요약한 것이다.

犯重罪。釋文可見。

1) ㉮『大智度論』에 따르면 '冥狀'은 '竇窮'이다. 2) ㉯『大智度論』에 따르면 '野'는 '林'이다. 3) ㉰『大智度論』에 따르면 '巳'는 '以'이다. 4) ㉱『大智度論』에 따르면 '冥'은 '竇'이다. 5) ㉲ '壞'는 '懷'이다.

(ㅈ) ⑨ **진불수회계**瞋不受悔戒 : 분노하는 마음으로 상대방의 참회를 받아들이지 않는 일을 하지 마라

㉠ 사람을 나타냄

경 불자여,

若佛子。

기 경의 "불자여" 이하는 아홉 번째로 진불수회계를 밝힌다. 자비에 어긋나기 때문에 타승소他勝所[125]를 얻는다. (이렇게 행위하면) 칠중이 모두 계를 범하는 것이지만, 대승과 소승이 그 내용은 같지 않다. 성문의 가르침에서는 분노하면서 때리는 것은 바일제에 들어가고, 참회를 받아들이지 않으면 제7취인 돌길라죄에 해당한다. 이제 보살이 분노하면서 참회를 받아들이지 않으면 타승처를 범하는 것이라 설한다. 다섯 가지 조건이 갖추어지면 타승처가 성립된다. 첫째는 일이니, 유정의 지위에 나아가서 보자면 상품과 중품에 해당하는 대상이어야 하고, 하품에 속하는 대상은 해당되지 않는다. 하품에 속하는 대상일 경우는 경죄에 그치고 중죄는 아니다. 둘째는 생각이니, 유정이라는 생각을 내어야 한다. 셋째는 욕락

---

[125] 타승소他勝所 : 바라이의 다른 이름인 타승처他勝處를 가리킨다. 단 타승처를 타승소라고 한 것은 『대정장』에는 없고, 뒤에 바로 타승처라고 하였으므로, '所'를 '處'의 오자로 볼 수도 있겠다.

이니, 분노의 욕구를 일으키는 것을 말한다. 넷째는 번뇌이니, 분노 등을 말한다. 다섯째는 방편구경이니, 원망하는 마음을 품어 상대방의 참회를 받아들이지 않고 앞에 있는 사람이 이를 알아차리는 것이다.

『유가사지론』에서 "보살들이 이와 같은 종류의 분노라는 번뇌[126]를 길러 이 인연으로 오직 추언麤言을 일으키고, 바로 (분노를) 그치는 것이 아니라 분노에 의해 가려진 채 더 나아가 손과 발과 흙덩이·돌·칼·지팡이 등으로 유정을 때리고 해치며 괴롭히고, 속으로 맹렬한 분한忿恨의 마음을 품어 어긋나고 범한 것이 있는 상대방이 찾아와서 용서해 줄 것을 간언해도 받아들이지 않고 참지 않으며 원망이라는 번뇌[127]를 버리지 않는다면, 이것을 제3 타승처법이라 한다."[128]고 한 것과 같다.

經若佛子自下。第九明瞋不受悔戒。乖慈悲故。得他勝所。七衆同犯。大小不同。謂聲聞敎。以瞋打者。入波逸提。若不受悔者。在第七聚。今說菩薩。瞋不受悔。犯他勝處。由具五緣。得成他勝。一者事。謂於有情所。卽上中境非下品境。下品境中。上[1] 輕非重。二者想故。謂生有情想。三者欲樂。謂起瞋欲。四者煩惱謂瞋等。五者方便究竟。謂壞[2] 恨心。不受彼悔。前人領解。如瑜伽云。若諸菩薩。長養如是種類忿纏。由此因緣。不唯發起麤言便息。由忿弊故。加以手足塊石力[3] 杖。捶打傷害損惱有情。內壞[4] 猛利忿恨意樂。有所違犯。他來諫謝。不受不忍。不捨怨結。是名第三勝處法。

---
1) ㉑ '上'은 '止'인 듯하다. 2) ㉠ '壞'는 '懷'이다. 3) ㉠『瑜伽師地論』에 따르면 '力'

---

126 분노라는 번뇌 : 전纏을 번역한 말. 이는 얽힘이라는 뜻으로, 번뇌를 그 성격에 따라 여러 가지로 달리 부르는 이름 중 하나이다.
127 원망이라는 번뇌 : 결結을 번역한 말. 이는 맺는다는 뜻으로, 번뇌를 그 성격에 따라 여러 가지로 달리 부르는 이름 중 하나이다. 생生을 결박시키는 것, 괴로움과 결합하게 하는 것 등의 의미이다.
128 『瑜伽師地論』권40(T30, 515b).

은 '刀'이다. 4) ㉠ '壞'는 '懷'이다.

여기에서 '상대방'이라 한 것에 대해 본래 세 가지 해석[129]이 있다.

한 가지 해석은 다음과 같다. 〈분노하는 마음을 품고 있을 때, (분노의 대상이 아닌) 다른 선우善友가 있어서 그가 와서 사죄해 줄 것을 간언하면서 이렇게 말한다. "어째서 그렇게 맹렬한 분노의 눈빛을 보이는가? 장로여. 잘 생각하여 다시 분노하지 말아야 할 것이다." 이렇게 간언할 때 원망이라는 번뇌를 버리지 않으면 타승법을 범하는 것이다. 원망의 대상이 아닌 사람이, (찾아와서 원망하는 마음을 버릴 것을 요청하는데도) 원망하는 법을 버리지 않으면 타승법을 범하는 것이다. 만약 원망의 대상이 되는 사람이 찾아와서 참회를 받아들여 줄 것을 요구하는데, 그 참회를 받아들이지 않는다면 경죄에 그치고 중죄는 아니다. 『유가사지론』에서 "보살들이 보살의 청정한 계율의에 머물러 다른 사람에게 침범당했을 때, 그가 다시 법에 맞게 평등하게 참회하면서 사죄하는데도 미워하고 원망하는 마음을 품고 그를 훼손시키고 괴롭히기 위해 그의 사죄를 받아들이지 않는다면 이를 범함이 있고 염오에 의한 위범이라고 한다."[130]라고 한 것과 같다.[131]〉

다른 한 가지 해석은 다음과 같다. 〈가해자로서 원망의 대상이 되는 사람이 와서 사죄해 줄 것을 간언하는데 그 참회를 받아들이지 않으면 타승처를 범하는 것이다. '상대방'이란 원망의 대상이 되는 사람을 '상대방'이라 한 것이지, 선우를 '상대방'이라고 한 것은 아니다. 그러므로 『지지경』

---

129 이하 사죄의 주체를 선우·가해자·선우와 가해자 등의 세 가지로 설정하여 풀이한 것을 말한다.
130 『瑜伽師地論』 권41(T30, 518c).
131 『瑜伽師地論』 인용문에서 위범이란 경죄에 해당한다. 여기에서 가해자가 직접 사죄했는데 받아들이지 않는 것을 경죄라고 하였다.

에 "보살이 분노하여 추악한 말을 뱉으면서 그러한 마음을 여전히 그치지 않고 다시 손으로 때리고, 혹은 지팡이나 돌로 쳐서 해치고 두렵게 하여 분노와 원망함이 더해지는데, 침범한 이가 와서 참회를 받아들여 줄 것을 요구하여도 그의 참회를 받아들이지 않고 원망하는 마음을 맺어서 버리지 않으면 이를 제3 바라이법이라 한다."¹³²고 하였다.〉

또 한 가지 해석은 다음과 같다. 〈이 중에 '상대방'이란 원망하는 대상이 되는 사람과 선우 등을 모두 '상대방'이라 한 것이다. 원망하는 대상이 되는 사람과 선우가 와서 사죄를 받아들여 줄 것을 요구하는데 그 사과를 받아들이지 않고 원망이라는 번뇌를 버리지 않으면 타승처를 범하는 것이다. 그 이유는 무엇인가. 선우와 원망의 대상이 되는 사람이 와서 사과를 받아들여 줄 것을 요구하는데 그 참회를 받아들이지 않으면 어찌 중죄를 범하는 것이 아니겠는가. 저것과 이것이 다른 원인이 되는 일은 얻을 수 없기 때문이다.¹³³〉

此中。他者。自有三釋。一云。懷瞋心時。有餘善友。他來諫謝。作如是言。何須如是猛利瞋眼。長老。思釋¹⁾ 更不須瞋。如是諫時。不捨怨結。犯他勝法。非怨家來。不捨怨法。犯他勝法。若其怨家來。求悔。不受其悔。止輕非重。如瑜伽論云。若諸菩薩。安住菩薩淨戒律儀。他所侵犯。彼還如法平等悔謝。壞²⁾ 嫌恨心。欲損惱彼。不受其謝。是名有犯是染汙³⁾犯。一云。所對怨家。來求諫謝。不受其悔。犯他勝處。所言他者。怨家名他。非善友他。故地持云。菩薩瞋恚。出麤惡言。意摘⁴⁾不息。彼⁵⁾以手打。或加杖石。殘害恐怖瞋恨增上。犯者求悔。不受其懺。結恨不捨。是名第三波羅戒⁶⁾法。一云。此中他者。怨家及善友。皆名爲他。謂若怨家及與善友。

---

132 『菩薩地持經』권5(T30, 913b).
133 '저것'과 '이것'이란 선우와 가해자를 가리키는 말로, 나를 제외한 다른 사람이라는 뜻에서 동일하니, 다른 원인으로 다룰 수 없다는 말이다.

來求諫謝。不受其謝。不捨怨結。犯他勝處。所以者何。善友及怨家。來求
諫謝。不受其悔。豈不犯重。彼此是異因。不可得故。

1) ㉔ '釋'은 '擇'인 듯하다. 2) ㉠ '壞'는 '懷'이다. 3) ㉠ 『瑜伽師地論』에 따르면 '汙'는 '違'이다. 4) ㉔ 『菩薩地持經』에 따르면 '摘'은 '猶'이다. 5) ㉠ 『菩薩地持經』에 따르면 '彼'는 '復'이다. 6) ㉠ 『菩薩地持經』에 따르면 '戒'는 '夷'이다.

문 원망의 대상이 되는 사람이 찾아와서 용서를 비는데도 그의 참회를 받아들이지 않으면 타승처를 범하는 것이라는 말[134]은 앞에서 인용한 문장[135]에서 (이를) 경죄라고 한 것과 어떻게 다른 것인가?[136]

해 원망의 대상이 되는 사람이 보살을 침범하고 그가 다시 참회를 받아들여 줄 것을 요청하는데 보살이 그의 사죄를 받아들이지 않으면 이는 경죄이고 중죄가 아니니, 앞에서 인용한 것과 같다.[137] 만약 (피해를 당한) 이 보살이 (가해를 한) 상대방을 침범하자 상대방이 두려워하는 마음을 품고서 찾아와서 용서해 줄 것을 간언하는데 그의 사죄를 받아들이지 않고 원망이라는 번뇌를 버리지 않으면 타승처를 범하는 것[138]이기 때문에 차이가 있다. 그러므로 이 경에서 "앞에 있는 사람[139]이 뉘우치면서 좋은 말로 참회하면서 용서를 빌어도 오히려 분노하면서 그 마음을 풀어 버리지 않으면 바라이죄이다."라고 하였다. 발심發心하여 보리를 구하는 사

---

134 두 번째 해석에서 인용한 『菩薩地持經』의 주장을 가리킨다.
135 첫 번째 해석에서 인용한 『瑜伽師地論』의 주장을 가리킨다.
136 『瑜伽師地論』이나 『菩薩地持經』이 모두 가해자의 사죄를 수용하지 않는 경우를 다루면서 전자는 경죄라 하고 후자는 중죄라 하였는데, 이러한 차이가 어째서 생겨났는지를 묻는 것. 결론을 말하자면 전자는 가해자에 대한 보복을 하지 않은 상태에서 용서를 받아들이지 않는 경우이고, 후자는 가해자에게 보복을 한 후에 가해자가 용서를 빌었는데도 받아들이지 않는 경우이기 때문에 상황적으로 차이가 있고 따라서 그 죄에도 경죄와 중죄라는 차이가 있다.
137 『瑜伽師地論』의 주장.
138 『菩薩地持經』의 주장.
139 앞에 있는 사람 : 『梵網經』 본문을 보면 이미 피해자인 보살로부터 보복을 당하고 앞에 서 있는 가해자를 말한다.

람들은 자비에 머물러 유정을 제도해야 하는 것이어늘, 어찌 분노하면서 오히려 유정에게 해를 끼치겠는가.『대지도론』제19권에서 "분노란 모든 선법善法을 잃는 근본이고, 모든 악도에 떨어지는 원인이며, 법의 즐거움을 얻는 데 있어서 원수와 같고, 착한 마음의 큰 도적이다. 부처님께서 분노하는 제자를 가르치기 위해 게송으로 말씀하신 것과 같다. '너는 알아야 한다. 생각해 보건대, 몸을 받아 태내에 머물며 더러운 곳에 갇힌 채 고통을 받았고 태어난 뒤에도 큰 고통을 겪었다. 이미 잘 생각해서 이러한 뜻을 얻었으면도 분노를 없애지 않으면 이 사람은 마음이 없는 사람이라는 것을 알아야 한다.…(중략)…중생은 서로 원수가 되고 도적이 되어 베고 찌르며 독과 같은 고통을 받고 있다. 어찌 선善을 닦는 사람으로서 다시 고통과 해침을 더해 주겠는가. 항상 자비를 행하고 선정의 마음으로 온갖 선을 닦아야 하리'"140라고 하였다.

問。怨家。來謝。不受其悔。犯他勝處。如前所引輕罪。何異。解云。若有怨家。犯觸菩薩。彼還求悔。菩薩。不受其謝。是輕非重。如前所引。若此菩薩。犯觸於他。他壞1)恐怖。來求諫謝。不受其謝。不捨怨結。犯他勝處。故有差別。故此經云。前人求悔。善言懺謝。猶瞋不解。是波羅夷。若諸發心求菩提者。住慈悲。濟度有情。云何瞋恚。猶害有情。如智度論第十九云。瞋恚者。失諸善法之本。墮諸惡道之因。法樂之怨家。善心之大賊。如佛敎瞋弟子偈2)云。汝當知。思惟。受身及處胎。穢惡之幽苦。旣生之難艱。旣思得此意。而復不滅瞋。卽當知。是輩。卽是無知3)人。衆生。想4)怨賊。斫刺。受苦毒。云何修善人。而復加惱害。常當行慈悲。定心修諸善。

---

1) ㉠ '壞'는 '懷'이다. 2) ㉠『大智度論』에 따르면 '偈'은 '偈'이다. 3) ㉠『大智度論』에 따르면 '知'는 '心'이다. 4) ㉠『大智度論』에 따르면 '想'은 '相'이다.

---

140 『大智度論』 권17(T25, 184a). 원문에서는 19권이라 했다.

문장에 나아가 해석하면 다시 셋으로 나뉜다. 처음에 사람을 나타내었으니, (경에서) "불자여"라고 설한 것과 같다.

就釋文中。復分有三。初標人。如說若佛子故。

ⓒ 업도의 상을 밝힘

경 스스로 분노하고 다른 사람으로 하여금 분노하게 하며 분노의 인과 분노의 연과 분노의 법으로 분노하는 행위를 해서야 되겠는가. 보살은 모든 중생의 마음속에 깃들어 있는 선근을 내어 청정하지 않은 일[141]에 대해 항상 자비로운 마음을 내어야 하거늘,

自瞋。教人瞋。瞋因。瞋緣。瞋法。瞋業。而菩薩。應生一切衆生中善根。無諍之事。常生悲心。

기 경의 "스스로 분노하고" 이하는 두 번째로 업도의 상을 밝힌 것이다. 그 중에 두 가지가 있다. 처음에 업도의 상을 밝히고, 다음에 업도가 이루어지는 것을 밝힌다.

經自瞋下。第二明業道相。中有二。初明業道相。次明成業道。

a. 업도의 상을 밝힘

이것은 처음에 해당한다. "다른 사람으로 하여금 분노하게 하며"라는 것은 본래 두 가지 해석이 있다. 한 가지 해석은 〈다른 사람으로 하여금

---

141 청정하지 않은 일 : 승장의 주석에 따르면 현행 『梵網經』 본문의 '無諍之事'는 '無淨之事'여야 한다. 앞의 것은 다투는 일이 없음, 뒤의 것은 청정하지 않은 일로 뜻이 완전히 달라진다. 본서는 승장의 주석서이므로, 승장이 저본으로 한 것에 따라서 풀었다.

분노하게 하면 업도가 이루어진다〉는 것이고, 다른 한 가지 해석은 〈업도가 이루어지지 않는다〉는 것인데, 뒤의 주장이 뛰어나다. "분노의 인"이란 분노의 씨앗을 말하고, "분노하는 행위"란 분노라는 번뇌가 발생하는 것이며, "분노의 법"이란 그 응하는 것에 따라 법에 의지하여 분노가 일어나는 것을 말한다. 예컨대 다른 사람이 침범하고 괴롭히면 이 때문에 분노하는 마음이 생겨나는 것과 같다. 혹은 무례한 사람을 보면 그 때문에 분노가 생겨나는데, 이와 같은 것을 분노의 법이라 한다. "분노의 연"이란 나머지 간접적인 원인을 말한다.

此卽初也。教人瞋者。自有兩釋。一云。教人瞋。亦成業道。一云。不成業道。後說爲勝。瞋因者。謂瞋種子。瞋業者。謂發瞋煩惱。瞋法者。謂隨其所應。依法用瞋。如他觸惱。是故。瞋發。或見無禮。所以瞋發。如是等類。名爲瞋法。瞋緣者。所餘遠緣。

b. 업도가 이루어지는 것을 밝힘

경의 "보살은" 이하는 두 번째로 업도가 이루어지는 것을 밝힌 것이다. 먼저 행해야 할 것을 밝히고, 뒤에 업도를 밝혔다.

經而菩薩下。第二明成業道。先明應行。後明業道。

a) 행해야 할 것을 밝힘

이는 첫 번째로 행해야 할 것을 밝힌 것이니, 이른바 모든 보살이 행해야 할 것이다. 이제 일체 중생에게 선근이 있는데, 선근이란 무탐無貪 등의 세 가지 선근[142]이다. 만약 중생에게 청정하지 않은 일이 있음을 보면,

---

[142] 세 가지 선근 : 무탐無貪·무진無瞋·무치無癡 등을 말한다. 무탐은 탐욕과 반대되는

항상 자비로운 마음을 낸다. '청정하지 않은 일'이란 물들고 더럽혀지는 것이다. 여기에서 말하고자 하는 것은 보살은 물들고 더럽혀지는 행위를 행하는 것을 보면 자비로운 마음을 내야 한다는 것이다.

此卽第一明應行也。謂諸菩薩應行也。今有一切衆生善根。善根者。無貪等三¹⁾根。若見衆生無淨之事。常生悲心。無淨事者。謂染汙。此中意說。菩薩。若見行染汙行。應生悲心。

1) ㉑ '三' 뒤에 '善'이 누락된 듯하다.

b) 업도를 밝힘

경 도리어 다시 모든 중생에서 중생이 아닌 것에 이르기까지 추악한 말로 모욕을 주고, 게다가 손으로 때리고, 칼과 지팡이를 휘두르면서 분노하는 마음을 여전히 그치지 않고, 앞에 있는 사람이 참회를 받아들여 줄 것을 요청하면서 좋은 말로 참회하고 사죄하여도 여전히 분노하면서 그 마음을 풀지 않으면 이는 보살의 바라이죄에 해당한다.

而反更於一切衆生中。乃至於非衆生中。以惡口罵辱。加以手打及以刀杖。意猶不息。前人求悔。善言懺謝。猶瞋不解。是菩薩波羅夷罪。

기 경의 "도리어 다시" 이하는 두 번째로 업도를 밝힌 것이다. "중생이 아닌 것에 이르기까지"라고 한 것은 가벼운 것을 들어 무거운 것을 드러낸 것[143]이니, 중생이 아닌 것에 대해 분노하는 것은 타승처법을 범하는

마음, 무진은 분노와 반대되는 마음, 무치는 어리석음과 반대되는 마음이다.
143 중생이 아닌 것도 해쳐서는 안 되는데 중생을 해치는 것은 더욱 안 된다는 것을 강조하기 위한 것이라는 말.

것은 아니기 때문이다.[144]

經而反更於下。第二正明業道。於非衆生中者。擧輕顯重。於非衆生瞋。非犯他勝故。

ⓒ 죄명을 맺음
(세 번째로) 죄명을 맺은 것은 (그 내용을 설명하지 않아도) 알 수 있을 것이다.

結名可見。

분노의 과실을 설함에 있어서 자세한 것은 『화엄경』 제34권[145]에서 설한 것과 같다.

說瞋過失。廣如華嚴三十四說。

(ㅊ) ⑩ 비방계誹謗戒 : 삼보를 비방하지 마라

---

144 이 계에서는 '중생이 아닌 것'이 문제가 된다. '중생이 아닌 것'이 만약 목석木石과 같은 것을 말하는 것이라면 이는 중죄가 아니고 경죄이기 때문이다. 이 때문에 의적의 『菩薩戒本疏』 권상(T40, 668a)에서는 '중생이 아닌 것'을 목석 등으로 본다면 뒤의 문장에서 참회하고 사과하는 주체로서 설정될 수 없기 때문에 타당하지 않고, 성인은 여러 곳에 태어나면서 생사를 받는 일을 여의었기 때문에 이런 의미에서 성인을 '중생이 아닌 것'이라 한 것이라고 풀이하였다.

145 60권본 『華嚴經』 권33(T9, 607a)에서 보살이 분노함으로써 받게 되는 백천 가지의 장애를 설하였다. 승장이 저본으로 삼은 『華嚴經』이 60권본이라는 것은 앞의 여러 글에서 승장 자신이 인용한 문장을 통해 알 수 있다. 단 그 권수는 일치하지 않기 때문에 다른 판본일 수는 있다. 여기서도 승장은 34권이라 했으나, 『대정장』에서 분노를 설하는 것은 33권에 실려 있다.

㉠ 사람을 나타냄

경 불자여,

若佛子。

기 경의 "불자여" 이하는 열 번째로 비방계를 밝힌 것이다. 이미 학처學處에 어긋나기 때문에 죄가 된다. 문장은 셋으로 나뉜다. 처음에 사람을 나타내었으니, 경에서 "불자여"라고 설한 것과 같다. 다음의 "스스로 삼보를 비방하거나" 이하는 업도의 상을 밝힌 것이다. 뒤는 이름을 맺은 것이다. 이것은 처음에 해당된다.

經若佛子自下。第十明誹謗戒。乖已學處。故得罪也。文分有三。初標人。如經若佛子故。次自謗三寶下。明業道相。後結名。此卽初也。

㉡ 업도의 상을 밝힘

a. 업도의 상을 밝힘

경 스스로 삼보를 비방하거나 다른 사람으로 하여금 삼보를 비방하게 하면서 비방의 인과 비방의 연과 비방의 법으로 비방하는 행위를 해서야 되겠느냐. 보살은 외도와 악인이 한마디라도 부처님을 비방하는 음성을 들으면 3백 개의 창으로 심장을 찔린 것처럼 여겨야 하거늘, 하물며 입으로 스스로 비방하면서 믿는 마음과 효순하는 마음을 내지 않고, 도리어 다시 악한 사람과 그릇된 견해를 지닌 사람을 도와 비방하기까지 한다면, 이는 보살의 바라이죄에 해당한다.

自謗三寶。教人謗三寶。謗因。謗緣。乖¹⁾ 法。謗業。而菩薩。見外道及以惡人。一言謗佛音聲。如三百鉾刺心。況口自謗。不生信心孝順心。而反更助惡人邪見人謗。是菩薩波羅夷罪。

---

1) ㉠『梵網經』에 따르면 '乖'는 '謗'이다.

기 경의 "스스로 삼보를 비방하거나" 이하는 두 번째로 업도의 상을 밝힌 것이다. 그 가운데 두 가지가 있다. 처음은 업도의 상을 밝히고, 뒤는 업이 맺어지는 것을 밝힌 것이다. 이것은 처음에 해당한다. 불보佛寶를 비방한다는 것은, 예를 들면 어떤 외도가 있어서, 이와 같이 "세간에 모든 것을 아는 이란 없다."라고 말하거나, 혹은 이와 같이 "부처님은 진실로 존재하는 분이 아니고, 오직 교화를 위해서 시설한 분일 뿐이다."라고 말하는 것을 말한다. 법을 비방한다는 것은 법에 네 가지가 있으니, 교敎·리理·행行·과果이다. '교'란 부처님께서 설하신 십이분교이고, '리'란 사제의 이치와 무성無性의 이치이며, '행'이란 삼승三乘의 실천행이고, '과'란 보리의 과果이다. 교법을 비방한다는 것은 예를 들면 어떤 마구니에 의해 미혹되었기 때문에, 믿고 이해하지 않기 때문에, 오온에 집착하기 때문에, 분노하는 마음을 품었기 때문에, 부처님께서 설하신 매우 심오한 경전을 비방하면서 이와 같이 "부처님께서 말씀하신 것이 아니고, 경도 아니고 율도 아니다."라고 하는 것을 말한다.『대반야경』제506권에 "선현이 부처님께 말씀드렸다. '저 어리석은 사람은 어떤 인연으로 이와 같이 심오한 반야바라밀다를 비방하는 것입니까?' 부처님께서 선현에게 말씀하셨다. '네 가지 인연으로 말미암은 것이니 그 네 가지란 무엇인가? 첫째 여러 삿된 마구니의 부추김에 의해 미혹되었기 때문이고, 둘째 매우 심오한 법을 믿고 받아들이지 않기 때문이며, 셋째 부지런히 정진하지 않고 오온을 좋아하여 집착하고 악지식惡知識들에 의해 섭수攝受되었기 때문이고, 넷째 매우 분노하는 마음을 품고 악법을 즐겨 행하며 자신을 높이 드러내는 것을 좋아하고 다른 사람을 경멸하기 때문이다. 저 어리석은 사람은 이와 같이 네 가지 인연을 갖추었기 때문에 이와 같이 매우 심오한 반야바라밀다를 비방한다.'"[146]라고 한 것과 같다. 리理·행行·과果 등의 법을 비방하는 것에 대해서는 이치대로 알아야 할 것이다. 승僧을 비방하는 것은 이와 같이 "세간에 참된 아라한이나 보살승菩薩僧이란 없다."라고 말하는 것을 말한다.

經自謗三寶自下。第二明業道相。於中有二。初明業道相。後明結業道。此卽初也。謗佛寶者。謂如有一是外道類。作如是言。世間無有一切智者。或作是言。佛非其實。唯是約化。謗法者。法有四種。謂敎理行果。敎者。謂佛所說十二分敎。理者。謂四諦理及無性理。行者。謂三乘行。果者。謂菩提果。謗敎法者。謂如有一[1]魔所或[2]故。不信解故。著五蘊故。壞[3]瞋恚故。誹謗如來甚深經典。作如是言。非佛所說。非經非律。如大般若經第五百六云。善現。白佛言。彼愚癡人。業[4]因緣故。謗毀如是其深般若波羅蜜多。佛告善現。由四因緣。何等爲四。一者爲諸邪魔所應[5]或故。二者於甚深法。不信解故。三者不勤精進。沉[6]著五蘊。諸惡知識。所攝受故。四者多懷瞋恚。樂行惡法。喜自高擧。輕蔑他故。彼愚癡人。由其如是四緣故。謗毀如是甚深般若波羅蜜多。謗理行果。如理應知。謗毀僧者。謂作是言。世間無有眞阿羅漢菩薩僧也。

---

1) ㉺ '一'은 잉자인 듯하다. 2) ㉼ '或'은 '惑'이다. 3) ㉼ '壞'는 '懷'이다 4) ㉼ 『大般若經』에 따르면 '業'은 '幾'이다. 5) ㉺ '應'은 '証'인 듯하다. ㉼ 『大般若經』에 따르면 '應或'은 '扇惑'이다. 6) ㉼ 『大般若經』에 따르면 '沉'은 '耽'이다.

모든 종류의 전도된 견해를 다 사견邪見이라고 하는데, 여기에서 말하고자 하는 것은 단지 잘못된 형태로 비방하는 것만을 바라이가 된다고 하는

---

146 『大般若經』 권506(T7, 581a).

것이니, 모든 사견 중 이것이 가장 무거운 것이기 때문이다. 『유가사지론』 제59권에서 "묻는다. 모든 전도된 견해는 다 사견이라고 해야 할 것인데, 무엇 때문에 부처님께서는 업도 중에 단지 이와 같이 비방하는 견해만을 사견이라 하였는가? 답한다. 이러한 형태의 사견은 온갖 사견 중 가장 수승한 것이기 때문이다. 무엇 때문인가? 이러한 형태의 사견에 의지하기 때문에 어떤 사문이나 바라문은 온갖 선근을 끊는다."[147]라고 한 것과 같다.

그러므로 어떤 사람이 법상法相을 분별하여 이와 같이 "대승은 하열하고 소승은 뛰어나다."라고 말한다면, 이는 경죄에 그치고 중죄는 아니다.[148] 곧 이 경의 권하에서 (설한 48가지 경죄의 하나인) 배대향소계背大向小戒(대승을 등지고 소승으로 향하는 것)가 그것이다. 만약 법상을 분별하지 않고 비방하면서 "대승은 부처님께서 설한 것이 아니다."라고 말한다면 타승처를 범하는 것이다.[149]

만약 대승에 집착하면서 소승을 비방하여 이와 같이 "성문장의 가르침은 부처님께서 설한 것이 아니다."라고 한다면, 이는 경죄이고 중죄는 아니다. 어떤 사람은 이것도 중죄를 범하는 것이라고 하였다. 방광교方廣教(대승교)에서 일부一部에 치우쳐 (이것만) 법이라는 생각과 마음을 내면, 경죄이고 중죄는 아니다. (이것만) 법이라는 생각과 마음으로 일부一部를 비방한다면, 이는 중죄이고 경죄가 아니다.

어떤 사람이 말하였다. 〈상교常教를 비방하는 것은 중죄를 범하는 것이고, 무상교無常教를 비방하는 것은 경죄이고 중죄는 아니다.〉 상교란 『열반경』을 말하는데, 이러한 해석은 옳지 않다. 그 이유는 무엇인가? 『반야경』 등을 비방하고 보살장의 가르침을 훼손하며 대승을 비방하는데 어찌

---

147 『瑜伽師地論』 권59(T30, 632b).
148 전도된 견해이기는 하지만 불법을 이해하려는 노력을 한 후 하열함과 우열함의 판단을 내린 것일 뿐이고 비방하려는 마음은 없기 때문이다.
149 불법을 이해하려는 노력도 없이 오직 비방하는 마음을 일으켰기 때문이다.

서 중죄를 범하는 것이 아니겠는가. 이제 (나의 입장에서) 풀이해 보면, 단지 대승의 가르침을 비방하는 것만으로도 중죄이고 경죄는 아니다.

"비방의 인"이란 씨앗을 말하고, "비방하는 행위"란 입을 움직여 말하는 행위를 한 것이다. "비방의 법"이란 삿된 법에 의지하는 것이고, "비방의 연"이란 방광方廣 등의 외연外緣을 말한다.

一切倒見。皆名邪見。而此中意。但邪誹謗。爲波羅夷。於諸邪見。此最重故。如瑜伽論五十九云。問。一切倒見。皆名邪見。何故。世尊。於業道中。但說如是誹謗之見。名爲邪見。答。由此邪見。諸邪見中。最爲殊勝。何以故。由此邪見。爲依止故。有一沙門。若波[1]羅門。斷諸善根。故若有人。分別法相。作如是言。大劣小勝。止輕非重。卽此下經。皆[2]大向小。若不分別法相。謗言。大乘非佛所說。犯他勝處。若有執大謗小。作如是言。聲聞藏教。非佛所說。是輕非重。一云。此亦犯重。方廣教中。偏一部。若法想[3]心。是輕非重。法想[4]心謗毀一部。是重非輕。有人言。謗常敎。犯重。謗無常敎。是輕非重。常敎者。謂涅槃。此釋不然。所以者何。謗般若等。損菩薩藏敎。毀謗大乘。何不犯重。今釋但謗大乘敎。是重非輕。所言謗因者。謂種子因。謗業者。謂動語業也。謗法者。謂依先[5]師[6]法。謗緣者。謂方廣等外緣。

1) ㉢『瑜伽師地論』에 따르면 '波'는 '婆'이다. 2) ㉠ '皆'는 '背'이다. 3) ㉮ '想'은 '相'인 듯하다. 이하 동일하다. ㉢『속장경』교감주를 따른다고 문맥이 명료해지는 것은 아니기 때문에 그대로 두었다. 4) ㉮ '想'은 '相'인 듯하다. ㉢ 원문 교감주를 따른다고 문맥이 명료해지는 것은 아니기 때문에 그대로 두었다. 5) ㉮ '先'은 잉자인 듯하다. 6) ㉢ '師'는 '邪'이다.

b. 업도가 맺어지는 것을 밝힘

경의 "보살은" 이하는 두 번째로 업도가 맺어지는 것을 밝힌 것이다. 다시 나누어 둘이 있으니, 처음에 행해야 할 것을 밝혔고, 나중에 업도가 맺어짐을 밝혔다.

經而菩薩下。第二明結業道。復分有二。初明應行。後結業道。

a) 행해야 할 것을 밝힘
이것은 처음에 해당한다.

此卽初也。

b) 업도가 맺어지는 것을 밝힘
"도리어 다시" 이하는 두 번째로 업도가 맺어지는 것을 밝힌 것이다. 『유가사지론』에서 "보살들이 보살장을 비방하고 정법과 유사한 법을 좋아하여 베풀어 설하고, 정법과 유사한 법에 대해 스스로 믿고 이해하거나 다른 사람을 따라서 굴리면, 이것을 제4 타승처법이라 한다."[150]고 하였다.

해 정법과 유사한 법이란 본래 두 가지 해석이 있다. 한 가지 해석은 〈외도와 소승의 가르침을 정법과 유사한 정법이라 한다〉는 것이고, 다른 한 가지 해석은 〈외도의 가르침을 정법과 유사한 정법이라 하니, 출세간의 방편을 현시할 수 없기 때문이다〉라는 것이다. 비록 두 가지 설이 있지만 처음의 주장이 뛰어나다. 그 이유는 무엇인가? 소승에 집착하여 대승을 비방함은 타승처를 범하는 것이니, 보살장을 훼손하였기 때문이다.

而反更明下。第二結業道。瑜伽論云。諸菩薩。謗菩薩藏。愛樂宣說。相似正法。於相似法。或自信解。或隨他轉。是名第四他勝處法。解云。相似正法者。自有兩釋。一云。解[1]外道及小乘敎。名相[2]似正法。一云。外道之

---
150 『瑜伽師地論』 권40(T30, 515c).

敎。名相似正法。不能顯示出世方便故。雖有兩說。初說爲勝。所以者何。
執小謗大。犯他勝處。毁菩薩藏故。

1) ㉑ '解'는 잉자이다.　2) ㉑『瑜伽師地論』에 따르면 '相'은 '像'이다. 뒤에도 역시 같다.

문 대승을 비방한 죄와 오무간죄五無間罪는 어느 것이 더 무거운가?

해 법을 비방하는 것이 가장 무겁다. 그러므로『대반야경』제506권에서 "사리자가 부처님께 말씀드렸다. '그가 조작하고 증장시켜 능히 정법을 없어지게 한 업과 오무간업은 서로 비슷한 것이라고 할 수 있습니까?' 부처님께서 사리자에게 말씀하셨다. '법을 없어지게 한 업은 가장 거칠고 무거운 것이니 오무간업에 견줄 수 없다. 그가 반야바라밀다를 듣고, 바로 거역하고 비방하며 헐뜯으면서 〈이와 같은 말은 부처님께서 말씀하신 것이 아니고 법도 아니고 율도 아니다〉라고 말한다.…(중략)…사리자야, 정법을 비방하는 이를 나는 언제나 보살승에 머무는 것을 허락하지 않았다.'"[151]라고 하였다.

이러한 비방은 다섯 가지 조건이 갖추어져야 타승처법을 범하는 것이다. 첫째, 일 때문이니, 삼보라는 대상을 마주하고 있어야 한다. 둘째, 생각 때문이니, 삼보에 대해 삼보라는 생각을 내어야 한다. 셋째, 욕구 때문이니, 삼보를 비방하려는 욕구가 일어나야 한다. 넷째, 번뇌 때문이니, 탐욕·분노·어리석음 등이 모두 갖추어져 있거나 일부만 갖추어진 상태이거나 해야 한다. 다섯째, 방편구경 때문이니, 입으로 말을 하여 삼보를 비방해야 하고, 앞에 있는 사람이 이것을 받아들여 이해해야 한다.

問。謗大乘罪乞[1]五無間。以何爲重。解云。謗法最重。故大般若經第

151『大般若經』권506(T7, 580b).

五百六云。舍利子。白佛言。彼所造作增長。能感匱正法業。與五無間業。可說相似不。佛告舍利子。感遺²⁾法。³⁾ 最極麤重。不可以比五無間業。謂彼聞般若波羅蜜多。卽便拒逆誹謗毀訾言。如是語。非佛所說。非法非律。舍利子。謗正法者。我常不許住菩薩乘。然此誹謗。由具五緣。犯他勝處。一由事故。謂於三寶。二⁴⁾者由想故。謂於三寶。生三寶想。三由欲故。謂生誹謗三寶欲樂。四由煩惱。謂貪瞋癡。或具。或不具。五方便究竟。謂發語言誹謗三寶。前人領解。

1) ㉮ '乞'은 '與'인 듯하다.   2) ㉮ '遺'는 '實'인 듯하다.   3) ㉯ 『大般若經』에 따르면 '法' 뒤에 '業'이 누락되었다.   4) ㉮ '二' 앞에 누락된 글자가 있는 듯하다. ㉯ 곧 첫 번째와 관련된 문장에 대해 글자를 보충해야 한다는 말인데, 보충하지 않아도 의미의 이해는 가능한 것으로 보인다.

ⓒ 죄명을 맺음

세 번째로 죄명을 맺은 것은 보아서 알 수 있을 것이다.

第二¹⁾結罪名。可見。

1) ㉯ 앞에서 승장 자신이 선점적으로 서술한 단락의 분과에 의거할 때 '二'는 '三'이다.

ㄷ) 총괄적으로 맺는 것

(ㄱ) 사람들에게 수지할 것을 권하는 것

경 잘 배우는 사람들이여, 이 보살의 십바라제목차를 배워야 한다. 그 중에 낱낱이 작은 먼지만큼이라도 범하는 일이 없어야 할 것이니, 어찌 하물며 십계를 모두 범하겠는가. 범하는 사람이 있다면, 현재의 몸으로 보리심을 일으키지 못할 것이고, 국왕의 지위와 전륜왕의 지위를 잃을 것이며, 비구와 비구니의 지위도 잃을 것이고, 십발취·십장양·십금강·십지·불성에 상주하는 묘과 묘과[152] 등을 잃을 것이다. 일체를 모두 잃고 삼악도에 떨어져 2겁이나 3겁 동안 부모와 삼보라는 이름조차 듣지 못하게 된다. 그러므로 낱낱이 범하지 말아야 할 것이다. 너희들은, 모든 보살들이 지금 배우고 앞으로 배울 것이며 이미 배웠던 이와 같은 십계를 배워서 공경하는 마음으로 받들어 지녀야 한다. 「팔만위의품八萬威儀品」[153]에서 자세하게 밝힐 것이다.

善學諸人者。是菩薩十波羅提木叉。應當學。於中。不應一。一犯如微塵許。何況具足犯十戒。若有犯者。不得現身發菩提心。亦失國王位轉輪王位。亦失比丘比丘尼位。失十發趣十長養十金剛十地佛性常住妙果。一切皆失。墮三惡道中。二劫三劫。不聞父母三寶名字。以是。不應一。一犯。汝等。一切諸菩薩。今學當學已學。如是十戒。應當學。敬心奉持。八萬威儀品。當廣明。

기 경의 "잘 배우는 사람들이여" 이하는 세 번째로 총괄적으로 맺는 것이다. 그 중에 둘이 있다. 처음에 사람들에게 수지해야 한다고 권하는 것을 밝혔고, 나중의 "「팔만위의품」에서" 이하는 나중에 설할 것을 미리 가리킨 것이다.

이것은 첫 번째 사람들에게 수지할 것을 권한 것이다. 그 중에 다섯이 있다. 첫째, 사람을 나타내는 것이니, "잘 배우는 사람들"이라고 설한 것과 같다. 둘째, 사람들에게 어기지 말라고 권하는 것이다. 셋째, 어기는 것의 허물을 드러낸 것이다. 넷째, 경계하여 범하지 않게 하는 것이다. 다섯째, 받들어 지니라고 가르치는 것을 밝힌다.

---

152 묘과妙果 : 보살 수행 계위의 최종 단계인 묘각위妙覺位를 증득한 것을 말한다.
153 「팔만위의품八萬威儀品」: 『梵網經』 광본廣本에 실려 있을 것으로 추정되는 품의 이름.

經善學諸人自下。第三總結。於中有二。初明勸人應持。後八萬律儀下。
懸指後說。此即第一勸人受持。於中有五。一者標人。如說善學諸人者
故。二者勸令[1]人不犯。三者顯犯之過。四者誡令不犯。五者明誡奉持。

1) ㉔ '令'은 잉자인 듯하다.

(㉠ 사람을 나타낸 것)

㉡ 수지하여 범하지 말 것을 권한 것

경의 "이 보살의 십바라제목차를~십계를 모두 범하겠는가." 이하는 두 번째로 수지하여 범하지 말 것을 권한 것이다. 문장 그대로이니 이해할 수 있을 것이다.

經是菩薩至具足犯十戒者自下。第二明勸持不犯。如文可解。

㉢ 어기는 것의 허물을 드러낸 것

경의 "범하는 사람이 있다면~상주하는 묘과 등을 (잃을 것이다.)" 이하는 세 번째로 어기는 것의 허물을 드러낸 것이다. 그 중에 둘이 있다. 처음에 묘과를 잃는 것을 밝히고, 다음에 악과惡果를 얻는 것을 밝혔다.

經若有犯者至常住妙果者自下。第三顯犯之過。於中有二。初明失妙果。
次明得惡果。

a. 묘과를 잃는 것
이것은 처음에 해당한다.

此即初也。

b. 악과를 얻는 것

경의 "일체를 모두 잃고 삼악도에 떨어져~삼보라는 이름조차 듣지 못하게 된다." 이하는 두 번째로 악과를 얻는 것을 밝힌 것이다. 이른바 십중계를 범함으로써 대지옥大地獄에 떨어지는 것을 말한다. 십계를 범한 이는 지옥에 떨어져 고통을 받기를 10대겁 동안 계속한다. 그러므로『본업경』에서 "십중계를 범하면 10겁 동안 (죄를 받는다.)"154고 하였다.

해 '대겁'이란 논서에서 설한 것과 같으니, 80유순由旬의 성城에 겨자씨를 가득 채워 어떤 사람이 백 년마다 한 개의 겨자씨를 빼내어 성에서 겨자씨를 다 비워 내었을 때, 이를 1대겁大劫이라 한다.155 【조사해 볼 것】 만약 십중계를 범하면 단지 10겁 동안만 지옥의 고통을 받는 것은 아니지만, 『본업경』에서 "십중계를 범하면 십겁 동안 (죄를 받는다.)"156라고 한 것은 오직 십계의 수를 들어 (그에 맞추는 뜻에서) 이와 같이 설하였을 뿐이다. 온전히 말하자면 열 번째 정법을 비방하는 죄는 한량없는 겁 동안 지옥의 고통을 받는다고 한 것과 같다.

經一切皆墮至三寶名字自下。第二明得惡果。謂犯十重。墮大地獄。十戒1)者。受地獄苦。十大劫也。故本業經云。犯十重十劫。解云。大劫者。如論說言。有八十由旬。滿足芥子。有一人。百歲去一。芥子盡時。名一大劫。勘2) 若有犯重。非但十劫受地獄苦。而本業經云。十重十劫者。立3)唯十戒數。作如是說。具如第十謗正法者。於無量劫。受地獄苦。

1) ㉯ '戒' 앞에 '犯'이 누락되었다. 2) ㉯ '勘'은 세주로 처리해야 한다. 3) ㉭ '立'은 잉자인 듯하다.

---

154 『菩薩瓔珞本業經』 권상(T24, 1012b).
155 『大智度論』 권5(T25, 100c)에서는 40리의 성에 가득찬 겨자의 비유로 대겁을 설하고 있다.
156 『菩薩瓔珞本業經』 권상(T24, 1012b).

그러므로 『대반야경』과 『대품반야경』 제11권에서 이렇게 말했다.

故大般若及大品經第十一云。

이러한 어리석은 인연의 죄를 심었기 때문에 매우 심오한 반야바라밀을 설하는 것을 들으면 헐뜯고, 반야바라밀을 헐뜯기 때문에 과거·미래·현재의 여러 부처님의 일체지一切智와 일체종지一切種智를 헐뜯으며, 삼세의 여러 부처님을 헐뜯어서 법을 무너뜨리는 업을 일으키고, 법을 무너뜨리는 업의 인연이 모이기 때문에 한량없는 백천만억 년 동안 대지옥에 떨어진다. 이렇게 법을 무너뜨린 사람들은 하나의 지옥에서 다른 지옥으로 옮겨 다닌다. 그곳에서 화겁火劫이 일어날 때는 타방他方의 대지옥에 가서 그곳에 태어나서 하나의 대지옥에서 하나의 대지옥으로 옮겨 다닌다. 그곳에서 또 화겁이 일어날 때 다시 다른 곳에 있는 대지옥으로 가니, 이와 같이 시방세계의 대지옥을 두루 돌아다니다가 그곳에서 화겁이 일어나 죽으면 법을 무너뜨린 업의 인연이 아직 다하지 않았기 때문에 이곳의 대지옥으로 와서 이곳에 태어나 하나의 대지옥에서 하나의 대지옥에 이르면서 한량없는 고통을 받는다.[157]

種是愚癡因緣罪故。聞說甚深般若波羅蜜。[1) 毀呰般若波羅蜜故。毀呰過去未來現在諸佛一切智一切種智。毀呰三世諸佛。起破法業。因[2)緣集故。無量百千萬億歲。墮大地獄中。是破法人輩。從一地獄。至一地獄。彼間。若火劫起時。至他方大地獄中。生在彼間。從一大地獄。至一大地獄。彼間。若火劫起時。復至他方大地獄起[3)故。從彼死。破法業因緣未盡故。來

---

[157] 『大般若經』의 경우 곳곳에 이것과 유사한 맥락의 가르침은 있지만 동일한 문장은 없다. 『大般若經』 권181(T5, 978b) 등. 『大品般若經』 권11(T8, 304c)의 본문은 이것과 일치한다.

此間大地獄中。生此間。若從一一⁴⁾大地獄。至一大地獄。受苦無量。⁵⁾

1) ㉙『大品般若經』에 따르면 '毁呰'가 누락되었다. 2) ㉙『大品般若經』에 따르면 '囚' 앞에 '破法業'이 누락되었다. 3) ㉗ '起' 앞에 '如是遍十方 彼間若火劫'이 누락된 듯하다. 4) ㉙『大般若經』에 따르면 '一一'에서 한 글자는 잉자이다. 5) ㉙『大般若經』에 따르면 '苦無量'은 '無量苦'이다.

해 하나의 계를 범해도 받는 고통은 한량이 없거늘 하물며 열 가지 계를 범함에 있어서랴. 또한 승僧을 비방하는 이도 그 과보로서 받는 고통이 한량이 없다.

解云。若犯一戒。尙受苦無量。何況犯十。又謗僧者。受苦無量。

마치『사자월불본생경』에서 말한 것과 같다.

如師子月佛本生經云。

부처님께서 말씀하셨다. "과거세 구루진불拘樓秦佛이 세상에 계실 때 바라날국波羅捺國과 구섬미국俱睒彌國의 두 나라에 8만 4천 명의 비구니들이 함께 있어 온갖 비법非法을 행하고, 여러 백의白衣(재가자)와 함께 교류하고 지내면서도 부끄러움이 없었다.…(중략)…이때 선안善安隱이라는 비구니가 있어 아라한과를 증득했는데, 비구니들의 처소에 이르러 말했다. '자매들이여, 부처님께서는 항상 이러한 게송을 설하셨다. 비구니가 팔경八敬¹⁵⁸을 닦아 행하지 않으면 석종녀釋種女¹⁵⁹가 아니니, 오히려 전다라旃陀羅¹⁶⁰와 같을 뿐이다.…(중략)…어떤 비구니가 있어 방일하게 팔

---

158 팔경八敬 : 비구니가 비구에게 행해야 할 여덟 가지 공경하는 행위.
159 석종녀釋種女 : 부처님의 제자 중 여성을 일컫는 말.
160 전다라旃陀羅 : 최하층의 계급에 속하는 종족.

중八重(八敬)을 범한다면, 이러한 이들은 모두 하늘과 사람 중의 큰 도적이라는 것을 알아야 한다.' 이렇게 말하기를 마치니, 이 말을 들은 비구니들이 화가 나서 말했다. '이 늙은 원숭이야, 어느 곳에서 와서 추악한 말을 하고 거짓말을 하느냐?' 이렇게 말을 한 여러 악한 비구니들은 죽어서 아비지옥에 떨어졌다. 또다시 18지옥을 경유하면서 (한 지옥에서) 각각 1겁을 살았다. 이와 같이 전전하면서 92겁이 다하도록 항상 지옥에 태어났다. 또한 5백 번 아귀의 몸을 받아 태어나고, 아귀에서 벗어난 뒤 1천 번은 항상 원숭이의 몸을 받아 태어났다."[161]

佛告。乃是過去拘樓秦佛時。波羅捺國。俱睒彌國。二國之中。共有八萬四千比丘尼。行諸非法。與諸白衣。通致信命。無有慚愧。有比丘尼。名善安隱。得阿羅漢。對[1]諸比丘尼所。告言。姊妹。世尊。常說此偈。若有比丘尼。不修行八敬。此非釋種子。[2] 猶如旃陀羅。若有比丘尼。放逸。犯八重。當知。是一切。天人中大賊。語已。心懷怨[3]恨言。此老彌猴。從何處來。惡言妄語。諸惡比丘尼。命終。墮阿鼻地獄。亦復皆經十八地獄。命各一劫。如是展轉。九十二劫。恒受地獄。又五百身。作餓鬼。出餓鬼。一千身。常爲彌猴。

1) ㉠『師子月佛本生經』에 따르면 '對'는 '到'이다. 2) ㉢ '子'는 '女'이다. 3) ㉠『師子月佛本生經』에 따르면 '怨'은 '忿'이다.

해 한 명의 비구니를 비방했어도 오히려 이와 같이 쉴 새 없이 큰 고통을 받았거늘 하물며 십중계를 범함에 있어서랴. 총괄적으로 게송을 설하여 말하겠다.

解云。謗一比丘尼。尚受如是無間大苦。況犯十重。總說偈曰。

---

161 『師子月佛本生經』(T3, 445b).

게송

이 십바라이는
과거와 미래와 현재의
모든 보살이
이미 배웠고 앞으로 배울 것이며 지금 배우고 있는 것이다.

是十波羅夷。去來及現在。
一切諸菩薩。已當及今學。

새롭게 뜻을 일으킨 보살은
마땅히 부지런히 닦고 배워야 할 것이니
차라리 몸을 부수어 먼지가 될지언정,
굳게 머물러 훼손하고 범하는 일을 하지 마라.

新發意菩薩。應當勤修學。
寧碎身如塵。堅周[1)]不毀犯。

1) ㉑ '堅周'는 '堅固'인 듯하다.

만약 훼손하고 범하는 이가 있다면
한량없는 겁 동안 고통을 받는다.
경[162]에서 말씀하신 것처럼
계는 감로약甘露藥이니,
복용하는 이는 늙거나 죽지 않는다.

---

162 이하는 『師子月佛本生經』(T3, 445c)의 게송을 그대로 인용한 것이다.

若有毀犯者。受苦無量劫。

如契經中說。我$^{1)}$爲甘露藥。

服者不老死。

---

1) ㉓『師子月佛本生經』에 따르면 '我'는 '戒'이다.

계덕戒德은 믿고 의지할 만한 것이니,
복된 과보가 항상 자신을 따라온다.
계를 지니면 안온함을 얻고
태어나는 곳마다 근심과 재난이 없으며
또 미래세에 여러 부처님을 친견하여
법을 전수받고 해탈을 얻지만
계율을 무너뜨리면 지옥에 떨어진다.

戒得$^{1)}$可恃怙。福報常隨己。

持戒得安穩。生處無患難。

若$^{2)}$當見諸佛。受法得解脫。

破戒墮地獄。

---

1) ㉓『師子月佛本生經』에 따르면 '得'은 '德'이다. 2) ㉓『師子月佛本生經』에 따르면 '若'은 '亦'이다.

'바라이'란 예전에는 바른 번역어가 없었다.『십송률』에서는 타재불여의 처墮在不如意處라 하였고,[163]『살바다론』에서는 (계를 수지하고 불도를 닦아 나갈 때) 마구니와의 싸움으로 말미암아 (그를 이겨 내지 못하고 끝내)

---

163 『十誦律』 권1(T23, 2c16)에서 "波羅夷者 名墮不如"라고 하여 '墮不如'라고 했는데, 이를 구체적으로 풀면 '墮在不如意處'라고 할 수 있다.

이 계를 범하면 부처負處(패배하는 것)에 떨어지는 것[164]이라고 하였다. 대당삼장大唐三藏(玄奘)은 타승처他勝處[165]라고 번역하였는데, 이 계를 범하면 다른 것이 승리하기 때문이다. 그 뜻은 『살바다론』에서 설명한 것과 같다.

> 波羅夷者。舊無正翻。十誦云。隨[1]在不如意處。薩婆多論云。由與魔親。[2] 以犯此戒。墮負處。大唐三藏。翻爲他勝處。謂犯此戒。他所勝故。義同薩婆多論。
>
> 1) ㉘『十誦律』에 따르면 '隨'는 '墮'이다.　2) ㉘『薩婆多論』에 따르면 '親'은 '鬪'이다.

㉣ 경계하여 범하지 않게 하는 것

경의 "그러므로 낱낱이" 이하는 네 번째로 경계하여 범하지 않게 하는 것이다.

> 經以是不應下。第四誡令不絶。[1]
>
> 1) ㉘ '絶'은 '犯'이다.

㉤ 받들어 지니라고 권한 것

경의 "이와 같은 십계를" 이하는 다섯 번째로 받들어 지니라고 권한 것이다.

> 經是十戒下。第五明勸奉持。

---

164 『薩婆多論』은 『十誦律』에 대한 주석서인 『薩婆多毘尼毘婆沙』의 다른 이름. 『薩婆多論』 권9(T23, 515a)에 나오는 문장의 취의요약이다. 이해를 돕기 위해 본문에 인용된 문장의 바로 앞부분에 나오는 글을 풀이해 보면 다음과 같다. "바라이란 타불여의처라고 하니, 두 사람이 함께 싸워서 한 사람이 이기고 한 사람은 지는 것과 같은 것이다.(波羅名墮不如意處 如二人共鬪 一勝一負)"

165 현장이 번역한 『菩薩戒本』・『瑜伽師地論』 등에 쓰이는 용어이다.

(ㄴ) **나중에 설할 것을 미리 가리킨 것**

경의 "「팔만위의품」에서" 이하는 두 번째로 나중에 설할 것을 미리 가리킨 것이다.

經八萬律[1]儀品下。第二懸指後說。

1) ㉠ '律'은 '威'이다.

이상으로 십중계를 풀이하는 것을 마친다.

上來釋十重竟。

범망경술기 卷下 本
| 梵網經述記 |

숭의사崇義寺 스님 승장勝莊 지음
崇義寺僧 勝莊撰

㉮ 경계를 풀이하는 것

ㄱ) 앞에서 말씀하신 것을 맺고 뒤에서 말씀하실 것을 일으킨 것

경 부처님께서 여러 보살에게 말씀하셨다. 이미 십바라제목차를 설하기를 마쳤으니, 사십팔경계를 이제 설해야 할 것이다.

佛告諸菩薩言。已說十波羅提木叉竟。四十八輕。今當說。

기 "부처님께서 여러 보살[1]에게 말씀하셨다." 이하는 두 번째로 경계輕戒를 풀이한 것이다. 문장을 셋으로 나눌 수 있다. 처음에 앞에서 말씀하신 것을 맺고, 뒤에서는 말씀하실 것을 일으킨 것이고, 다음에서 개별적으로 풀이한 것이며, 뒤의 "사십팔경계를" 이하는 수지할 것을 권한 것이다. (이것은 첫 번째에 해당한다.)

佛告諸佛子自下。第二釋輕戒。文分有三。初結前起。[1]) 次別解。後是四十八下。勸持。

1) ⓐ '起' 뒤에 '後'가 누락된 듯하다.

ㄴ) 개별적으로 풀이한 것
경 불자여

若佛子。

---
1 현행 『대장경』에 수록된 『梵網經』 본문에 의거할 때, '불자佛子'는 '보살菩薩'이라 해야 한다. 단 판본의 차이를 고려할 때 '불자佛子'일 가능성도 배제할 수는 없다.

범망경술기 • 337

기 경의 "불자여" 이하는 두 번째로 개별적으로 풀이한 것이다. 문장을 다섯으로 나눌 수 있다. 첫째, 열 가지 계가 있으니, 바로 섭선법계를 해석하고 겸하여 요익유정계도 나타낸 것이다. 둘째, 열 가지 계가 있으니, 요익유정계를 밝힌 것이다. 셋째, 열 가지 계가 있으니, 섭선법계와 요익계를 밝힌 것이다. 넷째, 아홉 가지 계가 있으니, 요익계와 선법계를 밝힌 것이다. 다섯째, 아홉 가지 계가 있으니, 요익유정계를 밝힌 것이다. 이와 같은 다섯 단락은, 처음 것을 따라 이름을 붙이거나, 혹은 대체적인 것을 따라 이름을 붙였기 때문에 섭선법계 등이라고 했다. 중간에 나머지 계들과 차별되는 모습이 없지 않은데, 이는 해당 문장에서 풀이할 것이다.

經若佛子自下。第二別解。文分有五。一有十戒。正釋攝善法。顯[1]饒益有情戒。二有十戒。明饒益有情戒[2] 四有九戒。明饒益戒及善法戒。五有十[3]戒。明饒益有情戒。如是五段。從初爲名。或從多說故。言攝善等。中間。非無所餘戒等差別之相。至文當釋。

1) ㉲ 뒤에 나오는 문장을 참조하여 '顯' 앞에 '兼'을 넣었다. 2) ㉲ '戒' 뒤에 세 번째에 해당하는 부분이 누락되었다. ㉲ 뒤에 나오는 승장의 해석에서 해당 부분을 찾아 '三有十戒 明攝善戒及饒益戒'를 보충하였다. 3) ㉲ '十'은 '九'의 오자이다.

(ㄱ) 첫 번째 열 가지 계 : 섭선법계와 요익유정계(①~⑩)

이것은 첫 번째로 바로 섭선법계를 풀이하고 겸하여 요익유정계도 나타낸 것이다. 여기에 두 가지가 있으니, 먼저 풀이하고 나중에 수지를 권한다.

此卽第一正釋攝善法。兼顯饒益有情戒。此中有二。先釋。後勸持。

㉠ 풀이

앞에 두 가지가 있다. 처음에 여덟 가지 계(①~⑧)가 있으니, 섭선법계를 밝힌 것으로, 육바라밀六波羅蜜(六度)에 장애가 된다. 나중에 두 가지 계

⑨, ⑩가 있으니, 요익계를 밝힌 것으로, 곧 사섭四攝 중 이행섭利行攝에 장애가 된다.

前中有二。初有八戒。明攝善戒。卽六度部。後有二戒。明饒益戒。卽四攝中利行部也。

a. 섭선법계(①~⑧)
앞은 셋으로 나눌 수 있다.

처음에 한 가지 계(①)가 있으니, (이를 지키지 않으면) 보시바라밀에 장애가 되고, 다음에 네 가지 계(②~⑤)가 있으니, (이를 지키지 않으면) 계바라밀에 장애가 되며, 뒤에 세 가지 계(⑥~⑧)가 있으니 (이를 지키지 않으면) 혜바라밀에 장애가 된다.

前中有三。初有二[1]戒。是施度障。次有四戒。是戒度障。後有四[2]戒。是慧度障。

1) ㉯ 뒷부분에 나오는 승장의 해석에 의하면, 제1계(①)만 보시바라밀의 장애에 해당하므로 '二'는 '一'이다. 2) ㉯ 뒤에 나오는 승장의 해석에 의하면 '四'는 '三'이다.

a) 섭선법계 중 어길 경우 보시바라밀을 장애하는 것
(① 불여법공양계不如法供養戒 : 법대로 공양하지 않는 일을 하지 마라)
이것은 첫 번째로 불여법공양계를 풀이한 것이니, 곧 어길 경우 보시바라밀다에 장애가 된다. 문장을 셋으로 나눌 수 있다. 처음에 사람을 나타내고, 다음에 계상戒相을 밝히며, 나중에 "이와 같이 (해야 할 일을) 하지 않으면" (이하는) 죄를 맺은 것이다.

此卽第一釋不如法供養戒。卽部在施波羅蜜多。文分有三。初標人。次明戒相。後若不爾者。結罪。

((a) 사람을 나타냄)

(이것은 첫 번째 사람을 나타낸 것이다.)

(b) 계상을 풀이함

경 국왕의 지위를 받고자 할 때, 전륜왕의 지위를 받고자 할 때, 관료가 되어 일정한 직위를 받고자 할 때, 먼저 보살계를 받아야 하니, (그렇게 해야) 모든 귀신이 왕의 몸과 관료의 몸을 구호하고 모든 부처님께서 기뻐하신다.

欲受國王位時。受轉輪王位時。百官受位時。應先受菩薩戒。一切鬼神。救護王身百官之身。諸佛歡喜。

기 경의 "국왕의 지위를 받고자 할 때" 이하는 두 번째로 바로 계상을 풀이한 것이다. 그 중에 두 가지가 있다. 처음에 계를 받도록 권한 것이고, 다음의 "이미 계를 받고 나서는" 이하는 계상을 나타낸 것이다.

經欲受國王位者自下。第二正釋戒相。於中有二。初勸令受戒。次旣行[1]戒下。正顯戒相。

---
1) ㉣ 『梵網經』 본문에 따르면 '行'은 '得'이다.

ⓐ 계를 받을 것을 권함

앞에 두 가지가 있다. 처음에 수계를 권한 것이고, 다음의 "모든 귀신이" 이하는 보살계를 받아야 하는 이유를 풀이한 것이다.

前中有二。初勸受戒。次一切鬼神下。釋受所以。

ⅰ) 수계를 권한 것

이것은 처음에 해당한다. 국왕 등의 지위를 받고자 할 때 반드시 먼저 보살의 청정한 계를 받아야 하니, 계를 갖추어야만 비로소 국왕이 될 수 있고 관료로 임명될 수 있음을 말한 것이다.

此卽初也。謂欲受國王等位。必應先受菩薩淨戒。要須有戒。方可王國[1]及受百官。

1) ㉠ '王國'은 '國王'이다.

ⅱ) 이유를 풀이함

"모든 귀신"이란 두 번째로 이유를 풀이한 것이다. 모든 귀신이 국왕과 관료의 몸을 보호하고 모든 부처님과 보살도 가피加被하니, 이러한 인연으로 말미암아 복덕의 힘이 증장하여 국왕과 관료의 지위를 잘 감당하게 된다.

一切鬼下。第二釋所以。謂若得戒。一切鬼神。救護國王及百官身。諸佛菩薩。亦復加彼[1]由此因緣。福力增長。堪爲國王及爲百官。

1) ㉑ '彼'는 '被'인 듯하다.

ⓑ 계상을 나타냄

경 이미 계를 받고 나서는 효순하는 마음과 공경하는 마음을 갖고, 상좌와 화상과 아사리나 배움을 함께하고 견해를 함께하며 수행을 함께하는 이 중 공경할 만한 이[2]를 보면, 일어나서 맞이하고

---

2 '대大'를 대덕大德이라고 한 판본도 있지만, 승장의 풀이를 볼 때, 그가 의거한 판본의 원문은 '大德'은 아니다. 승장은 이 '大' 이하를 모두 묶어 한 가지의 대상으로 보니, 상좌·화상·아사리의 셋을 이것과 묶어 공경해야 할 네 가지 대상(境)이라 하였기 때문이다. 역자는 뒤에 나오는 승장의 『瑜伽師地論』 인용문에 의해 이를 함께 불도를 수행하는 사람 중 공경할 만한 사람을 가리키는 말로 보았다.

예배드리면서 안부를 물어야 하거늘,

旣得戒已。應生孝順心恭敬心。見上座。和上。阿闍梨。大同學同見同行者。應起承迎。禮拜問訊。

기 "이미 계를 받고 나서는" 이하는 두 번째로 바로 계상을 나타낸 것이다. 문장을 둘로 나눌 수 있다. 처음에 행해야 할 것을 밝혔고, 다음에 행하지 말아야 할 것을 밝혔다.

旣得戒已自下。第二正顯戒相。文分有二。初明應行。次不應行。

ⅰ) 행해야 할 것

앞에 세 가지가 있다. 처음에 계를 받는 것을 밝혔고, 다음에 효순하는 마음을 내는 것을 밝혔으며, 나중에 공경해야 할 대상을 밝혔다.

前中有三。初明得戒。次生孝順心。後明所故。[1]

---
1) ㉠ '故'는 '敬'인 듯하다.

(ⅰ) 계를 받는 것

이것은 처음에 해당한다.

此卽初也。

(ⅱ) 효순하는 마음을 내는 것

경의 "효순하는 마음과 공경하는 마음을 갖고" 이하는 두 번째로 효순하는 마음을 밝힌 것이다.

經生孝順心恭敬心者。此卽第二明孝順心。

(iii) 공경해야 할 대상

경의 "상좌와 (화상과 아사리나)~배움을 함께하고 (견해를 함께하며 수행을 함께하는 이 중) 공경할 만한 이" 이하는 세 번째로 공경해야 할 대상을 밝힌 것이다.

'화상和上'이란 구역에 화사和闍라고 하였고, 역力이라 한역하였다. 신역에서는 범어 음사어는 오파제야鄔婆提耶이고, 친교親教라 한역한다. 혹은 음사어는 욱파제야야郁波第耶夜이고, 근송近誦이라 한역하기도 한다. '아사리阿闍梨'란 구역에 정행正行이라 하였고, 신역에서는 범어 음사어는 아차리야阿遮利耶이고, 궤범사軌範師라 한역한다. 이 네 가지 대상[3]에 대해 효순하는 마음을 내어야 한다. '효순하는 마음'이란 의업을 밝힌 것이고, '공경하는 마음'이란 신업과 어업을 밝힌 것이다. 여기에서의 뜻은 다음과 같다.

화상 등을 보면 자리에서 일어나 안부를 물어야 한다는 것인데, 이는 『대지도론』 제7권에서 "구걸하는 도인道人을 보거든 네 가지로 대접하고 처음 만날 때 좋은 눈길로 바라보고, 반갑게 맞이하면서 공경하는 마음으로 안부를 묻는다."[4]라고 한 것과 같다.

> 經上坐至大同學者自下。第三明所敬境。和上者。舊云和闍。此云力。今云梵音名爲鄔婆提耶。此云親教。或云郁波第耶夜。此云近誦。阿闍梨者。舊翻爲正行。今梵音云阿遮利耶。此云軌範師。於此四境。生孝順心。孝順心者。明意業也。恭敬者。明身語業。此中意說。見和上等。起坐問

---

3 p.341 주 2를 참조할 것.
4 『大智度論』 권5(T25, 100c). 원문에서는 7권이라 했다.

訊。如大智度論第七卷云。若見乞道人。能以四種待。初見好眼視。迎送[1]
敬問訊。

---

1) ㉖『大智度論』에 따르면 '送'은 '逆'이다.

ii) 행하지 말아야 할 것

경 보살로서 도리어 교만한(憍) 마음과 어리석은 마음과 오만한 (慢) 마음을 내어[5] 일어나 반갑게 맞이하여 예배하지 않고, 날날이 법대로 공양하여 스스로 몸과 나라와 아들·딸과 칠보와 온갖 물건을 팔아서 공급하는 일을 하지 않아서야 되겠는가. 이와 같이 **(해야 할 일을) 하지 않는다면 경구죄를 범하는 것이다.**

而菩薩。反生憍心癡心慢心。不起承迎禮拜。一一不如法供養。以自賣身
國城男女七寶百物而供給之。若不爾者。犯輕垢罪。

기 경의 "보살로서~공급하는 일을 (하지 않아서야 되겠는가.)" 이하는 두 번째로 행하지 말아야 할 것을 밝힌 것이다. 현재 물건을 소유하고 있고 그 물건을 공양할 경우 나와 중생에게 이익이 있을 것을 안다면, 응당 지극한 마음으로 공양해야 한다. 법을 묻거나, 신명身命을 요구하는 일에 이르기까지 싫어하는 마음을 일으켜 공양하지 않는다면 죄를 범하는 것이다. 현재 물건을 가지고 있지 않거나, 방편으로 상대방을 길들이고 상대방을 굴복시키려는 뜻에서 공양하지 않는다면 죄를 범하는 것이 아니다.

---

5 '교憍'는 자기 자신에 대해서 스스로를 높여 보는 마음, '만慢'은 자신과 다른 사람을 비교하여 스스로를 높여 보고 다른 사람을 경멸하는 마음이다.

經而菩薩至而供給之者自下。第二不應行。若現有物。知供養已。可有利益我及有情。當應至心供養。問法¹⁾乃至身命。若嫌恨心不供養者。卽是犯也。若現無物。若欲方便。調彼伏彼。不供養者。是無犯也。

1) ㉘ '問法' 사이에 오사가 있는 것으로 보인다.

그러므로 『유가사지론』에서 말했다.

故瑜伽云。

보살들이 보살의 청정한 계율의에 안주하여 모든 나이든 스님과 덕이 있는 스님과 법을 함께하는 이로서 공경할 만한 이가 온 것을 보고도, 교만이라는 번뇌에 제압당하고 싫어하는 마음을 품어서 일어나 반갑게 맞이하지 않고 좋은 자리를 내어 주지 않으면, 이를 범하는 것이 있고 어긋나고 넘어서는 것이 있으며 염오에 의한 위범이라고 한다. 교만이라는 번뇌에 제압당하지 않고 싫어하는 마음도 없으며 분노하는 마음도 없는데, 단지 나태함·게으름·잊어버림·무기 등의 마음으로 말미암아 그렇게 한 것이라면 범하는 것이 있고 어긋나고 넘어서는 것이 있지만 염오에 의한 위범은 아닌 것이라고 한다. 위범하지 않는 경우란, 중병을 앓고 있거나, 제정신이 아니거나, 자신은 잠자고 있는데 다른 사람이 깨어 있는 줄 알고 있을 때 등의 경우에 다가와서 친근하게 말을 걸고 어떤 주제에 대해 이야기하거나 축하나 위로의 말을 건네거나 청하여 묻거나 할 때, 혹은 자신이 다른 사람을 위해 법을 설하여 분석하면서 의심을 없애 주고 있을 때…(중략)…혹은 방편으로 상대방을 길들이고 상대방을 굴복시키고자 할 때, (이와 같은 상황에 놓였을 때에는 보거나 들었는데 대응하지 않아도 범하는 것이 아니다).…(하략)…[6]

若諸菩薩。安住菩薩淨戒律儀。見諸耆長有德可敬同法者來。憍慢所制。懷嫌恨心。不起近來。[1] 不推勝座。是名有犯有所違越是染汙犯。非憍慢制。無嫌恨心。無恚惱心。但由懶墮懈怠忘念無記之心。是名有犯有所違越非染汙犯。無違犯者。謂遭重病。或心狂亂。或自睡眠。他生覺想。而來親附。語言談論。慶慰請問。或自爲他。宣說諸法。論議決擇。廣說乃至。或欲方便調彼伏彼。乃至廣說。

1) ㉘ 『瑜伽師地論』에 따르면 '近來'는 '承迎'이다.

혹은 이것은 『유가사지론』에 실린 (위범 중) 제1 불공양계不供養戒에 해당하는 것이기도 하다.

或此瑜伽論中。第一不供養戒。

(c) 업도를 맺는 것

경의 "이와 같이 (해야 할 일을) 하지 않는다면" 이하는 세 번째로 업도를 맺는 것이다. 네 가지 조건을 갖춤으로 말미암아 염오에 의한 위범이 성립된다. 첫째 일이니, 공경해야 할 대상이 있어야 하고, 둘째 생각이니, 그러한 사람이라는 생각이 일어나야 하며, 셋째 번뇌이니, 교만한 마음이나 싫어하는 마음이 있어야 하고, 넷째 방편구경이니, 일이 완성되는 것을 말한다.

經曰若不爾者自下。第三明結業道。由具四緣。是染汙犯。一者事。謂所敬境。二者想。謂生彼想。三者煩惱。謂憍慢心。或嫌恨心。四者方便究竟。謂事究竟。

---

6 『瑜伽師地論』 권41(T30, 516a).

b) 섭선법계에 속하는 것 중 어길 경우 계바라밀을 장애하는 것(②~⑤)

(a) ② 불음주계不飮酒戒 : 술을 마시지 마라

경 불자여,

若佛子。

기 경의 "불자여" 이하는 두 번째로 네 가지 계가 있으니 (이를 지키지 않으면) 계바라밀에 장애가 된다. 네 가지 계를 풀이하므로 네 부분이 된다. 이것은 첫 번째로 불음주계를 밝힌 것이다. (술을 마시는 것은) 방일함으로 이끄는 문門이기 때문에 제정하신 것이다. 문장을 셋으로 나눌 수 있다. 처음에 사람을 나타내고, 다음에 업도의 상을 밝히고, 나중에 업도를 맺었다.

經若佛子自下。第二有四戒。障於戒度。釋四爲四。此卽第一明不飮酒。是放逸門。是故。制也。文分有三。初標人。次明業道相。後結業道。

ⓐ 사람을 나타냄

이것은 처음에 해당한다.

此卽初也。

ⓑ 업도의 상을 밝힘

경 고의로 술을 마시고, 술에 의해 한량없는 과실을 일으켜서야 되겠느냐. 자신의 손으로 술잔을 들어 다른 사람에게 주어 술을 마시게 해도 5백 세 동안 손이 없는 중생으로 태어날 것인데, 하물며 스스로 마신다면 어떠하겠는가. 모든 사람으로 하여금 술을 마시지 않게 하고, 모든 중생으로 하여금 술을 마시지 않게 해야 할 것이거늘, 하물며 스스로 술을 마시는 일을 해서야 되겠는가. 고의로 스스로 술을 마시고 다른 사람으로 하여금 마시게 하는 이가 있다면 이는 경구죄를 범하는 것이다.

故飯[1]酒而生酒過失無量。若自身手。過酒器。與人飮酒者。五百世無手。何況自飮。不得敎一切人飮及一切衆生飮酒。況自飮酒。若故自飮。敎人飮者。犯輕垢罪。

1) ㉮『梵網經』에 따르면 '飯'은 '飮'이다.

기 경의 "고의로 술을 마시고~술을 마시(않게 해야 할 것이거늘), 하물며 스스로 술을 마시는 일을 해서야 되겠는가." 이하는 두 번째로 업도의 상을 밝힌 것이다. '술잔을 들어 다른 사람에게 주는 것'은 본래 두 가지 해석이 있다. 한 가지 해석은 〈술잔을 서로 권하되 빈 잔으로 서로 건네지 않으면 곧 경구죄를 범한다〉라는 것이고, 다른 한 가지 해석은 〈단지 빈 잔을 건네기만 해도 또한 경구죄를 범한다〉라는 것이다.

『대지도론』에 의하면 술에는 세 가지가 있다. 그러므로 그 논 제15권에서 "술에 세 가지가 있다. 첫째 곡식으로 만든 술이고, 둘째 열매로 만든 술이니, 이는 포도와 아리타수의 열매 등으로 만든 것이다. 셋째 약초로 만든 술이니, 온갖 약초를 쌀누룩과 섞고 감자즙에 두면 변하여 술이 된다. 이와 같은 것들은 사람의 마음을 어지럽게 흔들고 방일하게 한다. 이러한 것을 술이라 하니, 이것들은 모두 마시지 말아야 한다. 【술을 마심으로써 생겨나는 35가지의 과실이 있다. 내용은 『반야』에 쓰인 것과 같다.】[7]…(중략)…게송으

---

7 이 부분은 승장의 주석이다. 35가지 과실은『大智度論』에 앞의 인용문의 뒤를 이어 바로 나오고 있다. 이 밖에 술의 35가지 과실을 설한 곳은 많지만, 모두『大智度論』권13에서 그 전거를 구하고 있다. 그런데 승장이 여기에서 갑작스럽게『般若』라고 하면서 설명을

로 설한 것과 같다. 술은 지각知覺을 잃게 하고 형색을 흐리고 더러워지게 하네. 지혜로운 마음은 움직여 어지럽혀지네. 집중력(念)을 잃어 분노하는 마음은 늘어나고 기쁨을 잃고 종족을 훼방하니 진실로 죽음으로 이끄는 독을 마시는 것이네."[8]라고 하였다.

해 스스로 즐거움을 누리려는 것이라면 어떤 경우든 어느 것이든 마시지 말아야 하지만, 술을 마심으로써 이익을 얻을 수 있어서 방편으로 저 유정을 포섭하여 불선처不善處에서 나와 선처善處에 안치할 수 있다고 여겨지면 마셔도 무방하다. 이러한즉 『유가사지론』에서 다른 사람을 보호하기 위해서 마시는 것은 무죄에 속한다고 건립하였다.

經故飮酒至酒況自飮者自下。第二明業道相。酒器與人。自有兩釋。一云。酒器相勸。非爲空器相傳。卽犯。一云。但傳空器。是亦犯也。若依大智度論。酒有三種。故彼論第十五云。酒有三種。一者穀酒。二者菓[1]酒。多種蒲桃[2]阿梨吒樹等。三者藥[3]酒者。種種藥草。和合米麴甘蔗[4] 變成酒也。如是等類。能令人心。動亂放逸。是名爲酒。一切不應飮【有二[5]十五過。如般若記】。如偈說言。酒失知覺相。身色濁而患[6] 智心動而亂。失念增瞋恚[7] 失歡毀宗族。實爲飮死毒。解云。若自欲樂。一切不應飮。若見飮酒。可有利益。以方便。攝彼有情。出不善處。安置善處。飮亦無妨。是卽瑜伽。爲護他故。建立。無罪攝。

1) ㉠『大智度論』에 따르면 '菓'는 '果'이다. 2) ㉑『大智度論』에 따르면 '桃'는 '萄'이다. 3) ㉠『大智度論』에 따르면 '藥' 뒤에 '草'가 누락되었다. 4) ㉑『大智度論』에 따르면 '蔗' 뒤에 '汁中'이 누락되었다. 5) ㉑『大智度論』에 따르면 '二'는 '三'이다. 『속장경』 본문에서도 '三'이라 했다. 6) ㉑『大智度論』에 따르면 '患'은 '惡'이다. 7) ㉠『大智度論』에 따르면 '恚'는 '心'이다.

미룬 것은 이해가 안 된다. 『大智度論』은 『大品般若經』에 대한 주석서이므로, 이를 『般若』라고 했을 것으로 추정해 볼 수도 있기는 하다.
8 『大智度論』 권13(T25, 158a). 원문에서는 15권이라고 했다.

어떤 사람은 이렇게 주장한다. 〈'오백세 동안 손이 없는 중생으로 태어나는 것'은 다섯 차례의 오백세 동안 손이 없는 것이니, 첫 번째 오백세에는 함조지옥鹹糟地獄에 살고, 두 번째 오백세에는 비시지옥沸屎地獄(끓는 똥물이 가득한 지옥)에 살며, 세 번째 오백세에는 곡저曲蛆(구더기)로 태어나고, 네 번째 오백세에는 승예蠅蚋(파리)로 태어나며, 다섯 번째 오백세에는 어리석고 근기가 둔한 사람으로 태어나는 것이다. 혹은 마지막 오백세만을 취하여 말하는 것일 수도 있다.〉[9] 【조사해 볼 것】

그런데 이렇게 술을 마시는 것은 다섯 가지 조건을 갖추어야 비로소 죄를 범하는 일이 성립된다. 첫째 일이니 실제 술이 있어야 하고, 둘째 생각이니 그것에 대해 술이라는 생각을 일으켜야 하며, 셋째 욕구이니 마시려

---

9 "어떤 사람은 이렇게 주장한다.~혹은 마지막 오백세 만을 취하여 말하는 것일 수도 있다."라고 한 부분은 전체적으로 문제가 있는 문장이다. 문장에 충실하자면 먼저 손이 없는 과보를 받는 것은 동일한데, 여기에 다시 두 가지 설이 있어서, 제1설은 다섯 차례의 오백세 동안의 과보를 모두 받는 것, 제2설은 다섯 차례의 오백세 중 마지막 오백세의 과보만을 받는 것이다. 이렇게 될 경우 다섯 차례의 오백세는 모두 손이 없어야 하는데, 여기에서 든 다섯 차례의 과보 중 세 번째 오백세와 네 번째 오백세만 손이 없는 것이 되어 혼란스럽다. 매우 유사한 문장이 의적의 『菩薩戒本疏』 권하(T40, 671c)에 실려 있는데, 승장의 글은 여기에서 "어떤 사람은 이렇게 주장한다." 이하를 잘못 이해했거나 잘못 옮겨 적은 것으로 생각되기 때문에 이 원문을 그대로 해석해 보겠다. "'오백세 동안 손이 없다'는 것은 손으로 술잔을 잡아 주었기 때문에 손이 없는 과보를 받는 것을 말하니, 지렁이와 같은 것으로 태어나는 것을 말하고, 혹은 사람으로 태어나도 손이 없는 것을 말한다. 어떤 사람은 이렇게 주장한다. 〈다섯 차례의 오백세가 있으니, 첫 번째 오백세는 함조지옥에 태어나는 것이고, 두 번째 오백세는 비시지옥에 태어나는 것이며, 세 번째 오백세는 구더기와 같은 것으로 태어나는 것이고, 네 번째 오백세는 파리와 같은 것으로 태어나는 것이며, 다섯 번째 오백세는 사람 중에 어리석고 둔하여 지각이 전혀 없는 상태로 태어나는 것이다. 지금 여기에서 '오백'이라고 하는 것은 아마 다섯 차례 오백세 중 최후의 오백세를 말하는 것일 수 있다〉"라고 하였다." 이렇게 보면 손이 없는 벌레나 사람으로 태어나는 것(의적의 주장), 인간으로서 지각이 전혀 없는 상태로 태어나는 것(다른 사람의 주장)의 두 가지 해석이 있는 것이 된다. 그런데 의적이 말한 어떤 사람의 주장이란, 그 문장이 천태 지의의 『菩薩戒義疏』 권하(T40, 575a)에 거의 동일하게 나온다. 지의는 다섯 차례의 오백세를 설하고, 마지막 오백세가 여기에서의 오백세에 해당한다고 하였다. 단 지의는 마지막 오백세를 매우 어리석어 지각이 전혀 없는 벌레(癡熟無知蟲)로 태어나는 것이라고 하여 다르게 말하고 있다.

는 욕구가 생기는 것이고, 넷째 번뇌이니 탐욕과 분노와 어리석음이 모두 일어나거나 일부가 일어나거나 하는 것이며, 다섯째 방편구경이니 마시는 것을 마치는 것이다.

有說。五百世無手者。謂五五百歲無手。一五百歲在醎糟地獄。二五百歲在佛[1]屎中。三五百歲在[2]作曲蛆。四五百歲作蠅蚋等。五五百歲作人癡鈍。或取最後五百歲也【勘】。然此飲酒。具足五緣。方成犯也。一事。謂實酒。二者想。謂生酒想。三者飲。[3] 謂爲飲之欲。四者煩惱。謂合[4]瞋癡。或具。或不具。五者方便究竟。謂飲究竟。

1) ㉮ '佛'은 '沸'인 듯하다. 2) ㉮ '在'는 잉자인 듯하다. 3) ㉱ '飮'은 '欲'이다. 4) ㉮ '合'은 '貪'인 듯하다.

(ⓒ 죄를 맺음)

(b) ③ 불식육계不食肉戒 : 고기를 먹지 마라

경 불자여, 고의로 고기를 먹어서야 되겠느냐. 어떤 고기든지 먹어서는 안 된다.

若佛子。故食肉。一切肉不得食。

기 경의 "불자여" 이하는 두 번째로 불식육계를 밝힌 것이다. 자비로운 마음에 어긋나기 때문에 제정하였다. 문장을 셋으로 나눌 수 있다.

經若佛子自下。第二明不食肉戒。違慈悲心故。制也。文分有三。

ⓐ 사람을 나타냄

이것은 첫 번째로 사람을 나타낸 것이다.

此卽第一標人。

ⓑ **업도의 상**
경의 "고의로 고기를 먹어서야 되겠느냐. 어떤 고기든지 먹어서는 안 된다." 이하는 두 번째로 업도의 상을 밝힌 것이다. 그 안에서 먼저 먹어서는 안 되는 계를 제정한 것을 밝혔고, 나중에 먹으면 죄가 되는 것을 밝혔다.

經故食肉。一切肉不得食者自下。第二明業道相。於中。先明制不得食。後明食卽得罪。

i) **먹어서 안 되는 계를 제정한 것**
앞에서 먼저 계를 제정하고, 나중에 (이유를) 풀이하였다.

前中。先制。後釋。

(i) **계를 제정함**
이것은 처음에 해당한다.

此卽初也。

(ii) **이유**
경 큰 자비의 성품을 지닌 종자가 끊어지니, 모든 중생이 (그를) 보면 버리고 떠나간다. 그러므로 모든 보살은 모든 중생의 고기를 먹어서는 안 된다.

> 斷大慈悲性種子。一切衆生。見而捨去。是故。一切菩薩。不得食一切衆生肉。

기 경의 "큰 자비의 성품을 지닌 종자가 끊어지니~버리고 떠나간다. 그러므로" 이하는 두 번째로 이유를 풀이한 것이다. 고기를 먹으면 (내면에 있던) 자비의 성품이 끊어져 모든 중생이 원수라는 생각을 일으켜 버리고 가는 것을 말하고 있다. 그리하여 이 고기를 먹는 것과 관련된 계는 칠중이 모두 지키지 않을 경우 죄를 범하는 것이다. 그런데 대승과 소승은 (그 구체적인 적용의 기준에 있어서) 같지 않은 점이 있다. 성문승의 가르침에서는 세 가지의 조건을 갖춘 청정한 고기[10]를 먹는 것은 허락하지만, 보살승의 가르침에서는 어떤 고기이든 허락하지 않는다.

> 經曰斷大慈悲性種子至而捨去故者。此卽第二釋所以。謂若食肉斷慈悲性。一切有情。生怨家想。捨而去之。然此食肉。七衆同犯。大小不同。謂聲聞敎。許三種淨肉。菩薩敎中。一切不許。

ii) 먹으면 죄가 되는 것(고기를 먹는 것의 과실)

경 고기를 먹으면 한량없는 죄를 받으니, 고의로 고기를 먹으면 경구죄를 범하는 것이다.

> 食肉。得無量罪。若故食者。犯輕垢罪。

---

10 소승 율장에 따르면, 첫째 나를 위해 죽이는 것을 보지 않은 것, 둘째 나를 위해 죽였다는 말을 듣지 않은 것, 셋째 나를 위해 죽인 것이라는 의심이 생겨나지 않는 것 등의 세 가지 조건을 갖춘 고기를 말한다.

㉠ 경의 "고기를 먹으면 한량없는 죄를 받으니" 이하는 두 번째로 고기를 먹는 것의 과실을 밝힌 것이다. 『인과경』에서 "현생에서의 몸으로 돼지와 개의 내장과 고기를 먹으면 죽어서 분시지옥糞屎地獄에 태어난다."[11]고 하였다.

> 經食肉得無量罪者自下。第二明食肉過失。因果經云。今身食膳[1)]狗腸肉者。死墮糞[2)]地獄。
>
> 1) ㉠『善惡因果經』에 따르면 '膳'는 '猪'이다. 2) ㉠『善惡因果經』에 따르면 '糞' 뒤에 '屎'가 누락되었다.

ⓒ 업도를 맺음

"고의로 고기를 먹으면" 이하는 세 번째로 바로 업도를 맺는 것이다. 이것은 『유가사지론』에서 설한 계에 포섭된다. 경에서 "고기는 저절로 생겨나지 않으니, 반드시 생명을 죽여야만 얻을 수 있다."[12]라고 한 것과 같다.

> 經故食不。[1)] 第三正結業道。此卽瑜伽所說戒中所攝。如經言。肉非自性[2)]生。必由殺命得。
>
> 1) ㉥ '不'은 '下'이다. ㉠『한불전』에서는『속장경』 교감주의 내용을 싣지 않았다. 2) ㉠ '性'은 '然'이다.『梵網經』에 대한 여타 주석서, 곧『梵網經菩薩戒本疏』권4(T40, 636c)·『梵網經記』권하(X38, 257b) 등에서도 이 부분을 해석하면서 동일한 인용문을 쓰고 있는데, 모두 '性'을 '然'이라 했고, 이치상 이것이 더 자연스럽다.

(c) ④ 오신계五辛戒 : 오신채를 먹지 마라

---

11 『善惡因果經』(T85, 1381c).
12 출처를 알 수 없다. 다만『梵網經』에 대한 주석서인『梵網經記』권하(X38, 257b)에서 『大智度論』이라 했는데, 살아 있는 것을 죽이지 않고 고기를 얻을 수 없음을 운위하는 부분(T25, 88b)은 있지만 동일한 문장을 찾을 수는 없다.

경 불자여, 다섯 가지 매운 것인 마늘(大蒜), 혁총革蔥(염교. 부추와 비슷한 것), 파(韭蔥), 달래(蘭蔥), 흥거興渠 등을 먹어서는 안 된다. 이 다섯 가지가 들어간 음식은 어떤 것이라도 먹어서는 안 되니, 고의로 먹으면 경구죄를 범한다.

若佛子。不得食五辛。大蒜革蔥韭蔥蘭蔥興渠。是五種。一切食中。不得食。若故食者。犯輕垢罪。

기 경의 "불자여" 이하는 세 번째로 오신계를 밝힌 것이다. 다섯 가지 매운 것이란, 첫째 마늘이다. 둘째 혁총이니 염교(薤)를 말한다. 잎은 부추와 비슷하면서도 두텁다. 셋째 파이다. 넷째 달래로 전해 오는 말에 의하면 영남에서 산출된다고 한다. 달래의 잎은 마늘과 같으면서도 넓고, 강렬한 냄새도 마늘과 같다. 다섯째 흥거이다. 어떤 사람이 말했다. 범어 음사어는 흥거로興渠盧이고 (여기에서) '로'를 생략해 버렸기 때문에 흥거라고 한 것이다. 이것은 중국에서의 운대芸薹라는 식물에 해당한다. 바라문이 말하기를 운대芸薹라는 채소를 흥거로라고 부르니, 서역의 여러 절에서는 출가한 대중이 운대를 먹는 것을 허락하지 않는다. 어떤 사람은 말하기를 영남에서 산출된다고 한다. 흥거는 모양이 왜부추(倭韭)와 같고, 냄새와 맛은 마늘과 같다. 어떤 사람은 말하기를 흥거는 강남 광주 등에서 산출된다고 하였다.【다시 조사하고 물어볼 것】

이와 같은 세 가지 계(②~④)를 『유가사지론』에서는 성스러운 가르침을 보호하기 위해 제정했으니, 모두 차죄遮罪에 속한다고 하였다.

經若佛子下。第三明五辛戒。五辛者。一者大蒜。二者革蔥。謂䔉[1]蒜[2]似䔉[3]而厚。三者蔥。四者蔥蘭。[4] 傳說。嶺南生。蘭蔥。葉似大蒜而闊。臰氣同蒜。五者興渠者。[5] 有人云。梵云殟但[6]盧。略去盧言。故言興。[7] 卽當此間芸薹⁸⁾也。婆羅門語。喚芸薹菜。爲殕⁹⁾渠盧。西域諸寺。及出家衆。不許食芸薹。復有人言。嶺南生。興渠。形似倭迯。¹⁰⁾ 擧¹¹⁾味似蒜。有人言。與¹²⁾渠。江南廣州等出【更勘】問。¹³⁾ 如是三戒。瑜伽中云。爲護聖敎制。皆遮罪攝。

1) ㉠ '迯'는 '薙'(염교) 혹은 '韮'(부추)인 듯하다. 뒤에 나오는 '迯'에도 동일한 교감이 적용된다. ㉡ '迯'는 '薙'이다. 『속장경』 교감주를 따를 경우, '부추인데, 부추와 비슷하다'라는 말이 되어 동어반복적인 문장이 된다. 오신채와 관련된 부분은 승장보다 조금 앞선 시기에 활동했던 신라 스님 의적義寂의『梵網經』주석서인『菩薩戒本疏』권하(T40, 672a)와 내용이 거의 동일하다. 이것에 따르면 앞의 '迯'는 '薙'이고, 뒤의 '迯'는 '韮'이다. 이렇게 볼 때 '혁총은 염교인데, 부추와 비슷하다'라고 해석되어 문제가 없어진다. 2) ㉡ '蒜'는 '菓'이다. 이것은 의적의『菩薩戒本疏』에 따른 것이다. 3) ㉢ '迯'는 '薙'나 '韮'이다. ㉡ '迯'는 '韮'이다. 주 1)을 참조할 것. 4) ㉡ '蒽蘭'은 '蘭蒽'이다. 5) ㉡ '者'는 잉자이다. 여러 주석서에서 오신채를 나열하고 각각의 의미를 풀이할 때, 보통 흥거에 대해 '흥거란'이라는 뜻에서, '興渠者'라는 문장을 쓰는데, 이것을 잘못 옮긴 것으로 생각된다. 6) ㉠ '殕佀'은 '竘佀'인 듯하다. ㉡ '殕佀'은 '興渠'이다. 의적의『菩薩戒本疏』에 따르면 '佀'는 '渠'의 오자로 보아야 한다. 또한 의적의『菩薩戒本疏』에서도 '竘'이라고 했지만, 전후 문맥상 '竘'은 '興'의 오자로 보아야 할 듯하다. 7) ㉠ '興' 뒤에 '渠'가 누락된 듯하다. 8) ㉠ '薹'은 '臺'인 듯하다. 이하도 마찬가지이다. ㉡ '薹'은 '薹'이다. 이미 서술한 것처럼 오신채를 해석하는 문장은 의적義寂의『菩薩戒本疏』권하(T40, 672a)와 내용이 거의 동일하다. 그리고『속장경』교감주도 또한 별도의 근거를 밝히고 있지 않지만, 앞에서 이미 서술한 것과 같은 교감의 내용은 대체로 이것을 따르고 있다. 이 부분 역시 예외가 아니어서 의적의 주석서 해당처에 '臺'라고 한 것으로 보인다. 그러나 여타 논서나 주석서에서 '芸薹'라고 쓴 것이 대부분이고, 이것에 해당하는 식물이 실제로 있기 때문에 '薹'가 더 타당할 것으로 생각된다. 예를 들면『龍樹五明論』권하(T21, 962b)에서 오신채를 논하면서 '芸薹'라 하였고,『一切經音義』권44(T54, 600a)에서 흥거를 설명하면서 '芸薹'와 비교하고 있으며,『梵網經記』권하(X38, 257b)에도 역시 오신채를 논하면서 '芸薹'라고 하였다. 9) ㉡ '殕'은 '興'이다. 이유는 앞에서 서술한 것과 같다. 10) ㉡ 의적의『菩薩戒本疏』권하에 따르면 '迯'는 '韮'이다. 11) ㉡ 의적의『菩薩戒本疏』권하에 따르면 '擧'는 '氣'이다. 12) ㉠ '與'는 '興'인 듯하다. 13) ㉡ '問'은 '更勘'의 뒤에 바로 붙여서 세주로 처리해야 한다.

(d) ⑤ 불교회계不敎悔戒 : 가르쳐서 참회하도록 하지 않는 일을 하지 마라

ⓐ 사람을 나타냄

경 **불자여,**

若佛子。

기 경의 "불자여" 이하는 네 번째로 불교회계를 밝힌 것이다. 계를 어겨 (더럽혀졌을 경우 이를 씻어 내어 계를) 청정하게 해야 하기 때문에 제정했다. 문장을 셋으로 나눌 수 있다. 처음에 사람을 나타내고, 다음에 가르쳐야 하는 것을 밝혔으며, 나중의 "보살로서" 이하는 바로 업도를 밝힌 것이다. 이것은 처음에 해당한다.

經若佛子自下。第四明不敎悔戒。違令戒淨。是故。制也。文分有三。初人。次應敎。後而菩薩下。正明業道。此卽初也。

ⓑ 가르쳐 참회하도록 하는 것

경 어떤 중생이든 팔계를 범하거나, 오계를 범하거나, 십계를 범하거나, 금계禁戒[13]를 훼손하거나, 칠역죄[14]를 짓거나, 팔난八難[15]에 (처하는 결과를 낳을 수 있는 업을) 짓거나 하면서 온갖 계

---

13 금계禁戒 : '훼금훼금毀禁'에 해당한다. 승장의 주석에는 이 부분에 대한 해석이 나오지 않는다. 『天台菩薩戒本疏』 권하(T40, 590c)에서는 구족계, 곧 비구계와 비구니계, 의적의 『菩薩戒本疏』 권하(T40, 672b)에는 구족계를 일컫는 경우와 사십팔경구계를 일컫는 경우의 두 가지 설을 말했고, 법장의 『梵網經菩薩戒本疏』 권4(T40, 637b)에서는 보살계와 구족계를 일컫는 말로 보았다. 앞의 내용을 총괄하는 개념이 아니라 별도로 특정 계를 지목하는 것으로 본 점은 동일하기 때문에 이렇게 풀었다.
14 칠역죄 : 권상본의 본문 및 권하말의 주석에 자세한 설명이 나오니 참조할 것.
15 팔난八難 : 부처님을 친견할 수 없거나 정법을 듣지 못하는 것 등과 같은 어려운 상황에 처하는 것. 뒤의 해석에서 승장은 여기에서의 '難'은 '重'의 오자이니, 팔중八重이라고 해야 한다고 하였다. 그리고 팔난으로 보는 것은 여타 학자의 설로서 소개한다. 여

를 범하여 죄를 짓는 것을 보면, 가르쳐서 참회하도록 해야 한다. 보살로서 가르쳐서 참회하도록 하지 않고, 함께 머물고 스님들과 이양을 함께하며, 함께 포살을 행하여 화합승중과 함께 머물면서 계를 설하게 해서야 되겠는가. 그 죄를 (공개적으로) 거론하여 가르치고 참회하도록 하지 않으면 경구죄를 범하는 것이다.

見一切衆生。犯八戒五戒十戒。毀禁。七逆八難。一切犯戒罪。應教懺悔。而菩薩。不教懺悔。共住。同僧利養。而共布薩。一衆住。說戒。而不擧其罪。教令悔過者。犯輕垢罪。

기 경의 "어떤 중생이든~온갖 계를 범하여 죄를 짓는 것을 보면" 이하는 두 번째로 가르쳐서 참회하도록 해야 하는 것을 밝혔다. 그 속에 두 가지가 있으니, 처음에 죄를 범하는 것을 밝혔고, 다음에 가르쳐서 참회하도록 하는 것을 밝혔다.

經一切衆生至一切犯戒罪者自下。第二明應教悔。於中有二。初明犯罪。次教悔懺。

i) 죄를 범하는 것
이것은 첫 번째로 죄를 범하는 것을 밝힌 것이다.

此卽第[1]明犯罪也。

---
1) ㉮ '第' 뒤에 '一'이 누락된 듯하다.

기서 팔중이 구체적으로 무엇을 의미하는지는 나오지 않았다.

"팔계"란 근주近住[16]가 받는 율의이다.

[팔계에 대한 논의] 이 팔계는 세 문으로 설명한다. 첫째 수법受法을 밝히고, 둘째 사법捨法을 밝히며, 셋째 문답으로 분별한다.

> 言八戒者。卽是近住所受律儀。然此八戒。三門分別。一明受法。二明捨法。三問答分別。

[유부가 주장하는 팔계 수법의 여덟 가지 조건] 수계법受戒法이란 살바다종에 의하면 여덟 가지 조건을 갖추어야 비로소 팔계를 받을 수 있으니, 그 여덟 가지는 무엇인가.

첫째, 삼보에 귀의해야 비로소 계를 받을 수 있다. 그러므로 『구사론』 제14권에서 "오직 근사율의近事律儀(五戒)를 받은 근사近事(재가 신도인 우바새와 우바이)만이 근주율의近住律儀(근주가 하루 낮과 밤 동안 수지하는 八戒)를 받을 수 있는 것인가? 그 밖의 중생도 또한 근주율의를 받을 수 있는 것인가? 게송으로 갈한다. '근주율의는 그 밖의 중생도 받을 수 있지만, 삼귀의三歸依를 받지 않으면 받을 수 없다네.' 논하여 말한다. 어떤 중생이 아직 근사율의를 받지 않았지만, 하루 낮과 밤 동안 삼보에 귀의하여 삼귀의를 설하고 근주계近住戒(근주율의)를 받으면 그들도 역시 근주율의를 수지할 수 있다. 이것과 다른 경우라면 받을 수 없다."[17]라고 하였다.

해 그가 먼저 근사율의를 받았다면 반드시 귀의하지는 않아도 되니, 전에 이미 귀의했기 때문이다.

둘째,[18] 이른 아침에 받아야 한다. 이 계를 받는 것은 해가 뜨고 나서 해

---

16 근주近住 : 정해진 재일에 하루 낮밤 동안 일시적으로 출가하여 절에 머물면서 팔계八戒를 수지하는 재가 신도.
17 『俱舍論』 권14(T29, 75c).
18 여기에서부터 뒤의 "둘로 나누었기 때문에 ('비시에 음식을 먹는 것'을 제외한 나머지

야 하니, 이 계를 하루 낮과 밤을 거쳐서 지녀야 하기 때문이다. 모든 중생은 먼저 이와 같이 '나는 항상 매달 8일 등[19]에 반드시 이 근주율의를 수지하겠다'고 기약해야 한다. 만약 아침에 받을 수 없는 일이 생길 때에는 아침 공양(齋)을 마치고 나서도 역시 받을 수 있다.

셋째, 낮은 자리에 앉아서 받아야 한다. 스승 앞에 있는 낮고 좋지 않은 자리에 머물러 쭈그리고 앉거나 일어난 상태에서 몸을 굽혀 합장하는데, 다만 병이 있는 자는 예외로 한다. 만약 공경하는 자세를 갖지 않는다면 율의를 일으킬 수 없다.

넷째, 스승에게서 받아야 한다. 이는 반드시 스승으로부터 받아야 하니 저절로 수지할 수는 없는 것[20]을 말한다.

다섯째, 스승의 가르침을 (듣고) 그것을 따라서 말해야 한다. 곧 이 계를 받는 이는 스승의 가르침을 따라야 하니, (스승이 먼저 계문戒文을 설하면) 계를 받는 이가 그것을 따라서 나중에 말해야 하고, 먼저 말해서도 안 되고 동시에 말해서도 안 된다. 이렇게 해야만 스승의 가르침에 따라서 계를 받는 것이 성립되니, 이것과 다른 방식으로 한다면 계를 주는 것과 계를 받는 것의 두 가지 일은 모두 성립되지 않는다.

여섯째, 계를 모두 갖추는 것이다. 여덟 가지 계(支)를 모두 받아야 근주

를 일곱 가지가 아닌 여덟 가지라고 한 것이다).'라고 한 부분까지는, 출처를 밝히지 않은 경우도 있지만, 사실상 그 순서가 뒤바뀐 경우가 있을 뿐, 『俱舍論』 권14(T29, 75a~c)와 거의 동일하다. 이하 승장의 서술을 그대로 따라 풀이할 뿐, 별도로 출처를 밝히지 않는다.

19 '등等'이라 한 것은 육재일六齋日을 통틀어서 말한 것이기 때문이다. 육재일이란 한 달을 둘로 나누어 백월白月과 흑월黑月의 8일·14일·15일을 가리킨다. 흑월의 재일이란 오늘날로 말하면 23일·29일·30일에 해당한다.

20 『俱舍論』 권14(T29, 75a)에서는 '從師無容自受'라고 하여, '저절로 수지할 수 없는 것'이 아니라 '자신이 수지하지 못하는 것'으로 보았다. 저절로 수지하는 것은, 계를 받는 또 다른 방법으로 마음만 먹으면 저절로 수지하는 것이니, 자신이 수지하는 것에 포함될 수 있는 것이기는 하다.

율의를 받는 것이 성립된다. 빠진 것이 있으면 근주율의를 수지하는 것은 성립되지 않는다. 그 여덟 가지란 무엇인가. 첫째 살생하지 않는 것, 둘째 주지 않은 것을 취하는 일을 (하지 않는 것), 셋째 청정하지 않은 행위(不梵行: 음란한 행위)를 (하지 않는 것), 넷째 거짓말을 하지 않는 것, 다섯째 술을 마시지 않는 것, 여섯째 향을 바르거나 꽃다발로 장식하고 춤을 추고 노래하는 것을 보고 듣는 것을 (하지 않는 것), 일곱째 높고 넓으며 화려하게 치장한 평상이나 자리를 만들어 잠자거나 앉거나 (하지 않는 것), 여덟째 비시非時[21]에 음식을 먹는 일을 (하지 않는 것) 등이다.

(팔계를 받을 수 있는 여덟 가지 조건 중) 일곱째는 치장하지 않는 것이다. 이 율의를 받는 이는 반드시 치장해서는 안 되니, 교만과 방일을 일으키는 근원이기 때문이다. 항상 몸을 장엄하던 것일 경우는 반드시 버릴 필요는 없다.[22]

여덟째는 낮과 밤 동안 지녀야 한다. 곧 하루의 낮과 밤이 지나도록 지녀야 한다. 그러므로 『구사론』에서 "게송으로 말한다. 근주율의는 이른 아침에 낮은 자리에서 스승으로부터 받아야 하며, 가르침을 따라서 설해야 하고, 여덟 가지를 모두 받아야 하며, 치장하지 말아야 하고, 낮과 밤이 지나도록 수지해야 한다."라고 한 것과 같다.

受戒法者。若依薩婆多宗。具足八緣。方得八戒。何等爲八。一者歸依三寶。方受得戒。故俱舍論第十四云。爲唯近事。得受近住。爲餘亦有受近住。頌曰。近住餘亦有。不受三歸無。論曰。諸有未受近事律儀。一晝夜中。歸依三寶。說三歸已。受近住。亦受得戒。異此則無。解云。彼若先受

---

21 비시非時: '시時'는 음식을 먹는 것이 허용된 대로, 새벽녘 동이 튼 후부터 그 날의 정오까지를 말한다. '비시'는 이 이외의 시간을 통틀어서 일컫는 말이다.
22 『俱舍論』에 따르면 항상 지니고 있던 것은 새것에 견주어 볼 때 그렇게 심각한 교만과 방일을 일으키지는 않기 때문이라고 하였다.

近事律儀。未必須歸依。前已歸依故。二者於晨旦受。謂受此戒。要日出時。此戒。要經一晝夜故。諸有先作如是要期。謂我恒於月八日等。必當受此近住律儀。若旦有礙緣。齋竟亦得受。三者下座。謂在師前。居卑劣座。或蹲或起。曲躬合掌。唯除有病。若不恭敬。不發律儀。四者從師。謂異[1]從師。無自然受。五者隨教說。受此戒者。應隨師教。受者後說。勿前俱說。如是。方成從師教受。異此。授受二。俱不成。六者具支。謂具八支。方成近住。隨有所闕。近住不成。何等爲八。一不殺生。二不與取。三不梵行。四不妄語。五不飲酒。六塗飾香鬘儛歌觀聽。七眠坐高廣嚴麗牀座。八食非時食。七離嚴飾。受此律儀。必離嚴飾。憍逸處故。常嚴身具。不必須捨。八者晝夜。經一晝夜故。如俱舍。頌曰。近住於晨旦。下座從師受。隨教說具支。離嚴飾晝夜。

---

1) ㉠ '異'는 '必'인 듯하다.

[팔계의 체에 대한 경부의 논의] 경부종經部宗(經量部)에서는 "비시非時에 음식을 먹는 것을 여의는 것, 이것을 재齋의 체라고 한다. 나머지 여덟 가지가 있으니, 이는 재의 지분支分이다."[23]라고 하였다. (여기에서는 팔재계 중 제6의) '향을 바르고 꽃다발로 장식하는 것'과 '춤추고 노래부르는 것을 보고 듣는 것'을 둘로 나누었기 때문에 ('비시에 음식을 먹는 것'을 제외한 나머지를 일곱 가지가 아닌 여덟 가지라고 한 것이다).…(중략)…

---

23 이미 서술한 것처럼 이 부분도 『俱舍論』에 나오는 문장이다. 그런데 『俱舍論』(T29, 75c)에서는 '경부종'을 유여사有餘師라고 했을 뿐 특정 학파를 지목하지는 않았다. 문맥의 전후 관계에서 볼 때, 세친世親은 이를 경전에 위배되는 견해라고 하여 비판하고 있다. 또한 『俱舍論』에 나타난 세친의 견해는 대체로 경량부의 입장에서 유부를 비판하고 있는 경우가 많기 때문에 이를 경량부의 주장이라고 보기에는 석연치 않은 부분이 있다. 『俱舍論頌疏論本』(T41, 898b)에서는 살바다종薩婆多宗(유부)의 견해라고 보고 있기도 하다. 『俱舍論』은 유부에 속하는 논서이기는 하지만, 그 전체 구조가 경량부를 비판하기보다는, 유부의 설 중 문제가 있는 것을 경량부의 입장에서 비판하는 것이 많기 때문에 후자가 옳지 않은가 싶다.

若依經部宗云。離非時食。名是¹⁾齋體。餘有八種。說名齋支。塗飾香鬘儛
歌觀聽。分爲二故。乃至廣說。

1) ㉙ '名是'는 '是名'인 듯하다.

[팔계를 수지하는 기간에 대한 논의] 이와 같은 여덟 가지 계는 반드시 오직 낮과 밤 동안만 받아 지니는 것이 아니라, 한 달, 일 년 등의 기간 동안 수지해도 좋다. 그러므로『순정리론』제37권에서 "이 가운데 경부는 이렇게 주장한다. 〈두 가지 변제邊際[24] 중 (칠중이 받는 별해탈계를) 수명이 다할 때까지만 수지한다는 것은 그럴 수 있는 일이다. 목숨을 마친 후에는 비록 (늘 수지할 것을) 약속한 일이 있다고 하여도 별해탈계를 낳을 수 없으니, 그 의지하는 몸을 달리한 상황에서는, 가행이 성립될 수 없기 때문이고, (계를 받은 것에 대한) 기억이 없기 때문이다. 그런데 하루의 밤과 낮을 보내고 난 후에 닷새 혹은 열흘의 낮과 밤 동안 근주계를 수지한다고 해서 어떤 법이 장애하여 그러한 여러 날의 근주율의를 일어날 수 없게 한다는 말인가?〉[25] 그들[26]은 이와 같이 말한다. 〈어찌 경에 위배되는 것이 아니겠는가? 모든 경전을 두루 보아도 일찍이 낮과 밤이 지났을 때까지 근주율의를 수지한다고 말씀하신 것은 보이지 않는다. 그대들은 어떤 연유로 자신

---

24 두 가지 변제邊際 : 『順正理論』 앞의 문장을 통해 알아보면, 두 가지 변제란, 첫째 칠중七衆(비구·비구니·사미·사미니·식차마나·우바새·우바이)이 별해탈계別解脫戒를 한 번 받으면 수명이 다할 때까지를 기한(壽命邊際)으로 하여 그 때까지만 수지하는 것, 둘째 근주近住가 별해탈계를 한 번 받으면 오직 하루 낮과 밤을 기한(晝夜邊際)으로 하여 그 때까지만 수지하는 것 등을 말한다. 그러므로 칠중은 다시 태어나서 계를 수지할 것을 원할 경우 다시 계를 받아야 하고, 근주는 하루 낮과 밤이 지나고도 계를 수지할 것을 원할 경우 거듭해서 계를 받아야 한다는 입장이 성립된다.
25 이는 근주율의를 하루 낮과 밤 동안만 기한으로 수지하는 것이라고 하는 주장에 대한 경부의 비판이다. 앞의 주장은『俱舍論』에 대한 보광寶光의『俱舍論光記』와 법보法寶의『俱舍論法寶』에 따르면 유부의 견해이다.
26 그들 : 유부를 가리킨다.

의 하열한 지혜로 여러 부처님의 일체지一切智의 경계를 폄하하여 헤아리는 것인가〉"[27]라고 한 것과 같다. 나머지는 앞에서 설한 것과 같다.[28]

> 如是八戒。未必唯晝夜。亦經一月一年等。故如正理論三十七云。此中經部。作如是言。二邊際中。盡壽可爾。於命終後。雖有要期。而不能生別解脫戒。別依身中。無加行故。無憶念故。一晝夜後。或五或十晝夜等中。受近住戒。何法爲障。令彼衆多近住律儀。非亦得起。彼如是說。豈不違經。遍覽諸經。曾不見說過晝夜。受近住律儀。汝等何緣。以已[1]劣慧。貶量諸佛一切智境。餘如前說。
>
> 1) ⓥ '已'는 '己'이다.

[유부가 주장하는 여덟 가지 조건에 대한 대승의 입장, 그 첫 번째 자수自受와 타수他受의 논의] (유부는 반드시 스승에게서 받아야 한다고 했지만) 대승에 의거하면 이와 같은 팔계는 반드시 스승으로부터 받지 않고 역시 자신이 받아도 된다. 그러므로『유가사지론』제53권에서 "이 가운데에서 혹은 자신으로부터나 다른 사람으로부터 율의를 받기도 한다. 혹은 다시 어떤 경우는 오직 (마음만 일으키면) 저절로 받기도 한다. 그러나 비구율의만은 어느 것이나 허용되는 것에서 제외된다. 왜냐하면 비구율의

27『順正理論』권37(T29, 551c).『俱舍論』권14(T29, 74c)에 동일한 문장이 나오는데, 그 입장을 경부經部로 지목하고 있지는 않다. 아마 이 때문에 승장이 갑작스럽게『順正理論』을 인용한 것으로 보인다.

28 인용문은 여기에서 끝난다. 물론 이것으로 경량부에서 근주율의의 기한을 하루 낮밤만으로 제한하는 것에 반대했다는 점은 드러난다. 그러나 이 글만으로는 유부가 하루 낮밤으로 제한하는 것의 정당한 근거를 제시하는 것에 그치고, 정작 승장이 말하고자 한 경량부의 입장에 대한 정당성 논증은 드러나지 않는다. 바로 뒤의 문장에서 경량부는 경전에서 하루 낮밤으로 제한한 것은 중생의 근기에 맞추어 방편을 시설하여 하루 낮밤이라도 수지하라고 한 것일 뿐이니, 이를 하루 낮밤만 수지하라고 제한한 것으로 이해해서는 안 된다고 주장한다.

는 (황문이 아닐 것 등과 같이 일정한 자격 조건이 요구되는 것으로) 모든 중생이 받을 수 있는 것은 아니기 때문이다. 비구율의를 다른 사람으로부터 받지 않아도 된다고 한다면, 출가할 수 있는 자격을 갖춘 사람이나 출가할 수 있는 자격을 갖추지 않은 사람이나, 단지 출가하려는 마음만 먹으면 바로 모든 누구나 그가 원하는 대로 저절로 출가할 수 있게 된다. 이와 같다면 성스러운 가르침은 법도가 없는 것이 된다. 또한 잘 설해진 법과 비나야에서는 이런 일을 인정할 수 있을 만한 내용이 보이지 않는다. 그러므로 비구율의를 저절로 받는 뜻은 있지 않다."[29]라고 한 것과 같다.

若依大乘。如是八戒。未必從師。亦有自受。故如瑜伽論五十三云。此[1] 戒[2] 有由自由他而受律儀。或復有一唯自然受。除苾芻律儀。何以故。由苾芻律儀。非一切堪受故。若苾芻[3] 非要從他受者。若堪出家。若不堪出家。但欲出家者。便應一切。隨其所欲。自然出家。如是。聖教。便無軌範。亦無說[4]法毗奈耶。而可了知。是故。苾芻[5] 無有自然受義。

1) ㉘『瑜伽師地論』에 따르면 '此' 뒤에 '中'이 누락되었다. 2) ㉘『瑜伽師地論』에 따르면 '戒'는 '或'이다. 3) ㉘『瑜伽師地論』에 따르면 '芻' 뒤에 '律儀'가 누락되었다. 4) ㉘『瑜伽師地論』에 따르면 '說' 앞에 '善'이 누락되었다. 5) ㉘『瑜伽師地論』에 따르면 '芻' 뒤에 '律儀'가 누락되었다.

🔹 비구율의를 제외하고는 저절로 받을 수 있다고 한다면 어떤 인연 때문에 (비구율의가 아닌 경우에도) 다시 다른 사람으로부터 받는 경우가 생겨나는가?

🔸 두 가지가 있기 때문에 악계惡戒를 멀리 여의고, 수호지隨護支를 받으니, (그 두 가지란) 참慚과 괴愧[30]이다. 타처他處와 자처自處에서 죄가 현

---

29 『瑜伽師地論』권53(T30, 589c).
30 '참慚'은 스스로에 대해 부끄럽게 여기는 의식 작용, '괴愧'는 다른 사람에 대해 부끄럽게 여기는 의식 작용이다.

행할 때, 깊이 부끄러운 마음을 내어, 이와 같은 상태에서 악계를 여의고 수호지를 받음에 있어서 능히 (자신이 받거나 다른 사람으로부터 받거나 하는 두 가지 방식) 모두에 의거하여 받을 수 있기 때문에 다른 사람으로부터 받는 경우도 있다고 한다. 만약 '참'이 바로 앞에 나타나면 반드시 '괴'가 있고, '괴'가 있지 않을 경우에도 결정코 참은 있다. 그러므로 '참법 慚法'이 강렬하고 뛰어난 것이다. (따라서 참이 있으면 괴도 함께 있으므로 참과 괴가 갖추어져서 스스로 받을 수 있고, 괴만 있으면 두 가지 모두가 갖추어진 것은 아니기에 다른 사람으로부터 받아야 한다.)

問。若除苾蒭律儀。有自然受者。何因緣故。復從他受。答。由有二種。遠離惡戒。受隨護支。所謂慚愧。若於他處。及於自處。現行罪時。深生羞恥。如是。於離惡戒。受隨護支。乃能具足[1]故。從他受。若有慚正現前。必亦有愧。非有愧者。必定有慚。是故。慚法。最爲強緣。[2]

1) ㉯『瑜伽師地論』에 따르면 '足'은 '受'이다. 2) ㉯『瑜伽師地論』에 따르면 '緣'은 '勝'이다.

[유부가 주장하는 여덟 가지 조건에 대한 대승의 입장, 그 두 번째 여덟 가지를 모두 받는 것과 일부를 받는 것을 허용하는 것에 대한 논의] 다음으로 여덟 가지 계를 모두 받아야 한다는 주장에 대해서 알아보면 다음과 같다. 『대지도론』에 따르면 반드시 여덟 가지를 갖추지 않고, 그 능한 것에 따라서 하나나 둘이나 셋을 갖추든가, 여덟 가지를 갖추든가 하면 근주계가 성립된다[31]고 한다. 【『초초』를 조사해 볼 것】

『유가사지론』에 의하면 반드시 여덟 가지를 갖추어야 근주율의라고 한다. 그러므로 『유가사지론』 제53권에서 "근주율의는 다섯 지支를 포섭함으로써 성립하니, 그 다섯 가지란 무엇인가? 첫째 다른 사람을 해치는 것을

---

31 출처를 알기 어렵다.

멀리 여의는 계를 받는 지支이고, 둘째 자신과 다른 사람을 해치는 것을 멀리 여의는 계를 받는 지이며, 셋째 받은 것을 어길 경우 (참회하고) 거듭해서 수행하는 지이고, 넷째 받은 것을 어기지 않도록 정념正念에 안주하는 지이며, 다섯째 정념을 무너뜨리지 않는 지이다. 다른 사람의 생명을 해치고 다른 사람의 재물을 파괴하는 것을 멀리 여일 수 있다면[32] 이것은 초지初支[33]에 해당한다. 비범행을 여의는 것[34]은 두 번째 지에 해당한다. 그 이유는 무엇인가? 이것을 여의는 자는 자신의 처첩妻妾을 염습染習하지 않기 때문에 스스로를 해치지 않는 것이고, 또한 다른 사람의 처첩도 염습하지 않기 때문에 다른 사람을 해치지 않는 것이다. 거짓말을 멀리 여의는 것[35]은 세 번째 지에 해당한다. 여러 가지 술에 의한 온갖 방일한 짓을 여의는 것을 제외하고, 나머지 세 가지[36]를 여의는 것은 네 번째 지에 해당한다. 왜냐하면 느래하고 춤추며 기예를 부리고 악기를 연주하며 향을 바르고 꽃다발을 쓰는 것과 높고 큰 평상에 오르는 것과 비시非時에 마시고 먹는 것은 항상 익숙했던 것이기는 해도, 만약 그것을 멀리 여의고자 한다면, 자주 스스로 '나는 이제 결정코 재계에 편안히 머물겠다'고 억념하여 모든 시간에 견그하게 바른 생각을 지키면 되기 때문이다. 여러 가지 술에 의한 온갖 방일한 짓을 멀리 여의는 것[37]은 다섯 번째 지에 해당한다. 왜냐하면 그가 비록 바르게 억념하는 지支에 안주하여 '나는 이제 결정코 재계에 편안히 머물겠다'고 한다 해도, 술에 의해 취하면 곧 광란을 일으켜 (바른 생

---

32 팔계 중 제1 살생하지 않는 것과 제2 주지 않는 것을 취하지 않는 것의 두 가지를 말한다.
33 초지初支 : 사람을 해치는 것을 멀리 여의는 계를 받는 지.
34 비범행을 여의는 것 : 팔계 중 제3 음란한 행위를 하지 않는 것.
35 거짓말을 멀리 여의는 것 : 팔계 중 제4 거짓말을 하지 않는 것.
36 나머지 세 가지 : 팔계 중 제6 향을 바르거나 꽃다발로 장식하고, 춤을 추고 노래하는 것을 보고 듣는 것, 제7 높고 넓으며 화려하게 치장한 평상이나 자리를 만들어 잠자거나 앉는 것, 제8 비시非時에 음식을 먹는 것 등을 말한다.
37 팔계 중 제5 술을 마시지 말 것.

각을) 자재하게 굴릴 수 없기 때문이다."[38]라고 하였다.

次具支者。依智度論。未必具八。隨其所能。或一二三。乃至具八。成近住戒【勘抄】。若依瑜伽。必具八種。名近住律儀。故彼論五十三云。近[1]律儀。由五支所攝。何等爲五。一受遠離損害他支。二受遠離損害自他支。三違越所受熏[2]脩行支。四不越所受正念住支。五不懷[3]正念支。若能遠離損害他命。損懷[4]他財。是名初支。離非梵行。是第二支。所以者何。由離此者。不染習自妄[5]故。不自損害。亦不染習他妻妾故。不損害他。遠離妄語。是第三支。除離諸酒衆放逸處。離餘三處。是第四支。何以故。由歌儛伎樂塗冠香鬘。升高大牀。非時飮食。常所串習。若遠離彼。數數自憶念。我今安住決定齋戒。於一切時。堅守正念。遠離諸酒衆放逸處。是第五支。何以故。彼雖安住正憶念支。謂我今住決定齋戒。若爲諸酒所醉。便發狂亂。不自在轉。

1) 갑 '近' 뒤에 '住'가 누락된 듯하다. 2) 역 『瑜伽師地論』에 따르면 '熏'은 '重'이다. 『瑜伽師地論』 본문에서는 '重'이라 했고, 미주에 여타 판본에 '熏'이라 한 경우도 있다고 하였다. 그러나 『瑜伽師地論』 주석서에서 모두 '重'이라 하고, 이러한 뜻에 의거하여 풀이하고 있으므로 '重'이라고 보았다. 3) 역 『瑜伽師地論』에 따르면 '懷'는 '壞'이다. 4) 역 『瑜伽師地論』에 따르면 '懷'는 '壞'이다. 5) 역 『瑜伽師地論』에 따르면 '妄'은 '妻妾'이다. 역 『瑜伽師地論』 원문에 따르면 '妄'은 '妻妾'이다.

문 이와 같은 두 가지 문장을 어떻게 회통하여 풀이할 것인가?
해 본래 두 가지 해석이 있다.

그 한 가지 해석은 다음과 같다. 〈지支를 모두 갖추지 않아도 근주라 할 수 있다. 곧 하나 혹은 둘 등을 받아도 또한 근주이다. 하나 혹은 둘을 받고자 한다고 해서 어떤 법이 장애가 되어 계를 받을 수 없게 할 것인가? 『유가사지론』에서 (근주율의가) 오지를 포함하는 것이라고 설한 것은, 여

---

38 『瑜伽師地論』 권53(T30, 591a).

덟 가지 계를 모두 받았을 때 (그 내용이 실제로 동일하기 때문에) 오지를 포함하는 것이라고 한 것이지, 반드시 오지를 포함해야만 (근주율의가 성립된다고) 말한 것은 아니다.〉

또 다른 해석은 다음과 같다. 〈반드시 여덟 가지 지支를 갖추어야 율의律儀에 포섭될 수 있는 것이니, 빠진 것이 있으면 계를 받는 것은 성립되지 않는다. 일부를 얻는 것에 대해 말한 것은 상황에 따라 설한 것일 뿐이다.〉

問。如是二文。云何會釋。解云。自有兩釋。一云。未具支。方名近住。受一二等。亦名近住。謂欲受一二等。何法爲障不得戒耶。而瑜伽。說五支所攝者。具受八時。說五支攝。不謂必定五支所攝。一云。必具八支。方得所攝律儀。隨有所闕。受戒不成。而言一分等者。隨轉行說。

[팔계를 해석함에 있어서 두 번째로 사법을 밝힘] 두 번째는 사계捨戒의 인연을 밝히는 것이다. 살바다종[39]에서는 근주율의를 다섯 가지 조건으로 말미암아 버리게 된다고 한다. 첫째 의요意樂[40]에 의해서이니 자기의 말을 이해할 수 있는 사람에게 유표업有表業(말을 하는 것)을 발설하여 학처學處(戒)를 버리겠다고 하기 때문이고, 둘째는 중동분衆同分(유정을 유정으로 인식되게 하는 보편성)을 버렸기 때문이며, 셋째는 남근과 여근의 두 가지 형태가 함께 생겨났기 때문이고, 넷째는 스스로의 선근이 끊어졌기 때문이며, 다섯째는 밤이 다하여 (하루가 지났기) 때문이다.

경부의 논사는 밤이 다하여 (하루가 지난 것은) 집어넣지 않으니, 그들은 한 달이나 반달 동안 지닐 수 있다고 주장하기 때문이다. 나머지 네 가지 조건은 설일체유부說一切有部(有部)와 같다.

---

39 이하는 『俱舍論』 권15(T29, 79a)에 수록된 내용이다.
40 의요意樂 : 어떤 목적을 성취하려는 의식, 곧 희망.

대승에 의거하면 본래 두 가지 해석이 있다. 한 가지 해석은 〈네 가지 조건으로 말미암아 버린다는 것이다〉라는 것이니, 경부의 주장과 같다. 이른바 『대지도론』에서 반달이나 한 달 등을 허용했기 때문이다. 다른 한 가지 해석은 〈세 가지 조건(으로 말미암아 버리는 것이다)〉라는 것이다. 그러므로 『유가사지론』에서 "근주율의는 해가 떠오른 이후이기 때문에, 혹은 부동분심不同分心(같은 종류가 아닌 마음)을 일으켰기 때문에【고의로 버리는 것을 말한다.⁴¹】혹은 중간에 중동분을 버렸기 때문에 (버리게 되니, 이런 조건이 생긴다면) 비록 이미 받았다고 해도, 반드시 다시 버리게 된다."⁴²라고 하였다.

해 (『유가사지론』에서 다섯 가지 인연 중 차례대로, 하루가 지난 것, 버리려는 의도를 일으킨 것, 중동분을 버린 것 등의 세 가지를 말하고) 선근을 끊는 것과 남근과 여근의 두 가지 형태가 생겨나는 것을 말하지 않았는데, 이 두 가지는 형편에 따라 부림을 받는 것이기 때문이다.

第二明捨戒緣者。薩婆多宗。近住律儀。由五緣捨。一由意樂。對有解人。發有表業。捨學處故。二由棄捨衆同分故。三由二形俱時生故。四由所自善根斷故。五由夜晝¹⁾故。經部師云。不說夜晝²⁾彼許一月半月等故。餘之四緣。與一切有同。若依大乘。自有兩釋。一云。由四緣捨。與經部同。謂智度論中。亦許一月半月等故。一云。三³⁾緣。故瑜伽論五十三云。若近住律儀。當知。由日出已後。若⁴⁾由發起不同分心【謂故意捨】。或於中間。捨衆同分。雖已受得。必復還捨。解云。不說斷善根。及二形生者。時節役故。

---

1) ㉻『俱舍論』에 따르면 '晝'는 '盡'이다. 2) ㉻『俱舍論』에 따르면 '晝'는 '盡'이다.
3) ㉮ '三'은 '二'인 듯하다. ㉻ '三'은 '三'이다. 바로 뒤에 이어지는 『瑜伽師地論』 인용문에서 세 가지를 들고 있기 때문이다. 4) ㉻『瑜伽師地論』에 따르면 '若'은 '或'이다.

---

41 이는 『瑜伽師地論』에는 없는 부분으로 승장의 해석이다.
42 『瑜伽師地論』 권53(T30, 592c).

[팔계를 해석함에 있어서 세 번째로 문답에 의해 분별함] 문답하여 풀이함은 다음과 같다.

문 어떤 업의 인연이 있으면 그에게 근주율의를 주지 말아야 하는가?

답 『유가사지론』에서 "근주율의는 오직 훼손된 의도에 의해 (받고자 하는 이에게만은) 주어서는 안 된다는 것을 알아야 한다. 왜냐하면 다른 사람을 따라 바뀌는 것이 있기 때문이고, 혹은 재물의 이익이나 공경을 받기 위해 (불교도를) 사칭하여 근주율의를 받고자 하기 때문이다. 그러나 그는 진실로 받기를 추구하는 의도는 없다. 이것을 '훼손된 의도'라고 한다."[43]라고 하였다. 이와 같은 문답들은 번거로울 것을 염려하여 서술하지 않는다.

> 問答者。問。有業因緣。不應授彼近住律儀。答。如瑜伽云。若近住律儀。當知。唯由意樂損害。不應爲授。何以故。或有隨他轉故。或有爲得財利。恭敬詐稱。欲受近住律儀。然彼實無求受意樂。當知。是名意樂損害。是等問答。恐繁不述。

'오계'와 '십계'의 뜻은 일반적으로 설하는 것과 같다.[44] "칠역"이란 경의 뒷부분에서 나올 때 말할 것이다. "팔난"이란 곧 팔중八重인데 착오로 '중'을 '난'이라 하였다. 어떤 사람은 '팔난'은 단지 계를 범하는 것을 팔난이라 하니, 여덟 가지 재난의 처소(八難處)에 태어나기 때문이라고 하였다. 이것은 원인에 대해 (그것으로 인해 나타날) 결과에 의거해서 명칭을 설한 것이다. 마치 모든 '부처님께서 세상에 출현하시는 즐거움'[45]이라는 말을 쓰

---

43 『瑜伽師地論』 권53(T30, 592b).
44 여기부터는 '팔계'에 대한 다양한 논의를 마치고, 다시 『梵網經』 본문을 풀이한다.
45 『大乘廣五蘊論』(T31, 851b), 『俱舍論』 권1(T29, 163b) 등에 원인에 대한 명칭임에도 불구하고, 결과에 의해 이름을 시설하는 것의 예증으로 이 문장을 말하고 있다. 부처님께서 세상에 출현하시는 것은 즐거움의 원인일 뿐 그 자체만으로 즐거움이 되는 것은 아니지만, 그것이 즐거움이라는 결과를 낳는 것은 분명하기 때문에 부처님의 출현 자

는 것과 같다.

『유가사지론』에서 "보살들이 보살의 청정한 계율의에 안주하면서 모든 포악하여 계를 범한 모든 유정에 대해 혐오하는 마음을 품고 분노하는 마음을 품으며, 그가 포악하여 계를 범한 것이 연緣이 되어 방편으로 버리고 이익이 되는 일을 하지 않으면 이것을 범함이 있고 어긋나고 넘어서는 것이 있으며 염오에 의한 위범이라고 한다. 만약 나태함과 게으름으로 말미암아 버리고, 망령된 생각으로 말미암아 이익이 되는 일을 하지 않는다면, 이는 범함이 있지만 염오에 의한 위범은 아니라고 한다. 어긋나고 범하는 것이 되지 않는 경우는, 마음이 광란하거나, 혹은 방편으로 그를 길들이고 그를 굴복시키기 위한 목적이 있거나, 혹은 장차 많은 유정의 마음을 보호하기 위한 목적이 있거나, 혹은 승단의 제도를 보호하기 위해서 방편으로 버리고 이익이 되는 행위를 하지 않는다면, 이 경우에는 어긋나고 범하는 일이 없다."[46]라고 하였다.

五戒十戒。義如常說。七逆者。下經當說。八難。卽是八重。錯作難字。有說。八難者。但是 犯戒。名爲八難。生八難處故。因中說果名。如是說諸佛出世樂。瑜伽云。若諸菩薩。安住菩薩淨戒律儀。於諸暴惡犯戒有情。懷嫌恨心。懷恚惱心。由彼畢竟[1]犯戒爲緣。方便棄捨。不作饒益。是名有犯有所違越是染汙犯。若由懶墮懈怠。棄捨。由妄念故。不作饒益。是名有犯非染汙犯。無違犯者。謂心狂亂。或欲方便調彼伏彼。或爲將護多有情心。或護僧制。方便棄捨。不作饒益。是無違犯。

---
1) ㉾『瑜伽師地論』에 따르면 '畢竟'은 '暴惡'이다.

체를 즐거움이라고 한 것이니, 이는 결과를 빌려 원인에 그 명칭을 부여한 것이 된다.
46 『瑜伽師地論』 권41(T30, 516c).

ⅱ) 가르쳐서 참회하도록 하는 것

"가르쳐서 참회하도록 해야 한다."라고 한 것은, 다른 사람이 말한 것을 들어 억념하도록 가르치고, 그 후에 참회하는 법을 가르쳐야 한다는 것이다. "그 죄를 (공개적으로) 거론하여"라고 한 것은, 보살들이 유정들이 율의를 범하는 것을 보면 자비로운 마음에 머물러, 공개적으로[47] 거론해야 할 죄를 잘 관찰해야 하니, 그렇게 한 후에야 죄를 공개적으로 거론해야 한다는 것이다. 그렇게 하기 위해서는 이렇게 억념한다. 이른바 공개적으로 죄를 거론해야 할 대상이 되는 보특가라를 관찰하되, 나는 그를 특별히 아끼고 공경하는 마음이 있어서 (객관적으로 보는 것에 장애가 있는 것은 아닌가)라고 생각해 보아야 한다. 자세한 것은 경에서 설한 것과 같다. 그런데 여기에서 '죄를 공개적으로 거론하는 것'은 『유가사지론』에서 설한 것과 같으니 (그것에 비추어서) 이해하면 된다.

> 言應教懺悔者。舉他所說。令憶念教。後應教懺悔之法。言舉罪者。謂諸菩薩。見諸有情違犯律儀。住慈悲心。應善觀察所舉罪者。然後應[1]舉。爲作應[2]念。謂觀所舉補特伽羅。爲於我邊有愛敬不。廣說如經。然此舉罪。如瑜伽論會。
>
> 1) ㉠ '後應' 뒤에 오사가 있는 것 같다. ㉡ 이미 서술한 것처럼 『瑜伽師地論』에 따르면 현재의 문장으로 두어도 문제가 없다. 2) ㉡『瑜伽師地論』에 따르면 '應'은 '憶'이다.

[참회법] 참회법懺悔法에 간략하게 두 가지가 있다. 첫째 중죄重罪를 참회하는 것이고, 둘째 경죄輕罪를 참회하는 것이다. 중죄를 참회하는 법은 다음과 같다. 상품의 번뇌(纏)에 의해 타승법을 범하였다면 보살계를 잃으니, 가르쳐 참회하도록 하고, 다시 계를 주어야 한다. 중품의 번뇌에 의해

---

47 여기서부터 "자세한 것은 경에서 설한 것과 같다."고 한 부분까지는 『瑜伽師地論』 권 100(T30, 876b)과 그 내용이 동일하다.

타승법을 범하였다면 세 명을 마주하고 참회하면 된다. 하품의 번뇌에 의해 타승법과 경계를 범했다면 한 명을 마주하고 참회하면 된다.

然懺悔法。略有二種。一者悔重。二者悔輕。言悔重法者。若上品纒。犯他勝法。失菩薩戒。應敎懺悔。復應更授。若中品纒。犯他勝法。對三人懺悔。若下品纒。犯他勝法。及犯輕戒。對一悔。

그러므로 『유가사지론』 제41권에서 다음과 같이 말했다.

故瑜伽論四十一云。

보살들이 상품의 번뇌에 의해 위에서 말한 것과 같은 타승법을 위범하면 계율의戒律儀를 잃게 되니, 응당 다시 받아야 한다. 중품의 번뇌에 의해 위에서 말한 것과 같은 타승법을 위범하면 세 명의 보특가라 혹은 그보다 많은 수의 보특가라를 마주하고, 자신이 지은 죄를 그대로 드러내어 말하여 악작惡作[48]을 제거하는 법을 실행한다. 곧 먼저 자신이 범한 일을 진술하고 이렇게 말해야 한다. "장로여, 잘 들어 주소서. 혹은 대덕이여라고 해도 된다. 나는 이러한 이름을 가진 사람으로, 보살의 비나야법을 위반하였으되, 이미 진술한 일과 같이 악작죄를 범했습니다." 나머지는 비구가 자신이 지은 죄를 발설하여 악작죄를 참회하여 멸하는 법과 같으니, 응당 이와 같이 말해야 한다. 하품의 번뇌로 위와 같은 타승처법을 위범했거나 나머지를 위범했으면, 한 명의 보특가라를 마주하고 발설해야 하니, 참회법은 이전의 경우와 같음을 알아야 한다. 만약 수순

---

48 악작惡作 : ⓈduṣKṛta의 한역어. 돌길라突吉羅라고 음사한다. 비구계 오편五篇 중 제5, 칠취七聚 중 제7에 해당하는 것으로 비교적 가벼운 죄에 대한 총칭이다. 경죄輕罪와 같다.

할 만한 보특가라, 곧 마주하여 발설하고 계를 범한 것을 참회하여 제거해 줄 만한 보특가라가 없다면, 이때 보살은 깨끗한 의요意樂로 스스로 맹서하는 마음을 일으켜 '나는 결정코 막고 지켜 앞으로는 끝내 다시 계를 범하지 않겠다'고 한다. 이와 같이 하면 계를 범한 것에서 되돌아 나와 청정한 곳으로 돌아간다.[49]

若諸菩薩。以上品纏。違犯如上他勝處法。失戒律儀。應當更受。若中品纏。違犯如上他勝處法。應對於三補特伽羅。或過是數。如法[1]發露。除惡作法。先當稱述所犯事。亦應作是說。長老專志。或言大德。我如是名。違越菩薩毗奈耶法。如所稱事。犯惡作罪。餘如苾蒭發露。悔滅惡作罪法。應如是說。若下品纏。違犯如上他勝處法。及餘違犯。應對於一補特伽羅。發露。悔法。當知如前。若無隨順補特伽羅。可對發露。悔除所犯。爾時菩薩。以淨意樂。起自誓心。我當決定防護。當來。終不重犯。如是。於犯還出還淨。

1) ㉭ 『瑜伽師地論』에 따르면 '法'은 잉자이다.

해 (앞의 인용문에서) "나머지를 위범했으면"이란 경구죄를 나타낸 것이니, 위에서 말한 것과 같다. 중죄이든 경죄이든 마주하고 참회할 만한 보살을 찾을 수 없으면, 스스로 약속하는 마음을 일으켜 위범한 것을 참회하면 또한 청정한 곳으로 돌아갈 수 있다. "한 사람[50]을 마주하고~"라고 한 것은, 그 뜻은 대승인大乘人과 소승인小乘人에 모두 통한다. 그러므로 『유가사지론』 제41권에서 "모든 종류의 위범은 모두 악작에 속함을 알아야 한다. 응당 능력(力)이 있고, 말로 표현된 뜻을 능히 알 수 있고 받아

---

49 『瑜伽師地論』 권41(T30, 521a).
50 인용문의 원문은 보특가라補特伽羅로, ⓢpudgala의 음사어이다. 한역어는 인人이기 때문에 의미는 같다.

들일 수 있는 보특가라에게 발설하고 참회해야 한다."[51]라고 하였다.

解云。及餘違犯者。此顯輕罪。如上所說。若重若輕。不得菩薩可對懺悔。起自誓心。悔所違。亦得還淨。對一人等者。謂通義[1]大乘及小乘人。故瑜伽云。一切違犯。當知。皆是惡作所攝。應向有力。於語表義。能覺能受補特伽羅。發露懺悔。

1) ㉯ '通義'는 '義通'인 듯하다.

ⓒ 업도를 밝힌 것

경의 "보살로서 (가르쳐서)" 이하는 세 번째로 바로 업도를 밝혔다. 다섯 가지 조건을 갖춤으로 말미암아 업도가 이루어진다. 첫째 일이니, 계를 범한 보특가라가 있어야 한다. 둘째 생각이니, 계를 범한 보특가라에 대해서 바로 그런 일을 한 사람이라는 생각을 일으켜야 한다. 셋째 의욕이니, 그런 상대방에 대해서 죄를 공개적으로 거론하는 일을 하지 않으려는 욕구와 가르쳐 참회하게 하지 않으려는 욕구를 갖는 것을 말한다. 넷째 번뇌이니, 분노심과 싫어하는 마음이 일어나야 한다. 다섯째는 방편구경이니, 죄를 공개적으로 거론하지 않고 가르쳐서 참회하도록 하지 않는 일을 실행하여 마치는 것이다.

經而菩薩下。第三正明業道。由其具五緣。結成業道。一者事。謂有犯戒補特伽羅。二者想。謂於違犯補特伽羅。卽生彼想。三者欲。謂於彼發。不擧罪欲及不敎悔欲。四者菩薩[1]謂瞋恚心及嫌恨心。五者方便究竟。謂不擧罪及不敎悔。

1) ㉯ '菩薩'은 '煩惱'인 듯하다.

---
51 『瑜伽師地論』 권41(T30, 521a).

c) 섭선법계에 속하는 것 중 어길 경우 혜바라밀을 장애하는 것 (6~8)

(a) 6 불공급급불청법계不供給及不請法戒 : 공급하지 않고 법을 청하지도 않는 행위를 하지 마라

ⓐ 사람을 나타냄

경 불자여,

若佛子。

기 경의 "불자여" 이하는 세 번째로 세 가지 계가 있음을 밝힌 것이다. 혜바라밀을 장애하는 것을 풀이하였는데, 세 가지 계를 풀이하니 세 부분이 된다. 이것은 첫 번째 불공급급불청법계이다. 뛰어난 곳으로 나아가도록 하는 이익을 주는 것에 어긋나기 때문에 제정하였다. 칠중이 모두 (어길 경우 죄를) 범하는 것이고, 대승과 소승이 함께 제정하였다. 소승교 중에서는 제7취인 돌길라죄에 해당한다. 문장을 셋으로 나눌 수 있는데, 이것은 (첫 번째로) 사람을 나타낸 것이다.

經曰若佛子自下。第三[1]有三戒。釋度。[2] 釋三爲三。此卽第一不供給及不請法戒。違勝進之益。是故。制也。七衆同犯。大小俱制。小乘教中。第七聚也。文分有三。此卽標人。

---
1) ㉮ '三' 이하는 미상未詳이다. ㉯ 문제가 되지 않는다. 앞의 분과에서 이미 첫 번째 열 가지 계 중의 셋은 혜바라밀에 장애가 되는 것이라고 설명하였기 때문이다.
2) ㉯ '度' 앞에 '慧'가 누락되었고, 뒤에는 '障'이 누락되었다.

ⓑ 행해야 할 것

경 대승의 법사와 대승의 가르침 속에서 배움을 같이하고 **견해를** 같이하며 실천을 같이하는 사람이, 승방이나 사택이나 성읍으로 와서 들어오는 것을 보면,[52] 백 리이든 천 리이든 오신 분을 바로 일어나서 맞이하고 (가실 때는) 일어나서 배웅해야 한다.

見大乘法師。大乘同學同見同行。來入僧坊舍宅城邑。若百里千里。來者。卽起迎來送去。

기 경의 "대승의 법사와~사택이나 성읍(으로 와서 들어오는 것을 보면)" 이하는 두 번째로 행해야 할 것을 밝힌 것이다. 여기에 두 가지가 있다. 처음에 공경해야 할 대상을 밝혔고, 다음의 "(백 리이든) 천 리이든" 이하는 공경하고 존중하는 것을 밝혔다.

經曰見大乘法師至舍宅城邑自下。第二明應行。於中有二。初顯所敬。次若千里下。正明敬重。

ⅰ) 공경해야 할 대상

이것은 처음에 해당하는데, 문장 그대로이니 알 수 있을 것이다.

此卽初也。如文可見。

ⅱ) 공경하고 존중하는 것

---

[52] 보통 백 리나 천 리를, 앞에서 나열한 공경해야 할 대상이 오는 곳으로 풀이하는 경우가 많은데, 승장은 주석에서 이 앞을 공경하는 대상, 이 뒤를 그 대상에 대해 공경하는 행위로 나누었으므로, 승장의 주석에 따라 이렇게 풀이하였다.

경의 "백 리이든 천 리이든 (오신 분을) 바로 일어나서 맞이하고 (가실 때는) 일어나서 배웅해야 한다." 이하는 두 번째로 바로 공경하고 존중하는 것을 밝혔다. 그 중에 세 가지가 있다. 먼저 맞이하고 배웅하는 것을 밝혔고, 다음에 공급하는 것을 밝혔으며, 나중에 요청하는 것을 밝혔다.

經曰若百里千里卽迎來送去者自下。第二正明敬重。於中有三。先明迎送。次明供給。後明請。

(ⅰ) 맞이하고 배웅하는 것
이것은 처음에 해당한다.

此卽初也。

(ⅱ) 공급하는 것

경 예배드리고 공양하여 날마다 세 때[53]에 공양하되, 하루에 금 세 냥에 해당하는 음식으로 온갖 종류의 맛난 음식을 만들어 드리고, 평상과 의약품을 법사에게 공양하고, 필요로 하는 모든 것을 다 공급해 드린다. 항상 법사에게 하루 세 때에 법을 설해 줄 것을 요청한다. 날마다 세 때에 예배하면서 분노하는 마음이나 근심하고 피로워하는 마음을 내지 않는다. 법을 위해서는 몸이 부숴지는 한이 있더라도 법을 요청해야 한다.

---

53 세 때 : 하루 낮과 밤을 각각 세 때로 나눈 것. 낮의 세 때란 신조晨朝(오전 8시)·일중日中(정오, 오전 12시)·일몰日沒(오후 4시) 등으로 주삼시晝三時라 한다. 밤의 세 때란 초야初夜(오후 8시)·중야中夜(자정, 오후 12시)·후야後夜(새벽 4시) 등으로 야삼시夜三時라 한다.

禮拜供養。日日三時供養。日食三兩金。百味飮食。牀座醫藥。供事法師。
一切所須。盡給與之。常請法師。三時說法。日日三時禮拜。不生瞋心患
惱之心。爲法滅身請法。

기 경의 "예배드리고 공양하여~모든 것을 다 공급해 드린다."라고 한
것은 두 번째로 공급을 밝힌 것이다. "금 세 냥"이란 극진한 형세를 나타
내는 말이다. 법을 듣는 이는 몸과 목숨에 이르기까지 또한 아끼지 않아
야 하니, 어찌 하물며 재물을 아낄 수 있겠는가. 설산태자雪山太子[54]와 파
륜 보살波崙菩薩[55]과 애법범지愛法梵志[56] 등이 법을 얻기 위해 (몸과 목숨을
아까워하지 않은) 것과 같다. 그 이유는 무엇인가. 재물에 의해서는 욕계
에서 벗어날 수 없고, 법의 보시에 의해서만 생사윤회하는 세계에서 벗어
나 떠날 수 있으며, 재물은 다하기도 하고 마르기도 하지만, 법의 보시는
다하지도 않고 마르지도 않는다. 이것에 의해 바르고 평등한 깨달음을 얻
기 때문이다.

經曰禮拜供養至盡給與之者。此卽第二明供給也。三兩金者。極熱[1])之言。
謂聽法者。乃至身命。不見有惜[2]) 何況財物而可惜乎。如雪山太子。波崙
菩薩。愛法梵志。所以者何。財物不出欲界。法施出離生死。財物有盡有

---

54 설산태자雪山太子 : 보통 설산동자雪山童子라고 한다. 부처님께서 과거세에 설산에서
수행할 때 제석천이 그 의지를 시험하려고 나찰로 변하여, 법을 설하는 게송의 일부를
읊어 주었다. 부처님의 전신인 수행자가 나머지 게송도 들려줄 것을 요청하자, 나찰은
몸과 목숨을 내어 줄 것을 요구하였다. 이 수행자는 몸과 목숨을 내어 줄 것을 약속하
고 남은 게송을 들었다는 본생담이 36권본 『大般涅槃經』 권13 「聖行品」(T12, 691c)에
나온다.
55 파륜 보살波崙菩薩 : 『大品般若經』 권27(T8, 416a)에 나오는 살타파륜薩陀波崙 보살의
줄인 이름. 역시 법을 듣기 위해 자신의 몸과 목숨을 아까워 하지 않았다.
56 애법범지愛法梵志 : 『大智度論』 권16(T25, 178c)에 부처님이 세상에 계시지 않고 불법
도 다한 시절, 어떤 바라문에게 법을 설하는 게송을 듣기 위해, 자신의 가죽을 종이로,
뼈를 붓으로, 피를 먹물로 내어 준 일이 나온다.

竭。法施無盡無竭。乃至當得正等菩提。

1) ㉔ '熱'은 '勢'이다.『菩薩戒義疏』권하(T40, 575b)를 참조하였다. 2) ㉕ '不見有情'은 '亦無所吝'이다. '不見有情'은 문맥상 갑작스럽다. 경론을 통틀어서 '乃至身命'이라는 용어가 쓰인 문장 뒤에 대체로 '아까워하지 않는다'는 의미의 글이 들어가기 때문에 이것에 의거하여 교감하였다.

((iii) 요청하는 것)

("항상 법사에게 하루" 이하는 세 번째로 설법을 요청하는 것이다.)

ⓒ 죄를 맺은 것

경 이와 같이 하지 않는다면 경구죄를 범하는 것이다.

若不爾者。犯輕垢罪。

기 경의 "이와 같이 하지 않는다면" 이하는 세 번째로 죄를 맺은 것이다. 다섯 가지 조건에 의해 죄를 범하는 것이 성립되니, 앞에서 설한 것을 준하면 알 수 있을 것이다. 이것은『유가사지론』의 제2계[57]에 속한다. 세 번째로 죄를 맺는 것과 관련된 상相은 앞의 제1계에서 이미 설한 것과 같다.[58]

---

57 승장이 이 경의 제6계를『瑜伽師地論』권41「菩薩地」〈戒品〉의 43위범위반(輕罪) 중 제2에 배대한 것이다. 그런데 실제로『瑜伽師地論』권41(T30, 516a)의 제2계는 이양공경생착계이양공경생착계(若諸菩薩 安住菩薩淨戒律儀 有其大欲 而無喜足 於諸利養及以恭敬 生著不捨 是名有犯有所違越)을 그 내용으로 하는 것이어서 그다지 연관성이 없어 보인다.『瑜伽師地論』권41(T30, 516a)의 제3계인 불경기장유덕계不敬耆長有德戒, 곧 나이 많고 덕이 있는 어른이나 공경할 만한 같은 법을 닦는 이를 공경하지 않는 것(若諸菩薩安 住菩薩淨戒律儀 見諸耆長有德可敬同法者來 憍慢所制 懷嫌恨心 懷恚惱心 不起承迎 不推勝座 若有他來 語言談論 慶慰請問 憍慢所制 懷嫌恨心 懷恚惱心 不稱正理發言酬對 是名有犯有所違越 是染違犯)을 그 내용으로 하기 때문에 후자가 더욱 유력해 보인다. 오자로 확언하기에는 43경계의 과목을 나누는 관점이 학자에 따라 다를 수 있기 때문에 그대로 두었다.

58 제1계의 마지막 부분에서 "네 가지 조건을 갖춤으로 말미암아 염오에 의한 위범이 성

經若不爾者自下。第三正明結罪。五緣犯罪。准前可知。此卽瑜伽第二戒攝。第三相。如前第一戒已說。

(b) ⑦ 불청법계不聽法戒 : 법을 듣지 않는 일을 하지 마라

ⓐ 사람을 나타냄

경 불자여,

若佛子。

기 경의 "불자여" 이하는 두 번째 불청법계이다. 문장을 셋으로 나눌 수 있으니, 앞에 설한 것을 준하면 알 수 있을 것이다. 이는 처음에 사람을 나타낸 것이다.

經曰若佛子自下。第二不聽法戒。文分有三。准前可知。此初標人。

ⓑ 행해야 할 것

경 어떤 곳이든 법과 비니경률毘尼經律을 강의하는 곳이 있거나, 큰 강당에서라도 법을 강의하는 곳이 있으면,

見一切處。有講法毗尼經律。大宅舍中。有講法處。

립된다. 첫째 일(事)이니 공경해야 할 대상이 있어야 하고, 둘째 생각이니 그러한 사람이라는 생각이 일어나야 하며, 셋째 번뇌이니 교만한 마음이나 싫어하는 마음이 있어야 하고, 넷째 방편구경이니, 일이 완성되는 것을 말한다."라고 한 것을 가리킨다.

기 경의 "어떤 곳이든~법을 강의하는 곳이 있으면" 이하는 두 번째로 행해야 할 것을 밝혔다. 여기에 두 가지가 있다. 처음에 설법하는 곳을 밝혔고, 다음에 법을 들어야 함을 밝혔다.

經一切處有至講法處者自下。第二明其應行。此中有二。初明說法處。次明應聽法。

ⅰ) 설법하는 곳

이것은 처음에 해당한다. "법"이란 계경契經과 본장本藏을 나타낸 것이다. "비니경률"이란 비니장毘尼藏을 나타낸 것이니, 범어의 갖춘 음사어는 비나야이고, 조복調伏이라 한역한다. 몸과 말과 마음을 길들여 불선업不善業을 굴복시키기 때문에 조복이라 한다. '비니'라고 한 것은 범어를 잘못 생략한 것으로 생각된다.

此初也。法者。此顯契經及本藏。毗尼經律者。顯毗尼藏。梵音具存毗奈耶。此云調伏。調身語意。伏不善業。故名調伏。而言毗尼者。蓋語毗[1]略耳。

1) ㉠ '毗'는 '訛'인 듯하다.

ⅱ) 법을 들어야 함

경 처음 발심하여 배우는 보살은 경전과 율전을 지니고 법사의 처소에 가서 듣고 받아들이며 자문을 구하라. 숲속 나무 밑이거나 스님들이 머무는 곳이거나 어느 곳이든 간에 법을 설하는 곳이라면 모두 가서 듣고 받아들여야 한다.

是新學菩薩。應持經律卷。至法師所。聽受諮問。若山林樹下。僧地坊中。一切說法處。悉至聽受。

기 경의 "처음 발심하여 배우는 보살은~듣고 받아들여야 한다."고 한 것은 두 번째로 법을 들어야 함을 밝힌 것이다. '법을 듣는다'는 것은 다음과 같은 의미이다.

經曰是新學菩薩至聽受者。此卽第二明應聽法。言聽法者。

[법을 듣는 것의 의미 : 한 가지 인에서부터 열 가지 인까지] 『유가사지론』 제82권에서 이렇게 말했다.

如瑜伽論八十二云。

듣는다는 것은 이와 같이 법을 설하는 이가 정법을 설할 때, 상대방을 편안한 곳에 머물게 하고, 공경하는 마음에 머물러 전도 없이 듣게 하는 것을 말한다. 무엇을 편안한 곳이라고 하는가? 한 가지 인因에서부터 열 가지 인으로 말미암기 때문이다. 한 가지 인이란 공경하는 마음으로 법을 듣고 바로 그 앞에서 이익을 얻고 안락해지는 것을 말한다. 여기에 이익은 있고 안락은 없는 것 등을 비롯한 사구四句가 성립되는데, 「보살지菩薩地」에서 법을 받아들이는 것을 설명하는 부분에서 이미 말한 것과 같다. 두 가지 인이란 (다음과 같다. 첫째) 모든 법을 잘 건립하기 때문이다. 잘 건립한다는 것은 온갖 허물을 여의었기 때문이고, 큰 이치(義)를 갖추었기 때문이다. (둘째) 또한 설하는 이와 듣는 이가 (자신들이) 베푼 수고로움에 의해 뛰어난 결과를 얻을 수 있기 때문이다. 만약 이와 같지 않다면 설한 이나 듣는 이가 보람 없이 각자가 이루어야 할 일을 하지 못하고, 헛되이 고생만 하여 어떤 과도 얻지 못할 것이다.[59] 세 가지

---

[59] 법을 설하는 이는 헛되이 떠들기만 했고, 법을 듣는 이는 헛되이 앉아 있기만 하므로

인은 (첫째) 공경하는 마음으로 법을 들으면 중생으로 하여금 악취惡趣를 버리게 하기 때문이고, (둘째) 선취善趣를 얻게 하기 때문이며, (셋째) 빨리 열반의 인因을 끌어들일 수 있기 때문이다. 이와 같이 세 가지 일은 공경하는 마음으로 법을 들으면 비로소 획득할 수 있다. 네 가지 인이란, 첫째, 공경하는 마음으로 법을 들으면 계경 등의 법을 잘 이해하여 통달할 수 있다. 둘째, 이와 같은 정법은 중생으로 하여금 온갖 선하지 않은 것을 버리고 온갖 선한 것을 받아들이게 하니, 잘 듣는다면 능히 부지런히 노력하여 선하지 않은 것을 버리거나 선한 것을 받아 지니거나 할 수 있다. 셋째, 선하지 않은 것을 버리고 선한 것을 받아 지님으로 말미암아 악한 행위를 원인으로 하여 나중에 닥칠 고통을 버릴 수 있게 되고, 넷째, 선한 인因을 받아들이고 악한 인을 버림으로 말미암아 속히 열반을 증득한다.…(중략)…열 가지 인이란, 첫째, 공경하는 마음으로 법을 들으면 사택思擇의 힘을 얻어 이것으로 말미암아 능히 법을 들음으로써 얻는 뛰어난 이익을 받을 수 있으니, 법대로 재물을 구하고 그릇된 법으로 하지 않고, 깊이 그것이 지닌 허물과 근심을 보고서 이를 수용하게 된다. 둘째, 벗어나 여의는 것(出離)을 잘 안다. 재물을 잃어도 근심하지 않고 슬퍼하지 않으며 탄식하고 원망하지도 않는다. 자세한 내용은 생략한다.[60] 권속이 떠나거나 죽고 중병에 걸리는 일이 생겨도 근심하고 괴로워하지 않는다. 셋째, 모든 욕망 속에서 허물이 되고 근심이 되는 것을 보고, 벗어나고 여의는 것(出離)이 가장 뛰어난 공덕이 되는 것을 보아 청정하게 출가하고, 뛰어나고 미묘한 와구臥具에 대한 탐착을 버리

아무 소득이 없다는 말이다.
60 보통 생략된 부분은 '…(중략)…'으로 표기하기로 했다. 그런데 이 부분은 '내지광설乃至廣說'이라고는 했지만 승장이 임의로 문장의 일부를 생략한 것이 아니고 『瑜伽師地論』 자체에서 생략한 것이기 때문에 그 원문에 충실하게 풀이하였다.

며, 내지는 능히 온갖 미묘한 정려靜慮[61]를 증득한다. 넷째, 공경하는 마음으로 법을 들으면 빨리 수순하여 광대심심廣大甚深하고 상사심심相似甚深한 모든 연기緣起의 법을 증득할 수 있게 된다. 또한 능히 광대한 선근善根과 벗어나고 여의는(出離) 기쁨을 인발引發할 수 있게 된다. 부처님께서 말씀하시기를 "나의 성스러운 제자가 전일한 마음으로 귀를 기울여 정법을 듣는다면 다섯 가지 법을 끊을 수 있고 일곱 가지 법을 닦아 빨리 원만한 경지에 도달할 수 있게 된다."고 하신 것과 같다. 다섯째, 여러 성스러운 제자가 공경하는 마음으로 법을 들으면, 이미 지니고 있는 집법集法(四諦 중 集諦와 관련된 것)을 모두 굴려 멸법滅法(四諦 중 滅諦와 관련된 것)을 이룬다. 여섯째, 정법을 깨닫고 나서 번뇌를 멀리하고 고통을 벗어나서 모든 법에서 바른 법안法眼을 낳는다. 일곱째, 예류과預流果(聲聞四果 중 제1)의 가장 뛰어난 자량資糧을 이끌어 낼 수 있고, (수행의 계위를 밟아 나가면서) 결국 아라한과阿羅漢果(聲聞四果 중 제4)를 증득하고, 아라한과의 가장 뛰어난 자량을 이끌어 낼 수 있다. 여덟째, 독각獨覺(緣覺)의 자량을 이끌어 포섭할 수 있다. 아홉째, 위없고 바르며 평등한 보리의 자량을 잘 이끌어 낼 수 있다. 열째, 모든 세간과 출세간의 정려·해탈·등지等至[62]를 이끌어 낼 수 있다.[63]

聽者。謂如是說法者。說正法時。應安處他。令住恭敬。無倒聽聞。云何安處。謂或由一因。或乃至十。一因者。謂恭敬聽法現前。能證利益安樂故。

---

61 정려靜慮 : 선정의 다른 이름. 고요하게 머물고(靜) 비추어 자세히 아는 것(慮)이라는 뜻. 색계의 선정을 그 이하의 선정에서는 비추어 자세히 하는 일이 없는 것과 구별하여 색계의 선정만을 특히 정려라고 하기도 한다. 일반적으로는 선정의 다른 이름으로 쓰인다.
62 등지等至 : 선정의 다른 이름. 마음이 평등한 상태에 이르렀다는 뜻. 차별적인 관점에서는 등지等持와 구별하여 등지等至는 선정심만 있고 산심散心에는 관여하지 않으며, 등지等持는 산심에도 통한다. 그러므로 등지等至는 색계와 무색계의 선정을 일컫는 말이 된다.
63 『瑜伽師地論』 권82(T30, 755a).

此中或有利益非安樂等四句。如菩薩地法受中已說。二因者。謂善建立一切法故。善建立者。離諸過故。具大義故。又爲說者聽者。所設劬勞。有勝果故。若不爾者。能說能聽。徒廢已[1]業。更[2]設劬[3]勞。應無有果。三因者。恭敬聽法。能令衆生。捨惡趣故。得善趣故。速能引攝涅槃因故。如是三事。要由恭敬聽聞方得。四因者。一恭敬聽法。能善了達契經等法。二如是正法。能令衆生。捨諸不善。攝受諸善。若善聽者。則能精勤。若捨若受。三由捨受故。捨惡因所招後苦。四者由此受捨善惡因故。速證涅槃。廣說乃至。十因者。一恭敬聽法。得思擇力。由此。能受聞法勝利。如法求財。不以非法。深見過患。而受用之。二善知出離。謂喪失財寶。無憂無感。亦不嗟怨。乃至廣說。眷屬離懷[4]。若遭病苦。不甚悲歎。亦不愁惱。乃至廣說。三於諸欲中。深見過患。及見出離最勝功德。淸淨出家。捨離上妙臥具貪著。乃至能證諸妙靜慮。四恭敬聽法。速順證解廣大甚深相似甚深諸緣起法。又能引發廣大善根出離歡喜。如世尊說。我聖弟子。專心屬耳。聽聞正法。能斷五法。能修七法。速疾圓滿。五諸聖弟子。恭敬聽法。所有集法。皆成滅法。六解正法已。遠塵離苦。於諸法中。生正法眼。七能引攝證預流果最勝資粮。乃至證得阿羅漢果。及能引攝阿羅漢果最勝資粮。八能引攝獨覺資粮。九能善引攝無上正等菩提資粮。十能引一切世間出世間靜慮解脫等至。

---

1) ㉯『瑜伽師地論』에 따르면 '已'는 '己'이다. 2) ㉮『瑜伽師地論』에 따르면 '更'은 '虛'이다. 3) ㉯『瑜伽師地論』에 따르면 '劬'는 '功'이다. 4) ㉮『瑜伽師地論』에 따르면 '懷'는 '壞'이다.

자세한 것은 그 논에서 설한 것과 같다.

具說如彼。

ⓒ 업도를 맺음

경 그곳에 가서 듣고 받아들이지 않는다면 경구죄를 범하는 것이다.

若不至彼聽受者。犯輕垢罪。

기 경의 "그곳에 가서" 이하는 세 번째로 바로 업도를 맺은 것이다. 『유가사지론』제41권에서 "보살들이 보살의 청정한 계율의에 편안히 머물러 정법을 설하고 그것을 논의하여 바른 지혜에 의해 의심을 끊는 것(決擇)을 듣고도, 교만에 제압당하여 싫어하는 마음을 품고 분노하는 마음을 품어서 가서 듣지 않는다면, 이것은 범하는 것이 있고 어긋나고 넘어서는 것이 있는 것이며 염오에 의한 위범이라 한다. 나태함과 게으름에 가려서 가서 듣지 않았다면 염오에 의한 위범은 아니다. 위범이 성립되지 않는 것은 상황을 알아차리지 못했거나, 병이 들었거나, 기력이 없거나, 전도된 가르침을 설한다는 것을 알고 있거나, 그가 설하는 이치는 여러 차례 들은 것이고 수지하고 있는 것이며 잘 알고 있는 것이라는 것을 확연히 알고 있거나, 이미 많이 듣고 문지聞持[64]를 구족하여 그 문聞이 쌓이고 모였거나, 어떤 간격도 없이 지금 마주하는 대상 경계에 마음을 머물게 하고자 해서이거나, 보살의 뛰어난 선정을 부지런히 끌어서 발생시키고자 해서이거나, 스스로 상품의 우둔한 근기로 그 지혜가 둔하고 탁하여 들은 법을 받아들이기 어렵고 지니기도 어려우며, 대상으로 삼은 경계에 마음을 갈무리하여 고요하게 머물러 집중하게 하는 것도 어렵다는 것을 잘 알고 있거나 하여 이상과 같은 상황에 의해 가서 듣지 않는 것이라면, 모두 위범함이 없는 것이다."[65]라고 하였다. 다섯 가지 조건이 성립되면

---

64 문지聞持 : 교법을 많이 들어서 그것을 잊지 않고 기억하는 능력. 흔히 법총지法總持·문지다라니聞持陀羅尼 등이라고 한다.
65 『瑜伽師地論』권41(T30, 519b).

죄를 범하는 것이니, 이것은 앞에서 설한 것을 준해서 알 수 있을 것이다.

經曰若不至彼下。第三正結業道。如瑜伽云。若諸菩薩。安住菩薩淨戒律儀。聞說正法論儀[1]決擇。憍慢所制。懷嫌恨心。懷恚惱心。而不往聽。是名有犯有所違越。[2] 若爲懶墮懈怠所蔽而不往聽。非染汙[3]犯。無違犯者。若不覺知。若有病。若無氣力。若知倒說。若正了知。彼所說義。是數所聞。所持所了。若已多聞。具足聞持。其聞[4]積集。若欲無間。於境住心。若勤引發菩薩勝定。若自了知上品愚鈍。其慧[5]濁。於所聞法。難受難持。難於所緣境。攝心令住。[6] 不往聽。[7] 皆無違犯。五緣犯罪。准前可知。

---

1) ㉠『瑜伽師地論』에 따르면 '儀'는 '議'이다. 2) ㉺『瑜伽師地論』에 따르면 '越' 뒤에 '是染違犯'이 누락되었다. 3) ㉠『瑜伽師地論』에 다르면 '汙'는 '違'이다. 4) ㉺『瑜伽師地論』에 따르면 '聞'은 '間'이다. ㉠'聞'은 '間'이다. 『瑜伽師地論』 본문에 '聞'이라 했고, 다른 판본에 '間'이라고 한 경우도 있다고 했는데, 문맥상 '聞'이 더 타당하다. 5) ㉠『瑜伽師地論』에 따르면 '慧' 뒤에 '鈍'이 누락되었다. 6) ㉠『瑜伽師地論』에 따르면 '住'는 '定'이다. 7) ㉠『瑜伽師地論』에 따르면 '聽' 뒤에 '者'가 누락되었다.

(c) ⑧ 배대향소계背大向小戒 : 대승을 등지고 소승으로 향하지 마라

ⓐ 사람을 나타냄

경 불자여,

若佛子。

기 경의 "불자여" 이하는 (혜바라밀을 장애하는 것과 관련된 세 가지 계 중) 세 번째로 배대향소계이다. 앞의 십중계에서 설한 방삼보계謗三寶戒[66]와 같지만, 그것은 대승과 소승을 가리지 않고 둘 모두를 비방하는 것

---

66 방삼보계謗三寶戒 : 제10 비방계를 가리킨다.

이고, 여기에서 설한 것은 소승에 집착하여 대승을 비방하는 것이기 때문에 다른 점이 있다. 근본적으로 행해야 할 것(根本行)에 어긋나기 때문에 제정하였다. 문장을 둘로 나눌 수 있는데, 이것은 첫 번째 사람을 나타낸 것이다.

經曰若佛子自下。第三背大向小戒。如上十重所說謗三寶戒。不論大小一切誹謗。此中所說。執小謗大故。有引[1]者。違根本行故。制也。文分有二。此卽標人。

1) ㉤ '引'은 오사로 보인다. ㉠ 문맥상 앞의 문장에 이어지는 것으로 보고, 앞의 문장이 방삼보계와의 차별성을 밝히는 데 있기 때문에 그러한 의미의 연계성 속에서 풀어 보았다. 이때 '引'은 '異'의 오사가 아닐까 싶다.

ⓑ 업도를 풀이함

경 마음으로 대승의 상주常住를 설하는 경과 율을 등지고, 이를 부처님의 교설이 아니라고 하면서 이승二乘과 외도의 악견惡見과 모든 금계禁戒와 사견을 담은 경과 율을 받아서 지니는 이는 경구죄를 범하는 것이다.

心背大乘常住經律。言非佛說。而受持二乘外道惡見一切禁戒邪見經律者。犯輕垢罪。

기 경의 "마음으로 대승의 (상주를 설하는 경과 율을) 등지고" 이하는 두 번째로 업도를 풀이한 것이다. 칠중이 모두 어길 경우 죄를 범하는 것인데, 대승과 소승이 같지 않아 (소승에서는 범계가 아니다.) 성품이 둔하기 때문에, 소승의 가르침을 많이 익혔기 때문에 대승의 매우 심오한 경전을 믿지 못하고, 비방하여 말하기를 '이는 여래께서 말씀하신 것이 아니다'라고 한다. 『유가사지론』에서 "보살들이 보살의 청정한 계율의에 편안히 머물러 보살장을 듣고, 매우 심오한 곳에 대해, 가장 뛰어나고 매우 심오한 진실한 법의 이치에 대해, 모든 부처님과 보살이 도달한 헤아리기 어려운 신통력에 대해 믿음과 이해를 내지 않고 미워하고 등지며 헐뜯고 비방하기를, '이치로 인도할 수 없고 법으로 인도할 수 없으며, 부처님의 말씀이 아니고, 유정을 이익되게 하고 안락하게 할 수 없다'고 한다면, 이것을 범하는 것이 있고 어긋나고 넘어서는 것이 있는 것이며 염오에 의한 위범이라고 한다."[67]라고 한 것과 같다.

해 대승을 아직 연구하지 않고 성문장을 한결같이 닦아 익힌다면, 이 경우에는 범하는 것이 있다. 대승을 이미 잘 연구하고 겸하여 소승의 가르침을 닦으면, 이 경우는 그렇게 해도 범하는 것이 없다. 『유가사지론』에서 "보살들이 보살의 청정한 계율의에 편안히 머물러 아직 보살장을 정밀하게 연구하지 않고 보살장을 모두 버리고, 성문장을 한결같이 닦고 배운다면 이를 범하는 것이 있고 어긋나고 넘어서는 것이 있지만 염오에 의한 위범은 아니라고 한다."[68]라고 한 것과 같다.

經心背大乘自下。第二正釋業道。七衆同犯。大小不同。以性鈍故。於小乘教。多串習故。不信大乘甚深經典。謗言。非是如來所說。如瑜伽云。若諸菩薩。安住淨戒律儀。聞菩薩藏。於甚深處。最勝甚深眞實法義。諸佛菩薩難思神力。不生信解。憎背毀謗。不能引義。不能引法。非如來說。不能利益安樂有情。是名有犯有所違越是染違犯。解云。若於大乘。未能研究。於聲聞藏。一向修習。是卽有犯。若於大乘。已善研究。兼修小教。亦無所犯。如瑜伽云。若諸菩薩。安住淨戒律儀。未精研究於菩薩藏。一切

---

[67] 『瑜伽師地論』 권41(T30, 519b).
[68] 『瑜伽師地論』 권41(T30, 519a).

棄捨。於聲聞藏。一向修學。是名有犯非染違犯。

"외도의 경률"이란 『십구론十句論』,[69] 『금칠십론金七十論』[70] 등과 같은 것을 말한다. 보살장을 아직 닦고 배우지 않고, 다른 도리를 설하는 논서를 부지런히 닦고 부지런히 배우면, 이는 범하는 것이 있는 것이다. 외도의 사견을 굴복시키고 여래의 정법을 건립하고자 하여 외도의 담론을 부지런히 배운다면 이럴 경우는 범하는 것이 없다. 『유가사지론』에서 "보살들이 보살의 청정한 계율의에 편안히 머물러 현재 부처님의 (바른) 가르침이 있는데 부처님의 (바른) 가르침을 아직 정밀하게 연구하지 않고, 다른 도리를 설하는 논서와 여러 외도의 논서를 정밀하고 부지런히 닦고 배우면, 이것을 범하는 것이 있는 것으로 염오에 의한 위범이라고 한다. 위범이 되지 않는 경우는, 매우 총명하여 빨리 받아들이거나, 오랜 시간이 지나도 잊지 않을 수 있거나, 그 이치를 능히 헤아리고 통달할 수 있거나, 부처님의 가르침을 이치대로 관찰하여 함께 작용하여(俱行) 움직이는 일이 없는(無動) 각覺을 성취한 사람이거나, 날마다 달마다 항상 (시간을 삼분三分한 가운데) 이분二分은 부처님의 말씀을 수학하고 일분一分은 외도의 논서를 배우는 것이라면, 이는 위범하는 것이 없다. 보살들이 보살의 청정한 계율의에 편안히 머물며 보살법을 넘어서서 다른 도리를 설하는 논서와 여러 외도의 논서를 연구하고 훌륭하게 알며, 마음속 깊이 보배처럼 여기면서 다루고, 좋아하고 즐거워하는 마음으로 맛을 들여 집착한다면, 이는 차라리 매운 약을 구해서 그 기운이 몸에 배게 하는 것만 같지 못하니, 이것은 범함이 있고 어긋나고 넘어서는 것이 있으며 염오에 의한

---

69 『십구론十句論』: 인도 바라문교의 여러 학파 중 하나인 바이세시카학파의 논서인 『勝宗十句義論』을 가리키는 말.
70 『금칠십론金七十論』: 인도 바라문교의 여러 학파 중 하나인 삼키아학파의 논서를 가리키는 말.

위범이라고 한다."[71]라고 한 것과 같다.

"사견"이란 ~이다. (이 죄가 성립되기 위해 갖추어져야 할 조건의 다소는[72]) 앞에서 말한 것과 같으니 알 수 있을 것이다.

外道經律者。謂外道敎。如十句論。金七十論等。若於菩薩藏。未能修學。於異道論。勤修勤學。此卽有犯。若欲伏外道邪見。爲建立如來正法。於外道論談。勤學。是卽無犯。如瑜伽云。若諸菩薩。安住菩薩淨戒律儀。現有佛敎。於佛敎中。未精硏究。於異道論及諸外道論。精勤修學。是名有犯是染違犯。無違犯者。若上聰敏。若速受。若聞[1]經時[2] 能不忘失。若於其義。能思能達。若於佛敎。如理觀察。成就俱行無動覺者。於日月中。常以二分。修學佛語。一分學外。則無違犯。若諸菩薩。安住菩薩淨戒律儀。越菩薩法。於異道論及諸外論。硏求善巧。深心寶翫。愛樂味著。非如辛藥。而習近之。是名有犯有所違越是染違犯。言邪見者。卽離[3]外勝犯戒。如前可知。

1) ㉤『瑜伽師地論』에 따르면 '聞'은 잉자이다. 2) ㉤『瑜伽師地論』에 따르면 '時' 앞에 '久'가 누락되었다. 3) ㉤ '卽離' 이하에 오사가 있는 것 같다. ㉠ 오사의 내용을 확인할 수 없어서 '卽離外勝犯戒'는 풀이하지 않았다.

b. 요익유정계(⑨, ⑩) : 어길 경우 이행섭利行攝을 장애하는 것

a) ⑨ 불간병계不看病戒 : 간병하지 않는 일을 하지 마라

(a) 사람을 나타냄

경 불자여,

---

71 『瑜伽師地論』 권41(T30, 519a).
72 전후 문맥에 따라 '具緣多少'가 누락된 것으로 보고 집어넣어서 풀었다.

若佛子。

기 경의 "불자여" 이하는 두 번째에 두 가지 계가 있으니, 요익유정계를 밝힌 것이다. 이는 곧 사섭법 중 이행利行을 장애한다. 두 가지 계를 풀이하니, 두 부분이 된다. 이것은 첫 번째로 불간병계를 밝힌 것이다. 자비로운 마음에 위배되기 때문에 제정하였다. 문장을 셋으로 나눌 수 있다. 처음에 사람을 나타내었고, 다음에 행해야 할 것을 밝혔으며, 나중에 업도를 맺었다. 이것은 처음에 해당한다.

經曰若佛子自下。第二有二戒。明饒益戒。卽四攝中利行障。釋二爲二。此卽第一明不看病戒。違慈悲心。是故。制也。文分有三。初人。次應行。後結業道。此卽初也。

(b) 행해야 할 것 : 이로운 행위에 의해 중생을 포섭하는 것

경 모든 병에 걸린 사람을 보면 공양하기를 부처님과 다름이 없이 해야 하니, 여덟 가지 복전福田 중 간병의 복전이 가장 훌륭한 복전이다. 부모와 은사 스님과 제자가 병이 들어 온갖 감각 기관이 온전하지 못하고 온갖 병으로 고통을 받으면 모두 공양하여 병이 낫도록 해 주어야 하거늘,

見一切疾病人。應供養如佛無異。八福田中。看病福田。第一福田。若父母師僧弟子病。諸根不具。百種病苦。皆養令差。

기 경의 "모든 병에 걸린 사람을~모두 공양하여 병이 낫도록 해 주어야 하거늘" 이하는 두 번째로 이로운 행위에 의해 중생을 포섭하는 행(攝行)을 밝힌 것이다.

'여덟 가지 복전'이란, 첫째 부처님, 둘째 성인, 셋째 화상和上, 넷째 아사리阿闍梨, 다섯째 스님, 여섯째 아버지, 일곱째 어머니, 여덟째 병든 사람이다. 그런데 이 복전은 간략히 말하자면 두 가지가 될 수 있고, 중간 정도의 범주로 보자면 세 가지가 될 수도 있으며, 확대해 보자면 여덟 가지가 될 수 있고, 내지는 한량없이 넓혀 갈 수 있다.

간략히 두 가지 범주로 볼 수 있다고 한 것은, 첫째 복전이고, 둘째 빈궁전貧窮田이다. 그러므로 『우바새경』 제3권에서 "보살이 보시할 때 두 가지 밭을 보니, 첫째 복전이고, 둘째 빈궁전이다. 보살은 복된 법을 증대하기 위해 가난으로 고통받는 사람에게 보시하고, 위없는 미묘한 지혜를 증득하기 위해 복전에 보시한다."[73]라고 하였다.

[해] 위없는 미묘한 모습을 갖추기 위하여 부처님과 보살이라는 복전에 보시한다.

또한 그 경에서 "은혜를 갚기 위해 복전에 보시하고, 불쌍하게 여기는 마음을 일으키기 위해 빈궁전에 보시한다. 번뇌를 버리기 위해 복전에 보시하고, 공덕을 이루기 위해 빈궁전에 보시한다."[74]라고 하였다.

[해] 여덟 가지 복전 중 처음의 일곱 가지는 복전이라 한다. 복을 내는 데 뛰어난 공덕을 발휘하기 때문에 복전이라 한다. 여덟 번째에 속하는 한 가지를 빈궁전이라 한다.

중간 정도의 범주에서 세 가지로 볼 수 있다고 한 것은 다음과 같다. 첫째 공덕전功德田으로, 모든 부처님과 보살과 성자를 말하니, (이들은 모두) 뛰어난 덕을 갖추고 있기 때문이다. (공덕전은) 혹은 스님들을 말하기도 한다. 둘째 은전恩田이니 부모와 화상과 아사리를 말한다. 셋째 빈궁전이다.

보다 확대하면 여덟 가지 범주가 된다고 한 것은 앞에서 말한 것과 같

---

[73] 『優婆塞戒經』 권2(T24, 1045c). 원문에서는 3권이라 했다.
[74] 『優婆塞戒經』 권2(T24, 1045c).

다. 여덟 가지 복전 중 각각 차별이 있어 한량없고 가없다.

經一切疾病至皆養令差者自下。第二明攝行。八福田者。一佛。二聖人。三和上。四阿闍梨。五僧。六父。七母。八病。然此福田。略二。中三。廣卽有八乃至無量。言略二者。一者福田。二者貧窮田。故優婆塞戒經第三卷云。菩薩施時。觀二福¹⁾田。一者福田。二者貧窮田。菩薩。爲增福法故。施於貧苦。爲證無上妙智慧故。施於福田。解云。爲無上妙相故。施於佛菩薩福田。又彼經曰。爲報恩故。施於福田。生憐愍故。施於貧窮。捨煩惱故。施於福田。成功德故。施於貧窮。解云。八福田中。初之七種。名爲福田。生福勝故。名爲福田。第八一種。名貧窮田。言中三者。一者功德田。謂諸佛菩薩及諸聖者。有勝德故。或復僧衆。二者恩田。謂父母和上阿闍梨。三者貧窮。廣則有八。如前所說。八福田中。各有差別。無量無邊。

1) ㉮『優婆塞戒經』에 따르면 '福'은 '種'이다.

그런데 이것을 통해 복을 얻는 것에 대해 본래 두 가지 해석이 있다.
한 가지 해석은 다음과 같다. 〈마음의 뛰어남과 하열함을 따라 복덕을 많이 얻거나 적게 얻는 것이지, (복덕의 많고 적음이) 복전 자체에 있는 것은 아니다. 그러므로『대지도론』제35권에서 "물건을 보시한 것은 비록 동일하지만 복덕이 많거나 적음은 마음의 뛰어남과 하열함을 따른다. 예를 들면「사리불이 한 발우의 밥을 부처님께 올리자, 부처님께서는 바로 되돌려서 개에게 주고, 사리불에게 물으셨다. '사리불아, 너는 밥을 나에게 보시하였고, 나는 밥을 개에게 보시하였다. 누가 더 많은 복을 받겠는가?' 사리불이 대답하였다. '제가 불법의 이치를 이해한 대로라면, 부처님께서 개에게 보시하여 얻는 복덕이 더 큽니다'라고 하였다」라고 한 것과 같다. 사리불은 부처님의 제자인 모든 사람들 가운데 지혜가 가장 뛰어나고 부처님께서는 복전 중 가장 뛰어난 분이시지만, 부처님께서 개라는 악전惡田에 보시하여 많은 복덕을 얻은 것만 같지 못하다. 그러므로 큰 복은 (보시하는 사람의) 마음에서 생겨나는 것이지 (보시의 대상인) 밭에 있는 것이 아니라는 것을 알 수 있다."[75]라고 하였다.〉

다른 한 가지 해석은 다음과 같다. 〈보시의 복덕은 복전에 있는 것이지 보시하는 사람의 마음에 있는 것은 아니다.『대지도론』에서 "어떤 때는 보시의 복은 복전에 있다. (이는 다음과 같은 예에서 알 수 있다.) 곧 억이億耳 아라한이 옛날 한 송이 꽃을 불탑에 보시하여 91겁 동안 사람과 하늘로 태어나 즐거움을 누리고 아라한과를 증득하였고, (과거세에) 아수가왕阿輸迦王(아쇼카왕)이 어린아이였을 때 흙을 (밥이라 생각하고) 부처님께 보시하여 (그 과보로) 후세에 염부제를 다스리는 왕이 되어 8만 4천 기의 탑을 세웠다. 보시한 물건은 지극히 미천하였고 보시하는 어린아이의 마음은 얕았지만 단지 복전이 미묘했기 때문에 그렇게 큰 과보를 받을 수 있었던 것이다. 큰 복은 좋은 밭에서 생겨난다는 것을 알아야 한다."[76]라고 한 것과 같다.〉

然此得福。自有兩釋。一云。隨心優劣。得福多少。不在福故。大智度論三十五云。施物雖同。福德多少。隨心優劣。舍[1)]利弗。以一鉢飯。上佛。佛卽廻施狗。而問舍利弗。汝以飯施我。我以飯施狗。誰得福多。舍利弗言。如我解佛法義。佛施狗得福多。舍利弗者。於一切人中。智最上。而佛福田。最爲第一。不如佛施惡狗[2)]得福極多。是故。知大福。從心生。不在田也。一云。布施之福。在於福田。不由施心。如智度論云。或時。布施之福。在於福田。如億耳阿羅漢。昔以一華。施於佛塔。九十一劫。人天受樂。得阿羅漢。又阿輸迦王。小兒時。以土施佛。王閻浮提。起八萬四千塔。施物

---

[75]『大智度論』권32(T25, 301b). 원문에서는 35권이라 하였다.
[76]『大智度論』권32(T25, 301b).

至賤。小兒心薄。但以福田妙故。得大果報。當知。大福。從良田生。

1) ㉠『大智度論』에 따르면 '舍利弗' 앞에 '如'가 누락되었다. 인용문이므로 글자의 누락을 굳이 문제삼을 필요가 없을 수도 있지만, 이 부분은 '如'가 빠지면 문맥상 주장하는 것과 그 근거를 대는 것의 구별이 모호해지기 때문에 중요한 것으로 여겨 이를 밝혔다. 2) ㉠『大智度論』에 따르면 '惡狗'는 '狗惡'이고, 바로 뒤에 '田'이 누락되었다.

【해】 이제 해석해 보면, 이와 같은 두 가지 해석은 각각 한 가지 의미에 의거한 것일 뿐이니, 서로 어긋나지 않는다.[77]

굳세고 날카로운 상품上品의 대비大悲를 발하여 가난으로 고통받는 사람에게 보시하고, 굳세고 날카로운 (상품의) 근심하고 존중하는 마음으로 부처님에게 보시하면, 복전은 비록 차이가 있지만, 복덕에는 차이가 없다. 그러므로 『우바새계경』 제5권에서 "지극한 마음으로 큰 연민을 일으켜 축생에게 보시하고, 전일한 마음으로 공경하면서 여러 부처님께 보시하면, 그 복은 평등하여 차별이 있지 않다."[78]라고 하였다. 여기에서 말하고자 하는 것은, 보시하는 마음에는 (오직 지극하고 정성스럽기만 하면 될 뿐) 뛰어남과 하열함의 차별이 있지 않음을 드러내려는 것이다. 그러므로 '그 복에 차별이 있지 않다'라고 한 것이다.

이치의 실상에서 보자면 같은 마음으로 보시한다고 해서 (대상과 무관하게) 복에 차별이 (전혀) 없는 것은 아니다. 그러므로 그 경에 말하기를 "축생에게 보시하면 백 배의 복을 얻고, 계율을 파괴한 자에게 보시하면 천 배의 복된 과보를 얻으며, 계율을 수지하는 이에게 보시하면 10만 배의 과보를 얻고, 외도로서 욕망을 여읜 사람에게 보시하면 백만 배의

---

77 첫 번째는 마음의 우열에 의해 복덕의 우열이 가려진다. 두 번째는 복전의 우열에 의해 복덕의 우열이 가려진다. 각각 '마음'과 '복전'의 한 관점에서 고찰한 것이다. 이를 통합하는 제3의 관점을 제시해 보자면, 훌륭한 마음으로 보시한다면, 복전의 우열과 무관하게 모두 훌륭한 과보를 얻는다는 것이다.
78 『優婆塞戒經』 권5(T24, 1058c).

과보를 얻고, 불도를 향하는 이에게 보시하면 천억 배의 과보를 얻는다.…(하략)…"[79]라고 하였다. 또한 집착하는(有所得) 마음으로 보시하면 복이 적고, 집착하지 않는(無所得) 마음으로 보시하면 복덕이 한량없고 가없다. 그러므로『열반경』제24권에서 "보살이 복전과 복전이 아닌 것을 보지 않는다는 것은 무엇을 말하는 것인가. 무엇을 복전이라 하는가? 외도의 계율을 수지한 이로부터 위로는 부처님에 이르기까지를 복전이라 하거니와, 만약 생각하기를 '이와 같은 사람들이 참된 복전이다'라고 한다면, 이러한 마음은 좁고 하열한 것이다. 보살마하살은 모두 일체의 한량없는 중생이 복전이 아님이 없다고 본다. 왜냐하면 이념처異念處[80]를 잘 닦아 익혔기 때문이다. 이념처를 잘 닦아 익힌 사람이라면 중생들에 대해 계율을 수지한 이와 계율을 훼손한 이라는 것은 있지 않다고 관찰한다."[81]고 하였다. 또한『금강반야경』에서 "'동방의 허공을 생각으로 헤아려 알 수 있겠느냐?' '헤아려 알 수 없습니다, 부처님이시여'…(하략)…"[82]라고 하였다. 상相이 없는 보시의 복덕은 또한 다시 이와 같다. 이 뜻에 의거하기 때문에 사리불이 밥을 부처님께 보시하여 얻은 복이 적다고 했으니, 집착하는 것이 있기 때문이다. 부처님께서 개에게 보시한 것이 그 복이 매우 많은 것은 집착하는 것이 없기 때문이다.

이제 경에서 "간병의 복전이 가장 훌륭한 복전이다."라고 한 것은 여러 보살은 대비를 으뜸으로 삼는데, 다른 사람을 이익되게 하는 것에 뛰어나

---

79 『優婆塞戒經』권5(T24, 1058c).
80 이념처異念處 : 『涅槃義記』권7(T37, 805b)에서는 보살만이 보고 다른 사람은 보지 못하는 것이기에 이념처라 했다고 하였고, 『大般涅槃經疏』권22(T38, 165b)에서는 두 변에 떨어지는 것과 달리하여 바르게 중도를 관찰하는 것이기에 이념처라 했다고 하였다.
81 40권본『大般涅槃經』권24(T12, 506c). 권상의『大般涅槃經』은 36권본과 권수가 일치했는데, 여기에서는 40권본과 일치하여 이것에 의거하여 출처를 밝혔다.
82 『金剛般若經』(T8, 749a).

다는 것을 드러내기 위해 이와 같이 설하였다.

今解。如是兩釋。各據一義。不相乖違。謂發猛利上品大悲。施於貧苦。發起猛利慇重之心。施於如來。田雖有異。得福無異。故優婆塞戒經第五卷云。若能至心。生大憐愍。施於畜生。專心恭敬。施於諸佛。其福正等。無有差別。此意說。欲顯施心無有勝劣。故言其福無有差別。理實。等心布施。得福非無差別。故彼經云。若施畜生。得百倍報。施破戒者。得千倍報。施持戒者。得十萬倍報。施外道離欲。得百萬倍報。施向道者。得千億倍報。乃至廣說。又有所得心布施。福少。無所得心布施。福德無量無邊。故涅槃經二十四云。何菩薩不觀福田及非福田。云何福田。外道持戒。上至諸佛。是名福田。若有念。言如是等輩。是眞福田。當知。是心則爲狹劣。菩薩摩訶薩。悉觀一切無量衆生。無非福田。何以故。善修習異念處故。有異念處善修習者。觀諸衆生。無有持戒及以毀戒。又金剛般若經云。東方虛空。可思量不。不耶。[1] 世尊。廣說乃至。無相布施福德。亦復如是。依是義故。說言舍利弗。以飯施佛。所得福少。有所得故。佛施於狗。其福甚多。無所得故。今以經云。看病福田最第一者。謂諸菩薩。大悲爲首。顯他利勝故。作是說。

---

1) ㉠『金剛般若經』에 따르면 '耶'는 '也'이다. ㉡『한불전』에서는 이 주석을 기록하지 않았다.

(c) 업도를 맺은 것

경 보살로서 분노하고 원망하는 마음으로 승방에서나 성읍에서나 광야에서나 산림에서나 길가에서 병든 이를 보고도 돌보지 않아서야 되겠는가. 이들을 구제하지 않는다면 경구죄를 범하는 것이다.

而菩薩。以瞋恨心。不至僧坊中城邑曠野山林道路中見病。不救濟者。犯輕垢罪。

기 경의 "보살로서" 이하는 세 번째로 업도를 맺은 것이다. 네 가지 조건을 갖춤으로 말미암아 염오에 의한 위범이 성립된다. 첫째, 병자가 있어서 의지할 곳이 없고 믿을 곳도 없어야 한다. 둘째, 병자에 대해서 병자라는 생각을 내어야 한다. 셋째, 번뇌가 있어야 하니, 분노 등의 번뇌가 일어나야 한다. 넷째, 구경이니, 가서 돌보지 않는 일이 이루어져야 한다.
『유가사지론』에서 "보살들이 보살의 청정한 계율의에 편안히 머물러 유정들이 중병에 걸린 것을 보고도 미워하고 원망하는 마음을 품고 분노하는 마음을 품어서 가서 돌보아 주는 일을 하지 않는다면, 범함이 있고 어긋나고 넘어서는 것이 있으며 염오에 의한 위범이라 한다. 만약 나태함과 게으름에 의해 가려서 가서 돌보아 주는 일을 하지 않았다면 염오에 의한 위범은 아니다. 위범이 아닌 경우는 자신이 병에 걸렸거나 기력이 없거나, 힘이 있는 다른 사람에게 미루어 가 줄 것을 요청하고 그가 수순하여 가서 돌보아 주는 일을 하게 하였거나, 병자가 의지할 곳이 있고 믿을 만한 곳이 있음을 알았거나, 병자가 스스로 힘이 있어서 스스로를 돌볼 수 있음을 알았거나, 부지런히 닦아 온 선품善品을 보호하고 지녀 잠시도 이지러지는 일이 없게 하고자 하는 목적이 있거나, 스스로 상품의 우둔한 근기를 지녔고, 그 지혜가 둔하고 탁하여 들은 법을 받아들이기 어렵고 지니기 어려우며 인식 대상에 마음을 갈무리하여 고요하게 머무는 것이 어렵다는 것을 잘 알아서이거나, 먼저 다른 사람에 대해 그를 위해 돌보는 일을 해 줄 것을 약속했거나 등과 (같은 상황에 처했을 경우는 위범하지 않은 것이며), 병자나 고통을 받고 있는 이를 돕는 사람이 되어 그 고통을 제거하려고 하는 것과 같은 상황에 있다면 또한 위범하지 않은 것임을 알아야 한다."[83]라고 한 것과 같다.

經而菩薩自下。第三結業道。由具四緣。成染汙犯。一者有病者。無依無怙。二者於病者。生病者想。三者煩惱。謂瞋恚等。四者究竟。謂不往看。如瑜伽云。若諸菩薩。安住菩薩淨戒律儀。見諸有情遭重病疾。懷嫌恨心。懷恚惱心。不往供事。是名有犯有所違越是染汙犯。若爲懶墮懈怠所蔽。不往供事。非染違犯。無違犯者。若自有病。若無氣力。若轉請他有力隨順。令往供事。若知病者。有依有怙。若知病者。自有勢力。能自供事。若欲護持所修善品。令無間缺。若自了知上品愚鈍所[1]濁。於所聞法。難受難持。難於所緣。攝心令定。若無[2]先許他[3]爲供事。如於病者。於有苦者。爲作助伴。欲除其苦。當知亦爾。

---

1) ㉝『瑜伽師地論』에 따르면 '所'는 '其慧鈍'이다. 2) ㉝『瑜伽師地論』에 따르면 '無'는 잉자이다. 3) ㉝『瑜伽師地論』에 따르면 '他'는 '餘'이다.

b) ⑩ 축살생구계畜殺生具戒 : 살생의 도구를 보유하지 마라

(a) 사람을 나타냄

경 불자여,

若佛子。

기 경의 "불자여" 이하는 두 번째로 축살생구계를 밝힌 것이다. 자애로운 행위의 이치에 위배되기 때문에 제정하였다. 문장을 둘로 나눌 수 있는데, 이는 첫 번째로 사람을 나타낸 것이다. 자비로운 마음에 위배되기

---

83 『瑜伽師地論』 권41(T30, 519c).

때문에 제정하였다. 칠중이 모두 지키지 않을 경우 죄를 범하는 것이다.

經若佛子自下。第二畜殺生具戒。違慈行義故。制。文分有二。此卽第一標人也。違慈悲心。是故。制也。七衆同犯。

(b) 업도를 밝힌 것

경 칼, 지팡이, 활, 화살, 창, 도끼 등과 같은 모든 종류의 싸움에 쓰는 도구와 나쁜 용도로 쓰는 그물 등과 같은 살생의 도구 일체를 비축하지 말아야 한다. 보살은 부모를 살해한 사람에 이르기까지도 오히려 보복을 하지 말아야 할 것이니, 하물며 일체 중생을 죽여서야 되겠느냐. 고의로 칼과 지팡이를 비축한다면 경구죄를 범하는 것이다.

不得畜一切刀杖弓箭鉾斧鬪戰之具及惡網羅[1] 殺生之器。一切不得畜。而菩薩。乃至殺父母。尚不加報。況殺一切衆生。若故畜刀杖者。犯輕垢罪。

1) ㉮『梵網經』에 따르면 '羅' 뒤에 '罥'이 누락되었다. ㉯ 누락으로 보지 않았다. 현재『대정장』에 실린『梵網經』본문에는 '罥'이라는 글자가 없다. 다만 여러『梵網經』주석서에서 함께 실린『梵網經』본문에서는 '罥'을 집어넣은 경우도 있다. 판본의 차이일 것으로 생각되는데, 어느 것이 타당하다고 말할 수 없으며, 이 글자를 넣지 않아도 의미는 변화가 없으므로 굳이 누락된 글자로 볼 필요는 없을 것 같다.

기 경의 "~비축하지 말아야 한다.~경구죄를 범하는 것이다." 이하는 두 번째로 업도를 밝힌 것이다. 네 가지 조건이 갖추어지면 범계가 성립된다. 첫째 일(事)이니 칼, 지팡이 등이 있어야 하고, 둘째 생각이니 칼 등이라는 생각이 일어나야 하며, 셋째 번뇌이니 분노 등이 발생해야 하고, 넷째 구경이니 칼이나 지팡이 등을 비축하는 일이 이루어져야 한다.

經曰不得畜犯輕垢罪者自下。第二明業道也。四緣成犯。一者事。謂刀杖
等。二者想。謂生刀等想。三者煩惱。謂瞋恚等。四者究竟。謂畜刀杖。

ⓛ 총괄적으로 맺고 나중에 설한 것을 미리 설한 것 : 수지를 권한 것

경 이와 같은 열 가지 계를 마땅히 배워야 할 것이니, 공경하는 마음으로 받들어 지닐 것이다. 나중에 나오는 육품六品[84]에서 자세히 밝힐 것이다.

如是十戒。應當學。敬心奉持。下六品中。當廣明。

기 경의 "이와 같은 열 가지 계를~나중에 나오는 육품에서 자세히 밝힐 것이다."란 두 번째로 총괄적으로 맺고, 나중에 설할 것을 미리 설한 것이다. 계율을 무너뜨리면 축생의 몸도 받을 수 없으니 하물며 사람이나 하늘의 몸을 받을 수 있겠는가라고 말하는 것이다.『살차니건자경』에서 "계율을 수지하지 않으면 옴이 오른 야간野干의 몸도 받지 못하거늘 어찌 하물며 공덕이 있는 몸을 받겠는가?"[85]라고 한 것과 같고, 또『월등삼매경』에서 "비록 형색과 종족이 모두 뛰어나고 불법을 많이 들었더라도, 계율을 수지하지 않고 지혜가 없다면 금수와 같다. 비록 비천하고 하열한 가문에 태어나서 불법을 듣고 본 것이 적어도 청정한 계를 수지하면 그를 바로 훌륭한 사람이라 한다."[86]라고 한 것과 같다.

經曰如是十戒至下六品中廣開[1]者自下。第三[2]總結十戒。懸指後說。謂若

---

84 대부분의 주석서에서 61품을 모두 갖춘 대본『梵網經』에 나오는 여섯 품으로 보았다.
85 『薩遮尼揵子經』권9(T9, 359a).
86 여러 주석서에서『月燈三昧經』이라 하여 동일한 문장을 인용하고 있으나『대정장』의
『月燈三昧經』에서는 동일한 문장을 찾을 수 없었다.

破戒。不得畜生身。況得人天。如薩遮尼揵子經云。若不持戒。不得疥野
干身。何況得功德之身。又月燈三昧云。雖有色族及多聞。若無戒智。猶
禽獸。雖處卑下。少聞見。能持淨戒。名勝士。

1) ㉔ '開'는 경문에 '明'으로 되어 있다. 2) ㉐ '三'은 '二'이다.

(ㄴ) 두 번째 열 가지 계 : 요익유정계(⑪~⑳)

㉠ 개별적으로 풀이함

a. ⑪ 국사계國使戒 : 나라의 사신이 되어 중생을 해롭게 하는 일을 하지 마라

경 부처님께서 말씀하셨다. 불자여, 이양을 위해서거나 나쁜 마음 때문에 나라의 사신이 되어 군대를 동원하여 두 나라가 전쟁터에서 만나게 하고, 대중을 선동하여 서로 싸우도록 하여 한량없는 중생을 죽이는 일이 일어나도록 해서는 안 된다. 보살은 군대에 들어가 왕래해서도 안 되는 것이어늘 하물며 고의로 나라를 해롭게 하는 일을 해서야 되겠는가. 고의로 이러한 일을 할 것 같으면 경구죄를 범하는 것이다.

佛言。佛子。不得爲利養。惡心故。通國使命。軍陣合會。興師相伐。殺無
量衆生。而菩薩。不得入軍中往來。況故作國賊。若故作者。犯輕垢罪。

기 경의 "불자여" 이하는 두 번째로 열 가지 계가 있으니 요익계를 밝힌 것이다. 이 가운데 제4(⑭), 제5(⑮), 제7(⑰)은 애어섭愛語攝에 장애가 되는 것이다. 이것을 제외한 나머지 일곱 가지 계는 동사섭同事攝과 이행섭利行攝에 장애가 된다. 문장을 둘로 나눌 수 있다. 처음에 개별적으로 열

가지 계를 풀이하고 나중에 총괄적으로 맺으면서 구체적인 계상을 설할 곳을 미리 가리켰다. 앞에서 열 가지를 해석하였으니, 열 가지로 구분된다. 이것은 첫 번째로 국사계를 밝힌 것이다. 처음에 사람을 나타내고, 다음에 하지 말아야 할 것을 밝혔으며, "보살은 군대에" 이하는 업도를 맺은 것이다. 문장 그대로이니 읽어 보면 알 수 있을 것이다.

經曰若佛子自下。第二有十戒。明饒益戒。此中第四第五第七。愛語障。之¹⁾七種。是同事及利行攝部。文分有二。初別釋十。後總結。懸指說處。前中釋十。卽分爲十。此卽第一明國使戒。初標人。次明不應。而菩薩下。結業道。如文可解。

---
1) ㉾ '之'는 '餘'이다.

b. ⑫ 판매계販賣戒 : 나쁜 마음으로 장사하지 마라

경 불자여, 고의로 어진 사람, 노비, 육축六畜[87]을 사고팔며, 시장에서 관棺이나 판목이나 주검을 담는 도구[88]를 교역해서야 되겠느냐. 고의로 스스로 그렇게 하거나 다른 사람으로 하여금 그렇게 하도록 하거나 한다면 경구죄를 범하는 것이다.

若佛子。故販賣良人奴婢六畜。市易棺材板木盛死之具。若故自作敎人作者。犯輕垢罪。

기 경의 "불자여" 이하는 두 번째로 판매계를 밝힌 것이다. 불도를 닦는 데 어긋나기 때문에 제정한 것이다. 대승과 소승에서 모두 (어기면 죄

---
87 육축六畜 : 소·말·돼지·양·닭·개(牛·馬·猪·羊·鷄·犬) 등의 집에서 기르는 동물.
88 유골을 담는 그릇, 관을 나르는 수레 등의 장례 용품.

를) 범하는 것이고, 칠중 모두에 있어서 금계로 제정되었다. 여기에 두 가지가 있다. 첫째, 다른 사람에게 손해를 입히는 것이니 자비로운 마음에 어긋난다. 예컨대 경에서 "노비 등을 사고팔며~"라고 했기 때문이다. 둘째, 세간의 이익을 얻기 위해서이니, "관을 사고팔며"[89]라고 말했기 때문이다. 『유가사지론』에서 "장차 다른 사람을 보호하기 위해 차죄遮罪를 건립하니, 이것을 보살과 성문은 평등하게 수학하여, 유정으로 하여금 아직 믿지 않은 이는 믿게 해야 한다."[90]라고 한 것과 같다. 이 죄가 성립되기 위해 갖추어야 할 조건의 다소多少는 앞에서와 같으니 알 수 있을 것이다.

經曰若佛子自下。第二明販賣戒。違修道故。是制也。大小同犯。七衆俱制。此有二種。一損惱於他。違慈悲心。謂如經說。販賣奴婢等故。二世利故。謂販賣棺杖[1)]故。如瑜伽云。將護他故。建立遮罪。於中。菩薩與諸聲聞。應等修學。爲令有情未信者信。具緣多少。如前可知。

1) ㉑ '杖'은 경문에 '材'로 되어 있다.

c. 13 훼방계毁謗戒 : 근거 없이 비방하지 마라

a) 사람

경 불자여, 악한 마음 때문에 근거도 없이 다른 어진 사람과 착한 사람과 법사와 은사 스님과 국왕과 귀한 사람을 비방하여 칠역죄와 십중계를 범했다고 말해서야 되겠느냐. 부모와 형제 등의 육친에 대해 효순하는 마음과 자비로운 마음을 내어야 할 것이거늘,

---

89 사고팔며 : 경의 원문에 따르면 '시장에서 교역하는 것'이어야 하나 승장의 술기에서는 '사고파는 것'이라고 하였기에 이것에 따랐다. 의미는 차이가 없다.
90 『瑜伽師地論』권41(T30, 517a). 취의요약한 것이다.

도리어 역해逆害를 가하여 불여의처不如意處[91]에 떨어지게 한다면 이는 경구죄를 범하는 것이다.

若佛子。以惡心故。無事。謗他良人善人法師師僧國王貴人。言犯七逆十重。於父母兄弟六親中。應生孝順心慈悲心。而反更加於逆害。墮不如意處者。犯輕垢罪。

기 경의 "불자여" 이하는 세 번째로 훼방계를 밝힌 것이다. 문장을 둘로 나눌 수 있다. 이것은 (첫 번째로) 사람을 나타낸 것이다.

經曰若佛子自下。第三明毀謗戒。文分有二。此卽標人。

b) 업도를 밝힘

경의 "악한 마음 때문에" 이하는 두 번째로 업도를 밝힌 것이다.

어떤 사람은 이렇게 주장한다. 근거가 있든 근거가 없든 불문하고 다른 법을 따르는 이를 향해 말하였을 경우는, 모두 중계에 속하는 것이고 경계에 속하지 않는다. (곧) 이 경우는 십중계 중 여섯 번째인 설사중과계說四衆過戒에 해당한다. 동일한 법을 따르는 이에게 말했을 경우는 경계에 속하는 것이고 중계에 속하지 않는다. 이양을 위해 자신을 찬탄하고 다른 사람을 비방하였다면 이 경우는 중계에 속하는 것이고 경계에 속하지 않는다. 그러므로 『유가사지론』에서 "보살들이 이양과 공경을 얻기 위해 스스로를 찬탄하고 다른 사람을 비방하였다면 이는 제1 타승처법이라고 한다."[92]라고 하였다. 이양과 공경을 구하는 목적이 없이 스스로를 찬탄하고

---

91 불여의처不如意處 : 뜻과 같이 않은 상황. 불행한 처지.
92 『瑜伽師地論』 권40(T30, 515b).

다른 사람을 비방하였다면 이는 경죄이고 중죄는 아니다.『유가사지론』에서 "보살들이 보살의 청정한 계율의에 편안히 머물러 다른 사람이 차지한 것에 대해 물들고 애착하는 마음을 갖고 분노하는 마음을 갖고 스스로를 찬탄하고 다른 사람을 비방한다면 이를 범하는 것이 있고 어긋나고 넘어서는 것이 있으며 염오에 의한 위범이라고 한다. 위범이 성립되지 않는 경우는 다음과 같다. 여러 나쁜 외도를 꺾어서 굴복시키기 위해서이거나, 여래의 성스러운 가르침이 머물고 지속되도록 하기 위해서이거나, 방편으로 상대방을 길들이고 상대방을 조복시키려고 하기 위해서이거나 한 경우는 죄가 없으니, 자세한 것은 앞에서 설한 것과 같다. 혹은 아직 청정한 믿음이 없는 이로 하여금 청정한 믿음을 내게 하기 위해서거나, 이미 청정한 믿음을 낸 이로 하여금 그 믿음을 배로 증장시키기 위해서이거나 한 경우는 죄가 없다."[93]라고 한 것과 같다.

 법사와 은사 스님과 국왕과 부모는 모두 은혜가 있는 분이니, 은혜가 있는 분을 해치는 것이기 때문에 죄를 얻는 것이다. 은혜가 있는 대상에 대해서는 효순하는 마음을 내어야 할 것이고 이전의 은혜를 갚아야 할 것인데, 도리어 역해를 가하여 불여의처에 떨어지게 한다면, 이를 염오에 의한 위범이라고 한다.『유가사지론』에서 "보살들이 보살의 청정한 계율의에 편안히 머물러 먼저 은혜를 입었던 모든 유정을 대상으로 하여 은혜를 알지 못하고 은혜를 깨닫지 못하며, 싫어하는 마음을 품고 현재 앞에서 그대로 응하여 갚으려고 하지 않는다면 이는 범하는 것이 있는 것으로 염오에 의한 위범이라 한다. 게으르고 나태함에 가려서 갚지 않았다면 염오에 의한 위범은 아니다. 위범이 성립되지 않는 경우는 다음과 같다. 열심히 노력했지만 힘이 미치지 못하고 능력이 미치지 못하였기 때문에 보답하지 못한 경우, 방편으로 상대방을 길들이고 상대방을 굴복시키기 위한 목적이 있

---

93 『瑜伽師地論』권41(T30, 519b).

을 경우,…(중략)…보은하고자 하였으나 상대방이 이를 받아들이지 않았을 경우는 모두 범하는 것이 성립되지 않는다."⁹⁴라고 한 것과 같다.

다섯 가지 조건이 갖추어져야 업도가 이루어진다. 첫째 비방하는 대상이 있어야 하니, 부모 등을 말한다. 둘째 부모 등이라고 하는 생각이 일어나야 한다. 셋째 훼방하고자 하는 욕구가 일어나야 한다. 넷째 번뇌가 일어나야 하니, 분노 등과 같은 것을 말한다. 다섯째 방편구경이니, 비방의 말을 하고 앞에 있는 사람이 그 말을 알아들어야 한다.

經曰以惡心下。第二明業道也。有說。不問有根無根。向異法者說。皆是重非輕。此十重中。說四衆過。向同法者說。是輕非重戒。爲利養。自讚毀他。是重非輕。故瑜伽云。若諸菩薩。爲求利養恭敬。自讚毀他。是名第一他勝處法。若不求利養及恭敬故。自讚毀他。是輕非重。如瑜伽云。若諸菩薩。安住菩薩淨戒律儀。於他人所。有染愛心。有瞋恚心。自讚毀他。是名有犯有所違越是染違犯。無違犯者。若爲摧伏諸惡外道。若爲住持如來聖敎。若欲方便調淨信者。倍復增長。法師師僧國王父母。皆是有恩。毀彼伏。廣說如前。或欲令其未淨信者發生信。已思毀壞有恩。故得罪也。¹⁾ 於有恩處。應生孝順。應酬前恩。問²⁾反更加於墮逆³⁾不如法⁴⁾處。是染違犯。如瑜伽云。若諸菩薩。安住菩薩淨戒律儀。於先有恩諸有情所。不知恩惠。不了恩惠。懷嫌恨心。不欲現前如應酬報。是名有犯是染違犯。若爲懶墮懈怠所蔽。不有酬報。非染違犯。無違犯者。勤加功用。無力無能。不獲酬報。若欲方便調彼伏彼。廣說乃至。若欲報恩。而彼不受。皆無所犯。由具五緣。得成業道。一所謗境。謂父母等。二生彼想。三起毀欲。四起煩惱。謂瞋恨等。五方便究竟。謂發語言。前人領解。

---

1) ㉑ "若欲方便調淨信者倍復增長法師師僧國王父母皆是有恩毀彼伏廣說如前或欲

---

94 『瑜伽師地論』 권41(T30, 520a).

令其未淨信者發生信已思毀壞有恩故得罪也"는 "若欲方便 調彼伏彼 廣說如前 或爲 令其未淨信者 發生信 已淨信者 轉復增長 法師師僧國王父母 皆是有恩 毀壞有恩故 得罪也"이다. ㉮ 『瑜伽師地論』의 인용문인 앞부분을 그 본문에 따라 다시 교감하면, '或' 뒤의 '爲'는 '欲'이고, '淨' 앞의 '己'는 '已'이며, '復' 앞의 '轉'은 '倍'이다. 2) ㉯ '問' 은 잉자이다. 3) ㉰ '墮逆'은 '逆墮'이다. 4) ㉱ 『梵網經』에 따르면 '法'은 '意'이다.

d. [14] 방화계放火戒 : 고의로 불을 놓지 마라

경 불자여, 나쁜 마음으로 큰 불을 놓아 산림과 광야를 태우되, 4월에서 9월 사이에 불을 놓거나,[95] 다른 사람의 집과 성읍과 승방 과 밭과 나무, 그리고 귀신의 소유물과 나라의 재산 등과 같이 주 인이 있는 모든 물건을 고의로 태워서는 안 되나, 고의로 태우는 이가 있다면 경구죄를 범하는 것이다.

若佛子。以惡心故。放大火。燒山林曠野。四月乃至九月放火。若燒他人 家屋宅城邑僧坊田木及鬼神官物。一切有主物。不得故燒。若故燒者。犯 輕垢罪。

기 경의 "불자여" 이하는 네 번째 방화계를 밝힌 것이다. 사물과 생명 을 손상시키는 것이기 때문에 제정하였다. 문장 그대로이니 알 수 있을 것이다.

經曰若佛子自下。第四明放火戒。傷損物命。是故。制也。如文可解。

---

95 여타 주석서에 따르면, 벌레에서 짐승에 이르기까지 수많은 생명체가 태어나고 자라는 시기이기 때문에 특히 시일을 언급한 것일 뿐이고, 본질적으로는 어느 날이든 불을 놓 아서는 안 된다고 하였다. 『梵網經菩薩戒注』 권중(X38, 572b) 참조.

e. 15 벽교계僻敎戒 : 치우친 잘못된 법[96]을 가르치지 마라

경 불자여, 자불제자自佛弟子[97] 및 외도의 악한 사람과 육친과 모든 선지식을, 낱낱이[98] 대승의 경전과 율전을 수지하도록 가르치고 뜻과 이치를 이해하도록 가르쳐 보리심을 발하게 하되, 낱낱이 십발취심·십장양심·십금강심[99]에 대해 차례와 법의 작용을 이해하도록 가르쳐야 할 것이거늘, 보살이 나쁜 마음과 분노하는 마음으로 제멋대로 이승에 속하는 성문의 경전[100]과 율전과 외도의 사견을 담은 논서 등을 가르치면, 경구죄를 범하는 것이다.

若佛子。自佛弟子。及外道惡人六親一切善知識。應一一敎受持大乘經律。應敎解義理。使發菩提心。十發趣心。十長養心。十金剛心。一一解其次第法用。而菩薩。以惡心瞋心。橫敎二乘聲聞經律外道邪見論等。犯輕垢罪。

---

96 '벽僻'은 치우치다라는 뜻인데, 대승을 원만한 가르침이라고 하는 것에 상대하는 뜻에서 소승을 지칭하는 말이다. 이미 가치 판단이 들어 있는 용어이기 때문에 잘못된 것이라는 뜻을 덧붙였다.
97 자불제자自佛弟子 : 주석서에 따라 두 가지 형태로 풀이한다. 첫째 불제자佛弟子와 합쳐서 한 단어를 이루는 것으로 풀이한다. 곧 자불제자自佛弟子라고 하여 내중內衆(불교를 믿는 대중)을 일컫는 말로 보는 것이다. 예를 들면 지의의 『菩薩戒義疏』 권하(T40, 576a)에서는 이 부분을 첫째, 자불제자는 내중內衆, 외도는 외중外衆, 육친六親과 선지식善知識은 내중과 외중에 통하는 것이라고 하여 가르침의 대상을 나타내는 것으로 보았다. 둘째, 종從(~부터)과 같은 뜻으로 풀이한다. 이때 뒤의 급及은 지至와 같은 것으로 취급하여 이 문장을 '自~至(=及)'의 구조로 풀이한다. 곧 "불제자에서부터 일체 선지식에 이르기까지"로 풀이한다. 의적義寂의 『菩薩戒本疏』 권하(T40, 675a)에서 "文中自佛弟子 至一切善知識者"라고 한 것이 그 예이다. 승장은 해석 부분에서 '자불제자'라고 묶어서 사용하기 때문에 전자의 의미로 본 것으로 추정할 수 있다. 다만 이 경우에도 自를 어떻게 풀이해야 할지는 문제로 남는다. '부처님을 따르는 제자'·'스스로 불제자인 사람' 등으로 볼 수 있을 것 같다.
98 낱낱이 : 앞에서 열거한 사람들을 빠짐없이 아우르는 것을 의미하는 말.
99 승장의 주석을 참조할 때 승장이 참조한 『범망경』의 원문과는 차이가 있는 것으로 보인다.
100 대부분의 주석서에서 성문과 연각緣覺(獨覺)을 통칭하는 것으로 풀이하였으나, 연각은 실질적으로는 경률을 갖지 않기 때문에 달리 풀었다.

기 경의 "불자여" 이하는 다섯 번째로 벽교계를 밝힌 것이다. 문장을 셋으로 나눌 수 있다. 처음에 사람을 나타내고, 다음에 행해야 할 것을 밝혔으며, 나중에 업도를 맺었다.

經曰若佛子自下。第五明僻教戒。文分有三。初人。次應。後結業道。

a) 사람
이는 사람을 나타내는 것에 해당한다.

此卽標人。

b) 행해야 할 것
경의 "자불제자~뜻과 이치를(이해하도록 가르쳐)" 이하는 두 번째로 행해야 할 것을 밝힌 것이다. 그 중에 두 가지가 있으니 처음에 대승을 가르쳐야 하고, 다음에 그로 하여금 수행을 일으키게 해야 한다.

經曰自佛[1]子至義理者自下。第二明應。於中有二。初應敎大乘。次令彼起行。

1) ㉲ 『梵網經』에 따르면 '佛' 뒤에 '弟'가 누락되었다.

(a) 대승을 가르침
이는 처음에 해당한다.
보살과 이승을 모두 '자불제자'라고 한다. '육친'이란 (친족 관계에 있는 사람을 통틀어서 일컫는 말이다).

此初也。菩薩二乘。皆名自佛[1]子。言六親者。[2]

1) ㉲ 『梵網經』에 따르면 '佛' 뒤에 '弟'가 누락되었다. 2) ㉻ '者' 이하에 육친육친에

대한 해석이 누락된 듯하다. ㉑ 별도로 보충하지 않고, 육친의 일반적 정의를 집어 넣었다.

(b) **수행을 일으키게 함**

경의 "보리심을 발하게 하되~차례와 법의 작용을 (이해하도록 가르쳐야 할 것이거늘)" 이하는 두 번째로 수행을 해야 함을 밝힌 것이다. 보리심을 발하는 것은 바른 서원을 일으키는 것을 말하니, 위없는 바르고 평등한 보리를 증득할 것을 서원하는 것을 보리심을 발하는 것(發心)이라 한다.

[보리심을 발하는 것과 관련된 열 가지 논의] 그런데 보리심에는 간략히 열 가지 문이 있다. 첫째 발심의 자성(發心自性), 둘째 발심의 행상(發心行相), 셋째 발심의 소연(發心所緣), 넷째 명名의 차별, 다섯째 발심의 인연(發心因緣), 여섯째 발심의 의요(發心意樂), 일곱째 발심의 가행(發心加行), 여덟째 증장선법增長善法, 아홉째 찬발심승讚發心勝, 열째 발심의 승리(發心勝利) 등이다.

經曰使發菩提心至次第法用者自下。第二明彼起行。發菩提心。是正願。願證無上正等菩提。名爲發心。然菩提心。略以十門。一者發心自性。二者發心行相。三者發心所緣。四者名差別。五者發心因緣。六者發心意樂。七者發心加行。八者增長善法。九者讚發心勝。十者發心勝利。

[그 첫 번째 : 발심의 자성을 논함] 첫 번째 발심의 자성이란 보리심을 발하였으나, 아직 온갖 법 중 어떤 법을 체로 하여 보리심을 발해야 할 것인지를 알지 못하여 듣기를 원하는 것이다.

해 어떤 사람은 다음과 같이 주장하였다. 〈보리심을 발하는 데 있어서

욕欲[101]·신信[102]·승해勝解[103]의 (세 가지 법을 체로 하니), 그것을 얻을 것을 희망하고 기대하는 마음을 일으키고, 깊은 믿음을 내며, 결정하는 마음을 일으키는 것을 보리심을 발하는 것이라고 하기 때문이다.〉

어떤 사람은 이렇게 주장하였다. 〈보리심을 발하는 데 있어서 혜慧[104]를 자성으로 삼으니, 보리의 모든 공덕을 잘 파악하고, 생사윤회의 모든 허물과 근심을 잘 파악하여야 비로소 실천행을 일으키기 때문이다.〉

이제 나의 입장에서 보리심을 발하는 것에 대해 해석해 보면 다음과 같다. 욕·신·승해와 상응하는 사思[105]를 체로 한다. 보리를 증득하고자 하여 뛰어난 사원思願(의욕)을 일으키는 것을 발심이라 하기 때문이다. 조반助伴(보조적으로 수반하는 것)을 논하자면 동시에 상응하는 심법心法과 심소법心所法이 발심의 체가 된다.

🔲 원願과 발심은 같은가, 다른가?

🔲 원 법사遠法師[106]는 보리의 과를 얻어 자신에게 속하게 할 것을 바라는 것을 '원'이라 하고, 작의作意하여 과로 향하는 것을 '발심'이라 한다고 (하여 원과 발심을 서로 다른 것이라고 하였다).[107] 이제 나의 입장에서 해석해 보자면 이는 옳지 않으니, 발심과 서원은 차별이 없기 때문이다. 『유가사지론』 제35권에서 "그러므로 발심은 처음에 일으킨 바른 서원을

---

101 욕欲 : 심소법의 이름. 무엇인가를 하고자 하는 심리 작용.
102 신信 : 심소법의 이름. 마음을 청정하게 하는 의식 작용.
103 승해勝解 : 심소법의 이름. 어떤 대상에 대해 그것을 인가하고 결정하게 하는 의식 작용.
104 혜慧 : 심소법의 이름. 분별하고 판단하는 작용.
105 사思 : 심소법의 이름. 마음으로 하여금 선善·불선不善·무기無記를 조작하게 하는 의지 작용.
106 원 법사遠法師 : 수나라 때 스님인 정영사淨影寺 혜원慧遠(523~593)을 가리키는 말이다.
107 혜원의 저술에는 나오지 않고, 동일한 문장이 혜원의 주장이라고 하여 둔륜遁倫의 『瑜伽論記』 권8(T42, 492b)에 나온다.

그 자성으로 한다."[108]고 한 것과 같다.

> 第一發心自性者。發菩提心。願聞未知發心。於百法。何法爲體。解云。有說。發心。欲信勝解。起希望欲心。生深信。起決定心。名發心故。有說。發心。以慧爲性。簡擇菩提所有功德。簡擇生死所有過患。方起行故。今解。發心。欲信勝解。相應思爲體。欲證菩提。起勝思願。名發心故。若論助伴。同時相應心心所法。爲發心體。問。願與發心。爲同爲異。解云。遠法師。要菩提果自屬。名願。作意向果。名爲發心。今解不然。發心與願。無差別故。如瑜伽三十五云。是故。發心。以初正願爲其自性。

[그 두 번째 : 발심의 행상行相을 논함] 두 번째 발심의 행상이란 자신의 이익과 다른 사람의 이익이라는 두 가지 바른 서원을 그 행상으로 삼는다. 자신의 이익을 서원한다는 것은 장차 위없는 바르고 평등한 보리를 증득할 것이라는 이러한 서원을 발하는 것을 말한다. 그러므로 『유가사지론』에서 "또 보살이 바른 서원을 일으키고, 마음으로 (보리를 구할 때 이와 같은 마음을 내고 이와 같이 말한다). '나는 결정코 장차 위없는 바르고 평등한 보리를 증득할 것을 서원합니다.'"[109]라고 한 것과 같다. 다른 사람을 이롭게 할 것을 서원한다는 것은 모든 중생에게 이익을 주는 것을 말한다. 『유가사지론』에서 "모든 중생에게 이익이 되는 일을 하기 위해 발심하니, 결정코 희구하는 것을 그 행상으로 삼는다."[110]라고 한 것과 같다. 앞에서 설한 것과 같은 두 가지 큰 서원은 모든 보살의 서원을 총괄적으로 포섭한다. 보리를 증득하는 것은 또한 다른 사람을 이익되게 하는 것

---

108 『瑜伽師地論』 권35(T30, 480b).
109 『瑜伽師地論』 권35(T30, 480b). 온전한 인용이 아니어서 문장이 원만하지 않다. 원문을 참조하여 필요한 부분을 보충하였다.
110 『瑜伽師地論』 권35(T30, 480b).

이니, 유정을 위하여 보리를 얻을 것을 추구하기 때문이다. 보살이 다른 사람을 이익되게 하는 것은 바로 스스로를 이익되게 하는 것이다. 유정을 이익되게 하는 것이 바로 자신의 이익을 위하는 것이기 때문이다.『십주비바사론』제5권에서 "보살은 다른 사람의 일에 마음을 쓸 때 하열하고 유약하게 하지 않으니, 보리심을 발한 사람은 다른 사람을 이익되게 하는 것이 곧 자신의 이익이 되기 때문이다."[111]라고 한 것과 같다.

第二發心行相者。謂自他利二種正願。爲其行相。自利願者。謂發此願。當證無上正等菩提。故瑜伽云。又諸菩薩。起正願。心。願我決定當證無上正等菩提。利他願者。謂利益一切有情。如瑜伽云。能作一切有情義利。是故。發心。以定希求。爲其行相。如上所說二種大願。總攝一切諸菩薩願。證菩提。亦是利他。則有[1]情求菩提故。菩薩利他卽是自利。利益有情。爲自利故。如十住毗婆娑論第五卷云。菩薩。於他事。心意不劣弱。發菩提心者。他利卽自利。

1) ㉠ '有' 앞에 '爲'가 누락된 듯하다.

[그 세 번째 : 발심의 소연所緣을 논함] 세 번째 발심의 소연이란 다음과 같다. 발심의 대상에 간략히 두 가지가 있으니, 첫째 보리이고, 둘째 유정이다. 그러므로『유가사지론』에서 "그러므로 발심은 대보리大菩提와 유정들의 일체의 이익을 대상으로 삼는다."[112]고 하였다. 이 가운데 보리는 자리自利를 위해 대상으로 삼는 것이고, 유정은 자비의 경계이다.

『대승장엄경론』에서 열 가지 중생을 대상으로 삼는다고 하였다. 그 논 제9권에서 "묻는다. 큰 자비는 어떤 중생을 대상으로 삼는가. 게송으로

---

111 『十住毗婆沙論』권7(T26, 56a). 원문에서는 5권이라 했다.
112 『瑜伽師地論』권35(T30, 480c).

말한다. '치연熾然 중생과 원승怨勝 중생, 고핍苦逼 중생 또한 암부闇覆 중생, 주험住險 중생 그리고 대박大縛 중생, 식독食毒 중생에 겸하여 실도失道 중생이라네. 다시 비도주非道住 중생과 수삽瘦澁 중생이 있다네. 이와 같은 열 가지 중생은 큰 자비로운 마음이 대상으로 삼는 것이라네.' 풀이하여 말한다. 보살의 큰 자비는 간략히 열 가지 중생을 경계로 삼는다. 첫째 치연 중생이니, 즐겨 집착하고 욕망에 물드는 이를 말한다. 둘째 원승 중생이니, 선을 닦을 때 마구니에 의해 장애를 받는 이를 말한다. 셋째 고핍 중생이니, 삼악도三惡道에 있는 이를 말한다. 넷째 암부 중생이니, 항상 불선不善을 행하는 이를 말하는 것으로, 업보를 알지 못하기 때문에 (암부라고 한다). 다섯째 주험 중생이니, 열반을 좋아하지 않는 이를 말하는 것으로, 생사의 험난한 길이 단절되지 않기 때문에 (주험이라 한다). 여섯째 대박 중생이니, 외도의 치우친 견해를 따르는 이를 말한다. 해탈을 향하고자 하지만 여러 가지 치우친 견해에 빠져서 견고한 결박에 묶여 있기 때문이다. 일곱째 식독 중생이니, 선정의 맛을 음미하여 지나치게 빠지는 이를 말한다. 비유하면 맛있는 음식도 독과 섞이면 사람을 해칠 수 있는 것처럼 좋은 길로 이끄는 선정도 또한 그와 같아서 탐욕에 의해 집착하게 되면 곧 물러나 잃게 된다. 여덟째 실도 중생이니, 증상만增上慢을 지닌 이를 말한다. 진실한 해탈을 향해 나아가는 도중에 미혹되어 잘못된 길로 들어섰기 때문이다. 아홉째 비도주 중생이니, 대승보다 하열한 이승에도 결정적으로 머물지 않는 이들을 말하니, 물러남이 있기 때문이다. 열째 수삽 중생이니, 보살로서 아직 복덕과 지혜(二聚)가 원만하지 않은 이를 말한다. 이와 같은 열 가지 중생은 보살의 대비가 대상으로 삼는 것이다."[113]라고 하였다.

---

113 『大乘莊嚴經論』 권9(T31, 636c).

第三發心所緣者。發心所緣。略有二。一者菩提。二者有情。故瑜伽云。是
故。發心。以大菩提及諸有情一切義利。爲所緣境。此中菩提。自利所緣。
有情。卽是大悲所緣。莊嚴論。以十衆生。爲所緣境。故彼論第九卷云。
問。大悲。以何等衆生爲所緣。偈曰。熾然及怨勝。苦逼亦闇覆。住陰[1]將
大縛。食毒幷失道。復有非道住。及以瘦澁者。如此十衆生。大悲心所緣。
釋曰。菩薩大悲。略以十衆生爲境界。一是熾然衆生。謂樂著欲染者。二
是怨勝衆生。修善時爲魔障礙者。三是苦逼衆生。謂在三途者。四是闇覆
衆生。謂恒行不善者。由不識業報故。五是住陰衆生。謂不樂涅槃者。由
生死陰道不斷絶故。六是大縛衆生。謂外道僻見者。由欲向解脫爲種種僻
見。堅縛所縛故。七是食毒衆生。謂噉定味者。譬如美食雜毒。則能害人。
善定亦爾。爲貪所著。則便退失。八是失道衆生。增上慢者。由於眞實解
脫中。而迷謬故。九是非道住衆生。謂於下乘不定者。由有退故。[2]

1) ㉚『大乘莊嚴經論』에 따르면 '陰'은 '險'이다. 이하 동일하게 적용된다. 2) ㉚ '故'
아래에 열 번째에 대한 해석이 누락되었다. ㉚『大乘莊嚴經論』에 따르면 누락된 문장
은 "十是瘦澁衆生 謂諸菩薩 於二聚未滿者 如此十種衆生 是菩薩大悲所緣境界"이다.

[그 네 번째 : 명名의 차별을 논함] 넷째, 보리심을 발하는 데 있어서 명
의 차별이란 간략히 네 가지가 있다. 첫째 나아가 들어가는 것(趣入)이고,
둘째 근본이 되는 것이며, 셋째 대비를 동등하게 상속하는 것(等流)이고,
넷째 보살의 학學에 있어서 의지하는 대상이 되는 것이다.

'나아가 들어가는 것'이란 십신十信의 초심初心을 '나아가 들어가는 것'이
라 한다. 보리의 광대한 행에 나아가 들어가기 때문에, 광대한 보리의 과에
나아가 들어가기 때문에 '나아가 들어가는 것'이라 한다. 나아가 들어가고
나서 맹렬하고 날카롭게 정진하여 보살행을 닦아 세 차례의 무수대겁(三種
無數大劫)[114]을 지나고 나면 반드시 결정코 미묘한 보리의 과를 증득할 수

114 세 차례의 무수대겁(三種無數大劫) : 무수대겁無數大劫은 ⓢkalpa-asaṃkhyeya의

있게 된다. 능히 십신의 초심에 나아가 들어갈 수 있다면 곧바로 미리 대보살大菩薩의 숫자에 들어가게 된다. 그러므로 『유가사지론』 제35권에서 "보살들이 처음 보리심을 발하고 나면 바로 위없는 보리에 나아가 들어갔다고 하며, 미리 대승의 여러 보살의 숫자에 들어간다."[115]라고 하였다.

'근본이 되는 것'이란 보리심을 발하는 것에 의지해야만 비로소 실천행을 일으키기 때문이다. 『유가사지론』 제35권에서 "또한 보살은 발심하고 나야 비로소 능히 점차 위없는 바르고 평등한 보리를 빨리 증득할 수 있으니, 아직 발심하지 않았을 때는 해당되지 않는다. 그러므로 발심은 위없는 보리의 근본이 된다."[116]라고 한 것과 같다.

'대비를 동등하게 상속하는 것'이란 유정을 구제하고자 하여 보리심을 발하기 때문이다. 『유가사지론』 제35권에서 "또한 보살은 고통을 받는 모든 중생을 슬퍼하고 불쌍히 여기어 고통으로부터 구제하여 고통을 뿌리 뽑기 위하여 보리심을 발한다. 그러므로 발심은 대비를 동등하게 상속하는 것이다."[117]라고 하였다. 또 『화엄경』 제7권에서 "또한 자신의 안락함을 추구하거나 세간의 명문名聞을 바라는 것이 아니네. 중생의 고통을 제거하여 조금도 남기지 않고 맹세코 이들을 제도하려고 보살은 처음으로 보리심을 발하였네."[118]라고 하였다.

'보살의 학에 있어서 의지하는 대상이 되는 것'이란, 『유가사지론』에서 "또한 보살들은 초발심을 의지하는 대상으로 삼고, 건립할 것으로 삼기 때문에 모든 보리분법과 모든 유정의 이익이 되는 일을 두루 행하여 보살

       한역어로 아승기겁阿僧祇劫이라고 음사한다. 三種無數大劫이란 성불하는 데 걸리는 기간으로, 세 가지의 아승기겁이 있는 것이 아니라, 세 차례의 아승기겁을 지나야 하는 것이기 때문에 '종種'을 빼고 쓰는 경우가 더 많다.

115 『瑜伽師地論』 권35(T30, 480c).
116 『瑜伽師地論』 권35(T30, 480c).
117 『瑜伽師地論』 권35(T30, 480c).
118 60권본 『華嚴經』 권6(T9, 433a). 원문에서는 7권이라 했다.

의 학 가운데에 모두 능히 닦는다. 그러므로 발심은 모든 보살의 학에 있어서 의지하는 대상이라고 하였다."[119]라고 하였다.

> 第四發菩提心。名差別者。略有四。一者趣入。二者根本。三者大悲等流。四者菩薩學所依。言趣入者。謂十信初心。名爲趣入。趣入菩提廣大行故。趣入廣大菩提果故。名爲趣入。若趣入已。猛利精進。修菩薩行。經過三種無數大劫。必定證得妙菩提果。若能趣入十信初心。此卽預在大菩薩數。故瑜伽論三十五云。又諸菩薩。初發心已。卽名趣入無上菩提。預在大乘諸菩薩數。言根本者。要依發心。方起行故。如瑜伽云。又諸菩薩。要發心已。方能漸次速證無上正等菩提。非未發心。是故。發心。能爲無上菩提根本。言大悲等流者。欲濟有情。發菩提心故。瑜伽云。又諸菩薩。悲愍一切有苦衆生。爲欲濟拔。發菩提心。是故。發心。是悲等流。又華嚴經第七卷云。一[1)]不求自安。悕望世名聞。滅除衆生苦。令盡無有餘。誓度斯等類。菩薩初發心。菩薩學所依者。如瑜伽云。又諸菩薩。以初發心。爲所依止。爲建立故。普於一切菩提分法及作一切有情義利。菩薩學中。皆能修。是故。發心。是諸菩薩學所依止。
>
> 1) ㉠『華嚴經』에 따르면 '一'은 '亦'이다.

[그 다섯 번째 : 발심의 인연을 논함] 다섯 번째, 발심의 인연을 밝히는 것은『유가사지론』제35권에서 다음과 같이 말했다.

> 第五明發心因緣者。如瑜伽論三十五云。

보살이 가장 처음 발심하는 것은 네 가지 연緣으로 말미암아서임을 알

---

119 『瑜伽師地論』권35(T30, 480c).

아야 하니, 그 네 가지 연緣이란 무엇인가. 선남자나 선여인이 부처님과 보살께서 불가사의하고 매우 기이하며 희유한 신변神變의 위력威力을 지닌 것을 보거나, 혹은 믿을 만한 사람으로부터 이와 같은 일에 대해 듣거나 하여 이미 보고 듣고 나서 바로 생각하기를 '위없는 보리는 큰 위덕을 갖추었으니, 그것에 편안히 머무는 이와 수순하여 행하는 이로 하여금 이렇게 보고 들은 불가사의한 신변의 위력을 성취하게 한다'고 한다. 이러한 보고 들음의 증상력增上力으로 말미암아 대보리大菩提에 대해 깊이 믿음과 이해를 내고, 이로 인해 대보리심을 발하여 일으키면, 이를 첫 번째 초발심의 연이라 한다.

혹은 어떤 사람들은 비록 앞에서 말한 것과 같은 신변의 위력을 보거나 듣지 못하였지만, 위없는 바르고 평등한 보리에 의거한 미묘한 정법인 보살장의 가르침을 설하는 것을 듣고, 듣고 나서는 깊이 믿는다. 정법을 듣고 깊은 믿음의 증상력으로 말미암아 여래의 지혜에 대해 깊이 믿음과 이해를 내고, 여래의 미묘한 지혜를 얻기 위해 보리심을 발하니, 이를 두 번째 초발심의 연이라 한다.

혹은 어떤 사람들은 비록 위에서 말한 것과 같은 정법을 보지도 듣지도 못했지만 모든 보살장의 법이 장차 소멸하여 없어지려는 것을 보니, 이러한 일을 보고 나서 곧 생각하기를 '보살장의 법이 세상에 오래 머물러야 한량없는 중생들의 큰 고통을 없앨 수 있다. 나는 보살장의 법에 머물고 수지하여 한량없는 중생의 큰 고통을 없애기 위해 보리심을 발해야 할 것이다'라고 한다. 보살장의 법을 호호하고 수지하려는 증상력으로 말미암아 여래의 지혜에 대해 깊이 믿음과 이해를 내고, 여래의 미묘한 지혜를 얻기 위해 보리심을 발하니, 이를 세 번째 초발심의 연이라 한다.

혹은 어떤 사람들은 비록 정법이 멸하려는 것을 보지 못하였지만, 말겁末劫, 말세末世, 말시末時에 모든 혼탁하고 악한 중생의 몸과 마음이 열 가지 수번뇌隨煩惱(根本煩惱를 따라 일어나는 번뇌)에 의해 뇌란당하는 것을 보니, 우치愚癡가 많은 것(多愚癡), 무참無慚·무괴無愧가 많은 것(多無慚愧), 간慳(인색함)·질투(嫉)가 많은 것(多諸慳嫉), 온갖 우憂(근심)·고苦(고통)가 많은 것(多諸憂苦), 온갖 추중이 많은 것(多諸麤重), 온갖 번뇌가 많은 것(多諸煩惱), 온갖 악행이 많은 것(多諸惡行), 온갖 방일함이 많은 것(多諸放逸), 온갖 나태함이 많은 것(多諸懈怠), 온갖 불신이 많은 것(多諸不信) 등을 말한다. 이러한 일을 보고 나서…(중략)…'나는 대보리심을 일으켜 이러한 악한 세상에 사는 한량없는 중생으로 하여금 나를 따라 배워 보리를 얻으려는 서원을 일으키도록 해야겠다'라고 한다. 말겁에 발심하기 어려운 것을 본 증상력으로 말미암아 대보리에 대해 깊이 믿음과 이해를 내고, 이로 인하여 대보리심을 발하니, 이를 네 번째 초발심의 연이라 한다.[120]

當知。菩薩最初發心。由四種緣。云何四緣。謂善男子。或善女人。若見諸佛及諸菩薩。有不思議甚奇希有神變威力。或從可信。聞如是事。既見聞已。便作是念。無上菩提。具大威德。令安住者。及順行者。成就如是所見所聞不可思議神變威力。由此見聞增上力故。於大菩提。深生信解。因斯。發起大菩提心。是名第一初發心緣。或有一類。雖不見聞如前所說神變威力。而聞宣說依於無上正等菩提微妙正法菩薩藏教。聞已。深信。由聞正法及與深信增上力故。於如來智。深生信解。得[1)]如來微妙智故。發菩提心。是名第二初發心緣。或有一類。雖不見聞知上正法。而見一切菩薩藏法。將欲滅沒。見是事已。便作是念。菩薩藏法。久住於世。能滅無量衆生大苦。我應住持菩薩藏法。發菩提心。爲滅無量衆生大苦。由爲護持菩薩藏法增上力故。於如來智。深生信解。爲得如來微妙智故。發菩提心。是名第三初發心緣。或有一類。雖不觀見正法欲滅。而於末劫末世末時。見諸濁惡衆生身心。十隨煩惱之所惱亂。謂多愚癡。多無慚愧。多諸慳

---

[120] 『瑜伽師地論』 권35(T30, 481a).

妬。多諸憂苦。多諸麤重。多諸煩惱。多諸惡行。多諸放逸。多諸懈怠。多
諸不信。見是事已。廣說乃至。我當應發大菩提心。令此惡世無量有情。
隨學於我。起菩提²⁾願。由見末劫難得發心增上力故。於大菩提。深生信
解。因斯。發起大菩提心。是名第四初發心緣。

1) ㉺『瑜伽師地論』에 따르면 '得' 앞에 '爲'가 누락되었다. 2) ㉺『瑜伽師地論』에 따르면 '提'는 '薩'이다. ㉾『대정장』의 원문에서는 '提'라고 하였고, 그 미주에서 명본明본에 의거할 때 '薩'이라 했다. 문맥상 '提'라고 해도 무방할 것으로 생각한다.

다시 네 가지 인因과 네 가지 힘(力)이 있어 대보리심을 발한다고 하였으니, 자세한 것은 『유가사지론』에서 설한 것121과 같다. 발심의 인연은 『유가론초瑜伽論抄』에서 설한 것과 같으니 그것에 비추어 이해하면 된다.

[그 나머지 다섯 가지] 나머지 다섯 가지 문은 『유가사지론』 제35권에서 설한 것과 같다. 번거로울 것을 염려하여 서술하지 않는다.

復有四因四力。發大菩提之心。具說如彼。發心因緣。如瑜伽論抄會。餘
之五門。如瑜伽二¹⁾十五說。恐繁不述。

1) ㉺ '二'는 '三'이다. 앞에 서술한 다섯 가지 문에 이어서 바로 나머지 다섯 가지 문을 설하고 있으며 해당 내용은 25권이 아닌 35권에 나온다. 또한 『瑜伽師地論』의 권수는 본서에서 지금까지 현행본과 어긋난 적이 없기 때문에 동일한 것을 저본으로 했다고 볼 수 있다. 이런 이유로 다른 인용 경론과 달리 이를 오자로 처리했다.

본문에서 "보리심을 발하게 하되"라고 한 것은 십해十解(十住)에서의 발심을 통틀어서 취한 것이다. 그 이유는 무엇인가. 발심에 두 가지가 있다. 첫째, 부정발심不定發心(결정적이지 않아서 물러날 수도 있는 발심)이니, 곧 십신十信을 말한다. 그러므로 『인왕경』에서 "십신 보살은 가벼운 털이 바람을

---

121 『瑜伽師地論』에서 앞의 네 가지 연緣을 설한 후 바로 이어서 서술하였다.

따라 이리저리 흩날리는 것과 같다."¹²²고 하였다. 둘째, 정발심定發心(결정적이어서 물러나지 않는 발심)이니, 곧 십해를 말한다. 이는 여러 설에서 정발심과 부정발심을 말한 것을 따른 것이다. '십심十心'이란 앞에서 설한 십발취이고, '장양'이란 앞에서 설한 십장양이며, '금강'이란 앞에서 설한 십금강이다. 구체적인 내용은 앞에서 설한 것과 같다.

어떤 사람은 '발심發心'이란 십주와 십신을 말한다고 하였고, 결정적인 것인지 결정적인 것이 아닌지의 여부는 생략하고 말하지 않았다. 나머지는 앞에서 설한 것과 같다. 어떤 사람은 '발심'이란 오직 십신만을 말하니, 가장 처음에 발심하는 것이기 때문이고, 십심이란 십발취와 십장양을 말한다고 하였다. 나머지는 앞에서 설한 것과 같다.

『유가사지론』에서 "보살들이 보살의 청정한 계율의에 편안히 머물러 여러 유정이 현법現法과 후법後法의 일을 구하기 위해 이치가 아닌 것을 널리 행하는 것을 보고도 싫어하는 마음을 품고 분노하는 마음을 품어서 실상 그대로의 바른 이치를 그들을 위해 베풀어 설해 주지 않으면 이는 범함이 있고 어긋나고 넘어서는 것이 있으며 염오에 의한 위범이라 한다."¹²³고 하였다.

해 '실상 그대로의 바른 이치를 그들을 위해 베풀어 설해 주지 않으면'이라고 한 것은 대승의 바른 이치를 그들을 위해 설해 주지 않는 것을 말한다.

此言。使發菩提心者。通取十解發心。所以者何。發心有二。一者不定發心。謂卽十信。故仁王經云。十信菩薩。猶如輕毛。隨風東西。二者定發心。謂卽十解。此從多說爲定不定。言十心。¹⁾ 謂²⁾ 十長養。言金剛者。謂十金剛。如前說。或發心者。謂十住十信。定³⁾略而不說。餘如前說。或發心

---

122 『仁王經』 권하(T8, 831b).
123 『瑜伽師地論』 권41(T30, 520a).

者。謂唯十信。最初發心故。言十心者。過⁴⁾十發趣。及十長養。餘如前說。
瑜伽論云。若諸菩薩。安住菩薩淨戒律儀。見諸有情。爲求現法後法事
故。廣行非理。懷嫌恨心。懷恚惱心。不爲宣說如實正理。是名有犯。⁵⁾ 解
云。不爲宣說如實正理者。謂不爲說大乘正理。

---

1) ㉯ '十心' 이하의 주석을 통해 논주인 승장이 저본으로 삼은 『梵網經』과 현재 유포되는 『梵網經』의 본문(현재 『한불전』에서 승장의 주석과 병기해 놓은 『범망경』 원문은 바로 여기에 해당한다.)은 차이가 있음을 알 수 있다. 독자가 알 수 있을 것이다. ㉠ 단지 저본의 차이뿐 아니라, 문장 자체에도 잉자가 상당히 많은 것으로 보인다. 法藏의 『梵網經菩薩戒本疏』 권5(T40, 641a)를 참조하여 새롭게 구성했다. 그 이유는 이 주석서는 승장과 동일한 경을 저본으로 삼은 것으로 보이기 때문이다. 승장의 주석에 맞추어 해당 본문을 재구성해 보면 다음과 같다. [현행 유포본의 문장] 使發菩提心 十發趣心 十長養心 十金剛心. [주석에 의해 재구성한 문장] 使發菩提心 十心 長養心 金剛心. 2) ㉠ 재구성한 문장에 따를 때 '謂' 앞에 '者 謂十發趣 言長養者'가 누락되었다. 3) ㉯ '定' 앞에 '不'이 누락된 듯하다. ㉠ '定' 뒤에 '不定'이 누락되었다. 앞에서 서술한 것을 참조할 때 이는 정발심과 부정발심에 대해 말하지 않았음을 나타낸 것으로 보이기 때문이다. 4) '過'는 '謂'이다. 5) ㉠ 『瑜伽師地論』에 따르면 '有犯' 뒤에 '有所違越是染違犯'이 누락되었다.

c) 업도를 맺음

경의 "보살이" 이하는 세 번째로 업도를 맺는 것이다. (업도가 성립되기 위해) 갖추어져야 할 조건의 다소에 대해서는 앞에서 설한 것을 준하면 알 수 있을 것이다.

經而菩薩下。第三結業道。具緣多少。准前可解。

f. 16 도설법계倒說法戒 : 그릇되게 법을 설하지 마라

경 불자여, 좋은 마음으로 먼저 대승의 위의威儀와 경과 율을 배워 뜻을 자세히 알아야 하고,

若佛子。應以好心。先學大乘威儀經律。廣開解義味。

기 경의 "불자여" 이하는 여섯 번째로 도설법계를 밝힌 것이다. 가르침의 방법에 어긋나기 때문에 계정하였다. 칠중이 모두 범하는 것이다. 오직 대승에만 해당되고 이승과는 함께하지 않는다. 문장을 셋으로 나눌 수 있다. 처음에 사람을 나타내었고, 다음에 행해야 할 것을 밝혔으며, 나중에 업도를 맺었다.

經若佛子下。第六明倒說法戒。違敎訓故。制也。七衆同犯。唯是大乘。不共二乘。文分有三。初人。次應行。後結業道。

a) 사람
이는 사람을 나타낸 것이다.

此卽標人。

b) 행해야 할 것
경의 "좋은 마음으로~뜻을 자세히 알아야 하고" 이하는 두 번째로 행해야 할 것을 밝힌 것이다. 여기에 두 가지가 있다. 처음에 배워야 할 것을 밝혔고, 다음에 다른 사람을 위해 설하는 것을 밝혔다.

經云應以好心[1]開解義味者自下。第二明所應行。於中有二。初明應學。次明爲他說。

---
1) ㉢ '心' 뒤에 '至'가 누락되었다.

(a) 배워야 할 것
이것은 처음에 해당한다.

此卽初也。

(b) 다른 사람을 위해 설하는 것

경 나중에 처음 발심하여 배우는 보살이, 백 리이든 천 리이든 와서 대승의 경과 율을 구하는 것을 보거든, 법대로 그를 위해 모든 고행에 대해 설해 주되, 몸을 태우고 팔을 태우며 손가락을 태워 (공양해야 하니), 몸과 팔과 손가락을 태워 여러 부처님께 공양하지 않는다면 출가 보살이 아니며,[124] 내지 굶주린 범, 이리, 사자, 모든 아귀에 이르기까지도 모두 몸과 살과 손과 발을 버려 이들을 공양해야 하는 것을 말해 준다. 그렇게 한 후에 낱낱이 차례대로 그들을 위해 정법을 설해 주어 마음이 열리고 뜻을 이해하도록 한다.

見後新學菩薩。有百里千里來。求大乘經律。應如法爲說一切苦行。若燒身燒臂燒指。若不燒身臂指。供養諸佛。非出家菩薩。乃至餓虎狼師子一切餓鬼。悉應捨身肉手足。而供養之。然後。一一次第。爲說正法。使心開意解。

기 경의 "나중에 처음 발심하여 배우는 보살이~이들을 공양해야 하는 것을 말해 준다." 이하는 두 번째로 다른 사람을 위해 설하는 것을 밝힌 것이다. 여기에 두 가지가 있다. 처음에 고행을 설하여 그로 하여금 발심하게 하고, 다음에 바로 법을 설하는 것이다.

經曰見後新學至而供養之者自下。第二明爲他說。此中有二。初說苦行。令彼發心。次正說法。

---

[124] 출가 보살이 아니며 : 승장은 뒤에서 두 가지 해석을 한 후 어느 것이 자신의 입장인지 밝히지 않았다. 따라서 여러 주석서의 일반적 해석을 따라서 풀이하였다.

ⓐ 고행을 설하는 것

이는 첫 번째로 고행을 설하는 것에 해당한다.

"출가 보살이 아니다."라고 한 것에 대해 본래 두 가지 해석이 있다.

한 가지 해석은 다음과 같다. 〈몸을 태우거나 하여 여러 부처님을 공양하지 않으면 곧 출가한 이도 아니고 보살도 아니다.〉

다른 한 가지 해석은 다음과 같다. 〈재가 보살은 몸을 태우고 내지는 몸과 목숨까지 (모두 공양해야 한다). 출가 보살은 이런 일을 행하지 않는다. 왜냐하면 위의가 아니기 때문에, 성스러운 가르침을 보호하고 유정에게 이익을 주려는 목적을 실현해야 하기 때문에 몸을 태우지 않는다. 다만 처음 발심하여 배우는 보살에 의거한 것이기 때문에 이러한 말을 하는 것일 뿐이니, 보살이 몸을 태우고 몸을 버린다고 함은 곧 지극한 것을 말했을 뿐이고, 반드시 모두가 몸을 버려야 비로소 보살이 된다고 할 필요는 없다.〉

此卽第一爲說苦行。非出家菩薩者。自下[1]兩釋。一云。若不燒身等供養諸佛。卽非出家。亦非菩薩。一云。在家菩薩。燒身乃至身命。非出家菩薩。能行是事。所以者何。非威儀故。爲護聖敎。利益有情故。不燒身。據新學菩薩故。作是說。菩薩燒身捨身。卽是極之辭。未必一切要須捨身。方成菩薩。

1) ㉠ '下'는 '有'이다.

ⓑ 법을 설하는 것

경의 "그렇게 한 후에 낱낱이~마음이 열리고 뜻을 이해하도록 한다."란 두 번째로 바로 법을 설하는 것을 밝힌 것이다. 비록 두 문장이 있으나, 곧 두 번째로 행해야 할 뜻을 밝혔다.

經然後一。一至心意開解者自下。第二明正說法。雖有兩文。卽第二明應行意。[1]

---
1) ㉠ "雖有兩文 卽第二明應行意"는 오사가 있는 것 같다.

경 보살이 이양을 위하여 답해 주어야 할 것에 대해 답해 주지 않고, 경과 율을 거꾸로 설하며,[125] 문자를 앞도 없고 뒤도 없이 (뒤죽박죽 설하여 헷갈리게 하면서) 삼보를 비방하는 내용[126]을 설한다면 경구죄를 범하는 것이다.

而菩薩。爲利養故。應答不答。倒說經律。文字無前無後。謗三寶說者。犯輕垢罪。

c) 업도를 맺음

기 경의 "보살이" 이하는 세 번째로 업도를 맺은 것이다. (업도가 성립되기 위해) 갖추어져야 할 조건의 다소는 앞에서 설한 것에 준하면 알 수 있을 것이다.

문 여기에서 법을 설해 주지 않는 것과 앞의 십중계 중 (여덟 번째인) 아까워서 설해 주지 않는 것과는 어떤 차별이 있는가?

---
125 법장의 『梵網經菩薩戒本疏』 권5(T40, 641c)에는 이 문장에 제한하여 먼저 고행을 설하고 법을 설해야 하는데, 탕공蕩空(현상과 격절된 형태의 공)의 이치를 먼저 설함으로써 실천하려는 의지를 잃게 만드는 것이라고 하였다. 의적의 『菩薩戒本疏』 권하(T40, 675c)에서는 보편적인 의미에서의 도설倒說, 곧 불법의 본질과 어긋나는 가르침을 일컫는 말로 보았다.

126 의적의 『菩薩戒本疏』 권하(T40, 676a)·태현의 『梵網經古迹記』 권하(T40, 711c) 등에서 모든 중생이 결정코 불성佛性이 있다거나 결정코 없다거나 하는 것과 같은 것이라고 하였다. 법장의 『梵網經菩薩戒本疏』 권5(T40, 641c)에서는 거꾸로 설하고, 그것이 바로 부처님께서 말씀하신 것이라고 하는 것과 같은 것을 말한다고 하였다. 이것은 의도적인 것이 아니라, 잘못된 이해로 인해 한 행위가 결과적으로 삼보를 비방하는 것이 된 것이기 때문에 십중계 중의 제10 비방계와 구별된다.

해 본질적인 성품이 법을 아까워하여 법을 설해 주지 않는 것은 타승처에 해당한다. 그런데 본질적인 성품이 법을 아까워하는 것은 아니지만 이양을 위하거나 싫어하는 마음 때문에 법을 설해 주지 않는 것은 경구죄이고 중죄는 아니기 때문에 차별이 있다.『유가사지론』에서 "보살들이 보살의 청정한 계율의에 편안히 머물러 다른 사람이 와서 법을 구하는데, 싫어하는 마음을 품고 분노하는 마음을 품고, 그 법을 더욱 뛰어난 것으로 발전시킬 것을 질투하여 그 법을 베풀지 않는다면, 이를 범하는 것이 있고 어긋나고 넘어서는 것이 있으며 염오에 의한 위범이라고 한다. 게으름·나태함·잊어버림·무기無記 등의 마음으로 말미암아 그 법을 베풀지 않았다면, 범하는 것이 있지만 염오에 의한 위범은 아니다. 어긋나고 범함이 없다는 것은 외도들이 허물이나 단점을 찾아내려고 엿보거나, 병이 들었거나, 마음이 광란 상태이거나, 방편으로 상대방을 길들이고 상대방을 굴복시켜서 착하지 않은 곳을 떠나 착한 곳에 안립시키려는 목적이 있는 경우에 해당한다.…(하략)…"127라고 한 것과 같다.

經而菩薩下。第三結成業道。具緣多少。准前可知。問。此不與說法。與前重中堅1)不與說。有何差別。解云。性慳法故。不爲說法。是他勝處。性非慳悋法。爲利養及嫌恨心。不與說法。是輕非重。故有差別。如瑜伽云。若諸菩薩。安住菩薩淨戒律儀。他來求法。懷嫌恨心。懷恚惱心。嫉妒變異。不施其法。是名有犯有所違越是染違犯。若由懶墮懈怠忘念無記之心。不施其法。是名有犯非染違犯。無違犯者。謂諸外道。伺求過短。或有病。或心狂亂。或欲方便調彼伏彼。出不善處。安置善處。乃至廣說。

1) ㉲ '堅'은 '慳'이다.

127 『瑜伽師地論』 권41(T30, 516c).

g. ⑰ 악구계惡求戒 : 나쁜 방식으로 돈과 재물을 구하지 마라

경 불자여, 스스로 음식, 돈과 재물, 이양, 명예 등을 얻기 위해 고의로 국왕과 왕자와 대신과 관료들과 친근하게 지내고, 그들의 위세에 의탁하여 살살이 뒤져서 줄 것을 요구하고, 때리거나 강요하면서 제멋대로 금전과 재물을 취해서야 되겠느냐. 이런 형태로 모든 것에서 이익을 구하는 것을 악구惡求[128]라고 하고 다구多求[129]라고 하니, 다른 사람을 시켜서 구하면서 전혀 자비로운 마음도 없고 효순하는 마음도 없다면 경구죄를 범하는 것이다.

若佛子。自爲飮食錢物利養名譽故。親近國王王子大臣百官。恃作形勢。乞索。打拍。牽挽。橫取錢物。一切求利。名爲惡求多求。敎他人求。都無慈心。無孝順心。犯輕垢罪。

기 경의 "불자여" 이하는 일곱 번째로 악구계를 밝힌 것이다. 혹은 형세걸색계形勢乞索戒라고도 한다. 처음에 사람을 밝혔고, 다음에 업도를 밝혔다.

經若佛子自下。第七明惡求戒。或名形勢乞學[1]戒。初人。次明業道。

1) ㉠ '學'은 '索'이다.

a) 사람
이것은 처음에 해당한다.

---

128 악구惡求 : 옳지 않은 방식으로 얻는 것.
129 다구多求 : 얻어도 만족할 줄 모르고 자꾸 구하는 것.

此即初也。

b) 업도를 맺음

경의 "스스로 (음식, 돈과 재물,) 이양, (명예 등을 얻기) 위해" 이하는 두 번째로 업도를 맺은 것이다. 여기에 세 가지가 있다.

經自爲利養下。第二明結業道。於中有三。

(a) 이익을 위해 친근히 지내는 것

첫째, 이익을 위해 친근하게 지내는 것이니, 경에서 "스스로 (음식, 돈과 재물,) 이양, (명예 등을 얻기) 위해 국왕 등과 친근하게 지낸다."라고 했기 때문이다.

一者爲初[1]親附[2]。如經自爲利養乃至親附[3]國王等故。

1) ㉘ '初'는 오자일 것이다. ㉑ '初'는 '利'이다. 본문을 셋으로 분과한 내용은 지의의 『菩薩戒經義疏』 권하(X38, 18c)의 답습이기 때문에 이것을 참조하였다. 2) ㉑ '附'는 '近'이다. 이 부분은 두 가지로 추정할 수 있다. 첫째, 승장이 저본으로 삼은 『梵網經』의 원문은 '親近'이 아니라 '親附'이다. 둘째, '附'는 '近'의 오자이다. 그러나 여타 주석서에도 저본 자체가 '附'인 경우는 없으므로 후자가 더 타당할 것으로 생각된다. 3) ㉑ '附'는 '近'이다.

(b) 이치에 어긋나게 고통을 주어 구하는 것

둘째, 이치에 어긋나게 고통을 주어서 구하는 것이니, 경에서 "그들의 위세에 의탁하여 샅샅이 뒤져서 줄 것을 요구하고"라고 했기 때문이다.

二者非理苦求。如經恃作形勢。乞索等故。

(c) 잘못을 들어 결론을 맺은 것

셋째, 잘못을 들어 결론을 맺은 것이니, 예컨대 경에서 "이런 형태로 모든 것에서 이익을 구하는 것을 악구라고 하고…(하략)…"라고 하였다. 제멋대로 재물을 취득하면 타승처를 범하는 것이다. 그런데 아직 물건을 취득하지 않았다면 경죄이고 중죄는 아니다.[130] (업도가 성립되기 위해) 갖추어야 할 조건은 앞에서 설한 것과 같다.

三者擧非結。如經一切求利。名爲惡求。乃至廣說。若橫取得財物。犯他勝處。若未得物。是輕非重。具緣如前。

h. 18 무소지위타사계無所知爲他師戒 : 아는 것도 없이 다른 사람의 스승이 되지 마라

경 불자여, 계를 배워서 독송하는 이는, 날마다 여섯 때[131]에 보살계를 지니고 그 뜻과 이치를 이해하되, (그 계가 바로) 불성의 성품이라는 것을 알아야 하거늘, 보살로서 한 구절, 한 게송, 그리고 계율이 제정된 인연을 알지 못하면서 거짓으로 안다고 말하면 스스로를 속이는 것이고 남을 속이는 것이다. 모든 법을 낱낱이 알지 못하면서 다른 사람의 스승이 되어 계를 주는 이는 경구죄를 범하는 것이다.

---

130 십중계 중 두 번째 도둑질하는 것과의 차별성을 밝히는 부분인데 석연치는 않다. 승장은 우선 이미 취득한 것은 중죄, 아직 취득하지 않은 것은 경죄라 했다. 그런데 본문에서 취하지 않았음을 나타내는 말은 없다. 의적의 『菩薩戒本疏』 권하(T40, 676a)에서는 이치에 어긋나게 취하는 것이기는 하되, 이것은 남의 위세를 빌려서 취하는 것이기 때문에 도둑질하여 취하는 것과는 달리 경구죄에 속한다고 풀었는데, 이것이 좀더 명료한 것 같다.

131 여섯 때 : 육시六時, 곧 아침(晨朝), 한낮(日中), 해질녘(日沒), 초저녁(初夜), 한밤중(中夜), 새벽(後夜) 등을 일컫는 말.

若佛子。學誦戒者。日夜六時。持菩薩戒。解其義理佛性之性。而菩薩。不解一句一偈戒律因緣。詐言能解者。卽爲自欺誑。亦欺誑他人。一一不解一切法。而爲他人作師。授戒者。犯輕垢罪。

기 경의 "불자여" 이하는 여덟 번째로 무소지위타사계를 밝힌 것이다. 아는 것이 없으면서 잘 아는 것처럼 속이면서 가르쳐 주면, 이는 사람을 그릇된 길로 이끄는 과실이 있는 것이다. 칠중이 모두 범하는 것이고, 대승과 소승이 모두 금계로 제정하였다. 문장을 셋으로 나눌 수 있다. 처음에 사람을 나타내었고, 다음에 행해야 할 것을 밝혔고, 나중에 과실을 들어 죄를 맺었다.

經若佛子下。第八明無所知爲他師戒。謂無所解。强[1]與敎授。有誤[2]之失。七衆同犯。大小俱制。文分有三。初人。次應行。後擧過結罪。

---

1) ㉠ '强'은 '詐'이다. 2) ㉯ '有誤'는 '自誑'인 듯하다. ㉠ 굳이 이렇게 보아야 할 이유는 없다. 의적의 『菩薩戒本疏』 권하(T40, 676b)에 유사한 문장이 있는데, '誤' 뒤에 '人'을 집어넣어 '有誤人之失'이라 하였다. 주어진 문장으로 이해해도 문제가 없는 것을 굳이 오자로 상정할 필요는 없다고 생각한다.

a) 사람
처음은 문장 그대로이니 알 수 있을 것이다.

初文可知。

b) 행해야 할 것
경의 "계를 배워서 독송하는 이는~불성의 성품이라는 것을 알아야 하거늘" 이하는 두 번째로 행해야 할 것을 밝힌 것이다. "날마다 여섯 때에"란 아직 되풀이하여 익히지 않은 사람들은 마땅히 날마다 여섯 때에 계를 독송하고 보살계의 교리를 지녀야 한다. 낮과 밤의 각 세 때를 '여섯 때'라고 한다. 만약 먼저 되풀이하여 익혔다면 반드시 여섯 때에 이러한 행위를 할 필요는 없다. (그는) 이미 뜻과 이치를 이해했기 때문에 이 미묘한 계가 바로 부처님의 성품임을 이해한다.

> 經學誦戒至佛性之性者自下。第二明所應行。日日六時者。未串習者。當應日日六時。誦戒持菩薩戒教理。晝夜各三。名爲六時。若先串習。未必須六時。已解義理故。解此妙戒是佛之性。

c) 과실을 들어 죄를 맺은 것

경의 "보살로서" 이하는 세 번째로 과실을 들어 죄를 맺은 것이다. 『유가사지론』 제41권에서 "보살들이 보살의 청정한 계율의에 편안히 머물러 거짓말을 일으켜 허황된 말로 (알지 못하면서도 아는 것 같은) 상相을 드러내고, 방편을 연구하여 이익을 빌리고 이익을 구하며, 잘못된 방편으로 생활하는 법을 탐미하면서도 부끄러워하지 않고 그것을 굳게 지키면서 버리지 않으면 이를 범하는 것이 있고 어긋나고 넘어서는 것이 있으며 염오에 의한 위범이라 한다. 위범에 해당하지 않는 경우는 그러한 마음을 제거하고자 하여 욕구를 일으키고 부지런히 정진하였으나, 번뇌가 치성하여 그 마음을 가리고 억압함으로써 시시각각 나타나고 생기하는 것이다."[132]라고 하였다.

해 거짓말을 일으켜 (아는 체하는) 상相을 드러내는 것은 곧 알지 못하면서 다른 사람의 스승이 되는 것을 의미한다. 업도가 이루어지기 위해 갖추어야 할 조건의 다소는 앞에서 설한 것에 준하여 알 수 있을 것이다.

---

[132] 『瑜伽師地論』 권41(T30, 518a).

經而菩薩自下。第三舉過結罪。如瑜伽云。若諸菩薩。安住菩薩淨戒律儀。生起詭詐。虛談現相。方便研求。假利求利。味耶命法。無有羞恥。堅持不捨。是名有犯有所違越是染違犯。無違犯者。若爲除遣。生起樂欲。發勤精進。煩惱熾盛。蔽抑其心。時時現起。解云。虛詐現相。卽是無知爲他師義。具緣多少。准前可知。

i. ⑲ 이간어계離間語戒 : 이간질 하는 말을 하지 마라

경 불자여, 나쁜 마음으로 계를 수지한 비구가 손에 향로를 잡고 보살행을 행하는 것을 보고, 양쪽에서 상대방의 허물을 말하여 서로 싸우도록 해서야 되겠느냐. 이렇게 어진 사람을 비방하고 속이면서 어떤 악도 짓지 않음이 없는 이는 경구죄를 범하는 것이다.

若佛子。以惡心故。見持戒比丘。手捉香鑪。行菩薩行。而鬪搆[1]兩頭。謗欺賢人。無惡不造者。犯輕垢罪。

1) ㉮ 승장의 주석에 따르면 승장이 저본으로 삼은 『梵網經』 원문의 '搆'는 '過'이다.

기 경의 "불자여" 이하는 아홉 번째로 이간어계를 밝힌 것이다. 먼저 사람을 나타내었고, 나중에 업을 맺었다.

經若佛子自下。第九明離間語戒。先人。後結業。

a) 사람

이것은 사람을 나타내는 것에 해당한다.

此卽標人。

b) 업도

경의 "나쁜 마음으로" 이하는 업도를 밝힌 것이다. 나쁜 마음을 가지고, 계를 수지한 비구가 향로를 잡고 보살행을 행하는 것을 보고, 비록 계를 수지하는 보살이라는 것을 알면서도 양쪽에서 허물을 말하여 싸우도록 하되, 저쪽에서 이쪽의 허물을 말하고, 이쪽에서 저쪽의 허물을 말하면, 이로 말미암아 양쪽이 싸움을 일으키기 때문이다. 나머지 문장은 알 수 있을 것이다.

보살이 유정의 무리를 이익되게 하기 위해 이간질하는 말을 설한다면 전혀 범하는 것이 아니고 (오히려) 많은 공덕을 낳는다. 그러므로 『유가사지론』에서 "보살이 유정이 나쁜 벗을 받아들이고, 친애하여 버리지 않는 것을 본다면, 보살은 보고 나서 불쌍히 여기는 마음을 일으켜 이익과 안락을 주려는 의요를 내어 능력이 되는 대로 힘이 닿는 대로 이간질하는 말을 설하여 악한 벗을 떠나 서로 친애하는 마음을 버리게 하고, 유정으로 하여금 악한 벗을 가까이함으로 말미암아 장차 긴 밤을 이익도 없이 보내게 해서는 안 된다. 보살이 이와 같이 이익을 주려는 마음으로 이간질하는 말을 설하여 상대방에 대한 애착을 떠나게 한다면 이는 위범하는 일이 없고 많은 공덕을 낸다."[133]라고 하였다.

經以惡心自下。第二明業道。若有以惡心。持戒比丘。手執香爐。行菩薩行。雖是持戒菩薩。而令兩頭鬪諍。向彼說此過。向此說彼過。由此。兩頭起鬪諍故。餘文可解。菩薩利益諸有情類。說離間語。一無所犯。生多功德。故瑜伽云。又如菩薩。見諸有情。爲惡朋友之所攝受。親愛不捨。菩薩見已。起憐愍心。發生利益安[1])意樂。隨能隨力。說離間語。令離惡友。捨相親愛。勿令有情。由近惡友。當受長夜無義無利。菩薩如是。以饒益心。

---

[133] 『瑜伽師地論』권41(T30, 517c).

說離間語。乖離他愛。無所違犯。生多功德。

1) ㉾ 『瑜伽師地論』에 따르면 '安' 뒤에 '樂'이 누락되었다.

j. ⑳ 방생계放生戒 : 생명이 있는 것들을 놓아주어라

경 불자여,

若佛子。

기 경의 "불자여" 이하는 열 번째로 방생계를 밝힌 것이다. 문장을 셋으로 분류할 수 있다. 처음에 사람을 나타내었고, 다음에 행해야 할 것을 밝혔으며, 나중에 죄를 맺었다.

經曰若佛子自下。第十明放生戒。文有三。初人。次應行。後結罪。

a) 사람
이것은 사람을 나타내는 것에 해당한다.

此卽標人。

b) 행해야 할 것

경 자애로운 마음으로 생명이 있는 것을 놓아주는 행위를 실천해야 하니,

以慈心故。行放生業。

경 경에서 "자애로운 마음으로 생명이 있는 것을 놓아주는 행위를 실천해야 하니"라고 하였는데, (이것은 두 번째로 행해야 할 것을 밝힌 것으로) 여기에 두 가지가 있다. 처음에 총괄적으로 나타낸 것을 밝혔고, 나중에 별도로 풀이하는 것을 밝혔다.

經以慈心故行放生業。於中有二。初明總標。後明別解。

(a) **총괄적으로 나타낸 것**
이것은 총괄적으로 나타내는 것이다.
此卽總標。

(b) **개별적으로 풀이하는 것**

경 모든 남자는 나의 아버지이고 모든 여인은 나의 어머니이다. 나는 태어날 때마다 그들에 의지하여 태어나지 않은 적이 없다. 그러므로 육도 중생이 모두 나의 아버지이고 어머니이니, (생명이 있는 것을) 죽여서 먹는 것은 나의 아버지와 어머니를 죽이는 것이고, 나의 옛 몸을 죽이는 것이다. 모든 지대地大와 수대水大는 나의 이전 생에서의 몸이고, 모든 화대火大와 풍대風大는 나의 본래의 몸이다.[134] 그러므로 항상 생명이 있는 것을 놓아주는 일을 실천하되, 세세생생 생명을 받을 때마다 그렇게 하라.

一切男子。是我父。一切女人。是我母。我生生無不從之受生故。六道衆

---

[134] 만물은 사대四大에 의해 만들어진 것이니, 이렇게 미시적 관점에서 보자면, 현재 나를 둘러싼 만물은 과거의 나를 구성한 사대의 일부를 구성물로 한 것이고, 현재 나를 구성하는 사대는 바로 나를 둘러싼 만물의 과거의 구성물이었을 것이기에 나의 옛 몸이고 나의 본체라고 한 것이다.

生。皆是我父母。而殺而食者。卽殺我父母。亦殺我故身。一切地水。是我先身。一切火風。是我本體。故常行放生。生生受生。

기 경의 "모든 남자는~세세생생 생명을 받을 때마다 그렇게 하라." 이하는 두 번째로 개별적으로 풀이하는 것을 밝힌 것이다. 여기에 두 가지가 있다. 먼저 축생을 제도하고, 나중에 은혜가 있는 이를 제도한다.

經一切男子至生生受生者自下。第二明別解。此中有二。先度畜生。後度有恩。

ⓐ **축생을 제도하는 것**

앞에 두 가지가 있다. 처음에 자애로운 마음을 발하고, 다음에 바로 구제함을 밝힌 것이다.

前中有二。初離[1]發慈心。次明正救。

---
1) ㉾ '離'는 잉자인 듯하다.

ⅰ) **자애로운 마음을 발하는 것**

이것은 처음에 해당한다. "모든 남자는 나의 아버지이고 모든 여인은 나의 어머니이다.~"라고 한 것은 무시이래로 모든 유정이 전전하면서 서로 아버지가 되기도 하고 어머니가 되기도 하며, 아들이 되기도 하고 딸이 되기도 했다는 것이다.

此卽初也。一切男子皆是我父母等者。謂無始來。一切有情。展轉互爲父母男女。

『유가사지론』 제9권에서 다음과 같이 말했다.

故瑜伽論第九卷云。

'생生의 어렵고 고생스러움'이란 박가범께서 말씀하신 것과 같으니, "너희들이 오랜 세월 동안 생사의 세계에 치달으면서 몸에서 흘린 피는 사대해四大海를 넘어선다."라고 하였다.…(중략)…'생의 일정하지 않음'이란 박가범께서 말씀하신 것과 같으니,[135] "가령 대지의 모든 풀과 나무의 뿌리와 줄기와 가지와 잎 등을 가져다 끊어서 네 손가락 크기의 가는 산대를 만들어 너희들이 오랜 세월 동안 전전하면서 겪었던 부모를 계산하여, '이와 같은 중생은 일찍이 나의 어머니였다. 나도 또한 오랜 세월 동안 일찍이 그의 어머니였다. 이와 같은 중생은 일찍이 나의 아버지였고, 나도 또한 오랜 세월 동안 일찍이 그의 아버지였다'고 하고, 이렇게 계속해서 계산해 나가면 네 손가락 크기의 산대(籌)는 (그 부모의 숫자를 얼마 헤아리지 않았음에도 불구하고) 금방 다 없어져 버릴 것이니, 나는 너희들이 오랜 세월 동안 거쳤던 부모에 대해 그 수량의 끝을 말해 줄 수 없다."라고 하였다. 또다시 말씀하시기를 "내가 대지大地를 관찰하건대, 아무리 조그마한 처소라도 너희들이 오랜 세월 동안 이 처소에서 일찍이 한량없는 생사를 받아 겪지 않은 곳을 얻을 수 없었다."라고 하셨다. 또다시 말씀하시기를 "내가 세간의 유정을 관찰하건대, 오랜 세월 동안 유전하면서 너희들의 어머니, 아버지, 형제, 자매, 궤범사, 친교사, 그 밖의 존중하는 이, 평등하게 존중했던 사람이 아니었던 사람을 찾는 것이 쉽지 않았다."라고 하였다. 또 말씀하시기를 "어떤 보특가라가 일

---

[135] 박가범께서 말씀하신 것과 같으니 : 승장의 인용문에서는 생략된 부분인데 박가범의 말씀을 인용한 부분이라는 차별성을 드러내기 위해 집어넣어 풀었다.

겁 동안 받은 몸의 뼈를 가령 어떤 사람이 그를 위해 쌓아서 무너지지 않게 한다면, 그 무더기의 높이는 왕사성 옆의 광박협산廣博脅山(毘富羅山)과 같을 것이다."라고 하셨다.[136]

生艱難[1)]者。如薄伽梵說。汝等長時。馳騁生死。身血流注。過四大海。生不定者。假使取於大地所有草木根莖枝葉等。截爲細籌。如四指量。計算汝等長夜展轉所經父母。如是衆生。曾爲我母。我亦長夜。曾爲彼母。如是衆生。曾爲我父。我亦長夜。曾爲彼父。如是算計。四指量籌。速可窮盡。而我不說汝等長夜所經父母。其量邊際。又復說言。我觀大地。無少處所。可得汝等長夜。於此處所。未曾經受無量生死。又復說言。我觀世間有情。不易可得長夜流轉。不爲汝等若母若父兄弟姊妹若軌範師若親敎師若餘尊重若等尊重。又如說言。若一補特伽羅。於一劫中。所受身骨。假使有人。爲其積集。不爛壞者。其聚量高。王舍城側廣博脅山。

1) ㊀『瑜伽師地論』에 따르면 '難'은 '幸'의 오자이다.

"나의 옛 몸을 죽이는 것이다."라고 한 것은, 모든 유정은 오온에 의해 몸이 성립되니, 상대방과 나의 몸은 오온에 의해 구성되는 것이라는 점에서 서로 비슷하다. 그러므로 상대방을 살해하는 것은 곧 내 몸을 살해하는 것이다. 혹은 이렇게 볼 수도 있다. 〈이것은 동체대비同體大悲에 근거한 것으로, 그가 곧 나의 몸이고 내가 곧 그의 몸이니, 그를 살해할 때 또한 나의 몸을 살해하는 것이다.〉 혹은 이렇게 볼 수도 있다. 〈지·수·화·풍 등은 전생에서의 몸을 구성하는 요소가 아니었던 적이 없기 때문이다.〉

"세세생생 생명을 받을 때마다 그렇게 하라."라고 한 것은, 방생을 말하

---
136 『瑜伽師地論』 권9(T30, 320c).

는 것이기 때문이고, 미래에서의 생이란 하나가 아니기 때문에 "세세생생"이라고 한 것이다. 어떤 사람은 이렇게 주장한다. 〈생명이 있는 것을 놓아줌으로 말미암아 사람과 하늘의 생명을 받으니, 이렇게 사람과 하늘로 태어나는 것에 차별이 있어 같지 않기 때문에 '여기에 태어나고 저기에 태어나면서(生生)'[137]라고 하였다.〉

言要我故[1]身者。謂一切有情。五蘊成身。彼與我身。五蘊相似。故殺彼。卽我身。或此據同體大悲。彼卽我身。我卽彼身故。殺彼時。亦殺我身。或地水火風。無非先身故。言生生受生者。謂放生故。當來非一。故言生生。或有說者。由放生故。受人天生。此人天生。差別不同。故言生生。

1) ⑩『梵網經』에 따르면 '故'는 '殺'이다.

ii) 생명을 구하는 것

경 세상 사람들이 축생을 죽이는 것을 보았을 때에는 방편으로 구호하여 그 고난에서 벗어나게 하고 항상 교화하고 보살계를 강설하여 중생을 구제해야 한다.

若見世人殺畜生時。應方便救護。解其苦難。常敎化。講說菩薩戒。救度衆生。

기 경의 "세상 사람들이~보았을 때에는" 이하는 두 번째로 바로 생명을 구하는 것을 밝힌 것이다. 보살이 방편을 실행하여 유정을 생명을 잃게 될 재난에서 구호하고 모든 고통을 벗어나게 하기 위해 몸과 목숨을 돌보지 않기를 저 사슴왕처럼 행하는 것을 말한 것이다.

---

137 본문의 '생생生生'을 해석자의 주장에 따라 풀이한 것이다.

經曰若見世人自下。第二明正救生。謂諸菩薩。方便救護有情命難。令離諸苦。不顧身命。如彼鹿王。

그러므로 『대지도론』 제18권에서 다음과 같이 말했다.

故大智度論第十八云。

바라나국의 범마달왕이 숲에서 사냥하다가 두 무리의 사슴을 보았다. 그 무리들은 각각 우두머리가 있어서, 한 무리의 우두머리가 5백 마리의 사슴을 통솔하였다. 한 무리의 우두머리는 몸이 칠보와 같은 색깔로 빛났는데, 바로 (전생의) 석가문釋迦文(釋迦牟尼) 보살이었으며, 다른 한 무리의 우두머리는 (전생의) 제바달다提婆達多였다. 보살인 사슴왕이 인간의 왕과 그 대중들이 자신의 무리를 죽이는 것을 보고 큰 자비로운 마음을 일으켜 곧바로 왕 앞에 나아갔다. 왕을 따르는 사람들이 앞을 다투어 활을 쏘니, 화살이 비처럼 날아왔다. 왕은 이 사슴왕이 바로 나아가기만 할 뿐 아무런 거리낌도 없는 것을 보고 따르는 사람들에게 명령하였다. "너희들은 활과 화살을 거두어라. (아무리 활을 쏘아도) 그가 오려고 하는 뜻을 끊을 수는 없으리라." 사슴왕이 이미 앞으로 와서 무릎을 꿇고 사람의 왕에게 아뢰었다. "그대가 장난으로 놀고 제멋대로 즐기려고 하는 그 작은 일 때문에 뭇 사슴은 그 때마다 모두 죽임 당할 수도 있을 것이라는 고통에 빠지게 됩니다. 만약 반찬을 제공하기 위해서 사냥하는 것이라면 바로 순번을 정하고 날마다 사슴 한 마리를 보내어 왕의 주방에 제공하겠습니다." 왕이 그 말을 타당하다고 여겨 그의 뜻대로 할 것을 허락하였다. 이에 두 마리의 사슴의 우두머리는 사슴들을 모두 모아 놓고 순번을 정하여 하루에 한 마리씩 배정하였다.…(중략)…(전생의) 제바달다가 (우두머리로 있던) 사슴의 무리 가운데 새끼를 밴 사슴

한 마리가 있었는데, 차례가 되어 보내져야 할 날이 되었기에 그 우두머리에게 찾아가서 말했다. "(본래 정해진 것에 따를 경우) 저의 몸은 오늘 보내져서 죽임을 당해야 합니다. 그러나 저는 새끼를 배었고, 그 새끼는 죽어야 할 차례가 아닙니다. 바라옵건대, 일을 잘 처리하여 죽을 차례인 저를 다음 차례로 미루어 주시어 태어날 생명을 함부로 해치지 않게 해 주시옵소서." 사슴왕이 화내면서 말했다. "누군들 목숨을 아까워하지 않겠는가. 차례가 오면 다만 갈 뿐이다. 어찌 다른 이에게 떠넘길 수 있겠는가." 사슴의 어미는 생각했다. '나의 왕은 인자하지 못하여 이치에 의거하여 용서해 주는 일도 하지 못하고, 나의 말을 살펴서 듣지도 않고 제멋대로 생각하고 화를 내니, 사정을 하소연하기에 적합하지 않다.' 바로 보살인 왕의 처소에 가서 사정을 자세하게 말했더니, 왕이 이 사슴에게 물었다. "너의 우두머리는 무엇이라 말하더냐?" 사슴이 말했다. "저의 우두머리는 어질지 못하여 일을 잘 처리하지 못하고 화만 냅니다. 대왕의 어짊은 모든 것에 미치기 때문에 이렇게 와서 귀명합니다. 저는 오늘 천지가 비록 넓다고 해도 사연을 호소할 곳이 없는 것과 같은 처지에 놓여 있습니다." 보살이 생각했다. '이는 매우 불쌍해 할 만한 일이다. 내가 해결해 주지 않으면 그 새끼는 옳지 않은 도리에 의해 죽임을 당할 것이다. 그렇다고 해서 다음 사슴으로 차례를 바꾼다면, 차례가 아직 되지 않았을진대, 어떻게 보낼 수 있겠는가? 오직 내가 이 사슴을 대신해서 가는 길만 있을 뿐이겠다.' 이렇게 생각하여 결정하였으니, 곧 스스로 자신을 보내고 사슴 어미는 돌아가게 하기로 하였다. "나는 이제 너를 대신하여 갈 것이니, 너는 근심하지 마라." 사슴왕이 곧바로 왕의 문에 이르자 뭇 사람이 이를 보고 그 스스로 온 것을 괴이하게 여겨 이 일을 왕에게 알렸다. 왕도 또한 이를 괴이하게 여겨 앞에 데려오도록 하고 물었다. "사슴이 다 없어졌는가? 그대는 어찌하여 온 것인가?" 사슴왕이 말했다. "대왕의 어짊이 뭇 사슴에게 미치어 누구도 해치는 이가 없었습니다. 단지 왕성하게 불어날 뿐 어찌 다 없어지는 일이 있겠습니까. 제가 온 이유는 이러합니다. 다른 사슴의 무리에 한 마리의 새끼를 밴 사슴이 있어 새끼를 낳게 되었는데, 몸이 도마 위에 올려져 배를 가르면 그 새끼도 또한 생명을 함께하여 죽어 버릴 것인지라, 나에게 귀의하여 말했습니다. 나는 이를 불쌍히 여겼으나, 차례가 아닌 이를 보내는 것은 또한 할 수 없었습니다. 그렇지만 귀의한 이를 구제하지 않는다면 나무나 돌과 다름이 없는 존재가 될 것입니다. 이 몸은 오래지 않아 반드시 죽음을 면하지 못하거늘, 자비로운 마음을 드리워 고난에서 구제할 수 있다면 공덕이 한량없을 것입니다. 사람으로서 자애로움이 없다면 범이나 이리와 다를 것이 없을 것입니다.” 왕이 이 말을 듣고 자리에서 일어나 게송을 설하여 말했다. “나는 진실로 짐승이니 사람의 머리를 가진 사슴이라 해야 할 것이다. 그대는 비록 사슴의 몸을 가졌지만 사슴의 머리를 한 사람이라 해야 할 것이다. 이치로 말하자면 형체를 갖추었다고 해서 사람이 되는 것은 아닌 것이니, 자애로움과 은혜로움이 있다면 비록 짐승이라고 할지라도 진실로 사람이라고 할 것이다. 나는 오늘부터 어떤 고기도 먹지 않을 것이다. 나는 두려워하는 일이 없게 해 줄 것이니, 또한 너의 마음을 편안하게 가져도 좋을 것이다.” 이렇게 해서 모든 사람이 안온함을 얻었다.[138]

波羅捺國。梵摩達王。遊獵[1)]於野林中。見二鹿羣。羣各有主。一主。有五百羣鹿。一主。身七寶色。是釋迦文菩薩。一主。是提婆達多。菩薩鹿王。見人王大衆。殺其部黨。起大悲心。逕到王前。王人競射。飛箭如雨。王見此鹿。直進趣已。無所忌憚。勅諸從人。攝汝弓箭。無得斷其來意。鹿王既至。跪白人王。君以嬉遊逸樂小事故。羣鹿一時。皆受死苦。若以供

---

[138] 『大智度論』권16(T25, 178b). 원문에서는 18권이라 했다.

膳。輒當差次。日送一鹿。以供王厨。王善其言。聽如其意。於是。二鹿羣
主。大集差次。各當一日。是提婆達多鹿羣中。有一鹿懷子。次至應送。來
白其主。我身。今日。當應送死。而我懷子。子非次也。乞垂斷[2]理。使死
者得次。生者不濫。鹿王。怒之言。誰不惜命。次來但去。何得辭也。鹿母
思惟。我王不仁。不以理怒[3] 不察我辭。横見瞋怒。不足告也。卽往菩薩
王所。以情具白。王問此鹿。汝主何言。鹿曰。我主不仁。不見斷[4]理。而
見瞋怒。大王仁。及一切故。來歸命。如我今日。天地雖曠。無所控告。菩
薩思惟。此甚可愍。若我不理。枉殺其子。若非次更差。次未及之。如何可
遣。進[5]有我當代之。思之旣定。卽自送身。遣鹿母還。我今代汝。汝勿憂
也。鹿王。逕到王門。衆人見之。恠其自來。以事白王。王亦恠之。卽命令
前。問言。諸鹿盡耶。汝何以來。鹿王言。大王仁。及郡[6]鹿。人無犯者。但
有滋茂。何有盡時。我以異部郡[7]中。有一鹿懷子。以子垂產。身當俎割。
子亦幷命。歸告於我。我以愍之。非分更差。是亦不可。若歸而不救。無異
木石。是身不久。必不免死。慈救苦厄。功德無量。若人無慈。與虎狼。無
異。王聞是言。卽從座起。而說偈言。我實是畜獸。名曰人頭鹿。汝雖是鹿
身。名爲鹿頭人。以理而言之。非以形爲人。若能有慈恩[8] 雖獸實是人。
我從今日始。不食一切宍。[9] 我以無畏施。且可安汝意。諸鹿得安穩。

---

1) ㉠『大智度論』에 따르면 '獨'은 '獵'이다. 2) ㉠『大智度論』에 따르면 '斷'은 '料'이
다. 3) ㉠『大智度論』에 따르면 '怒'는 '恕'이다. 4) ㉠『大智度論』에 따르면 '斷'은
'料'이다. 5) ㉠『大智度論』에 따르면 '進'은 '唯'이다. 6) ㉠『大智度論』에 따르면 '郡'
은 '群'이다. 이하도 동일하다. 7) ㉠『大智度論』에 따르면 '郡'은 '群'이다. 8) ㉠『大
智度論』에 따르면 '恩'은 '惠'이다. 9) ㉠ '宍'은 '肉'의 이자異字이다.

ⓑ 은혜가 있는 이를 제도하는 것

경 부모와 형제가 죽은 날 법사를 청하여 보살계경을 강설하도
록 하여 죽은 이의 복덕을 도와 부처님을 친견하고 사람 세상이나
하늘에 태어날 수 있도록 해야 하거늘,

若父母兄弟。死亡之日。應請法師。講菩薩戒經。福資亡者。得見諸佛。生人天上。

기 경의 "부모와" 이하는 두 번째로 은혜가 있는 이를 제도하는 것을 밝힌 것이다. 처음 발심하여 배우는 보살은 먼저 은혜가 있는 이에게 자비로운 마음을 일으키고 점점 모든 유정에게 이르니, 마치 성문승이 자비관을 닦는 것과 같이 한다.

經若見[1]父母自下。第二明度有恩。新學菩薩。先於有恩。起慈悲心。漸漸乃至一切有情。猶如聲聞。修慈悲觀。

---
1) ㉉ '見'은 잉자이다.

『유가사지론』 제32권에서 말한 것과 같다.

如瑜伽論三十二云。

나는 응당 나타내 보일 것이다. 자민관慈愍觀에 의해 처음 업을 닦는 이는, 외부의 친한 이들, 원수인 이들, 두 가지 모두에 해당하지 않는 이들(中庸品)에 대해 상相을 잘 취하고, 여법如法한 자리에 머물러 이익과 안락을 주려는 증상의요增上意樂로 말미암아 정지작의定地作意(선정의 지위에 마음을 기울이는 것)를 함께 현행시키되, 한 명의 친한 이, 한 명의 원수, 한 명의 두 가지 모두에 해당하지 않는 이 등을 대상으로 하여 승해勝解를 일으키며, 이 세 부류의 사람에 대해 평등하게 이익과 안락을 주려는 증상의요로 말미암아 함께 작의를 일으켜 그 즐거움을 주고자 하여 이렇게 생각한다. '저 즐거움을 구하는 모든 유정들이 다 즐거움을 얻기를 원한다.' 그 즐거움이란 죄없는 욕망의 즐거움, 죄없고 기쁨은 있는 즐거움, 죄없고 기쁨도 없는 즐거움 등¹³⁹을 말한다. 다음에 혹은 두 명의 친한 이, 혹은 세 명의 친한 이, 혹은 네 명의 친한 이, 혹은 다섯 명의 친한 이, 열 명의 친한 이, 스무 명의 친한 이로 확장하면서 사방사유四方四維에 두루 넓혀 가면, 그 가운데 친한 이들이 빈틈없이 가득 차고, 이들에 대해 승해를 일으키니, 이 속에서 지팡이의 끝만큼도 받아들일 만한 곳이 없는 상태에까지 이르게 된다. 친한 이에 대해서 한 것처럼 원수와 두 가지 모두에 해당하지 않는 이에 대해서도 또한 이와 같다는 것을 알아야 한다.¹⁴⁰

我當顯示。依慈愍觀。初修業者。於外親品怨品及中庸品。善取相已。處如法坐。由利益安樂增上意樂。俱行定地作意。於一親一怨一中庸所。發起勝解。於此三品。由平等利益安樂增上意樂。俱行作意。欲與其樂。如是念言。願彼求樂諸有情類。皆當得樂。謂或無罪欲樂。或無罪欲¹⁾有喜樂。或無罪無喜樂。次後。或於二親。或於三親。或於四親。或於五親十親二十。如是徧諸方維。其中。親品。充滿無間。發起勝解。於中。乃至無有容受一杖端處。如於親品。如是。怨及中庸品。當知亦爾。

1) ㉑『瑜伽師地論』에 따르면 '欲'은 잉자이다.

c) 잘못을 들어 죄를 맺은 것

경 이와 같이 하지 않으면 경구죄를 범하는 것이다.

若不爾者。犯輕垢罪。

---

139 둔륜의 『瑜伽論記』 권7(T42, 468c)에 따르면 이는 차례대로 욕계의 선정에서 얻는 즐거움, 색계의 초정려와 제2 정려에서 얻는 즐거움, 색계의 제3 정려에서 얻는 즐거움을 가리킨다.
140 『瑜伽師地論』 권32(T30, 462c).

기 경의 "이와 같이 하지 않으면" 이하는 잘못을 들어 죄를 맺었다. (업도가 성립하는) 인연의 다소는 앞에서 설한 것에 준하여 알아야 할 것이다. 『유가사지론』에서 "보살들이 보살의 청정한 계율의에 편안히 머물러 여러 유정을 보거든, 여러 가지 쓰라린 고통을 감수하는 가행과 맹렬하고 날카로운 가행을 행하여 이익을 얻어야 하거늘, 그 근심과 괴로움을 방호하기 위해 현행시키지 않는다면, 범함이 있고 어긋나고 넘어서는 것이 있지만 염오에 의한 위범은 아니라고 한다. 위범함이 없는 경우란 이 인연으로 말미암아 현법現法에서 이익을 얻는 것은 적고 근심과 괴로움을 낳는 것은 많은 것을 관찰하여 (그렇게 하는 것이다)."[141]라고 한 것과 같다. 부모를 구제하지 않는 것이란, 『유가사지론』에서 "먼저 은혜가 있는 여러 유정의 처소에 대해 은혜를 알지 못하고 은혜를 깨닫지도 못하고, 싫어하는 마음을 품고, 현재 앞에서 그대로 갚으려고 하지 않는다면, 이를 범함이 있고 어긋나고 넘어서는 것이 있으며 염오에 의한 위범이라고 한다."[142]라고 한 것과 같다.

經若不爾者自下。第三擧非結罪。因緣多少。准前應知。如瑜伽云。若諸菩薩。安住菩薩淨戒律儀。見諸有情。應以種種辛楚加行猛利加行。多[1)]得義利。護其憂惱。而不現行。是名有犯。[2)]無違犯者。觀由此緣。於現法中。少得義利。多生憂惱。不救父母者。如瑜伽云於先有恩諸有情所。不知恩惠。不了恩惠。懷嫌恨心。不欲現[3)]如應酬報。是名有犯有所違越是染違犯。

1) ㉛『瑜伽師地論』에 따르면 '多'는 '而'이다. 2) ㉟『瑜伽師地論』에 따르면 '有犯' 뒤에 '有所違越 非染違犯'이 누락되었다. 3) ㉟『瑜伽師地論』에 따르면 '現' 뒤에 '前'이 누락되었다.

---

141 『瑜伽師地論』권41(T30, 518b).
142 『瑜伽師地論』권41(T30, 520a).

㉡ 나중에 설할 것을 미리 가리킨 것. 총괄적으로 맺음

경 이와 같은 열 가지 계를 배우고 공경하는 마음으로 받들어 지녀야 할 것이다. 「멸죄품滅罪品」[143]에서 낱낱의 계상을 자세하게 밝힐 것이다.

如是十戒。應當學。敬心奉持。如滅罪品中。廣明一一戒相。

기 경의 "이와 같은 열 가지 계를" 이하는 두 번째로 나중에 설할 것을 미리 가리킨 것이다.

經如是十戒自下。第二懸指後說。

---

143 「멸죄품滅罪品」: 현행 『梵網經』에는 없고, 대본大本 『梵網經』에 속한 것으로 추정되는 품의 제목이다.

범망경술기 卷下 末*

| 梵網經述記* |

숭의사崇義寺 스님 승장勝莊 지음
崇義寺僧 勝莊撰**

* ㉯ 제목을 삽입했다.

** ㉯ 찬술자의 이름을 새롭게 넣었다(編).

㈐ 세 번째 열 가지 계 : 섭선법계와 요익유정계

경 부처님께서 말씀하셨다. 불자여,

佛言。佛子。

기 경의 "불자여" 이하는 세 번째로 열 가지 계가 있으니, 섭선법계와 요익계를 밝힌 것이다. 여기에 두 가지가 있다. 처음에 별도로 열 가지 계를 해석하고, 뒤에 나중에 설할 곳을 미리 가리킨다.

經若佛子自下。第三有十戒。[1] 明攝善戒及饒益戒。此中有二。初別釋十。後懸指說處。

1) ㉠ '十戒'는 '十一戒'라고 해야 할 듯하다. ㉡ 전후 문맥상 '十戒'가 옳다.

㉠ 별도로 풀이함

첫 번째 별도로 해석하는 것은 다시 둘로 나눌 수 있다. 처음에 네 가지 계(㉑~㉔)가 있으니, (섭선법계에 속하는 것으로 어길 경우) 육도六度에 장애가 되는 것을 풀이하였다. 다음에 여섯 가지 계(㉕~㉚)가 있으니, 요익계를 밝힌 것이다.

第一別釋之中。復分有二。初有五[1]戒。釋六度障。次有六戒。明饒益。

1) ㉡ '五'는 '四'이다.

a. 섭선법계 : 어길 경우 육도를 장애함(㉑~㉔)

이것은 첫 번째로 섭선법계를 풀이하는 것인데, 셋으로 나눌 수 있다. 처음의 한 가지 계(㉑)는 (어길 경우) 인욕바라밀에 장애가 되는 것이고, 다음의 두 가지 계(㉒, ㉓)는 (어길 경우) 지혜바라밀에 장애가 되는 것이며, 뒤의 한 가지 계(㉔)는 (어길 경우) 계바라밀에 장애가 된다.

此卽第一釋攝善報。[1] 爲三。初一忍報。[2] 次二當慧障。後一戒障。

1) ㉔ '報'는 '戒'이다. 2) ㉔ '報'는 '障'이다.

a) 섭선법계 중 어길 경우 인욕바라밀을 장애하는 것

(㉑ 이진보계以瞋報戒 : 분노하는 마음으로 갚지 마라)

이것은 첫 번째로 이진보계이다. 인욕忍辱의 마음에 위배되는 것이기 때문에 제정하였다. 문장을 셋으로 나눌 수 있다. 처음에 사람을 밝혔고, 다음에 업도의 상을 밝혔으며, 나중에 "(출가) 보살이" 이하는 허물을 들어 죄를 맺었다.

此卽第一釋以瞋報戒。違忍心報。[1] 制也。文分有三。初人。次業道相。後而菩薩下。擧過結罪。

1) ㉔ '報' 뒤에 '故'가 누락된 듯하다. ㉔ '報'는 '故'이다.

(a) 사람을 나타냄

이것은 사람을 나타낸 것이다.

此卽標人。

(b) 업도의 상을 밝힘

경 분노로써 분노를 갚고, 때림으로써 때린 것을 갚아서야 되겠느냐. 부모와 형제 등의 육친을 죽였다고 해도 보복을 하지 말고, 왕이 다른 사람을 위해 (그 부모를) 죽였다고 해도[1] 또한 보복

하지 마라. 생명을 살해하여 생은生恩에 보답하는 것은 효도에 수
순하는 것이 아니다.[2] 오히려 노비를 두어서는 안 되고 (혹시 두더
라도) 때리고 욕하면서 날마다 (몸와 입과 마음으로) 세 가지 업을
일으켜 입으로 한량없는 죄를 짓는 일도 하지 말아야 하거늘,[3] 하
물며 고의로 칠역죄를 지어서야 되겠는가.

> 以瞋報瞋。以打報打。若殺父母兄弟六親。不得加報。若國主爲他人殺
> 者。亦不得加報。殺生報生。不順孝道。尙不畜奴婢。打拍罵辱。日日起三
> 業。口罪無量。況故作七逆之罪。

기 경의 "분노로써 분노를 갚고" 이하는 업도의 상을 밝힌 것이다. 문
장을 둘로 나눌 수 있다. 처음에 분노를 막을 것을 밝혔고, 다음에 거듭해
서 해석했다.

> 經以瞋報瞋下。第二明業道相。文分爲二。初明遮瞋。次明重釋。

ⓐ 분노를 막을 것

이것은 분노를 막을 것을 밝힌 것이다.

---

1 이 부분에 대해 승장은 두 가지 해석을 제시하였으나, 어느 것이 타당한 것인지 밝히지
않았다. 역자는 순서상 첫 번째 해석에 의거하여 풀이하였다.
2 법장의 『梵網經菩薩戒本疏』 권5(T40, 644a)에 따르면 효도에 수순하는 것이 아닌 이유
는, 첫째 그 생명은 윤회의 큰 테두리에서 볼 때 나의 부모였을 수 있기 때문이고, 둘째
부모의 원수를 갚음으로써 부모에게 더 큰 죄업을 짓게 하는 결과를 낳기 때문이다. 의
적 역시 『菩薩戒本疏』 권하(T40, 677b)에서 '첫째'의 이유를 제시하였다.
3 출가 보살은 노비를 두어서는 안 되고, 재가 보살은 노비를 두는 것은 허용되지만 때리
고 욕하는 것 등은 허용되지 않는 것으로 파악한 지의의 『菩薩戒經義疏』 권하(X38, 19c)
의 입장을 참조하여 해석하였다.

此卽遮瞋。

ⓑ 거듭 해석함

다음의 경의 "부모와~죽였다고 해도" 이하는 두 번째로 거듭해서 해석한 것이다. 곧 다른 사람이 와서 나의 부모를 죽이는 것을 보아도 보복을 하지 않아야 하거늘, 어찌 하물며 고의로 칠역죄를 짓겠는가 등이라고 한 것을 말한다.

"왕이 다른 사람을 위해 (그 부모를) 죽였다고 해도 또한 보복하지 마라."[4]고 한 것은 본래 두 가지 해석[5]이 있다. 한 가지 해석은 〈왕이 다른 사람을 위해 그 부모를 죽였어도 보살은 또한 살생으로 살생을 갚으면 안 된다〉라는 것이다. 다른 한 가지 해석은 〈왕이 다른 곳에서 살해를 당했어도 또한 살생으로 보복을 해서는 안 된다〉는 것이다. (어느 경우이든) 큰 자비로운 마음에 머물러 자비로써 살생을 갚아야 한다. 예컨대 사자왕이 다른 사람에게 독화살을 맞았으나 자비로써 살생한 일을 갚은 것처럼 해야 하니, 이는 『현우경』 「견서사자품堅誓師子品」에서 설한 것[6]과 같다. 생명을 살해하면 원한이라는 번뇌가 생겨나 악도에 떨어지기 때문이다.

"노비를 두어서는 안 되고"라고 한 것은 출가 보살에 대해 제정한 것이고, 재가자에 대해 제정한 것은 아니다. "육친"이란 아버지·어머니·큰아

---

4 역자는 원문을 그대로 둘 수 없어 우선 두 가지 해석 중 전자를 따라 해석했다. 동어반복적인 문장은 이 때문이다.
5 이하 두 가지 해석은 의적이 『菩薩戒本義疏』 권하(T40, 677b)에서 제시한 것과 동일한 내용이다. 승장의 서술방식은 여러 해석을 제시하고 자신의 입장에서 더 타당한 것을 지목하고 있는데, 여기에서는 어느 하나를 선택하지 않았다. 역자가 볼 때는 문맥상 전자가 타당하고, 본문(경)의 풀이는 이 해석에 따랐다.
6 『賢愚經』 권13(T4, 438a). 부처님께서 '견서'라는 사자로 태어났을 때 머리를 깎고 가사를 입은 사냥꾼이 독화살을 쏘았는데, 사냥꾼이 가사를 입은 것을 보고 성현이라 여겨 해치려는 마음을 품지 않고, 오히려 머리를 깎고 가사를 입은 이를 찬탄하면서 죽었던 고사를 일컫는 말이다.

버지·작은아버지·손위 형제·손아래 형제 등이다.

> 次經若殺父母自下。第二重釋。謂若見他來殺我父母。而不得加報。何況故作七逆等。衆¹⁾若國主爲他人殺者。亦不得加報者。自有兩釋。一云。國主爲他殺其父母。菩薩亦不以殺報殺。一云。若是國王被他處殺。亦不得報殺。住大悲心。次²⁾慈報殺。如師子王。被他毒箭。以慈報殺事。如賢愚經。堅³⁾誓師子品說。殺生生怨結。墮惡道故。不畜奴婢者。制出家菩薩。悲⁴⁾制在家。言六親者。父母伯叔及兄弟也。

1) ㉯ '衆'은 잉자인 듯하다. 2) ㉯ '次'는 '以'인 듯하다. 3) ㉮ 『賢愚經』에 따르면 '竪'는 '堅'이다. 4) ㉯ '悲'는 '非'인 듯하다.

(c) 허물을 들어 죄를 맺음

경 출가 보살이 자비로운 마음이 없이 원수에게 보복하되, 육친을 (해친 원수에) 대한 (보복)에 이르기까지도 고의로 보복한다면, 경구죄를 범하는 것이다.

> 而出家菩薩。無慈報讎。乃至六親中。故報者。犯輕垢罪。

기 경의 "출가 보살"이하는 세 번째로 허물을 들어 죄를 맺은 것이다. 『유가사지론』에서 "모든 보살이 청정한 계율의에 편안히 머물러 다른 사람의 꾸짖음을 꾸짖음으로 갚고 다른 사람의 분노를 분노로 갚으며, 다른 사람이 때리면 때리는 것으로 갚고 다른 사람이 희롱하면 희롱하는 것으로 갚는다면, 이를 범하는 것이 있고 어긋나고 넘어서는 것이 있으며 염오에 의한 위범이라 한다."[7]라고 한 것과 같다.

---

7 『瑜伽師地論』 권41(T30, 518b).

經而出家菩薩下。第三擧過結罪。如瑜伽云。諸菩薩。安住淨戒律儀。他罵報罵。他瞋報瞋。他打報打。他弄報弄。是名有犯有所違越是染違犯。

b) 섭선법계 중 어길 경우 반야바라밀을 장애하는 것(22, 23)

(a) 22 교불수법계憍不受法戒 : 교만한 마음으로 법에 대한 가르침을 받아들이지 않는 일을 하지 마라

ⓐ 사람

경 불자여,

若佛子。

기 경의 "불자여" 이하는 두 번째로 두 가지 계가 있으니, (어길 경우) 혜慧(般若)바라밀을 장애하는 것을 풀이한다. 두 가지를 풀이하였으므로 둘이 되는데, 여기에선 첫 번째로 교불수법계를 밝힌다. 문장을 둘로 나눌 수 있다. 처음에 사람을 해석하니 "불자여"라고 말한 것과 같고, 나중에 업도를 밝힌다.

經若佛子自下。第二有二戒。釋是慧障。釋二爲三。[1] 此卽第二[2] 明憍不受法戒。文分有二。初釋人。如言佛子。後明業道。

1) ㉯ '三'은 '二'이다. 2) ㉺ '二'는 '一'인 듯하다.

ⓑ 업도를 밝힘

경 처음 출가하여 아직 (불법을) 이해하지 못하면서 스스로 총명

하고 지혜가 있음을 믿거나, 고귀하고 나이가 많음을 믿거나, 훌륭한 족성과 명망있는 가문의 출신이라는 것을 믿거나, 많이 안다는 것을 믿거나, 복이 많아 재물과 칠보가 풍부하다는 것을 믿거나 하여 이것으로 인해 교만한 마음을 품고 먼저 배운 법사에게 경과 율에 대해 묻고 그 말씀을 받아들이는 일을 하지 않아서야 되겠느냐. 그 법사가 보잘것없는 족성이거나 나이가 어리거나 사회적 지위가 낮은 집안 출신이라거나 가난하거나, 여러 가지 감각 기관을 온전하게 갖추지 못하였거나 해도, 진실로 덕이 있고 모든 경과 율을 다 이해하고 있으면, 처음 발심하여 배우는 보살은 법사의 종성種姓을 보지 말 것이니, 법사를 찾아가 불교의 제일의제第一義諦를 묻고 그 말씀을 받아들이지 않는다면 경구죄를 범하는 것이다.

> 初始出家。未有所解。而自恃聰明有智。或恃高貴年宿。或恃大姓高門。大解。大福饒財七寶。以此。憍慢而不諮受先學法師經律。其法師者。或小姓年少。卑門貧窮。諸根不具。而實有德。一切經律盡解。而新學菩薩。不得觀法師種姓。而不來諮受法師第一義諦者。犯輕垢罪。

기 경의 "처음 출가하여" 이하는 두 번째로 업도를 밝힌 것이다. 문장을 둘로 나눌 수 있다. 처음에 스스로를 믿어 법에 대한 가르침을 받지 않는 것을 밝힌 것이고, 나중에 다른 사람을 혐오하여 법에 대한 가르침을 받지 않는 것을 밝힌 것이다.

> 經若出家菩薩[1]自下。第二明業道也。文分有二。初明恃自不受法。後明嫌他不受法。

---
1) ㉔ '若出家菩薩'은 『梵網經』 본문과 다르다. ㉠ 현행 『梵網經』에 따르면 '初始出家'이다. 저본의 차이도 고려해 보아야 하겠지만, 여타 주석서의 다른 저본에도 이런 용

례는 없다.

ⅰ) 스스로를 믿어 법에 대한 가르침을 받지 않는 것

이것은 처음에 해당한다. 여기에 두 가지가 있다. 처음에 자신의 훌륭한 점을 믿는 것을 밝힌 것이고, 다음에 법에 대한 가르침을 받지 않는 것을 밝힌 것이다.

此卽初也。此中有二。初明恃巳[1]長。次明不受法。

1) ㉔ '巳'는 '己'이다.

(ⅰ) 자신의 훌륭한 점을 믿는 것

앞에 두 가지가 있다. 먼저 아직 불법을 이해하지 못한 상태임을 밝혔고, 다음에 자신의 훌륭한 점을 믿는 것을 밝혔다.

前中有二。先明未有所解。次明恃巳[1]長。

1) ㉔ '巳'는 '己'이다.

① 아직 이해하지 못한 것을 밝힌 것

이것은 첫 번째로 아직 이해하지 못한 것을 밝힌 것이다.

此卽第一明未有所解。

ⅱ 자신의 훌륭한 점을 믿는 것

경의 "스스로~을 믿거나" 이하는 두 번째로 자신의 훌륭한 점을 믿는 것을 밝힌 것이다. 여기에 다섯 구절이 있다. 첫째 총명하고 지혜가 있음을 믿는 것이고, 둘째 고귀하고 나이가 많음을 믿는 것이며, 셋째 훌륭한 족성과 명망 있는 가문의 출신이라는 것을 믿는 것이고, 넷째 많이 안다는 것을 믿는 것이며, 다섯째 복이 많아 재물이 풍부한 것을 믿는 것이다.

經而自恃下。第二明恃自長。於中有五句。一恃聰明有智。二恃高貴年宿。三恃大姓[1]高門。四恃大解。五恃大富[2]饒財。

1) ㉢『梵網經』에 따르면 '姓'은 '姓'이다.   2) ㉢『梵網經』에 따르면 '富'는 '福'이다. 단『菩薩戒經義疏』권하(X38, 19c16)에 수록된『梵網經』원문에는 '大福' 뒤에 '大富'가 들어가 있으므로, 승장이 저본으로 한『梵網經』원문도 이것에 근거한 것이라고 한다면, '富'가 맞을 수도 있다.

(ⅱ) 법에 대한 가르침을 받지 않는 것

경의 "~묻고 받아들이는 일을 하지 않아서야 되겠느냐" 이하는 두 번째로 법에 대한 가르침을 받지 않는 것을 밝힌 것이다.

經而不諮受自下。第二明不受法。

ⅱ) 다른 사람을 혐오하여 법에 대한 가르침을 받지 않는 것

경의 "그 법사가" 이하는 두 번째로 다른 사람을 혐오하여 법에 대한 가르침을 받지 않는 것을 밝힌 것이다. 곧 법을 묻고 받아들임에 있어서 늙거나 어린 것을 보지 않고, 신분이 높고 하천함을 보지 않는 것을 말하니, 법을 공경하기 때문이다. 마치 (『열반경』에서) 법을 아는 이가 있으면, 늙거나 어리거나, 여러 하늘이 제석천을 섬기는 것처럼 받들어야 한다[8]고 말한 것과 같다. 그런데 보살이 다른 사람의 신분이 낮음을 혐오하여 가서 법을 듣지 않으면 전파하고 교화하는 이익을 잃는 것이기 때문에 범죄가 성립된다.『유가사지론』에서 "교만한 마음을 품고 법사의 처소를 찾아

8 40권본『大般涅槃經』권6(T12, 399c4)

가서 가르침을 청하지 않는다면 어긋나고 범하는 것이 있으며 (염오에 의한 위범)이라 한다.…(하략)…"⁹라고 한 것과 같다.

經其法師者自下。第二明嫌他不受法。謂諸受法。不觀老少。不觀高卑。恭敬法故。如說有智¹⁾法者。若老若少。猶如諸天。奉事帝釋。而菩薩嫌他卑下。不往聽法。失傳化益。故成犯也。如瑜伽云。懷憍心。不詣師所。求請教授。是名違犯。乃至廣說。

1) ㉚ '智'는 '知'인 듯하다. ㉡ 이 부분은 『大般涅槃經』의 인용문으로 이 경에 따를 때 '知'가 맞다.

(b) ㉓ 만심도설계慢心倒說戒 : 교만한 마음으로 본래의 이치에 어긋나게 불법을 설하지 마라

ⓐ 사람

경 불자여,

若佛子。

기 경의 "불자여" 이하는 두 번째로 만심도설계를 밝힌 것이다. 가르침의 이치에 어긋나기 때문에 제정하였다. 칠중이 모두 범하는 것이다. 문장을 셋으로 나눌 수 있다. 처음에 사람을 밝혔고, 다음에 계를 받는 것을 밝혔으며, 나중에 업도를 밝혔다. 이것은 사람을 나타낸 것이다.

經若佛子自下。第二明慢心倒說戒。乖教訓之義故。制也。七衆同犯。文

---

9 『瑜伽師地論』 권41(T30, 519a).

有三。初明人。次明受戒。後明業道。此卽標人。

ⓑ 계를 받는 것

경 부처님께서 멸도減度하신 후에 좋은 마음으로 보살계를 받으려고 할 때, 부처님과 보살의 성상聖像 앞에서 스스로 서원하여 계를 받되, 7일 동안 불전佛前에서 참회하여 호상好相을 보면 바로 계를 얻을 수 있다. 만약 호상을 얻지 못하면 2·7일, 3·7일 내지 1년 동안이라도 호상을 얻기를 기다려야 하니, 호상을 얻고 나서야 부처님과 보살의 성상 앞에서 계를 받을 수 있다. 만약 호상을 얻지 못하면 비록 불상 앞에서 계를 받았더라도 계를 받았다고 할 수 없다. 만약 현재 앞에 먼저 보살계를 받은 법사가 있어서 그 앞에서 계를 받을 때에는 호상을 보기를 기다릴 필요가 없으니, 이 법사는 법사와 법사가 서로 전수한 것이기 때문에 호상을 필요로 하지 않는다. 그러므로 법사의 앞에서 계를 받으면 계를 얻는 것이니, 존중하는 마음을 버기 때문에 계를 얻는다. 천 리 안에 계를 줄 만한 법사가 없으면 부처님과 보살의 성상 앞에서 계를 받을 수는 있지만 이때는 호상을 보는 것이 필요하다.

佛滅度後。欲以好心。受菩薩戒時。於佛菩薩形像前。自誓受戒。當七日。佛前懺悔。得見好相。便得戒。若不得好相。應二七三七乃至一年。要得好相。得好相已。便得佛菩薩形像前受我[1] 若不得好相。雖佛像前受戒。不名得戒。若現前先受菩薩戒法師。前受戒時。不須要見好相。是法師。師師相授故。不須好相。是以。法師前受戒卽得戒。以生重心故。便得戒。若千里內。無能授戒師。得佛菩薩形像前。受得[2]戒。而要見好相。

1) ㉾ '我'는 '戒'이다. 2) ㉾ '得'은 잉자이다.

기 경의 "부처님께서 멸도하신 후에~보살계를 받으려고 할 때" 이하는 두 번째로 계를 받는 법을 밝힌 것이다. 먼저 스스로 서원하여 계를 받는 것을 밝혔고, 다음에 법사에 의지하여 받는 것을 밝혔다.

經佛滅度後至受菩薩戒時者自下。第二明受戒法。先明自誓受。次依師受。

ⅰ) 스스로 서원하여 계를 받는 것

앞의 것 중에 먼저 계를 받는 시절을 밝혔고, 다음에 스스로 계를 받는 법식을 밝혔다.

前中。先明戒時節。次明自受法式。

(ⅰ) 계를 받는 시절

이것은 첫 번째로 (계를 받는) 시절을 밝히는 것에 해당한다.

此卽第一時節也。

(ⅱ) 계를 받는 법식

경의 "부처님과 보살의 성상 앞에서" 이하는 두 번째로 스스로 계를 받는 법식을 밝힌 것이다. "참회"란 (그 뜻을) 현응玄應 법사는 "(중국에서 사용하는) 글에 '참'이라는 글자는 없으니, '참'은 차마叉磨라고 해야 하며, 한역어는 인忍(죄를 용서해 줄 것을 요청하는 것)이다. 보름 동안 지은 죄를 뉘우침으로써 보름마다 계근戒根을 증장시킨다."[10]라고 하였다. 스스로 서원하여 계를 받음에 있어서 먼저 부처님의 성상과 보살의 성상 앞에서 자신

---

10 『一切經音義』 권59(T54, 700c). 문장 자체는 동일하지 않지만 뜻은 차이가 없다.

이 지은 악하고 착하지 않은 업을 참회하여 1·7일이 지나서 호상을 얻으면 죄가 소멸될 수 있으니, 만약 호상을 보지 못하면 3·7일에서 1년에 이르기까지 호상을 보기를 기다려야 하며, 호상을 보지 못하면 계를 얻을 수 없는 것을 말한다.

"호상"이란 경의 뒷부분에서 "십계를 범한 이가 있으면 참회하도록 하되, 부처님과 보살의 성상 앞에서 날마다 여섯 때에 십계와 사십팔경계를 염송하고, (과거·현재·미래의) 3천 분의 부처님께 정성스럽게 빠짐없이 예배드리고, 호상을 볼 수 있도록 해야 한다. 1·7일, 2·7일, 3·7일 내지 1년이 될 때까지라도 호상을 보기를 기다려야 한다. 호상이란 부처님께서 오셔서 정수리를 쓰다듬거나 광명이나 꽃 등과 같은 여러 가지 기이한 모습을 보는 것이니, 이렇게 되면 죄를 멸할 수 있게 된다."[11]라고 설한 것과 같다.

經於佛菩薩像前者自下。第二自受法式。言懺悔者。應法師云。書無懺字。應云[1]又[2]磨。此云忍。悔所作半月。半月增長戒根。謂自誓受。先於佛像菩薩像前。懺悔所作惡不善業。經一七日。若得好相。是卽得滅。不得好相。於三七日乃至一年。要見好相。若不得好相。卽不得戒。言好相者。如下經說。若有犯十戒者。敎懺悔。在佛菩薩形像前。日日六時。誦十戒四十八輕戒。若[3]到[4]禮三千佛。得見好相。若一七日二三七日乃至一年。要見好相。相者。佛來摩頂。見光華種種異相。使得滅罪。

---

1) 囵 '應云'을 『一切經音義』에서는 '正言'이라 했다. 이 이하는 『一切經音義』의 문장과는 차이가 있다. ⓔ 『一切經音義』 권59(T54, 700c)에서는 '應云'을 '應言'이라 했다. 이는 원문 교감주의 내용과 어긋난다. 다만 『翻譯名義集』 권4(T54, 1121b23)에서 같은 내용을 다루면서 '正言'이라 했다. 어느 것이든 의미가 어긋나지는 않는다.
2) 囵 '又'는 '刃'인 듯하다. ⓔ 『一切經音義』에 따르면 '又'는 '叉'이다. 3) ⓔ '若'은 '苦'이다. 4) 囵 '到'는 '致'인 듯하다. ⓔ 이 인용문의 해당 본문에 '到'라 했다.

---

11 ㊄ 위리수계爲利授戒에서 설한 것을 말한다. 뒤에 나오는 문장을 참조할 것.

ii) 법사에 의지하여 계를 받는 것

경의 "만약 현재 앞에 먼저" 이하는 두 번째로 법사에 의지하여 계를 받는 것이다. 비록 두 가지 문장이 있지만 두 번째로 계를 받는 것을 밝히는 것은 여기에서 마친다.

經若現前先者自下。第二依師受戒。雖有二文。第二明受戒竟。

ⓒ 업도의 상

경 법사가 스스로 경과 율과 대승의 학계學戒를 안다는 이유로, 국왕과 태자와 온갖 관료들과는 좋은 벗으로 지내면서 처음 발심하여 배우는 보살이 찾아와 경의 뜻과 율의 뜻을 묻는데도 업신여기는 마음이나 악한 마음이나 교만한 마음으로 질문에 대해 낱낱이 잘 대답해 주지 않는다면, 경구죄를 범하는 것이다.

若法師。自倚解經律大乘學戒。與國王太子百官。以爲善友。而新學菩薩。來問若經義律義。輕心惡心慢心。一一不好答問者。犯輕垢罪。

기 경의 "법사가 스스로" 이하는 세 번째로 업도를 밝힌 것이다. 『유가사지론』「보살지」에서 "다른 사람이 찾아와 언어로 담론하고 축하하거나 위문을 하며 질문을 하였는데, 교만한 마음에 제압당하여 싫어하는 마음을 품고, 분노하는 마음을 품어서 바른 이치를 헤아려서 대답해 주지 않으면, 이를 범하는 것이 있고 어긋나고 넘어서는 것이 있으며 염오에 의한 위범이라 한다. 교만에 의해 제압당하지 않고 싫어하는 마음이 없으며 분노하는 마음도 없는데, 단지 나태함·게으름·잊어버림·무기無記 등의 마음에 의해 그렇게 한 것이라면 범하는 것이 있고 (어긋나고 넘어서는 것이 있지만) 염오에 의한 위범은 아니라고 한다. 위범하지 않는 경우란,

중병을 앓고 있거나, 제정신이 아니거나,…(중략)…여러 유정의 마음을 보호하기 위한 목적이 있거나 하여 대답해 주지 않았다면, 모두 어기는 것이 아니다."[12]라고 한 것과 같다.

이것은 다섯 가지 조건으로 말미암아 업도를 얻는다. 첫째 대상이 있어야 하고, 둘째 본심本心[13]에 머물러야 하며, 셋째 다른 사람이 질문해야 하고, 넷째 번뇌가 일어나야 하니, 교만 등을 말하며, 다섯째 이치에 맞게 대답하지 않는 것이다.

經若法師身[1]下。第三正明業道。如菩薩地說。若有他來。語言談論。慶慰請問。憍慢所制。懷嫌恨心。懷恚惱心。不稱正理。發言酬對。是名有犯有所違越是染違犯。非憍慢制。無嫌恨心。無恚惱心。但由懶墮。懈怠。忘念。無記之心。是名有犯非染違犯。無違犯者。謂遭重病。或心狂亂。廣說乃至。或爲將護多有情心。而不酬對。皆無違犯。此由五緣。得業道。一有所緣。二住本心。三他末[2]問。四起煩惱。謂憍慢等。五不稱理答。

---

1) ㉑ '身'은 '自'인 듯하다. 2) ㉠ '末'는 잉자이다.

c) 섭선법계 중 어길 경우 계바라밀을 장애하는 것

([24] 습학이도계習學異道戒 : 다른 도를 익히고 배우지 마라)

(a) 사람

경 불자여,

若佛子。

---

12 『瑜伽師地論』 권41(T30, 516b).
13 문맥상 정신 상태가 혼란하지 않고 본래의 상태를 유지하는 것을 말하는 것으로 추정된다.

기 경의 "불자여" 이하는 세 번째로 습학이도계를 밝힌 것이다. 문장을 셋으로 나눌 수 있다. 처음에 사람을 나타내었고, 다음에 행상行相을 밝혔으며, 뒤에는 바로 죄를 맺었다. 이것은 사람을 나타내는 것이다.

經若佛子自下。第三習學異道戒。文分有二。[1] 初人。次行相。後卽結罪。
此卽標人。

1) ㉥ '二'는 '三'이다.

(b) 업도를 밝힘

경 부처님의 경과 율과 대승법과 바른 견해와 바른 성품과 바른 법신이 있는데도 부지런히 배우고 닦아 익히지 않아 칠보인 (법재法財)를 버리고, 도리어 사견인 이승二乘(小乘)과 외도 (그리고) 세속의 전적典籍인 아비담阿毗曇(소승의 논서)과 잡론雜論(외도의 논서)과 서기書記(세속의 전적) 등을 배워서야 되겠는가. 이는 불성을 끊는 것이고, 불도를 얻는 인연을 장애하는 것이니, 보살도를 행하는 것이 아니다.

有佛經律。大乘法正見正性正法身。而不能勤學修習。而捨七寶。反學邪
見二乘外道俗典。阿毗曇雜論書記。是斷佛性。䭾道因緣。非行菩薩道。

기 경에서 "부처님의 경과 율과~닦아 익히지 않아"라고 한 것은 두 번째로 업도를 밝힌 것이다. 먼저 대승을 익히지 않는 것을 밝혔고, 다음에 다른 도를 배우는 것을 밝혔다.

經有佛經律至瞋[1]習者。此卽第二明業道。先明不習大乘。次明學異道。

1) ㉥ '瞋'은 '修'이다.

ⓐ **대승을 닦고 배우지 않는 것**

이것은 첫 번째로 대승을 닦고 배우지 않는 것이다.

"바른 견해"란 이치에 맞게 인발引發(이끌려 나온 것)된 지혜이고, "바른 성품"이란 이불성理佛性(이치로서의 불성)과 행불성行佛性(수행을 통해 증득하는 것으로서의 불성)의 두 가지 불성을 말하며, "바른 법신"이란 앞의 두 가지 인因에 의해 증득된 과果를 말한다. "칠보인 (법재를) 버리고"란 대승을 여의고 벗어나는 것을 말한다.

此卽第一不瞋[1]習大乘。言正見者。如理所引慧。言正性者。謂理及行二種佛性。正法身者。謂前二因所得果也。捨七寶者。離釋大乘。

1) ㉮ '瞋'은 연자衍字인 듯하다. ㉯ '瞋'은 '修'이다.

ⓑ **다른 도를 배우는 것**

경에서 "도리어 사견인~서기 등을 배워서야 되겠는가"라고 한 것은 두 번째로 다른 도를 익히고 배우는 것이다. 먼저 다른 도를 배우는 것을 밝혔고, 다음에 그 과실을 드러냈다.

經反學邪見至書記者。此卽第二習學異道。先明習異道法。次顯過失。

ⅰ) **다른 도를 배우는 것**

이것은 처음에 해당한다. "이승과 외도"를 모두 '사견'이라고 하니, 대승에 상응하는 견해와 어긋나기 때문이다. '이승을 배운다'는 것은 한결같이 대승의 경과 율을 버리고, 한결같이 이승의 경과 논을 즐겨 익히는 것이니, 이를 범하는 것이 있다고 한다. 『유가사지론』에서 "보살장을 아직 정밀하게 연구하지 않고, 보살장을 한결같이 버리며, 성문장을 한결같이 닦고 배운다면 이는 범하는 것이 있지만, 염오에 의한 위범은 아니라고 한다."¹⁴라고 한 것과 같다. '외도를 배운다'는 것은 『유가사지론』에서 "현재 부처님의 가르침이 있는데, 부처님의 가르침을 아직 정밀하게 연구하지 않고, 다른 도를 설하는 논서와 여러 외도의 논서를 정밀하고 부지런히 닦고 배운다면, 범하는 것이 있고 어긋나고 넘어서는 것이 있으며 염오에 의한 위범이라 한다."¹⁵라고 한 것과 같다. 자세한 것은 앞에서 설한 것과 같다.

此卽初也。二乘外道。皆名邪見。乖違大乘相應見故。學二乘者。一向棄捨大乘經律。一向樂習二乘經論。是名有犯。瑜伽云。於菩薩藏。未精研究。於菩薩藏。一向棄捨。於聲聞藏。一向修學。是名有犯非染違犯。學外道者。如瑜伽云。現有佛教。於佛教中。未精研究。於異道論及諸外論。精勤修學。是名有犯所違越是染汙犯。具如前說。

ii) 과실을 드러낸 것

경에서 "이는 불성을 끊는 것이고~"라고 한 것은 두 번째로 과실을 드러낸 것이다.

經是斷佛性等者。此卽第二顯過失也。

(c) 죄를 맺는 것

경 고의로 이러한 일을 한다면 경구죄를 범하는 것이다.

若故作者。犯輕姤罪。

---

14 『瑜伽師地論』 권41(T30, 519a).
15 『瑜伽師地論』 권41(T30, 519a).

기 경의 "고의로 이런 일을 한다면 경구죄를 범하는 것이다."란 세 번째로 죄를 맺는 것을 밝힌 것이다. (죄가 성립되기 위해) 갖추어야 할 조건의 다소는 이치대로 알아야 할 것이다.

經[1] 故作者犯輕垢罪者。此卽第三明結罪也。具緣多少。如理應知。

---
1) ㉠ '經' 뒤에 '若'이 누락된 듯하다.

b. 섭요익계(25~30)

a) 어길 경우 동사섭에 장애가 되는 것(25~28)

(a) 25 불선섭중계不善攝衆戒 : 대중을 잘 포섭하지 않는 일을 하지 마라

ⓐ 사람

경 불자여,

若佛子。

기 경의 "불자여" 이하는 두 번째로 여섯 가지 계가 있으니, 요익계를 밝힌 것이다. 처음의 네 가지(25~28)는 어길 경우 동사섭同事攝에 장애가 되는 것이고, 다음의 두 가지(29, 30)는 이행섭利行攝에 장애가 되는 것이다.

처음 네 가지를 풀이하였으므로, 나누면 네 가지가 된다. 이것은 첫 번째로 불선섭중계를 밝힌 것이다. 용삼보계用三寶戒라고도 한다.

문장을 셋으로 나눌 수 있다. 처음에 사람을 나타내었고, 다음에 행해야 할 것을 밝혔으며, 뒤에 그릇된 것을 들어 죄를 맺었다. 이것은 처음에 해당한다.

經若佛子下。第二有六戒。明饒益戒。初四同事攝障。次二是利行障。釋初四中。卽分爲四。此卽第一不善攝衆戒。亦云用三寶戒。文分有三。初人。次明應行。後擧非結罪。此卽初也。

ⓑ 행해야 할 것

경 부처님께서 멸도하신 후에 설법주說法主가 되거나 행법주行法主가 되거나 승방주僧房主가 되거나, 교화주敎化主가 되거나, 좌선주坐禪主가 되거나, 행래주行來主가 되거나 하거든, 자애로운 마음을 내어 다툼을 잘 화해시키고, 삼보三寶에 소속된 물건을 잘 지키며, 자신의 물건인 것처럼 여기어 함부로 쓰는 일을 하지 말아야 한다.

佛滅度後。爲說法主。爲行法主。爲僧房主。敎化主。坐禪主。行來主。應生慈心。善和鬪訟。善守三寶物。莫無度用如自已[1]有。

---
1) ㉠ '己'는 '己'이다.

기 경의 "부처님께서 멸도하신 후에" 이하는 두 번째로 행해야 할 것을 밝혔다. 이 가운데 세 가지가 있다.

經佛滅後下。第二明應行也。於中有三。

ⅰ) 시기

첫 번째 시기이다. 경에서 "부처님께서 멸도하신 후에"라고 말했기 때문이다.

一者時。如經佛滅後故。

ii) 실행 주체

두 번째 실행하는 주체를 밝혔다. 경에서 "설법주가 되거나" 등을 말한 것과 같기 때문이다. 여기에 여섯 가지의 주체(主 : 통솔자)가 있다. 첫째 설법주이다. 능히 법을 설하는 주체가 되는 이를 설법주라 한다. 혹은 〈능히 법을 건립하는 모임의 주체가 되는 이를 설법주라 하는 것이지, 능히 (법을) 설하는 사람을 설법주라고 하는 것은 아니니, 이른바 법을 아는 사람을 설법주라고 하는 것이다〉라고 하기도 한다. 해 법의 주인을 설법주라 하는 것일 뿐이고, 반드시 법을 설해야 설법주라고 하는 것은 아니다. 혹은 능히 법을 설하는 주체를 설법주라고 하는 경우도 있다.[16] 셋째 승방주이다. 방사를 수리하고, 방사와 관련된 문제를 처리하는 스님을 말한다. 넷째 교화주이다. 모든 방편으로 능히 가르치고 이끌어 교화하는 이를 말한다. 다섯째 좌선주이다. 이른바 어떤 사람이 좌선을 뛰어나게 알면 좌선주라 한다. 여섯째 행래주이다. 손님을 상대하면서 오는 이를 맞이하고 가는 이를 전송하는 일을 담당하는 이를 말한다.

二者明能行人。如經爲說法主等故。此有六主。一說法主。謂能說法。名說法主。或能建立法之會。名說法主。非能說人。二者[1]法主。謂有[2]智[3]法者。名爲[4]法主。解云。法之主。名爲[5]法主。未必能說。方名法[6]主。或能說法。名爲[7]法主。三僧房主。謂修治房舍。處分房舍者。四敎化主。五坐禪

---

[16] 이 부분을 모두 첫째 설법주와 관련된 주석으로 보면, 둘째 행법주에 대한 주석은 누락된 것으로 볼 수밖에 없다. 어떤 주석가는 설법주와 행법주는 법을 설하고 행하는 것의 차이일 뿐이라고 하여 서로 묶어서 보기도 하고, 어떤 주석가는 설법주만 풀이하고 행법주는 생략하기도 한다. 승장은 번호까지 붙여 가면서 여섯 부류의 통솔자를 해석하였기 때문에 이것만 생략했을 가능성은 크지 않지만, 현재 달리 방도는 없는 것 같다. 여타 주석자들의 의견으로 이를 대신하기도 한다. 의적義寂은 『菩薩戒本疏』 권하(T40, 678c)에서 설법주는 강설하는 주체이고, 행법주는 교법을 시행하는 주체라고 하였다. 태현太賢은 『梵網經古跡記』 권하(T40, 713c)에서 설법주는 설법하는 사람, 행법주는 경장經藏 등을 수호하는 사람이라고 하였다.

主。謂如有一先知坐禪所有方便能敎據化名坐禪主。[8] 六行來主。謂對當[9]
客人。迎來送去。

1) ㉥ '者'는 '行'인 듯하다(編). ㉡ '者'는 '說'이고, '者' 앞의 '二'는 '名'이다. 『梵網經』 본문에 따르면 두 번째는 행법주이기 때문에 '行'으로 본 것으로 추정된다. 이후의 문장도 뚜렷하지는 않지만 행법주보다는 설법주와 관련된 내용으로 보는 것이 더 타당하게 생각되기 때문에 『한불전』 교감주는 옳지 않은 것으로 생각된다. 역자는 이 부분을 우선 행법주에 대한 주석은 생략된 것으로 보고, 모두 설법주와 관련된 것이라는 관점에서 교감하였다. 2) '有'는 잉자이다. 3) ㉥ '智'는 '知'인 듯하다. 4) ㉡ '爲'는 '說'이다. 5) ㉡ '爲'는 '說'이다. 6) ㉡ '法' 앞에 '說'이 누락되었다. 7) ㉡ '爲'는 '說'이다. 8) ㉥ "四敎化主五坐禪主謂如有一先知坐禪所有方便能敎據化名坐禪主"는 문장이 뒤섞였다. ㉡ 다른 주석서를 참조해도 해결하기 어려워 역자 나름대로 據를 導로 바꾸고, 나머지 글자의 순서를 다음과 같이 조정했다. '四敎化主 所有方便 能敎導化 五坐禪主 謂如有一先知坐禪 名坐禪主' 9) ㉥ '對當'은 '當對'인 듯하다.

iii) 행해야 할 것

세 번째, 행해야 할 것을 밝혔으니, 경에서 "자애로운 마음을 내어 다툼을 잘 화해시키고"라고 했기 때문이다. 여기에서 말하고자 하는 뜻은, 위와 같은 여섯 가지 주主는 그것이 응하는 것에 따라 자애로운 마음을 내어 다툼을 잘 화해시키고, 삼보의 물건을 수호해야 한다는 것이다. 비록 (해석해야 할) 한 문장이 (남아) 있지만, 두 번째로 행해야 할 것을 밝히는 것을 마친다.

三者應行。如經應生慈心善和鬪訟等故。此中意說。如上六主。如其所應。應生慈心。善和鬪訟。守三寶物。唯[1]有三。[2] 第二明應行竟。

1) ㉡ '唯'는 '雖'이다. 2) ㉥ '三' 뒤에 '中'이 누락된 듯하다. ㉡ '三'은 '一文'이다.

ⓒ 허물을 들어 죄를 맺음

경 도리어 대중을 어지럽히고 다투게 하고 마음대로 삼보의 물건을 사용한다면 경구죄를 범하는 것이다.

而反亂衆鬪諍。恣心。用三寶物。犯輕垢罪。

기 경의 "도리어 대중을 어지럽히고~" 이하는 세 번째로 허물을 들어 죄를 맺은 것이다. 허물에 두 가지가 있다. 첫째, 대중을 어지럽히는 것이다. 교리에 의거하지 않고 문란하게 처리하기 때문이다. 둘째, 마음대로 삼보의 물건을 사용하는 것이다. 승주僧主이기 때문에 삼보의 물건을 수호하기도 하고 처분하여 쓰기도 하는데, 물건을 사용할 때 승중僧衆에 알리지 않고 마음대로 사용하기 때문에 경구죄를 범하는 것이다.

經而反亂衆等者自下。第三擧過結罪。過有二種。一者亂衆。不依敎理。亂處分故。二者恣心。用三寶物。謂僧主故。守三寶物。亦處分用。用物之時。不白僧衆。恣心用故。犯輕垢罪。

문 삼보의 물건을 사용하는 것인데 어찌하여 중죄를 범하는 것이 아니겠는가?

해 이 물건17을 (관리하는) 주인이 훔치려는 마음으로 말미암은 것도 아니고, 자신을 위해서 쓰려는 것도 아니며, 단지 승중을 위해 사용하되 승중에 알리지 않은 것일 뿐이니, 경죄이고 중죄는 아니다.

問。用三寶物。豈不犯重。解云。此物主。不由偸心。亦不爲己。但爲僧用。而不白僧。是輕非重。

소승교에서는 다투면 바일제를 범하는 것이다. 만약 승주가 되어 고의로 승중에 알리지 않고 삼보의 물건을 사용한다면 오직 뜻에 근거하여 말

---

17 이 물건 : 삼보에 소속된 물건.

하면 투란偸蘭(偸蘭遮)에 해당한다. 【문장을 조사해 볼 것】

小乘敎中。若鬪諍者。是波逸提。於七滅諍浃用[1]藥者。是吉羅攝。若爲僧主。故不白僧。用三寶物。唯義而說。是倫[2]蘭攝【勘文】。

1) ㉮ '浃用' 이하의 문장은 자세히 알 수 없다. ㉯ "於七滅諍 浃用藥者 是吉羅攝"은 문맥상 의미가 전혀 이어지지 않기 때문에 해석하지 않고 원문을 밝혀 둔다. 2) ㉯ '倫'은 '偸'이다.

(b) 26 **독수이양계**獨受利養戒 : 홀로 초청을 받아 이양을 취하지 마라

ⓐ 사람

경 **불자여**,

若佛子。

기 경의 "불자여" 이하는 두 번째로 독수이양계를 밝힌 것이다. 단지 출가자의 금계로만 제정된 것이고, 재가자에게는 해당되지 않는다. 승방의 와구를 시주가 스님을 초청하여 공양할 때, 손님과 주인이라는 차별이 없이 모두 자신이 배분받을 몫이 있는데, 먼저 머물던 사람이 홀로 수용하면서 새로운 다른 사람에게 이양물을 나누어 주지 않았기 때문에 제정하였다. 문장을 셋으로 나눌 수 있다. 처음에 사람을 나타냈고, 다음에 행해야 할 것을 밝혔으며, 뒤에 허물을 들어 죄를 맺었다. 이것은 사람을 나타낸 것이다.

經若佛子下。第二明獨受利養戒。佀[1]制出家。非在家也。謂僧房臥具。施主請僧。不得客主。皆悉有分。而舊住人獨受。不分舊他利分。是故。制也。文分有三。初人。次應行。後擧過罪。[2] 此卽標人。

1) ㉝ '佢'는 '但'이다. 2) ㉝ '罪' 앞에 '結'이 누락된 듯하다.

ⓑ 행해야 할 것

경 먼저 승방에 주석하면서 나중에 손님인 보살이나 비구가 와서 (성읍의) 승방이나 사택이나 성읍의 국왕의 택사나, 내지 하안거를 하는 곳이나, 대회가 있는 곳으로 들어가는 것[18]을 보면, 먼저 주석하고 있는 스님은 오는 것을 맞이하고 가는 것을 배웅하고, 음식을 공양하고, 방사와 와구와 평상 등의 온갖 것을 다 제공해 주어야 한다. 물건이 없다면 자기 몸이나, 아들·딸의 몸을 팔아서라도 필요로 하는 것을 공급하여 모두 그들에게 주어야 한다. 단월이 찾아와서 대중공양을 요청하면 손님으로 온 스님도 이양을 취할 몫이 있으니, 승방주僧房主는 차례대로 순서를 정해 객 스님도 공양청을 받도록 해야 한다.

先在僧房中住。後見客菩薩比丘來。入僧房舍宅城邑國王宅舍中。乃至夏坐安居處及大會中。先住僧。應迎來送去。飮食供養。房舍臥具繩牀事事給與。若無物。應賣自身及男女身。供給所須。悉以與之。若有檀越來請衆僧。客僧有利養分。僧坊主。應次第差。客僧受請。

---

18 이는 법장의 『梵網經菩薩戒本疏』 권6(T40, 646c)에 의거하여 풀이한 것이다. 법장은 이를 다섯 곳으로 보았고, 성읍은 승방·사택·국왕의 택사 등에 통하는 글자로 보았다. 승방은 출가 보살의 주처, 사택은 재가 보살의 주처 또는 단월의 집안에서 만들어 놓은 주처이며, 국왕의 택사란 왕궁 안에 국왕이 지은 보살의 처소이다. 다만 국왕의 택사에 대해서는 출가 보살인지 재가 보살인지의 여부를 밝히지 않았는데, 전오傳奧의 『梵網經記』 권5(X38, 264c)에 따르면 출가 보살은 왕궁에 들어갈 수 없는 규정이 있기 때문에 재가 보살의 처소로 보아야 한다고 했다.

기 경의 "먼저 승방에 주석하면서" 이하는 두 번째로 행해야 할 것을 밝힌 것이다. 여기에 세 가지가 있다.

經先住[1]僧房中下。此卽明第二應行也。此後[2]有三。

1) ㉠ 『한불전』에 실린 『梵網經』 원문에 의하면, '住'는 '在'이다. 그러나 『梵網經』의 다른 판본에서 '住'라고 한 경우도 있기 때문에 반드시 오자로 볼 수만은 없다. 2) ㉠ '後'는 '中'이다.

ⅰ) 승방의 주인

처음에 승방의 주인을 밝힌 것이니, "먼저 승방에 주석하면서"라고 했기 때문이다.

初明房主。如說先住僧房中故。

ⅱ) 객 스님이 온 것

다음에 객 스님이 온 것을 밝힌 것이니, 경에서 "나중에 손님인 보살이나 비구가 와서~"라고 했기 때문이다.

次明客僧來。如經又[1]見客菩薩比丘來等故。

1) ㉠ '又'는 '後'이다.

ⅲ) 객 스님을 돕고 받드는 것

뒤에 객 스님을 돕고 받드는 것을 밝힌 것이다. 여기에 세 가지가 있다.

後明資承客僧。此中有三。

(ⅰ) 오는 것을 맞이하고 가는 것을 배웅함

첫째, 오는 것을 맞이하고 가는 것을 배웅하는 것이니, 경에서 "(먼저) 주석하고 있는 스님은 오는 것을 맞이하고 가는 것을 배웅하고"라고 했기 때문이다.

一者迎來送去。如經住僧應迎來送去故。

(ⅱ) 필요로 하는 것을 공급해 주는 것

둘째, 필요로 하는 것을 공급해 주는 것이니, 경에서 "음식을 공양하고 ~필요로 하는 것을 공급하여 모두 그들에게 주어야 한다."라고 했기 때문이다.

二者供給所須。如經飲食供養乃至供給所須。悉與之故。

(ⅲ) 대중공양을 청하면 순서에 의거하는 것

셋째, 대중공양을 청하는 사람이 있으면 스님들이 공양하러 가는 순서를 정한 것에 의거하는 것이니, 경에서 "단월이 찾아와서 대중공양을 요청하면~순서를 정해~"라고 했기 때문이다.

三者若有人請。依僧以¹⁾差。如經若有檀越來請衆僧。乃至應次第差等故。
1) ㉠ '以'는 '次'이다.

그런데 스님들의 순서를 정하는 것에 있어서 간략히 여섯 가지가 있다.
첫째, 순서를 정하는 사람을 나타낸다. 출가한 지 다섯 해가 지나고, 중계重戒를 범하지 않았으며, 행행行을 범하지 않았으면, 스님들에게 공양의 순서를 정해 주는 일에 있어서 지사知事(객 스님을 대접하는 소임)를 맡을 수 있다. '행을 범하지[19] 않았다'는 것은 승잔죄僧殘罪[20]를 범하지 않은 것을 말한다.

> 然差僧次。[1] 略有六種。一者[2]顯能差人。謂滿五夏。亦不犯重戒。不帶行。施僧差授。方當知事。不帶行者。不帶僧殘。
>
> 1) ⓐ '次' 뒤에 '第'가 누락된 듯하다. ⓑ '第'가 없어도 의미가 통하고, 여타 주석서에서도 '차승차'라고 하였고, '차승차제'라고 한 것은 없기 때문에 굳이 누락된 것으로 볼 필요는 없다. 의적의 『菩薩戒義疏』권하(T40, 577b)·지의의 『菩薩戒經義疏』권하(X38, 21a) 등을 참조할 것. 2) ⓐ '一者' 이하는 오사가 있는 듯하다. ⓑ 이하 여섯 가지를 밝히는 부분에서는 해석이 불가능한 문장이 매우 많다. 사실상 원문의 복원이 앞서 행해져야 할 것으로 생각된다. 현재로서는 주어진 문장에 가능한 한 맞추어 해석해 보았다.

둘째, 순서에 들어가는 사람을 밝힌다. 출가 오중五衆(비구·비구니·식차마나·사미·사미니)이면서 타승처법을 범하지 않았고 빈출당하지 않은 사람을 말한다. 승잔행을 범했거나, 학행법學行法(비교적 가벼운 계에 해당하는 위의)을 범한 사람은 항상 뒤에 차례를 배정한다.

> 二者明所差人。謂出家五衆。不犯他勝。不被殯者。若帶僧殘行。與學行法。恒居下次。

셋째, 공양하러 갈 차례를 정하는 처소이다. 세 가지 처소가 있다. 첫째 마을에 있는 승방이니 승가람 같은 것을 말하고, 둘째 아란야처阿蘭若處(마

---

19 '帶行'의 帶를 이렇게 풀었다. 현재 문맥상으로는 犯의 의미로 보아도 무방할 것 같다. 그러나 굳이 다른 글자를 쓴 이유가 있을 것으로 생각되어 오자로 보지는 않았다.

20 승잔죄僧殘罪 : Ⓢsaṃghāvaaśeṣa. 승가바시사僧伽婆尸沙라고도 한다. 바라이죄 다음으로 무거운 죄이다. 단 바라이죄를 지으면 법명法命을 잃어 승가에서 영원히 추방을 당하는 것과는 달리, 승잔죄의 경우 법명은 남아 있기 때문에 참회하고 속죄의 법을 이행하면 출죄出罪할 수 있다.

을에서 멀리 떨어진 수행 장소)이며, 셋째 스님이 머무는 곳이니, 이는 앞의 두 곳을 제외하고 나머지 스님들이 머무는 곳을 말한다. 이와 같은 세 곳에서 반드시 먼저 결계結界[21]를 한 후에 공양을 하러 가는 스님의 순서를 정한다. 어떤 사람은 이렇게 주장한다.〈비록 아직 결계를 하지 않았더라도 자연계自然界[22]에 의해 공양을 하러 가는 스님의 순서를 정한다면 이것도 또한 무방하다.〉

三者差僧次處。有三處。一聚落僧房如[1)]僧伽藍。二阿蘭若處。三僧所住處。除上二處。僧住處。如是三處。必先結堺。[2)]然後差僧次。復有說言。雖未結界。依自然界。得差僧次。此亦無妨。

1) ㉤ '如'는 '及'인 듯하다. ㉠ 따르지 않았다. 이를 따를 경우 "취락의 승방과 승가람"이라고 해석해야 한다. 그러나『善見律毘婆沙』(T24, 779a),『律戒本疏』(T85, 637a) 등에 따르면, 스님의 주처는 크게 마을에 가까운 곳에 있는 절, 선정을 닦기에 적합한 장소인 아란야처, 행정 업무를 행하는 스님들이 머무는 곳 등의 셋으로 분류된다. 여기에서 마을 가까운 곳에 있는 절이 일반적으로 말하는 의미의 승가람僧伽藍이 된다. 굳이 앞에서 마을에 있는 승방이라고 한 것은 마을에서 멀리 떨어진 아란야처와 구별하는 뜻이 있다. 2) ㉠ '堺'는 '界'와 같은 글자이다.

넷째, 스님의 순서를 정하는 법이다. 구족계를 받은 스님에서부터 아래로 사미에 이르기까지 한 차례 돌고, 다시 상좌에서부터 아래로 사미에 이르는 순서로 배정한다. 재齋가 있거나 법회가 있거나 수계·안거·설법 등과 같은 일에 있어서도 해당되는 상황에 따라 순서를 배정한다.

(공양하는 이가) 경도經導나 상좌上座의 승차라거나, 강석講席의 승차에

21 결계結界 : 結堺라고도 한다. 작법에 의해 일정한 지역을 선정하여 선을 그어 경계 짓는 것. 곧 교단에 소속된 스님들의 질서를 유지하고 보호하며, 과실을 범하지 않고 계율을 유지하기 위해 일정한 지역을 구획하여 제한하는 것을 말한다.
22 자연계自然界 : 결계 중에서 자연계란 부작법계不作法界로 법식法式에 의존하지 않고 자연의 형세와 지형 등 지리적 조건을 참작하여 결정되는 구역이고, 작법계作法界란 인위적으로 어떤 지역을 포살공주布薩共住의 구역으로 고시하여 확정하는 것이다.

의거하겠다고 말하면 모두 현전승現前僧[23]을 대상으로 하여 승차를 정한다. 이는 적청的請(특별한 대상을 지정하여 공양을 요청하는 것)의 다른 이름이니 시방승十方僧을 순서에 함께 배정하지 않는다.

> 四者差僧之法。從具戒僧下至沙彌。一周。而復從上坐差下至沙彌。若齋若會若臨受戒。安居說法。隨遇得差。若[1)]導上坐。若講席僧次。悉差現前僧僧次。乃是的請異名。不同十方。
>
> 1) ㉠ '若' 뒤에 '言經'이 누락되었다. 『菩薩戒本疏』 권하(T40, 679a)를 참조하였다.

다섯째, (공양에 참여시켜 줄 것을 요청하는 편지가) 이르게 도착하고 늦게 도착하는 것이 있을 때의 해결책이다. 편지가 도착하는 시간의 전후에 따라 차례대로 배정한다. 만약 동시에 편지가 지사知事의 소임을 맡은 사람에게 도착했다면 멀리 있는 사람을 앞에 배정하고, 가까운 데 있는 사람을 나중에 배정한다. 멀든 가깝든 (모두 계내界內에 있는 곳에서) 동시에 함께 지사의 소임을 맡은 사람에게 도착했다면, 먼저 읽어 본 것을 앞에 배정한다. 편지를 지닌 사람이, 비록 앞서 계내에 들어오기는 했지만 아직 지사의 처소에 이르지 않았을 경우가 있는데, 이에 대해서는 두 가지 해석이 있다. 하나는 계에 들어온 순서에 의해 차례를 배정하는 것이고, 다른 하나는 먼저 본 것에 의해 차례를 배정하는 것이다. 무릇 승차를 논함에 있어서 성문인가 보살인가를 따지지 않으니, 단지 출가하였으면 모두 평등하게 순서를 정한다. 편지를 보내어 성문승을 초청하면, 순서에 오직 성문승만 배정한다. 만약 보살승을 요청하면 보살승만 배정해야 한다.

---

23 현전승現前僧 : 일정한 경계 안에서 포살 등의 승가갈마를 함께 실행하고 보시 받은 물품을 함께 분배하며 생활하는 스님의 집단을 일컫는 말. 상대어는 사방승가四方僧伽 혹은 시방승가로 시간적으로는 삼세에 걸쳐 확대되고, 공간적으로는 우주적으로 확대되는 보편적 승가를 지칭하는 말이다.

五者書請早晚者。如書來前後。隨次而差。若一時俱到知幸[1]人所。道遠爲前。近爲後。若近遠內。一時俱到知事人。先著爲前。若有書。雖前人[2]界。未到知事處。自有兩釋。一云。入界爲次。一云。先見爲次。凡論僧次。不問聲聞菩薩。但是出家平等差次。若有跡[3]來。請聲聞僧。次唯差聲聞僧。若請菩薩僧。應差菩薩僧。

1) ㉑ '幸'은 '事'인 듯하다. 2) ㉑ '人'은 '入'인 듯하다. 3) ㉑ '跡'는 '疏'인 듯하다.

여섯째, 공양의 요청을 받아들이는 것과 거절하는 것[24]을 말한다.

🈷 먼저 공양을 요청한 것을 거절하고 나중에 요청한 것을 수락할 수 있는가?

🈶 본래 두 가지 해석이 있다. 한 가지 해석은 다음과 같다. 〈먼저 '나는 앞의 요청을 거절하겠다'고 작의作意하고, 나중의 요청을 받고 나서 다시 이것을 버리는 것이다. 이렇게 해도 무방하니, 순서를 배분하는 것은 나에게 달려 있기 때문이다.〉 한 가지 해석은 다음과 같다. 〈먼저 '나는 앞의 요청을 거절하겠다'고 작의했으면 앞의 요청을 거절할 수 있을 뿐이고, 뒤의 요청을 받고 나서 다시 앞의 요청을 버릴 수는 없다.〉

六受捨請者。問。捨前人請。得受後所請以不。解云。自有兩釋。[1] 一云。

---

[24] 원칙적으로 공양청을 두 번 받으면 그 요청받은 순서와 무관하게 선택할 수 있다. 다만 이때 공양청에 응하기 전에 나머지 한 번의 공양청은 다른 사람에게 넘겨 주어야 한다. 그렇지 않을 경우 바일제를 범한다. 『十誦律』권61(T23, 457a)에 아난이 먼저 공양청을 받은 것을 잊고 파사닉왕의 공양청에 부처님과 함께 가서 공양하려는 순간 먼저 받은 공양청을 생각하였다. 부처님께서 방편으로 마음속으로 다른 사람에게 물려 주었다고 생각하고 공양을 하라고 했다. 그러나 나중에 우파리가 이것이 일반인에게 통용될 수 있을는지를 묻자, 부처님께서는 다섯 부류의 사람, 곧 좌선하는 사람, 홀로 머무는 사람, 먼 길을 떠나는 사람, 오랫동안 병을 앓는 사람, 흉년이 든 시절에 친척을 의지하여 머무는 사람 등에만 허용된다고 하였다. 이하에 그 의미가 잘 드러나지 않기 때문에 밝혀 보았다.

先作是意。捨一云請。故捨前請。受後所請。而復捨之。此亦無妨。分屬我故。一云。若先作意。我捨前請。故捨前請。不得受後而復捨之。

1) ㉦ '兩釋' 이하에 오사가 있는 듯하다. ㉠ 가능한 한 문맥을 맞추어 원문을 다음과 같이 교감했다. '作' 뒤의 '是'는 잉자이다. '捨一云請'은 잉자이다. '請' 뒤의 '故'는 '我'이다.

문 먼저 공양청을 받고 이를 거절하여 계외의 사람에게 줄 수 있는가?
해 다시 두 가지 해석이 있다. 한 가지 해석은 다음과 같다. 〈공양하는 사람을 마주하고 먼저 받은 공양청을 거절하고, 비로소 나중 것을 받는 경우가 있다. 이 경우 앞에 받은 것을 거절함으로써 계외의 사람에게 줄 수 있다.〉 다른 한 가지 해석은 다음과 같다. 〈계외의 사람에게는 줄 수 없으니, 스님들의 순서를 배정할 때 본래 계界를 한정했기 때문이다.〉

問.1) 先受請。捨與人外不。解云。復有兩釋。一云。對人捨前。方得受後。捨前受。與界外之人。一云。不得外2)人。以差僧以本約界故。

1) ㉦ '問' 이하에는 오사가 있는 듯하다. ㉠ '與' 뒤에 '界'가 누락되었다. '人外'는 '外人'이다. 2) ㉦ '外' 앞에 '與界'가 누락된 듯하다.

문 앞에서 공양을 청한 것을 거절하고 공양을 받을 차례를 배정받지 못한 스님에게 주는 것이 가능한가?
해 (한 가지 해석은 다음과 같다.) 〈공양을 받을 차례를 배정받지 못한 스님에게 주어서는 안 된다.〉 다른 한 가지 해석은 다음과 같다. 〈부처님께서는 공양청을 거절하고 나서 공양청을 받지 못하고 공양을 받을 차례를 배정받지 못한 스님에게 주는 것을 허락하였다.〉

공양청을 거절하는 것에 대한 해설을 마쳤다. 나머지 문장은 이해할 수 있을 것이다.

問.¹⁾ 捨前所請。得與無僧食分人不。解云。此²⁾不得與無僧食分人。一云。
佛許捨請。捨請已竟。得與無請無僧食人。³⁾ 餘文可解。

1) ㉄ '問' 이하에 빠진 문장이 있는 듯하다. 2) ㉭ '此'는 잉자이다. 3) ㉭ '得與無請無僧食人'은 '請' 뒤로 옮겨야 한다.

ⓒ 잘못을 들어 죄를 맺음

경 먼저 주석하는 스님이 혼자 공양청을 받고 객 스님을 배정하지 않으면, 승방주는 한량없는 죄를 짓는 것이니, 축생과 다르지 않고 사문이 아니며 석가의 종성이 아니다. (이런 일을 하면) 경구죄를 범하는 것이다.

而先住僧。獨受請。而不差客僧。房主。得無量罪。畜生無異。非沙門。非釋種姓。犯輕垢罪。

기 경의 "먼저 주석하는 스님이~" 이하는 세 번째로 잘못을 들어 죄를 맺었다. (죄가 성립되기 위한) 조건의 다소는 이치에 의거하면 알 수 있다.

經先住僧等者自下。第三擧過結罪。具緣多少。準理可知。

예컨대『유가사지론』에서 다음과 같이 말했다.

如瑜伽云。

보살들이 보살의 청정한 계율의에 편안하게 머물러 대중을 섭수하되, 미워하는 마음을 품고, 때맞추어 전도되지 않게 가르쳐 주거나 전도되지 않게 경계를 주지도 않고, 대중이 궁핍한 것을 알면서도 그들을 위해 청정한 신심을 가진 장자·거사·바라문 등으로부터 법에 맞게 의복·음식이나 온갖 좌구와 와구·병의 치료에 적합한 의약품 등과 같이 신체를 유지하는 것을 돕는 생활 도구를 구해다가 때에 맞추어 공급하지 않는다면, 이를 범하는 것이 있고 어긋나고 넘어서는 것이 있으며 염오에 의한 위범이라고 한다. 나태함·게으름·방일함으로 말미암아 가서 가르쳐 주지 않고 가서 경계를 주지도 않으며, 그들을 위해 법에 맞게 온갖 생활 도구를 구해 주지 않으면, 이는 염오에 의한 위범은 아니다. 위범이 성립되지 않는 경우는, 방편으로 상대방을 길들이고 상대방을 굴복시키려는 목적에서 행했을 때이다. 자세한 것은 앞에서 설한 것과 같다. 승단의 규범을 보호하기 위해서 질병이 있거나, 기력이 없어서 가행加行(노력을 들여 수행하는 것)을 감당할 수 없거나, 다른 힘이 있는 사람에게 대신해 줄 것을 요청했거나, 그 중생이 세상 사람들이 모두 알고 있는 사람이고 큰 복덕이 있어서 각자 스스로의 힘으로, 의복 등 신체를 유지해 주는 온갖 생활 도구를 구할 수 있음을 알거나, 가르쳐 주고 경계를 주어야 할 것을 따라 모두 이미 전도되지 않고 가르쳐 주고 경계를 주었거나, 대중 안에 본시는 외도인데 법을 훔치기 위해 대중 속에 들어온 자가 있는데 이를 감당할 능력이 없어서 길들이고 굴복시킬 수 없다고 판단했을 경우 등은 위범하는 것이 아니다.[25]

若諸菩薩。安住菩薩淨戒律儀。攝受徒衆。懷嫌恨心。而不隨時無倒教授無倒教誡。知衆匱乏。而不爲彼從諸淨信長者居士婆羅門等。如法追求。衣服。飮食。諸坐臥具。病緣醫藥。資身什物。隨時供給。是名有犯有所違越是染違犯。若由懶墮。懈怠。放逸。不往教授。不往教誡。不爲追求如法

---

25 『瑜伽師地論』권41(T30, 520b).

衆具。非染違犯。無違犯者。若欲方便。調彼伏彼。廣說如前。若護僧制。
若有瘖[1]瘂[2] 若無氣力。不任加行。若轉請餘有勢力者。若知徒衆世所共
知。有大福德。各自有力。求衣服等資身衆具。若隨所應。敎授敎誡。皆已
無倒。敎授敎誡。若知衆內。有本外道。爲竊法故。來入衆中。無所堪能。
不可調伏。皆無違犯。

---

1) ㉑『瑜伽師地論』에 따르면 '瘖'은 '疹'이다. 2) ㉑『瑜伽師地論』에 따르면 '瘂'는 '疾'이다.

(c) 27 수별청계受別請戒 : 개별적으로 공양청을 받지 마라

ⓐ 사람

경 불자여,

若佛子。

기 경의 "불자여" 이하는 세 번째로 수별청계를 밝힌 것이다. 다른 사람의 이양을 훼손하여 평등에 위배되는 뜻이 있기 때문에 제정하였다. 문장을 둘로 나눌 수 있다. 처음에 사람을 밝혔고, 뒤에 업도를 맺었다. 이것은 사람을 나타낸 것이다.

經若佛子自下。第三受別請戒。損他利養。違平等之義。是故。制也。文分
有二。初人。後結業道。此卽標人。

ⓑ 업도

경 어떤 경우에도 개별적으로 공양청을 받아 이양을 자신에게 돌아오게 해서는 안 되니, 이 이양은 시방승十方僧에 속한 것이다.

一切不得受別請利養人已。[1] 而此利養。屬十方僧。

1) ㉠ '人已'는 '入己'이다.

기 경의 "어떤 경우에도~해서는 안 되니" 이하는 두 번째로 업도를 맺은 것이다. 문장을 둘로 나눌 수 있으니, 처음에 행하지 말아야 할 것을 밝혔고, 다음에 죄를 맺는 것을 밝혔다.

經一切不得等者自下。第二結業道。文分有二。初明不應。[1] 次明結罪。

1) ㉠ '應' 뒤에 '行'이 누락되었다.

ⅰ) 행하지 말아야 할 것

이것은 첫 번째로 행하지 말아야 할 것을 밝혔다. 그 중에 먼저 (하지 말아야 할 것을) 나타내었고, 나중에 (그 이유를) 풀이하였다.

此卽第一明不應行。於中。先標。後釋。

(ⅰ) 하지 말아야 할 것

이것은 (하지 말아야 할 것을) 나타낸 것이다.

此卽標也。

(ⅱ) 이유

경의 "이 이양은" 이하는 이유를 풀이한 것이다. 이 중에 개별적으로 공양청을 받지 않는다는 것은 어떤 뜻이 있는지에 대해 의문이 일어나고, 이러한 의심을 풀이하기 위해 말하기를 "이 이양은 시방승에 속한 것이다."라고 하였다.

經而此利養下。第二釋所以。問於此中。不受別請。有何意耶。爲釋此疑。故作是言。而此利養。屬十方僧。

ii) 잘못을 들어 죄를 맺은 것

경 개별적으로 공양청을 받으면, 곧 (이것은) 시방승의 물건을 취하여 자기에게 들이는 것이다. 이는 여덟 가지 복전 중 여러 부처님과 성인과 낱낱의 스승인 스님과 부모와 병자의 물건을 자신이 사용하는 것이니 바로 경구죄를 범하는 것이다.

而別受請。卽取十方僧物入已。[1] 八福田中。諸佛聖人。一一師僧。父母病人物。自已[2]用者。犯輕垢罪。

1) ㉜ '㔯'는 '㠯'이다. 2) ㉜ '㔯'는 '㠯'이다.

기 경의 "개별적으로 공양청을 받으면, 곧 (이것은) 시방승의 물건을 취하여" 이하는 두 번째로 잘못을 들어 죄를 맺은 것이다. 여기에서 말하려는 것은 다음과 같다. 스님들을 재齋에 초청하거나, 스님에게 보시물을 공양하기 위해 초청하거나, 이러한 일체의 일에 있어서 개별적 초청을 받아들일 수 없다는 것이다.

어떤 사람은 말하였다. 〈네 명의 스님을 초청하였는데, 그 중 한 스님이 승차僧次에 배정되어 있는 경우라면, 이는 계를 범하는 것이 아니다. 그러나 (네 명이 모두) 전혀 승차와 무관할 경우가 있는데 바로 이러한 경우를 위해 제정되었다.〉

(이 죄가 성립되기 위해 갖추어져야 할) 조건의 다소는 이치대로이니, 그에 따라 알아야 할 것이다.

經別受請卽取十方僧物等者自下。第二擧過結罪。此中意說。若請僧齋。

若請僧施物。此等一切。不得受別請也。有人云。於四人中。有一僧次。卽無有犯。都無僧次。正此所制。具緣多少。如理應知。

문 초청을 받아들이지 않는 것도 죄를 범하는 것이 아닌가?
해 죄를 범하는 것이다.

問。不受所請。亦犯罪不。解云。此犯罪。

그러므로 『유가사지론』에서 말하였다.

故瑜伽云。

다른 사람이 와서 인도하면서 청하기를, 혹은 거주하는 집으로 가거나, 다른 절로 가거나 하여 음식과 의복 등과 같은 생활을 돕는 온갖 도구를 받들어 베풀겠다고 하였을 때, 교만한 마음에 제압당하고, 싫어하는 마음을 품어 그곳에 가지 않고 초청한 것을 받아들이지 않으면 이를 범하는 것이 있고 어긋나고 넘어서는 것이 있으며 염오에 의한 위범이라고 한다.…(중략)…위범하지 않는 경우는, 병이 있거나, 기력이 없거나, 마음이 사리분별을 하지 못할 정도로 어지러운 상태이거나, 그 장소가 너무 멀리 떨어진 곳이거나, 가는 길에 두려워할 만한 것이 있거나, 방편으로 상대방을 길들이고 상대방을 굴복시켜 착하지 않은 곳에서 벗어나 착한 곳에 편안히 두려는 목적이 있거나, 먼저 초청한 사람이 있거나, 어떤 간격도 없이 선법을 닦아 선품善品을 보호하여 잠시라도 폐지되는 일이 없도록 하기 위해서거나, 일찍이 있지 않았던 이치를 이끌어서 포섭하기 위한 것이거나, 들은 법의 이치에서 물러나지 않기 위해서이거나, 들은 법의 이치에서 물러나지 않고 논의하고 결택하기 위해서이거나 하는 경우에도 또한 그와 같음을 알아야 한다. 혹은 다시 상대방이 괴롭힐 마음을 품고 거짓으로 와서 인도하면서 초청한 것임을 알았거나, 다른 사람이 매우 싫어하는 마음을 일으키는 것을 보호하기 위해서이거나, 승가의 규범을 보호하기 위한 목적에서 그 장소에 가지 않고 그 초청을 받아들이지 않았다면, 모두 위범하지 않은 것이다.[26]

他來迎[1]請。或往居家。或往餘寺。奉施飯食及衣服等諸資生具。憍慢所制。懷嫌恨心。不至其所。不受所請。是名有犯有所違越非[2]染違犯。無違犯者。或有病。或無氣力。或心狂亂。或處懸遠。或道有怖。或欲方便。調彼伏彼。出不善處。安置善處。或餘先請。或爲無間。修諸善法。欲護善品。令無暫廢。或爲引攝未曾有義。或爲所聞法義無退。如爲所聞法義無退論議決擇。當知亦爾。或復知彼。懷損惱心。詐來延請。或爲護他多嫌恨心。或護僧制。不至其所。不受其請。皆無違犯。

---

1) ⓨ『瑜伽師地論』에 따르면 '迎'은 '延'이다. 2) ⓨ『瑜伽師地論』에 따르면 '非'는 '是'이다. 단 뒤에 서술된『瑜伽師地論』과『菩薩地持經』의 차이에 대한 의난을 고려하면 승장은 이를 '非'라고 보았던 것으로 생각된다. 그래야『菩薩地持經』의 내용과 차이가 생겨 의난이 성립하기 때문이다.

문 (『유가사지론』에서와 같이) 싫어하는 마음을 품어서 그곳에 이르지 않은 것이 염오에 의한 위범이 아니라면[27] 무엇 때문에『지지론』[28]에서 염오에 의한 위범이라고 했는가.

---

26 『瑜伽師地論』권41(T30, 516b).
27 앞의 주석처럼『瑜伽師地論』본문에는 非가 아니라 是로 되어 있다. 그러나 승장은 이것을 非로 보았기 때문에 이런 의난이 가능해진다. 是라고 한다면 양자의 견해가 같기 때문에 의난 자체가 성립되지 않는다.
28 『菩薩地持經』권5(T30, 914a). 이 경은 북량北涼 414~426년경 담무참이 번역한 것으로, 당나라 646~648년경 현장이 한역한『瑜伽師地論』「보살지」의 초역抄譯이다. 승장은 동일한 경전에 대한 다른 번역서라고 할 수 있는 두 전적이 동일한 상황에 대해 다른 입장을 보이는 것을 문제삼는 것이다.

해 단지 옛날의 번역자들이 집필하면서 생겨난 오류일 뿐이니, 이상하게 생각할 필요는 없다.

問。懷嫌恨心。不至其所。非染違犯。何故。地持論云。是犯染汙[1]耶。解云。盡舊翻譯家。執筆謬耳。不須致恠。

1) ㉠『菩薩地持經』에 따르면 '汙'는 '污'이다.

'여덟 가지 복전'이란 앞에서 이미 설한 것과 같다.

八福田者。如前已說。

(d) [28] **별청계**別請戒 : 스님들을 개별적으로 초청하지 마라

ⓐ 사람

경 불자여,

若佛子。

기 경의 "불자여" 이하는 네 번째로 별청계를 해석한 것이다. 평등한 복에 어긋나기 때문에 제정한 것이다. 문장을 셋으로 나눌 수 있다. 처음에 사람을 나타내었고, 다음에 행해야 할 것을 나타내었으며, 뒤에 잘못을 들어 죄를 맺었다. 이것은 사람을 나타내는 것이다.

經若佛子自下。第四釋別請戒。違平等福。是故。制也。文分有三。初人。次應行。後擧過結罪。此卽標人。

ⓑ 행해야 할 것

경 출가 보살과 재가 보살과 모든 단월이 복전인 스님을 초청하여 소원을 이루고자 할 때, 승방에 들어가 지사의 소임을 맡은 사람에게 알리기를 "이제 스님들을 차례대로 초청하고자 합니다."라고 말한다면, 곧 시방의 어질고 성스러운 스님을 얻게 된다.

그러나 세상 사람들이 5백 나한과 보살승을 별도로 초청한다면, 이는 승차에 의해 한 명의 범부인 스님을 초청하는 것만 못하다. 별도로 스님을 초청한다면 이는 외도의 법이다. 일곱 분의 부처님께는 개별적으로 초청하는 법이란 없으니, 수순하고 효도하는 도리에 어긋난다. 고의로 개별적으로 스님을 초청한다면 이는 경구죄를 범하는 것이다.

有出家菩薩在家菩薩及一切檀越。請僧福田。求願之時。應入僧坊。問知事人。今欲次第請者。即得十方賢聖僧。而世人。別請五百羅漢菩薩僧。不如僧次一凡夫僧。若別請僧者。是外道法。七佛。無別請法。不順孝道。若故別請僧者。犯輕垢罪。

기 경의 "출가보살과" 이하는 두 번째로 행해야 할 것을 밝힌 것이다. 문장 그대로이니 알 수 있을 것이다.

經出家菩薩下。第二明應行。如文可知。

ⓒ 잘못을 들어 죄를 맺은 것

경의 "세상 사람들이~별도로 초청한다면" 이하는 세 번째로 잘못을 들어 죄를 맺은 것이다.

"일곱 분의 부처님"이란 모두 이 사바세계에 감응하여 몸을 나투신 분들로서 그 자취가 백겁 안에 있는데, (그 자취는) 장수천長壽天들이 일찍이 보고 들은 것이다. 우선 일곱 분의 부처님의 도리를 말하였지만, 모든 삼세의 부처님도 또한 개별적으로 초청하는 법은 설하지 않았다. 그리하여 이 개별적인 초청은 칠중이 모두 범하는 것이다. 그러나 대승과 소승은 같지 않으니, 소승에서는 개별적으로 초청하는 법을 허락하기 때문이다. 【문장을 찾아볼 것】

여기에 본래 두 가지 해석이 있다. 한 가지 해석은 다음과 같다. 〈어떤 모임이 있는 곳에서 전혀 승차에 의한 초청이 없이 (개별적으로 초청하면) 죄를 범하는 것이다. 어떤 모임이 있는 곳에서 승차에 의해 초청하는 일을 하고 나서 그 이외의 사람을 개별적으로 초청한다면 이는 죄를 범하는 것이 아니다.〉 다른 한 가지 해석은 다음과 같다. 〈개별적으로 초청하는 것은 모두 죄를 범하는 것이다.〉

經而世人別請下。第三擧過結罪。言七佛[1])者。竝在此ㅅ應犯近在百劫之內。長壽諸天。曾所見聞。且說七佛道理。一切三世諸佛。亦無別請。然此別請。七衆同犯。大小不同。小乘亦許別請法故【勘文】。此中。自有兩釋。一云。一會之處。都無僧次。此即犯罪。一會之內。有請僧次。餘即別請。此即無犯。一云。俱別請。皆是犯也。

---

1) ㉞ '佛' 이하에 탈자가 있는 듯하다. ㉠『菩薩戒義疏』권하(T40, 577c)를 참조하여 다음으로 재구성하였다. [梵網經述記] 七佛者 竝在此ㅅ應犯 近在百劫之內 長壽諸天 曾所見聞. [菩薩戒義疏] 七佛者 並在此土應化 迹在百劫之內 長壽天 皆所曾見. [재구성] 七佛者 並在此土應化 迹在百劫之內 長壽諸天 曾所見聞.

"일곱 분의 부처님"은 과거[29] (장엄겁莊嚴劫의) 세 분의 부처님과 (현재)

---

[29] 과거·현재·미래의 3대겁大劫이 있어 차례대로 장엄겁·현겁·성수겁 등으로 부른다. 여기에서의 과거란 단순히 현시점에서 그 이전을 가리키는 것이 아니라, 바로 이 장엄겁을 가리킨다.

현겁賢劫의 네 분의 부처님을 '일곱 분의 부처님'이라 한다. 그러므로 『대지도론』 제9권에서 "(91겁 중) 90겁에 세 분의 부처님이 계셨고, 나중의 1겁에 (네 분의 부처님을 시작으로 하여 모두) 천 분의 부처님이 계셨다. 90겁의 초겁에 비바시불毗婆尸佛이 계셨고, 제30겁에 두 부처님이 계셨으니, 첫 번째 부처님의 명호는 시기尸棄이고, 두 번째 부처님의 명호는 비노사부韡怒沙付였다. 제91겁의 처음에 네 분의 부처님이 계셨으니, 첫 번째 부처님의 명호는 가라구손타迦羅鳩飡陀이고, 두 번째 부처님의 명호는 가나함모니迦那含牟尼이며, 세 번째 부처님의 명호는 가섭迦葉이고, 네 번째 부처님의 명호는 석가모니이다."[30]라고 하였다.

해 '비바시'는 비바사毗婆沙라고도 하고, 유위惟衛라고도 하니, 범음을 약하게 발음하는가, 강하게 발음하는가에 따라 같지 않은 것이 있을 뿐 그 뜻은 한 가지이다. 승견勝見·종종견種種見·광견廣見 등으로 한역한다. '시기'란 식式이라고도 하고, 승勝·최상最上 등으로 한역한다. '비노사부'는 비사바毗舍婆라고도 하고, 비사呌舍라고도 하며, 수섭隨葉이라고도 하고, 일체승一切勝·광생廣生 등으로 한역한다. '가라구손타'란 구류손拘留孫이라고도 하고, 구루진拘樓秦이라고도 하며, 가라구촌대迦羅鳩村大라고도 하고, 정頂이라 한역한다. '구나함모니'란 가나가모니迦那伽尼라고도 한다. '구나함'은 무절수無節樹라 한역하고, '모니'란 인忍·만滿·적寂 등으로 한역한다. '가섭'이란 성姓을 음사한 것이니, 족성에서 유래한 이름을 좇은

---

30 『大智度論』 권9(T25, 125a)의 해당처와 실제 내용은 같지 않다. 그 문장을 그대로 옮기면 다음과 같다. "91겁 중 세 겁에 부처님이 계신다. 현겁賢劫에서 앞의 91겁에 해당하는 시기의 초겁初劫에 부처님이 계셨으니, 명호는 비바시이다. 제31겁에 두 분의 부처님이 계셨으니, 첫 번째 부처님의 명호는 시기이고, 두 번째 부처님의 명호는 비서바부이다. (다음으로) 현겁에 네 분의 부처님이 계셨으니, 첫 번째 부처님의 명호는 가라구손타이고, 두 번째 부처님의 명호는 가나가모니이며, 세 번째 부처님의 명호는 가섭이고, 네 번째 부처님의 명호는 석가모니이다.(是九十一劫中 三劫有佛 賢劫之前九十一劫 初有佛名韡婆尸 第三十一劫中 有二佛 一名尸棄 二名韡恕婆附 是賢劫中 有四佛 一名迦羅鳩飡陀 二名迦那伽牟尼 三名迦葉 四名釋迦牟尼)"

것이다. '석가모니'란 구역에서 능인能忍·능만能滿 등이라 하였는데, 지금 대당大唐에선 능적能寂이라 한역한다.

> 所言七佛者。謂過去三佛。賢劫四佛。是爲七佛。故智度論第九卷云。[1] 九十劫。有三佛。後一劫。有千。九十劫初。有毗婆尸佛。第三十劫中。有二佛。一名尸棄。二名鞞怒沙付。第九十一劫初。有四佛。一名迦羅鳩飧[2]陀。二名迦那含牟尼。三名迦葉。四名釋迦牟尼。解云。毗婆尸亦名毗婆沙。亦名惟衛。即是梵音有輕有重。故有不同。其義一也。此云勝見。亦云種種見。亦云廣見。言尸棄者。亦名式。此云勝。亦最上。言毗怒少[3]付者。亦名毗舍婆。亦言睥舍。亦云浮[4]舍。亦云隨葉。此云一切勝。亦云廣生。言迦羅鳩飧陀者。亦云狗[5]留孫。亦云狗樓秦。亦云迦羅鳩村大。此云頂。言狗那含牟尼者。或言迦那伽牟尼。狗那含。此云無[6]樹。牟尼者。此云忍。亦云滿。亦云寂。言迦葉者。此翻姓。從姓名。言釋迦牟尼。舊翻能忍。亦云能滿。今大唐。翻能寂。

1) ㉠『大智度論』과 현재의 본문은 내용이 다르다. 2) ㉡『속장경』의 '飧'을 『한불전』에서 '蝝'이라 했는데, 여기에 어떤 해명도 없다. 현겁의 첫 번째 부처님은 ⓢKrakucchanda로 '구류손拘留孫'이라 음사하는 경우가 많은데, 앞의 주석에서 제시한 승장과 동일한『大智度論』을 인용한 주석서에서 이에 가장 가까운 글자를 찾아보면 '飧'이다. 단 뒤의 승장의 해석 부분을 참조하면 '飧'이라고 볼 수도 있다. 3) ㉡ '少'는 '沙'이다. 4) ㉡『속장경』의 '睥'를『한불전』에서 '睥'이라 했는데, 여기에 어떤 해명도 없다. 5) ㉡ '狗'는 '拘'이다. 이하 동일함. 6) ㉡『속장경』본문에 의하면 '無' 뒤에 '節'이 누락되었다.

b) 어길 경우 이행섭에 장애가 되는 것(㉙, ㉚)

(a) ㉙ **사명자활계**邪命自活戒 : 삿된 생계 수단으로 생활을 도모하지 마라

ⓐ 사람

경 불자여,

若佛子。

기 경의 "불자여" 이하는 두 번째에 해당하는 두 가지 계가 있어 이행섭리行攝에 장애가 되는 것을 밝힌 것이다. 두 가지를 해석하므로 두 가지가 된다. 이것은 첫 번째로 사명자활계를 밝힌 것이다. 청정한 직업으로 살아가는 것에 어긋나고, 이로운 행위로 포섭하는 것에 어긋나기에 제정한 것이다. 칠중이 모두 어길 경우 계를 범하는 것이다. (다만 구체적인 실천지침에 있어서는) 오직 출가자에게만 해당되는 경우도 있다. 문장은 둘로 나눌 수 있다. 먼저 사람을 나타냈고, 나중에 그릇된 것을 들어 죄를 나타냈다. 이것은 사람을 나타낸 것이다.

經若佛子自下。第二有二戒。明利行障。釋二爲二。此卽第一明邪命自活戒。違絶[1]命。違利行。制。七衆同犯。唯在出家。文分有二。先人。後擧非顯罪。此卽標人。

1) ㉠ '絶'은 '淨'이다.

ⓑ 허물을 들어 죄를 맺은 것

경 악한 마음으로 이양을 위하여 남색과 여색을 팔거나, 손수 음식을 만들거나, 스스로 갈고 스스로 찧거나, 남자와 여자의 상을 보고 점을 쳐 주거나, 꿈을 풀어 길흉이라든가 사내아이와 여자아이인지의 여부를 예언해 주거나, 주술을 사용하거나, 교묘한 기술을 부리거나, 매(鷹)를 길들이는 방법을 사용하거나, 백 가지의 독약과 천 가지의 독약을 화합하거나, 뱀독을 만들거나, 생금은生金銀[31]을 만들거나, 고독蠱毒[32]을 만들거나 하면 이는 전혀 자비로운 마음이 없는 것이니, 이는 경구죄를 범하는 것이다.

> 以惡心故。爲利養。販賣男女色。自手作食。自磨自舂。占相男女。解夢吉凶。是男是女。呪術。工巧。調鷹方法。和合百種毒藥。千種毒藥。蚖毒。生金銀。蠱毒。都無慈心。犯輕垢罪。

기 경의 "악한 마음으로" 이하는 두 번째로 허물을 들어 죄를 맺은 것이다. 이 경에 의거하면 삿된 생계 수단으로 생활해 가는 법에는 열두 가지가 있다. 첫째 이양을 위해 남색과 여색을 파는 것이니, 이는 칠중이 모두 어길 경우 죄를 범하는 것이다. 둘째 손수 음식을 만드는 것이니, 출가대중에게만 해당되는 계이고, 재가자에게는 해당되지 않는다. 셋째 스스로 갈고 스스로 찧는 것도 또한 앞에서와 같다. 넷째 남자와 여자의 상을 보고 점을 쳐 주는 것, 다섯째 꿈을 풀이하여 길흉을 예언해 주는 것, 여섯째 주술을 부리는 것, 일곱째 교묘한 기술을 부리는 것, 여덟째 매를 길들이는 방법을 사용하는 것, 아홉째 백 가지 독약을 화합하는 것, 열째 뱀독을 만드는 것, 열한째 생금은을 만드는 것, 열두째 고독을 만드는 것 등이다.

> 經以惡心故下。第二擧過結罪。若依此經。邪命之法。有十二種。一爲利販賣男女色。七衆同犯。二自手作食。制出家衆。開在家者。三自磨自舂。

---

31 생금은生金銀:『梵網經古迹記』권하(T40, 713c)에 따르면 가짜 금은을 만들어 이것으로 사람을 속이는 것이라고 하였고,『天台菩薩戒本疏』권중(T40, 595a)에 따르면 '생금은' 자체를 독약의 이름이라 하였다.

32 고독蠱毒:『天台菩薩戒本疏』권중(T40, 595a)에 따르면 온갖 벌레와 뱀을 항아리에 넣어 서로 잡아먹게 하여 마지막에 살아남은 것으로 만든 독이라 했다.

亦爾。四占相男女。五解夢吉凶。六呪術。七工巧。八調鷹方法。九和百種
毒藥。十虵毒。十一生金銀。十二蠱毒。

『대지도론』에 의거하면 네 가지 형태로 먹고 사는 것(口食)을 삿된 생계 수단으로 생활을 도모하는 것이라고 한다. 그 논 제4권에서 정목淨目이라는 여인이 사리불에게 청정하지 않은 방법으로 생활을 도모하는 것에 대해서 묻자, 사리불이 대답하기를 "출가한 사람이 약을 조합하거나, 곡식을 뿌리거나 나무를 심는 것과 같은 일을 하면서 청정하지 못한 방법으로 생활을 도모하는 것을 하구식下口食이라 한다. 출가한 사람이 별자리와 해와 달, 바람과 비, 우레, 번개, 벼락 등을 관찰하는 것과 같은 일을 하면서 청정하지 못한 방법으로 생활을 도모하는 것을 앙구식仰口食이라 한다. 출가한 사람이 권세가 있는 사람에게 아첨하면서 사방으로 돌아다니며 심부름을 하고, 교묘한 말로 이것저것을 구하는 것과 같은 일을 하면서 청정하지 못한 방법으로 생활을 도모하는 것을 방구식方口食이라 한다. 출가한 사람이 여러 가지 주술을 배워 길흉을 점쳐 주는 것 등 이와 같은 여러 가지 일을 하면서 청정하지 못한 방법으로 생활을 도모하는 것을 사유구식四維口食이라 한다. 여인이여, 나는 이 네 가지 청정하지 못한 형태로 음식을 구하는 일을 하지 않는다. 나는 청정하게 걸식하는 것으로 생활을 도모한다."[33]라고 하였다.

> 若依大智度論。四種口食。名爲邪命。彼論第四云。淨目女。問舍利弗言
> 不淨活命。舍利弗言。有出家人。合藥種穀殖樹等。不淨活命者。是名下
> 口食。有出家人。觀星宿日月風雨雷電礔礰。不淨活命者。是名仰口食。
> 有出家人。曲媚豪勢。通使四方。巧言多求。不淨活命者。是名方口食。

---

[33] 『大智度論』 권3(T25, 79c). 원문에서는 4권이라고 했다.

有出家人。學種種呪術上筭吉凶。如是等種種。不淨活命者。是名四維口食。姊。我不墮是四不淨食。我用清淨乞食。活命。

다섯 가지 조건으로 말미암아 이 계를 범하는 것이 성립된다. 첫째 일이니, 하는 일이다. 곧 약을 화합하는 것 등과 같은 일이다. 둘째 생각이니, 그러한 일을 한다는 생각이 생겨나는 것이다. 셋째 욕락을 일으키는 것이니, 청정하지 못한 방법으로 생활을 도모하려는 욕구를 일으키는 것이다. 넷째 번뇌이니, 이양을 탐하거나, 분노 등이나 혹은 우치 등이 일어나거나, 혹은 세 가지가 모두 일어나거나, 이들 중 일부만 일어나거나 하는 것이다. 다섯째 구경이니, 일이 이루어지는 것을 말한다.

여기에서 말하고자 하는 것은 다음과 같다. 착하지 않은 마음으로 이러한 여러 가지 삿된 형태로 생활을 도모하는 것은 염오에 의한 위범에 해당한다. 만약 중생들의 이익을 위하여 약을 화합하는 것 등과 같은 일을 행한다면, 이는 범하는 것이 아니다. 그러므로 『유가사지론』에서 "보살들이 보살의 청정한 계율의에 편안히 머물러 속임수를 쓰고, 헛된 말로 (거짓된) 상相을 나투고, 방편으로 궁구하고 추구하면서 이익을 빌리고 이익을 구하며 삿된 형태로 생활을 도모하는 법에 맛을 들이면서도 부끄러움이 없고 그것을 굳건히 지켜 버리지 않으면, 이를 범하는 것이 있고 어긋나고 넘어서는 것이 있으며 염오에 의한 위범이라고 한다. 위범하지 않는 경우란, (이미 생겨난 나쁜 행위를) 없애 버리기 위해 좋아하는 생각을 일으켜 부지런히 정진하려는 마음을 발하였어도, 번뇌가 치성하게 일어나 그 마음을 가리고 눌러 (나쁜 행위가) 때때로 일어나는 경우이다."[34]라고 하였다.

---

[34] 『瑜伽師地論』 권41(T30, 518a).

由其五家[1]緣。即犯此戒。一者事。謂所爲事。即合藥等事。二者想。謂生彼想。三者起欲樂。謂起不淨活命之欲。四者煩惱。謂貪利養。或瞋恚等。或愚癡等。或具。不具。五者究竟。謂事究竟。此中意說。若不善心。作如是等種種邪命。是染違犯。若爲利益諸有情故。行合藥等。是無所犯。故瑜伽云。若諸菩薩。安住菩薩淨戒律儀。生起詭詐。虛談現相。方便研求。假利求利。味邪命法。無有羞恥。堅持不捨。是名有犯有所違越是染違犯。無違犯者。若爲除遣。生起樂欲。發勤精進。煩惱熾盛。蔽抑其心。時時現起。

---

1) ㉑ '家'는 잉자인 듯하다.

(b) ③⓪ **불경호시계**不敬好時戒 : 복을 받기 좋은 때에 공경하지 않는 마음을 일으키지 마라

ⓐ 사람

경 불자여,

若佛子。

기 경의 "불자여" 이하는 두 번째로 불경호시계를 밝힌 것이다. (어떤 사람은 이렇게 주장한다.) 〈칠중이 모두 어길 경우 죄를 범하는 것이다.〉 어떤 사람은 다음과 같이 주장한다. 〈오직 재가자에게만 해당되는 계이니, 육재일六齋日과 삼장월三長月은 본래 재가자를 위한 것이기 때문이다.〉 첫 번째 주장이 뛰어난 것이니, 출가하지 않은 보살이 악을 행하든, (출가한) 보살이 악한 방편을 행하든, 또한 계를 범하는 것이기 때문이다.[35]

---

35 "칠중이~범하는 것이기 때문이다"는 내용이 조금 명확하지 않은 부분이 있어서, 그

문장은 둘로 나눌 수 있으니, 먼저 사람을 나타내었고, 뒤에 죄를 맺었다. 이것은 사람을 나타낸 것이다.

經若佛子自下。第二釋不敬好時戒。七衆同犯。一云。唯制在家。齋三長月。本爲在家故。初說勝。所以。未出家菩薩行惡。菩薩行惡方便。亦犯戒故。文分有二。先人。後罪。此即標人。

ⓑ 죄를 맺음

경 나쁜 마음으로 자신의 마음은 삼보를 비방하면서 겉으로는 친근히 여기는 것처럼 거짓된 모습을 드러내고, 입으로는 (모든 것이 실체가 없어서 집착할 것도 없다고 하는) 공空의 이치를 설하면서 행동은 (모든 것에 실체가 있는 것처럼 여기어 집착하는) 유有에 집착하는 모습을 보이며,[36] 재가인과 교류하면서 남녀가 서로 교합하여 음란한 행위에 묶이고 집착하는 것을 돕고, (매달) 육재

내용이 유사한 두 주석서를 밝히도록 한다. 지의의 『菩薩戒義疏』 권하(T40, 578a)에서 "첫째, 칠중을 위해 제정한 것이니, 이 날은 모두 공경해야 할 때이기 때문이다. 둘째, 단지 재가자를 위해 제정한 것이니 삼장재월과 육재일은 본래 재가자를 위한 것이기 때문이다. 출가자는 목숨이 다할 때까지 재齋를 수지해야 하고 시절을 논하지 않는다.(一云 七衆俱制 皆應敬時 二云 但制在家 年三長齋月六齋 本爲在家 出家盡壽 持齋 不論時節)"라고 하였고, 의적의 『菩薩戒本疏』 권하(T40, 680b)에서 "한 가지 해석은 오직 재가자를 위해 제정한 것이니, 출가자는 목숨이 다할 때까지 재를 수지해야 하고 시절을 논하지 않기 때문이라는 것이다. 다른 한 가지 해석은 출가자에게도 통하는 것이니 공경하는 시기이기 때문이다. 비록 늘상 수지해야 하는 계가 있지만 재일에 다시 이것을 받아야 한다.(一云 唯制在家 出家盡壽 持齋不論時節故 一云 亦通出家 爲敬時故 雖有常戒 當於齋日 應更受之)"라고 하였다.

36 이 부분에 대해 승장은 구체적인 설명을 하지 않았다. 법장의 『梵網經菩薩戒本疏』 권6(T40, 648b)에서 "입으로 거짓으로 공을 설하여 부처님의 말씀에 수순하는 것처럼 하면서 행동에 있어서는 유에 집착하여 부처님의 말씀을 비방하는 것이다.(謂口詐說空 似順佛語 行中執有 謗佛所說)"라는 주석을 참조하여 풀이하였다.

일六齋日[37]과 매해 삼장재월三長齋月[38]에 살생을 하고 도둑질을 하며 재계를 무너뜨리고 계를 범하면 경구죄를 범하는 것이다.

> 以惡心故。自身謗三寶。詐現親附。口便說空。行在有中。爲白衣通致。男女交會。婬色縛著。於六齋日。年三長齋月。作殺生劫盜。破齋犯戒者。犯輕垢罪。

기 경의 "나쁜 마음으로" 이하는 두 번째로 그릇된 것을 들어 죄를 맺은 것이다.

"매해 장재월"이란 여기에 세 가지가 있다. 첫째 정월이고, 둘째 5월이며, 셋째 9월이다.[39] 정월은 모든 중생의 무리가 생명이 움트기 시작하는 때이고, 5월은 이들이 번성하는 때이며, 9월은 모든 중생의 무리가 갈무리되기 시작하는 때이다. 그러므로 이 세 달을 '장재월'이라 한다. 또한 『우바새계경』에서 해석하기를 죽은 사람의 복을 빌기 위한 수법을 행하기에 적합한 때는, 세 때가 있으니, 봄의 2월, 여름의 5월, 가을의 9월이라고 하였다.[40] 이 경에 따르면 2월이 첫 번째 달이고, 5월이 중간 달이며, 9월이 가장 나중의 달이다. 이제 이 문장을 회통해 보자. '삼장월'이란 정월의 보름 이후부터 2월의 보름까지를 첫 번째 달로 하고, 5월의 보름 이후부터 6월의 보름까지를 중간 달로 하며, 9월의 보름 이후부터 10월의 보름까지를 마지막 재월齋月로 한다. 이와 같은 경문은 각각 한 가지 뜻에 근거하여 설한 것이기 때문에 서로 어긋나지 않는다.

---

37 육재일六齋日 : 매달 재가 신자들이 하루 낮과 밤 동안 팔재계를 수지하는 의식을 행하는 여섯 날을 일컫는 말. 8일·14일·15일·23일·29일·30일 등이 해당한다.
38 삼장재월三長齋月 : 매해 재가신자들이 1일부터 15일까지 긴 기간 동안 팔재계를 수지하는 세 달을 일컫는 말이다.
39 앞의 주석을 참조할 것.
40 『優婆塞戒經』 권5(T24, 1059c).

經以惡心下。第二擧非結罪。年長齋月者。此有三種。一正月。二五。¹⁾ 九月。謂是正月。諸衆生類生現之初。五月。卽是興盛之中。九月。卽是諸衆生類欲藏之初。故此三月。名長齋月。又優婆塞戒經。解云。爲亡者。修福。卽有三時。春二月。夏五月。秋九月。若依此經。二月爲初。五月爲中。九月爲後。今會此文。三長月者。從正月後半至二月前半。以爲初月。五月後半至六月前半。以爲中月。九月後半至十月前半。爲後齋月。如是經文。各據一義。故不相違。

1) ㉘ '五' 뒤에 '月三'이 누락된 듯하다.

『대지도론』제15권에서 "🟦무엇 때문에 육재일에 팔계를 수지하면서 복을 닦는 것인가? 🟥이 날은 악귀가 사람을 좇아와 그 목숨을 빼앗으려 하고, 질병과 흉한 재앙을 일으켜 사람으로 하여금 길상하지 않은 일을 당하게 하니, 이 때문에 겁초에 성인이 사람들로 하여금 재계를 수지하게 하였다.…(중략)…🟦무엇 때문에 온갖 귀신의 무리가 이 여섯 날에 사람을 괴롭히고 해치는 것인가? 🟥『천지본기경』[41]에서 '겁이 처음 이루어질 때 남다른 힘을 가진 범천왕의 아들로서 온갖 귀신의 아버지인 이가 있었다. 그는 범지梵志로서 고행을 실천하며 하늘에서 열두 해를 살면서, 이 여섯 날마다 살을 베고 피를 내어 불 속에 던졌다. 그러므로 귀신들은 이 여섯 날에는 잠깐 세력을 얻는다'고 한 것과 같다."[42]라고 하였다.[43] 또한 『구질

---

41 『天地本起經』은 여러 주석서에서 인용되고 있지만 어떤 책인지는 알 수 없다. 도교의 경전에 동일한 명칭이 있기는 하지만 같은 경전은 아닌 것 같다.
42 『大智度論』권13(T25, 160a). 원문에서는 15권이라고 했다.
43 육재일의 기원에 대한 보다 실질적 해석은 승장이 인용한 부분의 바로 뒤에 나오는데, 어찌된 일인지 승장은 이 부분을 인용하지 않았다. 『大智度論』에서는 바로 뒤를 이어, 왜 하필 이 여섯 날에 살을 베어 던지는지를 다음과 같이 설명하였다. 먼저 마혜수라는 8일, 23일, 14일, 29일을 점유하고, 나머지 신들은 1일, 16일, 2일, 17일을 점유하며, 15일과 30일은 모든 신들이 함께 점유한다. 이 때문에 마혜수라가 점유하는 날과 모든 신이 점유하는 날을 합하여 육재일로 삼은 것이다.

경』과 『사천왕경』에서 "이 여섯 날은 제석천왕과 사천왕과 태자와 사자使
者가 내려와 재앙과 복을 얻게 한다."⁴⁴라고 하였다. 『보살수재경』에서 "재
일齋日의 밤에 일부의 시간은 선정을 행하고 일부의 시간은 경전을 읽으
며 일부의 시간은 누워서 자는 것, 이것이 보살이 재일을 보내는 법이다.
정월 14일에 수지하여 17일에 해제하고, 4월 8일에 수지하여 15일에 해
제하며, 7월 1일에 수지하여 16일에 해제하고, 9월 14일에 수지하여 16
일에 해제한다."⁴⁵라고 하였다. 이 경에 의하면 사장재四長齋가 있는 것이
된다. (삼장재일과 사장재일의 차이는) 그 근기에 따라 보고 들은 것이 같
지 않은 데서 생겨난 것이니, 괴이하게 여길 것은 없다. 나머지 문장은 이
해할 수 있을 것이다.

> 大智度論第十五云。問。何六齋日。受八戒修福。答。是日。惡鬼。逐人
> 欲奪人命。疾病凶衰。令人不吉故。劫初聖人。敎人持齋。問。何故。諸鬼
> 輩。以此六日。惱害於人。答。如天地本起經云。劫初成時。有異梵天王
> 子。諸鬼神父。修梵志苦行。滿天上十二歲。於此六日。割肉出血。著於火
> 中。是故。鬼神。於此六日。輒有勢力。又救疾經及四天王經云。此六日。
> 帝釋四王及太子幷使者。下來。令得禍福。初說¹⁾受齋經云。齋日夜。一分
> 禪。一分讀經。一分臥。是爲菩薩齋日法。正月十四日受十七日解。四月
> 八日受十五日解。七月一日受十六日解。九月十四日受十六日解。若依是
> 經。有四長齋。隨其機宜。見聞不同。不可致恠。餘文可解。

1) ㉭ '初說'은 '菩薩'이다.

이상 세 번째로 열 가지 계를 바로 풀이하는 것을 마친다.

---

44 『救疾經』(T85, 1362a). 『四天王經』(T15, 118b).
45 『菩薩受齋經』(T24, 1116b).

上來。第一[1]正釋十戒訖說。[2]

1) ㉓ '一'은 '三'이다. 2) ㉔ '說'은 잉자인 듯하다.

ⓛ 받들어 지닐 것을 권하고 다른 품을 미리 가리킨 것

경 이와 같은 열 가지 계는 응당 배우고 공경하는 마음으로 받들어 지녀야 하니, 「제계품制戒品」[46]에서 자세하게 풀이할 것이다.

如是十戒。應當學。敬心奉持。制戒品中。廣解。

기 경의 "이와 같은 열 가지 계는" 이하는 두 번째로 받들어 지닐 것을 권한 것을 밝히고, (이 내용을 설할) 다른 품을 미리 가리킨 것이다.

經如是十戒等者自下。第二明勸奉持。懸指餘品。

(ㄹ) 아홉 가지 계 : 요익계와 선법계

㉠ 개별적 풀이

a. 요익계(31~33)

a) 31 불행구속계不行救贖戒 : 모든 팔려 가는 것들을 대신 값을 지불하여 구해 내야 한다

(a) 사람

---

46 현행 『梵網經』에는 없고 대본大本 『梵網經』에 속한 것으로 추정되는 품의 제목이다.

경 부처님께서 말씀하셨다. 불자여,

佛言。佛子。

기 경의 "부처님께서 말씀하셨다." 이하는 네 번째로 요익계(와 섭선법계)를 밝힌 것이다. 먼저 풀이하고 나중에 맺는다.

앞에 두 가지가 있다. 첫째, 처음에 세 가지 계가 있으니, (요익계로) 이행利行에 장애가 되는 것을 밝혔다. 다음에 여섯 가지 계가 있으니, 섭선법계를 밝혔다.

앞에서 세 가지 계를 풀이하므로 세 가지로 나뉜다. 이것은 첫 번째로 불행구속계를 밝힌 것이다. 문장은 셋으로 나눌 수 있다. 처음에 사람을 나타내었고, 다음에 행해야 할 것을 밝혔으며, 뒤에 허물을 들어 죄를 맺었다. 이것은 사람을 나타낸 것이다.

經佛言下。第四饒益戒。先釋。後結。前中有二。一初有三戒。明利行障。次明[1]有六戒。是[2]攝善法戒。前中。釋三。卽分爲三。此卽第一明不行救贖戒。文分有三。初人。次應。[3] 後結過。此卽標人。

---

1) ㉤ '明'은 '六戒' 뒤에 와야 한다. 2) ㉢ '是'는 잉자이다. 3) ㉤ '應' 뒤에 '行'이 누락된 듯하다.

(b) 행해야 할 것

경 부처님께서 입멸하신 후, 악한 세상에 외도와 모든 악한 사람과 도적들이 부처님과 보살과 부모의 형상을 제조한 것을 팔거나, 경전과 율전을 팔거나 하고, 비구와 비구니를 팔거나, 보리심을 발하고 보살도를 닦는 사람을 팔거나 혹은 관청의 심부름꾼이 되게 하거나 모든 사람들에게 주어 노비가 되게 하는 것을 보거든,

佛滅度後。於惡世中。若見外道。一切惡人。劫賊。賣佛菩薩父母形像。販賣經律。販賣比丘比丘尼。亦賣發心菩薩。[1] 或爲官使。與一切人。作奴婢者。

1) ⑲ '菩薩' 뒤에 '道人'이 누락되었다.

기 경의 "부처님께서 입멸하신 후" 이하는 두 번째로 행해야 할 것을 밝힌 것이다. 여기에 세 가지가 있으니, 처음은 시기를 밝혔고, 다음은 실천적 행위의 대상 경계를 밝혔으며, 뒤에 행해야 할 것을 밝혔다.

經佛滅度後下。第二明應行。於中有二。[1] 初時。次明所應作境。後明應行。

1) ⑲ '二'는 '三'이다.

ⓐ 시절을 밝힘

이것은 첫 번째로 시절을 밝힌 것이다. 곧 부처님께서 입멸하신 후 상법·말법의 악한 세상에 놓인 것을 말한다.

此即第一明時節也。謂佛滅度後。像法末法惡世之中。

ⓑ 실천적 행위의 대상 경계

경의 "외도와 (모든) 악한 사람" 이하는 두 번째로 실천적 행위의 대상 경계를 밝힌 것이다. 여기에 다섯 가지가 있다. 첫째 부처님과 보살의 형상을 파는 것이고, 둘째 부모의 형상을 파는 것이며, 셋째 경전과 율전을 (파는 것이고), 넷째 비구와 비구니를 (파는 것이며), 다섯째 보리심을 발하고 보살도를 닦는 사람을 (파는 것이니), 이는 처음 보리심을 발한 사람을 팔고 모든 사람에게 주어 노비가 되게 하는 것을 말한다.

經若見外道惡人等者自下。第二明所應作境。此有五種。一賣佛菩薩形像。二賣父母形像。三經律。四比丘比丘尼。五發心菩薩道人。謂賣初發心人。與一切人。作奴婢者。

ⓒ 행해야 할 것

경 보살은 이러한 일을 보고서 자비로운 마음을 일으켜 방편으로 구호하여 각처로 다니면서 교화하고 재물을 마련하여 이것을 주어 부처님·보살의 형상과 비구·비구니와 보리심을 발한 보살과 모든 경과 율을 구해 내야 한다.

而菩薩。見是事已。應生慈心。方便救護。處處教化。取物。贖佛菩薩形像
及比丘比丘尼發心菩薩一切經律。

기 경의 "보살은 이러한 일을 보고서" 이하는 세 번째로 행해야 할 것을 밝힌 것이다. 비록 두 문장이 있지만 두 번째로 행해야 할 것을 밝히는 것을 마친다.

經菩薩見是事已自下。第二[1]正明應行。雖有兩文。第二明應行竟。

---
1) ㉑ '二'는 '三'이다. 이는 'ⓑ 행해야 할 것'을 밝히는 부분을 셋으로 분류한 것 중의 마지막에 해당하는 것으로서의 행해야 할 것이기 때문이다.

(c) 허물을 맺음

경 만약 구해 내지 않는다면 경구죄를 범하는 것이다.

若不贖者。犯輕垢罪。

기 경의 "만약 구해 내지 않는다면" 이하는 세 번째로 허물을 맺은 것이다. 칠중이 이러한 행위를 할 경우 모두 계를 범하는 것이 된다. 그러나 대승과 소승에서 (그 구체적 지침은) 같지 않다. 성문교에서는 권속이 다른 사람에게 팔리는 것을 보고도 구해 내지 않으면 제7취인 돌길라죄를 범하는 것이다. 【문장을 조사해 볼 것】 그러나 경전과 형상 그리고 권속 이외의 사람 등을 구해 내지 않는 것에 대해서는 별도로 제계하지 않았다.

다섯 가지 조건을 갖추는 것으로 말미암아 이 계를 범한다. 다섯 가지란 무엇인가. 첫째 일이니, 경과 형상을 매매하거나, 비구·비구니 등을 매매하는 것, 노비로 만드는 것 등의 일을 말한다. 둘째 생각이니, 그것이라는 생각을 내는 것이다. 셋째 욕구이니, 구해 내지 않으려는 욕구를 일으키는 것이다. 넷째 번뇌이니, 탐욕·분노·어리석음을 말하는 것으로, 이를 모두 일으키거나 일부를 일으키거나 하는 것이다. 다섯째 구경이니, 가서 구해 내지 않는 것을 말한다. 만약 자신이 병들었거나 기력이 없거나 그가 스스로 능히 자신을 구할 수 있음을 알았거나, 그렇게 하는 것이 이치에 어긋나는 길로 인도하는 것이거나 법에 어긋나는 길로 인도하는 것임을 알았거나, 선품善品을 부지런히 닦아 잠시도 그치는 일이 없게 하고자 해서이거나, 성품이 우둔하여 들은 법을 받아들이기 어렵고 지니기 어려워서이거나, 많은 유정의 뜻을 지키고 보호하기 위해서거나 하여 구해 내지 않았다면, 이는 어기고 범하는 것이 아니다.

經若不贖者自下。第三結過。七衆同犯。大小不同。謂聲聞教。若見眷屬。被他販賣。而不贖者。犯第七聚【勘文】。經像餘人。不別制也。由具五緣。犯是戒也。何等爲五。一者事。謂經像及賣幷[1]作奴婢等事。二者想。謂生彼想。三者欲。謂起不贖之欲。四者煩惱。謂貪瞋癡。或具。或不具。五者究竟。謂不往贖取。若自有病。若無氣力。若了知彼自能成辦。若知所作能引非理。能引非法。若於善品。正勤修習。不欲暫癈。若性愚鈍。於所聞法。難受難持。若爲持護多有情意故。不救贖。無所違犯。

1) ㉤ '幷'은 '并'인 것 같다. ㉥ 『梵網經』본문에 근거하여 "經像及賣幷作奴婢等事"를 "(賣)經像及賣(比丘等)幷作奴婢等事"라는 문장으로 재구성하여 풀이하였다.

b) 32 축비법기계畜非法器戒 : 법에 어긋나는 도구를 비축해 두지 마라

경 불자여, 칼·몽둥이·활·화살을 비축하거나, (물건이 제 분량보다) 덜 올라가는 저울이나 덜 담기는 말(斗)로 물건을 팔거나, 관청의 세력을 업고 남의 재물을 빼앗거나, 해치려는 마음으로 속박하거나, 공들여 이룬 것을 파괴하거나, 고양이·살쾡이·돼지·개 등을 기르는 일을 하지 말아야 할 것이다. 만약 (사육이 금지된 것을) 고의로 기른다면 이는 경구죄를 범하는 것이다.

若佛子。不得畜刀杖弓箭。販賣輕秤小斗。因官形勢。取人財物。害心繫縛。破壞成功。長養猫狸猪狗。若故養者。犯輕垢罪。

기 경의 "불자여" 이하는 두 번째로 축비법기계를 밝힌 것이다. 문장을 셋으로 나눌 수 있다. 처음에 사람을 나타내었고, 다음에 행하지 말아야 할 것을 밝혔으며, 나중에 허물을 맺었다. 문장 그대로이니 알 수 있을 것이다. 번거롭게 서술하지 않는다.

經若佛子自下。第二明畜非法器。¹⁾ 文分有三。初人。次明不應。後結過。如文可見。不須繁述。

1) ㉥ '器' 뒤에 '戒'가 누락되었다.

c) 33 투전희희계鬪戰嬉戲戒 : 싸움을 구경하고 놀이를 즐기는 일을 하지 마라

(a) 사람

경 불자여,

若佛子。

기 경의 "불자여" 이하는 세 번째로 투전희희계를 밝힌 것이다. 문장을 셋으로 나눌 수 있다. 처음에 사람을 나타내었고, 다음에 행하지 말아야 할 것을 밝혔으며, 나중에 허물을 맺었다. 이것은 사람을 나타내는 것이다.

經若佛子自下。第三明鬪戰嬉戲戒。文分有三。初人。次所不應行。後結過。此即標人。

(b) 행하지 말아야 할 것

경 나쁜 마음으로 모든 남자와 여자가 일으키는 싸움과 군대가 진을 치고 군사를 일으켜 상대방의 것을 빼앗고 해치려고 하여 일으키는 싸움을 보아서야 되겠느냐. 또한 소라를 불고 북을 치며 뿔피리(角 : 뿔 모양으로 만든 나팔)를 불고 거문고를 타며 비파를 튕기고 쟁箏(현악기의 일종)을 타며 피리를 불고 공후를 타며, 노래하고 춤추며 악기를 연주하는 것과 같은 소리를 듣지 마라. 윷놀이(樗蒲)·바둑·바라색희波羅塞戲[47]·탄기彈碁[48]·육박六博[49]·공차기(拍毬)·돌던지

---

47 바라색희波羅塞戲 : 바라색은 [S]prāsaka의 음사어. 여러 주석서에 따르면 두 사람이 말이나 코끼리를 타고 중요한 지역을 먼저 점유하는 이가 이기는 싸움을 말한다.
48 탄기彈碁 : 바둑판에서 바둑알을 떨어뜨리는 놀이.
49 육박六博 : 쌍륙雙六이라고도 한다. 주사위놀이의 일종이다.

기・**투호**投壺[50]・**견도팔도행성**牽道八道行城[51] 등과 같은 놀이를 하거나,[52] **조경**爪鏡[53]・**지초**芝草[54]・**버드나무가지**・**발우**鉢盂[55]・**촉루**髑髏[56] 등으로 점을 치는 일을 해서는 안 된다. 도둑의 심부름을 해서도 안 된다. 이 모든 것을 어느 하나라도 해서는 안 되는 것이니, 만약 고의로 이러한 일을 한다면 경구죄를 범하는 것이다.

> 以惡心故。觀一切男女等鬪。軍陣兵將劫賊等鬪。亦不得聽吹貝鼓角琴瑟箏笛箜篌歌叫伎樂之聲。不得樗蒱[1]圍碁波羅塞戲彈碁六博拍毬擲石投壺牽道八道行城爪鏡芝草楊枝鉢盂髑髏而作卜筮。不得作盜賊使命。一一不得。若故作者。犯輕垢罪。
>
> 1) ㉠ '蒱'는 '蒲'이다.

기 경의 "나쁜 마음으로" 이하는 두 번째로 행하지 말아야 할 것을 밝힌 것이다. 다시 다섯 가지가 있다. 첫째, 두 가지 일을 보지 말아야 하는 것이다. '본다'는 것은 남자나 여자들이 싸우는 것과 군대의 병사들이 싸우는 것을 말한다. 둘째, 아홉 가지의 일을 듣지 말아야 할 것이니, 첫째

---

50 투호投壺 : 화살을 병에 던져 넣는 것.
51 견도팔도행성牽道八道行城 : 가로세로에 아홉 줄의 길을 내고 바둑돌을 사용하여 앞으로 나가는 놀이.
52 이상의 놀이는 주석자에 따라 통틀어서 여덟 가지(현재 번역에 반영된 것에서 돌던지기와 투호를 유사한 것으로 보아 묶는 경우-), 아홉 가지(현재의 번역과 상응함), 열 가지(현재 번역에 반영된 것에서 '견도팔도행성'을 '견도'와 '팔도행성'의 둘로 나누어 보는 경우) 등으로 본다. 승장은 주석 부분에서 이 놀이를 모두 '여섯 가지'라고 하고 있지만, 이는 어떤 주석서에도 나오지 않는 숫자이다. 따라서 '六'은 '八'이나 '九'나 '十'의 오자로 볼 수 있는데, '九'가 더 유사하기 때문에 아홉 가지로 보는 관점에서 풀었다.
53 조경爪鏡 : 약을 손톱에 바르고 주문을 외우면 광명으로 인해 거울처럼 환해지면서 여러 가지 일들이 보이는 것.
54 지초芝草 : 점을 치는 데 쓰는 풀대.
55 발우鉢盂 : 점치는 도구인 그릇.
56 촉루髑髏 : 점치는 도구인 해골.

소라를 불고, 둘째 북을 치며, 셋째 뿔피리를 불고, 넷째 거문고를 타며, 다섯째 비파를 튕기고, 여섯째 쟁을 타며, 일곱째 피리를 불고, 여덟째 공후를 타며, 아홉째 노래하는 소리 등을 말한다. 셋째, 아홉 가지의 잡다한 놀이를 행하지 말아야 하니, 윷놀이 등을 말한다. 넷째, 다섯 가지의 점치는 행위를 하지 말아야 하니, 조경 등을 말한다.[57] (다섯째, 도둑의 심부름을 하지 말아야 하는 것이다.)

經以惡心故自下。第二明所不應行。復有五。一不應見二事。觀者。謂男女鬪及軍兵鬪。二不應九事聽。謂一吹貝。二鼓。三角。四琴。五瑟。六箏。七笛。八箜篌。九歌叫。三不應六[1]事雜戲。謂樗蒲[2]等。四不應五事卜莖[3]謂成[4]狐鏡[5]【明利所報云】。

1) ㉠ '六'은 '九'이다. p.515 주 52를 참조할 것. 2) ㉠ '蒱'는 '蒲'이다. 3) ㉾ '莖'은 '筮'인 듯하다. 4) ㉾ '成' 앞에 '行'이 누락된 듯하다. '成狐鏡'은 '行城爪鏡'인 듯하다. ㉠ '成狐鏡'은 '爪鏡等'이다. '行城'은 앞에서 설한 '잡다한 놀이'와 관련된 용어일 뿐이고, 이를 점치는 것과 관련지어 해석한 경우는 없기 때문이다. 5) ㉾ '鏡' 다음에 누락된 문장이 있는 듯하다. ㉠ 앞에서 위의 문장을 다섯 단락으로 나누었으나 네 단락에서 끝이 났다. 이하 다섯 번째가 누락된 것으로 생각된다. 의적의 『菩薩戒本疏』 권하(T40, 681b)에 따르면, 그 문장은 "五不得作盜賊使命"일 것으로 추정된다.

((c) 허물을 맺음)

b. 선법계(34~39)

a) 어길 경우 정진精進의 실천에 장애가 되는 것을 밝힌 것(34~36)

---

57 세주細注의 형식으로 쓰인 '明利所報云'이라는 문장은 무슨 의미인지 알 수 없어서 풀지 않았다. 누락된 글자가 있는 것으로 보인다.

(a) ③④ **퇴심계**退心戒 : 대승을 믿고 보리를 얻으려는 마음에서 물러나지 마라

경 불자여, 금계를 수호하여 다닐 때나 머물 때나 앉을 때나 누울 때나, 낮과 밤의 여섯 때에 이 계를 독송하되, 금강처럼 굳게 지키고, **부낭**浮囊(물에 뜨는 주머니)을 허리에 매고 큰 바다를 건너는 것처럼 (한시라도 떨어지는 일이 없어야 할 것이며), 풀띠에 묶여 있던 비구(草繫比丘)[58]와 같이 (철저히 지켜야 할 것이다). 항상 대승에 대한 믿음을 내되, '나는 아직 깨달음을 성취한 부처님이 아니고, 여러 부처님은 이미 깨달음을 성취한 부처님이시다'라는 것을 스스로 알아 보리를 얻으려는 마음을 내고, 어떤 순간에도 그 마음을 잃어버리지 않아야 할 것이니, 마음에 한 생각이라도 이승이나 외도의 마음을 일으킨다면 경구죄를 범하는 것이다.

若佛子。護持禁戒。行住坐臥。日夜六時。讀誦是戒。猶如金剛。如帶持浮囊。欲度大海。如草繫比丘。常生大乘信。自知我是未成之佛。諸佛是已成之佛。發菩提心。念念不去心。若起一念二乘外道心者。犯輕垢罪。

기 경의 "불자여" 이하는 두 번째로 여섯 가지 계가 있으니, 섭선법계를 밝힌 것이다. 이는 넷으로 나눌 수 있다. 처음에 세 가지 계(③④~③⑥)가 있으니, (어길 경우) 정진바라밀의 실천에 장애가 되는 것을 밝힌 것이다. 다음에 한 가지 계(③⑦)가 있으니, (어길 경우) 선정바라밀에 장애가 되는 것이다. 다음에 한 가지 계(③⑧)가 있으니, (어길 경우) 계바라밀에 장애가 되는 것을 밝힌 것이다. 뒤에 한 가지 계(③⑨)가 있으니, (어길 경우) 법의

---

[58] 『大莊嚴論經』 권3(T4, 268c)에 따르면 도적이 풀띠로 몸을 묶었지만 풀의 생명을 해침으로써 계를 어길 것을 염려하여 감히 벗어나려고 하지 않았던 비구들을 일컫는 말이다.

보시에 장애가 되는 것을 밝힌 것이다.

앞에서 정진바라밀의 실천에 장애가 되는 것에 세 가지 계가 있으니, 셋으로 나뉜다. 이것은 첫 번째로 퇴심계를 밝힌 것이다. 칠중이 모두 어길 경우 죄를 범하는 것이다. 대승과 소승이 같지 않다. 위에서 (사십팔경계 중) 제8계는 대승을 등지고 소승을 향하는 것과 관련된 내용이고, 여기에서 제정한 것은 소승을 실천하는 것 자체를 문제삼은 것이기 때문에 차별이 있다. 문장을 셋으로 나눌 수 있으니, 처음에 사람을 나타내었고, 다음에 행해야 할 것을 밝혔으며, 나중에 허물을 맺었다. 문장 그대로이니 알 수 있을 것이다. (『유가사지론』)「보살지」에서 "보살법을 넘어서 이도異道의 논서와 여러 외도의 논서를 연구하고 잘 알며, 마음 깊이 보배처럼 여기고, 사랑하고 좋아하며 맛들이고 집착하여 독한 약처럼 여기지 않고 익히고 가까이하면, 이를 범하는 것이 있고 염오에 의한 위범이라 한다."[59]라고 하였다. (이 죄가 성립되기 위해) 갖추어야 할 조건의 다소는 이치대로 알아야 할 것이다.

> 經若佛子自下。第二有六戒。明攝善法戒。分有四。初有三戒。明精進䣙。次有一戒。是定度䣙。次應敎化[1] 明戒度䣙。後有一戒。明法施䣙。前精連[2]䣙中。三戒。分爲三。此卽第一明退心戒。七衆同犯。大小不同。上第八戒背大向小。此中所制。宜說小行。故有差別。文分有三。初人。次應。後結過。如文可見。菩薩地云。越菩薩法。於異道論及諸外論。硏求善巧。深心寶翫。愛樂味著。非如辛藥。而習近之。是名有犯是染違犯。具緣多少。如理應知。
>
> 1) ㉯ '次應敎化'는 '次有一戒'이다. 2) ㉯ '連'은 '進'이다.

---

[59] 『瑜伽師地論』 권41(T30, 519b).

(b) ㉟ 불발대원계不發大願戒 : 큰 서원을 일으키지 않아서는 안 된다

경 불자여, 항상 모든 원을 일으키되, 부모님과 스님에게 효순하고, 훌륭한 스승이나 같은 법을 배우는 훌륭한 선지식을 만나서, 항상 나에게 대승의 경률을 가르쳐 주고, 십발취와 십장양과 십금강과 십지에 대해 나로 하여금 활히 알게 하며, 법대로 수행하게 되기를 원하고, 불계佛戒(곧 보살계)를 수지하여 차라리 목숨을 버릴지언정 한순간도 마음에서 잃어버리는 일이 없기를 원해야 한다. 모든 보살이 이러한 원을 일으키지 않는다면 경구죄를 범하는 것이다.

若佛子。常應發一切願。孝順父母師僧。願得好師同學善友知識。常敎我大乘經律。十發趣十長養十金剛十地。使我開解。如法修行。堅持佛戒。寧捨身命。念念不去心。若一切菩薩。不發是願者。犯輕垢罪。

기 경의 "불자여" 이하는 두 번째 불발대원계이다. 이 가운데 셋이 있다. 처음에 사람을 나타내었고, 다음에 열 가지 원을 밝혔으며, 나중에 허물을 맺었다.

經若佛子自下。第二不發大願戒。於中有三。初人。次明十願。後結過。

(ⓐ 사람)
("불자여"는 처음에 해당한다.)

ⓑ 열 가지 큰 원을 밝힘
경의 "항상 (모든 원을) 일으키되" 이하는 두 번째로 열 가지 큰 원을 밝힌 것이다. 첫 번째 원은 부모님을 공경하고 효순하는 것이고, 두 번째

원은 훌륭한 스승을 만나는 것이며, 세 번째 원은 같은 법을 배우는 훌륭한 선지식을 만나는 것이고, 네 번째 원은 나에게 대승을 가르쳐 주는 것이며, 다섯 번째 원은 십발취를 아는 것이고, 여섯 번째 원은 십장양을 아는 것이며, 일곱 번째 원은 십금강을 아는 것이고, 여덟 번째 원은 십지를 아는 것이며, 아홉 번째 원은 법대로 수행하게 되는 것이고, 열 번째 원은 불계를 수지하는 것이다.

經常應人[1]下。第二明十大願。一願發[2]敬順父母。二願得好師。三願好得[3]同學善知識。四願教戒[4]大乘。五願解十發趣。六願解十長養。七願解十金剛。八願解十地。九願如法修行。十願持佛戒。

1) ㉲ '人'은 '發'이다. 2) ㉱ '發'은 잉자인 듯하다. 3) ㉱ '好得'은 '得好'인 듯하다.
4) ㉱ '戒'는 '我'인 듯하다.

ⓒ 죄를 맺음

경의 "모든 보살이" 이하는 세 번째로 (죄를) 맺은 것으로 문장 그대로이니 알 수 있을 것이다.

經若一切菩薩下。第三結。如文可見。

(c) ③⑥ 불서견고심계 不誓堅固心戒 : 견고한 마음으로 계를 지킬 것을 서원하지 않으면 안 된다

경 불자여, 열 가지 큰 원을 일으키고 나서 부처님의 금계를 지니고 서원하기를 "차라리 이 몸을 활활 타오르는 사나운 불꽃으로 가득 찬 큰 구덩이나 칼산에 던져 넣을지언정 끝내 삼세의 여러 부처님의 경·율을 어겨 모든 여인과 부정한 행위를 하는 일을 하지 않겠습니다."라고 한다. 다시 서원하기를 "차라리 뜨거운 쇳그물

로 천 겹을 둘러 몸을 묶을지언정 끝내 파계한 몸으로 신심이 있는 단월이 베푸는 모든 옷을 받아 입지 않겠습니다."라고 한다. 다시 서원하기를 "차라리 이 입에 뜨거운 쇳덩이와 큰 물결 같은 사나운 불꽃을 머금고 백천 겁을 지낼지언정 끝내 파계한 입으로 신심이 있는 단월이 베푸는 온갖 종류의 맛있는 음식을 먹지 않겠습니다."라고 한다. 다시 서원하기를 "차라리 이 몸을 사납게 타오르는 불꽃으로 만들어진 그물과 뜨거운 쇠를 깔아 놓은 땅 위에 눕힐지언정 끝내 파계한 몸으로 신심이 있는 단월이 베푸는 온갖 종류의 침상과 좌구座具(방석과 같은 것)를 받지 않겠습니다."라고 한다. 다시 서원하기를 "차라리 이 몸을 삼백 자루의 창에 찔리면서 1겁·2겁을 지낼지언정 끝내 파계한 몸으로 신심이 있는 단월이 베푸는 온갖 종류의 의약품을 받지 않겠습니다."라고 한다. 다시 서원하기를 "차라리 이 몸을 뜨거운 가마솥에 던져 백천 겁을 지낼지언정 끝내 파계한 몸으로 신심이 있는 단월이 베푸는 천 가지 방房舍과 집屋宅과 숲園林과 토지田地를 받지 않겠습니다."라고 한다. 다시 서원하기를 "차라리 쇠망치로 이 몸을 때려 부수어 머리부터 발끝까지 가루처럼 만들지언정 파계한 몸으로 신심이 있는 단월의 공경과 예배를 받지 않겠습니다."라고 한다. 다시 서원하기를 "차라리 백천 개의 뜨거운 쇠칼 끝으로 그 두 눈을 도려낼지언정 끝내 파계한 마음으로 다른 사람의 아름다운 모습을 보지 않겠습니다."라고 한다. 다시 서원하기를 "차라리 백천 개의 쇠송곳으로 귀를 잘라내고 찌르면서 1겁이나 2겁을 지낼지언정 끝내 파계한 마음으로 아름다운 음성을 듣지 않겠습니다."라고 한다. 다시 서원하기를 "차라리 백천 개의 칼날로 그 코를 도려낼지언정 끝내 파계한 마음으로 온갖 향기를 탐스럽게 맡지 않겠습니다."라고 한다. 다시 서원하기를 "차라리 백천 개의 칼날로 그 혀를 베어버릴지언정 끝내 파계한 마음으로 온갖 종류의 깨끗한 음식을 먹지 않 겠습니다."라고 한다. 다시 서원하기를 "차라리 날카로운 도끼로 그 몸을 끊어 부숴 버릴지언정 파계한 마음으로 좋은 촉감에 탐욕스럽게 집착하지 않겠습니다."라고 한다. 다시 서원하기를 "모든 중생이 다 성불할 것을 원합니다."라고 한다. 보살이 이러한 서원을 일으키지 않는다면 경구죄를 범하는 것이다.

若佛子。發十大願已。持佛禁戒。作是願言。寧以此身。投熾然猛火大坑刀山。終不毀犯三世諸佛經律。與一切女人。作不淨行。復作是願。寧以熱鐵羅網。千重周匝。纏身。終不以破戒之身。受於信心檀越一切衣服。復作是願。寧以此口。吞熱鐵丸及大流猛火。經百千劫。終不以破戒之口。食信心檀越百味飮食。復作是願。寧以此身。臥大猛火羅網熱鐵地上。終不以破戒之身。受信心檀越百種牀座。復作是願。寧以此身。受三百矛刺。經一劫二劫。終不以破戒之身。受信心檀越百味醫藥。復作是願。寧以此身。投熱鐵鑊。經百千劫。終不以破戒之身。受信心檀越千種房舍屋宅園林田地。復作是願。寧以鐵鎚打碎此身。從頭至足。令如微塵。終不以破戒之身。受信心檀越恭敬禮拜。復作是願。寧以百千熱鐵刀鉾。挑其兩目。終不以破戒之心。視他好色。復作是願。寧以百千鐵錐。遍劖刺耳根。經一劫二劫。終不以破戒之心。聽好音聲。復作是願。寧以百千刀刃。割去其鼻。終不以破戒之心。貪齅諸香。復作是願。寧以百千刀刃。割斷其舌。終不以破戒之心。食人百味淨食。復作是願。寧以利斧。斬破其身。終不以破戒之心。貪著好觸。復作是願。願一切衆生。悉得成佛。菩薩。若不發是願者。犯輕垢罪。

기 경의 "불자여" 이하는 세 번째 불서견고심계이다. 문장을 셋으로 나눌 수 있다. 먼저 사람을 나타내었고, 다음에 열 가지 큰 원을 발하고 나서 (열세 가지 원을 세웠으며),⁶⁰ 뒤에 그릇된 것을 들어 죄를 맺었다.

經若佛子下。第三不誓堅固心。文分有三。先標人。次發十大願。後擧非結罪。

ⓐ **사람**
이것은 사람을 나타낸 것이다.

此即標人。

ⓑ **열 가지 큰 원을 발하고 열세 가지 큰 서원을 발함**
경의 "열 가지 큰 원을 일으키고 나서" 이하는 두 번째로 (열 가지 큰 원을 발하고 나서) 열세 가지 큰 서원을 발한 것을 밝힌 것이다. 첫째 여인과 함께 부정한 행위를 하지 않을 것을 발원하는 것이니, 경에서 "차라리 이 몸을 활활 타오르는 사나운 불꽃으로 가득 찬 큰 구덩이나 (칼산에) 던져 넣을지언정"이라고 했기 때문이다. 말하자면 이 현재의 몸을 차라리 현재 잠시 지극한 고통 속에 빠지게 할지언정 잠깐의 기쁨을 누리기 위해 오랜 세월 동안 고통받는 일을 하지 말아야 한다는 것이다. 둘째 의복을 받지 않을 것을 발원하는 것이니, 경에서 "다시 서원하기를 '차라리 뜨거운 쇠그물로 천 겹을 둘러~'"라고 했기 때문이다. 셋째 온갖 종류의 맛난 음식을 받지 않을 것을 발원하는 것이고, 넷째 온갖 종류의 침상과

---

60 본문은 열 가지 큰 서원을 발하고 나서 다시 열세 가지 서원을 발하는 구조로 이루어져 있다. 앞의 십대원十大願은 본문에 명기되어 있지 않다. 대부분의 주석에서 『發菩提心經』에서 처음 보리심을 일으킨 보살이 일으켜야 할 열 가지 서원을 설한 것을 말하는 것으로 풀이하였다. 의적의 『菩薩戒本疏』 권하(T40, 682a)·태현의 『梵網經古迹記』 권하(T40, 714c) 등을 참조할 것.

좌구를 받지 않을 것을 발원한 것이며, 다섯째 온갖 종류의 약을 받지 않을 것을 발원한 것이고, 여섯째 집이라든가 숲을 받지 않을 것을 발원한 것이며, 일곱째 공경과 예배를 받지 않을 것을 발원한 것이고, 여덟째 끝내 파계한 마음으로 다른 사람의 아름다운 모습을 보지 않을 것을 발원한 것이며, 아홉째 끝내 파계한 마음으로 좋은 음성을 듣지 않을 것을 발원한 것이고, 열째 파계한 마음으로 온갖 향기를 탐욕스럽게 맡지 않을 것을 발원한 것이며, 열한째 파계한 마음으로 온갖 종류의 청정한 음식을 먹지 않을 것을 발원한 것이고, 열두째 파계한 마음으로 좋아하는 촉감을 탐착하지 않을 것을 발원한 것이며, 열셋째 모든 사람들이 불도를 이룰 것을 서원한 것이다.

經發十大願已下。第二明發十三願。一者發願不與女人作不淨行。如經。寧以身。投熾燃猛炎火坑等故。謂此現身。寧受現在暫時極苦。不應暫戲受長時苦。二者發願不受衣服。如經。復作是願。寧以熱鐵羅網千重等故。三者發願不受百味食。四者不受百種牀坐。五者不受百味之藥。六者不受房舍園林。七者不受恭敬禮拜。八者終不破戒之心視他好色。九者終不破戒心聽心[1)]好音聲。十者不以破戒之心貪嗅諸香。十一者不破戒心食百味淨食。十二者不貪好觸。十三者願一切人成佛。

1) ㉮ '心'은 잉자인 듯하다.

문 세 번째에 음식을 받지 않겠다고 한 서원과 열한 번째에 온갖 종류의 청정한 음식을 먹지 않겠다고 서원한 것은 어떤 차별이 있는가?

답 앞의 것은 사사공양四事供養[61]을 들어 그것을 받지 않을 것을 나타낸

---

61 사사공양四事供養 : 일상생활에 필요한 음식과 의복과 와구와 의약품 등 네 가지 물건을 공양하는 것.

것이고, 뒤의 것은 근문根門(감각 기관)을 들어 탐착하지 않을 것을 나타낸 것이기 때문에 차별이 있다. 다시 앞의 것은 입 안에 온갖 종류의 맛난 음식을 받아들이지 않는 것을 말한 것이고, 뒤의 것은 마음속으로 온갖 종류의 맛난 음식을 탐착하지 않는 것을 말한 것이다. 이 경문에서 말하고자 하는 것은 보살들이 바른 생각을 방호防護하면 계를 범하지 않고 악취에 떨어지지 않지만 바른 생각을 잃으면 청정한 계를 범하여 한량없는 고통을 받는다. 그러므로 보살은 이와 같이 서원을 발하기를, "차라리 목숨을 버릴지언정 끝내 (감각 기관의 대상이 되는) 향이나 맛이나 촉감이나 법 등에 탐욕스럽게 집착하지 않겠다."라고 해야 한다는 것이다.

問。第三不受飮食。與十一不受百味。有何差別。先擧四事。顯其不受。後擧根門。顯不貪著。故有差別。復次先說口中不受百味。後說心中不貪百味。此中意說。若諸菩薩。防護正念。卽不犯戒不墮惡趣。若失正念。違犯淨戒。受無量苦。是故。菩薩發如是願。寧捨身命。終不貪著香味觸法。

(문) 무엇을 보살이 정념을 방호하여 오욕에 집착하지 않는 것이라 하는가.

(답) 보살이 생사의 세계를 윤회하면서 받는 과환過患을 관찰하여 바른 생각을 방호하기를 마치 기름이 담긴 발우를 지니되 조금도 새어 나가지 않게 하는 것과 같이 하는 것을 말한다. 그러므로 『열반경』 제22권에서 "비유컨대 세간에 대중들이 25리까지 가득 메웠거늘, 왕이 한 신하에게 명령하기를 '한 개의 기름이 든 발우를 가지고 그들 속을 거쳐 지나가면서 엎지르지 않게 하되, 만약 한 방울이라도 없어지면 너의 목숨을 끊을 것이다'라고 하고, 다시 한 사람을 보내어 칼을 뽑아 들고 뒤에 서서 따라가면서 그를 위협하게 하면, 신하는 왕의 명령을 받고 온 마음을 다하여 굳건히 지니고, 이 장소에 있는 대중들 속을 지나되, 비록 좋아할 만한 다

섯 가지 삿된 욕망 등을 보더라도 마음속으로 항상 생각하기를 '내가 만약 방일하여 저 삿된 욕망에 집착하면, 지니고 있는 것을 잃어버려 목숨을 온전히 구제하지 못할 것이다'라고 하니, 이 사람은 이렇게 (기름이 든 발우를 엎지를까) 두려워한 인연으로 한 방울의 기름도 버리지 않는다. 보살도 이와 같아서 생사의 세계를 윤회하는 가운데 생각하는 지혜를 잃지 않고 그렇게 잃지 않기 때문에 탐착하지 않는다."[62]라고 하였다.

云何菩薩。防護正念。不著五欲。謂諸菩薩。觀生死中所有遇[1]患。防護正念。如持油鉢。而不漏失。故涅槃二十二云。譬如世間。有諸大衆。滿十里。[2] 王勅一臣。持一油鉢。逕於[3]中過。莫令傾覆。若棄一渧。當斷汝命。復遣一人。拔刀在後。隨而怖之。臣受王敎。盡心堅持。逕[4]歷爾所大衆之中。雖見可意五邪欲等。心常念言。或[5]若放逸。著彼所[6]欲。當棄所持。命不全濟。是人。以是怖因緣故。乃至不棄一渧之油。菩薩摩訶薩。亦復如是。於生死中。不失念慧。以不失故。心不貪著。

---

1) ㉤ '遇'는 '過'인 듯하다. 2) ㉤ 『涅槃經』에 따르면 '十里'는 '二十五里'이다. 3) ㉤ 『涅槃經』에 따르면 '逕於'는 '經由'이다. 4) ㉤ 『涅槃經』에 따르면 '逕'은 '經'이다. 5) ㉡ '或'은 '我'의 오기다. 6) ㉤ 『涅槃經』에 따르면 '所'는 '邪'이다.

(ⓒ 그릇된 것을 들어 죄를 맺음)

b) 선정바라밀에 장애가 되는 것을 밝힌 것

(37 불입난처계不入難處戒 : 위험한 곳에는 들어가지 마라)

(a) 사람

---

62 40권본 『涅槃經』 권22(T12, 496b).

경 불자여,

若佛子。

기 경의 "불자여" 이하는 두 번째로 선정바라밀에 장애가 되는 것을 밝힌 것이고, 또한 불입난처계라고 한다. 문장을 셋으로 나눌 수 있다. 먼저 사람을 나타냈고, 다음에 행해야 할 것을 나타냈으며, 뒤에 허물을 들었다. 이것은 사람을 나타낸 것이다.

經若佛子下。第二明定度障。亦名不入難處戒。文分有三。先人。次應行。後結過。此即標人。

(b) 행해야 할 것

경 항상 (봄과 가을의) 두 시기[63]에 두타행을 할 때, 겨울과 여름에 참선을 할 때, 하안거를 맺을 때,

常應二時頭陀。冬夏坐禪。結夏安居。

기 경의 "항상 (봄과 가을의) 두 시기에~하안거를 맺을 때" 이하는 두 번째로 행해야 할 것을 밝힌 것이다. 여기에 두 가지가 있다. 먼저 (총괄적으로) 나타낸 것이고, 다음에 풀이한 것이다.

經常應二時至結夏安居者自下。第二明應行。於中有二。先標。次釋。

---

63 『菩薩戒義疏』 권하(T40, 578c) 등에 따르면 유행하기에 적절한 시기로 봄과 가을의 두 철을 말한다. 너무 춥거나 너무 더운 여름과 겨울은 좌선을 행한다.

ⓐ **총괄적으로 나타낸 것**

이것은 총괄적으로 나타낸 것이다.

'두타'란 당나라 때의 번역본인 신역에서는 두다杜多라고 하였고, 투다投多라고도 음사하며, 수치修治라고 한역하니, 계행戒行을 장엄하여 마음을 닦고 다스리기 때문이다. 『대지도론』 제72권에서 "12두타는 계라고 하지 않으니, 곧 능히 행하면 계를 장엄하는 것이지만 능히 행하지 않는다고 하여 계를 범하는 것은 아니다."[64]라고 한 것과 같다.

『유가사지론』에 의하면 두타의 차별에 열두 가지와 열세 가지가 있다. 그러므로 그 논 제25권에서 "무엇을 두다의 공덕을 성취하는 것이라 하는가? 늘 약속된 집에서 걸식하는 것(常期乞食), (마을에 들어가 분별하지 않고) 차례대로 걸식하는 것(次第乞食), 한 번 앉은 자리에서 한 번만 먹는 것(但一坐食), 먼저 적절한 분량의 음식을 먹을 것이라는 생각을 하고 난 후에 먹는 것(先止後食),[65] 단지 삼의三衣[66]만 지니는 것, 단지 솜털(毳)【솜털에 해당하는 한문 '취毳'의 음은 '원元'과 '만滿'의 반절이니, 미세한 털을 가리킨다.】옷만 지니는 것, 분소의糞掃衣를 지니는 것, 아란야에 머무는 것, 항상 나무 밑에 거주하는 것, 항상 가린 것이라곤 아무것도 없는 맨 땅에 머무는 것, 항상 무덤가에 머무는 것, (등을 기대거나 걸터앉거나 하지 않고) 항상 단정하게 앉아 있는 것, 좌구를 깔았던 곳은 (수리하거나 하지 않고) 항상 앉았던 그대로 유지하는 것 등이니, 이와 같이 음식이나 옷이나, 여러 부

---

64 『大智度論』 권68(T25, 537b). 원문에서는 72권이라고 했다.
65 『瑜伽師地論』 권25(T30, 422a)에 따르면 음식을 먹기 위해 자리에 앉은 다음 음식을 먹기 전에 먹어야 할 음식을 모두 받고서, '나는 지금 이만큼의 음식을 받았고 이로써 스스로를 지탱해야 한다'고 바르게 알고, '이보다 많은 것을 결정코 먹지 않을 것이다'라고 바로 안 다음에 비로소 먹는 것을 말한다. 『瑜伽論記』 권6(T42, 441c)에서는 절량식節量食과 같은 것이라고 하였다.
66 삼의三衣 : 승가리僧伽梨·울다라승鬱多羅僧·안타회安陀會 등.

구敷具[67]에 의지하는 것이다. 두타의 공덕은 혹은 열두 가지가 있고 혹은 열세 가지가 있다. 걸식을 두 가지로 나눌 수 있으니, 첫째 수득걸식隨得乞食[68]이고, 둘째 차제걸식次第乞食이다.…(중략)…이 중 걸식에 차별적인 성품이 없는 것에 의거하면 (상기걸식의 다른 이름인 수득걸식과 차제걸식을 합해 하나로 하기 때문에) 오직 열두 가지가 있고, 걸식에 차별적인 성품이 있는 것에 의거하면 (수득걸식과 차제걸식을 나누어서) 곧 열세 가지가 있다.…(하략)…"[69]라고 하였다.

어떤 곳에서는 "두타에 열두 가지가 있는데, 이 가운데 음식을 받들어 먹는 것(奉食)과 관련된 것은 다섯 가지가 있다. 첫째 개별적인 초청을 받지 않는 것이고, 둘째 하루 한 끼만 먹는 것이며, 셋째 정오 이후에는 미음물도 마시지 않는 것이고, 넷째 한 자리에서 음식을 먹고 다시 먹지 않는 것이며, 다섯째 분량을 조절하여 적당히 먹는 것이다. 또한 머무는 곳과 관련된 것은 다섯 가지가 있으니, 첫째 아란야처에 머물고, 둘째 눕지 않으며, 셋째 무덤가에 머물고, 넷째 나무 밑에 머물며, 다섯째 가린 것이 아무것도 없는 맨땅에 머무는 것 등이다. 옷과 관련된 것은 두 가지가 있으니, 첫째 바로 삼의만 비축하는 것, 둘째 항상 납의納衣를 입는 것 등이다."[70]라고 하였다. 【문장을 조사해 볼 것】

이와 같은 설 중에 (12두타에) 들어가지 않은 것이 있는 것은 그 근기에 따라 보고 들은 것이 같지 않기 때문이다.

---

67 여러 부구敷具 : 좌구와 와구를 통틀어서 일컫는 말.
68 둔륜의 『瑜伽論記』 권6(T42, 441c)에 따르면 수득걸식은 상기걸식과 같은 말이다. 단 수득걸식은 늘 왕래하는 집에서 주는 대로 받아서 먹는 것임을 나타내는 뜻이 있다.
69 『瑜伽師地論』 권25(T30, 422a).
70 『大智度論』 권68(T25, 537a). 출처를 밝히지 않았지만, 여기에서 밝힌 12두타의 내용이 아래 설명되는 것과 꼭 들어맞는다. 뒤에 『大智度論』 권72를 참조할 것을 권하였으므로, 이 부분을 인용한 것임이 더욱 분명해진다. 물론 『대정장』에는 68권이어서 권수에 차이가 있지만, 이는 본서에서 『大智度論』은 그 권수가 일치하지 않는 부분이 많기 때문에 그다지 문제되지 않는다.

此即總標。頭陀者。大唐本云杜多。亦云投多。此云修治。嚴戒行。修治心故。如大智度論七十二云。十二頭陀。不名爲戒。即戒莊嚴。戒行修[1] 若依瑜伽。杜多差別。有十二十三。故彼論第二十五云。何成就杜多功德。謂常期乞食。次第乞食。但一坐食。先止後食。佃[2]持三衣。佃[3]持毳【元滿反。細毛也】衣。持糞掃衣。住阿蘭若。常居樹下。常居逈露。常住冢間。常期端坐。處如常坐。如是依止。若食若衣若諸敷具。杜多功德。或十二種。或十三種。於乞食中。分爲二種。一隨得乞食。二者次第乞食。廣說乃至。當知。此中若依乞食無差別性。唯有十二。若依乞食有差別性。便有十三。乃至廣說。或有處說。頭陀有十二事。奉食亦有五。一不受別請。二當一食。三中後不飮湯水。[4] 四一坐食。五節量食。住處有五。一阿練若處。二者不臥。三者冢間。四者樹下。五者露地。衣有二種。一正畜三衣。二常納衣【勘文】。如是等說。有不用者。隨其根宜。見聞不同。

1) ㉑ '戒行修'에는 오사가 있는 듯하다. ㉑ 『大智度論』 인용문의 전문을 참조하여 전후문장을 교정하였다. 그 전문은 "12두타는 계라고 하지 않으니, 능히 행하면 계를 장엄하는 역할을 하지만 능히 행하지 않는다고 해도 계를 범하는 것은 아니다. (十二頭陀 不名爲戒 能行則戒莊嚴 不能行 不犯戒)"이다. 2) ㉑ '佃'는 '但'이다. 3) ㉑ '佃'는 '但'이다. 4) ㉑ 『大智度論』에 따르면 '湯水'는 '漿'이다.

문 무엇 때문에 이 두타를 설했는가?

해 여기에서 교화의 대상으로 삼는 중생에 세 종류가 있다. 첫째 음식을 탐하는 사람이고, 둘째 옷을 탐하는 사람이며, 셋째 거주하는 곳을 탐하는 사람이다. 그 차례대로 세 가지 탐욕을 잘 다스리기 때문에 열두 가지 혹은 열세 가지의 두타를 설한 것이다. 자세한 것은 『유가사지론』 제25권과 『대지도론』 제72권에서 자세하게 설한 것과 같다. 번거로울 것을 염려하여 간략히 서술하였다.

問。何因緣故。說此頭陀。解云。此所化生。有其三種。一食貪者。二衣

貪者。三處貪者。如其次第。善治三貪故。說十二或十三種。廣如瑜伽
二十五。大智度論七十二說。恐繁略述。

ⓑ 자세하게 풀이한 것

경 항상 칫솔(楊枝), 비누(澡豆), 삼의三衣, 물병, 발우, 좌구, 석장錫杖, 향로, 녹수낭漉水囊,[71] 수건, 칼, 부싯돌, 족집게, 승상繩牀,[72] 경률, 불상과 보살상을 지니고 다녀야 한다. 보살이 두타행을 행할 때와 제방諸方으로 유행할 때 백 리이든 천 리이든 왕래하되, 이 열여덟 가지 물건을 항상 몸에 지니고 다녀야 한다. 두타를 행하는 시기는 정월 15일부터 3월 15일까지와 8월 15일부터 10월 15일까지이니, 이 두 시기에는 이 열여덟 가지 물건을 마치 새의 두 날개처럼 항상 그 몸에 지니고 다녀야 한다. 만약 포살하는 날이면 처음 발심하여 배우는 보살은 보름마다 포살을 하되, 십중계와 사십팔경계를 외워야 한다. 이때 여러 부처님과 보살의 형상 앞에서 행하되, 한 사람이 포살하면 한 사람이 외우고, 두 사람이나 세 사람 내지 백천 인이 포살하여도 한 사람이 외운다. 외우는 이는 높은 자리에 앉고 듣는 이는 낮은 자리에 앉으며, 각각 구조九條 가사·칠조七條 가사·오조五條 가사[73] 등의 삼의를 갖추어 입는다. 하안거를 맺을 때는 낱낱이 법대로 행한다.

常用楊枝。澡豆。三衣。瓶。鉢。坐具。錫杖。香爐。漉水囊。手巾。刀子。

---

71 녹수낭漉水囊 : 물에 들어 있는 벌레를 해치는 것을 방지하기 위해 사용하는 물을 걸러 먹는 주머니.
72 승상繩牀 : 의자의 일종.
73 구조는 승가리僧伽梨, 칠조는 울다라승鬱多羅僧, 오조는 안타회安陀會를 말한다. 차례대로 탁발을 하거나 궁중에 들어갈 때 등의 용무를 행할 때 정장의 형태로 입는 옷, 예배·청강 등을 할 때 입는 옷, 일상생활을 할 때 입는 옷 등의 용도로 쓰인다.

火燧。鑷子。繩牀。經律。佛像菩薩形像。而菩薩。行頭陀時。及遊方時。
行來百里千里。此十八種物。常隨其身。頭陀者。從正月十五日。至三月
十五日。八月十五日。至十月十五日。是二時中。此十八種物。常隨其身。
如鳥二翼。若布薩日。新學菩薩。半月半月布薩。誦十重四十八輕戒。時。
於諸佛菩薩形像前。一人布薩。即一人誦。若二人三人乃至百千人。亦一
人誦。誦者。高座。聽者。下坐。各各。被九條七條五條袈裟。結夏安居。
一一如法。

기 경의 "항상 칫솔" 이하는 두 번째로 자세하게 풀이한 것이다. 여기
에 셋이 있으니, 처음에 두타의 도구를 밝혔고, 다음에 두타의 시기를 밝
혔으며, 나중에 포살을 밝혔다.

經常用楊枝自下。第二廣釋。於中有三。初明頭陀之具。次頭陀時。後明
布薩。

ⅰ) 두타의 도구

이것은 첫 번째로 두타의 도구를 밝힌 것이다. 열여덟 가지의 물건이
있으니, 항상 그 몸에 지니고 다녀야 한다. 첫째 칫솔이고, 둘째 비누이다.
삼의를 (각각 별도로 셈하면) 세 가지[74]가 된다. "삼의"[75]란 다음과 같
다. 첫째, 구역에선 승가리僧伽梨라고 했는데, 이 음사어는 잘못된 것이다.
승가치僧伽致라고 해야 옳고, 혹은 승가지僧伽胝라고도 한다. 한역어는 합
合이라고도 하고, 중중重重이라고도 한다. 조각을 내고 다시 합해서 만든 것임
을 말하는 것이고, 겹쳐서 만든 것임을 말하는 것이다. 이 한 가지 옷은

---

74 셋째, 넷째, 다섯째가 된다는 말.
75 이하 승가리·울다라승·안타회 등과 관련된 것은 『一切經音義』 권59(T54, 700b)와 내
용이 거의 동일하다.

반드시 조각을 내어 만든다. 나머지 두 가지 옷은 조각을 내기도 하고 조각을 내지 않기도 한다. 법밀부法密部(法藏部)와 설일체유부 등은 대체로 조각내지 않는 규범을 따르고, 성변부聖辨部[76] 대중부大衆部 등은 조각을 내는 규범을 따른다. 만약 조각을 내지 않으면 모서리에 천을 덧붙이고 고리와 끈을 단다. 둘째, 울다라승鬱多羅僧이니 욱다라승郁多羅僧이라고도 하고, 우다라승優多羅僧이라고도 하는데, 이는 역시 범어를 강하게 발음하는가, 약하게 발음하는가의 차이에 따라 와전訛轉된 것이다. 한역어는 상착의上著衣이다. 일상생활에서 입는 옷 중에 가장 위에 입기 때문에 이러한 이름을 붙였다. 혹은 부좌견의覆左肩衣(왼쪽 어깨를 덮어서 입는 옷)이라고도 한다. 셋째, 안타회安陀會이니, 혹은 안타위安陀衛라고도 하고, 안타바바安陀婆婆라고도 하며, 혹은 안타라발살安陀羅跋薩이라고도 한다. 한역어는 중숙의中宿衣이다. 몸에 밀착한 형태로 입는 옷으로, 이의裏衣(속옷)라고도 한다. 이와 같은 삼의를 가사라고 한다. 가사[77]란 부정색不正色이라 한역한다. 온갖 초목草木 중에 껍질이나, 잎이나, 꽃 등이 오미五味를 이루지 못하여 음식으로 사용하기 어려운 것을 가사라고 한다. 이것으로 옷을 염색하면 그 색깔이 흐린 적색이 되기 때문에 범본에서 오탁지탁五濁之濁을 또한 가사라 한다고 하였다. 인도의 비구들은 대부분 이 색을 사용한다. 『여환삼매경』에서 한역어는 무예구無穢垢라고 하였다. 또한 뜻에 의거하여 말하기를 이진복離塵服이라 하고, 혹은 간색의間色衣라고도 한다. 진제삼장真諦三藏은 "가사의 한역어는 적혈색의赤血色衣이다. 외국에서 비록 다섯 부파가 있어서 같지 않은 부분이 있기는 하지만, 모두 붉은색의 가사를 입는 것은 같다. (가사의 색과 관련해서) 청색·흑색·목란색木蘭色 등

---

76 성변부聖辨部 : 문맥상 소승부파 중 하나일 것으로 추정되지만 현재 전해지는 소승부파 중 이런 이름을 가진 것은 전하지 않는다.
77 가사 : 이하 가사와 관련된 부분 일체는 『一切經音義』 권59(T54, 698c)와 내용이 거의 동일하다.

이라고 하는 것은 단지 (동일한 붉은색 가사에) 찍는 점의 색깔에 의해 차별화된 명칭을 나타낸 것일 뿐이다."[78]라고 하였다.

여섯째 병이고, 일곱째 발우이며, 여덟째 좌구이고, 아홉째 석장이며, 열째 향로이고, 열한째 수낭水囊(漉水囊)이며, 열두째 수건이고, 열셋째 칼이며, 열넷째 부싯돌이고, 열다섯째 족집게【족집게에 해당하는 한자인 '섭鑷'의 음은 '이而'와 '섭葉'의 반절이다.】이며, 열여섯째 승상繩牀이고, 열일곱째 경률經律이며, 열여덟째 불상과 보살상이다.

어떤 사람은 이렇게 말한다. 〈이 열여덟 가지 물건을 하나라도 지니지 않으면 경구죄를 범하는 것이다.〉 이제 나의 입장에서 풀이하면 다음과 같다. 이 문장은 위험한 곳에는 들어가지 말라는 것을 계의 조목으로 삼는다는 것을 말하려 했을 뿐, 이 열여덟 가지 물건을 갖추든 갖추지 않든 위범하는 것이 아니다.

此即第一明頭陀具。有十八物。常隨其身。一者楊枝。二蔘[1]豆。以三衣爲三。言三衣者。一舊云僧伽梨。此音訛也。應云僧伽致。或僧伽胝。唐云合。或云重。謂割而合成。又重作也。此[2]衣。必割截而成之。餘之二衣。或割不割。若法密部說一切有部等。分[3]不割。成[4]二鬱多羅僧。或云郁多羅僧伽。或云優[5]多羅僧。亦猶梵音輕重不同。訛轉也。唐云上著衣。常所服中。最在其上。故以名也。或云覆左肩衣。三安陀會。或作安陀衛。或作安陀婆婆。或作安陀羅跋薩。唐云宿[6]衣。謂近[7]或云裏衣。如是三衣。名爲袈裟。袈裟者。唐云不正色也。諸辛[8]木中。若皮若葉若華等。不成五味。難爲食者。則名迦娑。此物染衣。其色濁赤故。本[9]五濁之濁。亦名迦沙。天竺比丘。多用此色。又如幻三昧經云。普[10]言無垢穢。[11] 又義[12]離塵服。

---

78 진제 삼장의 인용문은 그와 직접 대면한 적이 있고, 그 인연이 남달랐던 삼론학의 길장 吉藏이 지은 『金剛般若經義疏』 권2(T33, 97b)에 보다 상세한 내용이 나온다. 역자의 풀이는 대체로 이것에 의거하여 이루어졌다.

或云間色衣。眞諦三藏云。袈裟。此云赤血色衣。外國。雖有五部不同。竝皆赤色。言黑[13]木蘭者。但點之異名。六者瓶。七鉢。八者坐具。九錫杖。十香鑪。十一水囊。十二手巾。十三刀子。十四火燧。十五鑷【而葉反】。十六繩牀。十七經律。十八佛菩薩像。有人云。此十八物。隨闕一物。犯輕垢罪。今解。此中不入難處。以爲戒耳。此十八物。若具不具。無所違犯。

---

1) ⓐ '蔘'은 경문에 '澡'라고 되어 있다. 2) ⓐ『一切經音義』에 따르면 '此' 뒤에 '一'이 누락되었다. 3) ⓐ '分'은 '多則'이다. ⓔ 별도로 밝히고 있지 않지만 역시『一切經音義』에 근거한 것이다. 4) ⓐ '成' 뒤에 '若聖辨部 大衆部等 則割截之 若不割者 直案帖角 及以鈎紐而已'의 26글자가 누락되었다. ⓔ 이 부분도『一切經音義』에 근거한 것이다.『대정장』의 해당 부분에 의거할 때 원문 교감주 중 '辨'은 '辯'이고, '割截之'에서 '截'은 잉자이며, '直案帖角及以鈎紐而已'에서 '案'은 '安'이고, '及'은 '反'이다. 이 밖에 '成'도 잉자이다. 5) ⓐ '優'는 '漚'이다.ⓔ『一切經音義』에서는 "우다라승이라고도 하고, 구다라승이라고도 한다.(或云優多羅僧 或作漚多羅僧)"라고 했기 때문에 굳이 이렇게 볼 필요는 없다. 6) ⓐ『一切經音義』에 따르면 '宿' 앞에 '中'이 누락되었다. 7) ⓐ『一切經音義』에 따르면 '近' 뒤에 '身住也'가 누락되었다. 8) ⓐ '辛'은 '草'이다.ⓔ『一切經音義』에는 '諸木'이라 하여 '草'를 넣지 않았다. 그러나 후대의 주석서에서『一切經音義』를 인용하면서 대체로 '諸草木'이라 하였다. 지원智圓의『涅槃經疏三德指歸』권4(X37, 371c)·『四分律鈔批』권12(X, 975a) 등을 참조할 것. 9) ⓐ『一切經音義』에 따르면 '本' 앞에 '梵'이 누락되었다. 10) ⓔ『一切經音義』·『如幻三昧經』 등에 따르면 '普'는 '晉'이다. 11) ⓔ『如幻三昧經』(T12, 146a). 단『一切經音義』에서『如幻三昧經』을 인용하면서 '無垢穢'라고 했지만,『如幻三昧經』 본문에서는 '無穢垢'라 하였다. 12) ⓐ『一切經音義』에 따르면 '義' 뒤에 '云'이 누락되었다. 13) ⓐ『一切經音義』에 따르면 '黑' 앞에 '靑'이 누락되었다.

ii) 두타의 시기

경의 "두타를" 이하는 두 번째로 시절을 밝힌 것이다. 문장 그대로이니 알 수 있을 것이다.

經頭陀者下。第二明時節。如文可見。

iii) 포살

경의 "만약 포살하는 날이면" 이하는 세 번째로 포살을 밝힌 것이다.

'포살布薩'이란 증장增長이라 한역하고, 증량增養이라고도 한역하니, 선善을 북돋우기 때문에 증장이라 한다.

經若布薩時自下。第三明布薩也。布薩者。此云增長。亦名增養。長善。故說爲增長。

(c) 그릇된 것을 들어 죄를 맺은 것

경 두타를 행할 때에는 위험한 곳에는 들어가지 말 것이니, 국가적 재난이 일어난 곳, 악한 왕이 다스리는 곳, 지리적 위치가 너무 높거나 낮은 곳, 초목이 무성한 곳, 사자와 호랑이가 있는 곳, 물과 불과 바람 등에 의한 재난이 있는 곳, 도둑이 출현하는 길, 독사가 있는 곳 등과 같은 온갖 위험한 곳에는 다 들어가지 마라. 만약 두타행도를 실천하거나 여름에 안거를 행하거나 할 경우에도 이러한 여러 위험한 곳에 들어가서는 안 된다. 만약 고의로 들어간다면 경구죄를 범하는 것이다.

若頭陀時。莫入難處。若國難。惡王。土地高下。草木深邃。師子虎狼。水火風難。及以劫賊。道路虵毒。一切難處。 悉不得入一切難處。[1] 故[2]頭陀行道。乃至夏坐安居。是諸難處。亦不得入。此難處況行頭陀者見難處。[3] 故入者。犯輕垢罪。

---
1) ㉝『대정장』의『梵網經』에 따르면 '一切難處'는 잉자이다. 현재『한불전』에 인용된『梵網經』의 문장은 다른 판본에서 쓰이는 문장이기는 하지만, 문맥상 말이 안 되기 때문에 현행『대정장』의『梵網經』을 따랐다. 이하 마찬가지이다. 2) ㉝『대정장』의『梵網經』에 따르면 '故'는 '若'이다. 3) ㉝『대정장』의『梵網經』에 따르면 '此難處況行頭陀者見難處'는 잉자이다.

기 경의 "두타를 행할 때에는 위험한 곳에는 들어가지 말 것이니"는 세 번째로 그릇된 것을 들어 죄를 맺은 것이다. 먼저 그릇된 것을 들어 위험한 곳에 들어가지 말아야 한다고 했고, 뒤에 죄를 맺었으니, (그 내용은) 알 수 있을 것이다.

> 經若頭陀時莫入難處。第三擧非結罪。先擧非。謂不應入難處。後結罪。可知。

c) 계바라밀의 실천에 장애가 되는 것을 밝힌 것

(38 차제계次第戒: 언제나 정해진 순서대로 앉아야 한다)

(a) 사람

경 불자여,

> 若佛子。

기 경의 "불자여" 이하는 세 번째로 차제계를 밝힌 것이다. 위의에 어긋나기 때문에 제정하였다. 칠중이 모두 죄를 범하는 것으로 대승과 소승에서 모두 제정하였다. 문장을 넷으로 나눌 수 있다. 첫째 사람을 나타내었고, 둘째 행해야 할 것을 밝혔으며, 셋째 행하지 말아야 할 것을 밝혔고, 넷째 허물을 맺었다. 이것은 처음에 해당한다.

> 經若佛子自下。第八[1]明次第戒。違失威儀。故制。七衆同犯。大小俱制。文分有四。一人。二應。三不應。四結過。此即初也。

---
1) ㉠ '八'은 '三'이다.

(b) 행해야 할 것

경 법에 정해진 대로 차례대로 앉아야 할 것이니, 먼저 계를 받은 이가 앞에 앉고, 나중에 계를 받은 이가 뒤에 앉는다. 나이가 많고 적음을 논하지 않고, 비구·비구니·귀인貴人·국왕·왕자에서 (남근이 손상된 자인) 황문·노비 등에 이르기까지 모두 먼저 계를 받은 이가 앞에 앉고, 나중에 계를 받은 이가 그 뒤를 이어 차례대로 앉아야 한다.

應如法次第坐。先受戒者。在前坐。後受戒者。在後坐。不問老少比丘比丘尼貴人國王王子。乃至黃門奴婢。皆應先受戒者。在前坐。後受戒者。次第而坐。

기 경의 "법에 정해진 대로 차례대로" 이하는 두 번째로 행해야 할 것을 밝힌 것이다. 대중에 일곱 가지가 있다. 첫째 비구, 둘째 비구니, 셋째 정학正學,[79] 넷째 근책勤策(沙彌), 다섯째 근책니勤策尼(沙彌尼), 여섯째 근사近事(優婆塞), 일곱째 근사녀近事女(優婆夷)이다.

그런데 이렇게 자리에 앉는 차례를 정하는 것에 대해서는 본래 세 가지 해석이 있다.

한 가지 해석은 다음과 같다. 〈비구 대중 가운데 먼저 보살계를 받은 사람이 있으면 이 사람이 가장 윗자리에 앉는다. 예를 들면 어떤 사람이 성문계에 있어서는 나중에 계를 받았으나 보살계에 있어서는 먼저 계를 받았고, 어떤 사람은 성문계에 있어서는 먼저 구족계를 받았지만 보살계에 있어서는 나중에 계를 받았다고 한다면, 이렇게 계를 받은 두 대중이 있을 경우, 먼저 보살계를 받은 사람이 윗자리에 앉고, 나중에 (보살계를)

---

[79] 정학正學 : 식차마나식叉摩那의 한역어. 비구니계를 받기까지 2년 동안 사근본계四根本戒와 육법六法을 배우는 과정에 있는 출가한 여자를 일컫는 말이다.

받은 사람은 아랫 자리에 앉는 것을 말한다. 나머지 여섯 대중에 대해서도 이것에 준하여 알 수 있을 것이다.〉[80] 여기에서 말하고자 하는 것은 다음과 같다. 이러한 일곱 부류의 대중은 그 정해진 규범을 따라 비구가 윗자리에 앉고 비구니가 다음에 앉는다. 이렇게 해서 가장 뒤에 재가자를 설하는 것은 보살계를 받음에 있어서 비록 먼저 받고 나중 받는 차이가 있다고 하더라도, 재가자는 출가자보다 윗자리에 앉을 수 없다. 그 차례를 말하자면, 남자와 여자, 대승과 소승, (출가와 재가) 등과 같은 부류의 각별함은 서로 여의어서는 안 되기 때문이다.

또 한 가지 해석은 다음과 같다. 〈성문계는 먼저 받았지만 보살계는 받지 않은 이가 있고, 성문계는 나중에 받았지만 보살계는 먼저 받은 이가 있다고 하자. 이렇게 계를 받은 두 대중 가운데 보살계를 받은 이와 보살계를 받지 않은 이가 있으면 보살계를 받은 이가 윗자리에 앉으니, 보살계가 가장 뛰어나기 때문이다. 그런데 두 사람이 모두 보살계를 받았으면, (보살계를 먼저 받고 나중에 받았는지를 따지지 않고) 다시 성문이었을 때의 하랍夏臘에 따라 차례를 정한다. 나머지 여섯 부류의 대중도 이것에 준해서 알아야 한다.〉[81]

또 한 가지 해석은 다음과 같다. 〈출가 보살은 단지 성문계의 하랍으로 차례를 정하니, 성문법에 의지하여 출가했기 때문이다.〉

비록 세 가지 해석이 있지만 첫 번째 해석이 가장 뛰어나다.

經應如法次第自下。第二明應行。衆有七種。一者比丘。二者比丘尼。三

---

80 보살계 수계의 전후는 칠중 전체에 있어서는 그 차례에 영향을 주지 않고, 개별적 대중 속에서는 영향을 준다. 비구와 비구니의 경우는 그 선후와 무관하게 비구가 먼저이고 비구니는 다음인데, 비구와 비구의 경우는 보살계를 먼저 받은 이가 윗자리에 앉는다.
81 이는 동일하게 보살계를 받았을 경우는 그 선후를 문제삼지 않고, 성문계 수계의 선후에 의해서 결정한다는 것을 말한다.

者正學。四者勤策。五勤策尼。六者近事。七者近事女。然釋此坐次。自有 三釋。一云。比丘衆中。先受菩薩戒。以爲上坐。謂如有一。[1] 聲聞戒中。在 後受戒。菩薩戒中。在前受戒。有一人。聲聞戒中。先受具戒。菩薩中。在 後而受。此二衆中。先受菩薩戒爲上坐。後受爲下。餘之六種。準此可知。 此中意說。如是七衆。隨其所應。比丘爲上。比丘尼爲次。乃至最後。說在 家者。受菩薩戒。雖有先後。而不得在家在出家上。說其次第。不應相離 男女大小類各別故。一云。有聲聞戒。在先而受。而不受菩薩戒。有聲聞 戒。在後而受。於菩薩戒。在先而受。此二衆[2]中。若有菩薩戒。有不受菩 薩戒者。菩薩戒以爲上坐。戒最勝故。二人若受菩薩戒。復以本聲聞夏爲 次第。餘之六種。準此應知。一云。出家菩薩。但以聲聞戒夏。爲次第。依 聲聞法。得出家故。雖有三釋。初說爲勝。

1) ㉝ '一' 뒤에 '人'이 누락되었다. 2) ㉘ '衆' 이하에 빠진 문장이 있는 듯하다.

(c) 행하지 말아야 할 것

경 외도나 어리석은 사람이 나이 든 사람이나 어린 사람에 대해 (그 선후를 잘 판단하여) 앞에 앉히는 일도 없고 뒤에 앉히는 일도 없는 것처럼 하지 마라. 차례가 없이 앉는 것은 병졸이나 노예의 법이니, 나의 불법에서는 먼저 앉아야 할 이가 먼저 앉고, 나중에 앉아야 할 이가 나중에 앉는다. 보살로서 차례대로 앉지 않는다면 이는 경구죄를 범하는 것이다.

莫如外道癡人。若老若少。無前無後。坐無次第。兵奴之法。我佛法中。先 者先坐。後者後坐。而菩薩不次第坐者。犯輕垢罪。

기 경의 "외도나~것처럼 하지 마라" 이하는 세 번째로 행하지 말아야 할 것을 밝혔다. 문장 그대로이니 (설명하지 않아도) 알 수 있을 것이다.

經莫如外道下。第三明不應。如文可知。

(d) 허물을 맺은 것

경의 "보살로서" 이하는 허물을 맺었다. (이 죄가 성립되기 위해) 갖추어야 할 조건의 다소는 이치대로 알아야 한다. 만약 보살들이 나이 많은 스님이 오는 것을 보고도 좋은 자리를 내어 주지 않으면 경죄를 범하는 것이다. 『유가사지론』에서 "모든 나이 든 스님과 덕이 있는 스님과 법을 함께하는 이로서 공경할 만한 이가 온 것을 보고도 싫어하는 마음을 품어서 일어나 반갑게 맞이하지 않고 좋은 자리를 내어 주지 않으면 이를 범하는 것이 있고, 어긋나고 넘어서는 것이 있으며 염오에 의한 위범이라고 한다.…(하략)…"[82]라고 한 것과 같다.

經而菩薩下。第四結過。具緣多少。如理應知。若諸菩薩。見耆長來。不推勝坐。是即輕罪。如瑜伽論云。見諸耆長。有德可敬同法者來。懷嫌恨心。不起迎來。不推勝坐。是名有犯。乃至廣說。

d) 보시바라밀의 실천에 장애가 되는 것을 밝힌 것

(㊴ 불수복혜계不修福慧戒[83] : 복덕과 지혜를 닦는 일을 하지 않으면 안 된다)

(a) 사람

---

82 『瑜伽師地論』 권41(T30, 516a).
83 승장은 지금까지의 서술 방식과 달리 이 계에 대해서는 특별한 제목을 붙이지 않았다. 주석자에 따라 '不勸修福講解利生戒'(명광의 『天台菩薩戒疏』), '福慧攝人戒'(의적의 『菩薩戒本疏』), '不修福慧戒'(지의가 설하고 관정이 기록한 『菩薩戒義疏』) 등으로 다양한데, 가장 많이 쓰이는 것을 따랐다. 모두 복덕과 지혜의 두 가지를 함께 닦는 것을 밝힌 계라고 본 점에서 동일하다.

경 불자여,

若佛子。

기 경의 "불자여" 이하는 네 번째로 (어길 경우) 보시바라밀에 (장애가 되는 것을) 밝혔다. 재물과 법을 (베푸는 것을) 말하는 것이니 알 수 있을 것이다. 섭선攝善의 뜻에 어긋나기 때문에 제정하였다. 칠중이 모두 죄를 범하는 것이고, 대승과 소승은 같지 않다. 문장을 셋으로 나눌 수 있다. 처음에 사람을 나타내었고, 다음에 행해야 할 것을 밝혔으며, 뒤에 허물을 맺었다. 이것은 사람을 나타낸 것이다.

經若佛子自下。第三[1)]明布施度。謂財法可知。違攝善之義。是故。制也。七衆同犯。大小不同。文分有三。初人。次應。後結過。此即標人。

---
1) ㉠ '三'은 '四'이다.

(b) 행해야 할 것

경 항상 모든 중생을 교화하여 (1) 승방僧坊을 세우고, (2) 산림원전山林園田에 불탑을 지으며, (3) 동안거와 하안거 때 좌선할 곳과 (4) 일체의 불도를 수행하기 위해 머물 만한 처소를 모두 마련하도록 해야 한다. 보살은 모든 중생을 위해 대승의 경·율을 강설해야 하니, (1) 질병이 생기거나, (2) 국가적 재난이 있거나, (3) 도적에 의한 재난이 있거나, (4) 부모님과 형제와 화상과 아사리 등이 돌아가신 날과 (그와 관련된 의식을 치르는 날인) 3·7일에서부터 7·7일에 이르기까지의 해당되는 날에도 또한 대승의 경·율을 강독하고 강설하면서 재회齋會를 열어 복을 구해야 한다. (5) 먼 길을 가고 올 때나, ⑹ **치생**治生[84](生業에 종사하는 것)을 할 때나, ⑺ 큰불이 타올라 모든 것을 태울 때나, ⑻ 큰물에 의해 떠내려 갈 때나, ⑼ 먼지를 품은 회오리바람이 불거나, ⑽ 배를 타고 가다가 강이나 큰 바다에서 나찰羅刹을 만나는 재난을 당하거나 해도 또한 이 경·율을 독송하고 강설해야 한다. ⑾ 모든 죄의 과보를 받거나, ⑿ 세 가지 과보를 받거나, ⒀ **칠역죄를 짓거나**, ⒁ **팔난**八難에 처하거나, ⒂ 수갑과 족쇄로 그 몸이 구속되었거나, ⒃ 음란함과 분노와 어리석음이 치성하게 일어날 때거나, ⒄ 질병이 많이 생기거나 할 때에도 모두 이 경·율을 독송하고 강설해야 한다.[85]

常應教化一切衆生。建立僧坊。山林園田。立作佛塔。冬夏安居。坐禪處所。一切行道處。皆應立之。而菩薩應爲一切衆生。講說大乘經律。若疾病。國難。賊難。父母兄弟和上阿闍梨亡滅之日。及三七日。乃至七七日。亦應讀誦講說大乘經律。齋會求福。行來。治生。大火所燒。大水所漂。黑風所吹。船舫。江河大海。羅刹之難。亦讀誦講說此經律。乃至一切罪報。三惡[1]。七逆。八難。杻械枷鏁。繫縛其身。多婬多瞋多愚癡。多疾病。皆應讀誦講說此經律。

1) ㉮ 승장의 주석에 따르면 '惡'은 '報'이다. 『대정장』에 실린 『梵網經』에서는 '三報'라 했고, 다른 판본에서는 '三惡'이라고도 했음을 밝혔다. 승장의 주석을 참조할 때 승장이 저본으로 한 『梵網經』의 원문은 '三報'이다.

---

84 치생治生 : 살아갈 방도를 마련하는 것. 보통 행래치생行來治生으로 묶어 '먼 길을 가고 오면서 살아갈 방도를 마련하는 것이 여의치 않을 때'라는 의미로 풀이한다. 법장의 『梵網經菩薩戒本疏』 권6(T40, 651c), 태현의 『梵網經古迹記』 권하(T40, 716a) 등을 참조할 것. 그러나 승장은 '행래'와 '치생'을 개별적인 것으로 파악하였다. 그리고 치생 자체의 의미는 별도로 해석하지 않았다. 다만 '持生'이라고 한 판본을 제시하고 이것의 의미를 풀이하는 데 그쳤다.
85 뒤에 나오는 승장의 주석에 의거하여 일련 번호를 매겼다. 의적은 ⑸와 ⑹, ⑺~⑼, ⑾~⒂ 등을 하나로 묶어 열 가지로 분류했다. 『菩薩戒本疏』 권하(T40, 684b) 참조.

기 경의 "항상 (모든 중생을) 교화하여" 이하는 두 번째로 행해야 할 것을 밝힌 것이다. 다시 두 가지가 있다. (첫째 교화하여 복덕福德을 닦게 하고, 둘째 강설하여 행해行解를 닦게 한다.)

經常應教化自下。第二明應。此復有二。[1]

1) ㉠ '二' 뒤에 탈자가 있는 것으로 생각된다. 의적의 『菩薩戒本疏』권하(T40, 684b)를 참조하여 다음과 같은 글자를 집어넣어 풀었다. '一教化令修福德 二講說令修行解'

ⓐ 교화하여 복덕을 닦게 하는 것

(첫째 교화하여 복덕을 닦게 하는 것에 다시 두 가지가 있다.)

ⅰ) 교화하여 복덕을 닦게 하는 것

처음에 교화하여 복덕을 닦게 하는 것이다.

初教[1]令修福德。

1) ㉠ '教' 뒤에 '化'가 누락되었다.

ⅱ) 복덕의 내용을 밝힌 것

다음에 복덕의 내용을 밝히는 가운데 네 가지가 있다. 첫째 승방을 건립하는 것이고, 둘째 원림園林에 불탑을 세우는 것이며, 셋째 안거할 때 좌선할 곳을 세우는 것이고, 넷째 불도를 수행할 곳을 세우는 것이다. 문장 그대로이니 이해할 수 있을 것이다.

次明福德之中。復有四種。一者建立僧房。二者園林中。立作佛塔。三者建立安居坐禪處。四者立行道處。如文可解。

ⓑ 강설하여 행해行解를 닦게 하는 것

경의 "보살은" 이하는 두 번째로 행해行解[86]를 닦는 것을 밝혔다. 이것을 실행해야 하는 상황은 열일곱 가지가 있다. 첫째 병에 의한 재난이니, 나라 안에 온갖 질병이 일어나는 것이다. 둘째 국가적 재난이니, 여러 악한 왕이 나라를 다스릴 때, 혹은 나라가 적의 침입을 당했을 때이다. 셋째 도둑에 의한 재난이 일어나는 것이다. 넷째 존경하는 분이 돌아가셨을 때이다. 다섯째 가고 올 때이니, 먼 길을 가고 올 때를 말한다. 여섯째 치생治生할 때이니, 이 경의 어떤 판본에서는 지생持生이라고도 하였다. 지생이란 수생受生의 다른 이름이니, 현재 사는 이곳에서 (죽어서) 저곳에서 생명을 받아 태어날 때를 일러 지생持生할 때라고 한다.【생각해 볼 것】일곱째 불에 의한 재난이고, 여덟째 물에 의한 재난이며, 아홉째 바람에 의한 재난이고, 열째 나찰에 의한 재난이다. 열한째 모든 죄의 과보이니 정업定業과 부정업不定業 등[87]에 의한 과보를 말한다. 열두째 삼보三報이니 현보現報 · 생보生報 · 후보後報 등[88]을 말한다. 혹은 삼보란 삼도三途[89]의 과보를 말한다. 열셋째 칠역죄를 말하니 뒤에서 분별할 것이다. 열넷째는 팔난八難이니, 팔난이란 『증일아함경』에서 "첫째 지옥에 태어나는 것, 둘째 축생으로 태어나는 것, 셋째 아귀로 태어나는 것, 넷째 장수천長壽天[90]으로 태어나는 것,[91] 다섯째 변지邊地[92]의 하천한 종족으로 태어나 (설법을 들을 기

---

86 행해行解 : 행은 교리에 따라 실천하는 것, 해는 학습을 통해 교리를 이해하는 것.
87 정업과 부정업은 업의 성격을 과보를 받는 시기가 결정되었는지의 여부에 따라 둘로 나눈 것이다.
88 현보란 현세에 지은 선업과 악업에 대하여 현재의 몸으로 선보와 악보를 받는 것을 말한다. 생보란 현생에 지은 선업과 악업에 대하여 내생에 그에 상응하는 과보를 받는 것을 말한다. 후보란 현생에 지은 선업과 악업에 대하여 몇 생의 미래를 지나서 과보를 받는 것을 말한다.
89 삼도三途 : 화도火途 · 도도刀途 · 혈도血途 등으로, 차례대로 지옥도地獄道 · 아귀도餓鬼道 · 축생도畜生道 등을 그곳에서 받는 고통에 의해 이름 붙인 것이다.
90 장수천長壽天 : 천중天衆의 하나. 색계 · 무색계의 어느 하늘에 속하는 것인지에 대해서

회가 없는 것), 여섯째 육정六情(六根)을 온전히 갖추지 못하여 (설법을 해도 들을 수 없는 것), 일곱째 마음과 인식이 사견에 물들어 (설법을 해도 믿지 않는 것),[93] 여덟째 부처님께서 출현하지 않으셨을 때 태어나는 것 등이다."[94]라고 한 것과 같다. 열다섯째는 감옥에 갇히는 것이고, 열여섯째는 삼독三毒이며, 열일곱째는 자신이 질병에 걸리는 것이다. 위에서 설한 것과 같은 열일곱 가지 일이 발생하려고 할 경우는 대승의 경·율을 독송하고 강설해야 한다.

經而菩薩下。第二明修行解。此所爲。有十七種。一者病難。謂國之內。多諸疾病。二者國難。謂諸惡王治國之時。或國被敵[1)]時。三者賊難。四者所尊云[2)]時。五者行來時。謂遠行來時。六者持[3)]生時。或有經本云持生。持生者。受生異名。謂現此生彼時。名持生時【思】。七者火難。八者水難。九者風難。十者羅刹難。十一者一切罪報。謂定不定等。十二者三報。謂現生後報。或三報者謂三途報。十三七逆。後當分別。十四者八難。八難者。如增一阿含經云。一地獄。二畜生。三餓鬼。四長壽天。五在邊地。六六情不具。七心識邪見。八佛不出也。十五者牢獄。十六者三毒。十七者自身疾病。如上所說。十七勝[4)]將中。讀誦講說大乘經律。

1) ㉠ '獻'은 '敵'이다. 2) ㉔ '云'은 'ㄴ'인 듯하다. 3) ㉔ '持'는 경문에 '治'로 되어 있다. 4) ㉔ '勝'은 '種'인 듯하다.

는 이설이 있다. 『大智度論』 권38(T25, 339a)에서 초선천·비유상비무상처천·일체의 무색계 등의 설을 제시하였다.
91 여기까지는 부처님께서 출현하신 때이지만, 부처님께서 설법하시는 곳에 태어나지 않았기 때문에 겪는 어려움이다.
92 변지邊地 : 문화의 중심지에서 멀리 떨어진 변두리 지역.
93 여기까지는 부처님께서 출현하신 때에 부처님께서 설법하시는 곳에 태어났지만, 자신이 처한 문제 상황에 의해서 그 말씀을 받아들이지 못하는 어려움이다.
94 『增壹阿含經』 권36 「八難品」(T2, 747a).

(c) 허물을 맺는 것

경 처음 발심하여 배우는 보살이 이와 같이 하지 않는다면 경구죄를 범하는 것이다.

而新學菩薩。若不爾者。犯輕垢罪。

기 경의 "처음 발심하여 배우는 보살이" 이하는 세 번째로 허물을 맺는 것이다. 문장 그대로이니 알 수 있을 것이다. 여기에서 말하고자 하는 것은 다음과 같다. 이와 같은 재난이 일어날 때, 대승 경전에 실린 진실 그대로의 바른 이치를 강의해야 하니, 이를 베풀어 설하지 않으면 경구죄를 범한다는 것이다. 그러므로 『유가사지론』에서 "보살이 청정한 계율의에 편안히 머물러 여러 유정이 현법現法과 후법後法의 일을 구하기 위해 이치가 아닌 것을 널리 행하는 것을 보고도 싫어하는 마음을 품고 분노하는 마음을 품어서 실상 그대로의 바른 이치를 그들을 위해 베풀어 설해 주지 않으면, 이는 범함이 있고 어긋나고 넘어서는 것이 있으며 염오에 의한 위범이라 한다. 만약 게으름과 느슨함에 의해 가려 베풀어 설하지 않았다면 염오에 의한 위범은 아니다. 위범이 없는 경우는, 스스로 알지 못하거나, 기력이 없거나, 다른 능력이 있는 이에게 대신 설해 줄 것을 요청하였거나, 그 사람이 스스로 알 수 있는 지혜로운 능력이 있거나, 그가 다른 선우善友의 섭수를 받았거나, 방편으로 그를 길들이고 굴복시키기 위해서거나…(중략)…그를 위해 진실 그대로의 바른 이치를 설해 주면, 싫어하는 마음을 품거나, 악언惡言을 퍼붓거나, 전도顚倒하여 받아들이거나, 경애하는 마음을 갖지 않을 것임을 알아서거나, 다시 그의 성품이 좋지 않고 사나운 것을 알고 있어서 베풀어 설해 주지 않았다면, 모두 어긋나고 범하는 것이 없다."[95]라고 하였다.

經而新學菩薩下。第三結過。如文可知。此中意說。如是難時。講大乘經。
如實正理。而不宣說。犯輕垢罪。故瑜伽云。若菩薩。安住淨戒律儀。見諸
有情。爲求現法後法事故。廣行非理。懷嫌恨心。懷恚惱心。不爲宣說如
實正理。是名有犯有所違越是染違犯。若由懶墮懈怠所蔽。不爲宣說。非
染違犯。無違犯者。若自無知。若無氣力。若轉請他有力者說。若卽彼人
自有智力。若彼有餘善友攝受。若欲方便調彼伏彼。廣說如前。若知爲說
如實正理。起嫌恨心。若發惡言。若顚倒受。若無愛敬。若復知彼性弊䭓
戾。不爲宣說。皆無違犯。

ⓛ 수지할 것을 권하고 다른 품을 미리 가리킨 것

경 이와 같은 아홉 가지 계를 마땅히 배워 공경하는 마음으로 받들고 수지해야 한다. 자세한 것은 「범단품梵壇品」[96]에서 설명할 것이다.

如是九戒。應當學。敬心奉持。梵壇品中。當說。

기 경의 "이와 같은 아홉 가지 계를" 이하는 두 번째로 수지할 것을 권하고 이것에 대해 설한 다른 품을 미리 가리킨 것이다.

經如是九戒下。第二勸持。懸指餘品。

㈃ 아홉 가지 계 : 요익유정계(40~48)

---

95 『瑜伽師地論』 권41(T30, 520a).
96 대본 『梵網經』의 품 이름으로 추정된다.

㉠ 개별적 풀이

a. ㊵ 간수계簡授戒 : 가려서 계를 주는 일을 하지 마라

a) 사람

경 부처님께서 말씀하셨다. 불자여,

佛言。佛子。

기 경의 "부처님께서 말씀하셨다. 불자여" 이하는 다섯 번째로 아홉 가지 계가 있어서 요유정계饒有情戒(饒益有情戒)를 밝혔다. 그 가운데 두 가지가 있다. 처음에 바로 아홉 가지 계를 풀이하고 뒤에 맺었다. 개별적으로 풀이하는 가운데 아홉 가지로 구분된다. 이것은 첫 번째로 간수계를 밝힌 것이다. 두루 이익을 주는 뜻에 어긋나기 때문에 제정한 것이다. 이는 중생을 이롭게 하는 실천행을 장애하는 것이다. 문장을 셋으로 나눌 수 있다. 먼저 사람을 나타내었고, 다음에 계를 주는 것을 풀이하였고, 뒤에 허물을 들어 죄를 맺었다. 이것은 첫 번째로 사람을 나타낸 것이다.

經佛言佛子自下。第五有九戒。明饒有情戒。於中有二。初正釋九戒。後結。別釋之中。卽分爲九。此卽第一明簡授戒。違遍利義。是故。制也。是[1) 行障。文分有三。先人。次釋授戒。後擧過結罪。此卽第一標人也。

1) ㉠ '是' 뒤에 '利'가 누락되었다. 승장은 요익유정계를 사섭법四攝法 중 이행섭리利行攝과 관련된 것으로 보고 있기 때문이다.

b) 계를 주는 법

경 사람들에게 계를 줄 때, 국왕, 왕자, 대신大臣, 온갖 관리, 비

구, 비구니, 남자 신도, 여자 신도, 음란한 남자, 음란한 여자, 십팔범천十八梵天, 육욕천六欲天, 남근男根과 여근女根이 없는 이, 남근과 여근을 모두 가진 이, 황문, 노비, 모든 귀신 등을 가려서 선택하지 말고 다 계를 받게 해야 한다.

與人受戒時。不得簡擇一切國王王子。大臣百官。比丘比丘尼。信男信女。婬男婬女。十八梵。六欲天。無根。二根。黃門。奴婢。一切鬼神。盡得受戒。

기 경의 "사람들에게 계를 줄 때" 이하는 두 번째로 계를 주는 법을 밝혔다. 그 중에 넷이 있다. 첫째 계를 받는 사람을 가려내었고, 둘째 위의威儀를 풀이하였으며, 셋째 그 칠난七難[97]을 가려내었고, 넷째 출가인은 세속인에게 예배할 수 없음을 밝혔다.

經與人受戒時自下。第二明授戒法。於中有四。一簡受戒人。二釋威儀。三簡其七難。四出家不得禮拜俗人。

(a) **계를 받는 사람**

이것은 첫 번째로 계를 받는 사람을 가려내었다. "십팔(범)천"이란 앞에서 설한 십팔범十八梵[98]을 말한다. 곧 욕계의 여러 하늘(欲界諸天)[99]에 대해서는 생략하고 설명하지 않았다. 왜냐하면 처음과 나중을 들면, 중간은 스스로 드러나기 때문이다. 이른바 처음에 사람을 설하고, 나중에 색계色

---

97 칠난七難 : 계를 받을 자격이 주어지지 않는 일곱 가지의 상황.
98 십팔범十八梵 : 십팔범천十八梵天이라고도 한다. 색계에 속하는 열여덟 하늘을 가리킨다.
99 육욕천六欲天을 가리키는 말.

界(十八梵)를 설하였으니, (사람과 색계의 중간에 속한) 욕계의 여러 하늘은 기다리지 않아도 설명이 이루어지기 때문이다.

> 此卽第一簡受戒人。十八天者。卽上所說十八梵也。欲界諸天。略而不說。所以者何。若擧初後。中自顯故。謂初說人。後說色界。諸[1]天。不待說成故。
>
> ---
> 1) ㉚ '諸' 앞에 '欲界'가 누락된 듯하다.

(b) 위의를 풀이함

경 몸에 입는 가사는 모두 **괴색**壞色으로 하여 (출가자가 닦는) 도道와 상응하게 해야 한다. 모두 청색·황색·적색·흑색·자색紫色 등의 (정색을 무너뜨린 색으로) 물들이되,[100] 모든 종류의 물들인 옷과 와구에 이르기까지 다 괴색으로 한다. 몸에 입는 옷은 모두 괴색으로 물들이되, 여러 나라에서 그 나라 사람들이 입는 옷이 있다면, 비구는 모두 그 나라의 세속인이 입는 옷과 차이가 나는 형태[101]의 옷을 만들어 입어야 한다.

> 應敎[1]身所著袈裟。皆使壞色。與道相應。皆染使靑黃赤黑紫色。一切染衣。乃至臥具。盡以壞色。身所著衣。一切染色。若一切國土中國人所著衣服。比丘。皆應與其俗服有異。

---

100 의적의 『菩薩戒本疏』 권하(T40, 685a)에 따르면, "이 다섯 가지는 소승 오부五部에서 각각 한 가지 색을 취하여 가사를 해 입는 것으로, 보살은 다섯 가지 어디에도 치우쳐 집착하지 않기 때문에 다섯 가지를 모두 옷에 물들이는 색으로 사용한다. 단 여기에서의 다섯 가지 색은 정색正色이 아니라, 정색에 대해 본래의 색깔을 파괴한 것, 곧 괴색壞色을 말하는 것으로 보아야 한다."라고 하였다.
101 의적의 『菩薩戒本疏』 권하(T40, 685a)에 따르면, 이 문장은 단순히 색깔만 다르게 하는 것에 그치지 않고 옷을 재단하는 방법도 다르게 해야 함을 밝힌 것이기 때문에 이렇게 풀이하였다.

1) ㉯ '應敎' 이하에서 현행 유포본인 『梵網經』 원문은 『梵網經述記』가 저본으로 삼은 것과 다른 부분이 있는 것 같다. ㉝ 그러나 지금까지도 이미 차이가 있는 글자는 종종 나타났고, 이 부분도 그것 이상으로 크게 차이가 있지는 않은데 갑작스럽게 이렇게 말한 이유를 알 수 없다.

기 경의 "몸에 입는 가사는" 이하는 두 번째로 위의를 밝힌 것이다. '가사'란 호의胡衣라고도 한역하고, 이진의離塵衣라고도 한역한다.

經應敎身所著自下。第二明其威儀。袈裟者。此云胡衣。或云離塵衣。

(c) 칠난을 가려냄

경 어떤 사람에게 계를 주고자[102] 할 때, 법사는 묻되, "너의 현재의 몸은 칠역죄를 짓지 않았는가?"라고 해야 하니, 보살菩薩 법사는 칠역죄를 지은 사람에게 (그러한 상태인) 현재의 몸에 대해서 계를 줄 수 없다. 칠역죄란 부처님의 몸에 피를 내는 것, 아버지를 살해하는 것, 어머니를 살해하는 것, 화상을 살해하는 것, 아사리를 살해하는 것, 갈마승羯磨僧과 전법륜승轉法輪僧(法輪僧)을 파괴하는 것,[103] 성인을 살해하는 것 등이다. 이와 같이 칠차七遮(七逆罪)를 지은 이는 그 몸으로 계를 받을 수 없고, 나머지 모든 사람은 다 계를 받을 수 있다.

若欲受戒時。師應問言。汝現身不作七逆罪耶。菩薩法師。不得與七逆人

---

102 승장의 풀이 부분에서 '受'는 '授'라고 되어 있다. 저본인 『梵網經』 원문의 차이일 수도 있고 오자일 가능성도 있다.
103 '갈마승을 파괴하는 것'이란 동일 교구에서 포살이나 갈마작법의 규칙을 달리함으로써 승가를 분열시키는 것을 말하고, '전법륜승을 파괴하는 것'이란 제바달다가 부처님의 권위를 부정하고 별도의 교단을 세워 분열시킨 것을 말한다.

現身受戒。七逆者。出佛身血。殺父。殺母。殺和上。殺阿闍梨。破羯磨轉
法輪僧。殺聖人。若具七遮。卽身不得戒。餘一切人。盡得受戒。

기 경의 "(어떤 사람에게) 계를 주고자 할 때" 이하는 세 번째로 그 칠난을 가려낸 것이다. 칠난을 범하면 현재의 그 몸으로는 계를 받을 수 없다. 여기에서 말하고자 하는 것은 다음과 같다. 칠역죄를 범하고 아직 참회를 하지 않았거나, 비록 참회하였더라도 아직 (그 참회가 완성되었음을 보여주는 징조인) 호상을 얻지 못했다면, 이러한 사람은 현재의 그 몸으로는 계를 받을 수 없다. 그러나 먼저 오역죄[104]를 범하고 나중에 부처님과 보살 앞에서 지극한 마음으로 참회하였다면, 또한 계를 받을 수 있다. 이 경에서 (칠역죄를 범한 상태인) 현재의 몸으로는 얻지 못하고 받지 못한다고 한 것은, 아직 참회하지 않았거나, 참회했더라도 호상을 얻지 못한 것에 근거하여 이렇게 설한 것이다. 그러므로 『결정비니경』에서 "어떤 보살이 오무간죄五無間罪(五逆罪)를 지었거나, 여자를 범하였거나, 남자를 범하였거나, 고의로 범한 일이 있거나,[105] 탑을 범하고 스님을 범하는 등 이와 같은 모든 범죄를 지었을 경우, 보살은 서른다섯 분의 부처님 앞에서 자신이 범한 중죄重罪를 밤낮으로 어느 곳에서나 지극한 마음으로 참회해야 한다.…(중략)…보살이 만약 그 여러 부처님의 명호를 칭념하고, 밤낮으로 세 가지 일(三事)을 행하면 범죄와 모든 근심과 후회를 여읠 수 있

---

104 왜 갑자기 오역죄를 말하는지 모르겠지만 칠역죄라고 해도 뜻은 동일하다.
105 『決定毘尼經』의 주석에 따르면 다른 판본에서 '故'를 '手'라 했다고 하였다. '故'라고 해서는 이 부분을 이해하기 어렵다. '고의'라는 말은 이미 어떤 행위를 전제로 해야 하기 때문이다. 이역본인 『大寶積經』 권90 「優波離會」(T11, 515c22)에서는 "보살들이 오무간죄를 성취하고 바라이죄를 범하고, 혹은 승잔죄를 범하거나 탑을 범하거나 스님을 범하거나 나머지 죄를 범하였으면(若諸菩薩 成就五無間罪 犯波羅夷 或犯僧殘戒 犯塔犯僧 及犯餘罪)"이라고 하였다. 여기에 승잔죄에 해당하는 계를 집어넣은 것으로 본다면, 이 문장은 십삼승잔죄 중 하나인 고롱음실정계故弄陰失精戒(고의로 性器를 희롱하여 정액을 누실하는 것을 금하는 계)와 관련된 것이 아닐까 생각된다.

으며, 아울러 삼매를 얻는다."106라고 하였다.

해 '세 가지 일'이란, 첫째 부처님께 예배하면서 참회하는 것, 둘째 회향하는 것, 셋째 서원을 발하는 것이니, 자세한 것은 그 경에서 설한 것과 같다.

經若欲授戒時自下。第三簡其七難。若犯七難。現身不得受戒。此中意說。若犯七逆。未得懺悔。雖是懺悔。而未得好相。如是之人。於現身不得受戒。若先犯五逆後。於諸佛菩薩前。至心懺悔。亦得受戒。而此經云。現不得不受者。據未懺悔。未得好相故。作是說。故決毗定¹⁾尼經云。若有菩薩。成就五無間罪。犯於女人。或犯男子。或有故犯。犯塔犯僧。如是餘犯。菩薩。應當於三十五佛前。所犯重罪。晝夜觸處。至心懺悔。廣說乃至。菩薩。若能稱彼諸佛所有名號。常於晝夜。行三事者。得離犯罪及諸憂悔。并得三昧。解云。三事者。一禮佛懺悔。二迴向。三發願。具如彼經。

1) 엽 '毘定'은 '定毘'이다.

여기에서 말하고자 하는 것은 다음과 같다. 어떤 사람이 부처님의 명호를 부르고, 부처님의 공덕이 지닌 선근의 한량없고 가없음을 생각하면, 이 것으로 말미암아 죄의 장애를 멸하고 청정해질 수 있다. 마치 『열반경』 제19권에서 "대왕이여, 가령 한 달 동안 항상 모든 중생에게 옷과 음식으로 공양하고 공경하더라도, 어떤 사람이 한순간 동안 부처님이 지니고 계신 공덕을 생각하는 것의 16분의 1에도 미치지 못합니다. 가령 금을 녹여 사람의 모양을 만들고, 수레와 말에 보배를 싣되, 그 수가 각각 백 개에 달하도록 하여 보시한다고 해도, 어떤 사람이 보리심을 발하고 부처님을 향해 한 걸음이라도 발을 디딘 것만 같지 못합니다."107라고 한 것과 같다.

---

106 『決定毘尼經』(T12, 38c).
107 『大般涅槃經』 권19(T12, 480a).

此中意說。若人稱佛名。及念佛功德所有善根無量無邊。由此。能滅罪障。令得淸淨。如涅槃經第十九云。大王。假使一月。常以衣食供養恭敬一切衆生。不如有人。一念。念佛所得功德。十六分一。假使鍛金爲人。車馬載寶。其數各百。以用布施。不如有人。發心。向佛。擧足一步。

어떤 사람은 말하였다. 〈칠역죄를 범하면 현세現世의 몸으로는 절대 계를 받을 수 없다.〉

"칠역"이란, 첫째 부처님의 몸에 피를 내는 것, 둘째 아버지를 살해하는 것, 셋째 어머니를 살해하는 것, 넷째 화상을 살해하는 것, 다섯째 아사리를 살해하는 것, 여섯째 갈마승가羯磨僧伽와 법륜승가法輪僧伽를 파괴하는 것,[108] 일곱째 성인을 살해하는 것 등이다.

그런데 칠역죄를 풀이함에 있어서 다섯 가지 문으로 분별한다. 첫째는 체를 밝히는 것에 (의해 분별하는 것이고), 둘째는 사람을 기준으로 분별하는 것이며, 셋째 처소(處)를 기준으로 분별하는 것이고, 넷째 시간(時)을 기준으로 분별하는 것이며, 다섯째 나아가는 곳(趣)을 기준으로 분별하는 것이다.

或有人云。若犯七逆。於現身中。必不得戒。言七逆者。一出佛身血。二者殺父。三者殺母。四者殺和上。五者殺阿闍梨。六者破羯磨僧及法輪僧。七者殺聖人。然釋七逆。五門分別。一者辨體。二者約人分別。三者處。四者時。五者趣分別。

첫째, 체를 밝히는 것에 있어서 여러 종파가 같지 않다. 살바다부에 의

---

[108] 전자는 동일 교구에서 포살이나 갈마작법의 규칙을 달리함으로써 분열이 일어나는 것, 후자는 부처님의 권위를 부정하고 별도의 교단을 세움으로써 분열이 일어나는 것을 말한다.

거하면 다음과 같다. (칠역죄 중) 여섯 번째에 해당하는 것 한 가지만 어업語業을 자성으로 하고, 나머지 여섯 가지는 신업身業을 자성으로 한다. 살생을 할 경우에는 살생의 방편을 실행해야 하기 때문이다. 경부에 따르면 의업意業을 자성으로 하니, 『순정리론』 제43권에서 "또 상좌가 말하였다. (신업·어업·의업의) 세 가지 업을 체로 하니, 신업과 어업의 두 가지가 홀로 이숙과異熟果를 초래한다는 것은 이치상 성립되기 어렵기 때문이다. 단지 의업에 의해 지어진 것만이 무거운 것이기 때문에 능히 수승한 이숙과를 초래할 수 있다고 인정한다."[109]라고 한 것과 같다. 이제 대승에 의거하면 살바다부와 본래 차별이 있다. 신업과 어업의 두 가지는 사思[110]를 체로 하니, 능히 신체를 움직이는 사思를 신업이라 하고, 능히 말을 일으키는 사思를 어업이라 한다. 살바다부에서 (신업과 어업은) 차례대로 색色과 성聲을 자성으로 한다고 한 것과는 같지 않으니, (대승에 따르면) 색과 성은 결정코 업의 자성自性이 아니기 때문이다.

戒[1]一辨體。諸宗不同。依薩婆多云。第六一種落[2]業爲性。餘之六種。身業爲性。如應殺生殺方便故。若依經部。意業爲性。如正理論。第四十三云。且上坐言。三業爲體。身業語業二[3] 獨能招異熟果。理難成故。但以意業所作事重故。許能感殊勝異熟。今依大乘。與薩婆多。自有差別。身語二業。以思爲體[4] 能發語思。名爲語業。非如薩婆多。色聲爲性。色聲。定非業自性故。

1) ㉢ '戒'는 '第'의 오기인 듯하다. 2) ㉮ '落'은 '語'인 듯하다. 3) ㉢ 『順正理論』에서는 '二'를 '一一'이라 했다. '二'라 해도 뜻은 통한다. 4) ㉢ 문맥상 '體' 이하에 누락된 글자가 있는 것으로 추정된다. 『成唯識論』 권1(T31, 4c)에서 "能動身思 說名身業 能發語思 說名語業"이라고 한 것을 참조하고, 승장 자신의 인용 문장의 틀을 참조하여 '能動身思 名爲身業'을 집어넣었다.

109 『順正理論』 권43(T29, 586c).
110 사思 : 마음이 어떤 방향으로 동기를 발동하는 것. 곧 의지의 발동.

다음은 (두 번째로) 사람에 나아가 분별한다. (칠역죄 중 여섯 번째에서) 능히 승가를 파괴할 수 있는 이는 반드시 대비구(大苾芻)이니, 재가자나 (비구니) 등은 여기에 해당되지 않는다. 오직 견행자見行者(견해가 강건한 자)로서 애행자愛行者(애착이 많은 자)가 아니며,[111] 청정한 행(淨行)에 머무는 자로서 계를 무너뜨리지 않은 이여야 하니, 계를 범한 이의 경우는 말에 위엄이 없기 때문이다.[112] (칠역죄 중) 나머지 여섯 가지는 남자와 여자, 계를 지녔거나, 계를 지니지 않았거나를 불문하고 모두 통한다.

次約人分別者。能破僧者。要大苾芻。非在家等。唯見行者。非愛行。住淨行。人非破戒者。以犯戒者。言無威故。餘之六種。通於男女有戒無戒。

(셋째) 처소를 (기준으로 분별한다고) 하는 것은 다음과 같다. 승가를 파괴하는 무간죄는 반드시 (부처님께서 머무시는 처소와는) 다른 처소에서만 파괴가 성립된다. 대사大師(부처님)를 대면해서는 (파괴가 이루어지지) 않으니, 모든 여래를 가벼이 여기거나 핍박할 수 없고, 그분들은 언사言詞에 위엄이 있고 엄숙하여 직접 대면하고는 결코 (승가를 파괴하려는 시도를) 할 수 없기 때문이다. (칠역죄 중) 나머지 여섯 가지는 그 응하는 바에 따른다.

所言處者。破僧無間。要異處破。非對大師。以諸如來。不可輪[1]逼。言詞威肅。對必無能。餘之六種。隨其所應。

1) ㉗『俱舍論』에 따르면 '輪'은 '輕'이다.

---

111 견행자는 악한 의요意樂가 매우 견고하기 때문에 승가를 파괴할 수 있지만, 애행자는 정에 약하여 매우 가볍게 움직이기 때문에 그렇게 할 수 없는 것이라고 한다.『俱舍論』권18(T29, 93b)·『顯宗論』권23(T29, 886b) 참조.
112 『俱舍論』권18(T29, 93b).

(넷째) 시간을 (기준으로 분별한다고) 하는 것은 다음과 같다. (칠역죄 중) 부처님의 몸에 피를 내는 것, 법륜승가를 파괴하는 것 등은 부처님께서 세상에 계실 때에만 이러한 일이 허용되니, 부처님께서 입멸하신 후에는 (자신이) 참된 대사라고 하면서 (부처님을) 적대하는 일은 없기 때문이다.[113] (칠역죄 중) 나머지 다섯 가지와 갈마승을 파괴하는 것은 그 밖의 다른 시간에도 통하는 것이다.

言時者。出佛身血。破法輪僧。佛在世時。客[1]有此事。佛滅度後。無眞大師爲敵對故。所餘五種。破羯磨僧。通於餘時。

1) ㉑ '客'은 '容'인 듯하다.

다섯째, 나아가는 곳을 기준으로 분별한다는 것은 다음과 같다. 법륜승을 파괴하는 것과 부처님의 몸에 피를 내는 것은 오직 섬부주贍部洲(贍部洲)에 사는 사람에게만 해당된다. 섬부주에만 부처님께서 세상에 출현하시기 때문이다. (칠역죄 중) 나머지는 나머지 세 개의 주洲에 모두 통한다. 단 북구로주北俱盧洲는 제외하니, 그곳에서는 살생 등이 있지 않기 때문이다. 이와 같은 뜻에 대한 자세한 해석은 『유가사지론』 제9권, 『대비바사론』 제116권[114] · 제119권, 『구사론』 제17권 · 제18권, 『순정리론』 제43권 등에서 설한 것과 같다. 여기에서 설명하는 데 있어서 중요하지 않은 것은 생략하고 말하지 않았다.

五趣分別者。法[1]輪僧及出佛身血。唯人贍部洲。贍部洲中。佛出世故。餘。通人三洲。除北俱盧洲。彼處。無有殺生等故。如是等義。廣釋。如

---

[113] 『俱舍論』 권18(T29, 93c).
[114] 『大毘婆沙論』 권116(T27, 602b).

瑜伽論第九。毗婆沙第一百一十六第一百一十九。俱舍十七十八。正理
四十三說。非是中要。略而不說。

---

1) ⓨ 문맥상 '法' 앞에 '破'가 누락되었다.

(d) 출가인은 세속인에게 예배할 수 없음

경 출가한 사람에게 적용되는 법은 국왕에게 예배하지 않고 부모에게 예배하지 않으며, 육친을 공경하지 않고 귀신에게 예배하지 않는다. 단지 법사의 말을 이해하는 능력을 갖춘 이로서 백 리나 천 리에서 찾아와 법을 구하는 이가 있는데,

出家人法。不向國王禮拜。不向父母禮拜。六親不敬。鬼神不禮。佢1)解法師語。有百里千里來求法者。

---

1) ⓨ '佢'는 '但'이다.

기 경의 "출가한 사람에게 적용되는 법은" 이하는 네 번째로 출가한 사람은 세속인에게 예배하지 않는 것을 밝힌 것이니, (이 계를 제정한 것은) 법을 공경하도록 하기 위해서이다.

經出家人法自下。第四明出家人不禮俗人。爲敬法故。

c) 허물을 들어 죄를 맺음

경 보살 법사가 나쁜 마음과 분노하는 마음을 품어 모든 중생이 두루 받을 수 있는 계인 보살계[115]를 주지 않으면 경구죄를 범하는

---

115 '不即與授一切衆生戒'를 법장의 『梵網經菩薩戒本疏』 권6(T40, 652b)에서 "첫째 모든 계를 구하는 중생에게 계를 주지 않는 것, 둘째 일체 중생계는 곧 보살계를 말하니, 보살계를 주지 않는 것이다. 보살계는 모든 중생이 얻을 수 있는 계이기 때문에 일체

것이다.

而菩薩法師。以惡心瞋心。而不卽與授一切衆生戒者。犯輕垢罪。

기 경의 "보살 법사가" 이하는 세 번째로 허물을 들어 죄를 맺은 것이다.

經而菩薩自下。第三擧過結罪。

b. 41 위리수계爲利授戒 : 이양을 위해 계를 주는 일을 하지 마라

a) 사람

경 불자여,

若佛子。

기 경의 "불자여" 이하는 두 번째로 위리수계를 풀이한다. 진실로 아는 것이 없으면서 이익을 위해 억지로 계를 주면, 오류의 과실이 있기 때문에 제정한 것이다. 문장을 셋으로 나눌 수 있다. 처음에 사람을 나타내었고, 다음에 행해야 할 것을 밝혔으며, 뒤에 허물을 들어 죄를 맺었다. 이것은 사람을 나타낸 것이다.

經若佛子自下。第二釋爲利授戒。實無所解。爲利強授。有誤之失。是故。
制也。文分有三。初人。次應。後擧過結罪。此卽標人。

중생계라고 한다."라고 하였고, 후자를 따랐다.

b) 행해야 할 것

경 사람을 교화하여 믿는 마음을 일으키게 할 때, 보살이 다른 사람에게 계를 가르쳐 주는 법사가 되어 계를 받고자 하는 사람을 보았으면, 두 분의 스님인 화상과 아사리를 청하도록 가르쳐 주어야 한다.

教化人起信心時。菩薩與他人。作教戒法師者。見欲受戒人。應教請二師 和上阿闍梨。

기 경의 "사람을 교화하여" 이하는 두 번째로 행해야 할 것을 밝힌 것이다. 다시 둘로 나눌 수 있다. 첫째 능히 가르치는 사람을 밝혔고, 두 번째 바로 가르쳐야 할 것을 밝혔다.

經教化人下。第二明應行。復分有二。一明能教人。二明正教。

(a) 가르치는 사람

이는 처음에 해당한다.

此卽初也。

(b) 바로 가르쳐야 할 것

경의 "(보살)계를 받고자 하는 사람을 보았을 (때)[116]" 이하는 두 번째로 바로 가르쳐야 할 것을 밝힌 것이다. 그 중에 넷이 있다. 첫째, 두 스님을

---

116 현행 『梵網經』 본문에는 '菩薩'·'時' 등이 없다. 판본의 차이일 수도 있어 그대로 풀이하였다.

청하도록 가르쳐야 한다. 둘째, 칠난七難을 질문한다. 셋째, 참회하도록 가르쳐야 한다. 넷째, 총괄적으로 맺는다.

經見欲受菩薩戒時自下。第二明正應教。於中有四。一者教請二師。二者問七難。三者應教懺悔。四者總結。

ⓐ 두 스님을 청할 것

이것은 첫 번째로 두 스님을 청하도록 가르치는 것에 해당된다. 『유가사지론』에 의거하면 단지 갈마사羯磨師(羯磨阿闍梨)만 청하고 화상은 청하지 않는다. 이 경에서는 두 스님을 청하도록 한다. 무엇 때문에 이와 같이 다른 점이 있는 것인가. 가까운 곳에 화상이 될 만한 보살승이 있다면, 두 스님을 청해야 하니, 이것이 먼저 행해야 할 것이다. 그런데 만약 가까운 곳에 화상이 될 만한 사람이 없거나, 비록 화상이 되어 계를 줄 수 있을 만한 보살이 있다고 해도, 초청할 만한 조건(事緣)을 갖추지 못했다면, 단지 한 분의 스님만 청하여도 계를 얻을 수 있다. 이렇게 각각 한 가지 뜻에 의거하여 말한 것이기 때문에 서로 어긋나지 않는다.

此卽第一教請二師。若依瑜伽。但請羯磨師。不請和上。若依此經。教請二師。何故。如是有不同者。若於近處。堪[1)]作和上。菩薩僧者。應請二師。是爲第一。若於近處。無人堪作。雖有菩薩。堪作和上。而能授者。事緣不具。但請一師。受亦得戒。各據一義故。不相違。

---
1) ⓟ '堪' 앞에 '有'가 누락된 듯하다.

ⓑ 칠난을 질문할 것

경 두 스님은 묻되, "그대는 칠차죄七遮罪를 지은 일이 있는가?"라고 해야 하고, 현재의 몸으로 칠차를 지은 일이 있다면, 계를 주어서 받도록 하는 일은 해서는 안 된다. 칠차죄를 지은 일이 없으면 계를 받을 수 있다. 십계를 범한 일이 있으면, 참회하도록 가르치되, 부처님과 보살의 성상 앞에서 날마다 여섯 때에 십중계와 사십팔경계를 염송하고, 과거·현재·미래의 천 분의 부처님께 정성스럽게 빠짐없이 예배드리고, 호상을 볼 수 있도록 해야 한다. 1·7일, 2·7일, 3·7일 내지 1년이 될 때까지라도 호상을 보기를 기다려야 한다. 호상이란 부처님께서 오셔서 정수리를 만져 주시거나, 광명이나 꽃 등과 같은 여러 가지 기이한 모습을 보는 것이니, 이렇게 되면 죄를 멸할 수 있게 된다. 호상을 보지 못하면 비록 참회해도 이익되는 것이 없으니, 이러한 사람은 현재의 몸으로는 계를 얻을 수 없지만, 나중에 더욱 노력하여 (다시 호상을 얻으면) 계를 받을 수 있다. 만약 사십팔경계를 범했을 경우라면 (보살승을 청하여 참회주_{懺悔主}로 삼고 죄를 고백하면서 참회하는) 대수참_{對首懺}을 행하면 죄가 소멸되니, (호상을 얻지 않으면 안 되는) 칠차죄와는 같지 않다. 계를 가르쳐 주는 스님은 이러한 법을 낱낱이 잘 알아야 한다.

二師應問言。汝有七遮罪不。若現身有七遮。師不應與受戒。無七遮者。得受。若有犯十戒者。應教懺悔。在佛菩薩形像前。日夜六時。誦十重四十八輕戒。苦到禮三世千佛。得見好相。若一七日二三七日乃至一年。要見好相。好相者。佛來摩頂。見光華種種異相。便得滅罪。若無好相。雖懺無益。是人現身。亦不得戒。而得增受戒。若犯四十八輕戒者。對首懺。罪滅。不同七遮。而教戒師。於是法中。一一好解。

기 경의 "두 스님은 묻되" 이하는 두 번째로 칠난을 질문해야 하는 것을 밝힌 것이니, 뜻은 앞에서 설한 것과 같다.

經二師應問自下。第二應問七難。義如前說。

ⓒ 참회하도록 가르치는 것

경의 "십계를 범한 일이 있으면" 이하는 세 번째로 참회하는 것을 밝힌 것이다. 그런데 참회의 방법은 경과 논이 같지 않다.

『유가사지론』 제41권 「보살지」에서 "보살들이 상품上品의 번뇌(纏)에 의해 위에서 말한 것과 같은 타승처법을 위범하면 계율의戒律儀를 잃게 되니, 응당 다시 받아야 한다. 중품中品의 번뇌에 의해 위에서 말한 것과 같은 타승처법을 위범하면 세 명의 보특가라 혹은 그 수보다 많은 수의 보특가라를 마주하고, 자신이 지은 죄를 그대로 드러내어 말하여 악작惡作을 제거하는 법을 실행한다.…(중략)…하품下品의 번뇌에 의해 위와 같은 타승처법을 위범하고 나머지를 위범했으면, 한 명의 보특가라를 마주하고 발설해야 하니, 참회법은 앞에서와 같음을 알아야 한다."[117]라고 하였다.

여기에서 말하고자 하는 것은 다음과 같다. 어떤 사람이 범한 죄에는 두 가지의 무리(聚)가 있으니, 첫째 다시 청정해지지 않는 것들(不還淨聚)이고, 둘째 다시 청정해지는 것들(還淨聚)이다. 다시 청정해지는 것들일 경우는 참회법을 열어 법대로 실행하고 나면 다시 청정한 계에 편안히 머물게 되기 때문이다. 다시 청정해지지 않는 것들일 경우는 참회법을 열지 않으니, 참회해도 다시 청정한 계에 머물 수 없기 때문에 단지 '다시 받아야 한다'고만 하였지만, 도리상으로는 역시 참회하는 법이 있는 것이다.

또 『결정비니경』에서 "어떤 보살이 처음에 해당하는 계(初戒)를 범했으면, 열 사람의 대중 앞에서 정직한 마음으로 은중慇重하게 참회해야 한다."[118]라고 하였다.

---

[117] 『瑜伽師地論』 권41(T30, 521a).
[118] 『決定毘尼經』(T12, 38c).

經若有凡[1]十戒者自下。第三明懺悔。然懺悔。經論不同。菩薩地云。若諸菩薩。以上品纏。違犯如上他勝處法。失戒律儀。應當更授。若中品纏。違犯如上他勝處法。應對於三補特伽羅。或過是數。應如發露。除惡作法。若下品纏。違犯如上他勝處法。及餘違犯。應對於一補特伽羅。發露悔法。當知如前。此中意說。所犯之罪。有二種聚。一者不還淨聚。二者還淨聚。還淨聚中。開懺悔法。如法已[2]還得安住清淨故。不還淨聚。不開悔法。若悔不得還住淨戒。是故。但說應當更受。道理。亦有懺悔之法。又決定毗尼經云。若有菩薩。犯於初戒。於十眾前。以正直心。慇[3]重懺悔。

1) ㉕ '凡'은 '犯'이다. 2) ㉕ '巳'는 '已'이다. 3) ㉚ '慇'은 '慇'인 듯하다. 이하 동일하다.

해 '처음에 해당하는 계'란 사중四重(사바라이·사타승처법)을 '처음'이라고 하니, 오계五戒와 십계十戒의 처음 (네 가지 계)에 해당하는 부분을 가리키기 때문이다.

여기에 본래 두 가지 해석이 있다.

한 가지 해석은 다음과 같다. 〈이 사중을 범하는 것에 세 가지가 있다. 그 세 가지란 무엇인가. 첫째 상품의 번뇌에 의해 범하는 것이고, 둘째 중품의 번뇌에 의해 범하는 것이며, 셋째 하품의 번뇌에 의해 범하는 것이다. 상품의 번뇌에 의해 처음에 해당하는 계(初戒 : 四波羅夷·四重)를 범한 경우에는, 열 사람 앞에서 혹은 부처님 앞에서 은중한 마음으로 발설하면서 참회해야 하니, 참회하여 죄가 소멸되면 다시 받아야 한다. 죄가 소멸되지 않으면 비록 계를 받더라도 계를 얻을 수 없다. 호상을 얻으면 죄가 소멸되었음을 안다. 중품과 하품의 번뇌에 의해 처음에 해당하는 계를 범했을 경우에는 세 사람을 마주하거나 한 사람을 마주하고, 지극한 마음으로 참회하면 곧 죄가 소멸된다. 여기에서[119] 오직 열 사람을 마주하는 것

---

119 『決定毗尼經』을 가리키는 말.

만 설한 것은 단지 처음의 (상품의 번뇌에 의해 죄를 범하고 나서 참회하는 경우에 해당하는) 사람을 설하고, 나중에 한 사람을 (마주하고 참회하는 것은) 생략하고 설하지 않은 것일 뿐이다.〉

다른 한 가지 해석은 다음과 같다. 〈여기에서 '처음에 해당하는 계를 범하면 열 사람을 마주하고 참회한다'고 한 것은 단지 중품과 하품의 번뇌에 의해 범하는 것을 설한 것이다. 그 이유는 무엇인가. 상품의 번뇌에 의해 범했을 경우는 다시 청정해질 수 없기 때문에 이것에 대해서는 설하지 않았다. 여기에서 '열 명'이라 한 것은 가장 적게는 두세 명이고, 그보다 많아도 또한 무방하다는 것이니, 따라서 서로 어긋나지 않는다.〉

解云。言初戒者。四重。名初。指五十戒之初故。此中。自有二釋。一云。犯此四重。有其三種。何等爲三。一者上品纒犯。二者中品纒犯。三者下品纒犯。若上品纒犯初戒者。於十人前。或於佛前。以慇重心。發露懺悔。懺悔滅罪。應當更受。罪若不滅。雖是受戒。而不得戒。若得好相。知罪得滅。中下品便犯初戒者。對於三人。及對一人。至心懺悔。卽得滅罪。而此唯說對十人者。但說初人。後卽一人。略而不說。一云。此中所言。犯於初戒。對十人者。但說中下品纒犯者。所以者何。上品纒犯。不能還淨故。此不說。此言十人者。極少二三人。多亦無妨故。不相違。

문 상품의 번뇌에 의해 타승처를 범하면 계율의를 잃어서 다시 청정해질 수 없거늘, 무엇 때문에 『대방등다라니경』에서 "이 법을 행했을 때, 어떤 중생이 오역죄를 범하여 몸에 백라白癩(흰색 반점이 나는 것)라는 병이 있을 경우라도, 이 병이 제거되어 낫지 않는 일은 있지 않다.…(중략)…보살의 이십사계二十四戒, 사미의 십계, 식차계式叉戒(式叉摩那戒)와 사미니계, 비구계, 비구니계 등 이와 같은 여러 계에 있어서 여러 계를 낱낱이 범할 것 같으면 한마음으로 참회해야 하니, (그렇게 했는데) 다시 생겨나 청정해지지 않는 일은 있지 않다. 단 지극한 마음으로 참회하지 않았을 경우는 제외한다."[120]라고 하였는가?

> 問。以上品纏。犯他勝處。失戒律儀。不能還淨。何故。大方等陀羅尼經云。行此一[1]法。已。[2] 若有衆生。犯五逆罪。身有白癩。若不除差。無有是處。若菩薩。二十四戒。沙彌十戒。又[3]沙彌尼戒。比丘戒。比丘尼戒。如是諸戒。若犯一一諸戒。當一心懺悔。若不還生。無有是處。除不至心。
>
> 1) ㉠『大方等陀羅尼經』에 따르면 '一'은 잉자이다. 2) ㉠『大方等陀羅尼經』에 따르면 '已'는 '時'이다. 3) ㉠ '又'는 잉자인 듯하다. ㉡『大方等陀羅尼經』의 해당처에 '又' 앞에 '式'을 붙여 '式又'라 했다. 그러므로 '又'를 잉자로 보기보다 앞에 '式'이 누락된 것으로 보아야 한다.

해 그 근기에 따라서 보고 들은 것이 같지 않은 것이니, 회통하여 해석할 수는 없다. 이것에 대해 설명해 보면 다음과 같다.『유가사지론』에 의거하여 설하면, 상품의 번뇌에 의해 타승처법을 범하면 율의를 버리는 것이니, 다시 청정해질 수 없고 반드시 다시 받아야 한다.『대방등다라니경』에 의거하여 설하면, 중죄를 범했다고 해서 바로 계를 버리는 일은 있지 않다. 다만 계의 공덕을 버리는 것이고, 종자 자체는 버리지 않는다. 종자를 버리지 않기 때문에 법대로 참회하면 청정한 계가 다시 생겨난다. 진실한 뜻에 의거하면『유가사지론』에서 설한 것과 같다. '다시 살아난다'고 한 것은 하품과 중품의 번뇌에 의해 타승처법을 범하였을 때 다시 청정해진다는 뜻이 있다는 것이다. 밀의密意에서 설하기를 '다시 생겨나지 않는 일은 있지 않다'고 했으니, 잠시 타승처를 범하고 망설이고 있는 이를 이끌고 포섭하여 결정적인 마음을 내도록 하기 위해 이러한 밀의의 언어를 설한 것이다. 혹은『유가사지론』에서 설한 타승처법과『대방등다라니경』

---

120 『大方等陀羅尼經』권1(T21, 645c).

에서 설한 이십사계는 뜻이 구별되어 같지 않다. 『대방등다라니경』에 의하면 근본타승처법根本他勝處法을 말하는 것이어서 범하고 나서도 다시 (계가) 생겨나니, 이것은 어떤 과실이 있어도 계를 버리지 않기 때문이다.

> 解云。隨其根宜。見聞不同。不可會釋。若作是說。依瑜伽說。上品纏犯他勝處法。捨律儀。不能還淨。必應更受。若依方等陀羅尼說。無有犯重卽捨者。捨戒功德。不捨種體。不捨種故。如法懺悔。淨戒還生。或依實義。如瑜伽說。而言還生者。依下中品犯他勝處。有還淨義。密意說言。若不還生。無有是處。爲欲引攝暫犯他勝處。住猶預者。生決定心。說是密言。或瑜伽說他勝處。與此經說二十四戒。意別不同。此經。是根本他勝處法。犯已還生。此有何失。不捨戒故。

ⓓ 총괄적으로 맺은 것

경의 "계를 가르쳐 주는 스님은" 이하는 네 번째로 맺은 것이다.

> 經教戒師自下。第四結。

c) 허물을 들어 죄를 맺은 것

경 대승의 경·율에 있어서 경죄인지 중죄인지, 옳은 것인지 그릇된 것인지 등의 모습을 알지 못하고, 제일의제第一義諦와 습종성習種性과 장양성長養性과 불가괴성不可壞性과 도종성道種性과 정법성正法性과 그 가운데 많거나 적게 관찰하는 행과 십선지十禪支에서 나오거나 들어가는 것 등의 일체의 행법行法을 알지 못하고, 이렇게 낱낱이 이 법의 정확한 뜻을 알지 못하면서도,

> 若不解大乘經律。若輕若重。是非之相。不解第一義諦。習種性。長養性。

不可壞性。道種性。正法性。其中多少觀行。出入十禪支。一切行法。一一
不得此法中意。

기 경의 "(대승의 경·율에 있어서~) 알지 못하고" 이하는 세 번째로 허물을 들어 죄를 맺은 것이다. 먼저 허물을 들었고, 뒤에 죄를 맺었다.

經若不解等者自下。第三擧過結罪。先擧過。後結罪。

(a) 허물을 든 것

이것은 허물을 든 것이다. 허물이란 알지 못하는 것을 말한다.

'제일의제를 알지 못한다'라고 한 것은 여기에 두 가지가 있다. 첫째 신해信解(믿음에 의거한 이해)이고, 둘째 증해證解(지혜에 의거한 이해)이다. 이 두 종류의 이해를 얻지 못하였기 때문에 알지 못한다고 한다.

'습종성을 알지 못한다'고 한 것에 대해 경과 논에서 다르게 설한다.

『유가사지론』의 설에 의거하면 보리심을 발하기 이전을 성종성性種姓이라 하고, 보리심을 발한 이후를 습종성이라고 한다. 그러므로 그 논 제35권에서 "무엇을 종성이라 하는가. 간략히 두 가지가 있다. 첫째, 본성주종성本姓住種姓이니, 무시이래로 연속적으로 전해진 것으로, 저절로 얻은 것을 본성주종성이라 한다. 둘째, 습소성종성習所成種姓이니, 이전에 익혔던 선근善根에 의해 획득된 것을 습소성종성이라 한다."[121]라고 하였다. 여기에서 말하고자 하는 뜻은 들음(聞)의 훈습으로 이루어진 것을 습종성이라 한다는 것이다.

『본업경』에 의하면 습종성이란 십해十解의 계위에 해당한다. 그러므로 그 경에서 말하기를, 습종성 중에 열 명이 있으니, 그 명칭은 발심주發心住

---

121 『瑜伽師地論』 권35(T30, 478c).

보살, 치지주治地住 보살이고 (이렇게 해서 차례대로 나열하여) 열 번째는 관정灌頂 보살이라고 하였다.[122]

어떤 사람은 이렇게 말한다. 〈『유가사지론』에서 말한 습종성도 십해의 계위에 해당하니, 들음을 통해 얻는 지혜(聞慧)는 오직 십해 이상의 계위에만 있기 때문이다. 예컨대 『본업경』에서 육종성六種姓은 또한 육혜六慧라고도 하니, 문혜聞慧·사혜思慧·수혜修慧·무상혜無相慧·조적혜照寂慧·적조혜寂照慧 등[123]이라고 한 것과 같다. (이 육혜에서 습종성에) 해당하는 지혜는 문혜이고, 이 지혜는 이미 (앞에서 인용한 『본업경』에 따르면) 십해에 포섭된다. 그러므로 습종성은 십해 이상의 계위에 있음을 알 수 있다.〉

비록 두 가지 해석이 있지만 앞의 설이 더 낫다.

此卽擧過。過者。謂不解也。不解第一義諦者。此有二種。一者信解。二者證解。未得二解。故言不解。習種性者。經論不同。依瑜伽說。發心已前。名性種姓。發心已去。名習種姓。故彼論三十五云。云何種姓。略有二種。一本姓住種姓者。從無始世。展轉傳來。法爾所得。是名本性住種姓。二習所成種姓者。謂先串習善根所得。是名習所成種姓。此中意說。聞勳所成。名習種性。依本業經。習種姓者。位在十解。故彼經云。習種性中。有十人。其名發心住菩薩。治地住菩薩。乃至第十灌頂菩薩。或有人言。瑜伽論說習種姓者。亦在十解。聞慧。唯在十解上故。如本業經云。六種姓。亦名六慧。聞慧思慧修慧無相慧照寂慧寂照慧。當慧聞。[1] 當慧[2]旣是十解中攝。故知。種在十解已上。雖有兩釋。初說爲勝。

---
1) ㉯ '聞' 뒤에 '慧'가 누락되었다. 2) ㉲ '當慧' 이하에 오사가 있는 듯하다. ㉯ 현재의 문장 그대로 풀이하여도 무리가 없다고 생각하여 그대로 풀이하였다. 습종성에 해당하는 지혜라는 뜻이다.

---
122 『菩薩瓔珞本業經』 권상(T24, 1012c).
123 『菩薩瓔珞本業經』 권상(T24, 1012b).

그런데 『본업경』에서 단지 십해를 문혜聞慧라고 하고 사혜를 (포함시켜) 설하지 않은 것은, 들음의 훈습은 오직 십해의 계위에만 있고, 위와 아래의 계위에 통하지 않기 때문이니, (두 가지 설이) 서로 어긋나지 않는다.

이제 이 경에서 습종성이라 한 것은 단지 십해를 취한 것이다. 왜냐하면 십신十信의 계위에서는, 물러나는 것과 나아가는 것이 결정되어 있지 않기 때문이다. 그러므로 이것을 (습종성이라) 설하지 않는다. 『본업경』에서 "불자여, 물러나거나 나아간다는 것은 십주十住(十解) 이전의 모든 범부법凡夫法에서 삼보리심三菩提心(三藐三菩提心)을 발하여 불법을 배우고 실천하면서 신상심信想心으로 행하는 자이니, 이는 퇴분선근退分善根이다. 여기에서 다시 1겁, 2겁에서 10겁에 이르기까지 십신을 수행하여 십주에 들어갈 수 있다.…(중략)…(제6주에서 벗어나 제7주에 이르면 항상 머물러 물러나지 않으니, 이 7주 이전까지를 퇴분이라고 한다)."고 한 것과 같다. 본문에서 "7주 이전까지를 퇴분이라 한다."라고 한 것은, 일부의 게으른 유정을 포섭하기 위해 임시로 퇴분이라고 한 것이고, 진실로 물러나는 것은 아니다.

本業經中。佀¹⁾說十解。是聞。²⁾思慧不說。聞勳。唯在十解。不通上下故。不相違。命³⁾此經。言習種性者。佀⁴⁾取十解。所以者何。十信位中。若退若進決⁵⁾定故。故此不說。如本業經云。佛子。若退若進者。十住以前一切凡夫法中。發三菩提心。學行佛法。信想心中行者。是退分善根。若一劫二劫乃至十劫。修行十信。得入十住。⁶⁾而言七住以前。名退分者。爲攝一分懈怠有情。假說退分。而實不退也。

---
1) ㉢ '佀'는 '但'이다. 2) ㉙ '聞' 뒤에 '慧'가 누락된 듯하다. 『本業經』은 육종성을 육혜에 배대하였고, 이때 습종성은 문혜와 짝을 이룬다. 3) ㉙ '命'은 '今'인 듯하다. 4) ㉢ '佀'는 '但'이다. 5) ㉙ '決' 앞에 '不'이 누락된 듯하다. 6) ㉙『菩薩瓔珞本業經』에서 "出到第七住 常住不退 自此七住以前 名爲退分"이라는 문장이 들어가야 뒤의 문장이 무리없이 이해되기 때문에 집어넣었다.

문 십해 이전을 퇴분이라고 한다면, 무엇 때문에 『무성섭론』[124]에서 "게송으로 말한다. 청정한 힘과 증상된 힘에 의해 견고한 마음이 증진되어 가는 것을 보살이 처음으로 삼무수대겁三無數大劫(보살이 불과를 원만히 성취하는데 걸리는 기간)의 실천행을 닦는 것이라 하네. 풀이한다.…(중략)…무시이래로 생사의 세계를 유전하는데, 어느 정도 되어야 삼무수대겁의 실천행을 처음으로 닦았다고 할 수 있는가. 이러한 질문에 대답하기 위해 게송을 설한 것이다.…(중략)…'견고한 마음이 증진되어 간다'는 것은 비록 악한 벗을 만나더라도 방편으로 부수어 버리고 끝내 대보리심을 버리지 않는 것이다.…(중략)…대보리심은 견고하여 물러나지 않고, 닦은 선법은 생각생각마다 증진하되, 기뻐하면서 만족하는 마음(喜足)을 일으키지 않는다. 옛 주장을 따를 뿐이니 이 정도 되면 '삼무수대겁의 실천행을 처음으로 닦았다'고 한다."[125]라고 한 것인가?

해 물러나는 것에 두 가지가 있다. 첫째 현행現行이고, 둘째 종자種子이다. 십신의 보살은 그 현행의 관점에서 말하자면 물러나는 뜻이 있음을 인정할 수 있다. 이러한 도리로 말미암아 경에서는 물러난다고 설하였다. 해탈분解脫分의 선근종자善根種子를 심으면 반드시 물러남의 뜻은 없으니, 이러한 뜻 때문에 논에서는 물러나지 않는다고 설하였다. 그러므로 양자는 서로 어긋나지 않는다.

問。若十解以前。是退分者。何故。無性攝論。頌曰。淸淨增上力。堅固心。昇進。名菩薩初修三無數大劫。釋曰。從無始來。生死流轉。齊何。當言三無數劫最初修行。爲答此問故。說伽陀。堅固心昇進者。雖遇惡友方

---

124 무착無著이 지은 『攝大乘論』에 대한 무성無性의 주석서인 『攝大乘論釋』을 달리 부르는 이름. 무착의 『攝大乘論』에 대한 또 다른 주석서인 세친世親의 『攝大乘論釋』과 구별하기 위한 것인데, 후자는 또한 『世親攝論』이라고도 한다.
125 無性 『攝大乘論釋』(T31, 425c).

便破壞。終不棄捨大菩提心。廣說乃至。大菩提心。[1] 所修善根[2] 念念增堅固不退增[3]進。不生喜足。齊[4]是。名爲最初修行三無數劫。解云。退有二種。一者現行。二者種子。十信菩薩。若其現行。容有退義。由此道理。經說退。若種解脫分善根種子。必無退義。以此義故。論說不退故。不相違。

1) ㉓『無性攝論』에 따르면 '心' 뒤에 '堅固不退'가 누락되었다. 2) ㉓『無性攝論』에 따르면 '根'은 '法'이다. 3) ㉓『無性攝論』에 따르면 '堅固不退增'은 잉자이다. 4) ㉓『無性攝論』에 따르면 '齊' 앞에 '順舊而已'가 누락되었다.

"장양성"이란 십행十行을 말하니, 육종성 중 성종성性種姓에 해당한다. '불괴성不壞性(不加壞性)'이란 십회향을 말하고, '도종성道種性'은 사선근四善根(십회향이 원만하게 이루어진 계위)을 말하니, 이 십회향과 사선근을 도종성이라 한다. '정성正性(正性離生)'은 십지를 말하니, 이생異生(범부)의 성품을 버리고 성인의 지위에 들어가기 때문에 정성이라 한다. 혹은 악취품惡趣品에 떨어뜨릴 삿된 업業과 번뇌를 끊었기 때문에 정성이라 한다.

어떤 사람은 이렇게 말하였다. 〈'도성道性'이란 여기에서는 십지十地의 성도성聖道性을 나타냈기 때문에 도성이라 하였고, '정성'이란 등각과 묘각의 두 가지를 정성이라 한 것이다. 인행因行이 바로 원만히 이루어져 과果가 바로 앞에 나타나기 때문에 정성이라 한다. 나머지는 앞에서 설한 것과 같다.〉

여기에서 말하는 것은 육종성을 나타내는 것이니, 육종성이란『본업경』에서 "습종성·성종성·도종성·성종성·등각종성·묘각종성이다. 다시 육인六忍이라고도 하니, 신인信忍·법인法忍·순인順忍·정인正忍·무구인無垢忍·일체지인一切智忍 등이다."[126]라고 한 것과 같다. 자세한 것은『유가초瑜伽抄』에서 설한 것과 같으니 그것에 비추어 이해하면 된다.

---

126 『菩薩瓔珞本業經』 권상(T24, 1012b).

言長養性者。謂此十行。六種性中。性種姓也。不壞性者。謂十迴向。道種
性者。謂四善根。此十迴向及四善根。名道種性。言正性者。謂卽十地。捨
異生性入聖。故名爲正性。或斷惡趣品邪業煩惱。故言正性。有說。通[1]性
者。此顯十地聖道性。故名爲道性。言正性者。等妙兩覺。名爲正性。因行
正滿。果正現前。故言正性。餘如前說。此中意說。顯六種姓。六種姓者。
如本業經云。習種性。姓[2]種姓。道種性。聖種性。等覺種性。妙覺種性。復
名六忍。信忍。法忍。順忍。正忍。無垢忍。一切智忍。廣如瑜伽抄會。

1) ㉘ '通'은 '道'이다. 2) ㉘ 『보살영락본업경』에 따르면 '姓'은 '性'이다.

"많거나 적게 관찰하는 행"이란 팔승처八勝處[127]를 닦는 것이다. 많거나 적은 것을 따라 여러 색을 관찰하기 때문이다. 혹은 '많고 적게 (관찰하는) 행'은 그 경우에 따라 행하는 것이고, 나머지 다른 행에서는 많든 적든 정해진 분량에 따라 관찰하는 행을 말한다.

"십선지十禪支에서 나오거나 들어가는 것"이란 십선지의 선정에서 나오거나 들어가는 것을 말한다. '십선지'란 십팔선지十八禪支를 (중복된 것을) 정리하여 십지가 된 것이다. 곧 (색계의 사정려四靜慮 중) 초정려初靜慮에 다섯 갈래(五支)를 갖추었으니, 심尋(거친 마음 활동) · 사伺(미세한 마음 활동) · 희喜(기쁨) · 락樂(즐거움) · 심일경성心一境性(곧 三摩地를 뜻하며, 마음을 하나의 대상에 전념하게 하는 의식 작용) 등이다. 제2 정려는 새롭게 내등정內等淨(동등하

---

[127] 팔승처八勝處: 욕계의 색처色處를 관찰하여 이를 조복시키고 탐욕스런 마음을 제거하는 여덟 가지 단계를 가리킨다. '승처'란 경계를 능히 제압하고 조복하기 때문에 붙은 이름이다. 그 여덟 가지란, ① 내적으로 색의 상色想(색에 탐착하는 상)이 있어서 외부의 적은 색을 관찰하는 것. ② 내적으로 색의 상이 있어서 외부의 많은 색을 관찰하는 것. ③ 내적으로 색의 상이 없지만 보다 견고하게 하기 위해 외부의 적은 색을 관찰하는 것. ④ 내적으로 색의 상이 없지만 보다 책려하기 위해 외부의 많은 색을 관찰하는 것. ⑤ 내적으로 색의 상이 없지만 외부의 청색을 관찰하는 것. ⑥ 내적으로 색의 상이 없지만 외부의 황색을 관찰하는 것. ⑦ 내적으로 색의 상이 없지만 외부의 적색을 관찰하는 것. ⑧ 내적으로 색의 상이 없지만 외부의 백색을 관찰하는 것 등이다.

게 상속하는 청정한 믿음)이 더해지고, (여기에 초정려의 다섯 갈래 중 희·락·심일경성이 그대로 남는데) 나머지 세 갈래는 앞에서 이미 설하였다. 제3 정려는 새롭게 세 갈래가 더해지니, 사捨(行捨라고도 하며, 마음이 온전히 평정한 상태)·염念(正念)·정지正知 등이고, (여기에 제2 정려의 네 갈래 중 락·심일경성 등은 그대로 남는데) 나머지 두 갈래는 앞에서 이미 설하였다. 제4 정려는 새롭게 한 갈래가 더해지니, 불고불락不苦不樂이고, (여기에 제3 정려의 다섯 갈래 중 행사行捨·염념·심일경성 등은 그대로 남는데) 나머지 세 가지는 앞에서 이미 설하였다. (이렇게 십팔선지에서 앞과 중복이 되는 것을 빼고 새로 더해지는 것만 헤아렸기) 때문에 십선지[128]라 하였다.

이와 같은 행법에 있어서 이 법의 정확한 뜻을 얻지 못한 것을 "알지 못하고"라고 하였다.

言多少觀行者。謂修十[1]八勝處。隨多少行。觀諸色故。或多少行。隨其所應。在餘行中。若多若少。隨分觀行。言出入十禪支者。十禪支定。或出或入。十禪支者。十八禪支。修爲十支。初靜慮中。具五支。謂尋伺喜樂心一境性。第二靜慮。加內等淨。所餘三支。前已[2]說。第三靜慮。加足[3]三支。捨念正知。所餘一[4]支。前已說。第四靜慮。加二[5]支。謂不苦不樂。餘之三種。前已說。故言十禪支。於如是等行法之中。亦[6]得此法中意。名爲不解。

1) ㉩ '十'은 잉자이다. 2) ㉩ '已'는 '巳'이다. 3) ㉩ '足'은 잉자이다. 4) ㉮ '一'은 '二'인 듯하다. 5) ㉩ '二'는 '一'이다. 6) ㉮ '亦'은 '不'인 듯하다.

(b) 허물을 들어 죄를 맺은 것

---

128 십선지 : 초정려 5+제2 정려 1(3은 중복)+제3 정려 3(2는 중복)+제4 정려 1(3은 중복)을 말한다.(중복된 것을 합할 경우 18선지이다.)

경 보살이 이양을 위하여, 명예를 위하여 나쁜 방법으로 억지로 얻을 것을 추구하여(惡求) 이익되는 제자를 탐하여 모든 경·율을 아는 것 같은 모습을 보여 속이면, 이는 스스로를 속이는 것이고, 또한 다른 사람을 속이는 것이다. 이런 마음으로 사람들에게 계를 전해 주면 경구죄를 범하는 것이다.

而菩薩。爲利養故。爲名聞故。惡求。貪利弟子。而詐現解一切經律。是自欺詐。亦欺詐他人。故與人受戒者。犯輕垢罪。

기 경의 "보살이" 이하는 두 번째로 허물을 들어 죄를 맺은 것이다.

經而菩薩下。第二擧過結罪。

문 이것은 제18계[129]와 어떻게 구별되는가?
해 제18계는 단지 알지 못하면서 다른 사람을 위해 스승이 되지 말라고 말했을 뿐이고, 이 계는 이양을 위해 다른 사람에게 계를 주지 말라고 했기 때문에 차별이 있다. 이양을 위해 대중을 섭수하여 다스리면 염오에 의한 위범이 된다. 그러므로 『유가사지론』에서 "공사供事에 탐착하는 증상력增上力 때문에 애착에 물든 마음에서 대중을 다스리면 이를 범함이 있고 염오에 의한 위범이라 한다. 위범이 성립되지 않는 경우는 공시供侍를 탐하지 않고 애착에 물든 마음이 없이, 대중을 다스리는 것이다."[130]라고 하였다. 이 설에 의거하면 비록 심오한 법성法性을 연구하지 않았더라도, 이익을 추구하지 않고 오직 자비에 상응하는 마음으로 분수에 따라, 능력

---

[129] 제18계 : 무소지위타사계無所知爲他師戒(아는 것도 없이 다른 사람의 스승이 되지 마라.)
[130] 『瑜伽師地論』 권41(T30, 518c).

에 따라 계를 주는 것은 모두 위범에 해당되지 않는다. (이 죄가 성립되기 위해) 갖추어져야 할 조건의 다소는 이치대로 알아야 할 것이다.

問。此。與第十八戒。何別。解云。第十八戒。直說不解爲他作師。此戒。爲利與人授戒故。有差別。利養攝御徒衆。是染違犯。故瑜伽云。貪著供事。增上力故。以愛染心。管御徒衆。是名有犯是染違犯。無違犯者。不貪供侍。無愛染心。管御徒衆。若依此說。雖未硏究甚深法性。而不求利。但以慈悲相應之心。隨分隨力與授戒者。皆無違犯。具緣多少。如理應知。

c. 42 위악인설계계爲惡人說戒戒 : 나쁜 사람을 위해 계를 설하지 마라

a) 사람을 나타냄

경 불자여,

若佛子。

기 세 번째로 위악인설계계이다. 문장을 셋으로 나눌 수 있다. 처음에 사람을 나타냈으니, 예컨대 "불자여"라고 했기 때문이다.

第三爲言[1] 人說戒。[2] 文有三。初明[3] 標人。如說若佛子故。
────────
1) ㉟ '言'은 '惡'이다. 2) ㉟ '戒' 뒤에 '戒'가 누락되었다. 3) ㉺ '明'은 잉자인 듯하다.

b) 하지 말아야 할 것

경 이양을 위하여 아직 보살계를 받지 않은 사람 앞이나 외도와 나쁜 사람 앞에서 이러한 천 분의 부처님의 대계大戒를 설해서는

범망경술기 • 577

안 되고, 삿된 **견해**를 지닌 사람 앞에서도 또한 설해서는 안 된다. (앞의 경우에 해당하는 사람들 중에) 국왕을 제외하고 나머지 모든 사람들에게는 설해서는 안 된다. 이 악한 사람들은 불계佛戒를 받지 않았으니 이들을 축생이라 하며, 태어날 때마다 삼보를 친견하지 못할 것이다. 나무나 돌과 같이 마음이 없는 것을 외도라 한다. 삿된 **견해**를 지닌 이들은 나무토막과 다름이 없다.

不得爲利養故。於未受菩薩戒者前。外道惡人前。說此千佛大戒。邪見人前。亦不得說。除國王餘一切。不得說。是惡人輩。不受佛戒。名爲畜生。生生不見三寶。如木石無心。名爲外道。邪見人輩。木頭無異。

기 경의 "이양을 위하여~(설)해서는 안 되고" 이하는 두 번째로 하지 말아야 할 것을 밝혔다. "아직 계를 받지 않은 사람 앞에서 계를 설해서는 안 된다."는 것은 아직 대승의 가르침에 의거한 보리심을 일으키지 않은 사람 앞에서 천 분의 부처님의 계를 설하지 말라는 것이다. 비록 아직 계를 받지 않았지만 이미 대원大願을 일으켰으면, 그를 위해 계를 설해도 허물이 없다. 그런데 여기에서 "아직 계를 받지 않은 사람 앞에서 계를 설하지 마라."고 한 것은 대부분의 경우에 의거하여 설한 것이다. 와서 계를 받는 사람들 대부분이 보살계를 들으면 두려운 마음을 내기 때문이고 비방하기 때문에 제정한 것이다. "국왕과 왕자[131]를 제외한다."고 한 것은 그들을 위해 설하지 않으면 법을 파멸시킬 것이기 때문이다. "천 분의 부처님의 계"란 현겁賢劫의 천 불佛을 말한다.

---

131 본문에서는 "국왕을 제외한다."고 했고, 여타 판본에도 "왕자"를 덧붙인 예는 찾을 수 없다. 승장의 현실적 사고 방식을 고려할 때 의도적으로 덧붙인 것으로 보여, 잉자로 처리하지 않았다.

經不得利自下。第二明不應。未受戒人前。不得說戒者。謂未發大乘心前。不得說十[1)]佛戒。雖未受戒已。發大願。爲說無過。而此說言未受戒前。不得說戒者。從多而說。多分。來受戒人。聞菩薩戒。生怖畏故。生誹謗故。是故。制也。除國王王子者。若不爲說破滅法故。言千佛戒者。賢劫千佛。

---

1) ㉑ '十'은 '千'인 듯하다.

c) 죄를 맺은 것

경 보살이 이 나쁜 사람 앞에서 일곱 분의 부처님[132]께서 가르친 계를 설하면 경구죄를 범하는 것이다.

而菩薩。於是惡人前。說七佛敎戒者。犯輕垢罪。

기 경의 "보살이" 이하는 죄를 맺은 것이다. 『지지론』 제4권에서 "계를 받으려는 이가 있으면, 먼저 보살계를 범하거나 범하지 않는 상相을 설해 주어 계를 받는 이로 하여금 스스로의 마음을 관찰하여 '내가 계를 받아 지닐 수 있겠는가'를 생각하게 한다."[133]고 하였다. 또 『보살선계경』에서 "가르침을 믿고 받아들이지 않는 이와 우바새계를 성취하지 않은 이, 사미계를 성취하지 않은 이, 바라제목차계[134]를 성취하지 않은 이에 대해 보살계를 받는 것을 허락해서는 안 된다. 보살계를 받는 것을 허락하는 이

---

132 일곱 분의 부처님 : 보통 과거칠불過去七佛이라 한다. 비바시불에서 시작하여 석가모니불을 마지막으로 하는 일곱 분의 부처님을 말한다. 이 중 제4 구류손불, 제5 구나함모니불, 제6 가섭불, 제7 석가모니불 등은 현겁의 부처님이고, 앞의 셋은 과거 장엄겁의 부처님이다. 천 분의 부처님처럼 모든 부처님을 대표하는 의미로 쓰였다.
133 『菩薩地持經』 권5(T30, 913a). 원문에서는 4권이라 했다.
134 바라제목차계 : 비구·비구니가 지켜야 할 계율의 조문을 모아 놓은 것. 계를 그 내용으로 하므로, '계'라는 글자를 붙였으나, 보통 바라제목차라고 해도 동일한 의미를 갖는다.

는 죄를 얻는다. 비구가 바야제波夜提(波逸提)를 범하고도 부끄러워하지 않고 참회하지 않는데, 보살계를 주는 것을 허락하면 (그보다 더 큰 죄인) 투란차죄를 얻는다. 투란차죄를 범하고 부끄러워하지 않고 참회하지 않는데, 보살계를 주는 것을 허락하면 (그보다 더 큰 죄인) 승잔죄를 얻는다.【조사해 볼 것】"135라고 하였다.

經而菩薩自下。第三結罪。持地論第四卷云。欲受戒者。應先爲說菩薩戒犯不犯相。令受者。自心觀察。我能受戒。又菩薩善戒經云。不信受教者。及不成就優婆塞戒。不成就沙彌戒。不成就婆羅提木叉戒者。不得聽菩薩戒。聽者得罪。若比丘。犯婆羅¹⁾提。不愧不悔。聽菩薩戒。得偸蘭遮罪。若犯偸蘭遮。不愧不悔。聽菩薩戒。得僧殘罪【勘】。

1) ㉛『菩薩善戒經』에 따르면 '婆羅'는 '波夜'이다.

d. 43 파계수시계破戒受施戒 : 계를 무너뜨렸으면서 보시를 받는 일을 하지 마라

a) 사람

경 불자여,

若佛子。

기 경의 "불자여" 이하는 네 번째로 파계수시계를 밝힌 것이다. 문장을 셋으로 나눌 수 있다. 처음에 사람을 나타내었고, 다음에 행하지 말아야 할 것을 밝혔으며, 뒤에서 죄를 맺었다. 이것은 사람을 나타내는 것에

---

135 『菩薩善戒經』(T30, 1015b).

해당한다.

經若佛子自下。第四明破戒受施戒。文分有三。初人。次不應。後結罪。此卽人也。

b) 행하지 말아야 할 것

경 믿는 마음으로 출가하여 부처님의 바른 계를 받고도 고의로 마음을 일으켜 성스러운 계를 해치고 범한 이는, 모든 단월의 공양을 받을 수 없고, 국왕이 다스리는 땅으로 걸어다닐 수도 없으며, 국왕의 국토에 있는 물을 마실 수도 없다. 5천이나 되는 거대한 귀신이 항상 그 앞을 가로막고서 귀신이 "큰 도둑놈이다."라고 말한다. 방사房舍나 성읍에 있는 사택舍宅에 들어가면 귀신이 다시 그가 지나간 발자국을 쓸어 버리고 모든 세상 사람들이 욕하면서, "불법 안에 있는 도둑놈이다."라고 하며 모든 중생이 눈으로 보려고 하지도 않을 것이다. 계를 범한 사람은 축생과 다름이 없고 나무토막과 다름이 없다.

信心出家。受佛正戒。故起心。毀犯聖戒者。不得受一切檀越供養。亦不得國王地上行。不得飲國王水。五千大鬼。常遮其前。鬼言大賊。若入房舍城邑宅中。鬼復常掃其脚跡。一切世人。罵言。佛法中賊。一切衆生。眼不欲見。犯戒之人。畜生無異。木頭無異。

기 경의 "믿는 마음으로 출가하여" 이하는 두 번째로 행하지 말아야 할 것을 밝혔으니, 계를 무너뜨린 사람은 믿음이 깊은 단월이 보시한 것을 받지 말아야 하는 것 등을 말한다. "큰 도둑놈"이란 세간의 도둑놈이 재물과 보배를 빼앗고 생명을 해치는 것과 같이, 이 안에서의 큰 도둑놈도 또한 이와 같아서 다른 사람의 법신法身인 혜명慧命과 갠지스강의 모래처럼 많은 공덕의 큰 보배를 빼앗기 때문이다.

『대지도론』 제15권에서 "계를 무너뜨린 사람은 함께 머물 수 없으니, 나쁜 도둑놈을 친근히 할 수 없는 것과 같다. 계를 무너뜨린 사람은 함께 머물기 어려우니, 비유컨대 독사와 같기 때문이다. 계를 무너뜨린 사람은 비록 비구처럼 보이기는 해도, 비유컨대 죽은 시체가 잠자는 사람들 속에 함께 있는 것과 같다. 계를 무너뜨린 사람은 마치 가짜 구슬이 진짜 구슬 속에 있는 것과 같고, 비유컨대 이란伊蘭(악취가 심한 나무 이름)이 전단림栴檀林(전단은 매우 향기로운 나무 이름) 속에 있는 것과 같다. 계를 무너뜨린 사람이 법의法衣를 입으면 뜨거운 구리조각과 쇳조각으로 그 몸을 두르게 되고, 발우를 지니면 끓는 구리그릇에 담기게 되며, 음식을 먹으면 달군 쇠구슬을 삼키고 끓는 구리물을 마시게 된다. 사람들의 공양과 공급을 받으면 지옥의 옥졸이 되어 이를 지키게 되고, 정사精舍에 들어가면 대지옥大地獄에 들어가게 되며, 스님들이 쓰는 평상平床에 앉으면 달구어진 쇠평상 위에 앉게 된다."[136]고 하였다.

經信心出自下。第二明不應行。謂破戒人。不應受信施等。所言大賊者。如世間賊。能奪財寶及害命根。此中大賊。亦復如是。能奪他人法身慧命及恒沙等功德大寶。故大智度論第十五云。破戒之人。不可共止。猶如惡賊。難可親近。破戒之人。難可共住。譬如毒虵。破戒之人。雖似比丘。譬如尸死。[1]) 在眼[2]) 人中。破戒之人。如偽珠。在眞珠中。譬如伊蘭。在栴檀林中。破戒之人。若著法衣。則是熱[3]) 銅鐵鍱。以纏其身。若持鉢盂。則是盛洋銅器。若所噉食。卽是吞燒鐵丸。飮熱洋銅。若受人供養供給。則是地獄獄卒守人。[4]) 若入精舍。卽是入大地獄。若坐衆僧牀榻。[5]) 是爲坐熱鐵牀上。

---

[136] 『大智度論』 권13(T25, 154b). 원문에서는 15권이라 했다.

1) ㉯『大智度論』에 따르면 '尸死'는 '死屍'이다.　2) ㉯『大智度論』에 따르면 '眼'은 '眠'이다.　3) ㉯『大智度論』에 따르면 '熟'은 '熱'이다.　4) ㉯『大智度論』에 따르면 '人'은 '之'이다.　5) ㉯『大智度論』에 따르면 '檣'은 '榍'이다.

c) 죄를 맺은 것

경 바른 계를 훼손한다면 경구죄를 범하는 것이다.

若毁正戒者。犯輕垢罪。

기 경의 "바른 계를 훼손한다면" 이하는 세 번째로 죄를 맺은 것이다.

經若毁正戒自下。第三結罪。

e. 44 불공양계不供養戒 : 대승의 경과 율을 공양하지 않으면 안 된다

a) 사람

경 불자여,

若佛子。

기 경의 "불자여" 이하는 다섯 번째로 불공양계를 밝힌 것이다. 문장을 셋으로 나눌 수 있는데, 앞에서와 같으니 알 수 있을 것이다. (이것은 첫 번째 사람을 밝힌 것이다.)

經若佛子自下。第五不供養戒。文分有三。如前可知。

b) 행해야 할 것

경 항상 한마음으로 대승의 경과 율을 받아들이고 지니며 읽고 외우며, 피부를 벗겨 종이로 삼고 피를 뽑아 먹으로 삼으며, 골수를 벼룻물로 삼고 뼈를 쪼개어 붓으로 삼아 불계佛戒를 베껴 쓸 것이며, 나무껍질, 닥종이, 명주실로 짠 흰 천, 죽간과 비단에도 또한 써서 지니고 다니되, 항상 칠보와 값비싼 향과 꽃과 온갖 보배로 상자나 주머니를 만들어 경전과 율전을 담아야 한다.

常應一心。受持讀誦大乘經律。剝皮爲紙。刺血爲墨。以髓爲水。折骨爲筆。書寫佛戒。木皮。穀紙。絹素。竹帛。亦應悉書持。常以七寶。無價香華。一切雜寶。爲箱囊。盛經律卷。

기 경의 "항상" 이하는 두 번째로 행해야 할 것을 밝힌 것이다. 그 가운데 여섯 가지가 있다. 첫째 받아들이는 것이니, 스승 앞에서 아직 이해하지 못한 것을 이해하는 것이다. 둘째 지니는 것이니, 받아들이고 나서 잊지 않는 것이다. 셋째 읽는 것이고, 넷째 외우는 것이며, 다섯째 베껴 쓰는 것이고, 여섯째 공양하는 것이다.

다섯째 베껴 쓰는 것에서 "피부를 벗겨 종이로 삼고~"라고 한 것은, 그 마음이 법을 매우 은중하게 여겨 몸과 목숨을 아끼지 않는 것을 나타낸 것이다. 마치 『대지도론』 제18권에서 "다시 법을 몹시 사랑하는 범지梵志가 열두 해 동안 염부제를 두루 다니면서 성인의 법(聖法)을 구하여 알려고 하였으나 얻지 못했다. 그때 세상에는 부처님께서 계시지 않았고 부처님께서 설한 법도 또한 다 없어졌다. 어떤 바라문이 말하기를 '나는 성인의 법을 한 게송 가지고 있다. 진실로 법을 사랑한다면 당신에게 줄 것이다'라고 하였고, (범지가) 대답하기를 '진실로 법을 사랑합니다'라고 하였다. 바라문이 말하기를 '진실로 법을 사랑한다면 너의 피부를 종이로 삼고 몸의 뼈를 붓으로 삼으며 피로써 이것을 베껴 써야 할 것이니, 그렇게 한다면 너에게 주겠다'고 하였다. (범지가) 곧바로 그와 같이 하겠다고 말하고, 뼈를 쪼개고 피부를 벗기고 피로써 게송을 베껴 썼다. '법대로 수행하고 법이 아니면 받아들이지 말아야 하네. 현재 세상에서도 다음 세상에서도 법을 행하는 이는 안온安穩하다네.'"[137]라고 한 것과 같다.

經常應下。第二明應。於中有六。一者受。謂於師前。領所未解。二者持。謂受已不忘。三者讀。四者誦。五者書寫。六供養。第五書寫中云。剝皮爲紙等者。標其心。極愍[1]重法故。不惜身命。如大智度論第十八。復次。愛法梵志。十二歲中。[2]遍閻浮提。求知聖法。而不能得。時世無佛。佛法亦盡。有一婆羅門言。我有聖法一偈。若實愛法。當以與汝。答言。實愛法。婆羅門言。若實愛法。當以汝皮爲紙。以身骨爲筆。以血書寫之。當以與汝。卽如其言。破骨剝皮。以血寫偈。如法應修行。非法不應受。今世亦後世。佛[3]法者安穩。

---
1) ㉈ '愍'은 '愍'인 듯하다.　2) ㉈ 『大智度論』에 따르면 '中'은 잉자이다.　3) ㉈ 『大智度論』에 따르면 '佛'은 '行'이다.

c) 죄를 맺음

경 법대로 공양하지 않는다면 경구죄를 범하는 것이다.

若不如法供養者。犯輕垢罪。

기 경의 "법대로" 이하는 세 번째로 죄를 맺은 것이다. 『유가사지론』「보살지」에서 "보살들이 보살의 청정한 계율의에 편안히 머물러 날마다

---
137 『大智度論』 권16(T25, 178c). 원문에서는 18권이라 했다.

여래에 대해서, 혹은 여래를 위해 지은 제다(制多(靈廟))가 있는 곳에서 정법에 대해서, 혹은 정법을 위해 지은 경전에 대해서,…(중략)…승가(僧伽)에 대해서, 이른바 시방세계에 두루 계시는 이미 큰 지위(大地)에 들어간 모든 보살의 무리에 대해서 적거나 많거나 온갖 공양물로써 공양을 하거나, 적어도 몸으로 한 번이라도 절하면서 예경하고, 적어도 언어로 한 개의 사구(四句)로 이루어진 게송을 읊어서라도 부처님과 법과 스님의 진실한 공덕을 찬양하며, 적어도 마음으로 한 줄기 청정한 믿음이라도 일으켜 삼보의 진실한 공덕을 따라서 생각하는 일을 하지 않고 헛되이 낮과 밤을 보낸다면 범하는 것이 있다고 이름한다. 공경하지 않고 게으르고 느슨하여 위범한 것이라면 염오에 의한 위범이다. 만약 잘못하여 잊어버림으로써 위범한 것이라면 염오에 의한 위범은 아니다. 위범하지 않는 경우는 마음이 사리분별을 못할 정도로 어지럽거나, 이미 정의요지(淨意樂地)를 증득하였을 경우라면 언제나 위범한 것이 아니다."¹³⁸라고 하였다.

> 經若不如法下。第三結罪。菩薩地云。若諸菩薩。安住菩薩淨戒律儀。於日日中。若於如來。或爲如來造制多所。若於正法。或爲正法造經卷。若於僧伽。謂十方界。已入大地諸菩薩衆。若不以其或少或多諸供養具。而爲供養。下至以身一拜禮敬。下至以語一四句頌。讚佛法僧眞實功德。下至以心一淸淨信。隨念三寶眞實功德。空度日夜。是名有犯。若不恭敬懶墮懈怠而違犯者。是染違犯。若誤失念而違犯者。非染違犯。無違犯者。謂心狂亂。若己¹⁾證入淨意樂地。常無違犯。
>
> 1) ㉠ '己'는 '已'이다.

f. 45 불교화중생계(不敎化衆生戒) : 중생을 교화하지 않으면 안 된다

---
138 『瑜伽師地論』 권41(T30, 516a).

a) 사람

경 불자여, 항상 크게 자비로운 마음을 일으켜 모든 성읍城邑(마을)에 있는 집에 들어가 모든 중생을 보면 말하기를 "그대 중생들은 다 삼귀三歸와 십계를 받아야 한다."고 말해야 하고, 소·말·돼지·양 등의 모든 축생을 보면 마음으로 생각하고 입으로 말하기를 "너희 축생들아, 보리심을 낼지어다."라고 해야 한다. 보살은 산과 냇가와 숲과 들판의 어느 곳에 들어가든 모두 모든 중생으로 하여금 보리심을 발하도록 해야 한다. 이 보살이 중생을 교화하려는 마음을 일으키지 않는다면 경구죄를 범하는 것이다.

若佛子。常起大悲心。若入一切城邑舍宅。見一切衆生。應唱言。汝等衆生。盡應受三歸十戒。若見牛馬猪羊一切畜生。應心念口言。汝是畜生。發菩提心。而菩薩。入一切處山川林野。皆使一切衆生。發菩提心。是菩薩。若不發敎化衆生心者。犯輕垢罪。

기 경의 "불자여" 이하는 여섯 번째로 불교화중생계를 밝힌 것이다. 문장을 셋으로 나눌 수 있는데, 이것은 (첫 번째로) 사람을 나타낸 것이다.

經若佛子自下。第六不敎化衆生戒。文分有三。此卽標人。

b) 행해야 할 것

경의 "항상 크게 자비로운 (마음을) 일으켜" 이하는 두 번째로 행해야 할 것을 밝혔다. "삼귀"란 『우바새계경』 제5권에서 "선남자여, 모든 고통을 무너뜨리고 모든 번뇌와 근심을 끊고, 위없는 적멸寂滅의 즐거움을 받기 위하여 이러한 인연으로 삼귀의三歸依를 받는다. 네가 물은 것처럼, 무엇을 삼귀의라 하는가? 선남자여, 부처님과 법과 승가를 말한다. 부처님이란 번뇌의 원인을 무너뜨리고, 바른 해탈을 얻는 것을 설하시는 분이고, 법이란 번뇌의 원인을 무너뜨리고 진실로 해탈하게 하는 것이며, 승가란 번뇌의 원인을 무너뜨리고 바른 해탈을 얻는 법을 품수하는 이들이다."[139]라고 하였다. 또한 『우바새계경』 제5권 「팔계재품八戒齋品」에서 "선남자여, 어떤 사람이 삼귀의를 받는다면 이 사람이 얻는 복된 과보는 다할 수 없을 정도로 크다.…(하략)…"[140]라고 하였다. 말씀하신 것을 그대로 따라 거짓말하지 않는 계를 수지하면, 현재의 몸으로 왕위에 오를 수 있다. 하루 낮과 하루 밤만 팔계를 수지하여도 하늘에 태어날 수 있다. 그러므로 『열반경』 제15권에서 "바라나국에 백정이 있었으니 이름이 광액廣額이었다. 날마다 헤아릴 수 없이 많은 양을 죽였다. 사리불을 친견하여 곧 팔계를 받고 하루 낮과 밤을 지냈다. 이 인연으로 죽어서 북방천왕北方天王인 비사문毘沙門의 아들로 태어났다."[141]라고 하였다.

經常起大悲自下。第二明應行。言三歸者。如優婆塞戒經第五卷云。善男子。爲破諸苦。斷諸煩惱憂。受於無上寂滅之樂。以是因緣。受三歸依。如汝所問。云何三歸依者。善男子。謂佛法僧。佛者。能說懷[1]煩惱破[2]因。得正解脫。法者。卽是懷[3]煩惱因。眞實解脫。僧者。破[4]煩惱因。得正解脫。又八戒齋品云。善男子。若人能受三歸依者。當知。是人所得果[5]報。不可窮盡。乃至廣說。如說受持不忘語戒。現身。得王位。一日一夜。持八戒。得生天上。故涅槃經第十五云。波羅奈國。有屠兒。名曰廣額。於日中。殺無量羊。舍[6]利弗。卽受八戒。經一日夜。是因緣。命終。得爲北方天王毗沙門子。

---

139 『優婆塞戒經』 권5(T24, 1061b).
140 『優婆塞戒經』 권5(T24, 1063a).
141 40권본 『涅槃經』 권19(T12, 479b). 36권본 『涅槃經』 권17(T12, 722b). 원문에서는 15권이라고 했다.

1) ㉦『優婆塞戒經』에 따르면 '懷'는 '壞'이다. 2) ㉦『優婆塞戒經』에 따르면 '破'는 잉자이다. 3) ㉦『優婆塞戒經』에 따르면 '懷'는 '壞'이다. 4) ㉦『優婆塞戒經』에 따르면 '破' 앞에 '稟受'가 누락되었다 5) ㉦『優婆塞戒經』에 따르면 '果'는 '福'이다. 6) ㉦『涅槃經』에 따르면 '舍' 앞에 '見'이 누락되었다.

c) 죄를 맺은 것

경의 "교화하려는 마음을 일으키지 않는다면" 이하는 세 번째로 죄를 맺은 것이다. 『유가사지론』에서 "대중을 포섭하여 받아들임에 있어서 싫어하는 마음을 품고, 때에 따라 전도됨이 없이 가르쳐 주지 않으면 이를 범하는 것이 있는 것으로 염오에 의한 위범이라 한다."[142]라고 한 것과 같다.

經若不[1]敎化自下。第三結罪。如瑜伽云。攝受徒衆。懷嫌恨心。而不隨時無倒敎授。是名有犯是染違犯。

1) ㉦ '不' 뒤에 '發'이 누락되었다.

g. 46 설법불여법계說法不如法戒 : 법대로 법을 설하지 않으면 안 된다

a) 사람

경 불자여, 항상 교화를 행하며 크게 자비로운 마음을 일으켜야 한다. 단월이나 귀인貴人의 집에 들어가거든, 모든 대중 가운데 선 채로 백의白衣(세속인)를 위해 법을 설하지 말고, 백의인 대중들 앞에 있는 높은 자리나 윗자리에 앉아서 (법을 설해야) 한다. 법사인 비구는 땅에 선 채로 사부대중을 위해 법을 설해서는 안 된다. 법을 설할 때 법사가 높은 자리에 앉으면 향과 꽃으로 공양하고, 사부대중으로서 법을 듣는 이들은 아랫자리에 앉아서 마치 부모

---

142 『瑜伽師地論』 권41(T30, 520b).

님에게 효순하고 스승의 가르침을 공경하여 따르는 것처럼 하고 불을 섬기는 바라문[143]이 하는 것처럼 하라. 법을 설하는 이가 법대로 설하지 않으면 경구죄를 범하는 것이다.

若佛子。常行敎化。起大悲心。入檀越貴人家。一切衆中。不得立爲白衣說法。應白衣衆前。高座上坐。法師比丘。不得地立爲四衆說法。若說法時。法師高座。香華供養。四衆聽者下座。如孝順父母。敬順師敎。知[1]事火婆羅門。其說法者。若不如法說者。犯輕垢罪。

1) ㉠ '知'는 '如'이다.

기 경의 "불자여" 이하는 일곱 번째로 설법불여법계를 밝힌 것이다. 문장을 넷으로 나눌 수 있는데, 이것은 처음으로 사람을 나타낸 것이다.

經若佛子自下。第七明說法不如法戒。文分有四。此初標人。

b) 행하지 말아야 할 것

경의 "항상 교화를 행하며" 이하는 두 번째로 행하지 말아야 할 것을 밝혔다.

---

143 불을 섬기는 바라문 : 사화바라문事火婆羅門. 부처님 재세시 성행했던 외도 중 하나. 불은 여러 하늘의 입이기 때문에 화천火天(⑤Agni)을 섬겨 의식대로 불에 공물供物을 넣어 공양하면 상응하는 복덕을 얻는다고 주장했다. 부처님께서 일찍이 니련선하尼連禪河 근처에서 사화바라문이었던 가섭迦葉 삼형제를 교화하신 적이 있다. 갑작스럽게 사화바라문이 나온 이유를 승장은 설명하지 않았다. 의적은 『菩薩戒本疏』권하(T40, 688a15)에서 "'부모님께 효순하는 것처럼'이란 사람을 존경하는 것이고, '불을 섬기는 바라문이 하는 것처럼'이란 법을 존중하는 것이다.(如孝順父母者 尊人也 如事火婆羅門者 重法也)"라고 하여, 법을 존중하는 마음 자세를 비유한 것임을 밝혔다.

經常行自下。第二明不應行。

c) 행해야 할 것

경의 "법을 설할 때" 이하는 세 번째로 행해야 할 것을 밝힌 것이다.

經若不[1]說法時自下。第三明應。

1) ㉠ '不'은 잉자이다.

d) 죄를 맺은 것

경의 "법을 설하는 이가" 이하는 네 번째로 죄를 맺은 것이다. 문장 그대로이니 알 수 있을 것이다.

經說法者自下。第四結罪。如文可解。

h. 47 교만파법계憍慢破法戒 : 교만한 마음으로 불법을 파괴하지 마라

a) 사람

경 불자여, 모두 믿는 마음으로 불계를 받은 이로서, 국왕이나 태자나 온갖 관리들이나 사부대중인 제자들이, 스스로 고귀함을 믿고서 불법과 계율을 파괴하며, 드러내 놓고 제지하는 법을 만들어서 나의 사부제자를 제지하여 출가하여 도를 닦는 것을 허락하지 않고, 또 (불·보살의) 형상과 불탑과 경·율을 조성하는 것을 허락하지 않으면서 삼보를 파괴하는 죄를 지어서야 되겠느냐. 보살이 고의로 (불법을) 파괴하는 법을 지으면 경구죄를 범하는 것이다.

若佛子。皆以信心。受佛戒者。若國王太子百官四部弟子。自恃高貴。破滅佛法戒律。明作制法。制我四部弟子。不聽出家行道。亦復不聽造立形像佛塔經律。破三寶之罪。而菩薩。故作破法者。犯輕垢罪。

기 경의 "불자여" 이하는 여덟 번째로 교만파법계를 밝힌 것이다. 문장을 둘로 나눌 수 있다. 처음에 사람을 나타내었고, 뒤에 허물을 들어 죄를 맺었다. 이것은 사람을 나타낸 것이다.

經若佛子自下。第八憍慢破法戒。文分有二。初人。後舉過結罪。此即標人。

b) 허물을 들어 죄를 맺은 것

경의 "모두 믿는 마음으로" 이하는 두 번째로 허물을 들어 죄를 맺은 것이다. 먼저 허물과 그릇됨을 밝혔고, 뒤에 바로 죄를 맺었다.

經皆以信心下。第二舉過結罪。先明過非。後即結罪。

(a) 허물을 드러낸 것

이것은 허물을 드러낸 것이다. 문장 그대로 알아야 할 것이다.

此即顯過。如文應知。

(b) 죄를 맺은 것

경의 "고의로" 이하는 두 번째로 죄를 맺은 것이다.

經而故作下。第二結罪。

i. 48 파법인연계破法因緣戒 : 불법을 파괴하는 인연을 짓지 마라

경 불자여, 좋은 마음으로 출가하였거늘, 명예와 이양을 위해 국왕과 온갖 관리의 앞에서 일곱 분의 부처님의 계(七佛戒)를 (그들 마음에 수순하여 왜곡되게) 설하여,[144] 제멋대로 비구·비구니와 보살계를 받은 제자를 구속하게 해서야 되겠느냐. 이는 마치 사자의 몸 속에 있는 벌레가 스스로 사자의 고기를 먹는 것과 같으니, (불법은 내부의 사람에 의해 파괴되는 것이지) 외도나 천마天魔가 파괴할 수 있는 것이 아니다. 불계를 받은 사람은 불계를 보호하기를 마치 외아들을 생각하는 것처럼, 부모를 섬기는 것처럼 해야 한다. 외도의 악인이 나쁜 말로써 불계를 비방하는 것을 들을 때, 마치 3백 개의 창으로 심장을 찔린 것처럼 여기고, 천 개의 칼과 만 개의 몽둥이로 그 몸을 친 것과 같아서 다름이 없는 것으로 여겨서 차라리 스스로 지옥에 들어가 백겁을 지낼지언정 한마디의 나쁜 말로라도 불계를 파괴하는 소리를 듣지 않도록 해야 하거늘, 하물며 스스로 불계를 파괴하고 남에게 시켜서 불법을 파괴하는 인연을 짓도록 하며 효순하는 마음을 없애도록 해서야 되겠느냐. 고의로 이러한 일을 한다면 경구죄를 범하는 것이다.

若佛子。以好心。出家。而爲名聞利養。於國王百官前。說七佛戒。橫與比丘比丘尼菩薩戒弟子。作繫縛。如師子身中蟲。自食師子肉。非外道天魔能破壞。若受佛戒者。應護佛戒。如念一子。如事父母。而聞外道惡人。以惡言謗佛戒時。如三百鉾。刺心。千刀萬杖。打拍其身。等無有異。寧自入地獄。百劫而不用聞一惡言破佛戒之聲。而況自破佛戒。敎人破法因緣。

---

[144] 『天台菩薩戒疏』 권하(T40, 600c)에 따르면, 예컨대 부처님께서 스님을 구속하고 때리는 것을 허락했다고 말하는 것과 같은 것이다.

亦無孝順之心。若故作者。犯輕垢罪。

기 경의 "불자여" 이하는 아홉 번째로 파법인연계를 밝힌 것이다. 안으로는 화합의 이치를 파괴하고, 밖으로는 믿는 즐거움의 이익을 끊는 것이기 때문에 제정하였다. 문장을 셋으로 나눌 수 있는데, 문장 그대로 알아야 한다. 앞에서 설한 것과 같은 아홉 가지 계는 그 경우에 따라 (어길 경우) 사섭법의 실천에 장애가 된다.

經若佛子自下。第九破法自[1]緣戒。內破和合之義。外絶信樂之益。是故。制也。文分有三。如文應知。如上九戒。如其所應。是四攝障。

1) ㉾ '自'는 '因'인 듯하다.

ⓛ 받들어 지닐 것을 권한 것

경 이와 같은 아홉 가지 계를 마땅히 배우고 공경하는 마음으로 받들고 수지해야 한다.

如是九戒。應當學。敬心奉持。

기 경의 "이와 같은 아홉 가지 계를" 이하는 두 번째로 받들어 지닐 것을 권한 것을 풀이한 것이다.

經是九戒下。第二釋勸奉持。

이상 사십팔경계를 개별적으로 풀이하는 것을 마쳤다.

上來。別釋四十八輕戒說。[1]

1) ㉘ '說'은 '訖'인 듯하다. 이하도 동일하다.

ㄷ) 총괄적으로 받아 지닐 것을 권한 것

경 불자들이여, 이 사십팔경계를 너희들은 받아 지녀라. 과거의 모든 보살이 이미 배웠고, 미래의 모든 보살이 배울 것이며, 현재의 모든 보살이 지금 배우고 있다.

諸佛子。是四十八輕戒。汝等受持。過去諸菩薩。已學。[1] 未來諸菩薩。當學。現在諸菩薩。今學。

1) ㉠ 『대정장』의 『梵網經』에는 '學'을 '誦'이라 했다. 여러 주석서에 수록된 본문에서도 모두 '誦'이라 했다. '學'을 오자로 볼 수도 있을 것 같지만 확신할 수는 없다.

기 경의 "불자들이여, 이 사십팔경계를" 이하는 세 번째로 총괄적으로 받아 지닐 것을 권한 것이다.

經諸佛子此是四十八輕戒自下。第三總勸受持。

이상으로 두 번째로 사십팔경계를 풀이하기를 마쳤다.

上來。第二釋四十八輕戒說。[1]

1) ㉘ '說'은 '訖'인 듯하다.

첫 번째로 십중계를 해석하였고, 다음에 경계를 풀이하였다. 비록 두 문장이 있지만 두 번째로 바로 계상을 풀이하는 것을 마친다.

一釋十重。次釋輕戒。雖有兩文。第二正釋戒相訖。

(3) 총괄적으로 유통시킬 것을 권하신 것

① 부처님께서 수지하고 유통시킬 것을 권하신 것

경 불자들이여, 잘 들어라. 이 십중계와 사십팔경계를 삼세의 모든 부처님께서 이미 외우셨고 미래에도 외우실 것이며 현재에도 외우고 계신다. 나도 이제 또한 이와 같이 외웠다. 너희들 모든 대중은, 국왕이든 왕자이든 온갖 관리이든 비구나 비구니이든 남자 신도이든 여자 신도이든 보살계를 받은 자라면, 불성상주계佛性常住戒를 설하는 경전을 받아 지니고 독송하며 해설하고 베껴 써서 삼세의 모든 중생에게 유통시키고, 언제나 교화하여 전하면서 끊어지는 일이 없도록 하라. 그러면 천 분의 부처님을 친견하고 그 천 분의 부처님마다 구원의 손길을 내어 주어 세세생생 악도와 팔난에 떨어지지 않고, 항상 사람 세상이나 하늘에 태어날 것이다. 나는 이제 이 나무 아래서 간략히 일곱 분의 부처님의 법계法戒를 설하였으니, 너희들은 한마음으로 바라제목차를 배우고 기쁜 마음으로 받들어 행하라. 「무상천왕품無相天王品」145)의 배움을 권하는 내용에서 3천 가지의 배워야 할 것을 낱낱이 자세하게 밝힌 것과 같다.

諸佛子。諦聽。此十重四十八輕戒。三世諸佛。已誦。當誦。今誦。我今亦如是誦。汝等一切大衆。若國王王子百官比丘比丘尼信男信女受持菩薩戒者。應受持讀誦解說書寫佛性常住戒卷。流通三世。一切衆生。化化不絕。得見千佛。佛佛授手。世世不墮惡道八難。常生人道天中。我今在此樹下。略開七佛法戒。汝等當一心。學波羅提木叉。歡喜奉行。如無相天王品。勸學中。一一廣明三千學士。[1)]

---

145) 「무상천왕품無相天王品」: 대본 『梵網經』에 해당될 것으로 추정되는 품의 이름이다.

1) ㉑ '士'는 '者'이다. 『대정장』에서 【宋】【元】【宮】 등의 세 본에 따르면 '士'는 '者'라고 하였다. 승장의 주석에서 '者'라고 했고, 이 문장을 보통 뒤의 문장에 연결하는 것으로 보는 것과 달리 앞에 붙였음이 분명하기 때문에 후자로 보는 것이 타당하다.

기 경의 "불자들이여, 잘 들어라." 이하는 세 번째로 총괄적으로 유통시킬 것을 권하신 것이다. 여기에 두 가지가 있다. 처음은 부처님께서 수지하고 유통시킬 것을 권하셨고, 나중은 보살이 받들어 행한 것이다. 앞에 다섯이 있다.

經弟子聽自下。第三總勸流通。於中有二。初佛勸持流通。後菩薩奉行。
前中有五。

가) 말씀이 허망한 것이 아님을 증명함
첫째, 삼세의 부처님께서 이미 지나간 과거, 앞으로 다가올 미래, 바로 지금인 현재에 외우는 것이라 하여 그 말씀이 허망한 것이 아님을 증명하였다.

一三世佛已當今誦。說證不虛。

나) 유통시킬 것을 권함
둘째, "너희들 모든 대중은" 이하는 바로 유통시킬 것을 권한 것이다.

二汝等一切下。正勸流通。

다) 유통의 이익
셋째, "천 분의 부처님을 친견하고" 이하는 유통의 이익을 밝힌 것이다.

三得千佛下。明流通利益。

라) 받들어 지닐 것을 권함

넷째, "나는 이제 이 (나무)" 이하는 이제 받들어 지닐 것을 권한 것이다.

四我今此下。勸今奉持。

마) 앞으로 설할 곳을 미리 가리킨 것

다섯째, "「무상천왕품」의" 이하는 앞으로 설할 곳을 미리 가리킨 것이다.

五如無相品下。懸指說處。

"3천 가지의 배워야 할 것"이란 3천 가지의 위의威儀 등을 말한다. 비록 다섯 문장이 있지만 첫 번째로 부처님께서 유통시키고 받들어 지닐 것을 권하신 것을 밝히기를 마친다.

三千學者。三[1]威律[2]儀等。雖有五文。第一明如來勸流通奉持竟。

1) ㉮ '三' 뒤에 '千'이 누락된 듯하다. 2) ㉮ '律'은 잉자인 듯하다.

② 보살이 받들어 지니는 것

경 그때 자리에 앉아서 듣는 이들이 부처님께서 스스로 외우시는 것을 듣고, 마음에 새기고 머리에 이고 기뻐하면서 받아 지녔다.

時座聽者。聞佛自誦。心心頂戴。喜躍受持。

기 경의 "그때 자리에 앉아서 듣는 이들이" 이하는 두 번째로 보살이 받들어 지니는 것을 밝혔다.

經時坐聽者下。第二菩薩奉持。

이상으로 정설분에 두 가지가 있는 가운데, 첫 번째로 바로 해석하는 것을 마친다.

行¹⁾上來。正說有二。第一正釋竟。

1) ㉮ '行'은 잉자인 듯하다.

2. 총괄적으로 맺는 것

경 그때 석가모니불께서 앞에서 (설하신 것처럼) 연화대장세계에 계시는 노사나불께서 말씀하신 심지법문품心地法門品에 있는 십무진계十無盡戒의 법품法品을 설하기를 마치시니, 천백억의 석가모니불께서도 또한 이와 같이 설하셨다. 마혜수라천의 왕궁에서부터 이 도수道樹(보리수) 아래에 이르기까지의 열 가지 주처에서 법품法品¹⁴⁶을 설하고, 모든 보살과 불가설의 대중들을 위해 받아 지니

---

146 『梵網經心地品菩薩戒義疏發隱卷』 권5(X38, 218c13)에서 "십중계만 들고 사십팔경계는 들지 않은 것은, 이 십계는 뜻을 포함하는 것에 다함이 없으니, 열 가지 계를 들면 일체의 계가 모두 다 거두어진다. 하물며 사십팔경계임에랴.(舉十重不舉四十八者 此十戒義含無盡 舉十 則一切戒 悉皆攝盡 況四十八耶)"라고 하였다.

고 독송하며 그 뜻을 해설하도록 한 것도 또한 이와 같았다. 이는 천백억 세계, 연화장세계蓮華藏世界, 미진세계微塵世界의 모든 부처님의 심장心藏이고 지장地藏이며 계장戒藏이고 무량행원장無量行願藏이고 인과불성상주장因果佛性常住藏이다.

爾時。釋迦牟尼佛。說上蓮華臺藏世界盧舍那佛心地法門品中十無盡戒法品竟。千百億釋迦。亦如是說。從摩醯首羅天王宮。至此道樹下。十住處。說法品。爲一切菩薩。不可說大衆。受持讀誦。解說其義。亦如是。千百億世界。蓮華藏世界。微塵世界。一切佛。心藏。地藏。戒藏。無量行願藏。因果佛性常住藏。

기 경의 "그때 석가모니불께서" 이하는 크게 단락을 나눈 것에서 두 번째로 앞에서 설한 것을 총괄적으로 맺는 것이다. "심장"이란 십세계해를 심장이라 하고, "지장"이란 40심[147]을 말하며, "계장"이란 무진계無盡戒를 말하며, "무량행원"이란 십인十忍 등을 무량행無量行이라 하고, 십대원十大願 등을 무량원無量願이라 한다. "인과因果"란 앞에서 "(한 가지 계인 광명과 같은 공능을 일으키는 금강보)계(를 설하였으니, 이)는 모든 부처님의 본원本源이고, (모든 보살의 본원이며) 불성佛性의 종자이다."라고 하고, 또한 "미래의 어느 때나 성불할 수 있는 원인을 항상 지니고 있기 때문에 미래의 어느 때나 (증득할) 상주常住하는 법신을 지닌다."라고 설한 것을 맺은 것이다. 또한 "불성상주"란 앞에서 "모든 중생은 다 불성이 있으니"라고 한 것을 맺은 것이다.

經爾時釋迦自下。大段。第二明總結上說。心藏者。十世界海。名爲心藏。

---

[147] 40심 : 십발취심十發趣心·십장양심十長養心·십금강심十金剛心·십지十地.

地藏者。謂四十心。戒藏者。結¹⁾無盡戒。無量行願者。謂十忍等。名無量行。十大願等。名無量願。因果者。結上所說戒。是一切諸佛本原。²⁾佛性種子。又結當當³⁾有因故。有當當常住法身。佛性常住者。結上所說一切衆生皆有佛性。

---

1) ㉠ '結'은 '謂'이다. 2) ㉠ '原'은 '源'이다. 3) ㉠ 앞의 원문을 따르면 '當' 다음에 '常'이 누락되었다.

제3장 유통분流通分

경 여여如如한 모든 부처님께서 한량없는 모든 법장法藏을 설하시기를 마치시니, 천백억 세계의 모든 중생은 받아 지니고 기쁜 마음으로 받들어 행하였다. 만약 심지心地의 다양한 모습을 자세히 알아보려면, 「불화광왕칠행품佛華光王七行品」[148]에서 설한 것과 같다.

> 如如一切佛。說無量一切法藏竟。千百億世界中。一切衆生。受持歡喜奉行。若廣開心地相相。如佛華光王七行品中說。

기 경의 "여여한 모든 부처님께서" 이하는, 이 경은 크게 셋으로 단락을 나눌 수 있으니, 첫째 서분이고, 둘째 정설분이며, 셋째 유통분인데, 이는 세 번째로 유통분을 밝힌 것이다.

> 經如如一切佛說等者。於此中。大分有三。一序分。二正說。三流通。自下。第三明流通分。

---

148 「불화광왕칠행품佛華光王七行品」: 대본 『梵網經』의 품명으로 추정된다.

기송[149]

위없는 큰 도사道師이고
모든 법을 걸림없이 아는 지혜를 지니셨으며
모든 중생을 구호하는 큰 자비를 지닌 분과
매우 깊고 미묘한 바다와 같은 경전과
이미 이공二空을 증득한 보살들과
나머지 모든 큰 서원을 일으키신 분께 머리를 숙여 절을 올립니다.

稽首無上大道師。於一切法智無礙。
救護一切大悲者。甚深微妙契經海。
已證二空諸菩薩。及餘一切發大願。

이제 계경戒經에 상응하는 논서에 의지하여
간략히 보살의 청정한 계를 풀이하여
계율을 지키고 범하는 것의 차별된 모습을 판정하였으니,
부처님과 성스러운 자씨慈氏(미륵) 등과 같은 보살들이 지니신,
이 미묘한 선의 근본을 받아들여
유정(有識)에게 은혜롭게 베풀고 법성法性을 증득하리라.

今依戒經相應論。略釋菩薩清淨戒。
決判持犯差別相。在佛及聖慈氏等。
受斯微妙善根本。惠施有識證法性。

---

149 승장 자신이 지은 게송이다.

경송 150

밝은 사람은 인忍[151]과 지혜(慧)가 굳건하여
능히 이와 같은 법을 받아 지니니
아직 불도를 이루지 못한 때에도
평안하게 다섯 가지 이익을 얻는다.

明人忍慧强。能持如是法。
未成佛道間。安獲五種利。

첫째는 시방세계의 부처님께서
불쌍히 여겨 항상 지켜 주시고
둘째는 목숨이 다할 때
바른 견해를 내어 즐거운 마음을 가지며
셋째는 태어나는 곳마다
청정한 보살의 벗이 되고
넷째는 공덕을 산처럼 쌓아
계바라밀을 모두 성취하며
다섯째는 현세와 후세에

---

150 ㉮ 경의 끝부분에 실린 오언게五言偈는 여러 주석가들이 혹은 해석하기도 하고, 혹은 해석하지 않기도 하였다. 지금 승장의 주석에서도 해석하지 않은 것 같다. ㉯ 경의 원문 마지막에 실린 게송이다. 승장은 이 부분을 해석하지 않았고, 지의·의적·법장 등과 같은 초기의 주석자도 같은 모습을 보인다. 후대의 주석서에서는 해석한 사례가 많다.

151 『梵網經心地品菩薩戒義疏發隱』 권5(X38, 219c)에서는 "'인忍'은 마음을 잘 조절하는 것, '혜慧'는 마음이 영통靈通한 것으로, '인'이 굳건하면 영원히 흔들림 없이 수지할 수 있고, '혜'가 굳건하면 잘 수지하여 어느 것에도 걸림이 없게 된다.(忍者 心之操守 其忍至堅 曰忍强 慧者 心之靈通 其慧至利曰 慧强 忍强則能永持 而終始不移 慧强則能善持 而圓融不滯)"고 하였다.

성계性戒**와 복덕과 지혜가 원만해진다.**

一者十方佛。愍念常守護。
二者命終時。正見心歡喜。
三者生生處。爲淨菩薩友。
四者功德聚。戒度悉成就
五者今後世。性戒福慧滿。

이것이 바로 부처님께서 수행하신 바로 그것이니
지혜로운 이는 잘 생각하라.
아我를 계탁하고 상相에 집착하는 이는
이 법을 믿을 수 없다.
멸진滅盡에 의해 깨달음을 얻으려는 이[152]도
씨앗을 뿌릴 만한 곳은 아니다.

此是佛行處。智者善思量。
計我著相者。不能信是法
滅盡取證者。亦非下種處。

보리의 싹을 길러
광명이 세간을 비추게 하려면
고요히 관찰할지니,

---

152 성문승聲聞乘을 가리키는 말. 멸진滅盡이란 성문승이 추구하는 궁극적 경지인 회신멸지灰身滅智와 같은 말로, 신심身心이 모두 공적무위空寂無爲로 돌아간 열반계涅槃界를 가리킨다.

제법의 진실한 모습은
생겨나지도 않고 소멸하지도 않으며
영원하지도 않고 단멸하지도 않으며
동일하지도 않고 다르지도 않으며
오지도 않고 가지도 않는다.

欲長菩提苗。光明照世間。
應當靜觀察。諸法眞實相
不生亦不滅。不常復不斷。
不一亦不異。不來亦不去。

이와 같이 한마음 속에서
방편으로 부지런히 장엄하여
보살이 해야 할 것을
차례대로 배워야 할 것이니,
유학有學이라거나 무학無學이라는 것에 대해
분별하는 생각을 내지 마라.

如是一心中。方便勤莊嚴
菩薩所應作。應當次第學。
於學於無學。勿生分別想。

이것을 가장 뛰어난 도라 하고
마하연摩訶衍(大乘)이라 한다.

是名第一道。亦名摩訶衍。

모든 희론들이
이것으로 말미암아 사라지고,
모든 부처님의 살바야薩婆若(一切智)는
이것으로 말미암아 생겨난다.

一切戱論處。悉由是處滅。
諸佛薩婆若。悉由是處出。

그러므로 불자들이여,
큰 용맹심을 내어
부처님의 청정한 계를
투명한 구슬처럼 보호할지어다.

是故諸佛子。宜發大勇猛。
於諸佛淨戒。護持如明珠。

과거의 여러 보살들도
이미 이것을 배웠고
미래의 보살들도 배울 것이며
현재의 보살들은 지금 배우고 있다.

過去諸菩薩。已於是中學。
未來者當學。現在者今學。

이것이 바로 부처님께서 수행하신 바로 그것이니

성주聖主(부처님)께서 칭찬하신 것이고
내가 이미 수순하여 설하였다.

此是佛行處。聖主所稱歎。
我已隨順說。

복덕의 한량없는 무더기를
회향하여 중생에게 베풀어
함께 일체지를 향하도록 할 것이니
원하옵건대 이 법을 듣는 이는
속히 불도를 성취할지어다.

福德無量聚。廻以施衆生。
共向一切智。願聞是法者。
疾得成佛道。

옮긴이의 말

 몇 해 전 동물 윤리에 대한 불교의 입장을 발표해 달라는 요청을 받은 적이 있다. 오직 인연의 빚을 갚을 요량으로 수락한 일이지만 그 작업을 위해 율장律藏을 훑어보면서 나는 붓다가 원리주의자이지만 그 원리를 고집하지 않고 방편 속에 녹아들이기 위해 무척이나 고심한 것을 확인할 수 있었다. 제자를 향해 무수히 거듭해서 제시하는 방편 속에서 사상은 삶 속에 융화될 때만 의미가 있는 것이라는 붓다의 말씀을 들었고, 그 방편이 늘 원리의 끈을 놓지 않도록 하기 위해 고안한 여러 장치를 통해 원리를 벗어난 방편은 무의미한 것이라는 붓다의 말씀을 들었다. 예컨대 불교의 입장에서 원리적으로는 어떤 생명도 죽여선 안 되지만, 대상에 따라 죄의 경중을 달리 설정하여, 사람을 죽이면 바라이죄, 동물을 죽이면 바일제가 된다. 이렇게 어떤 생명도 해쳐서는 안 된다는 원리는 현실 생활 속에서 책임의 비중을 조절함으로써 행위의 실질적 규범으로 작동할 여지를 만들고 동시에 원리에 대한 반성적 사고를 할 수 있도록 한다.

 이 책의 가장 큰 특성은 원리주의적인 성격의 범망계梵網戒를 방편을 적극적으로 허용하는 입장의 유가계瑜伽戒와 통섭시킨 것에 있다. 예컨대 승장은 십중계 중 살생계를 해석하면서 중생을 무간지옥에 떨어질 업으로부터 구제하기 위해 그를 죽이는 것은 보살계에 어긋나지 않을 뿐만 아니라 많은 공덕을 얻는다고 한 『유가사지론』의 문장을 인용하고 있다. 이러한 취지는 도계盜戒에도 이어져 훔친 물건을 빼앗아 되돌려주기 위해 훔치는 것은 죄가 없다는 입장을 밝히고 있다. 이미 동물 윤리의 연구를 통해 삶 속에 사상이 녹아들기 위해서 방편을 허용하지 않을 수 없음을 인정할 수밖에 없었지만, 대승에서 허용된 방편은 상식적인 수준을 넘어선 것이고 초기불교의 율장과는 달리 어떤 안전 장치도 찾을 수 없다. 불교가 삶 속에서 적극적인 역할을 하기 위해 원리의 완화는 필수 요소이겠지만, 과연 이러한 방편의 허용이 실제 불교사상사 속에서 그 목적을 달성했는가. 인간에 대한 무한한 신뢰에 기초한 방편의 허용이 오히려 또 다른 형태의 갇힌 이념을 합리화하기 위한 수단으로 사용된 것은 아닌가. 이러한 생각이 자주 드는 이즈음 마주하는 승장의 입장은 그 이상의 원대함에도 불구하고 여전히 나를 매우 곤혹스럽게 한다.

번역을 시작한 지 몇 해가 흘렀다. 여전히 부족한 점이 많은 성과물이지만 그럼에도 불구하고 이 번역서가 나의 능력을 넘어선 면모를 지니고 있다는 것은 의심의 여지가 없는데, 이는 타인의 공력功力에 매우 많이 의지한 때문이다. 그 타인에게 무한한 감사를 드린다.

2011. 5.
한 명 숙

찾아보기

가나가모니迦那伽牟尼 / 497
가나함모니迦那含牟尼 / 497
가라구손타迦羅鳩飡陀 / 497
가라구촌대迦羅鳩村大 / 497
가립명假立名 / 78, 79
가비라加毗羅 / 140
가사袈沙 / 552
가설명假說名 / 78, 79
가섭迦葉 / 497
가시국迦尸國 / 184, 185
가이라국迦夷羅國 / 139
가전연迦旃延 / 306
가행지加行地 / 86
각수覺樹 / 181
각유정覺有情 / 59
각자覺者 / 180
간계慳戒 / 291
간색의間色衣 / 533
간수계簡授戒 / 549
갈라빈가羯羅頻迦 / 84
갈마羯磨 / 192, 198
갈마사羯磨師 / 562
갈마승羯磨僧 / 552
갈마승가羯磨僧伽 / 555
갈패라알사다월喝唄羅頞沙茶月 / 142
개통계開通戒 / 214
거루국居樓國 / 184

거살라국居薩羅國 / 184
건다라국乾陀羅國 / 185
걸식乞食 / 529
검발사국劍跋闍國 / 185
검부사국劍浮沙國 / 185
검수지옥劍樹地獄 / 265
견도팔도행성牽道八道行城 / 515
견법인堅法忍 / 187
견분見分 / 73
견성인堅聖忍 / 188
견수인堅修忍 / 188
견신인堅信忍 / 187
견지見地 / 86
견행자見行者 / 557
결정지決定智 / 159
경계輕戒 / 217, 337
경구죄輕垢罪 / 348
경죄輕罪 / 373
계경契經 / 90
계사戒師 / 192
계사 화상戒師和上 / 196
계심戒心 / 187
계장戒藏 / 193, 600
고독孤獨 / 238
고독蠱毒 / 500
『고수경枯樹經』 / 63
고핍苦逼 중생 / 418
고행苦行 / 429
공덕전功德田 / 395
과인법過人法 / 269
관정주灌頂住 / 111
광견廣見 / 497
광과천廣果天 / 184

광명廣名 / 79, 80
광박협산廣博脅山 / 443
광생廣生 / 497
광액廣額 / 588
괴愧 / 365
교기인연분教起因緣分 / 96
교教·리理·행行·과果 / 318
교만파법계憍慢破法戒 / 591
교불수법계憍不受法戒 / 460
교사라국憍娑羅國 / 185
교체敎體 / 88
교화주敎化主 / 474, 475
구句 / 84
구경지究竟地 / 86
구로국俱盧國 / 185
구루진魁樓秦 / 497
구루진불拘樓秦佛 / 329
구류손拘留孫 / 497
구섬미국俱睒彌國 / 329
구신句身 / 74, 81
구조九條 가사 / 531
구호일체중생회향救護一切衆生廻向 / 113
국사계國使戒 / 405
궤범사軌範師 / 343
극광천極光天 / 184
극난승지極難勝地 / 116
극희지極喜地 / 116
근본업根本業 / 232
근본업도根本業道 / 224, 227
근사近事 / 359
근사율의近事律儀 / 359

근송近誦 / 343
근주近住 / 359
근주계近住戒 / 359
근주율의近住律儀
　　　　　　　/ 359, 366
금강보계金剛寶戒
　　　　　　/ 154, 155, 157
금강천광왕좌金剛千光王座
　　　　　　　　　 / 104
금계禁戒 / 357
『금광명경金光明經』/ 62
『금칠십론金七十論』/ 392
기청機請 / 77, 85

나가서나那伽犀那 / 72
나망羅網 / 57
낙변화천樂變化天 / 114
난제가難提迦 / 245
내등정內等淨 / 574
노사나盧舍那 / 58, 166
녹수낭漉水囊 / 531
능만能滿 / 180, 498
능인能仁 / 180
능인能忍 / 498
능적能寂 / 180, 498
능전能詮 / 77

다구多求 / 432

달라미차達羅彌茶 / 80
달심達心 / 188
대박大縛 중생 / 418
대범천大梵天 / 184
대수참對首懺 / 563
대술大術 / 142
대승심大乘心 / 188
대자재大自在 / 133
대죄大罪 / 254
도거掉擧 / 108
도사다천覩史多天 / 137
도설법계倒說法戒 / 426
도성道性 / 573
도솔천兜率天 / 113
도심중생道心衆生 / 174
도종성道種姓 / 188, 568, 573
독수이양계獨受利養戒 / 478
돌길라죄 / 292, 307, 377
동류상응명同類相應名
　　　　　　　　/ 78, 79
동사섭同事攝 / 405, 473
동소료명同所了名 / 78, 79
동심同心 / 188
동진주童眞住 / 111
두 가지 변제邊際 / 363
두다杜多 / 528
두타頭陀 / 527, 528
등일체불회향等一切佛廻向
　　　　　　　　　 / 113
등정각等正覺 / 120
등지等持 / 108

라집羅什 법사 / 193

마가다국 / 109
마갈국摩竭國 / 184
마게다국摩揭陀國 / 185
마라국末羅國 / 184, 185
『마수화경魔受化經』/ 139
마야摩耶 / 140, 142
마하마야摩訶摩耶 / 142
마하살타摩訶薩埵 / 305
마혜수라摩醯首羅 / 133
마혜수라천왕摩醯首羅天王
　　　　　　　　　 / 132
만滿 / 497
만심도설계慢心倒說戒 / 464
말가마나사末伽摩拏沙 / 175
말리부인末利夫人 / 306
망라당網羅幢 / 148
「멸죄품滅罪品」/ 452
명名 / 83
명신名身 / 74, 78
모읍母邑 / 265
목차木叉 / 163
묘과妙果 / 324
묘광법당妙光法堂 / 109
『묘법연화경妙法蓮華經』/ 62
묘해왕妙海王 / 194
무간업無間業 / 226
무구인無垢忍 / 573

『무구칭경無垢稱經』 / 61
무량광천無量光天 / 184
무량정천無量淨天 / 184
무량행원장無量行願藏 / 600
무루정계無漏淨戒 / 246
무박무착해탈회향無縛無著
　解脫廻向 / 113
무반열반성無般涅槃性 / 94
무번천無繁天 / 184
무변어無邊語 / 84
무상교無常敎 / 320
무상법륜無相法輪 / 67
무상심無相心 / 188
「무상천왕품無相天王品」
　　　　　　　　 / 596
무상혜無相慧 / 570
무생법인無生法忍 / 124
무소지위타사계無所知爲他
　師戒 / 434, 576
무에한행無恚恨行 / 112
무열천無熱天 / 184
무예구無穢垢 / 533
무운천無雲天 / 184
무의어無依語 / 84
무자성성無自性性 / 67
무절수無節樹 / 497
무진공덕장회향無盡功德藏
　廻向 / 113
무진행無盡行 / 112
무착행無著行 / 112
무표無表 / 208
무표업無表業 / 75
문文 / 84
문신文身 / 74

문지문지聞持 / 388
문혜聞慧 / 570, 571
미륵보살彌勒菩薩 / 158
『미륵소문경彌勒所問經』 / 61
미묘어美妙語 / 84

바라날국波羅捺國 / 329
바라밀波羅蜜 / 127
바라색희波羅塞戲 / 514
바라이波羅夷 / 205, 247,
　　　　　　　　　332
바라이죄波羅夷罪
　　　　　　 / 240, 254
바라제婆羅提 / 163
바라제목차계婆羅提木叉戒
　　　　　　　　 / 579
바일제波逸提 / 307, 477
바차국婆蹉國 / 185
반사국般闍國 / 184
반야바라밀般若波羅蜜 / 460
반차국般遮羅國 / 185
발광지發光地 / 116
발사국跋沙國 / 184
발심發心 / 425
발심의 가행(發心加行) / 414
발심의 소연(發心所緣)
　　　　　　 / 414, 417
발심의 승리(發心勝利) / 414
발심의 의요(發心意樂) / 414
발심의 인연(發心因緣)
　　　　　　 / 414, 421

발심의 자성(發心自性) / 414
발심의 행상(發心行相)
　　　　　　 / 414, 416
발심주發心住 보살 / 569
발우鉢盂 / 515
발지국跋祇國 / 184
방광方廣 / 90
방광교方廣敎 / 320
방구식方口食 / 501
방삼보계謗三寶戒 / 389
방생계放生戒 / 439
방편구족주方便具足住 / 110
방화계放火戒 / 411
배대향소계背大向小戒
　　　　　　 / 320, 389
백라白癩 / 566
백정白淨 / 140
벌차국筏蹉國 / 185
「범단품梵壇品」 / 548
범망경梵網經 / 57
범변죄犯邊罪 / 197
범보천梵輔天 / 184
범부도凡夫道 / 131
범중천梵衆天 / 184
범지梵志 / 155
법계무량회향法界無量廻向
　　　　　　　　 / 113
법륜승가法輪僧伽 / 555
법왕자주法王子住 / 111
법운지法雲地 / 117
법인法忍 / 573
법제法弟 / 197
법처소섭색法處所攝色 / 160
벽교계僻敎戒 / 412

변정천遍淨天 / 184
변지邊地 / 545
별청계별請戒 / 494
별해탈別解脫 / 163
별해탈비나야別解脫毗奈耶 / 209
보광법당普光法堂 / 109
보리분법菩提分法 / 182
보리분법계菩提分法戒 / 182
보리살타菩提薩埵 / 174
보리수菩提樹 / 181
보리심菩提心 / 414
보살계菩薩戒 / 164
보시布施 / 304
보처補處의 지위 / 158
복생천福生天 / 184
본성주종성本姓住種姓 / 569
본원本源 / 156
부낭浮囊 / 517
부동분심不同分心 / 370
부동지不動地 / 117
부작법계不作法界 / 483
부정관不淨觀 / 265
부정발심不定發心 / 424
부정색不正色 / 533
부정성不定性 / 94
부정업不定業 / 545
부좌견의覆左肩衣 / 533
부처負處 / 333
북구로주北俱盧洲 / 558
분달라국奔噠羅國 / 185
분시지옥糞屎地獄 / 354
불佛 / 180
불가괴성不可壞性 / 568

불가사의不可思議 / 103
불가설不可說 / 101
불간병계不看病戒 / 393
불개통계不開通戒 / 214
불경호시계不敬好時戒 / 503
불계佛戒 / 519
불고주계不沽酒戒 / 275
불공급급불청법계不供給及不請法戒 / 377
불공양계不供養戒 / 346
불괴성不壞性 / 573
불괴심不壞心 / 188
불괴회향不壞迴向 / 113
불교화중생계不敎化衆生戒 / 586
불교회계不敎悔戒 / 356
불률씨국佛栗氏國 / 185
불망어계不妄語戒 / 267
불발대원계不發大願戒 / 519
불살계不殺戒 / 223
불서견고심계不誓堅固心戒 / 520
불선섭중계不善攝衆戒 / 473
불성상주계佛性常住戒 / 596
불성佛性의 종자 / 156
불수복혜계不修福慧戒 / 541
불식육계不食肉戒 / 351
불여법공양계不如法供養戒 / 339
불여의처不如意處 / 408
불여취不與取 / 244, 248, 258
불위역어不違逆語 / 84
불음계不婬戒 / 259

불음주계不飮酒戒 / 347
불입난처계不入難處戒 / 526
불청법계不聽法戒 / 382
불타佛陀 / 180
불퇴심不退心 / 188
불퇴주不退住 / 111
불행구속계不行救贖戒 / 508
불현명不顯名 / 79, 80
「불화광왕칠행품佛華光王七行品」 / 602
비노사부韓怒沙付 / 497
비니경률毗尼經律 / 383
비니장毘尼藏 / 383
비도非道 / 260
비도주非道住 중생 / 418
비동소료명비동所了名 / 78, 80
비량非量 / 262
비바사毗婆沙 / 497
비바시불毗婆尸佛 / 497
비방계誹謗戒 / 316
비사啤舍 / 497
비사문毗沙門 / 588
비사바毗舍婆 / 497
비시非時 / 262
비시지옥沸屎地獄 / 350
비심悲心 / 187
비유譬喩 / 90
비지非支 / 262
비처非處 / 262
비타라毗陀羅 / 232
비타라주毘陀羅呪 / 232
빈궁전貧窮田 / 395

ㅅ

사思 / 415
사捨 / 575
사견邪見 / 319
사계捨戒 / 205, 369
사계捨戒의 연緣 / 192
사명자활계邪命自活戒 / 498
사무애해四無礙解 / 117
사법捨法 / 359
사사공양四事供養 / 524
사상아라한死相阿羅漢 / 230
사선四禪 / 132
사섭四攝 / 151, 239
사시捨施 / 293
사심捨心 / 187
43위범違犯 / 286
사십심지법문四十心地法門 / 90
40위位 / 58
사십팔경계四十八輕戒 / 337, 563
사연四淵 / 304
사유死有 / 227
사유구식四維口食 / 501
사음邪婬 / 263
사자좌師子座 / 101
사장재四長齋 / 507
사제四諦의 법륜 / 67
사중四重 / 565
사취四趣 / 271
사혜思慧 / 570
사화바라문事火婆羅門 / 590

살바갈라타실타薩婆曷剌他悉陀 / 141
『살바다론薩婆多論』 / 256
살바달왕薩婆達王 / 305
삼도三途 / 545
삼보三報 / 545
삼선三禪 / 124
삼승정성三乘定性 / 94
삼신三身 / 57
삼십칠보리분三十七菩提分 / 84
삼유三有 / 238
삼의三衣 / 297, 528
삼장三藏 / 90
삼장재월三長齋月 / 505
삼종무수대겁三種無數大劫 / 419
삼취정계三聚淨戒 / 155, 208
상교常教 / 320
상분相分 / 73
상속가성相續假聲 / 76
상주常住하는 법신 / 161
상착의上著衣 / 533
색구경천色究竟天 / 184
생귀주生貴住 / 110
생금은生金銀 / 499
생보生報 / 545
생인生因 / 156
서기書記 / 470
석가모니釋迦牟尼 / 180, 497
석가문釋迦文 / 445
석종녀釋種女 / 329

선견천善見天 / 184
선법계善法戒 / 508, 516
선법행善法行 / 112
선사禪思 / 194
선수어先首語 / 84
선안은善安隱 / 329
선지禪支 / 136
선현천善現天 / 184
선현행善現行 / 112
선혜지善慧地 / 117
설법불여법계說法不如法戒 / 589
설법주說法主 / 474, 475
설사중과계說四衆過戒 / 279, 408
설산태자雪山太子 / 380
섬부주瞻部洲 / 558
섭벌나국葉筏那國 / 185
섭선법계攝善法戒 / 338, 339, 455
섭요익계攝饒益戒 / 473
성成 / 140
성계性戒 / 298
성교소설분聖教所説分 / 96
성도성聖道性 / 573
성문계聲聞戒 / 164, 236
성변부聖辨部 / 533
성종성性種姓 / 188, 569, 573
성종聖種姓 / 188
성죄性罪 / 205, 209, 212
성취成就 / 140
성판成辦 / 140
세 가지 선근善根 / 314

소광천小光天 / 184
소라바국蘇羅婆國 / 185
소전所詮 / 62
소전所詮의 의미(義) / 77
소정천小淨天 / 184
소흡마국蘇噏摩國 / 185
수계갈마受戒羯磨 / 200
수계법受戒法 / 192, 359
수다나修多拏 / 304
수덕명隨德名 / 78
수득걸식隨得乞食 / 529
수락서나국戍洛西那國 / 185
수법受法 / 359
수별청계受別請戒 / 489
수삽瘦澁 중생 / 418
수섭隨葉 / 497
수순등관일체중생회향隨順
　等觀一切衆生廻向 / 113
수순사종타소승법隨順四種
　他所勝法 / 206
수순음성인隨順音聲忍 / 124
수순평등선근회향隨順平等
　善根廻向 / 113
수지修地 / 86
수치修治 / 528
수행주修行住 / 110
수혜修慧 / 570
수호지隨護支 / 365
순인順忍 / 124, 573
습비왕濕毘王 / 305
습소성종성習所成種姓 / 569
습종성習種姓 / 188, 568,
　569
습학이도계習學異道戒 / 469

승勝 / 497
승가리僧伽梨 / 531, 532
승가지僧伽胝 / 532
승가치僧伽致 / 532
승견勝見 / 497
『승만사자후다라니경勝鬘師
　子吼陀羅尼經』 / 62
승방주僧房主 / 474, 475
승상繩牀 / 531
승잔죄僧殘罪 / 254, 482,
　580
승해勝解 / 125, 415
시기尸棄 / 497
시바尸婆 / 306
시분時分 / 111
시심施心 / 187
식式 / 497
식독食毒 중생 / 418
신信 / 415
신성취발심信成就發心 / 234
신심信心 / 188
신인信忍 / 573
신해信解 / 569
실다알타悉多頞他 / 140
실다알타悉陀頞他 / 141
실달悉達 / 140
실도失道 중생 / 418
실사명實事名 / 78, 79
실성實聲 / 76
심일경성心一境性 / 574
심장心藏 / 600
심지心地 / 100
심지법문心地法門 / 133
『십구론十句論』 / 392

십금강十金剛 / 118, 123,
　187, 425
십대원十大願 / 132
십바라제목차十婆羅提木叉
　/ 161
십발취十發趣 / 187, 425
십법문十法門 / 108
십선정十禪定 / 114, 115
십선지十禪支 / 568, 574,
　575
십세계해十世界海 / 109
십신十信 / 151, 424
십심十心 / 425
십원十願 / 124
16대국大國 / 184
십이분교十二分敎 / 90
십인十忍 / 123, 124
십장양十長養 / 187, 425
십주十住 / 110
십중十重 / 217
십지十地 / 116, 187
십지十智 / 86
십팔범十八梵 / 550
십팔범천十八梵天
　/ 183, 550
십팔선지十八禪支 / 574
십해十解 / 151, 234, 424,
　569
십행十行 / 111
십회향十廻向 / 112, 113

아누다라삼막삼보리阿耨多
　羅三藐三菩提 / 119
아란야처阿蘭若處 / 482
아비담阿毘曇 / 470
아비지옥阿鼻地獄 / 237
아사리阿闍梨 / 343
아습파국阿溼波國 / 184
아승제국阿乘提國 / 185
아차리야阿遮利耶 / 343
악구惡求 / 432
악구계惡求戒 / 432
악작惡作 / 374
안타라발살安陀羅跋薩 / 533
안타바바安陀婆婆 / 533
안타위安陀衛 / 533
안타회安陀會 / 531, 533
안혜安慧 / 73
알반지국頞飯底國 / 185
알습박가국頞溼縛迦國 / 185
암부闇覆 중생 / 418
앙가국央伽國 / 184
앙가국泱伽國 / 185
앙구식仰口食 / 501
애법범지愛法梵志 / 380
애어섭愛語攝 / 405
애행자愛行者 / 557
야마夜摩 / 111
야후분夜後分 / 214
약명略名 / 79, 80
어표업語表業 / 75
여덟 가지 복전福田 / 395
여래장如來藏 / 162

여몽인如夢忍 / 124
여상회향如相廻向 / 113
여염인如炎忍 / 124
여전인如電忍 / 124
여향인如響忍 / 124
여허공인如虛空忍 / 124
여화인如化忍 / 124
여환인如幻忍 / 124
역力 / 343
역죄逆罪 / 234
연화대장세계蓮花臺藏世界
　 / 98
염부제閻浮提 / 107
염심念心 / 188
염천燄天 / 111
염혜지焰慧地 / 116
영락瓔珞 / 171
오근五根 / 160
오무간죄五無間罪 / 323
오식五識 / 160
오신계五辛戒 / 354
오역죄五逆罪 / 226
오욕五欲 / 137
오음五陰 / 138
오조五條 가사 / 531
오종성五種姓 / 159
오중五衆 / 482
오탁지탁五濁之濁 / 533
오파니살담분鄔波尼殺曇分
　 / 201
오파제야鄔婆提耶 / 343
오편五篇 / 284
요문어樂聞語 / 84
요유정계饒有情戒 / 549

요의了義 / 67
요익계饒益戒 / 508
요익유정계饒益有情戒
　 / 338, 393, 405, 455, 548
요익행饒益行 / 112
요인了因 / 156
욕欲 / 125, 415
욕사행欲邪行 / 262
용군龍軍 / 72
용삼보계用三寶戒 / 473
우다라승優多羅僧 / 533
욱다라승郁多羅僧 / 533
욱파제야야郁波第耶夜 / 343
운대芸臺 / 355
운대芸薹 / 355
울다라승鬱多羅僧
　 / 531, 533
원願 / 415
원 법사遠法師 / 415
원숭怨勝 중생 / 418
원심願心 / 187
원행지遠行地 / 117
위악인설계爲惡人說戒戒
　 / 577
『유가사지론瑜伽師地論』 / 68
『유가초瑜伽鈔』 / 90, 181
유난留難 / 215
유루계有漏戒 / 246
유루정계有漏淨戒 / 246
유위惟衛 / 497
유재석有財釋 / 59
유정수有情數 / 241
유표업有表業 / 369
육근六根 / 160

육박六博 / 514
육시六時 / 434
육식六識 / 159
육욕천六欲天 / 183, 184, 550
육인六忍 / 573
육재일六齋日 / 504
육정六情 / 546
육종성六種姓 / 188, 570
육축六畜 / 406
육친六親 / 260
육품六品 / 404
육혜六慧 / 570
율의계律儀戒 / 155
「율장품律藏品」 / 164
은밀상隱密相 / 67
은전恩田 / 395
음욕 / 263
의意 / 159
의교봉행분依敎奉行分 / 96
의보依報 / 248
의요意樂 / 369
의주석依主釋 / 59, 62
이간어계離間語戒 / 437
이과二果 / 58
이구지離垢地 / 116
이념처異念處 / 399
이란伊蘭 / 582
이류상응명異類相應名
/ 78, 79
이불성理佛性 / 157, 471
이생異生 / 150
이선二禪 / 123
이의裏衣 / 533

이장이장二障 / 58
이장이장二藏 / 90
이진보계以瞋報戒 / 456
이진복離塵服 / 533
이진의離塵衣 / 552
이치난행離癡亂行 / 112
이해어易解語 / 84
이행利行 / 394
이행섭利行攝 / 393, 405, 473, 499
익심益心 / 188
인忍 / 466, 497
인과불성상주장因果佛性常住藏 / 600
인심忍心 / 187
인연因緣 / 90
인욕忍辱 / 456
인욕바라밀 / 456
일곱 분의 부처님 / 496
일선一禪 / 118
일중분日中分 / 214
일천제一闡提 / 296
일체승一切勝 / 497
일체의성一切義成 / 141
일체지인一切智忍 / 573
일초분日初分 / 214
일후분日後分 / 214

ㅈ

자량지資糧地 / 86
자민관慈愍觀 / 449
자불제자自佛弟子 / 412

자수自受 / 364
자신字身 / 82
자심慈心 / 187
자연계自然界 / 483
자찬훼타계自讚毁他戒 / 285
작법계作法界 / 483
작의作意 / 86
잡론雜論 / 470
장물長物 / 299
장수천長壽天 / 545
장양성長養性 / 568, 573
적寂 / 497
적멸도량寂滅道場 / 109
적조혜寂照慧 / 570
적청的請 / 484
적혈색의赤血色衣 / 533
전다라旃陀羅 / 329
전단림栴檀林 / 582
전법륜승轉法輪僧 / 552
전타파주타왕旃陀波周陀王
/ 306
정情 / 160
정頂 / 497
정경계淨境界 / 143
정궁淨宮 / 133
정려靜慮 / 386
정만淨滿 / 58, 166
정발심定發心 / 425
정법성正法性 / 568
정설분正說分 / 96
정성正性(正性離生) / 573
정심定心 / 187, 188
정심頂心 / 187
정심주正心住 / 111

정업定業 / 545
정인正忍 / 573
정지작의定地作意 / 449
정학正學 / 538
정행正行 / 343
「제계품制戒品」 / 508
제4 타승처법他勝處法 / 322
제3 바라이법波羅夷法 / 310
제3 타승처법他勝處法 / 308
제3편第三篇 / 284
제13계第十三戒 / 295
제바구라提婆俱羅 / 140
제바달다提婆達多 / 445
제바지제바提婆池提婆 / 140
제석천帝釋天 / 110
『제위경提謂經』 / 61
제지制止 / 180, 182
제7취第七聚 / 284
조경爪鏡 / 515
조반助伴 / 415
조복調伏 / 383
조복장調伏藏 / 90
조적혜照寂慧 / 570
존중행尊重行 / 112
종종견種種見 / 497
좌선주坐禪主 / 474, 475
주험住險 중생 / 418
중重 / 532
중동분衆同分 / 164, 369
중숙의中宿衣 / 533
중죄重罪 / 254, 373
증량增養 / 536
증발심證發心 / 234
증어增語 / 78

증어촉增語觸 / 82
증장增長 / 536
증해證解 / 569
지사知事 / 481
지생持生 / 545
지일체처회향至一切處廻向 / 113
지장地藏 / 600
지제국支提國 / 184
지초芝草 / 515
직심直心 / 188
진불수회계瞋不受悔戒 / 307
진실행眞實行 / 112
진심進心 / 187
진여불성眞如佛性 / 158

차마叉磨 / 466
차제걸식次第乞食 / 529
차제계次第戒 / 537
차죄遮罪 / 209, 355
참慚 / 365
참회懺悔 / 466
참회법懺悔法 / 373
처처해탈處處解脫 / 163
천광왕좌千光王坐 / 109
천수天授 / 181
철정지옥鐵釘地獄 / 275
체성광명지體性光明地 / 188
체성만족지體性滿足地 / 188
체성불후지體性佛吼地 / 188
체성선혜지體性善慧地 / 188

체성이염지體性爾焰地 / 188
체성입불계지體性入佛界地 / 188
체성평등지體性平等地 / 188
체성혜조지體性慧照地 / 188
체성화광지體性華光地 / 188
체성화엄지體性華嚴地 / 188
초계 비구草繫比丘 / 517
초발심初發心 / 151
초발심주初發心住 / 110
촉루髑髏 / 515
총지總持 / 116
최상最上 / 497
추중麤重 / 117
축비법기계畜非法器戒 / 513
축살생구계畜殺生具戒 / 402
치생治生 / 543, 545
치연熾然 중생 / 418
치지주治地住 / 110
치지주治地住 보살 / 570
친교親教 / 343
칠난七難 / 550, 553
칠역七逆 / 371
칠역죄七逆罪 / 357, 552
칠조七條 가사 / 531
칠종작의七種作意 / 86
칠차七遮 / 552
칠차죄七遮罪 / 197, 562
칠취七聚 / 284

타소승법他所勝法 / 206

타수他受 / 364
타승他勝 / 247
타승법他勝法 / 289, 290
타승소他勝所 / 307
타승처他勝處 / 307, 333
타승처법他勝處法 / 205
타재불여의처墮在不如意處 / 332
타화자재천他化自在天 / 116
타화천他化天 / 116
탄기彈碁 / 514
『태자수대나경太子須大拏經』 / 61
퇴분退分 / 571
퇴분선근退分善根 / 571
퇴심계退心戒 / 517
투다投多 / 528
투도계偸盜戒 / 247
투란偸蘭 / 478
투란차죄偸蘭遮罪 / 254, 580
투전희희계鬪戰嬉戲戒 / 513
투호投壺 / 515

ㅍ

파계수시계破戒受施戒 / 580
파륜 보살波崙菩薩 / 380
파법인연계破法因緣戒 / 593
파사니시왕波斯尼示王 / 306
판辦 / 140
판매계販賣戒 / 406
팔경八敬 / 329

팔난八難 / 357, 371, 545
「팔만위의품八萬威儀品」 / 325
팔부중八部衆 / 56
팔승처八勝處 / 574
팔식심八識心 / 160
팔중八重 / 329
폐사거월吠舍佉月 / 146
포살布薩 / 272, 536
표表 / 208
표색表色 / 208
풍송諷誦 / 90
필정보살畢定菩薩 / 233, 234

ㅎ

하구식下口食 / 501
학처學處 / 198
학행법學行法 / 482
함조지옥醎糟地獄 / 350
합이 / 532
해행발심解行發心 / 234
해행解行 보살 / 235
행래주行來主 / 474, 475
행법주行法主 / 474
행불성行佛性 / 471
행해行解 / 545
향수香水 / 166
혁총革蔥 / 355
「현겁품現劫品」 / 134
현료법륜顯了法輪 / 67
현료상顯了相 / 67

현료어顯了語 / 84
현명顯名 / 78, 80
현보現報 / 545
『현우경賢愚經』 / 138
현응玄應 법사 / 466
현전승現前僧 / 484
현전지現前地 / 117
형세걸색계形勢乞索戒 / 432
혜慧 / 415
혜慧(般若)바라밀 / 460
혜사慧捨 / 293
혜심慧心 / 187, 188
호법護法 / 73
호상好相 / 204, 467, 563
호심護心 / 187
호어심好語心 / 188
호의胡衣 / 552
혼침昏沈 / 108
화락천化樂天 / 114
화사利闍 / 343
화상和上 / 343
환희지歡喜地 / 125
환희행歡喜行 / 112
황문黃門 / 191
회향심迴向心 / 188
후기後起 / 227
후보後報 / 545
훼방계毀謗戒 / 284, 407
흑과黑果 / 172
흥거興渠 / 355
희심喜心 / 187